지식경영

이론과 실제

최 재 화

비앤엠북스

서문

지식이 가지는 의미와 중요성은 사용 주체와 상황에 따라 달라진다. 최근 정보기술이 급격하게 발전하면서 과거와 현저하게 달라진 세상에서 개인과 개인의 집합인 조직은 지식을 다루고 있다. 글로벌 시장에서 경쟁하는 기업에게 지식은 지속적 경쟁우위의 핵심 요소로 간주된다. 기업뿐만이 아니라 모든 조직은 가치 창조를 위한 지식 활용을 절대적 가치 명제로 삼고 있어, 지식경영에 대한 관심이 크다. 따라서 조직이 어떻게 지식을 다루는가는 중요한 과제이다. 이와 같은 배경으로 지식경영에 대한 이해와 연구는 경영을 공부하는 사람들에게 필수적이다. 이러한 시대적 요구에 대한 도움을 주고자 이 책을 펴내게 되었다.

지식경영이 본격적으로 논의되고 실행에 옮겨지기 시작한 것은 20년 정도 된다. 지식경영은 짧은 기간에 여러 가지 다양한 이론, 실무, 기법, 그리고 도구의 개발로 이제 하나의 세부 학문 분야로 정립되고 있다. 여러 관련 학문 분야의 관여로 하나의 학제적 성격을 가진 분야로서의 지식경영은 이제 대학에서 강의되고, 관련 저널이 발행되고, 관련 단체도 운영되고 있다. 지식경영은 보통 정보기술을 통한 조직혁신 기법의 하나로 인식되고 있지만, 그 내용은 그리 단순하지 않다. 현실은 지식경영에 대한 개념, 이론, 실무에 대한 다양한 관점이 파편처럼 혼재하여, 지식경영에 대한 체계적인 소개가 필요하다.

지식경영에 대한 소개는 여러 가지 방법으로 가능하다. 지식경영은 정보기술을 사용하여 지식경영 프로세스를 향상하는 노력이다. 또 지식경영은 지식이 사회적이라는 관점에서 개인과 조직의 지식활동과 학습을 지원하는 것이다. 이와 같은 프로세스 중심과 사람 중심의 두 개의 다른 관점을 두 개의 기둥으로 지식경영 전체를 설명할 수 있다. 지식경영의 중심 요소는 프로세스, 사람, 기술이다. 실무적 지식경영은 이 세 요소를 전략, 구조, 문화의 조직 차원으로 조작하는 것이다. 지식경영을 이해하는 것은 지식경영의 세 요소와 그들간의 관계를 조직의 차원에서 이해하는 것이라 할 수 있다. 이와 같은 프레임워크를 가지고 이 책은 다음 그림과 같이 4부, 13장으로 구성하였다.

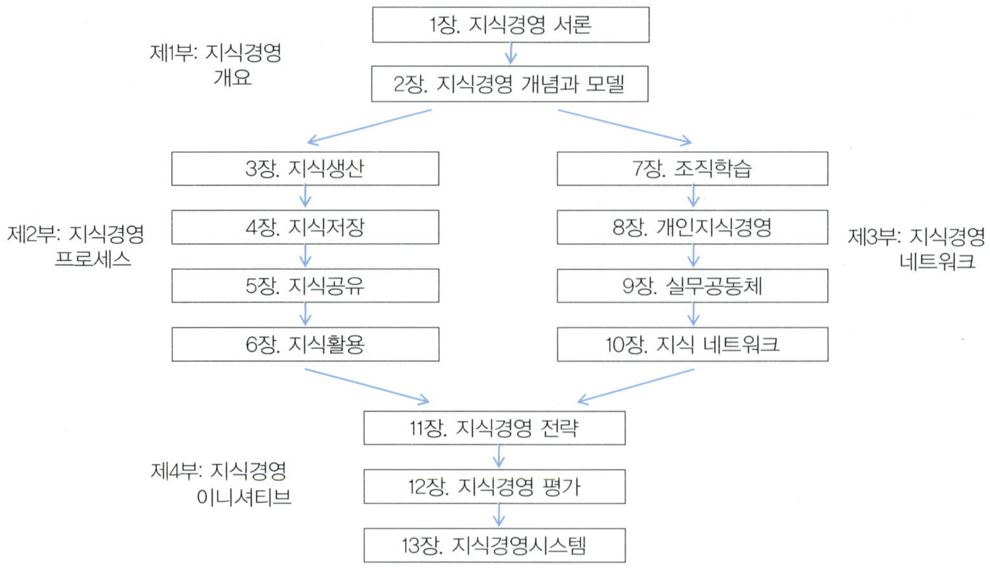

제1부는 지식경영의 개요로서 지식경영 개념과 이론을 정리한다. 기존의 지식경영 문헌을 요약하고 그것으로부터 지식경영 프레임워크를 개발하여 지식경영의 전체적인 방향과 범위를 제시한다. 제2부에서는 지식경영 프로세스에 초점을 맞추어 지식경영의 주요 활동을 살펴본다. 지식경영 프로세스를 지식 생산, 저장, 공유, 그리고 활용의 네 단계로 나누어 기본 개념과 주요 기법을 각 장에서 소개한다. 제3부에서는 지식경영을 개인적 및 사회적 차원에서 접근하는 관련 개념과 실무를 소개한다. 각 장에서는 개인과 조직의 학습과 지식경영 문화를 이해하고, 지식경영의 중심인 개인의 지식경영 이슈 그리고 지식이 사회적으로 생산되는 대표적 형태인 실무공동체와 지식 네트워크를 살펴본다. 제4부에서는 조직의 지식경영 이니셔티브와 관련하여 지식경영 전략, 평가, 그리고 지식경영시스템을 소개한다.

이 책을 통한 강의는 1, 2, 4부를 잇는 지식경영 프로세스 중심의 지식경영 이니셔티브에 초점을 맞추어 운영할 수도 있고, 1, 3, 4부를 잇는 지식경영 네트워크 중심의 지식경영 이니셔티브에 초점을 맞추어 운영할 수 있을 것이다. 일반적인 접근방법은 전체를 다루되 2부와 3부를 직렬 또는 병렬로 진행하는 것이라 본다. 저자는 이 책에서 경영학을 공부하는 학생들이 지식경영을 이해할 수 있도록 하기 위해 나름대로 최선의 학습 방향을 제시하려 하였으나 여전히 부족한 점이 있을 것이라는 생각이 든다. 이 책의 향상을 위한 독자의 어떤 의견도 저자에게는 큰 도움이 될 것이므로 환영한다.

끝으로 이 책이 나오게 되는 데에는 많은 도움이 있었다. 이 저술 연구는 2006학년도 단국대학교 대학연구비 지원으로 연구되었다. 완성되지 않은 원고에 대한 구체적 의견을 준 김학래 박사와 협력을 요구하는 공통 업무를 가볍게 만들어 준 전공 교수들에게 감사를 전한다. 또 더운 여름 모든 것이 느리게 돌아가는 계절에 부지런히 수고하신 비앤엠북스의 정광식 사장님과 편집팀들에게 감사한다. 끝으로 남다르게 소중한 우리 가족의 방학 기간을 거의 컴퓨터 앞에서 보낸 나를 이해해 준 아내와 딸의 사랑에 감사할 뿐이다.

목차

2부 지식경영 프로세스 ······ 83

1부

지식경영 개요

1장 지식경영 서론

학습 개요 및 목표

지식이 부의 원천이 되는 지식경제 시대에 조직에서 지식의 중요성은 점점 커지고 있다. 기술의 발전과 글로벌라이제이션의 진전이 급속하게 일어나면서 지식을 효율적으로 관리하고 전략적으로 활용하는 것이 조직의 경쟁 우위를 지속하는 필수 조건이 되었다. 조직의 경쟁 환경과 고객의 요구가 복잡해짐에 따라 기업에서뿐만 아니라 일반 조직에서도 지식경영이 중요한 분야로 등장하게 되었다. 1990년대 중반부터 많은 기업들이 정보기술을 활용하는 지식경영 이니셔티브를 추진하였고, 동시에 이론적 · 실무적 개념과 기법도 체계적으로 소개되었다.

이 장에서는 조직 지식경영의 배경과 흐름을 간략하게 소개하고 또 지식경영 분야의 주요 요소를 살펴보고 앞으로 배울 내용을 제시하겠다. 그리고 지식경영의 배경인 지식경제, 지식경영의 필요성, 개념, 역사, 그리고 접근 방법을 살펴본다. 이 장의 구체적인 학습 목표는 다음과 같다.

- 지식경제의 의미를 이해한다.
- 지식경제 시대의 조직의 특성을 이해한다.
- 지식경영의 필요성과 동인을 이해한다.
- 지식경영의 정의와 범위를 살펴본다.
- 지식경영의 역사를 살펴본다.
- 지식경영 접근 방법의 변천을 이해한다.
- 지식경영의 주요 요소를 이해한다.

사례: MAKE상

글로벌 MAKE(Most Admired Knowledge Enterprise)상은 국제적 웹 기반 지식 공유 전문 네트워크인 KNOW Network와 지식경영 컨설팅 및 연구 기관인 Teleos에 의해 1998년 시작되었다. 이 상은 조직의 지식과 지적 자본을 우수한 제품과 서비스로 형태로 효과적으로 전환하는 기업을 공인하는 것이다. MAKE 연구는 기업지식을 조직의 지식자본과 주주의 부 또는 사회적 부(공공부문 및 비영리 조직의 경우)로 전환하는 능력이 뛰어난 조직을 선정하기 위한 연구 프로그램이다. 지역별 MAKE 서베이는 아시아, 유럽과 북미, 글로벌로 구분하여 실시되고 있다. 아시아 MAKE 서베이는 2002년에 설립되었다. 또 국가 차원에서의 MAKE 연구가 홍콩, 인디아, 인도네시아, 일본에서 진행되고 있다.

글로벌 MAKE 수상 기업은 「Fortune」 선정 500대 기업의 중역과 지식경영 및 지적 자본 전문가로 구성된 패널에 의해 2차에 걸친 평가를 거쳐 선정된다. 1차 심사는 패널이 글로벌 MAKE 수상 기준에 근거하여 조직의 지식경영 능력 수준을 평가한다. 1차 심사를 위한 MAKE 서베이는 세계 최고의 지식기반 조직을 위한 벤치마킹이다. 2차 심사는 1차 심사에서 선정된 조직이 패널에게 케이스 프레젠테이션을 하면서 평가한다.

2008년 글로벌 MAKE상은 맥킨지 컨설팅을 비롯해 전 세계 20개의 기업과 기관에 주어졌다. 북미에서 6개, 아시아에서 5개, 유럽에서 4개의 수상 기업 또는 기관이 있었으며, 한국의 삼성 그룹이 14위에 들어 있다. 2008년 아시아 MAKE상에 7개국의 15개 기업이 선정되었는데, 한국 기업 중에서 수상한 기업은 삼성SDS, 포스코, SK에너지, LG전자, 한국수자원공사가 있다. 한국 기업 수상자 수는 5개로 아시아 국가 중에서 가장 많다.

1. 지식경제와 조직

오늘의 21세기가 시작되기 전부터 후기 산업 시대, 정보 시대, 지식사회와 같은 새로운 시대를 알리는 여러 가지 용어가 사용되었다. 어느 용어를 사용하든 지금 시대를 정의하는 핵심 주제는 기술 그리고 지식과 지식경영이다. 그러면 흥분을 자아내고, 동시에 의문을 갖게 하고, 논쟁을 불러일으키며, 거의 모든 것을 새로운 방법으로 다룰 것을 약속하는 지식과 지식경영은 무엇인가?

지식경영은 조직이 지속적 혁신을 하면서 핵심 비지니스 프로세스의 효율성과 효과성을 높이려 하는 도전에 대응하는 새로운 접근 방법이다. 지식경영의 중요성은 지식이 조직 성과와 지속적 경쟁 우위를 성취하는 데 핵심이라는 점에 대한 기업의 인식에 기초한다. 이러한 거시적 인식의 변화는 조직 전반의 미시적 차원의 프로세스에 중대한 암시를 주게 된다. 지식경영의 개념, 기법, 기술, 전략, 지식조직(또는 지식기반 조직)으로의 전환의 실행은 단순한 지식경영 도구의 도입으로 이루어지는 것이 아니다. 그것은 지식 구동 및 지식 생산의 비지니스 프로세스와 활동이 일어나도록 모든 조직 업무에 일관된 양상으로 적용되도록 다양한 도구와 기법을 올바로 선택할 것을 요구한다. 도입할 기술 유형과 채택할 기법에 대한 적절한 선택을 하기 위해서는 조직의 주요 요소에 대한 완전한 이해가 필수적이다. 이러한 주요 요소는 기존 기술, 인프라스트럭처, 조직 구조, 문화 및 비지니스 인프라스트럭처를 포함한다. 또 조직이 비지니스 목표, 목적, 전략을 달성하도록 효과적이며 효율적인 조직 프로세스를 지원하기 위하여 이러한 요소들을 어떻게 결합할 것인지에 대한 이해가 필요하다.

기업을 지식기반 조직으로 전환하기 위하여 어떻게 지식경영의 개념, 기법, 기술, 전략을 적절하게 활용할 것인지에 대한 이해를 하기에 앞서 지식경제(또는 지식기반경제)의 개념, 지식의 역할, 그리고 지식조직(또는 지식기반 조직)에 대하여 이해하는 것이 필요하다.

1.1. 지식경제

오늘날의 글로벌 경제는 정보사회가 확장되어 지식경제로 전환하고 있다. 지식경제는 지식이 경제적 효과를 생산한다는 의미를 지닌다. 1980년대에 들어 피터 드러커(Peter Drucker), 폴 로머(Paul Romer) 등 유명한 학자들이 지식이 부의 주요 원천이 되는 새로운 경제 시대의 등장을 예견하였다. 로머가 말하는 신성장이론(New Growth Theory)에서는 신고전경제이론(Neo-Classical Economic Theory)과 달리 기술과 그것의 기반이 되는 지식을 경제 시스템의 내재적 요인으로 본다. 즉 지식이 노동과 자본에 이은 생산의 세 번째 요소가 된다. 전통적 경제학자들은 경제사를 부의 주요 원천이 토지에서 노동 그리고 자본으로 이동하는 것에 맞추어 몇 개의 특징 있는 시대로 구분해 왔다. 그러나 20세기 후반에 들어 지식이 생산의 주요 요소로 등장하고부터 토지는 더 이상 주요 생산 요소로 간주되지 않는다. [그림 1-1]은 이러한 부의 주요 원천의 변화에 따른 경제사를 지식경제 시대까지 연장하여 보여 준다.

시대에 따라 지식과 지식 노동의 의미가 달라졌다. 철학자들에 의해 물건에 관한 것으로 다루어지던 지식이 이제 물건으로서 경제적 존재를 갖게 된다. 시간이 지남에 따라 지식기반기업이론이 주장하는 바와 같이 지식이 교환되고, 축적되고, 사고팔 수 있는 제품으로 되었다. 특정 산업의 노동 프로세스에 담겨 있던 지식이 상대적으로 자유롭게 이동하는 상품으로 되었다. 이제 지식은 세상에 관한 것으로만 다루어지는 것이 아니라 세상 안에 존재하는 것이 되었다.

[그림 1-1] 부의 주요 원천 변화에 기초한 경제 시대 구분

	후기 농업시대	전기 산업시대	후기 산업시대	전기 지식시대
부의 원천	토지	노동	자본	지식
조직 형태	봉건영주	식민지배	계층구조	지식네트워크

출처: Savage(1996)

지식 역할의 변화

드러커는 지식이 핵심 경제 자원이며 가장 중요한 경쟁 우위 요소라고 한다. 그는 지식이 가속적인 사회생활의 전환과 기업 및 사회 기관이 운영되는 방법을 설명하는 열쇠라고 말한다. 드러커는 경제 발전에서 지식의 역할을 크게 세 시대로 나누어 본다. 그는 서구 세계의 경제적 전환이 다양한 형태의 지식을 독특하게 활용하였으며, 이것을 다음과 같이 세 번의 혁명으로 구분한다.

- 산업혁명(Industrial Revolution)은 지식을 전통과 숙련 기술에 응용하였다. 기술의 개발 및 실행(예를 들어 도구, 프로세스, 제품)은 숙련 기술과 암묵적 지식의 신비를 벗겼다. 18세기 말에 시작된 산업혁명은 경험을 지식으로, 도제 방식을 교과서로, 비밀을 방법으로, 실행하는 것을 응용 지식으로 전환하면서 지식의 의미를 바꾸었다.
- 생산성혁명(Productivity Revolution)은 1880년부터 세계2차대전까지 과학적 관리의 시작을 알리는 것으로, 지식을 인간의 작업에 활용하는 것으로 특징지을 수 있다. 프레드릭 테일러(Fredrick Taylor)의 시간 및 동작 연구가 이 전환의 기점이다. 최고의 노동은 더 이상 오랜 도제 기간을 거쳐 습득하는 숙련 기술의 획득에 의존하지 않게 되었다. 오랜 시간이 걸리는 도제 방식은 훈련 즉 코드화된 지식의 전이로 대체되었다.
- 관리혁명(Management Revolution)은 세계2차대전 이후 지식을 지식 그 자체에 적용하는 것이다. 즉 지식이 지식 노동을 향상하는 데 사용된다. 지식은 혁신을 유도하고, 어떤 새로운 지식이 필요한지를 정의하고, 기존 지식을 더 생산적이도록 하는 방법을 찾는 데 활용된다. 지식은 개인적 그리고 경제적 자산으로 주요하게 간주된다. 경제적 자원으로서 지식은 사회적 및 경제적 결과를 성취하는 수단으로서 사용되는 하나의 상품이 되고 효용으로 되었다.

지식경제는 지식 집약적 고용의 비중이 상당히 증대되고, 정보 부문의 경제적 비중이 결정적인 수준에 달하고, 실질 자본 스톡(Stock)에서 무형 자본의 비중이 유형 자본의 비중을 추월한 경제를 말한다. 지식경제는 지식과 관련한 투자 및 활동의 확장으로 해석되는 하나의 장기 경향과 지식 · 정보의 재생산 및 유통의 조건에 급격한 변화를 초래한 기술혁명이 만나 생겨났다.

지식은 이미 하이테크와 다른 지식 집중적 산업에서 부의 주요 원천이 되었으며, 다른 전통적 부문에서도 부의 주요 원천이 되고 있다. 이제 지식을 제품과 서비스에 투입하는 혁신이 모든 부문에서 일어나고 있다. 지식경제에서 제품과 서비스의 지식 요소는 매우 중요해졌으며 고객 가치의 중심 요인이 되었다. 지식이 가치의 주요 소스로 이동함에 따라 경쟁자보다 더 빠르게 지식을 새로운 제품과 서비스에 창조적으로 결합하는 즉, 지식을 효과적으로 관리하는 조직이 지식경제를 이끌게 되었다.

정보통신기술의 출현은 지식경제의 기술적 기반을 구비하였다. 정보통신기술은 지식경제의 기본 영역을 이루는 정보의 처리, 저장, 교환을 촉진시켰다. 정보통신기술은 네트워크형 정보시스템으로 이행하게 하면서 기업의 조직 방식에 근본적 변화를 가져왔다. 정보통신기술의 확산으로 특징지어지는 정보시대는 비지니스가 행해지는 방법과 사람들의 생활 스타일에 큰 변화를 가져왔다. 급격한 기술 변화와 글로벌라이제이션의 중요 결과로 방대한 데이타와 정보가 생산되고 이것을 비지니스 문제 해결에 활용할 수 있도록 관련된 정보와 지식으로 전환하는 능력이 발전되었다. 지식은 경쟁 우위를 확보하고 지속하는 데 중요한 조직적 도구가 되도록 한다.

1.2. 지식경제의 조직

지식경제로의 전환에는 큰 변화가 있게 마련이다. 그것은 역사상 처음으로 부의 원천이 소모되는 유한 자원이 아니라는 것 때문이다. 오히려 지식은 무한하여 경제가 더 이상 희소성의 제약을 받지 않게 됨으로써 기업과 시장에 대한 현재의 가정을 흔들어 버린다. 이제 조직이 더 한층 지식 지향적으로 될 것이라는 것에 대하여는 이의가 없다. 조직은 관료적 조직에서 지식조직으로 변화되고 있고, 기업은 지식기반 비지니스로 전환되고 있다. 비지니스는 이제 산업적 관점이 아니라 지식 관점에서 접근되고 있다. 비지니스는 점차 더 복잡한 문제 해결 서비스 제공자로 전환되고, 직원의 대다수가 높은 교육을 받고, 창의적이며, 스스로 동기 유발된 노동자가 된다. 지식노동자가 산업노동자보다 더 큰 비중을 차지하면서 노동자와 조직에 대한 관계도 급속하게 변화하고 있다.

새비지(Savage)는 지식경제 시대의 조직의 문화, 인프라스트럭처, 형태, 전략이 어떻게

[표 1-1] 산업 시대와 지식 시대 조직의 특징

산업 시대	지식 시대
질서 및 안정	혼돈, 유동성, 지속적 변화
관료적/계층적	지식 네트워크/지식 공동체
조직 경계	상호 연결
일상적 프로세스	복잡한 상호작용 프로세스
직렬적 활동	병렬적 또는 동시적 활동
사전 규정된 구조	자발적 조직
명령과 통제	초점, 조장, 조정
수직적 커뮤니케이션	다방면 커뮤니케이션
지도, 토론	지식창출, 대화
가치 부가	가치 공동 창조
알려진 것	알 수 없는 것
산업 기술	지식 역량
업무와 업무 정의	팀/협력 능력

출처: Savage(1996)

변화할 것인지를 제시하고 있다. 그는 산업 시대와 지식 시대를 특징짓는 차이점을 조직의 여러 차원에서 [표 1-1]과 같이 제시하고 있다.

지식사회로의 전환은 지식의 가치를 새롭게 인식하게 만들었다. 이제 자연적 자원이 아니라 지식이 돈을 벌게 하는 시대가 되었다. 기업의 지속 가능한 발전은 조직이 집합적으로 알고 있는 것, 알고 있는 것을 얼마나 효율적으로 사용하는가, 그리고 얼마나 빠르게 새로운 지식을 획득하고 사용하는 가로부터 온다. 조직은 네트워크된 개인, 지능적 에이전트, 지식노동자들이 조직 내·외의 문제를 해결하여 환경 변화에 융통성 있게 대처하고 높은 기업 가치를 창출하도록, 언제 어디서나 빠르게 지식을 결합하는 능력을 갖춘 지능적이고, 복합적이며 가변성 있는 시스템이 되어야 한다. 조직의 성공은 점점 더 지식 생산과 활용을 위한 효과적 환경을 만드는 능력과 가치 혁신을 가능하게 하는 지식과 재능을 확보, 개발, 그리고 유지하는 능력에 달려 있다. 따라서 조직은 그러한 환경을 제공하며 지식을 관리하는 능력을 향상시키는 것을 돕는 개념과 도구를 필요로 한다. 지식경영이 바로 이러한 개념과 도구이며, 그래서 많은 관심을 끌고 있다.

지식경제에서 조직은 게임의 법칙과 게임 자체를 이해하고, 빠르게 적응하고, 능동적으로 변화할 것을 요구받고 있다. 지식경제에서 어떻게 진화할 것인가에 대한 현명한 비전을 가지는 것은 조직에 경쟁 우위를 가져다준다. 비전은 시간이 지남에 따라 변화하고 향상되어야 하며, 기업은 불확실하지만 급격하게 변화하는 미래에 지혜롭게 대처하는 프로세스를 시작하여야만 한다. 미래의 성공을 위해 조직은 변화와 불확실한 미래에 대처하고, 위협을 피하고, 기회를 포착할 수 있도록 지혜로워져야 한다. 조직이 급격하게 변화하고 예측할 수 없는 환경에서 번성하기 위해 새로운 지식을 창조, 흡수, 활용하는데 적응할 필요가 있으므로, 지식경영은 비지니스 모델을 지속적으로 재고하고 새로운 패러다임 이동을 파악하도록 해야 한다. 조직은 지식경영을 통해 새로운 조직 개념과 전략을 실시간 평가하고, 지식을 창조하고, 미래를 예측하고 투영하는 데 초점을 맞추어야 한다.

조직의 지식자산은 기술적 노하우와 시장 노하우가 결합된 지식노동자의 창의성에 존재한다. 그러므로 지식 그리고 지식의 창조, 적합한 사용, 재사용은 조직의 이익 증대에 불가피하게 연결되며, 이것은 경쟁 우위 확보와 지속으로 이어진다. 시장의 속도와 역동적 속성은 많은 조직에게 지속적으로 가치를 창조하는 수단으로 지식자산을 통합하는 것이 경쟁적 인센티브가 되게 하였다. 효과적으로 경쟁하기 위해 기업은 기존 지식을 활용하고 새로운 지식을 창조하여야 한다. 이것은 잠재적 지식베이스를 성장하게 하여 선택한 시장에서 우세의 포지셔닝을 하게 한다. 따라서 많은 조직이 경쟁적 우위 지속을 위해서 광범위한 지식경영 노력을 하고 있다.

2. 지식경영 필요성

2.1. 지식경영 배경

앞에서 본 것처럼 지식경제에서 지식경영이 조직의 미래의 성공 즉 경쟁 우위를 위해서 필수적이라는 믿음은 다음과 같은 논리에 근거한다.

- 지식경제에서는 지식이 부의 원천이다. 그러므로 지식경영은 조직의 미래 과제가 된다.
- 지식경영은 정보관리의 논리적 발전을 나타낸다. 정보기술이 조직 성과에 분명한 영향을 주는 것이 밝혀졌다. 다음 세대의 정보기술은 정보관리를 넘어 지식경영을 가능하게 한다.
- 지식경영은 많은 기존 조직 개발과 경영혁신 기법의 통합이며 정점이다. 지식경영은 전사적 품질관리, 리엔지니어링(Business Process Reengineering; BPR), 조직학습, 벤치마킹(Benchmarking), 경쟁 지능, 혁신, 유연한 조직, 자산관리, 변화관리, 전사적 자원관리, 공급사슬관리 등과 같은 개념을 통합하여 지식의 효과적 창조와 활용에 초점을 맞추는 종합적 관점을 만든다.

첫 번째 논리인 지식경제는 앞에서 다루었으므로 여기서는 두 번째 논리인 정보기술 발전과 세 번째 논리인 경영기법의 발전에 대하여 살펴본다.

정보기술 발전

지식경영은 정보관리의 논리적 발전이다. 정보기술의 발전이 정보관리를 넘어 지식경영을 가능하게 하여 조직의 성과에 큰 영향을 미칠 수 있게 하였다. 정보통신기술의 원가가 하락하고 인터넷이 급속하게 성장함에 따라 기업은 지식을 더 싼 비용으로 더 넓게 공유할 수 있게 되었다. 네트워킹과 데이타 커뮤니케이션이 지식 공유를 더욱 쉽게 만들었다. 오늘날 사회와 조직은 모두 연결되어 있다. 지식 공유는 기업으로 하여금 정보기술을 통해 전문가를 기업 내·외부에 분산하는 방법으로 사용되고 있다. 한 예로 개인 간 커뮤니케이션을 촉발시키는 협업 기술의 향상은 조직 간 및 지역 간의 경계를 뛰어넘어 지식을 개발하는 것을 돕고 있다. 로터스 노트(Lotus Notes)와 같은 그룹웨어(Groupware)와 인트라넷(Intranet)의 광범위한 사용이 이것을 촉진시켰다.

정보통신기술의 발전은 데이타의 저장 및 교환 그리고 커뮤니케이션을 원활하게 하였다. 컴퓨터와 네트워크의 보편화는 직원들이 정보와 다른 직원에의 접근이 언제 어디서나 가능하게 하였다. 이러한 기술 발전은 지식의 생산, 관리, 교환을 가능하게 하여 직원

[표 1-2] 정보기술의 발전

	1960년대	1970년대	1980년대	1990-1995	1995-2000+
기술 초점	중앙 집중적 파일 처리	분산 컴퓨팅	개인 컴퓨팅	로컬 네트워킹	로컬 및 글로벌 네트워킹
비지니스 초점	데이타 관리	데이타 관리	정보관리	정보관리	지식경영

들로 하여금 적시에 창의적인 의사결정과 문제 해결을 가능하게 한다. 이제 기업은 정보통신기술을 활용하여 직원이 지식을 창의적으로 생산 및 공유하도록 하여 경쟁 우위를 확보하는 발판을 마련할 수 있게 되었다.

경영기법 발전

기업 환경은 급속하게 변화하고 있다. 이러한 환경에서 성공적인 기업은 현재의 기업 능력을 재점검하여 새로운 환경에 적합하도록 하여야 한다. 20세기 후반에 들어 정보기술의 발전과 글로벌라이제이션의 가속화가 조직의 경쟁 환경을 급변하게 만들면서 기업은 여러 가지 경영기법을 전략적으로 사용하였다. 1990년 전후에 유행한 대표적인 경영기법인 리엔지니어링 또는 업무재구축은 오랫동안 기업에 성공을 가져다준 기존의 규칙과 절차가 하강하는 수익성을 막는 데는 충분하지 못하다고 간주하여 대대적인 수술(특히, 인적 구조조정)을 감행할 것을 주장한다. 많은 경우에 리엔지니어링은 단기적 처방이었다. 경쟁력은 한 번의 처방으로 모두 해결된다고 믿다가 시간이 지나면서 경쟁력이 상실되었을 때 다시 리엔지니어링을 한다고 회복되는 것이 아니다. 기업은 전사적 품질관리, 리엔지니어링, 조직 학습(Organizational Learning), 벤치마킹(Benchmarking) 등과 같은 경영기법이 가져오는 경영혁신의 한계를 이해하게 되었다.

이와 같은 경영기법의 효과는 제한적이자 지식경영의 예측을 불허하는 기업 환경에서 경쟁 우위를 위한 수단으로 떠오르게 된다. 1980년대 후반과 1990년대 초반에 들어서 스베이비(Sveiby), 노나카(Nonaka), 그리고 실리 브라운(Seely Brown) 같은 지식경영 선도자들이 전략적 우위를 위한 지식의 역할에 대하여 주창하였다. 그 당시 최고 경영자들은 다운사이징(Downsizing)에 집중하여 결정적 지식이 회사를 떠나는데도 지식경영에는 별로 관심을 두지 않았다. 성공적인 경영을 위한 경영기법을 찾고자 하는 노력이 계속되고 있을 때 지식경영에 적극적이었던 컨설팅 회사들이 이것을 장려하게 되었다. 지식경영은 과거의 조직 개발 아이디어를 더 크게 종합적 관점으로 통합하여 효과적 지식창조와 활용에 초점을 맞추었다. 1990년대 중반에 들어 기업들의 지식경영에 대한 관심이 높아졌다. 그 동인은 다양한 관점에서 살펴볼 수 있다.

2.2. 지식경영 동인

지식경영이 조직에 반드시 필요한 것이라는 동인(Driver)은 많다. 조직에서 지식경영이 중요한 경영기법으로 그리고 하나의 관심 분야로 자리 잡게 되는 배경으로 여러 가지 요인을 들 수 있다. 지식경영 동인을 몇 개의 그룹으로 나누어 살펴보면 다음과 같다.

지식중심 동인

지식경영의 지식중심 동인은 지식의 비지니스 가치에 대한 인식에서 나온다. 조직은 이미 알고 있는 것을 알지 못하는 경우가 많다. 즉 기업은 종종 보유하고 있는 지식을 필요할 때 찾지 못하여 활용하지 못하는 경우가 있다. 이것은 조직이 이미 존재하는 것을 다시 발명하게 만든다. 조직의 성공한 사례뿐만이 아니라 실패한 사례도 당면한 문제 해결에 도움을 줄 수 있다. 가지고 있는 지식을 제때에 활용할 수 있도록 직원의 지식을 찾아 가용할 수 있게 하는 것이 지식경영의 일차적인 목적이다.

조직의 지적 자산의 많은 부분이 암묵적으로 직원의 머리에 존재한다. 고유한 지식을 가진 고급 직원의 이탈은 기업에 큰 손실이 된다. 전문 지식을 가진 직원의 이직은 조직 내의 경험이 적은 사람이 의사결정 책임을 지게 만든다. 지식경영은 직원의 이직으로 인한 지식 누출을 최소화할 수 있다. 지식노동자의 이동성이 증가함에 따라 조직 지식의 연속성은 중요해진다. 또 인간 본성의 단점 중 하나는 지식을 축적하려는 경향이다. 지식 축적은 조직이 지식경제에서 빠르게 변화하는 경쟁 환경에 효과적으로 대응하는 것을 저해한다. 지식경영으로 지식공유를 통한 창조가 일어나도록 인센티브를 만들고 지식공유 문화를 만드는 것이 필요하다. 내·외부 업무 프로세스의 복합성, 경쟁의 확대, 그리고 급속한 기술 발전이 업무 영역을 복잡하게 만든다. 따라서 지식노동자는 더 많이 더 빨리 더 현명하게 일을 해야 되므로 끊임없이 재학습하는 것이 필요하다.

기술 동인

지식경영의 기술 동인은 조직이 정보기술을 사용한 지식 프로세스 차별화를 통하여 경쟁할 수 있는 새로운 기회에 의해 생겨난다. 정보기술 발전은 조직이 낮은 비용과 빠른 스피드로 데이타를 커뮤니케이션, 저장, 교환하는 방법을 혁명적으로 바꾸어 놓았다. 정보, 서비스, 제품 라이프 사이클이 대부분의 시장에서 크게 짧아졌다. 시장화 시간이 제품과 서비스 개발에서 결정적 요소가 되었다.

복잡하고 중요한 의사결정은 빠르게, 정확하게, 반복적으로 내려져야 하는데 지식경영이 이 프로세스를 가속화하는 것을 가능하게 한다. 이제 거의 모든 제품, 서비스, 그리고 일은 지식을 기반으로 한다. 성공하는 기업은 정보기술을 사람들의 지식을 즉시 활용될 수 있도록 사용하는 기업이다. 그 실현 방법은 프로세스 향상, 분산된 의사결정, 더 좋은 성과, 실수 줄이기, 바른 시간에 바른 방법으로 바른 고객을 만족하게 하는 것 등을 포함한다. 이러한 요소들 중에서 공통적으로 발견되는 것이 있다. 그것은 기업의 직원들이 업무를 더 좋게, 빠르게, 효과적으로 하게 하는 능력은 지식을 활용하게 하는 것으로부터 가능하다는 것이다. 비지니스 전략에 바탕을 둔 지식경영은 전략과 기술 투자 사이의 완전한 연결을 할 수 있다.

조직 구조 기반 동인

기술 확산과 프로세스 변화에 의한 조직 구조 변화의 효과는 효과적 지식경영의 필요성을 더 명확하게 한다. 제품과 서비스가 여러 분야의 협력으로 다루어지면서 기능 부서 간의 창의적 협력이 혁신의 필수적인 조건으로 되고 있다. 과거에는 독립적이던 부서들이 이제는 서로 협력하여 일을 진행하는 경우가 많아지고 있다. 지식경영은 부서 간 팀을 만들어 소속 조직에 상관없이 어디에서나 활동할 수 있고, 직원의 이직이 집합적 지식에 손실이 되지 않게 할 수 있다. 지식경영은 프로젝트 지식을 재활용할 수 있도록 유지하는 기회를 제공한다.

세계적으로 진행되고 있는 규제 완화와 글로벌라이제이션은 경쟁을 촉진시킨다. 조직은 다중 언어와 문화 환경의 글로벌 시장에서 경쟁하고 있으며, 각 시장 내에서 변화의 속도와 변동성이 급격하게 증가하고 있다. 글로벌 기업, 제품, 그리고 분배 채널의 수는 크게 늘어나고 시장은 더욱 경쟁적으로 되었다. 정보기술은 글로벌 무역의 모든 요소의 속도를 높이고, 중앙 집중적 경제의 축소는 기업의 새로운 제품과 서비스를 누구보다 빨리 전 세계에 내놓아야만 하게끔 하였다. 따라서 조직은 언제 어디서나 빠르게 반응할 수 있어야 한다. 제품과 서비스가 구분할 수 없을 정도로 융합되어 제품이 서비스에 의해 정의되는 상황에서 지식경영은 다중의, 자주 변화하는 목적에 유념하게 하는 것을 돕는다.

인사 동인

지식경영의 인사에 초점을 맞춘 동인은 부서 간 지식노동자로 구성된 팀 내에서의 향상된 지식창조와 공유의 필요, 지식노동자의 복잡한 기대에 대응할 필요, 유동적인 팀이 만들어지고 또다시 만들어지면서도 지식의 손실을 막을 필요를 포함한다. 복잡한 시스템의 제품 창조는 창의적 협력이 혁신에 결정적인 역할을 하는 다양한 분야와 개인 기술 기반의 관점으로부터 지식을 결합할 것을 요구한다. 개인의 각기 다른 문화와 배경은 효과적 지식 공유 전략만으로 모든 것을 해결할 수 없다는 이슈를 제기할 수 있다. 지식창조, 공유, 활용 프로세스는 다양한 차원의 협력을 요구한다. 이러한 요구에 대하여 지식경영은 대화와 토론을 장려하여 효과적 협력과 효과적 지식공유를 위한 첫걸음이 되므로 희망을 준다.

지식노동자는 이동성이 높은 일자리를 많이 차지하고 있다. 이제 지식노동자가 더 이상 한 조직에서 커리어를 마치는 것을 기대하기 어렵다. 이것은 최근의 다운사이징과 리엔지니어링으로 직원의 감소와 그에 따른 지식의 누출로 나타났다. 직원의 감축으로 인해 비공식적 지식을 공식적 방법으로 대체할 필요가 생긴다. 이것은 조직에게는 지식의 연속성 문제를 제기하고 지식노동자에게는 지속적 학습을 요구한다. 따라서 조직은 직원이 지식 베이스에 접속할 수 있게 하여 좀 더 효율적으로 지식을 사용할 수 있도록 하는 노력을 하게 하였다. 지식노동자는 급증하는 일과 속도에 맞추어 더 많은 일을 더 빨리 더욱 더 현명하게 해야 한다. 그러나 지식을 경험하고 획득하는 시간은 줄어들고 있다. 평생 학습은 피할 수 없는 현실이 되고 있다.

프로세스 초점 동인

가장 결정적인 지식경영 동인 중의 하나는 업무 프로세스의 향상이다. 지식경영은 많은 기업에 과거의 경험으로부터 얻은 지식을 사용하는 방법을 찾게 한다. 조직은 한 부서 또는 프로젝트가 다른 부서 또는 프로젝트로부터 과거의 경험적 지식을 배워 과거의 실수를 되풀이하지 않게 할 수 있다. 즉 지식의 공유로 효율성, 생산성, 부가가치를 높일 수 있다. 기업은 지식경영을 통하여 시장 변화에 경쟁자보다 더 효과적이며 전략적으로 대응할 수 있게 된다.

시장은 경쟁적이며, 변화 및 혁신의 사이클은 단축되고 그 속도가 급속하게 빨라졌다. 시장 변화의 속도가 너무 빨라 조직이 경험을 쌓고 지식을 확보할 시간이 그만큼 짧아지고 있다. 조직은 가장 빠른 시간 내에 가장 적은 비용으로 제품을 차별화하여 시장에 내놓아야 한다. 기업은 경쟁에서 앞서기 위해 혁신에 박차를 가하여야 한다. 조직은 지식을 기반으로 혁신하여 경쟁한다. 조직에 있어 효율성과 효과성을 향상하기 위한 지식의 중요성이 더욱 커졌다. 조직은 지식을 기반으로 경쟁하도록 강요받고 있다.

경제적 동인

지식자산은 사람들이 사용할수록 그 가치가 높아진다. 즉 지식은 수확체증의 법칙을 따른다 할 수 있다. 이제 거의 모든 제품, 서비스, 그리고 일은 지식을 기반으로 한다. 중앙 집중적 경제의 축소는 기업 내의 새로운 제품과 서비스를 누구보다 빨리 전 세계 시장에 내놓아야 하는 경쟁을 하게 만들었다. 지식기반의 경쟁 우위의 지속성은 경쟁자보다 같은 것에 대해 더 많이 아는 데서 온다. 지식은 성공적 기업의 시장가치와 유형 자산 기반의 장부가치 사이의 벌어지는 갭을 설명할 수 있는 변수이다.

2.3. 전략적 지식 활용

지식경제에서 지식의 가치가 무엇인지를 결정하는 것은 무엇이 지식을 가치 있게 하는가를 결정하는 것이다. 핵심은 지식이 부를 창조하게 하는 것이다. 지식을 제품과 서비스에 투입하는 것이 지식을 가치 있게 하므로 제품과 서비스 혁신이 일어나게 하는 지식 시스템을 구축하는 것이 가치와 부를 창조하는 열쇠이다. 기본적으로 모든 차원의 업무 시스템에 적합하고 효과적인 지식 시스템을 내재시키는 것이 조직의 가치를 더하고 부를 창조하는 것이다. 지속적인 가치 부가와 부의 창조는 조직이 전략적 우위를 확보할 수 있게 한다. 조직은 전략적 우위를 확보하기 위하여 다양하게 지식을 활용한다. 일반적으로 지식경영 실무에서는 다음과 같은 지식의 전략적 활용이 사용되고 있다.

제품과 서비스 지식

지식은 지능적인 지식기반 또는 지식집중 제품의 일부이다. 이러한 제품은 지식 매개체로 볼 수 있다. 오늘날 거의 모든 제품이나 서비스는 지식 집중적이다. 예를 들면, 제약회사는 특허를 보유하고 약의 생산을 라이선스한다. 기업은 제품과 서비스에 활용될 많은 지식을 보유하고 있다. 그러한 지식은 응용 지식, 시장 지식, 사용자의 문제 해결 지식 등을 포함한다. 제품 개발이나 테스트 과정에서 많은 지식을 축적하지만 그 중 많은 부분이 간과되는 경우가 많다. 이러한 지식은 조직의 행동을 가이드할 뿐만 아니라 판매될 수도 있다. 예를 들면, 전문 서비스 회사는 지식 서비스를 판매한다.

프로세스 속의 지식

모든 비지니스 프로세스는 내장된 지식을 가지고 있다. 전문가에 의해 수행된 비정규적인 활동은 정규적 프로세스에 코드화하여 조직 전체에 전파할 수 있다. 이런 경우에도 암묵적 지식은 프로세스를 효과적으로 수행하고 예외적 상황을 다루는 데 필요하다. 그래서 형식적 프로세스 지식은 보통 훈련, 절차 매뉴얼, 또는 전문가에의 접근 등을 수반한다.

사람들의 지식

학습 프로그램은 역량 개발과 활동을 개인, 팀, 조직 차원에서 결합할 수 있다. 개인 역량과 지식은 개인과 조직의 니즈(Needs)를 충족하는 개인 개발 계획을 통하여 개발된다. 팀 지식은 개인들이 지식을 공유하는 것을 장려하는 학습 프로세스를 통하여 향상된다. 조직 차원에서는 학습과 공유를 보상하는 인적 자원 정책과 전반적 역량 개발에 초점이 맞추어진다. 많은 조직은 소속된 사람들의 지식을 효과적으로 활용하지 못하고 있다. 그것은 충분한 학습 또는 성찰의 시간을 주지 않기 때문이다. 조직은 직원을 고용된 도구라기보다 임차한 두뇌로 간주해야 한다.

관계 지식

조직은 개인들의 관계를 통하여 개발된 귀중한 지식을 가지고 있다. 직원들은 고객, 공급자, 파트너, 협회 등과의 관계로부터 공유된 지식과 이해를 개발하게 된다. 이러한 지식은 단순한 사실만이 아니라 행동, 동기, 개인적 특성, 느낌 등을 포함한다. 조직은 외부와의 상호작용을 증대하여 관계의 지식을 확장할 수 있다. 이것은 공급자와의 지식 교환과 데이타베이스 공유를 위한 정기적 회의나 고객 지식 습득을 위한 관계 마케팅을 포함한다.

고객 지식

조직에 있어 고객 지식은 매우 중요하다고 한다. 그러나 많은 조직은 고객이나 시장에 대하여 많이 알지 못하고 있다. 고객 만족도 조사는 고객의 진정한 바람과 관심을 포착하지 못하며, 고객과의 직접적 관계만이 고객의 통찰력과 고객에 대한 지식을 충분히 파악할 수 있다. 많은 기업들은 연구 개발자와 엔지니어들이 제품을 사용하는 고객과 시간을 함께 보내도록 한다. 조직은 이러한 과정을 통하여 고객 지식이 깊어지고 새로운 통찰력을 얻게 된다.

조직 기억

조직은 조직이 알고 있는 것을 알게 되면 과거의 실수를 되풀이하지 않게 되고 유사한 상황의 교훈을 활용할 수 있게 된다. 조직 기억은 사람들의 머리뿐만이 아니라 기록, 파일 캐비닛, 개인용 컴퓨터 파일 그 외 다른 여러 곳에 존재한다. 조직의 활동에 참여한 컨설턴트와 같은 외부 소스도 간과할 수 없다. 조직 기억을 관리하는 전형적인 방법은 중요한 지식을 형식적 지식으로 포착하여 지식 베이스에 저장하는 것이다. 이러한 지식 베이스(Knowledge base)는 인트라넷의 문서관리시스템, 그룹웨어, 또는 웹 페이지를 포함한다. 형식적 지식은 조직 기억의 일부에 불과하다. 따라서 옐로우 페이지(Yellow Page)와 같은 온라인 전문가 디렉토리를 만들어 전문가에 접근할 수 있게 하는 방법도 사용한다. 조직 기억을 향상시키는 방법의 핵심은 새로이 일어나는 경험을 포착하는 것을 일상화하는 것이다.

자산으로서의 지식

많은 조직은 물리적 자산에 대한 회계나 감사는 하고 있으면서 지식자본에 대하여는 관심을 크게 두지 않아왔다. 그러나 사람과 지식을 포함하는 지식자본은 미래의 재무적 성과에 대한 주요 지표이므로 더욱 가치 있는 것이다. 지식자본의 무형성과 일반적 경제 규칙을 따르지 않는 점이 그것의 파악과 측정을 어렵게 한다. 그러나 지식자본의 측정과 관리에 대한 이론과 기법이 개발되고 있으며, 이것을 사용하는 조직이 점차 증가하고 있다.

3. 지식경영 정의와 범위

3.1. 지식경영 정의

지식경영에 대한 문헌을 살펴보면 참으로 그 정의가 많다는 사실을 발견하게 된다. 이것은 지식 자체가 여러 다른 방법으로 정의되고 많은 다른 분석의 각도와 차원에서 접근할 수 있기 때문일 것이다. 일부 학자들은 지식의 개인적 현상에 초점을 맞추고 다른 학자들은 지식의 집합적 성격에 초점을 맞춘다. 지식이 개인적으로 또는 사회적으로 존재하는지의 정도 그리고 형식적인지 아니면 암묵적인지의 관점에서 복수의 인식론도 등장하였다. 중요한 것은 지식이 의미(인식론적, 정서적, 부호적 그리고 문화적)와 습관(행동, 의식, 조직 관행) 둘로 구성되어 있다는 것이다. 이러한 지식에 대한 관점을 받아들여 지식경영을 복합적, 다계층적, 다면성의 현상으로 보아야 한다.

'지식경영'이라는 말 자체가 모순을 내포하고 있다고도 한다. 이 용어는 통제 모드의 사고가 팽배하던 산업시대의 산물이라는 것이다. 지식은 단순한 정보처럼 명확하게 다룰 수 있는 어떤 것이 아니라 경험, 맥락, 의미 부여 및 성찰과 결합된 정보라는 것이다. 지식은 사고와 느낌의 요소를 통합하는 인간 자체에 관한 것이다. 따라서 지식을 관리(경영)할 수 있다는 의미의 '지식경영'이 적절하지 않다는 의견이다. 그러나 현실적으로 이러한 용어에 사용된 단어가 주는 의미로 해석하는 것보다 지식경영은 일반적으로 다음에서 보는 의미로 사용되고 있다.

지식경영은 여러 학문 분야에서 서로 다른 관점으로 접근한 연유로 그것에 대한 정의도 많다. 지식경영의 학제적 성격을 감안해 학자들이 공통된 정의를 사용한다는 것은 어렵다 하더라도 실무자들 사이에서까지도 지식경영의 정의에 대한 합의를 볼 수가 없다. 지식경영이라는 용어는 조직의 업무와 관련된 노하우(Know-how)와 다른 콘텐츠에 대한 생산, 포착, 전파와 관련된 조직 업무와 접근방법으로 사용되고 있다. 실무에서 지식경영은 조직 내의 지식을 파악하고 매핑하며, 경쟁 우위를 위한 지식을 창출하고, 조직의 방대한 정보에 접근할 수 있도록 하고, 우수 사례를 공유하는 것과 이것을 위한 기술을 포함한다. 이것은 많은 것을 망라하는 것인데 그 이유는 지식을 업무에 활용하는 것이 모든 기업 활동의 중심이기 때문이다. 따라서 지식경영을 간단하면서도 정확하게 정의하는 것은 쉬운 일이 아니다.

많은 실무자들은 지식공유가 그들이 지식경영과 관련하여 하고 있는 일들을 더 잘 설명한다고 한다. 지식공유라는 말은 상식적 이해를 가능하게 하고 또 공유는 어느 정도 서로 간의 활동이 있음을 내포한다. 그러나 지식공유는 공유 이전에 지식이 존재함을 내포하여 혁신과 연구가 지식경영과 분리될 수 있다는 오해를 줄 수 있다. 다른 실무자들은 지식경영의 실행에서 지식의 전달보다는 흡수가 더 힘들다는 점 때문에 가용한 정보에 대한 의미 부여, 이해, 행동과 같은 프로세스 즉 '학습'을 강조한다.

지식경영에 대한 접근이 여러 학문 분야에서 일어난 연유로 지식경영에 대한 정의는 초점이 어디에 있는가에 따라 차이가 있다. 실무적 관점에서 주요 분야의 지식경영에 대한 정의를 살펴보면 다음과 같다.

- 조직 기억 관점의 정의 - 이 관점은 조직을 사회 시스템으로 간주하며 지식경영의 주 대상으로 본다. 지식경영 이니셔티브 또는 전략의 목표는 조직의 집합적 지능 또는 지식을 향상시키는 것이다. 이것은 조직에 산재해 있는 개인 네트워크의 지식과 지능을 체계적으로 조정하여 고객 니즈(Needs)에 답하는 방법이다.
- 프로세스 관점의 정의 - 이 관점은 지식경영을 하나의 라이프 사이클 또는 복잡

한 조직 기능, 업무, 또는 프로세스로 보며, 이 라이프 사이클을 하부 업무, 하부 기능, 하부 프로세스 또는 활동으로 나눈다. 지식경영의 목적은 체계적인 관여, 도구, 또는 측정 수단을 통하여 하부 업무를 향상시키는 데에 있다. 하부 업무에 지식의 생산, 저장, 공유, 활용을 포함한다.

- 전략 관점의 정의 – 이 관점은 지식경영의 경영 측면을 부각시키며 지식경영 이니셔티브 또는 프로그램의 전략적 관련성에 초점을 맞춘다. 정보와 지식은 기업의 자산이며, 기업은 이러한 자산을 관리하는 전략, 정책, 그리고 도구가 필요하다.
- 기술 관점의 정의 – 경영정보 분야에서는 지식경영과 관련하여 정보관리의 대상을 지식으로 확장할 수 있다고 본다. 정보통신기술을 활용하여 저장하고 분배할 수 있는 단순한 정보보다는 더 가치 있는 정보나 상황에 맞도록 준비된 정보, 또는 사람의 두뇌에 있는 지식을 포함하는 것으로 보는 것이다. 따라서 지식경영은 전통적으로 인사관리의 기능도 충족시켜야 한다고 본다. 일부 기술지향의 지식경영 관점은 지식 업무, 기능, 또는 프로세스의 라이프 사이클을 기술지향으로 접근하기도 한다.

이상의 지식경영에 대한 정의를 종합하면 다음과 같이 요약할 수 있다. 첫째, 지식경영은 이론과 실제 모두와 관련이 있다. 앞에서 본 것처럼 여러 학문 분야에서 지식경영에 대해 각각으로 접근하고 있기 때문에 지식경영에 대한 정의가 매우 다양하다. 그러나 크게 보면 대부분의 지식경영에 대한 사려 깊은 문헌들은 이론과 실제 모두를 결합한다. 둘째, 지식경영은 넓은 범위의 여러 가지 활동으로 구성된다. 지식자산과 관련된 활동으로 지식의 생산, 저장, 공유, 활용을 포함한다. 셋째, 지식경영 정의는 정보기술에 제한되지 않는다. 정보기술이 지식경영에 필요하지만 지식창조와 전이 프로세스를 지원하는 도구에 머무른다. 넷째, 사람과 학습이 지식경영의 중심 이슈이다. 대다수의 지식경영 문헌들은 이 두 이슈를 조직 맥락에서 이론과 실무를 다루면서 결합한다. 대븐포트(Davenport)는 이와 같은 내용을 통합하는 포괄적 정의를 제시한다.

> 지식경영은 조직의 목적을 달성하려는 관점에서 조직의 지식자산의 활용 및 개발과 관련이 있다고 한다. 관리될 지식은 형식적, 문서화된 지식과 암묵적, 주관적 지식을 포함한다. 이 지식의 관리는 지식의 파악과 공유 및 창조와 관련된 모든 프로세스를 수반한다. 이것은 지식 저장고의 창조와 유지 그리고 지식의 공유와 조직 학습을 지원하고 장려를 위한 시스템을 요구한

다. 지식경영에 성공하는 조직은 지식을 자산으로 볼 것이며 지식의 창조와 공유를 지원하는 조직 규범과 가치를 개발할 것이다.

지금까지 살펴 본 지식경영 정의에 나타난 지식경영의 주요 요소를 통합하여 [그림 1-2]와 같은 지식경영 프레임워크로 나타낼 수 있다. 조직은 지식경영 이니셔티브를 위해 지식경제의 역학을 이해하여 비지니스 전략을 수립한다. 조직의 목표와 목적을 결합한 비지니스 전략은 조직이 요구하는 구체적 지식경영 전략을 개발할 수 있게 한다. 지식경영 전략이 개발되면 그 전략을 실행하는 활동을 하게 된다. 이것은 지식 생산, 저장, 공유, 활용의 지식경영의 네 활동으로 된 프로세스를 실행하는 것이다. 이 프로세스는 사람과 기술 요소와 상호 연결되어 있다. 이러한 모든 지식경영 활동과 요소들은 조직의 지식 인프라스트럭처의 지원을 요구한다. 지식경영 인프라스트럭처는 조직 인프라, 비지니스 인프라, 기술 인프라로 나누어진다.

[그림 1-2] 지식경영 프레임워크

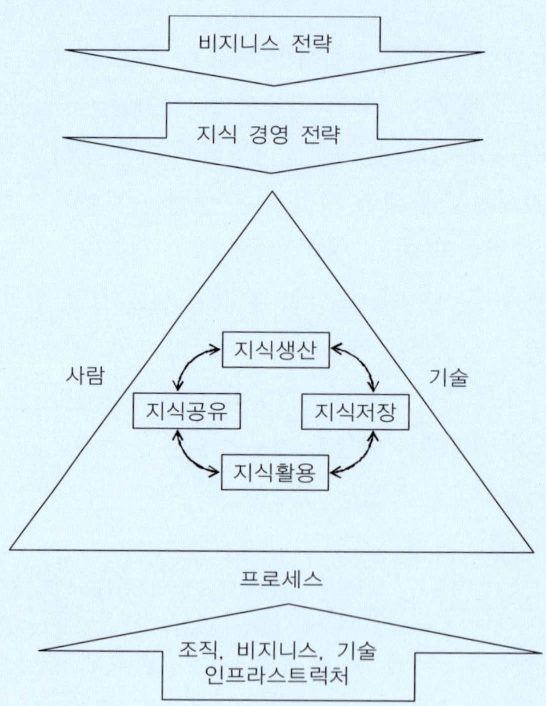

지식경영이 어떤 의미를 가지든 지식경영은 하나의 최신 경영 유행이 아니라 업무를 관리하고 수행하는 과정에서 지식의 역할을 이해하고 활용하는 조직적·종합적 방법의 개발을 의미한다. 지식경영은 현대 경제에서 점차 복잡해지고 급변하는 환경에 대처하는 개인 및 조직을 위한 권위 있는 가이드임에 틀림이 없다.

3.2. 지식경영의 범위

지식경영은 여러 학문 분야에서 다른 관점으로 접근한 연유로 그것에 대한 정의도 많다. 즉 지식경영은 학제적 성격을 가지고 있다. 조직의 지식, 지능, 혁신, 변화 또는 학습과 같이 지식경영에서 사용되거나 활용되는 개념들은 여러 다른 학문 분야에서도 발견된다. 그러므로 지식경영에 유용한 개념들을 제공하는 학문 분야의 관련성에 대하여 살펴보는 일은 중요하다. 많은 학문 분야가 지식경영 이론 개발에 영향을 미쳤다. 가장 많은 영향을 미친 연구 분야는 조직학습, 인적자원관리, 전략경영, 심리학과 사회학, 컴퓨터과학과 경영정보시스템이다.

조직학습

조직학습(Organizational Learning) 프로세스는 개인 지식을 조직 지식에 연결하는 것을 목적으로 하고 미시적 조직학습과 거시적 조직학습으로 구분된다. 개인경험과 학습잠재력은 주로 조직학습의 최소 사회 단위인 그룹에 연결된다. 거시적 구조는 조직학습의 핵심을 나타낸다. 거시적 구조는 그룹들의 학습 결과를 연결하고 개인 및 미시적 사회 학습 결과를 조직학습의 성공으로 전환시킨다. 조직 경영 입장에서 보면 조직학습 접근방법은 조직화된 집합적 학습을 지원하는 개념, 방법 및 도구를 제공한다. 조직기억(Organizational Memory)은 조직학습의 전제가 된다. 그것은 개인이나 조직의 학습은 기억이 없으면 불가능하다고 보기 때문이다.

학습조직(Learning Organization)이라는 용어는 조직학습을 실행하는 조직의 능력을 좀 더 구체적으로 강조하기 위해 등장하였다. 그 능력은 지식의 창출, 획득, 그리고 전파 능력과 새로운 지식과 통찰력을 반영하도록 행동을 수정하는 능력을 포함한다. 이 정의는 조직학습 또는 학습조직 접근방법이 지식경영의 정의와 유사함을 보여 준다.

인적자원관리

사회 시스템의 행동을 설명하는 조직학습의 이론과 접근방법 이외에 인간 지향적 접근방법도 지식경영의 중심적 요소이다. 직원들은 지식을 창출하고, 보유하고, 응용한다. 신입 직원은 자신의 지식과 아이디어를 조직에 가져온다. 기존 직원은 팀 및 네트워크뿐만 아니라 개별적으로 학습을 하고 조직의 훈련과 개발 프로그램에 참여한다. 이직하는 직원은 자신의 지식을 가지고 회사를 떠난다. 이것들은 인사관리가 지식경영과 밀접하게 관련되어 있고, 전략적 지식 또는 역량 관리 개념을 제공하고, 지식 또는 역량 지향적 인사관리로 전환되고 있음을 보여주는 예이다.

인사관리의 직원개발 기능은 조직학습과 지식경영 개념에 가장 큰 영향을 받는다. 조직학습과 지식경영 접근방법은 조직의 개인과 집합체에 중점을 두면서 직원개발에 분산적 접근방법을 취한다. 집합체의 예로는 멤버들이 과업을 통해 배우고, 지식을 공유하면서 서로 배우는 네트워크와 공동체뿐만이 아니라 그룹과 팀이 있다. 또 인사관리는 지식경영 전략 수립에 필요한 중요한 지식 베이스, 지식 장애 및 갭을 파악하는 데 도움을 줄 수 있다.

전략경영

조직에 대한 자원기반 관점에 기초하여 여러 학자들이 지식경영의 전략적 연관성을 개념화하였다. 자원기반 관점에서 지식은 전략적 자산이거나 기업의 주된 생산 자원이다. 조직 능력이라고 불리는 지식 베이스의 확장 및 지식 통합에서의 조직의 스피드와 효율성은 경쟁 우위를 창출하는 데 결정적이다. 자원기반 조직의 관점에서 지식 또는 역량은 지속적 경쟁 우위를 제공하기 위하여 가치 있고, 희귀하고, 모방할 수 없고, 적정한 내구성을 가지고 있어야 한다. 그러므로 지식경영은 지식 자원을 창출하고 유지하는 조직의 능력이다. 지식 전략 또는 지식경영 전략은 비지니스 전략의 일부로 여겨 왔거나 아니면 조직을 역량의 네트워크로 여겨 왔다. 이것을 조직에 대한 지식기반 관점이라고 한다.

심리학 및 사회학

조직은 심리학과 사회학에서 활발한 연구의 중심적 내용이었으며, 각각은 조직 심리학과 조직 사회학이라고 불린다. 이 분야는 개인 및 집단적 관점에서 조직의 인간 행동을 다룬다. 조직 심리학과 조직 사회학의 많은 개념과 아이디어는 지식경영 분야에 응용되었다. 또 지식사회학에서 개발된 개념은 사회적으로 구축된 지식의 설명에 활용된다.

조직 심리학은 조직 배경에서 인간의 행동과 경험을 연구하며 조직의 시스템 특성을 개인, 그룹, 하부시스템, 그리고 조직의 세 추상 차원에서 고려한다. 조직 심리학은 때로는 사회 심리학(Sociological Psychology) 또는 조직의 사회 심리학(Social Psychology of Organization)으로 불린다. 조직 사회학은 활동의 사회 시스템으로 볼 수 있는 조직의 구조적 유사점을 분석한다. 조직 사회학은 다른 많은 분야와 연구 과제를 공유하므로 다중 학문 분야로 볼 수 있다. 지식경영이 사회 현상을 조직 전체 차원에서 분석하므로 조직 사회학은 지식경영에 영향을 준다.

경영정보학/컴퓨터 과학

정보통신기술은 지식경영이 가능하게 하는 주요한 수단이므로 컴퓨터 과학자나 경영정보학자들이 지식경영에 관여하게 된다. 특히 전문가 시스템과 지식기반 시스템에 관여한 학자나 실무자들이 중심이 되었다. 사회-기술 시스템(Socio-technical System)의 기초로 사용되는 가장 보편적 이론은 일반적으로 시스템 이론이다. 시스템 이론은 시스템의 상태와 행동에 대한 일반적 법칙을 구축하려는 목적을 가진 과학 분야 모두를 말한다. 시스템이란 용어는 시스템 이론에서 다양하게 사용되고 있지만, 시스템은 시스템의 행동과 상태를 결정하는 속성과 관계를 기술하고 에너지, 물질, 그리고 정보를 교환하는 여러 요소로 되어 있다는 공통된 정의를 핵심으로 한다.

시스템 이론과 달리 조직을 지식처리시스템으로 보는 관점 또한 지식경영에 유용한 통찰력을 제공한다. 이 접근방법은 조직을 지식 및 정보처리시스템으로 보고 단기 및 장기 메모리뿐만 아니라 태도, 개성 및 상황의 정의 등의 개념을 사용하는 인지 심리학의 이론에 기초하여 개인의 행동을 설명하는 모델을 개발한다. 즉 개인을 정보처리시스템으로 간주한다. 이러한 개념을 조직의 지식 및 정보 처리에 적용하는 것은 어려운 일이지만 일부 아이디어는 조직학습 또는 지식경영 이니셔티브에 참여하는 개인에게 적용할 수 있다.

지식경영의 발전에 영향을 준 학문 분야는 이 밖에도 많이 있다. 이들 분야는 독립적으로 발전하기보다는 서로 영향을 주며 발전하고 있다. 이들 학문 분야는 다른 분야의 이론과 방법론을 들여오고 순수 이론과 방법론보다는 현실 문제 중심의 연구를 하는 방향으로 융합되고 있다. 지식경영은 여러 학문 분야의 방법론과 관점을 활용하는 이러한 문제 중심의 분야 중 하나로 볼 수 있다.

4. 지식경영 역사

4.1. 지식경영 흐름

지식의 역사는 인간의 역사와 같을 것이다. 기업이나 조직에서 지식을 체계적으로 관리하는 관점에서의 지식경영이 정확히 언제부터 시작되었는지를 파악하는 것은 어렵다. 그러나 일반적으로 지식경영의 시작은 세계2차대전 이후 고등교육을 받은 노동력이 늘어나고 관리혁명이 일어나면서부터라고 본다. 경영에 대한 이론이 활발하게 전개되던 20세기 중반 이후부터 지식경영과 관련된 연구와 사건이 발표되기 시작하였다.

1959년 피터 드러커(Peter Drucker)가 '지식노동자(Knowledge Worker)'라는 용어를 『내일의 랜드마크(Landmarks of Tomorrow)』에서 처음 사용하였다. 드러커는 이전의 산업노동자와 다른 새로운 노동층 즉 지식노동자가 생겨난다고 하였다. 이들 지식노동자는 과거와 달리 고등교육을 받아 이론적 · 분석적 지식을 획득하고 활용하는 계층이라고 주장하였다. 1966년 마이클 폴라니(Michael Polanyi)는 지식을 암묵적 지식(Tacit Knowledge)과 형식적 지식(Explicit Knowledge)으로 나누고, 지식의 가치뿐만 아니라 지식의 획득과 적용에 초점을 맞춘다. 그는 암묵적 지식이 모든 형태의 지식의 원천이라고 하였다. 그는 처음으로 지식이 직접적 인간 상호작용 없이는 존재할 수 없다는 인식을 하였다. 그의 이론은 지식경영이 정보관리 이상이라는 것이다. 1985년 폴 스트라스만(Paul Strassmann)은 『정보 대가(Information Payoff)』에서 정보기술에 투자하는 것이 어떻게 정당화되는지를 분명히 하고, 정보기술의 생산성에 대한 영향력을 결정하는 정량적 측정기준을 제시하였다. 그는 어느 기업도 인적 자원의 가치를 측정하고 평가하는 방법을 갖추지 않고는 생산적일 수 없으며, 지식은 파악할 수 있고 측정 가능한 자산이라는 개념을 제시하고 있다.

1992년 마이클 해머(Michael Hammer)와 제임스 챔피(James Champy)는 『리엔지니어링(Reengineering the Corporation)』을 출간하였다. 이들은 미국 기업의 위기가 심각하여 비효과적인 기업에 대한 단 한 가지 처방은 (절단)수술이라고 하여 비지니스 세계에 큰 충격을 던졌다. 1990년대 초반 많은 기업은 리엔지니어링을 글로벌 경쟁 전략으로 실행하였는데 이것은 지식경영의 도입의 기초가 되었다. 그러나 리엔지니어링은 지식경영의 가장 기본이며 가치 있는 요소의 하나인 지속적 혁신과 학습에 대하여는 다루지 않고 있다. 지식경영 주창자들은 한 번의 리엔지니어링으로 만족해하는 위험을 탈피하게 하는 장치가 필요함을 발견하였다. 리엔지니어링과 달리 지식경영은 지속적인 경계를 전제하고 변화하는 시장 다이내믹스에 맞추어 끊임없이 교정과 혁신을 할 것을 장려한다. 1990년 중반에 들어서 지식경영에 관한 많은 논문과 저술이 나오면서 경영자는 지식을 조직의 차별화 요소로 인식하기 시작하였다.

일본에서는 이쿠지로 노나카(Ikujiro Nonaka)와 히로타카 타케우치(Hirotaka Takeuchi)가 『지식창조 기업(The Knowledge Creating Company)』을 1995년에 출간하였다. 노나카는 조직이 새로운 지식을 창출하여 전체 조직에 전파하고 그것을 제품, 서비스, 그리고 시스템화하는 능력을 지칭하는 '조직 지식창출'이라는 용어를 등장시켰다. 지식창출 프로세스는 지식경영과 리엔지니어링의 차이를 강조하는 것이었다.

1990년대 중반에서부터 후반 사이에 몇 가지 획기적 사건과 업적이 나왔다. 레이프 에드빈슨(Leif Edvinsson)은 스웨덴에 본부를 둔 스캔디아(Skandia)에 근무하면서 세계 최초의 최고지식경영자(Chief Knowledge Officer; CKO)가 되었다. 그는 지적자산 분야의 최고 권위자가 되었으며 어떻게 지적자산, 혁신, 그리고 고객 만족과 같은 자산을 대차대조표에 포함시킬 수 있는지를 보여 주었다. 1997년에 그는 마이클 멀론(Michael Malone)과 함께 지적자산의 권위서인 『지적자산: 감춰진 지력을 찾아서 기업의 진정한 가치 실현(Intellectual Capital: Realizing Your Company's True Value by Finding Its Hidden Brainpower)』을 내놓았다. 토마스 스튜어트(Thomas Stewart)는 1997년에 『지적자산(Intellectual Capital: The New Wealth of Organization)』을 출간하면서 지적자산의 개념을 명확히 하였다.

1990년대 중반부터 지식경영은 정보기술의 발전으로 더욱 관심을 끌게 된다. 이때부

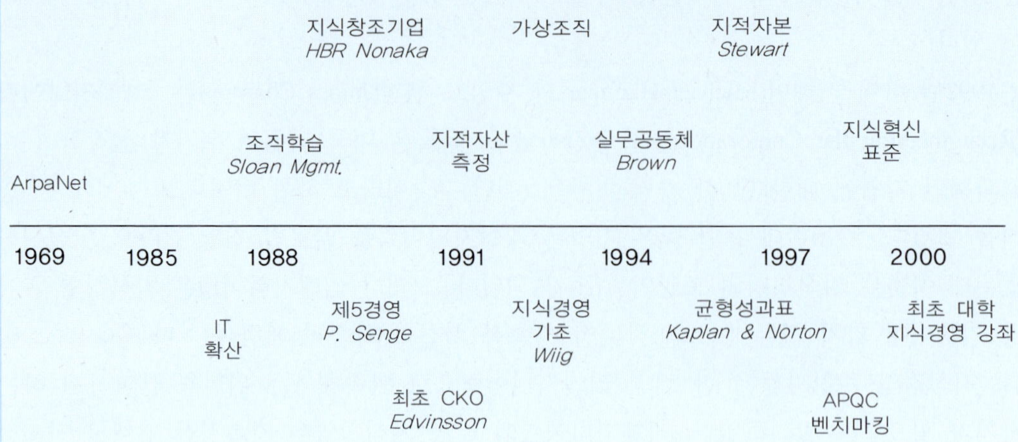

[그림 1-3] 지식 개념의 발전

출처: Dalkir(2005)

터 지식경영은 유행같이 기업들에 의해 도입되기 시작하였다. 초기에 지식경영을 공식으로 활발하게 도입한 기업들은 언스트 영(Ernst & Young)과 같은 국제적 컨설팅 회사들이었다. 또 실무공동체(Communities of Practice)를 운영하기 시작한 제록스(Xerox PARC)와 비영리기관 IRL(Institute for Research on Learning)도 초기 도입자들이다. 어느 조직에서 기원하였는지는 확실하지 않지만 지식경영은 모든 분야의 조직으로 급속하게 확산되었다.

1980년대 말부터 1990년대 말까지 지식경영에 관한 많은 논문과 저술이 쏟아져 나왔다. 지식경영 분야에는 많은 다른 관련 분야로부터 아이디어가 밀려들어 왔다. 학자와 실무자들에게는 조직을 지식 관점에서 보는 힘이 생겨나게 되었고 지식경영으로의 접근은 산업과 지역을 초월하여 붐을 이루었다. 급기야는 지식경영이 학문 분야로 제안되기도 하였다. 이렇게 짧은 기간에 많은 활동이 일어남에 따라 지식경영이 하나의 경영 분야의 유행이 아닌가에 대한 논쟁도 일어났다. 그러나 소요가 잦아들면서 분명한 추세가 자리 잡게 되고, 지식경영에 관한 공통된 핵심 개념에 대한 동의가 이루어졌다.

21세기에 들어오면서 지식경영이 조직에 긍정적인 영향을 미쳤다는 실증적 뒷받침이 나오면서 좀 더 현실적인 기대가 자리 잡게 되었다. 지식경영 성공 사례의 증가는 모든 조직의 관심을 크게 높였다. 특히 정보통신기술은 조직학습 및 지식경영 개념을 효과적이며 효율적으로 조직에 적용하는 조직 변화를 다루도록 하는 지식관리의 향상된 방법의 수단이 되었다.

4.2. 지식경영 세대

지식경영은 아직 독립된 분야로서는 초창기 단계에 있으나 많은 학자나 실무자들은 지식경영이 정점에 이르렀다고도 한다. 현재 지식경영은 지난 20여 년 동안 적어도 학자에 따라 두/세 세대의 지식경영 흐름을 거쳤으나 기대에 미치지 못했다는 전제로 새로운 접근방법을 시도하고 있다.

파이어스톤과 맥엘로이의 세대 구분

파이어스톤과 맥엘로이(Firestone & McElroy)는 새로운 지식경영(The New Knowledge Management)을 제2세대 지식경영 흐름의 하나로 주장한다. 제1세대 지식경영은 지식을 정보의 하나로 보아 조직의 분산된 조직 지식 베이스를 정리하고 구조화하여 '바른 정보를 바른 사람에게 적시에 제공하는 것'이 목적이었다. 분산된 조직 지식 베이스는 비지니스 프로세스에서 개인의 성과를 향상시키기 위해 지식을 포착하여 코드화하고 공유하면서 계속 정리된다. 그런데 제1세대 지식경영은 기왕에 존재하는 지식을 의사결정자에게 공급하는 것에만 관심을 가져 지식 프로세스의 수요 측면 즉 지식생산은 등한시하였다. 지식 프로세스와 지식경영을 분명하게 구분하지 않아 조직의 지식을 생산하고 통합하는 노력에 대한 관리가 지식 프로세스와 자주 혼돈되었다.

파이어스톤과 맥엘로이는 제2세대 지식경영을 패러다임이라기보다는 개념적 모델로 본다. 제2세대 지식경영은 지식이 사전에 존재할 뿐만 아니라 조직의 적응 필요에 따라 인간에 의해 지속적으로 개발된다는 가정을 한다. 따라서 지식경영은 지식의 포착, 코드화, 공유, 그리고 분배의 프로세스를 관리하는 것만이 아니라 지식창출 및 발견과 같은 지식 생산을 관리하는 것이다. 즉 지식경영은 지식의 공급뿐만이 아니라 수요와 관련된 프로세스를 관리한다.

파이어스톤과 맥엘로이는 지식경영의 제1세대는 공급 측면의 지식경영으로 지식 분배, 공유, 다른 통합적 활동을 통하여 이전에 창조된 지식을 통합(공급)하는 것이었다고 본다. 1990년대 중반에 시작된 지식경영의 제2세대는 지식공유와 같은 지식 프로세스의 공급 측면만 강조하는 것이 아니라 문제가 요구하는 것에 대한 반응으로 수요 측면의 지식 프로세스 즉 지식창조를 강조한다. 지식 통합과 지식 생산의 결합에 초점을 맞추는 것이 제2세대 지식경영이다. 조직에는 복합적 적응 시스템 현상이 일어나고 있으므로, 지식경영은 조직 적응을 지원하기 위하여 지속 가능한 혁신을 성취할 목적으로 지식 프로세스에서 자기 조직화(Self-organization)를 이루거나 강화한다.

스노우덴의 세대 구분

데이비드 스노우덴(Snowden)은 지식경영의 역사를 세 세대로 구분한다. 첫 번째 세대는 지식의 저장고 또는 정보기술에 초점을 맞춘 시기이다. 이때는 "지금 아는 것을 알았더라면(If only we knew what we know)"이라는 말처럼 지식이 문제 해결에 도움을 줄 수 있도록 접근 가능하게 하는 것이 주된 목표였다. 컨설팅 회사와 같이 지식경영의 초기 채택자들은 지식이 주된 제품이며 조직이 가지고 있는 지식을 효과적으로 저장할 필요가 있음을 깨닫는다. 지식경영의 첫 세대 동안 많은 인트라넷과 내부 지식경영시스템이 개발되었다. 이 세대에는 업무의 부산물로 만들어져 조직 내부에 묻혀 있던 당시까지 발견할 수 있는 모든 지식—우수 사례 및 교훈—을 찾아내려는 노력이 이루어졌다.

지식경영의 제2세대는 제1세대의 정보 과부하 문제 해결에서 스펙트럼의 반대편으로 이동하면서 사람들에게 초점을 맞춘다. 이때는 "누가 알고 있는지를 알았더라면(If only we knew who knows about)"이라는 말처럼 문제 해결에 필요한 지식을 지니고 있는 사람을 찾을 수 있게 하는 기능을 추가한다. 제1세대에서 강조한 디지털 도서관이 쓸 만한 콘텐츠가 없고 사용 빈도가 낮은 것을 따져 본 기업들은 지식경영의 인간 및 문화적 차원의 중요성을 깨닫게 된다. 정보기술 중심 접근방법의 제1세대의 지식경영은 지나치게 하향식 접근방법으로 전사적, 거대한 지식경영시스템 구축에 비중을 두었다. 제2세대에서는 상향식 또는 자발적 지식경영의 채택이 성공을 가져온다. 특히 더 큰 효율성을 위한 지식 재사용뿐만이 아니라, 더 많은 혁신을 위한 지식창출을 촉진하기 위하여 자생적 움직임으로 만들어지는 실무공동체(Communities of Practice; COP)는 조직 전체의 지식 공유와 지식 전파의 좋은 수단이 된다.

스노우덴은 지식경영의 제3세대는 공유된 맥락에 대한 깨우침을 일으키고 있다고 한다. 제3세대 지식경영은 공유된 맥락은 공유된 의미를 만든다고 전제하며, 의도한 사용자가 존재 여부를 알고 쉽게 접근하여 활용할 수 있도록 콘텐츠를 어떻게 기술하고 구조화하는가에 대해 초점을 맞추고 있다. 이 단계에서 콘텐츠는 맥락으로부터 추상화될 필요가 있으므로, 콘텐츠 포맷, 콘텐츠 관리, 지식 분류(Knowledge Taxonomy) 이외에도 콘텐츠를 기술하기 위한 메타데이타(Meta-data)를 도입한다. 지식이 개인, COP, 그리고 조직과 같은 사용자에게 도움이 되도록 저장되지 않으면 지식경영은 실패한다고 본다. 지식경영은 필요한 지식이 있으며, 필요할 때 찾을 수 있고, 그것을 이해할 수 있고, 그 지식이 업무에 활용되어야 한다.

스노우덴은 1995년 이전의 지식경영의 제1세대에서는 지식 그 자체가 문제가 아니고 정보를 의사결정자가 의사결정에 맞게 사용할 수 있도록 분배하는 데 초점이 있었다고 본다. 지식경영의 제2세대에서는 초점이 정보기술에서 노나카의 지식전환 모델의 암묵적 지식과 형식적 지식의 전환으로 옮겨졌다고 본다. 지식경영의 제3세대는 지식이 역설적으로 물건으로 그리고 흐름으로 간주된다. 즉 맥락, 내러티브와 콘텐츠 관리가 지식경영의 중심이 된다.

마크 쾨니히의 세대 구분

마크 쾨니히(Koenig)는 지식경영이 처음에 정보기술(특히 인터넷), 우수 사례, 교훈, 지식 공유에 의해 주도된 시기를 제1세대로 본다. 지식경영의 제2세대에서는 인적 요소, 조직학습을 강조하며, 암묵적 지식과 형식적 지식 사이의 전환에 초점을 맞춘 지식창조를 강조하였다. 지식경영의 제3세대는 제1세대와 같이 정보기술에 크게 치우쳐 택서노미(Taxonomy) 구축 및 사용을 통하여 컨텐트 배치와 관리의 단계라고 본다. 이 세대 구분은 지식경영의 실무를 반영하고 있는 일반적 분류이다.

[표 1-3] 지식경영 시대 구분

주창자	쾨니히	스노우덴	파이어스톤과 맥엘로이
시대	1. IT 중심적 지식경영 2. 인적 요소 중심적 지식경영 3. 분류 중심적 지식경영	1. 정보 배분 중심적 지식경영 2. 지식전환 중심적 지식경영 3. 맥락, 콘텐츠 중심적 지식경영	1. 공급자 중심적 문제 해결 지식경영 2. 수요자 중심적 지식창조 지식경영

5. 지식경영 접근방법

지난 20여 년 동안 지식경영은 많은 학자와 실무자들의 관심을 받아 왔다. 지식을 관리해야 하는 조직의 체계적 관여를 지원하기 위한 개념과 이론에 대한 요구로 여러 관련 분야에서 접근하여 각각의 접근방법을 제시하였다. 앞에서 본 것처럼 지식경영 분야는 이질적인 분야로부터 접근되는 복합적 분야이다. 따라서 아직까지 이론적 차원에서 지식경영 접근방법에 대한 일치가 이루어지지 않고 있다. 그러나 지금까지의 지식경영 접근방법은 크게 세 가지로 나눌 수 있다. 지식경영에 대한 유럽, 일본, 그리고 미국의 접근방법이 처음에는 차이가 현저했다. 또 학자들의 지식경영에 대한 접근방법은 학문적 배경에 따라 차이를 보였다. 또 지식경영이 실무에서 적용될 때에 초점에 따라 접근방법이 다르게 나타났다.

5.1. 지역별 지식경영 접근방법

지식경영이 처음 등장하였을 때 지식경영의 중요성에 대한 일치는 있었으나 그 접근방법은 달랐다. 유럽은 지식의 측정에 더 초점을 맞추었고, 일본은 개인과 그룹으로부터

[표 1-4] 동 · 서양의 지식경영 비교

서양	동양
• 형식적 지식에 초점	• 암묵적 지식에 초점
• 재사용	• 창조
• 지식 프로젝트	• 지식 문화
• 지식 시장	• 지식 공동체
• 관리와 측정	• 배양과 사랑
• 단기적 성과	• 장기적 성과

출처: Cohen(1988)

조직 지식을 창조하는 데 관심을 가졌고, 미국은 지식의 관리에 더 초점을 두었다.

유럽 기업들은 무형 자산에 대한 측정 시스템을 개발하여 그 결과를 일반과 공유하는 데 앞섰다. 특히 스칸디나비아의 기업들은 지적자산에 대한 완전한 정보를 제공하기 위해 수많은 지표(Index)와 비율을 개발하였으며 이것들을 재무제표에 발표하였다. 예를 들어 스웨덴의 스칸디아(Scandia)는 인적 자본의 전환 프로세스를 재무제표에 표시한다.

유럽 기업과는 달리 일본 기업들은 지식 그 자체에 초점을 맞추었다. 노나카와 다른 일본 학자들은 지식은 컴퓨터에 저장되는 데이타나 정보와 달리 감정, 가치, 직감이라는 인식을 가지고 기업은 지식을 관리하는 것보다는 조직 내 모든 사람이 지식창조에 참여하도록 하는 노력을 하여야 한다고 본다. 지식경영은 기존 지식을 관리하는 것이 아니라 암묵적 지식과 형식적 지식의 전환이 스파이럴(Spiral) 형태로 일어나게 하는 지식창조라는 것이다.

유럽이나 일본 기업과 달리 미국 기업들은 정보기술을 활용하여 지식을 효과적으로 관리하는 데 초점을 맞추었다. 지식경영 매니저는 필요 없는 지식의 제거와 새로운 지식의 코드화와 저장에 책임이 있다. 지식경영은 이 지식 베이스에 더 많은 직원이 접근할 수 있고 쉽게 사용할 수 있게 하는 것이라 본다. 지식경영의 보급이 확대되면서 미국 기업들

[표 1-5] 지식경영 접근방법 분류

지식측정(유럽)	지식경영(미국)		지식창출(일본)
	인간 요소 강조	정보기술 강조	
	기업문화 초점	정보/기술 초점	
지적 자본 모델	사회적 구축 모델		지식분류 모델
	공동체로서 지식경영/규범적 통제로서 지식경영	확장된 도서관으로서 지식경영/실행된 청사진으로서 지식경영	
경제학파		기술학파	행동학파
		정보기술을 통한 지식포착 및 코드화	사회적 미디어를 통한 지식창출 및 공유
지식기반 기업이론/지식경영			

출처: Lloria(2006)

은 직원들 간의 지식 공유를 지원하는 인간지향적 접근방법에도 초점을 맞추게 된다.

[표 1-5]는 지역 간 지식경영 접근방법의 차이를 요약한 것이다. 그러나 지식경영의 도입이 일반화되면서 세 지역의 기업은 과거 접근방법의 단점을 제거하고 다른 방법의 장점을 도입하여 통합됨으로써 점차 접근방법의 차이가 사라졌다. 유럽 기업들은 지식측정을 넘어 지식 활용을 추구하고, 미국 기업들은 정보기술 중심의 접근방법에서 인적 요소를 도입하는 지식경영을 하게 되었다. 반면에 일본 기업은 지식의 암묵적 차원을 넘어 지식 베이스를 추가하였다.

5.2. 이론적 지식경영 접근방법

이론적 지식경영 접근방법은 크게 인간 지향적(People-oriented) 지식경영과 기술 지향적(Technology-oriented) 지식경영으로 나눌 수 있다. 이 두 접근방법은 지식경영에 접근하는 학문적 배경에 근거한다고 볼 수 있는데, 인간 지향적 지식경영은 인간/프로세스 지향적 조직학습 및 조직과학에, 그리고 기술 지향적 지식경영은 기술/구조적 조직과학 및 경영정보학 또는 컴퓨터 과학에 배경을 두고 있다. 실제에서 조직은 두 접근방법을 배타적으로 선택하는 것이 아니라 통합하는 종합적 접근방법(Holistic Approach)을 채택한다. 종합적 지식경영 접근방법은 이전의 두 접근방법을 통합한다기보다는 인간 지향적 접근방법에 기술을 촉진 도구로 간주하거나 아니면 기술 지향적 지식경영 접근방법에 지식 프로세스, 비지니스 프로세스, 그리고 패키지 도구의 통합을 통하여 인간 요소를 반영하고 있다.

기술 지향적 지식경영 접근방법

기술 지향적 지식경영은 코드화(Codification)전략으로 불리기도 하며, 지식을 문서화, 분류, 저장, 추출, 분석, 유용한 활용을 위한 조작이 가능한 객체로 본다. 이 접근방법은 주로 컴퓨터 또는 정보시스템, 엔지니어링 등의 분야 배경을 가진 전문가들이 취하는 자세이다. 기술지향의 지식경영 주창자들은 지식경영이 단지 컴퓨터 시스템을 개발하는 것이 아니라고 하지만 여전히 초점이 지식을 포착, 코드화, 저장하는 데 정보기술 기반의 시스템과 방법론을 사용하는 것으로 좁혀진다. 또 이 접근방법은 지식의 인지적 요소를 강조한다. 즉 조직의 정보처리 능력을 향상시키기 위하여 지식을 추출, 코드화, 저장, 전이할 수 있는 (사람들의 머릿속에 있는) 어떤 것으로 본다. 지식경영과 연관된 주요 문제는 지식경영 도구를 사용하는 인간의 제한된 능력을 포함하여 관련 도구와 시스템의 능력과 발견적 역량과 관련된 것이다. 이 관점의 주요 가정은 다음과 같다.

- 지식은 코드화, 저장, 분배할 수 있다.
- 지식경영은 지적자산의 조각을 관리하고 조합하는 것이다.
- 지식은 자체의 특성을 가진 객관적 개체 또는 저장품이다.
- 지식경영의 목적은 지식의 해석 즉 암묵적과 형식적 사이의 전환이다.
- 지식은 정보시스템을 통하여 포착 및 전이가 가능하다.
- 지식경영의 목적은 재사용이다.

이러한 가정에 대한 결론은 지식은 맥락으로부터의 추상화와 한 장소에서 다른 장소로의 전이가 가능하다. 따라서 지식경영에는 정보기술이 필수적이다. 지식경영의 주된 전략은 코드화이다. 코드화는 조직의 지식창출과 분배의 품질과 속도를 높이려는 노력으로 지식경영시스템을 개발하여 실행하는 기술 기반에 초점을 맞추고 있다. 코드화를 목적으로 하는 시스템은 인트라넷, 데이타 웨어하우스, 지식 저장고, 의사지원도구, 그룹웨어와 같은 기술을 포함한다.

인간 지향적 지식경영 접근방법

인간 지향적 지식경영은 지식을 주로 전문가의 기술에 내재되어 있고, 사람들 사이에 밀접하게 연결된 프로세스에 묻혀 있고, 코드화하기 어려운 암묵적 지식으로 본다. 주로 경영, 인적자원관리, 조직개발(Organizational Development), 심리학, 교육 등의 분야 배경을 가진 전문가들이 취하는 자세이다. 이 관점은 개인화(Personalization) 전략으로 불리기도 하며 조직이론 (특히 조직학습)과 전략경영 분야에서 주로 논의되었다. 이 관점은 지식경영시스템의 실패와 조직 지식의 코드화의 기술적 한계에 대한 반작용으로 등장하였다. 이 접근방법은 지식의 사회적·관계적 성격뿐만이 아니라 인지적 성격도 강조한다. 지식은 사회적 관계와 학습공동체 혹은 실무공동체를 통하여 또 그 안에서 개발되는 것으로 본다. 지식자본의 이용은 사회적 자본과 네트워크의 개발을 통하여 이루어진다고 본다. 이 관점은 기술을 그러한 공동체 개발을 가능하게는 하지만, 지식경영의 필수적 요소로 보지 않는다. 이 접근방법의 주요 가정은 다음과 같다.

- 지식의 개발은 사회적 관계, 네트워크, 실무공동체 개발과 밀접하게 연결된다.
- 암묵적 지식의 공유는 필수적이지만 가치 있는 지식의 많은 부분은 암묵적으로 남는다. 그러므로 코드화의 한계가 있다.
- 지식은 사람의 머릿속에 있으면서 동시에 사회 공동체에 상황화되어 있다. 지식경영의 목적은 암묵적 지식의 공유에 있다.
- 지식은 사람들을 연결하는 네트워크나 공동체를 통하여 흐른다. 강한 유대(Strong Tie)는 암묵적 지식 공유에 중요하다.
- 지식경영의 목적은 새로운 지식을 이용하거나 창출하는 것이다.

이러한 가정의 결론은 지식은 본질적으로 사회적인 것이므로 그것을 창출하는 공통체로부터 분리할 수 없다. 그러므로 정보기술은 사람들을 연결함으로써 지식경영을 가능하게 한다. 지식경영의 전략은 개인화라고 말할 수 있다.

종합적 지식경영 접근

인간 지향적 지식경영 접근방법은 주로 인간 지향의 접근방법에 초점을 맞추면서 정보기술을 하나의 동인으로 언급하나 실제적인 통합이 이루어지지 않고 있다. 인간 지향적 지식경영 접근방법은 지식이 본질적으로 사회적이고 사회적 관계는 맥락에 의존하므로, 지식을 실무와 행동에 맥락적으로 내장되고 상황화된 것으로 이해할 필요가 있다고 본다. 이러한 관점은 기술 지향적 지식경영 접근방법과 다른 점을 부각하기 위해 의도적으로 유형화한 것이다. 반면에 기술 지향적 지식경영 접근방법은 패키지 도구의 통합을 통해 지식 프로세스와 비지니스 프로세스를 보완하면서 인간 측면에 비중을 두려 한다.

두 접근방법의 차이가 선명하게 나누어지는 것은 아니다. 두 관점의 차이는 서로 다른 유형이라기보다 강조점의 차이라 할 수 있다. 위의 두 접근방법은 서로를 결합하려는 시도를 하지만 진정한 통합이 이루어지지는 않았다고 할 수 있다. 또 지식경영에 대한 접근방법이 지금까지 지식의 개인적 관점에서의 의미에 초점을 맞추어 현실 세계의 실제를 등한시하였다. 암묵적 지식을 형식적 지식으로 전환하는 것을 강조하였다. 이것은 지식이 사회적 맥락과 행동으로부터 격리되는 위험을 가지고 있다. 따라서 지식의 인지적 성격을 유지하면서 지식경영의 본질적인 사회적 성격을 강조하여 균형된 종합적 접근이 필요하다.

5.3. 실무적 지식경영 접근방법

지난 20여 년 동안 지식경영의 이론은 진화하면서 여러 단계를 거쳤다. 처음에는 철학적 단계로 학자들이 지식이라는 개체에 초점을 맞추어 이 개념에 대한 전략적 차원을 부여하였다. 이 단계를 지나면서 지식경영에 대한 본격적 논의와 실행이 시작된다. 첫 번째 단계는 기술적 단계로서 정보기술 차원이 지식경영에서 주도적 역할을 하였다. 두 번째 단계는 개인들을 신뢰와 대화로 연결할 필요를 강조한 네트워크 단계이다. 세 번째 단계인 최신의 움직임은 전략적 학습 단계로 학습 우선순위를 비지니스 전략에 정렬하고 지식경영이 의사결정에 영향을 미쳐야 한다고 강조한다. 이러한 진화는 [그림 1-4]와 같이 표현될 수 있으며, 이것은 다시 기업들의 지식경영 진화를 세 가지 다른 지식 네트워크의 개발로 표현하는 것이기도 하다. 즉 기술 네트워크, 개인 네트워크, 그리고 사회 네트워크가 그것이며, 이것을 기술적 지식경영, 개인화 지식경영, 그리고 사회화 지식경영이라고 부르기도 한다.

기술적 지식경영 또는 코드화 전략은 조직 지식의 구조와 맵 디자인에 초점을 맞춘다. 기술적 지식경영은 정보와 형식적 지식에 초점을 맞추며 정보기술, 시스템 그리고 데이타베이스에 의해 지원된다. 개인은 데이타베이스를 통하여 전이될 수 있도록 자신의 지식을 형식화한다. 개인화 지식경영 또는 개인화 전략은 지식의 창조에 디자인 초점을 맞춘다. 이 전략에서 지식은 그것을 개발한 개인과 밀접하게 연결되어 있다. 기업은 지식 공유를 위한 대화와 면대면 커뮤니케이션 기술에 중점을 둔다. 이 전략의 목적은 공유된 경험을 통한 학습 촉진에 있다. 사회화 지식경영은 기술적 지식경영과 개인화 지식경영을 결합한다. 같은 지식 공간에 있으면서 다른 사람과의 관계를 통하여 상호작용을 하는 사람들의 그룹 즉 지식 공동체가 사회화이다. 사회화 지식경영은 지식을 교환하고 공동체화하도록 디자인한다.

기업은 개인화 전략과 사회화 전략을 사용하여 지식경영에서 관계의 중요성을 실현한

[그림 1-4] 지식경영 접근방법

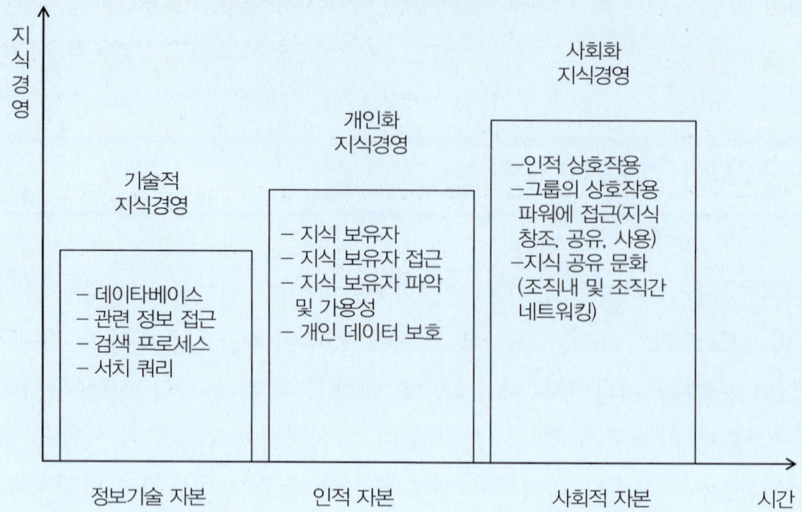

출처: Oldigs-Kerber & Sorensen(2002)

다. 이러한 전략으로 기업은 사회적 지식창조의 상향식 접근방법과 자발적, 조직화된 지식 네트워크를 통하여 지식을 극대화하고자 한다. 기업 경영자는 이러한 활동을 지원하고 그것에 관여하여야 한다. 조직은 사람들 간 네트워크 특히 관련성이 적은 지식 네트워크 사이의 협력 문화를 조장하여야 한다.

2004년의 한 연구에 따르면 실무적 입장에서 기업들이 정보기술 전략에 실망하고 있다고 지적한다. 조사 기업의 3분의 2가 지식창조와 공유에서 관계의 중요성을 강조하였다. 기업들은 기술적 전략에서 사회화 전략으로 중심을 이동하고 있으며, 지식 네트워크나 학습 공동체를 개발하여 유지하려고 노력하고 있다. 이 노력은 실무공동체나 지식 네트워크 형태를 지녔다. 기업들은 정보기술에 투자하는 것보다 지식 네트워크나 학습 공동체를 개발하여 유지하는 것에 많은 노력을 하고 있다. 이것은 지식경영의 기술적 차원을 소홀히 해서가 아니라 오늘날 기술은 큰 문제가 되지 않으므로 기술 차원에 많은 비중을 주지 않음으로써 지식경영의 문제가 다른 차원에서 더 효과적으로 접근할 수 있다는 의미이다.

5.4. 지식경영 요소

지식경영은 [그림 1-5]에서 보는 것처럼 사람, 프로세스, 그리고 기술의 융합이다. 지식경영 구루(Guru)들은 지식경영이 성공하기 위해서는 이 세 요소와 이들 사이의 관계가 종합적으로 고려되어야 한다고 주장한다. 지식경영 실무에 관한 조사에서 지식경영 노력의 10%가 기술에, 20%가 프로세스에, 나머지 70%가 사람과 문화적 이슈에 투입되는 것으로 나타난다(이 숫자는 조사에 따라 약간의 차이가 있을 수 있다). 기술은 빨리 또 쉽게 실행할 수 있지만 사람과 문화 이슈의 해결은 시간이 많이 걸리고 비용도 많이 들 수 있다. 지식경영의 진정한 효과는 사람과 관련된 이슈가 해결되어야 나타난다.

지금까지 살펴본 바와 같이 지식경영 개념의 핵심은 사람, 프로세스, 기술 이슈 중 어느 하나에 초점을 맞추는 것이 아니라 셋을 동시에 다룰 것을 요구한다. 이것은 지식경영을 사회-기술적(Socio-technical) 관점에서 접근하는 것이다. 이것은 지식 자체가 사람들의 머리, 프로세스에 내장되어 있고 다양한 기술에 의해 창조되고 생산되는 다면성의 개념이라는 점에 기인한다. 이것은 앞에서 본 [그림 1-2]의 내부에 있는 사람, 프로세스, 기술의 삼각형과 같이 그래픽으로 표현될 수 있으며, 지식이 사람 그리고/또는 기술에 의해 창조되고 프로세스에 내장될 수 있음을 강조한다.

[그림 1-5] 지식경영 요소

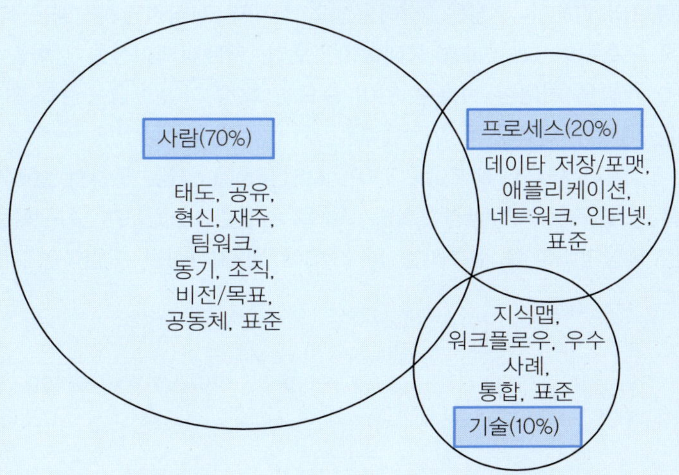

사례: 하나은행 차세대 지식경영 뉴턴(newTURN)

하나은행(www.hanabank.com)은 1월 6일(화) 핵심역량 강화를 목표로 모든 임직원이 손쉽게 핵심 지식을 창출, 공유, 활용하기 위한 차세대 지식경영시스템인 '뉴턴(newTURN)'을 오픈한다고 밝혔다. 금번 구축된 차세대 지식경영시스템인 '뉴턴(newTURN)'은 "새로운 방향으로 나아가고자 할 때 정보를 찾는 곳, 시대를 앞서가는 생각을 하는 진취적인 사람들의 공간"이라는 의미로 명칭 공모를 통해 선정되었다.

'뉴턴(newTURN)'은 지식경영컨설팅을 수행하여 ▲하나금융지주 전 계열사 확장을 고려한 지식지도(Knowledge Map) 구성 ▲실행단계까지 프로세스별 모니터링이 가능한 제안시스템 ▲온라인 협업 방식인 위키(wiki), 블로그 등 웹2.0 사상을 반영한 CoP/팀룸 ▲내규/업무 편람, 웹하드, e-Book, 도서관리시스템을 중심으로 구성하였다. 차세대 지식경영시스템 '뉴턴(newTURN)'은 검색 기능을 강화하여 고객에 대한 빠른 업무 응대를 지원할 수 있고, 업무 관련 지식 및 변경 제도 확인을 위해 시간을 낭비할 필요 없이 '뉴턴(newTURN)' 한 곳에서 모든 것을 해결할 수 있다. 또한 웹2.0 사상을 적용하여 임직원의 참여를 확대하기 위한 테마제안과 아이디어 제안제를 도입하였고, 고객제안 및 개선 사항을 신속히 제안으로 연결하기 위한 퀵(Quick) 제안 서비스를 제공한다.

하나은행 지식경영팀 이경근 팀장은 "그룹 내 통합 지식관리체계 구축, 핵심역량 강화를 위한 학습촉진 인프라 구축, 협업 및 커뮤니케이션 기반 마련을 목적으로 시스템을 구축하였다"며 "이번 차세대 지식경영시스템의 도입으로 금융그룹 시너지를 극대화하여 대고객 서비스를 강화하고, 급변하는 금융산업의 환경 변화에 적극적으로 대응해 나갈 계획"이라고 밝혔다. 이번 프로젝트 책임을 맡은 날리지큐브의 강원규 부장은 "하나은행의 차세대 지식경영시스템은 타 시스템과 유기적인 연동이 되도록 구축하여 그 효과를 극대화하였으며, 커뮤니케이션을 강화할 수 있도록 참여, 공유, 개방의 웹2.0 개념을 최대한 적용한 것이 중요한 특징"이며, "금융권의 지식경영시스템 표준 모델을 제시하는 계기가 되었다"라고 전했다.

한편 이번 프로젝트에서 자사의 K*Cube EKP, IMS 제품을 공급, 구축한 날리지큐브는 포스코, 삼성화재, 아주그룹 등 대규모 지식경영시스템 구축을 수행한 바 있으며, 최근에는 행정안전부 온라인 행정백과사전 '국정피디아'를 구축하는 등 KMS에 웹2.0사상을 도입하여 지식기반서비스 시장을 리드하고 있다.

출처: http://www.zentop.co.kr/kcube.html

2장 지식경영 개념과 모델

학습 개요 및 목표

지식경영에서 주목하여야 하는 것은 지식이 매우 복잡한 성격을 가진다는 점이다. 지식은 정보와 다름에도 불구하고 혼동하여 사용하는 경우가 많다. 이것은 문제를 지나치게 단순화하는 것이고, 그 차이를 무시하는 것이다. 지식경영이 하나의 경영 바람에 불과할 것이라는 비판이 있기도 하였으나 하나의 학문 세부 분야로 또 실무 영역으로 자리 잡게 된 것은 다음 페이지의 [동향]에서 보는 것처럼 지식경영이 개념적 · 이론적 바탕에 기초한 것이기 때문이다. 지식경영을 실행하는 조직이 어떻게 배우고, 사고하고, 학습하는가에 대한 이론이 여러 가지 다른 기존 이론을 바탕으로 제시되었다. 이것은 지식경영의 실무에서 고려되어야 할 실용적 지침이 되었다.

이 장에서는 지식에 대한 개념과 정의에 대하여 살펴본다. 이어서 지식경영에 대하여 그동안 지식경영 학자와 실무자들에 의해 많이 논의되고 실제에서 테스트된 대표적 지식경영 이론에 대하여 요약한다. 마지막으로 이 장에서는 지식경영에서 일어나는 다양한 활동과 관련한 프로세스 또는 라이프 사이클 개념을 소개한다. 지식경영 프로세스는 지식경영의 중심 이슈이므로 제2부에서 자세하게 다룬다. 이와 같은 내용을 소개하는 이 장의 목표는 아래와 같다.

- 지식에 대한 개념이 어떻게 변천되었는지를 살펴본다.
- 데이타, 정보, 지식의 관계를 이해한다.
- 주요한 지식 분류 유형을 살펴본다.
- 지식경영의 대표적, 이론적 모델을 살펴본다.
- 지식경영 활동의 분류를 살펴본다.
- 지식경영 프로세스 모델을 이해한다.

동향(Trend to Watch): 지식경영 추세

지식경영이 하나의 (경영학 또는 정보시스템 분야 내의 세부) 학문 분야인가에 대한 논의는 계속되어 왔다. 지식경영은 여러 학문 분야로부터 접근되었지만, 그 중에서도 정보시스템과 조직행동의 영향이 가장 크다. 따라서 정보시스템 또는 조직행동 학문 분야의 한 분야로 간주하기도 하지만 많은 지식경영 학자와 실무자들은 이제 지식경영이 하나의 독립된 학문 분야라는 인식을 하고 있다. 지식경영이 하나의 학문 분야인가를 확인하기 위해 쿤(Kuhn)의 학문 기준으로 지식경영 분야의 학문적 활동을 검증한 논문도 나왔다.

지식경영 분야가 하나의 학문 분야인가 아닌가는 쿤의 학문 분야에 대한 기준의 하나인 학술 논문지로 평가될 수 있다. 정보시스템 저널 『인덱스(Index of Information Systems Journals)』에서 8개의 지식경영 연구에 관한 저널을 발견할 수 있다. 여기에 지식 표현, 지식 발견, 지식경영 기술, 구체적 지식경영 활용과 같은 토픽에 초점을 맞춘 관련 저널은 더 많이 있다. 또 이론과 실무 차원에서 지식경영을 다루는 관련자 그룹(Special Interest Group; SIG), 협회, 학자 및 실무자들의 실무공동체(Communities of Practice; COP)도 많이 등장하였다. 이러한 전문가 단체의 설립은 또 다른 쿤의 학문 분야 기준을 충족하는 것이다. 최근에는 쿤의 학문 분야 기준에 해당하는 지식경영의 강좌가 많은 대학에서 개설되기 시작하였다. 미국의 일부 대학에서는 지식경영 석사 학위 프로그램을 운영하고 있다.

지식경영은 기업뿐만 아니라 모든 조직의 주요한 분야이며, 관련 학자와 실무자들의 활동이 매우 활발하다. 2009년 7월 지식경영 'Knowledge Management' 키워드의 Google 서치는 95,900,000개의 페이지 링크를 가져온다. Sims는 온라인으로 53개의 지식경영의 정의를 분석하고 있다(http://blog.simslearningconnections.com/?p=282). 지식의 관리와 지식 프로세스와 연관된 다양한 활동을 설명하는 지식경영 모델을 여러 학자들이 제시하였다. 지식경영은 지난 20여 년 동안 경영의 효율을 높이기 위한 조직 이론으로 실제 자리 잡았으며 동시에 하나의 학문적 세부 분야로 자리를 굳혀 가고 있다. 그러나 지식경영이 학문으로서는 아직 젊은 학문 분야이다.

1. 지식 개념

1.1. 지식 개념의 역사

지식경영에 대한 이해는 지식에 대한 개념의 이해에서 시작된다. 지식은 여러 가지 측면을 드러내는 기묘한 개념이어서 정의하기 어렵다. 실제에서 지식과 연관된 여러 가지의 동의어나 관련된 용어가 등장하나 이들은 지식의 특정 측면을 기술하여 지식의 부분적 의미를 대신한다. 무엇이 지식인지 또는 아닌지에 대한 논쟁은 고대 그리스 철학자로부터 시작하여 현대의 철학자들로 이어졌다. 그러한 논의는 지식 개념의 형성을 도왔으며, 그 개념의 복잡성을 강조하는 것이다.

전통적으로 지식은 철학적 사고의 핵심이었다. 수많은 철학자가 공통적으로 받아들일 수 있는 지식의 정의나 개념화를 위해 노력하였다. 역사적으로 지식경영의 지식 개념과 이니셔티브 실행에 큰 영향을 준 주요한 지식 개념들을 살펴보면 다음과 같다.

그리스 철학

헤라클리투스(Heraclitus), 소크라테스(Sokrates), 플라토(Plato), 아리스토텔레스(Aristoteles)와 같은 그리스 철학자들은 지식에 대한 유럽식 사고의 기초를 만들고 지식과 지식 획득 프로세스를 개념화하였다. 그리스 철학자들은 주제에 대한 체계적이며 과학적 관찰과 분석을 통하여 객관적 실체를 알 수 있으며, 지식은 객관적 진실을 표현한다는 논리를 신봉하였다. 이들의 관심은 지식 개념 자체 즉 애매한 정의와 아는 프로세스를 정의하려는 것에 있었다. 고대 그리스 철학자들은 지식 개념을 진실의 궁극적 표현으로 간주하였고 지식에 대한 추구를 진실에 대한 추구와 동일시하였다.

17, 18세기 유럽 철학

지식경영 문헌에서 사용하는 지식의 의미를 형성하는 데 기여한 주목할 만한 노력은

17, 18세기에 일어났다. 베이콘(Bacon), 데카르트(Descartes), 홉즈(Hobbes), 흄(Hume), 라이프니쯔(Leibnitz), 로크(Locke)와 같은 철학자들은 지식과 믿음의 동질성과 무엇이 진실인지는 교회만이 결정한다는 믿음에 도전을 한다. 데카르트, 라이프니쯔, 그리고 로크와 같은 철학자들은 지식이 무엇인지에 대한 이전의 개념을 논박하기 시작하였고, 정확하고, 증명할 수 있는 사실로서 지식이라는 아이디어를 개발하였다. 반면에 칸트(Kant)와 헤겔(Hegel)은 다양하고 새로운 철학적 분야 즉 합리주의(Rationalism)와 경험주의(Empiricism)를 통합하는 시도를 한다. 칸트, 헤겔과 다른 철학자들은 지식에 대해 확산적 의미 또는 정당화된 진실한 믿음(Justfied true belief)이라는 관점을 제시한다.

19세기 이후 철학

19세기 이후에는 지식경영에서 다루는 지식에 대한 개념화에 많은 영향을 준 철학들이 등장한다. 이 시기 철학자들은 사회 속의 지식과 진실 구축에 대한 상이한 접근방법을 제시하면서 오랫동안 올바른 관점에 대해 진지한 논쟁을 하였다. 이러한 철학들은 지식에 대한 공통된 이해를 찾지 못하였다. 러셀(Russel)은 지식, 진리, 또는 믿음과 같은 개념의 정의가 모호하고 정확하지 못한 점은 불가피하다고 한다. 이들 철학자들의 주된 연구 과제는 항상 객관적 진리, 인간 심성과 믿음이었다. [표 2-1]에서 보는 것과 같이 학자들은 하나의 동의된, 보편적 의미를 찾기보다는 지식 개념에 대한 다중의 정의를 제시한다.

지식, 진실, 또는 믿음에 대한 각 철학의 연구 관점은 지식경영의 연구 목표와 매우 다르다. 철학과 지식경영의 차이 중 하나는 철학적 정의는 동료가 논쟁을 할 수 있도록 말로 표현하였거나 과학적으로 표현할 수 있는 지식에 한정하려는 데 반하여, 지식경영에서는 묵시적으로 행동과 커뮤니케이션을 가이드하는 경험이나 아이디어와 같이 개인이 인지하지 못하거나 표현할 수 없는 암묵적 지식을 포함한다.

사회과학 분야 중에서 지식의 정의에 관한 대표적인 분야인 인지과학의 지식 개념도 지식경영의 전체를 말하지 못하고 있다. 그 이유는 인지과학 관점의 지식 정의가 개인 또는 개인 두뇌에 초점이 맞추어져 있어 집합적 지식(Collective Knowledge), 역량 네트워크(Networks of Competence) 또는 조직 지식 베이스와 같은 조직학습 또는 지식경영의 개념을 포함하고 있지 않기 때문이다. 이러한 관점은 구성주의와 지식 사회학의 관점에 기초한 것으로 지식 사회학은 지식이 사회적으로 구축된다고 본다. 지식 사회학에서는

[표 2-1] 지식에 대한 관점

학파	지식에 대한 기본 아이디어	주창자
실증주의(Positivism)	지식은 객관적 현실의 관찰로부터 획득된다.	Comte
구성주의 (Constructivism)	지식이 우리의 마음에서 만들어진다고 주장하며, 객관적 실체 개념에 도전한다.	Erlangen School
비판적 이론 (Critical Theory)	사회의 실체와 분리되어 발전된 전통적 이론과 과학의 실질적 · 사회적 기능 간의 긴장을 극복하려고 시도한다.	Hebermas, Horkheimer
비판적 합리론 (Critical Rationalism)	지식은 잠정적이며 경험적 반증에 개방되어 있어야 한다.	Popper
경험주의 (Empiricism)	지식은 경험으로부터 생성되며 자연과학과 수학만이 안전한 지식과 의심할 수 없는 진리를 제공한다고 가정한다.	Locke, Russel
지식 사회학 (Sociology of Knowledge)	지식은 사회적으로 구성된 현실이다.	Mannheim, Scheler
실용주의 (Pragmatism)	지식은 우리의 경험에 기초한 제한적 현실을 나타낸다.	Dewey

특정 언어 구조가 독특한 세계관과 현실 인식을 의미한다고 주장한다. 사회적 프로세스는 지식 프로세스에 영향을 준다. 그러므로 지식은 객관적 진리로 볼 수 없고 사회 시스템이 진실로 간주하는 것이라고 본다.

지식에 대한 다른 접근방법은 그 시대의 관심사이며 산물이라 볼 수 있는데, 각 접근방법에 대해 많은 비판도 가해졌다. 그러나 여전히 사회적으로 구축되는 지식 개념은 조직학습과 지식경영에 적용된다. 기업은 과학이 추구하는 객관적 진리에 한정하지 않고 조직의 목적을 지원하는 데 효과적으로 활용할 수 있는 실용적 지식에 관심이 많다. 조직은 업무와 관련하여 절대적이거나 완벽한 지식보다는 충분한 지식이 필요하다.

1.2. 지식의 정의

지식경영의 관점에서 지식에 대한 정의는 여러 가지가 발견된다. 이렇게 서로 다른 정의는 조직 지식에 대한 다른 관점을 나타내며, 이것은 지식을 다루는 접근방법의 차이를 가져온다. 따라서 이러한 지식에 대한 정의 및 관점을 요약하는 것은 지식경영을 이해하는 데 도움이 된다.

지식-정보-데이타 관계

지식 개념은 정보와 데이타와 관련하여 설명될 수 있다. 데이타, 정보, 그리고 지식은 단계적으로 전환된다고 할 수 있다. 따라서 일반적으로 이러한 관계를 [그림 2-1]과 같이 데이타-정보-지식 계층으로 표현한다. 어떤 학자는 지식이 무엇인가를 설명하는 과정에서 데이타, 정보, 그리고 지식을 넘어 지혜, 통찰력 등을 포함하여 논의하기도 한다. 그러나 지식경영의 논의에서는 데이타, 정보, 지식을 관리하는 것의 차이를 분명히 하는 것이 우선되므로 지식이 지혜와 통찰력을 포함하는 것으로 본다. 지식, 정보, 데이타의 정의와 각각의 다른 점을 살펴보면 다음과 같다.

데이타(Data)는 사건 또는 객체에 대한 객관적 사실로 정의된다. 데이타는 내재된 구조

[그림 2-1] 데이타-정보-지식-지혜 관계

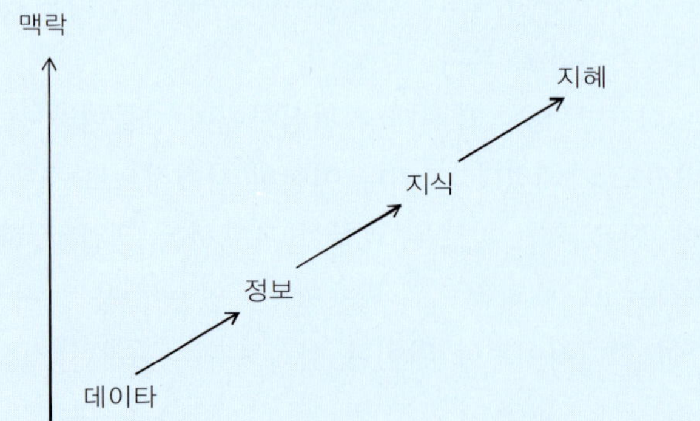

출처: Brinklow(2004)

나 필연적 관계가 없는 이산적, 원자적, 작은 패킷(Packet)으로 어떤 형태를 가지지 않는다. 조직의 많은 유용한 데이타는 다양한 비지니스 프로세스와 활동을 통하여 생산되어 흔히 데이타베이스에 저장된 거래 레코드의 형태로 존재한다. 데이타 그 자체는 판단이나 해석을 허용하지 않는다. 데이타는 존재 그 자체 이상의 의미가 없이 존재하는 자원이며 조작 및 분석(처리 또는 계산) 대상이다.

정보(Information)는 특별한 관련성과 목적을 가진 데이타이다. 정보는 데이타가 특정한 맥락에 놓이거나, 관계적으로 연결되어 구조를 가지면서 의미가 부여된 것이다. 데이타를 정보로 전환하는 데에는 다섯 유형의 중요한 활동(5C)이 일어난다. 즉 정보는 맥락화, 분류, 계산, 정정, 축약을 통해 가치가 부가된 데이타이다.

- 맥락화(Contextualization) – 데이타 수집의 목적이 알려진다.
- 분류(Categorization) – 데이타와 관련한 주요 분석 단위와 요소가 알려진다.
- 계산(Calculation) – 데이타로 수학적 또는 통계적 분석을 한다.
- 정정(Correction) – 데이타의 에러를 정정하거나 감안한다.
- 축약(Condensation) – 데이타가 요약되거나 정제된다.

오늘날 조직은 정보 과부하를 경험하고 있다. 허버트 사이몬(Herbert Simon)의 제한적 합리성 이론(Theory of Bounded Rationality)에 따르면 인간은 합리적이며 합리적 의사결정을 할 수 있다고 한다. 그러나 정보 과부하 상태에서 모든 정보를 처리할 정신적 능력이나 인지적 능력은 가지고 있지 못하다. 그러한 상태에서 인간은 정보의 일부분만 처리할 수 있으며 적정 수준 이하 또는 비합리적 선택을 하게 된다. 지식경제에서 정보시스템의 사용에 따른 정보 과부하 문제는 정보를 더 처리하여 더 유용하게 사용할 수 있도록 노력할 필요를 느끼게 한다. 데이타와 마찬가지로 정보도 조작할 수 있는 자원으로 간주된다.

지식(Knowledge)에 대한 정의는 어려우며, 이것은 앞 절에서 본 것처럼 다양한 정의가 존재하는 데에서 증명된다. 대븐포트와 프루삭(Davenport & Prusak)은 그들의 저서 『일하는 지식(Working Knowledge)』에서 지식을 틀에 맞추어진 경험, 가치, 맥락적 정보, 그리고 새로운 경험과 정보를 평가하고 통합하는 프레임워크를 제공하는 전문가의 통찰력을 유동적으로 혼합한 것으로 정의한다. 이 정의에서 보이는 것처럼 지식은 단순하지 않고 여러 요소를 포함하는 것이다. 일반적으로 지식은 개인의 머릿속에 존재하여 개인적이며 주관적이라고 본다. 즉 지식은 한 사람의 인식과 경험에 의해 형성되어 그 사람에게 내재한다. 데이타나 정보와 달리 지식은 본래 개인이 소유하고 있는 것이다. 지식은 사람들이 정보를 잠재적 활용에 연결하는 것과 관련된다고 볼 수 있어 정보나 데이타보다 행동에 가깝다. 이것이 지식을 가치 있게 하는 것이다.

정보가 데이타에서 도출되는 것처럼 지식은 정보에서 나온다. 정보를 지식으로 전환하는 데는 사람의 역할이 절대적으로 중요하다. 그 전환은 다음의 네 가지 활동(4C)으로 일어난다.

- 비교(Comparison) – 한 상황의 정보를 알려진 다른 상황의 정보와 비교한다.
- 결과(Consequences) – 의사결정이나 행동을 위해 정보에 함축된 것을 발견한다.
- 연결(Connections) – 하나의 지식과 다른 지식을 연관 짓는다.
- 대화(Conversation) – 어떤 정보에 대해 생각하는 바를 배우기 위해 다른 사람과 상호작용을 한다.

지식은 사람, 프로세스, 기술, 기법과 연결되어 있고 그 속에 내재되어 있다. 즉 지식은 아이디어, 판단, 탤런트, 근본 원인, 관계, 관점, 개념에 존재하고, 개인 두뇌에 저장되어 있고, 조직 프로세스, 문서, 제품, 서비스, 시설, 시스템에 코드화되어 있다. 지식은 이익을 가져오고, 기존 자산을 활용하고, 학습과 가변성을 증대시키고, 힘의 기반을 증대시키고, 지속적 경쟁 우위를 실현하게 한다. 지식은 1장에서 본 것처럼 자본, 노동, 토지보다 더 지속적 비지니스에 관련이 높음에도 불구하고 가장 등한시되어 온 자산이다.

1.3. 지식의 분류

지식에 대한 정의가 많고 무엇이 지식인가에 대한 철학적 입장이 다양한 가운데 지식이 여러 가지 유형 또는 형태로 나누어지는 것은 이상한 것이 아니다. 지식의 다면적 성격을 더 완전히 이해하기 위해서는 존재하는 지식의 유형을 구분하는 것이 필요하다. 조직학습과 지식경영 접근방법에서 사용하는 지식 용어의 기원은 다양하며 여러 학문 분야에 근거한다. 학자들은 여러 가지의 지식 유형을 제시하고 있다. 지식의 분류가 학자들에 의해 여러 가지로 나누어지지만 [표 2-2]는 그 일부를 나열한 것이다. 이 중에서 페이욜(Fayol)의 지식 유형과 폴라니(Polanyi)의 지식 모드가 지식경영의 이론적 접근에서 자주 사용되므로 다음에서 개략적으로 소개한다.

지식은 여러 가지 특성을 가지므로 다차원으로 이해할 수 있다. 기본적인 두 차원은 지식 유형(Knowledge Type)과 지식 양식(Knowledge Mode)이다. 지식 유형은 지식 자체의 특성의 차이에 관한 것이다. 지식 양식은 지식이 한 양식에서 다른 양식으로 전환되는 방식에 관한 것이다. 페이욜은 지식의 특성에 따라 지식을 크게 기술적 지식, 절차적 지식, 이성적 지식의 세 유형으로 나눈다. 폴라니는 해석과 인지적 구성을 통하여 의미

[표 2-2] 지식 분류

분류자	유형
Ryle(1949)	• 무엇인지를 아는 것(Knowing What) • 어떻게 하는지를 아는 것(Knowing How)
Polanyi(1966)	• 암묵적 지식(Tacit Knowing) • 형식적 지식(Explicit Knowing)
Fayol(1994)	• 선언적 지식(Declarative Knowledge) • 절차적 지식(Procedural Knowledge) • 메타 지식(Meta-knowledge)
Savage(1996)	• Know-how • Know-who • Know-What • Know-why • Know-When • Know-Where
Sveiby(1997)	• 형식적 지식(Explicit Knowledge) • 기술(Skill) • 경험(Experience) • 가치 판단(Value Judgments) • 사회적 네트워크(Social Network)
Zack(1999)	• 객체로서의 지식(Knowledge as Object) • 프로세스로서의 지식(Knowledge as Process)

가 지식에 부여되는 지식 프로세스의 결과라는 개념에 따라 지식을 암묵 지식과 형식 지식 모드로 나눈다.

페이욜의 지식 유형

페이욜은 지식을 아래와 같이 기술적 지식, 절차적 지식, 그리고 이성적 지식으로 분류한다.

- 기술적 지식(Descriptive Knowledge)은 어떤 영역의 상태, 그 영역 안에 존재하는 것들, 그들이 존재하는 맥락, 그리고 그것들 간의 관계와 다른 영역과의 관계 상태를 기술한다. 기술적 지식은 '무엇인지를 아는 것(Know-what)'으로 이해될 수 있다.
- 절차적 지식(Procedural Knowledge)은 특정한 목표에 다다르는 데 필요한 절차와 같은 알고리듬(Algorithm)으로 구성되어 있다. 절차적 지식은 '어떻게 하는지를 아는 것(Know-how)'으로 이해될 수 있다.
- 이성적 지식(Reasoning Knowledge)은 어떤 상황이 주어지든지 아니면 존재한다고 가정하였을 때 어떤 결과가 예측되는지, 어떤 결론이 유효한지, 또는 어떤 행동이 적절한지를 말하는 논리로 구성되어 있다. 이성적 지식은 '왜 그런지를 아는 것(Know-why)'으로 이해될 수 있다.

폴라니의 지식 모드

지식의 인식론적 분류는 지식이 암묵적 지식 또는 형식적 지식의 두 양식으로 존재하는 것을 인식하면서 출발한다. 암묵적 지식 개념은 폴라니에 의해 처음 소개되었다. 쿤(Kuhn)이 그의 저서에서 인용하여 많은 독자에게 알려졌으나, 그다지 주목받지 못했던 폴라니의 암묵적 지식과 형식적 지식 용어는 노나카에 의해 조직 지식창조와 지식경영에 적용되면서 널리 사용되게 되었다. 노나카는 두 용어를 이분법적으로 사용한다.

- 형식적 지식(Explicit Knowledge)은 지식의 창조자, 획득한 사람, 또는 다른 사람이 그 지식에 접근하여 사용할 수 있는 형태로 된 지식을 말한다. 형식적 지식

은 언어와 문장으로 표현할 수 있고 쉽게 전달 및 공유될 수 있다. 제품 사양, 문서, 데이타베이스, 매뉴얼, 화학식 등의 공식, 컴퓨터 프로그램 등의 형태로 존재하는 지식으로 컴퓨터 코드와 유사한 개념으로 간주된다.

- 암묵적 지식(Tacit Knowledge)은 사람들이 개발한 묵시적(Implicit) 형태의 지식을 말한다. 암묵적 지식은 매우 개인적이며 형식화하기 어렵고, 다른 사람에게 전달하고 공유하기가 매우 어렵다. 언어와 문장으로 표현하기 어려운 경험, 통찰력, 직관, 이미지, 혹은 숙련된 기능, 조직 문화, 풍토의 형태로 존재하는 지식이다. 암묵적 지식은 개인의 행동과 경험, 이상, 가치, 감정에 깊게 뿌리내려져 있다. 노나카는 암묵적 지식을 기술적 또는 인지적 차원으로 나눈다. 기술적 차원의 암묵적 지식은 노하우로 표현되는 사적이고, 표현하기 어려운 기술을 포함한다. 인지적 차원의 암묵적 지식은 우리가 세상을 인식하는 인지적 프레임워크로 본래 폴라니의 암묵적 지식과 유사한 개념이다.

페이욜의 지식 유형과 폴라니의 지식모드에 의한 분류를 지식경영을 위해 다시 지식의 존재, 수준, 기준에 따라 개인 지식, 집단 지식, 조직 지식, 그리고 공공 지식으로 나누어 볼 수 있다.

- 개인 지식은 개인 안에 존재하며 그 개인에 의해 항상 이해되거나 알려져 있지 않다.
- 집단(그룹, 공동체) 지식은 한 개인 안에 존재하는 것이 아니라 공유된 경험, 토론, 발견을 통하여 그룹 또는 공동체 안에 존재한다.
- 조직 지식은 한 개인이나 집단 안에 존재하는 것이 아니라 문화, 프로세스, 경험을 통하여 조직 안에 존재한다.
- 공공 지식은 한 개인, 집단, 또는 조직 안에 존재하는 것이 아니라 대중 안에 존재한다. 공공 지식은 모든 사람에게 잘 알려져 있다.

지식의 분류 형태가 학자들에 의해 여러 가지로 나누어지지만, 그 중에서 지식경영 실무자들이 가장 관심을 가질 만한 것으로 새비지(Savage)의 분류를 들 수 있다.

[그림 2-2] 지식의 차원

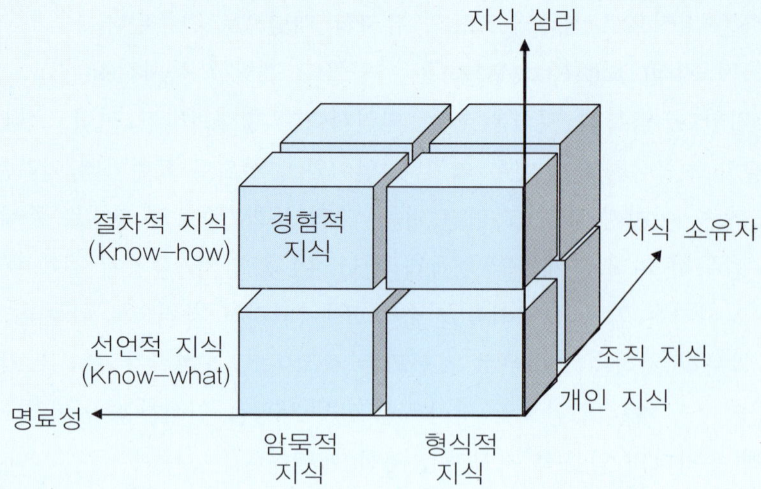

- Know-how : 숙련 기술, 절차
- Know-who : 누가 이 문제를 도와 줄 수 있는가
- Know-What : 구조적 지식, 패턴
- Know-why : 넓은 맥락을 이해하는 지식
- Know-When : 타이밍과 리듬 감각
- Know-Where : 어디에서 가장 잘할 수 있는지에 대한 감각

1.4. 지식의 특성

전통적 자산과의 차이

지식이 다른 자산과 어떻게 다른가를 이해하는 것은 성공적 지식경영 기법을 이해하는 데 필수적이다. 기업 환경에서 지식의 특성과 그것이 무엇을 의미하는지를 아는 것은 지식을 관리하는 데 적합한 기법을 찾는 것을 쉽게 한다. 지식이 전통적 자산과 다른 점은 여섯 가지로 요약된다.

- 주관성(Subjectivity) – 여러 사람이 어떤 사건을 보고 느끼는 것은 각자의 배경, 관심, 관점, 개성에 따라 다르다. 모두 같은 사건을 주관적으로 본다. 전통적인 기업의 자산에 대하여는 누구라도 같은 측정을 한다. 그러나 지식은 다른 사람에게 다른 의미를 갖는다.
- 전이성(Transferability) – 지식은 다른 맥락에 전이될 수 있다. 예를 들면, 서핑(Surfing)의 기술과 문화가 눈에 적용되어 스노우보딩(Snowboarding)을 만들어냈다. 비지니스 예를 보면 한 항공사는 자동차 레이스 팀들의 중간 점검 활동을 연구하여 항공기의 화물 적재와 준비 프로세스에 적용하여 중간 기착지 프로세스를 향상시켰다.
- 내장성(Embeddedness) – 지식이 존재한다고 항상 쓸 수 있는 것은 아니다. 지식이 가지는 문제 중 하나는 그것이 종종 내장된다는 것이다. 지식은 개인의 머리에 깊숙이 묻혀 있거나 도서관, 데이타베이스, 또는 캐비닛에 감추어져 들어 있을 수 있다. 개인에게 내장된 지식을 추출하는 것이 책이 아닌 스승으로부터 배우는 도제 프로그램의 핵심이다. 기업에서 직원이 회사를 떠나면 그에게 내장된 지식도 회사를 떠나는 것이다. 이렇게 되기 전에 직원이 지식을 다른 사람에게 직접 또는 문서로 전이하도록 하는 프로그램이 필요하다.
- 자기 강화(Self-reinforcement) – 조직 내에서 지식은 자주 공유될 때 가치를 높인다. 이것은 다른 자산과 다른 점이다. 예를 들면 어떤 기업이 자동차에 에어백이나 레이더 거리 측정 장치와 같은 새로운 안전장치를 조립하는 방법을 찾아내어 사내의 다른 생산 라인에 이 지식을 전달해 높은 판매와 이익을 내게 된다면, 그 지식의 가치는 증가할 것이다.
- 소멸성(Perishability) – 지식의 가치는 일반적으로 시간이 지남에 따라 감소한다. 지식의 가치 예측 불가능이 지식 관리를 매우 어렵게 한다. 예를 들어 어떤 기업이 오랜 시간이 걸려 기계 개발에 근접하여 특허를 눈앞에 두고 있으나 개발자가 약간의 변화가 필요하여 계속적으로 디자인을 수정하고 있을 때, 경쟁사가 유사한 제품에 대한 특허를 내게 되면 회사는 특허를 내더라도 그 지식의 가치는 떨어지게 된다.
- 즉시성(Spontaneity) – 지식은 사전 요구에 따라 생산되지 않고 순간적으로 개발된다. 전통적 자원은 예측이 가능하여 어떻게 구할지를 알고 있다. 그러나 지식

은 그렇지 않다. 브레인스토밍 세션이 새로운 아이디어를 노출시키는 효과적 방법일 수는 있으나, 매니저는 창의성을 만들어내는 노력을 하여야 한다.

조직의 지식을 다루는 지식경영 프로세스에서는 위의 지식 특성을 고려하여야 한다. 어떤 특성은 특정한 프로세스에 더 관련될 수 있다. 예를 들어 주관성은 지식활용 프로세스에서 어떤 것에 대한 공통된 이해를 갖도록 고려할 수 있다. 공유 프로세스와 관련하여 어떤 지식은 내장되어 있기 때문에 분배하기 어렵다. 그러나 분배 방법을 찾아내면 그 지식의 가치는 더욱 커진다. 지식의 즉시성은 지식생산 프로세스에서 고려할 수 있다. 전이성은 지식 공유 프로세스와 밀접하게 관련되고, 소멸성은 지식 생산, 공유, 활용 프로세스 모두에서 고려하여야 한다.

지식의 특성

지식은 제품에 융합되거나 이동성이 매우 높은, 직원들의 암묵적 지식으로 존재하는 가치 있는 상품으로 여겨지고 있다. 지식이 점차 상품 또는 지적 자산으로 간주되지만 지식은 다른 가치 있는 상품과는 아주 다른 역설적 특성을 가지고 있다. 정보 또는 형식적 지식의 특성은 다음과 같이 요약할 수 있다.

- 지식은 확장적이다. 지식은 사용하여도 소모되지 않는다. 희소성 때문에 관리되는 다른 자원과 달리 지식은 더 많이 사용할수록 더 많이 생산된다. 지식은 풍부하지만 그것을 사용하는 능력은 흔치 않다.
- 지식은 압축할 수 있다. 지식은 쉽게 다루기 위해 요약할 수 있고 작은 물리적 포맷으로 패키지할 수 있다.
- 지식은 대체적이다. 많은 경우에 지식은 물리적 또는 다른 형태의 자원을 대체할 수 있다. 커뮤니케이션은 지식을 물리적으로 운반할 필요를 줄인다.
- 지식은 운반할 수 있다. 지식은 한 장소에서 다른 장소로 쉽고 빠르게 이동할 수 있고, 수신자는 편리한 때에 수집할 수 있다. 그 많은 조직의 가치 있는 지식은 일과가 끝나면 문을 나선다.
- 지식은 퍼져나갈 수 있다. 지식은 새어나갈 가능성이 있다. 기술이 향상될수록 지식은 생산 또는 재생산을 막기가 더 어렵다.

- 지식은 공유할 수 있다. 지식의 전이가 상실을 가져오는 것은 아니다. 지식은 다른 사람에게 주어도 준 사람이 잃어버리는 것이 아니다.

지식은 일반적 경제 규칙을 따르지 않는다. 지식과 다른 자산이 근본적으로 다른 것은 다음 두 가지로 요약된다. 첫째는 지식의 공공적 성격이며 이것은 확장성을 의미한다. 조직의 다른 유형 자산과 달리 지식은 사용으로 소비되지 않는다. 지식은 줄어들지 않으면서 다른 사람에게 커뮤니케이션 될 수 있고, 재화나 서비스 생산에 사용될 수 있다. 따라서 지식의 생산을 위한 투자수익률을 계산하기 어렵다. 또 지식은 소비되지 않고도 사라질 수 있다. 지식은 더 설명력이 있거나 더 넓은 범위를 커버하는 새로운 지식에 의해 사장된다. 둘째로 지식은 그 수익률이 체증한다는 것이다. 특히 지식이 네트워크 외부효과(Network Externality)를 나타낼 때 더욱 그러하다. 유형 자산이 특정 장소에 위치하고 있는 반면에 조직의 지식은 한 분야나 사회적 공간으로 분배된다. 지식은 그것을 이해하는 사람들 사이에서 복사와 공유로 분배되는 역동성을 가지고 있다.

암묵적 지식도 확장적이고, 퍼져나가고, 공유할 수 있다. 그러나 암묵적 지식은 쉽게 운반되거나 퍼져나가지는 않는다. 그것은 무형이고 파악과 묘사가 어렵다. 암묵적 지식은 맥락의존적이다. 이러한 지식의 특성은 몇 가지 지식경영 과제를 제기한다. 지식을 형식화하는 것은 쉽게 복사, 확산, 그리고 공유될 수 있게 한다. 반면에 이것은 지식이 쉽게 새어나갈 수 있게 한다. 지식생산의 속도가 빨라진다는 것은 많은 기존 지식의 생명이 단축되고 그 가치가 빠르게 감소하는 것이다. 그러므로 지식은 사용을 통해 새롭게 하고 재검증하여야 한다. 지식은 유통되었을 때 최고의 가치를 발휘하는 지적 통화이다. 지식은 실현되지 않은 가능성과 가치를 가지지만 사용되지 않으면 그 가치가 테스트되지 않는다.

2. 지식경영 모델

지식경영이 성공하기 위해서는 튼튼한 이론적 토대가 있어야 한다. 조직 전반에 영향을 미치는 지식경영은 많은 활동을 통해 이루어지는데 이러한 활동이 명확한 개념적 프레임워크 또는 지식경영 모델에 기초하지 않으면 기대하는 지식경영의 효과를 얻을 수 없다. 모델은 분리된 퍼즐의 조각 하나하나와 그 조각들이 만드는 전체를 깊이 이해하도록 하여 퍼즐 조각들을 맞추도록 도와준다. 지식경영 모델은 지식과 지식경영 개념에 대한 분석을 보완하여 지식경영에 대한 깊은 이해를 돕는다. 일관성 있는 지식경영 모델은 조직의 전략적 목표를 달성하려는 지식경영에는 결정적으로 중요하다.

지식경영의 이론적 토대를 제공하기 위해 여러 가지 지식경영 모델이 제시되었다. 여기에 소개하는 지식경영 모델이 지식경영 모델의 전체를 말하는 것은 물론 아니다. 지식경영 전체를 폭넓은 관점에서 다루며 지식관리를 효과적으로 할 수 있는 방법을 설명하고 기술하는 이론적 기초를 깊이 있게 소개하는 것들을 선택한 것이다. 이 지식경영 모델은 지식경영에 대한 종합적 접근방법을 표현한다. 즉, 사람, 프로세스, 조직, 기술 차원을 포함한다. 또 학자와 실무자들을 통하여 지식경영 문헌에서 검토, 비판, 토론되었고 신뢰성과 유용성이 실제에서 구현 및 테스트되었다.

지식경영 이론은 기능적 관점인가 아니면 해석적 관점인가에 따라 분류할 수 있다. 기능적 관점(Functional Perspective)은 지식을 여러 가지 형태 및 장소에 존재하는 객체로 이해한다. 지식전환 모델과 지적 자본 모델이 여기에 속한다. 해석적 관점(Interpretive Perspective)은 지식을 인간 경험, 사회 활동, 지식 사용과 독립적으로 존재하지 않는 것으로 이해하고, 지식은 개인 공동체의 사회적 실무에 의해 형성된다고 본다. 센스결정 모델, i-Space 모델, 복잡적응시스템 모델, 그리고 지식생태 모델이 여기에 속한다.

2.1. 지식전환 모델

지식전환 모델 또는 SECI(Socialization, Externalization, Combination, Internalization) 모델은 이쿠지로 노나카(Ikujiro Nonaka)가 지식창조의 역동적 본질을 이해하고 그 프로세스를 효과적으로 관리하기 위해 제안한 지식창조 모델이다. 이 모델은 1990년대 중반에 노나카가 타케우치(Takeuchi) 등 다른 학자들과 함께 일련의 논문과 저서를 통해 제안하였으며, 조직에서 지식이 창조, 전이, 재창조되는 방법을 설명하는 유용하며 정확한 접근 방법으로 인식되었다. 노나카의 지식전환 모델은 1990년대 중반 학자는 물론 실무자까지 지식경영에 대한 관심을 높이는 데 큰 기여를 하였다. 이 모델은 단순하여 이해와 적용이 쉬워 여러 가지 다른 환경에서 적용되었다.

이 모델은 지식창조를 개인, 그룹, 조직의 온톨로지(Ontology) 차원과 기업의 지식창조를 암묵적 지식과 형식적 지식의 전환의 인식론(Epistemology) 차원으로 설명한다. 지식전환은 노나카의 SECI 모델로 설명되었고 그 이후 '바(Ba)' 개념과 지식자산 개념을 추가하여 향상되었다. 지식전환 모델의 핵심은 폴라니의 암묵적 지식과 형식적 지식의 구분에 기초하며, 개인이 가지고 있는 암묵적 지식은 지식의 연쇄적 변동(Spiral of Knowledge)에 의해 전환되고 확대되고, 조직의 지식자산은 바에서 동원되고 공유된다는 것이다.

SECI

노나카의 지식전환 모델은 '지식창조 기업(Knowledge Creating Company)'은 의식적으로 암묵적 지식과 형식적 지식의 상호작용을 촉진한다고 주장한다. 지식전환은 시스템, 구조, 그리고 조직문화를 통하여 이루어지고, 이것들은 아래와 같은 네 가지의 지식창조 활동의 상호작용을 촉진한다.

- 사회화(Socialization): 사회화는 한 사람의 암묵적 지식이 대화나 다른 개인적 방법을 통하여 다른 사람의 암묵적 지식으로 전환되는 것이다. 사회화는 면대면 커뮤니케이션 또는 공유된 경험을 통한 암묵적 지식의 공유이다. 대표적 예는 도제관계와 한 사람이 다른 사람과 고객에 대한 통찰력을 나누는 동료 사이의

비공식적 대화이다.

- 외재화(Externalization): 외재화는 암묵적 지식을 이해할 수 있는 형식으로 표현하는 것이다. 외재화는 결합된 암묵적 지식에 간직된 개념을 개발하여 커뮤니케이션할 수 있게 한다. 어떤 사람이 배운 것을 적을 때에 암묵적 지식이 형식적 지식으로 전환되는 것이다. 예를 들면, 미팅에 대하여 메모하는 것과 이전에 기록된 적이 없는 구체적 프로세스에 대한 매뉴얼을 만드는 것이다.
- 결합(Combination): 결합은 형식적 지식을 좀 더 복합적, 형식적 지식으로 전환하는 것이다. 결합은 형식적 지식의 커뮤니케이션, 보급, 시스템화이다. 대표적 예는 프로토타입(Prototype)의 구축과 형식적 지식을 통합하는 논문을 쓰거나, 일정 형태의 형식적 지식을 가지고 웹사이트를 만드는 것이다.
- 내재화(Internalization): 내재화는 개인 또는 조직 차원에서 외재화된 지식을 암묵적 지식으로 전환하는 것이다. 결합은 형식적 지식을 암묵적 지식으로 전환하는 것이다. 예를 들면, 어떤 사람이 책을 읽고 기술된 절차를 수행할 수 있을 때를 말한다. 내재화는 형식적 지식을 행동, 실무, 프로세스, 전략적 이니셔티브로 구체화하는 것이다. 실무를 통한 학습(Learning by Doing)과 밀접하게 관련된다.

[그림 2-3] SECI 모델

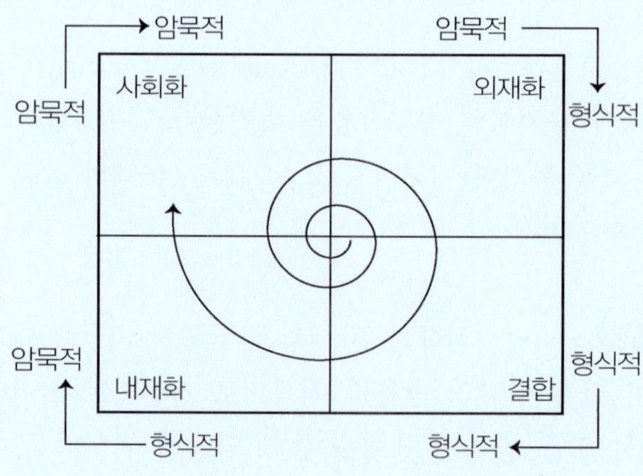

지식의 연쇄적 변동

노나카의 지식전환 모델에서 중요한 것은 지식의 유형과 개인, 그룹, 조직의 차원 사이에서의 역동적인 상호작용 역학의 지속적 프로세스이다. 개인이 가지고 있는 암묵적 지식은 SECI를 통하여 전환되고 지식의 연쇄적 변동(Spiral of Knowledge)을 통해 확대된다. 노나카는 조직의 다른 차원에서 암묵적 지식과 형식적 지식의 전환으로부터 생기는 연쇄적 변동이 지식창조와 재창조의 열쇠라고 한다. 노나카는 기업은 상호작용 역학의 중요성을 인식하여야 하고 이것이 가능하도록 하는 메커니즘을 보유하고 있어야 한다고 주장한다.

바

조직 지식의 창조는 개인에 의해 창조되는 지식을 증대시키는 것이다. 따라서 조직은 지식이 창조되는 조건이나 맥락을 제공하는 것이 중요하다. 노나카는 역동적 지식전환과 그 속에서 발생하는 관계를 위한 공간 개념으로 바(Ba)의 개념을 소개한다. 바는 전략과 행동 사이에 존재하는 갭을 연결하기 위해 전략적으로 필요하다. 바는 상호작용을 통하여 지식이 공유, 창조, 활용되는 공유된 맥락이라고 정의할 수 있다. 조직의 지식자산은 동원되어 다음의 네 가지 유형의 바에서 공유된다.

- 기원 바(Originating Ba) : 개인들이 면대면으로 느낌, 감정, 경험, 정신적 모델을 공유하는 플랫폼으로 주로 사회화를 위한 맥락이다. 이 바로부터 신뢰와 몰입이 발생하며 이것은 개인 간 지식전환의 기초를 만든다.
- 상호작용 바(Interacting Ba) : 집합적 · 직접적 상호작용의 플랫폼으로 주로 외재화를 위한 맥락이다. 적절한 재주를 가진 개인의 선택과 개념의 명료화가 주요 이슈이며, 대화와 은유가 주요 요소이다.
- 사이버 바(Cyber Ba) : 집합적 상호작용 및 가상 세계의 상호작용의 플랫폼으로 주로 결합을 위한 맥락이다. 조직 전체의 새로운 형식적 지식을 창조하기 위한 새로운 형식적 지식과 기존의 형식적 지식의 결합을 함축한다.
- 활동 바(Exercising Ba) : 개인 및 가상적 상호작용의 플랫폼으로 내재화를 위한 맥락이다. 개인이 멘토(Mentor)에 의한 집중 훈련 또는 시뮬레이션(Simulation)을 통해 경험을 하며 형식적 지식을 합체시키는 것이 그 예이다.

[그림 2-4] 바

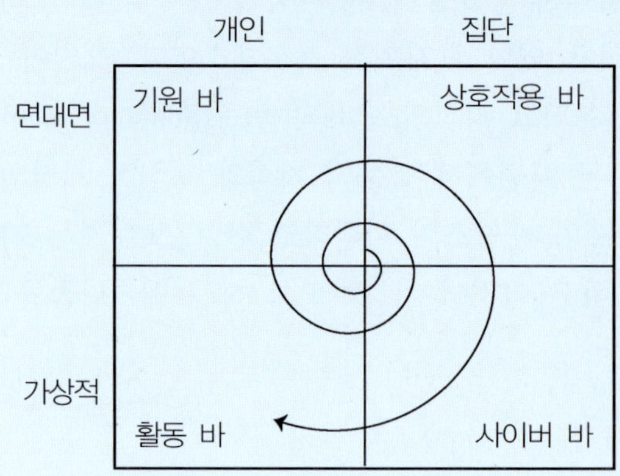

바는 지식이 맥락 의존적이라는 사실에 기초한다. 지식은 어떤 의미에서든 장소로부터 분리할 수 없다. 그러므로 지식창조 활동은 바를 필요로 하고 조직은 이 현상적 공간의 중요성을 인식하여야 한다. 조직은 지식창조 프로세스에 들이는 노력보다 지식창조 활동과 관련한 환경을 개발함으로써 더 많은 것을 얻을 수 있으므로 조직은 바를 개발하는 데 깊은 관심을 가져야 한다. [그림 2-4]는 네 유형의 바가 지식창조 프로세스에서의 구체적 단계의 맥락을 나타냄을 보여 준다.

바 개념은 지식경영에서 경영 또는 관리의 의미가 통제가 아닌 조직 공간에서 지식창조와 공유의 활동을 촉진하는 것을 강조한다. 이것은 지식경영 개념에 대한 이해를 지식은 자원에서 능력으로, 지식경영은 지식에 대한 경영 그리고 지식으로부터의 경영으로의 전환을 가정한다.

2.2. 센스결정 모델

추(Choo)는 그의 저서 『지식조직(The Knowing Organization)』에서 조직의 경쟁력 확보를 위한 정보와 지식의 전략적 활용을 설명하는 모델을 제시한다. 센스결정 모델은 조직 구성원이 조직이 무엇이고, 무엇을 하는지에 대한 상호 공유된 이해를 구축하도록 하는 것이 목적이다. 이 모델은 조직의 미션, 비전, 가치, 문화가 구성원의 업무와 활동에 의미를 부여하고, 이것에 부합하는 지식이 전파·활용된다고 본다. 센스결정 모델은 조직이 고객, 공급자, 경쟁자, 또는 다른 외부 요소에 대한 변화, 추세, 시나리오와 관련된 정보에 대한 이해를 통하여 역동적이고 복잡한 환경에서 번성하도록 하려는 목표를 가진다.

이 모델은 어떻게 정보 요소가 선택되고 이어서 조직 행동에 투입되는지에 초점을 맞춘다. 추는 지식조직의 행동은 외부 환경으로부터 정보를 집합 및 흡수하는 것으로부터 나오며, 이것은 센스결정(Sense Making), 지식창조, 의사결정(Decision Making)의 연속적 사이클로 이루어진다고 말한다. 이 세 활동은 서로 연결되어 있으며 서로를 활성화시킨다. [그림 2-5]는 추의 지식경영 모델의 개요이며, 각 단계는 외부 자극 또는 계기를 가지고 있다.

전체적으로 보면 이 모델은 센스결정, 지식창조, 의사결정의 세 활동이 조직 정보 사용의 영역으로 서로 연관되어 있음을 보여 준다. 정보는 외부에서 흘러들어 오고, 이어서 흡수되어 조직의 행동을 일으키게 한다. 첫째 조직의 환경에 관한 정보가 센스 되고 그 의미가 사회적으로 만들어진다. 이것은 조직 전체의 활동에 대한 맥락이 되고, 구체

[그림 2-5] 조직 지식 사이클

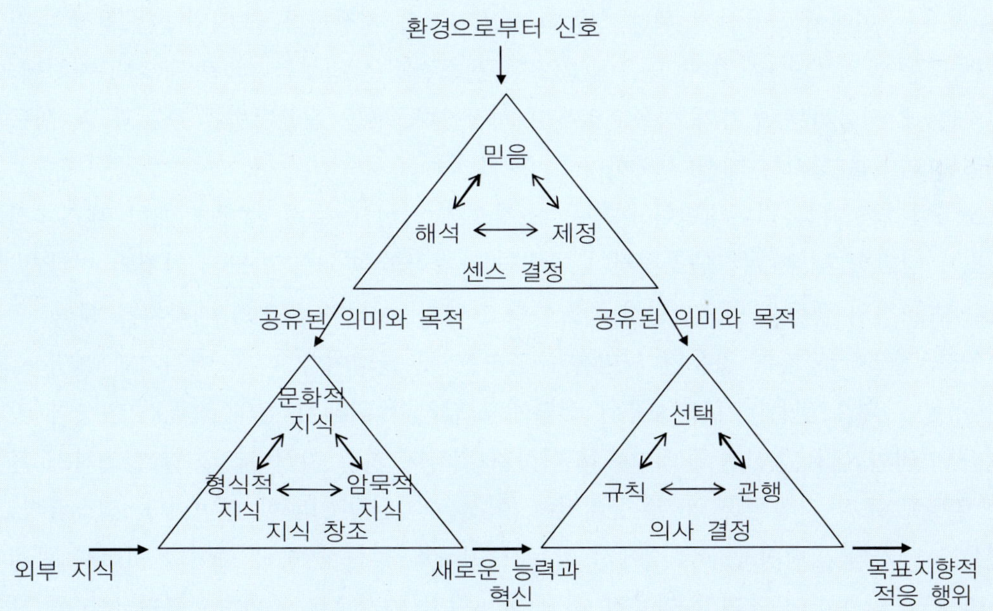

적으로는 지식창조를 가이드한다. 지식은 개인의 마음속에 존재하며 이 개인적 지식은 혁신을 위해 공유되고 전이될 수 있는 지식으로 전환되어야 한다. 충분한 이해와 지식이 있으면 조직은 행동을 할 수 있으며, 목표에 따라 합리적으로 행동을 위한 선택을 하게 된다. 조직 행동은 환경을 바꾸고, 조직은 이 변화에 적응하도록 새로운 경험을 하게 한다. 이렇게 새로운 사이클이 반복된다.

추의 센스결정 모델에서 센스결정은 주로 위크(Weick)의 이론, 지식창조는 노나카의 지식전환 이론, 그리고 의사결정은 사이몬(Simon)의 제한된 합리성 원리(Bounded Rationality Principle)에 근거한다. 위크는 개인의 공유된 이해를 통하여 조직에서 어떻게 혼돈이 의미 있고 질서 있는 프로세스로 전환되는지를 설명하기 위하여 센스결정 이론을 제안한다. 센스결정은 개인이 현재 사건을 과거 사건과 비교하여 현실에 대한 자신만의 표현을 구성하는 느슨히 결합된 시스템(Loosely Coupled System)으로 생각될 수 있다고 한다. 느슨히 결합된 시스템은 전체 시스템을 손상시키지 않으면서 해체 또는 재구성될 수 있는 시스템을 말한다. 예를 들어 인간은 빈틈없이 결합된 시스템(Tightly Coupled System)이지만, 인간의 유전자는 느슨하게 구성되었다고 할 수 있다.

위크는 센스결정의 프로세스는 제정, 선택, 보유를 포함한다. 제정은 환경적 경계를 정의하고 원천적 데이타를 해석한다. 선택은 과거의 경험으로부터 데이타에 의미를 부여한다. 보유는 미래에 사용하기 위해 성공적 센스결정을 저장한다. 조직의 센스결정은 믿음 또는 행동에 기초할 수 있다. 믿음에 기초한 센스결정은 정보를 더 큰 구조의 지식에 연결하는 데 사용하는 초기의 믿음으로부터 시작한다. 행동 접근방법은 행동과 그 행동과 관련된 의미를 살피는 데서 시작한다.

조직이 당면하는 다이내믹한 환경은 조직으로 하여금 주변 세계에 대한 센스결정을 하도록 강요한다. 위크는 센스결정이 기대되는 경험의 파괴를 만드는 환경의 변화가 사람들과 조직의 행동을 일으키면서 시작한다고 한다. 이러한 환경의 메시지를 해석, 우선순위화, 정렬하는 것이 공유된 의미를 구축하는 첫 단계이다. 흔히 메시지의 설명은 과거 경험에 의해 만들어지고 공통된 설명에 도달하기 위해 관점의 교환과 협상이 있게 된다. 이러한 새로운 사건에 의미를 부여하기 위하여 기존 지식 저장고를 참조하게 된다는 설명은 조직 지식 발견의 한 형태이며, 이것은 지식창조의 한 단면이다. 센스결정 모델은 노나카의 지식창조가 조직에서 암묵적 지식과 형식적 지식 사이의 시너지 관계에 대한 인식을 통하여 그리고 암묵적 지식을 형식적 지식으로 전환함으로써 지식을 창조할 수 있는 사회적 관계를 디자인하는 것을 통하여 성취된다고 설명한다.

센스결정 단계에서 개인은 외부 환경에서 들어오는 정보의 흐름에 대한 센스를 결정한다. 우선순위를 파악하여 정보를 정제한다. 개인은 교환으로부터 공통의 이해를 구성하고 자신의 과거 경험과 결합한다. 지식창조는 대화, 담화, 공유, 스토리텔링을 통한 개인 간의 개인적 지식의 전환으로 볼 수 있다. 이 단계는 현재 상황과 미래의 희망 상태에 대한 지식 비전에 의해 조종된다. 지식창조는 새로운 지식과 역량을 제공하여 의사결정에서 잠재적 선택의 스펙트럼을 넓혀 준다. 지식창조의 결과는 조직의 합리적 결정 능력을 넓혀 주는 혁신적 전략을 의사결정 프로세스에 제공한다. 의사결정은 현재까지 수집된 정보와 지식을 처리하여 대안을 파악하고 평가하는 데 사용할 합리적 의사결정 모델을 사용한다.

2.3. 정보공간 모델

보이숏(Boisot)이 그의 저서 『지식자산(Knowledge Asset)』에서 제시하는 정보 공간(Information Space; i-space) 모델은 물리적 재화와는 성격이 다른 정보재(Information Good)의 기본 개념에 기초한다. 정보재의 효과적 이동은 주로 동일한 코딩 체계 또는 언어를 공유하는 송신자와 수신자에 달려 있다. 지식재(Knowledge Good)는 그것이 이해되는 맥락을 가지고 있다. 효과적 지식공유는 송신자와 수신자가 코딩 체계뿐만이 아니라 맥락을 공유할 것을 요구한다. 보이숏은 데이타가 더 쉽게 구조화되고 정보로 전환될 수 있으면 있을수록 데이타가 더 잘 전파될 수 있고, 구조화된 데이타가 전파를 위해 공유된 맥락을 더 적게 요구할수록 그 데이타는 더 잘 전파된다고 전제한다. 이 두 가지 전제가 정보공간 모델의 간략한 개념적 기반이다.

보이숏의 정보공간 모델은 정보 시대의 조직과 같은 복잡시스템(Complex System)을 연구하는 데 사용된다. 조직은 많은 상황의 가능성을 가진 느슨히 연결된 시스템이므로 그 구성원은 복잡성을 줄이는 노력을 한다. 보이숏의 지식경영 모델은 사회적 학습(Social Learning)의 이론적 기초를 활용한다. 사회적 학습 이론은 [그림 2-6]과 같이 스캐닝, 문제 해결, 추상, 전파, 흡수, 임팩트의 활동이 순차적으로 일어나면서 사회적 학습이 일어난다고 본다. 스캐닝은 일반적으로 분명하지 않게 존재하는 데이타에서 위협과

[그림 2-6] 사회적 학습 사이클

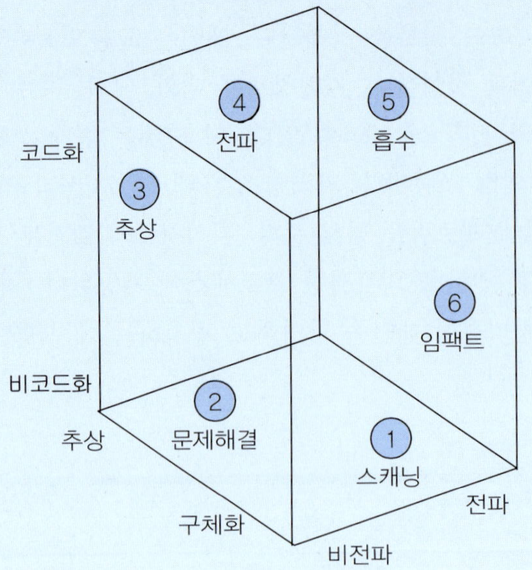

기회를 파악하는 것이다. 문제 해결은 그러한 통찰력에 구조와 일관성을 부여하는 프로세스 즉 코드화하는 것이다. 추상은 새로이 코드화된 통찰력을 더 넓은 상황에 적용하여 일반화하는 것이다. 전파는 새로이 창조된 통찰력을 사람들과 공유하는 것이다. 흡수는 실무를 통한 학습이나 사용을 통한 학습에서 새로이 코드화된 통찰력을 다른 상황에 적용하는 것이다. 임팩트는 추상적 지식을 구체적 실무에 내재화시키는 것이다.

보이솟의 정보 공간은 사회적 학습 프로세스에서 정보의 관계를 나타내는 정보 흐름을 분석하는 개념적 프레임워크이다. 보이솟의 지식경영 모델은 콘텐츠, 정보, 지식의 관리를 매우 효과적으로 연결한다. 정보 공간은 복잡한 입력물을 단순한 산출물로 처리하는 데 차원, 추상, 코드화, 전파가 구성원에 의해 활용되는 비주얼(Visual) 모델이다. 정보 공간은 코드화 - 비코드화, 추상적 - 구체적, 전파 - 비전파의 세 개의 차원으로 비주얼라이제이션화된다. 코드 차원은 분류와 연결되고, 추상 차원은 분석과 이해를 통한 지식창조에 연결되고, 전파 차원은 정보 접근과 전이 즉 공유에 연결된다.

이 모델에서 구조화는 추상과 코드화 차원에서 표현되고, 공유는 전파 차원에서 표현된다. 코드화 차원은 어떻게 현상이 명료하게 개념 또는 분류로 표현되는지를 보여 준

[그림 2-7] Boisot의 정보공간 모델

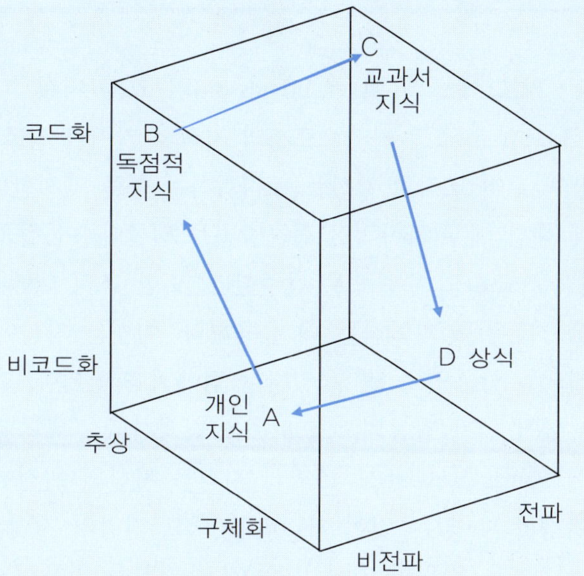

다. 코드화의 정도가 높으면 높을수록 현상은 빠르게 표현된다. 추상 차원은 얼마나 현상이 구체적 분류 인식에서 추상 분류 개념으로 변화하는지를 측정한다. 현상이 추상적 분류에 제한되면 이해와 활용의 정도는 강해진다. 전파는 어느 정도의 사람들이 주어진 정보에 접근하는지를 측정한다. 전파의 정도가 높으면 높을수록 더 많은 비율의 사람들이 주어진 정보에 접한다.

[그림 2-7]은 정보 공간에서의 지식의 역동적 진화를 보여 준다. A 지역의 지식은 특정 사건의 매우 개인적인 지식이 구체화된 암묵적 지식으로 공유할 수 있는 것을 나타낸다. 즉 지적 재산권과 같은 지식이 거래되어 독점적 지식이 되면 B 지역으로 이동하게 된다. 시간이 지나면 독점적 지식은 공공의 영역으로 이동하여 전파될 수 있는 C 지역으로 이동한다. 그러한 지식은 여러 다른 상황에서 사용되면서 상식으로 변하여 D 지역으로 이동하게 된다.

2.4. 지적 자본 모델

지적 자본 모델은 리프 에드빈슨(Lief Edvinsson)이 그의 저서 『지적 자본(Intellectual Capital)』에서 주장한 모델로 조직 자산으로서의 지식의 가치를 강조하며, 지식자산의 관리와 평가에 초점을 맞추어 조직의 자산을 조직화하는 틀을 제시한다. 지적 자본 모델은 지식과 지식 관리에 대한 매우 과학적인 접근방법을 택한다. 이 접근방법은 본연적 가치가 있다고 보는 지식을 교환의 수단으로 간주한다. 또한 조직 내에서 조직 구조가 지식 공유에 어떤 역할을 하는지를 파악하는 데 유용하다. 이것은 지식이 지식노동자들에 의해 상품화되고 거래되는 상품으로 볼 수 있다는 점에서 확인된다. 그러나 이 접근방법은 지식의 창조와 공유에서 인간 활동의 풍요로움을 간과한다.

토마스 스튜어트(Thomas Stewart)도 조직의 지식을 자산의 관점에서 다룬다. 그는 지식이 무형이지만 측정할 수 없는 것이 아니라고 보고 기업의 지식 자본을 평가하는 공식을 제시한다. 지식경영을 직원의 지식 또는 지적 자본을 활용하거나, 직원 지식을 포착하여 조직이 사용하도록 보관하는 방법이라고 한다. 토마스 스튜어트는 직원의 재능, 그것에 대한 관리 시스템의 효능, 고객과의 관계와 같은 조직의 무형 자산 또는 지적 자본을 '숨겨진 금'이라 한다. 토마스 스튜어트는 지식경제에서의 투자는 유형 자산이 아니라 조직의 '숨겨진 금'에 의해 이루어진다고 본다.

지적 자본을 하나의 개념으로 발전시키는 데는 두 줄기의 사고가 있다. [그림 2-8]에서 보는 것처럼 전략과 측정이 그것이다. [그림 2-8]의 왼쪽은 측정이 인적자원관리 프로세스와 재무적 측정 기술과 연관되었음을 보여 준다. 카플란과 노톤(Kaplan & Norton)은 재무적 및 고객, 내부 및 외부 성장 측정치를 평가하는 균형성과표(Balanced Scorecard)를 개발하였다. 이 관점은 내부, 외부, 현재, 그리고 미래를 포함한다. [그림 2-8]의 오른쪽은 전략 측면에서 지적 자본으로의 디딤돌을 보여 준다. 즉 어떻게 전략이 지식 발전과 학습조직 그리고 지식과 성공 또는 가치 창출 간의 관계로부터 발전되었는지를 보여 준다. 이 중 일부는 지식 개발에, 다른 것들은 지식 활용에 직접 연결된다. 무형 자산과 핵심 역량은 지식 활용에 더 직접적으로 연결되고, 지식 개발에는 약하게 연결된다. 학습조직, 대화관리, 혁신은 지식 개발에 직접적으로 연결된다. 지식경영은 지식 활용과 지식 개발 모두에 연결된다.

[그림 2-8] 지적 자본의 개념적 뿌리

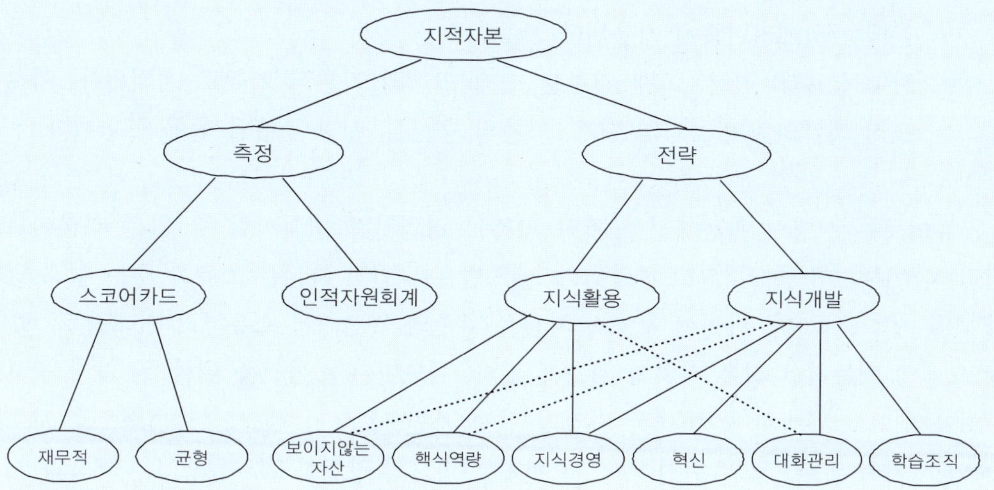

출처: Roos, Roos, Dragonetti, Edvinsson(1997)

[그림 2-8]의 분야 중 학습조직이나 핵심 역량과 같이 어떤 것들은 인적자원관리 분야가 아닌 다른 분야에서 자주 논의되어 왔다. 혁신은 전통적으로 마케팅, 무형 자산은 회계 분야에서 논의된다. 스코어카드와 재무적 스코어카드는 회계 분야에서 다루어지고, 균형성과표는 인적자원관리에 더 치우쳐 있다.

지적 자산 모델은 지적 자산을 평가를 위하여 세 가지 주요 요소로 나누고, 그들의 상호작용을 정의한다.

- 인적 자본: 조직의 인적 자원을 말하며 가치로 전환될 수 있는 지식과 경험, 노하우, 능력, 전문 지식을 포함한다. 이것들은 사람, 조직의 관행, 절차에 내재되어 있다. 지적 자산은 기업이 소유권을 주장할 수 있고 거래할 수 있는 형태의 특정 지식의 코드화된 유형 또는 물리적으로 기술된 것을 포함한다. 스튜어트는 인적 자본은 이용되어야 하며, 조직은 이익이 되는 한 인적 자본을 확보할 필요가 있다고 주장한다.
- 구조적 자본: 에드빈슨과 스튜어트는 구조적 자본을 '밤에 집으로 가지 않는 지식'이라고 말한다. 이것은 시스템, 네트워크, 분배 채널과 같은 물리적 인프라스

트럭처와 전략, 정책, 역사, 문화, 경영, 지적 재산과 같은 무형의 인프라스트럭처를 포함한다. 구조적 자본은 인적 자본의 사용의 결실을 구성, 패키지, 촉진, 1 분배하는 메커니즘에 사용된다.

- 관계적(고객) 자본: 고객 자본은 조직 고객의 자본적 가치로 정의된다. 이것은 조직 외부의 사람들과의 관계, 그들의 충성심, 시장 점유율 등을 포함한다.

스튜어트는 경영의 관점에서 구조적 자본이 경영자가 변화시킬 수 있는 자본이므로 인적 자본보다 더 중요하다고 주장한다. 에드빈슨은 인적 자본은 소유할 수는 없고 임차할 수는 있다고 한다. 반면에 구조적 자본은 주주의 관점에서 소유하고 거래할 수 있다. 이 모델의 역동적인 점은 가치의 창조에 있다. 에드빈슨은 이것을 위한 두 가지 근본적 근거가 있다고 주장한다. 첫째는 기업의 인적 자원으로부터 생산되어 법적으로 보호될 수 있는 지적 자산으로의 혁신이고, 두 번째는 혁신의 상업화로부터 생기는 제품과 서비스이다.

지적 자본 모델은 지식 요소와 관련된 측정을 강조한다. 에드빈슨은 지적 자본을 장부 가치와 시장 가치의 차이를 만드는 숨겨진 가치로 본다. 시장 가치는 재무적 자본과 지적 자본으로 나누어진다. 지적 자본의 숨겨진 가치 파악은 인적 자본과 구조적 자본으로 나누어서 이루어진다. 구조적 자본은 고객 자본과 조직적 자본을 포함하며, 조직적 자본은 프로세스 자본과 혁신 자본으로 나누어진다.

2.5. 복잡적응시스템 모델

복잡적응(Complex Adaptive) 이론은 지난 20여 년 동안 과학 분야에서 연구되어 왔다. 최근 들어 이 이론이 조직 성과와 지식경영 분야로 확장되었다. 복잡적응시스템(Complex Adaptive Systems; CAS) 모델은 직원을 하위 시스템으로 포함하면서, 직원들 사이의 동기화만이 지속적 사건의 연속과 복잡시스템 프로세스를 가능하게 하는 시스템의 존재를 허용하는 조직에 관한 것이다. 복잡시스템이 독특한 것은 환경 변화에 전체 시스템이 적응하는 프로세스와 요구되는 해법을 제공하는 조직 내 개인 및 그룹의 하위 시스템의 능력의 균형에 있다. 그러므로 복잡시스템으로서의 조직은 조직 전략의 독특한 경쟁 우위를 실현할 수 있는 큰 가능성을 가진다.

지능적 복잡적응시스템(Intelligent Complex Adaptive Systems; ICAS) 지식경영 이론은 조직을 하나의 지능적 복잡적응시스템으로 본다. 지능적 복잡적응시스템은 변화, 불확실성, 복잡성의 세계에서 살아가고 기여하는 데 필요한 가장 중요한 능력을 이끌어 내기 위하여 개발된 개념적 모델이다. 미래의 도전은 조직 환경에서 등장하고 성장하는 역동적이고 복잡한 시스템을 관찰하고, 해석하고, 이해하고, 함께 진화하는 방법을 찾는 것이다. 복잡성을 이해하는 것은 지식에 대한 수요를 크게 높이고, 불확실성의 조건에서의 의사결정은 조직의 유연성과 지식 공유를 보장하는 접근방법을 요구한다. 변화하는 세상에서 지식과 지식의 응용은 지능적 복잡적응시스템 조직의 핵심이며, 지식경영은 바른 지식을 바른 시간에 바른 사람에게 가용하게 하는 것을 보장한다.

복잡 조직으로서의 지능적 복잡적응시스템은 비선형 관계와 피드백 룹(Feedback Loop)으로 형성된 많은 상호 연관된 요소로 구성되어 있다. 지능적 복잡적응시스템은 환경에 대한 인식, 분석, 해석, 반응을 하고 환경 추이와 변동에 적응하면서 조직이 목표를 달성하는 방법으로, 조직을 내부적으로 조정하고 외부적으로 환경에 영향을 줄 수 있는 능력이 있다. 복잡적응시스템은 각자가 자신의 목표를 최대화하면서도 외부 환경과 다른 요소와의 관계의 맥락에서 규칙에 따라 활동하려는 많은 자발적 조직 요소로 구성된다. 전체적으로 이들의 결합된 행동이 복잡적응 현상을 낳는다. 복잡적응시스템은 이러한 신흥 현상을 통하여 자발적 조직화를 한다고 한다. 지능적 복잡적응 조직에서 사람들은 지역적 구조에 대하여 자유를 가지고 개인과 그룹의 효과성을 최대화하려는 필요에 따라 역할, 책임, 그리고 관계를 재조정하는 의미에서 자기 조직화를 한다.

조직은 환경으로부터 입력물을 받아 높은 가치의 산출물로 전환하여 고객이나 이해관계자에게 제공한다. 조직은 입력물 가치 이상의 가치를 창조하는 방법으로 내·외부 자원을 효율적으로 사용하는 옵션을 만들면서 문제를 해결하고 기회를 활용한다. 바라는 결과를 얻고자 하는 지능적 복잡적응시스템의 주요한 도전은 새로운 아이디어를 창조하고, 문제를 해결하고, 의사결정을 하고, 행동을 취하는 프로세스를 이해하고 성공적으로 활용하는 것이다. 이 프로세스 자체가 모든 지능적 조직이 마스터해야 하는 핵심 역량이 된다.

조직은 변화하며 지능적 복잡적응시스템의 형태를 취하게 되는데, 이때 지능적 복잡적응시스템의 특성을 만들면서 발전시킨다. 지능적 복잡적응시스템은 8개의 주요한 특징을 가지고 있다.

- 조직 지능(Organizational Intelligence) - 조직 지능은 조직이 직원, 고객, 투자자, 공동체, 환경을 만족시키면서 조직의 목표를 동시에 달성하는 방식으로 환경을 해석하고 반응하는 능력을 말한다. 즉 조직이 혁신하고, 지식을 획득하고, 관련된 상황에 그 지식을 적용하는 능력을 말한다.
- 공유된 목적(Unity and shard purpose) - 지능적 복잡적응시스템 조직은 상황의 이해, 지식, 그리고 행동하고 반응할 수 있는 에너지의 집중을 최대화하도록 관련 자원을 조정하고 통합할 수 있어야 한다.
- 선택성(Selectivity) - 조직의 반응은 차이를 낼 수 있는 지식을 선택하고 통제함으로써 외부 복잡성을 줄이는 것이다. 선택성 프로세스는 외부로부터 들어오는 정보를 필터링(Filtering)하는 것으로 구성된다.
- 적정 복잡성(Optimum complexity) - 기업은 전반적 목표를 놓치지 않으면서 외부 환경에 대응하는 내부 복잡성과 공통 아이덴티티를 잃지 않는 기업 개념 사이의 균형 즉 안정성과 불안정성이 존재하는 영역에서 순수한 안정과 완전한 불안정 사이에 있는 상태를 선택하게 된다.
- 지식 중심(Knowledge centricity) - 지식 중심은 모든 계층의 의사결정자의 지식 니즈(Needs)를 위한 조직 집중화를 말한다. 이것은 자발적 조직, 협력, 전략적 정렬로부터 관련된 정보를 통합하는 것이다.
- 침투성 경계(Permeable boundaries) - 침투성이 있는 경계는 조직이 팀, 파트너, 고객과 이해당사자의 관계를 통한 결과 최적화를 이루게 한다.
- 흐름(Flow) - 흐름은 지식 중심을 가능하게 하고 조직 지능과 일치하는 연결과 지속성을 촉진한다. 이것은 지식 중심을 가능하게 하고, 단일성을 유지하는 데 필요한 연결과 지속성을 촉진하고, 조직 지능과 일치를 이루게 한다.
- 다차원성(Multi-dimensionality) - 다차원성은 지식노동자가 이슈에 대처하고 문제를 해결하는 역량, 관점, 인지적 능력을 보장하는 조직적 유연성을 말한다. 이것은 조직이 지속적으로 학습하고, 위험을 다루고, 시스템 관점으로 사고하고, 장기적 관점에서 분석하고, 아이덴티티(Identity)와 통일성을 유지할 것을 요구한다.

이러한 특성을 개발하기 위하여 조직은 전략, 구조, 문화, 프로세스, 지식노동자에 대한 새로운 사고를 필요로 한다. 이러한 요소들은 지능적 복잡적응시스템의 성공에 중대한 역할을 한다. 새롭게 만들어지는 지능적 복잡적응시스템의 특성들의 관계가 [그림 2-9]에 나타나 있다.

지능적 복잡적응시스템 지식경영 모델은 개인 지식노동자와 그들의 역량, 능력, 학습 등을 강조한다. 이러한 지식자산은 다른 사람의 지식, 경험, 통찰력을 가용하도록 하기 위하여 다중의 네트워크를 통하여 활용된다. 이러한 유형의 암묵적 지식은 역동적 네트워크를 통하여 활용되며 가상 공동체와 지식 저장고를 통하여 데이타, 정보, 사람을 연결하는 커뮤니케이션 통로를 따라 흐른다.

지능적 복잡적응시스템에서 지식경영은 지능적 조직을 창조하려는 조직 전략의 총체이다. 지식경영이 지능적 복잡적응시스템을 지원할 수 있는 분야는 완벽한 접근, 근무환경의 지식 자원 중심 구조화, 그리고 지식 주석화와 협력이다. 지능적 복잡적응시스템 지식경영 모델은 다른 접근방법과 마찬가지로 연결주의적(Connectionist)이며 종합적이다.

[그림 2-9] 지능형 복잡적응시스템 특성

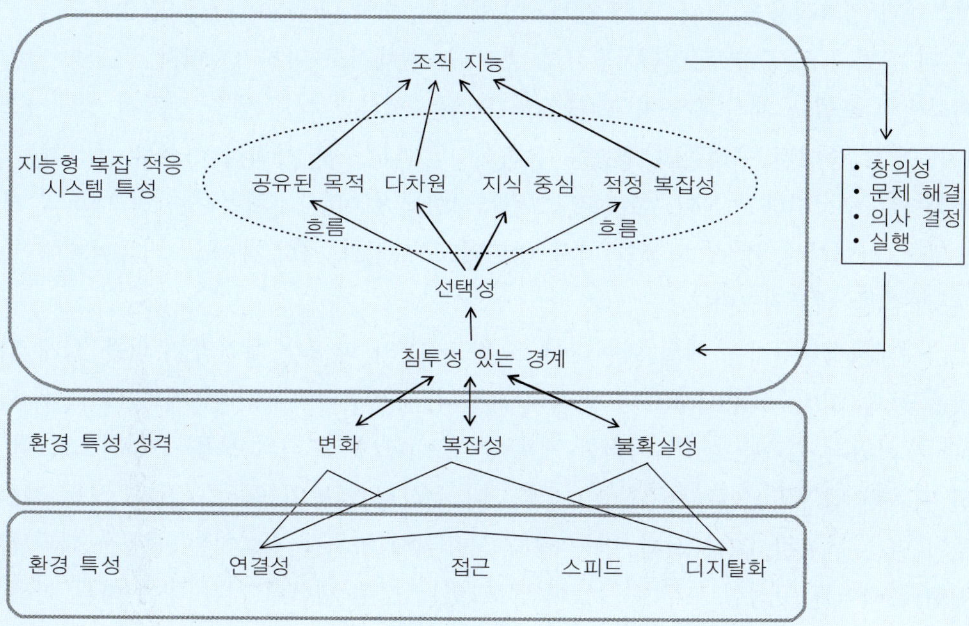

출처: Bennet & Bennet(2000)

2.6. 지식생태 모델

지식생태 모델은 지식창조와 활용을 위한 더 좋은 사회적, 조직적, 행동적, 그리고 기술적 조건을 발견하는 데 초점을 맞추고 있다. 지식생태 모델은 조직학습, 적응적 시스템으로서의 비지니스, 하이퍼텍스트 조직을 통합하는 학제적 이론이다. 이 모델은 최고의 야망을 이루도록 사람들의 능력을 향상시켜 조직이 전례가 없는 성과를 이루도록 돕고자 한다. 이 모델은 조직학습과 발전을 창조, 유지, 촉진하는 시스템을 디자인하는 최선의 모델은 두뇌나 열대림(Rain Forest) 같은 자연적 학습 조직이라는 원칙에 기초한다. 지식생태 모델의 주요 연구 분야와 행동 영역은 자발적 조직의 지식생태시스템(Knowledge Ecosystem)을 디자인 및 지원하는 것이다. 자발적 조직의 지식생태시스템에서는 정보, 아이디어, 통찰력, 그리고 영감이 지리적 및 스케줄의 제약과 관계없이 교류되고 서로 제공된다.

지식생태시스템은 생물학적 생태시스템과 마찬가지로 자기 유지, 자기 통제, 자기 조직화를 한다. 지식생태시스템은 침투성 경계를 가지고 있으며 이 경계를 통하여 다른 생태시스템과 상호작용을 한다. 자연 생태시스템에서 종의 다양성이 높으면 높을수록 공동체는 더 강하고 그 수명도 길다. 조직적 생태시스템에서도 마찬가지이다.

지식생태 모델을 제시한 조지 포(George Por)는 지식생태시스템을 전체적 생태시스템의 지능으로 증대된 구성원의 행동을 통하여 비지니스 및 사회적 가치를 생산하는 세 네트워크로 구성된다고 본다. 그것은 [그림 2-10]에 보이는 것처럼 생산적 대화의 사람 네트워크, 아이디어, 정보, 영감의 지식 네트워크, 그리고 지식 베이스, 커뮤니케이션 연결 등의 기술 네트워크이다.

지식생태시스템에서는 매일 아이디어, 요청, 제안의 파도가 개인의 주의를 끌게 되고 이것은 동료, 고객, 코치(Coach)와 연결되게 한다. 개인은 매일 전화, 메모, 보고서, 회의로 다른 사람과 접촉을 한다. 이러한 접촉은 네트워크를 조직의 모든 구성원으로 된 분산된 지능의 웹(Web)으로 간주할 수 있다. 이 분산된 지능의 웹은 모든 구성원 자신과 그들이 다른 구성원, 조직 전체, 이해 당사자를 위해 가치를 창출하는 방법을 나타낸다.

어떤 조직이든 구성원 모두가 그들이 알고 있는 것을 제한된 시간 내에 다른 이해 당사자와 공유하려면 대화의 네트워크에 전기가 통하게 하여야 한다. 즉 사람들의 네트워

[그림 2-10] **지식생태시스템 네트워크**

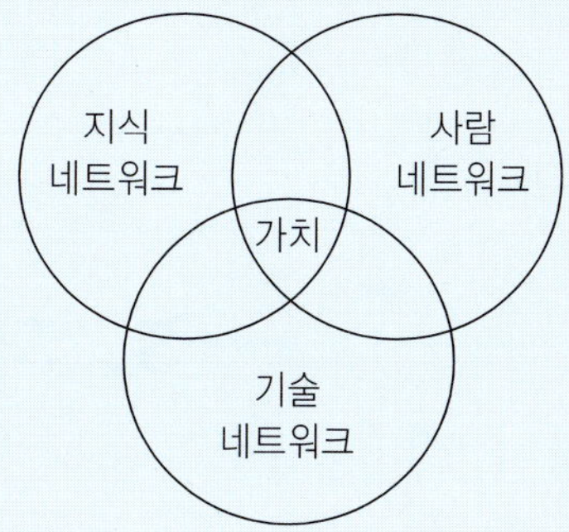

크와 컴퓨터 네트워크를 연결하여야 한다. 이러한 전기를 통하게 하는 신경 시스템은 공동체가 자기 조직화를 하고 집단 지성을 효과적이며 지속적으로 향상시키도록 하는 데 필요한 인프라스트럭처의 역할을 한다. 실무의 지식생태시스템에서 사람 네트워크는 기술 네트워크의 지원으로 지식 네트워크를 창조한다. 사람 네트워크는 조직의 구성원, 실무공동체, 회사 고객 및 다른 이해당사자, 그리고 그들이 협력을 조직화하는 방법을 말한다. 지식 네트워크는 조직의 사람들이 근무 중에 생산하는 생산적 아이디어 사이의 웹과 같은 연결을 말한다. 기술이 새로운 형태의 의미 있는 연결을 제공하게 되면 전례 없는 시너지와 창조적 혁신이 일어난다. 이러한 맥락의 기술 네트워크는 전자우편, 비디오 및 웹 컨퍼런스에서 가상 세계까지 지식창조, 공유, 활용을 위한 커뮤니케이션 및 협력을 지원하는 기술 수단을 포함한다.

지식 공동체는 공유된 지식 그리고 그 지식을 업그레이드하는 프로토콜과 도구와 함께 진화한다. 개인이 자신의 개인 학습 프로세스 관리를 더 현명하게 하면 할수록 개인은 조직의 집합적 지능을 더 향상시키게 된다. 학습 공동체가 더 현명해지면 개인이 접근하여 자신의 지능을 향상시킬 수 있는 집합적 지능의 저수지가 더 깊어지게 된다. 이 둘의 연쇄적 변동은 개인들을 더욱 발전시킨다.

지식생태 모델의 핵심인 생산적 대화로부터 의미와 가치를 수집하는 것은 예술이며 과학이다. 이것은 인간관계의 예민하고 자발적인 영역과 관련되는 예술이다. 또 이것은 시간과 공간을 넘어 사람들과 그들의 아이디어를 하나로 묶는 최신 기술에 의지하는 과학이다. 지식생태 모델은 조직 효과성의 이 두 가지 다른 면을 연결하여 조직이 빠르게 학습하는 것을 향상시키는 프레임워크를 제공한다. 이것을 조지 포는 대화와 지식 베이스의 쌍대성 원리(Duality of Conversations and Knowledge Bases)라 부른다.

3. 지식경영 프로세스

3.1. 지식경영 프로세스 개념

지식경영을 일련의 지식 활동 또는 지식경영 업무를 디자인, 실행, 평가하는 복잡한 조직 기능의 프로세스로 보는 접근방법은 많다. 프로세스 관리(Process management) 접근방법은 비지니스 프로세스의 명시적 디자인과 관리를 말하며, 해머와 챔피(Hammer & Champy)의 리엔지니어링 개념과 기법의 등장 이후 각광을 받은 접근방법이다. 지식경영의 목표는 조직의 효과성과 성과 측면에서 지식경영 업무를 향상시키는 데 있다. 이러한 목적을 달성하기 위해 지식경영에 프로세스 관리 접근방법이 접목되었다. 지식경영과 관련하여 프로세스 개념은 지식 프로세스(Knowledge Process)와 지식경영 프로세스(Knowledge Management Process)가 혼용되고 있다. 본서에서는 지식경영 프로세스에 초점을 맞춘 지식경영 프로세스 용어를 사용하기로 한다.

지식경영 프로세스는 지식의 체계적 생산, 저장, 공유 및 활용과 같은 지식 활동 내에서 또는 그들 사이에서 일어나는 지식의 흐름을 지원하는 서비스와 지원 프로세스를 말한다. 전형적인 지식경영 프로세스는 지식의 창조로 시작된다. 창조된 지식은 전문가, 지식 브로커, 또는 공동체의 평가를 받는다. 평가된 지식은 분류, 구조화, 포맷, 다른 지식 요소에의 링크, 또는 맥락화를 통해 부가 가치를 더한다. 이렇게 만들어진 지식은 문헌이나 다른 전문가에 의해 링크의 형태로 저장된다. 이제 이 지식은 같은 업무 또는 다른 업무에 사용되도록 잠재적 지식 수요자에게 분배되거나 서치를 하는 구성원에 의해 검색된다. 이 지식을 사용하면서 얻는 경험은 피드백으로 다시 수집되어 지식이 향상되도록 하여, 최근이 지식을 사용한 구성원의 링크가 업데이트되게 하고 이 지식의 활용에 의한 성공 수준이 평가되도록 한다. 이와 같은 서치, 활용, 피드백, 향상 사이클은 반복된다.

지식경영 활동은 여러 다른 학문 분야 및 접근방법과 관련하여 기술될 수 있다. 지식경영을 지식 활동의 라이프 사이클로 보거나, 디자인, 실행, 그리고 평가의 지식경영 활동을 수행하는 복잡한 조직 기능으로 보고 접근하는 것이 일반적이다. 지식경영 문헌은 앞에서 본 지식경영과 관련한 활동 또는 프로세스에 대한 많은 용어를 사용하고 있다. 이러한 지식 활동과 지식경영 프로세스와 관련한 용어를 일반적으로 구분하는 단계로 나누어 정리하면 [표 2-3]과 같다. 이 활동들은 지식경영시스템에 의해 지원되거나 관련이 있고 지식경영의 실제에서 개인이나 그룹에 의해 수행되고 있다.

조직은 지식경영과 관련한 여러 가지 업무를 하게 되는데 이를 크게 몇 단계로 나누어 지식경영 프로세스로 설명한다. 지식경영 프로세스를 몇 가지 기본 활동에 초점을 맞추어 구분하여 볼 수 있다. 일반적으로 사용하는 지식경영 활동에 대한 용어에 대한 일치를 찾기 어려운 것처럼 지식경영 활동을 프로세스의 주요 단계로 나누는 용어에도 합의가 이루어지기 어렵다. [표 2-4]는 주요 지식경영 문헌에서 발견되는 지식경영 프로세스 용어를 보여 준다. 서로 다른 구분의 차이는 보통 활동의 이름과 수 그리고 각 활동과

[표 2-3] **지식경영 활동**

단계	활동
지식생산	creation, building, anticipation, generation
지식저장	acquisition, appropriation, adoption identification, capture, articulation, extraction collection, gathering, accumulation, securing organization, linking, embedding, formalization storage refinement, development presentation, formatting publication, archiving
지식공유	distribution, diffusion, transfer, sharing, conversion, collaboration
지식활용	application, deploying, exploiting, evaluation, validation, review, revision, evolution

[표 2-4] 지식경영 프로세스 구분

Wiig (1993)	Meyer & Zack (1996)	McElroy (1999)	Alavi & Leidner (2001)	Becerra-Fernandez, Gonzalez, sabherwal (2004)	Awad & Ghaziri (2004)	Dalkir (2005)
창조 소싱 컴파일 전환 전파 응용 가치실현	획득 정제 저장/추출 분배 프레젠테이션	개인적 및 그룹학습 지식 유효화 정보 획득 지식 유효화 지식 통합	창조 저장/추출 전이 응용	지식 발견 지식 포착 지식 공유 지식 응용	포착 조직화 정제 전이	지식 포착/창조 지식 공유/전파 지식 획득/응용

관련한 중요성과 정도에서 온다.

3.2. 지식경영 프로세스

지식경영 활동은 [표 2-4]에서 보는 것처럼 분류 기준에 따라 몇 단계로 다르게 나누어지고 있다. 그러나 자세히 살펴보면 그 차이가 큰 것은 아니다. 용어는 다르다 하더라도 지식경영 프로세스에서 일어나는 활동을 묶은 범위가 다르거나 유사한 이름의 단계가 사용되고 있음을 볼 수 있다. [그림 2-11]은 [표 2-3]에서 본 것처럼 지식경영 활동을 크게 지식생산, 지식저장, 지식공유, 지식활용의 네 단계로 나눈 것이다. 조직의 지식경영을 위한 이와 같이 많은 업무 또는 활동은 일반적으로 네 단계로 나누어진 지식경영 프로세스로 설명할 수 있다.

이 분류는 조직 내부의 가치사슬에서 지식을 소비할 수 있는 상품으로 보아 지식을 생산 및 분배하는 관점으로 보는 지식경제학의 이론과도 일치한다. 지식경제학 이론은 또한 지식을 조직 외부 시장에 내놓을 수 있는 가치사슬의 직접적 산출물로 본다. 지식경제를 관리하는 메커니즘의 하나는 일반적 지식경영 라이프 사이클을 실행하는 것이다. 즉 지식경영은 구축(지식의 발견 및 구조화), 구체화(문서와 같은 지식 저장 방법 선택),

[그림 2-11] **지식경영 프로세스**

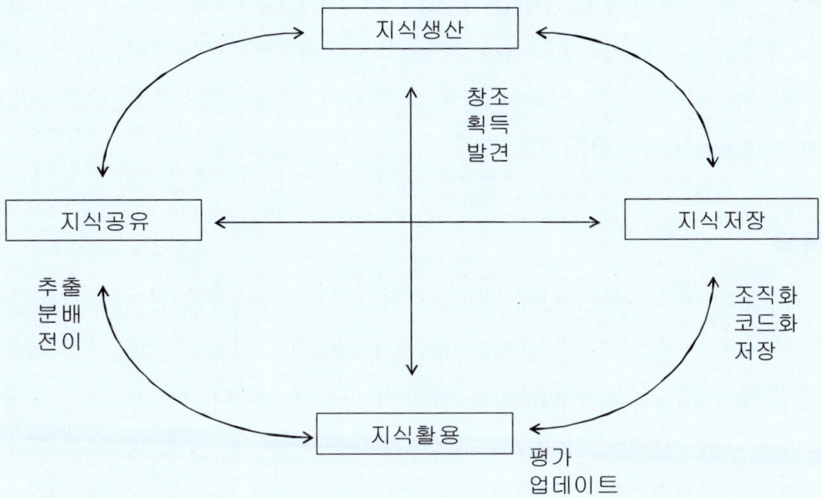

분배(구체화된 지식을 시장에 내놓는 인간 또는 기술적 프로세스), 사용(고객을 위한 상업적 가치의 창출)의 이 네 가지의 반복적 프로세스로 나누어진다.

지식생산

지식을 생산하는 방법은 여러 가지가 있다. 첫 번째는 지식을 창조하는 것이다. 지식은 주로 개인과 집합적 학습 프로세스를 통하여 창조된다. 이 지식창조는 관리될 수 없고 연구 개발 부서와 프로젝트에 대한 도움, 창의성을 지원하는 도구, 그리고 창의성을 지원하는 조직 문화를 통해 지원될 수 있다. 개인 및 팀 수준에서 보면, 지식생산은 주로 사회적 상호작용의 결과이다. 부서 및 조직 차원에서 보면 향상 활동은 내부 프로세스와 절차에 초점을 맞추는 반면, 혁신 프로세스는 주로 제품과 서비스를 위한 새로운 지식창출을 목표로 한다. 지식생산의 두 번째 방법인 지식 획득은 조직 외부의 지식을 확보하는 것이다. 지식 획득은 유능한 인재나 전문가의 채용, 전문적 서비스 기업과의 계약, 조인트 벤처나 전략적 제휴 등의 방법으로 일어난다. 지식 획득은 또 외부의 문서화된 지식에의 접근과 지식 관련 이벤트나 프로세스에 참여하면서 가능하다. 지식생산의 세 번째 방법은 지식 발견이다. 지식 발견은 데이타 마이닝 또는 지식기반 시스템을 통하여 새로운 정보를 발견하는 것이다.

지식저장

지식저장은 먼저 지식의 조직화를 통하여 이루어진다. 지식 요소가 생산되면 다른 지식 요소와 연결될 수 있다. 개인이나 공동체와 같은 집합체는 지식에 가치를 부여하여 문서화와 저장을 하게 된다. 이러한 활동의 결과는 조직 지식 구조, 온톨로지(Ontology), 지식 맵(Knowledge map) 등이다.

지식공유

지식 공유 또는 지식 분배, 지식 전파, 지식 확산, 또는 지식 전이라고도 불리는 이 단계는 지식을 찾는 사람에게 공급(Knowledge push)하는 것과 지식을 서치하거나 추출하는 사람에게 제공(Knowledge pull)하는 체계적 프로세스이다. 이 두 지식 활동은 지식의 내재화를 지원한다. 이 단계의 목표는 바른 장소에, 바른 시간에, 바른 품질의 지식을 전이하는 것이다. 이것은 지식이 바른 맥락으로 즉 가치가 창조되는 곳에 전달되는 것을 말한다.

지식공유는 여러 방법으로 일어날 수 있다. 지식은 데이타베이스에 추가되거나 문서로 분배될 수 있다. 이것은 소위 저장 접근방법(Stock Approach)이라 한다. 즉 지식을 다른 사람이 찾을 수 있도록 해두는 것이다. 그러나 대부분의 지식은 협력, 워크숍, 코칭, 도제관계 등의 직접적 상호작용으로 한 사람에서 다른 사람으로 전달된다. 이렇게 사람들 사이에 직접적으로 전달되는 것을 흐름 접근방법(Flow Approach)이라 한다. 지식을 공유하는 방법과 도구로는 인트라넷, 포털, 데이타베이스, 협력, 실무 공동체, 순환 근무, 코칭, 세미나, 훈련 등이 있다. 그러나 지식노동자가 동료, 파트너, 공급자가 제공하는 지식을 받아들이지 않으면 지식경영의 궁극적 목표에 다다를 수 없다. 이것이 바로 지식 프로세스의 다음 단계이다.

지식활용

지식은 조직에서 사용될 때만 가치를 보탠다. 창조, 획득되고 조직화되어 저장된 지식은 공유되거나 분배되어 비지니스 프로젝트나 프로세스에 활용된다. 참여자의 집합적 협력을 통해 지식이 전이되고 합동으로 활용되기도 한다. 이것이 지식의 사회화이다. 지식경영을 통해 조직의 지식은 평가를 통해 계속 향상되고 진화하게 된다.

실제에서 많은 지식이 제대로 활용되지 않고 있다. 그러므로 지식활용 활동은 앞 단계에서 들인 노력이 헛되지 않도록 하는 것이다. 이 활동이 지식이 필요한 것인지를 결정지으며 지식이 창출, 저장, 공유되어야 하는지를 결정한다. 지식을 활용하면서 조직은 지식 갭(Knowledge Gap)을 발견할 수 있고, 조직의 새로운 지식이 될 경험을 얻을 수 있다. 그러므로 지식 프로세스는 통합된 지식경영 프로세스가 되기 위해서 지식창출, 저장, 활용 활동으로 계속되어야 한다.

사례: 한국자산관리공사 지식경영시스템 고도화

지난 2007년 말 발생했던 외환위기는 '한국자산관리공사(KAMCO · 캠코)'가 기업 구조조정의 주체로서 우뚝 서게 한 계기였다. 외환위기 극복 과정에서 무려 111조 원 규모의 부실채권을 인수해 기업 구조조정을 주도했고 이후에는 부실채권의 국제 입찰과 인수합병(M&A) 등을 통해 투입된 공적자금(39조 2,000억 원)보다 4조 원을 초과 회수하는 성과를 냈던 것. 한국전쟁 후 최대의 국란이었던 외환위기 경험은 지난해 전 세계를 뒤흔든 금융위기에서 빛을 발했다. 캠코는 지난해 12월 금융불안의 뇌관으로 지목돼온 1조 7,000억 원 규모의 저축은행 프로젝트파이낸싱(PF) 대출채권을 인수해 저축은행의 건전성을 보전했다. 4월에는 40조 원 규모의 구조조정기금을 설치, 금융기관이 기업 부실로 동반 부실화하는 것을 사전에 예방하는 조치도 취했다. 외환위기는 사실상 기업 부실이 원인이었던 반면 지난해 전 세계적인 금융위기의 결과는 우리나라에 개인 부실 심화로 드러나고 있다. 캠코가 개인들의 금융부실 관리에 나선 것도 이 때문. 캠코는 지난해 9월 금융기관에서 7,000억 원을 출자받아 신용회복기금을 설립한 뒤 개인 금융 소외자들의 신용 회복을 지원해왔다.

기업 · 개인에 대한 지원활동 못지않게 캠코는 공공기관 선진화에도 선봉에 서 한발 앞선 경영혁신활동을 벌였다. 실제 캠코는 정부의 공기업 선진화 작업이 본격화되기 전인 지난해 1월부터 조직 슬림화 및 경영 효율화 조치를 시작했다. 3급 팀장을 부장으로 발탁하는 과감한 인사조치를 시작으로 조직 규모를 대폭 축소, 4부 28개 팀을 없앴다. 또 공사 운영경비 관련 자체 진단 체크리스트를 통해 목표 대비 199%인 233억 원의 예산절감을 이뤄냈다. 신속한 의사결정을 위해 임원 지시사항의 진행 상태도 실시간 모니터링하고 있고 지시사항에 대한 온라인 피드백이 가능하도록 인트라넷을 개편해 서면보고로 인한 시간과 비용 낭비도 최소화했다.

업무 노하우를 축적하는 '지식경영시스템'은 눈에 띄는 대목이다. 업무 영역이 다양하고 변화가 많은 캠코의 특성상 경험 축적은 업무 효율성을 담보하는 중요한 요소인 만큼 지식경영시스템의 발전에 상당한 노력을 하고 있다. 외환위기와 카드 사태를 극복하는 과정에서 축적된 노하우를 체계화하기 위해 일종의 '지식창고' 형태로 시작됐던 이 시스템은 올해 대대적으로 개편해 직원 개개인이 만드는 매뉴얼로 전환했다. 별도의 인수인계 없이도 누구나 바로 변화된 업무에 적응할 수 있도록 하기 위함이었다. 직원별 마일리지제도를 운영해 노하우 축적을 독려하고 있는 것은 지식창고에 대한 열의를 엿볼 수 있다.

신용 회복이나 구조조정 업무를 하는 만큼 고객의 신뢰를 얻기란 여간해서는 쉽지 않다. 하지만 캠코는 의외로 고객들에게 좋은 평가를 받고 있다. 2008년에는 공공기관 고객만족도조사에서 14개 연기금군 중 1위에 올랐으며 한국능률협회 컨설팅의 '한국산업의 서비스 품질지수 평가'에서는 캠코 콜센터가 공공기관 2위를 차지했다. 캠코의 한 관계자는 “신뢰를 얻을 수 있었던 주요 배경 중 하나는 바로 시스템 고도화일 것”이라고 말했다. 예컨대 온라인상으로 공매입찰을 가능하게 한 온비드시스템은 현장공매를 없애 인건비 등 연간 219억 원의 비용을 절감시키기도 했다. 물론 고객들에게 객관적이고 공정하다는 평가도 함께 얻었다. 2007년 유엔 공공 행정상 본선에 진출하고 올해 ‘제9회 코리아 웹 어워드(Korea Web Awards)’에서 고객서비스 부문 최고대상을 수상한 것도 이런 노력 때문에 가능했다.

출처: [서울경제] 2009년 06월 21일(일)

날리지큐브가 한국자산관리공사 지식경영시스템인 ‘K-Wings’의 고도화 사업을 완료했다고 28일 밝혔다. 날리지큐브는 이번 프로젝트에서 지식경영 컨설팅, 지식/제안관리 시스템 고도화, 임원지시사항과 과제관리 신규 개발과 기존 프로그램의 연동 및 전환을 수행했다. 이번 프로젝트는 지식경영 현황분석, 다차원 지식지도 설계, 지식경영 조직/CoP 운영방안 설계, 평가보상/변화관리 방안 설계 등 지식경영 컨설팅을 수행하여 한국자산관리공사의 업무환경에 맞는 ▲지식지도 강화 ▲통합 Q&A ▲과제해결형, 역량강화형 CoP ▲E-제안관리시스템 ▲ 임원지시사항 ▲ 과제관리 등 지식경영시스템을 업무중심으로 고도화 및 통합하는 형태로 진행했다.

한국자산관리공사 담당자는 “금번 지식경영시스템 고도화를 통하여 급변하는 업무 환경에 대응함과 동시에 공사 내부의 지식자산 가치를 재창출하고 이를 통하여 글로벌 자산관리회사로써의 역량을 강화해 갈 것”이라고 밝혔다. 이번 프로젝트의 책임을 맡은 날리지큐브의 류성한 PM은 “최근에는 대부분의 지식경영시스템(KMS)이 기존의 시스템에 비해 업무연관성이 높아지고 있다”며 “한국자산관리공사의 업무환경에 맞는 효과적인 지식경영 체계를 설계/반영하여 현업의 자율적인 업무혁신 및 개선에 크게 도움을 줄 것”이라고 설명했다.

출처: [데일리그리드] 2009년 04월 28일(화)

2부

지식경영 프로세스

3장 지식생산

학습 개요 및 목표

기업의 성공은 지식창조와 공유를 통하여 지적 자본을 개발하는 데 달려 있다. 따라서 조직의 새로운 지식의 창조와 흡수 능력은 조직 능력의 주요한 부분이다. 지식생산 프로세스는 지식창조, 구축, 획득, 그리고 발견에 의한 지식 베이스를 넓히는 것이다. 지식생산의 중요성과 그 사례에 대한 논의는 많지만 이론과 실제에 대한 종합적이며 체계적인 소개는 드물다. 조직에서 지식이 생산되는 특히 지식이 창조되는 프로세스와 환경에 대한 이해가 필요하다. 조직에서 지식창조는 개인의 기술이나 지식을 조직 지식으로 전환하는 것을 말한다. 조직은 창의적 개인을 지원하고 적절한 환경을 제공하여 지식을 창조하도록 하여야 한다. 지식창조 프로세스는 사람들의 상호작용으로 일어난다. 그러므로 점점 더 활발해질 인터넷을 통한 사회적 지식창조 활동에 대한 관리의 비중이 커질 것으로 보인다.

이 장에서는 이러한 조직의 지식창조, 획득, 그리고 발견과 같은 지식생산 프로세스에 관한 소개를 한다. 여기에 소개된 사례는 지식생산 프로세스의 실제를 살펴보는 기회를 제공한다. 이 장의 주요 학습 목표는 아래와 같다.

- 지식생산 프로세스를 이해한다.
- 조직 지식 프로세스 개념을 비교한다.
- 지식전환 모델을 이해한다.
- 사회적 지식창조를 이해한다.
- 지식창조의 동인과 영향 요인을 살펴본다.
- 지식구축 활동을 살펴본다.
- 지식획득 활동을 살펴본다.
- 지식발견 기술을 살펴본다.

사례: NTT DoCoMo의 지식창조

모바일 커뮤니케이션은 급격하게 변화하고 있다. 1990년대 초반에 시작된 일본의 모바일 커뮤니케이션 시장에서 NTT(Nippon Telegraph and Telephone)의 자회사로 출발한 DoCoMo(Doing Communication over the Mobile Network)는 급격하게 성장하였다. 1990년대 중반 일본 모바일 폰 시장의 규제완화와 DoCoMo 경영진의 비전은 모바일 폰 시장에서 DoCoMo의 급성장을 가능하게 하였다.

DoCoMo의 첫 번째 사장인 오보시(Oboshi)는 The Gateway Business Project를 반독립적 지위를 부여하여 추진하였다. 이 프로젝트의 미션은 DoCoMo의 국가 패킷 커뮤니케이션 기술을 활용하는 서비스를 창출하는 것이었다. 1997년 1월에 오보시 사장은 혁신은 초기에는 거대한 조직보다 개인 전문지식에 달려 있다고 보고 아이디어 생산 단계에서 DoCoMo의 관료적 환경으로부터 독립적으로 추진할 수 있는 리더로 NTT 엔지니어 게이이치 에노키(Keiichi Enoki)를 선택한다. 에노키는 DoCoMo 내부에서 공모를 통해 필요한 직원을 선택하고, 외부에서 사회적 네트워크를 통해 다른 팀 멤버를 선발한다. 구체적인 예로 NEC의 하드웨어 엔지니어 마사키 카와바타(Masaki Kawabata)는 I mode서버를 담당하고, 직업 서치 잡지인 리쿠르트(Recruit) 편집장 출신인 마리 마쓰나가(Mari Matsunaga)를 프로젝트에 가담하게 한다. 또 마쓰나가의 도움으로 인터넷 비지니스 하이퍼넷(Hypernet)의 인터넷 사업가 타케시 나쑤노(Takeshi Natsuno)를 선발한다. 이와 같은 팀의 구성으로 떠오르는 고객 요구에 기초한 신제품 및 서비스가 기업의 가치를 창조할 수 있게 하는 나비 효과(Butterfly effect)를 시작할 수 있었다.

에노키, 마쓰나가, 나쑤노는 새로운 서비스가 DoCoMo의 부서와 관련 기업과의 밀접한 상호작용으로 창조되어야 한다는 철학을 공유하고 있었다. I-mode의 창조는 지속적인 내 · 외부 지식의 축적, 공유, 결합, 활용에 기초하였다. 프로젝트 수행기간 동안, 특히 서비스 개념 개발 기간 동안, 다른 부서, 제조업자, 콘텐츠 제공자의 매니저 그리고 TV 프로듀서나 시나리오 작가와의 수없는 면대면 회의가 있었다. 이 회의는 처음에 레스토랑이나 호텔에서 이루어지다가 나중에는 지식창조의 공유된 맥락의 중요성을 이해하는 마쓰나가가 에노키를 설득하여 클럽 마리(Club Mari)라는 회의실을 만든다. 커다란 맥주와 와인 냉장고와 가라오케까지 설치된 회의실은 참석자의 정신적 경계를 허물어 서비스 아이디어와 그 목적에 대한 공유된 이해를 구축하게 하였다. 클럽 마리는 조직적 경계 안팎의 다양한 암묵적 지식을 위한 통합된 맥락으로 사용되었다.

핵심 멤버와 외부 지식의 결합은 새로운 서비스 개념의 아이디어가 떠오르는 것을 가능하게 하였다. 이들 주요 매니저들은 모바일 폰을 다양한 정보를 전송하는 개인 에이전트로 만드는 목표를 가지고 있었다. 개념 창조의 첫 단계에서 대부분의 일본 사람들이 인터넷 기술에 익숙하지 않다는 것이 명백해졌다. 이러한 사실에 근거하여 맥킨지(McKinsey) 컨설팅은 기업 간(Business-to-Business) 솔루션을 제안하였으나, 프로젝트 팀은 이것을 거부하고 짧은 시간 동안 무언가를 하기 좋아하는, 기술에 약한 젊은이에 초점을 맞추기로 한다. 이 결정은 젊은이를 상대로 한 콘텐츠를 제공한 경험이 있는 잡지사 편집장 마쓰나가와 아이들이 컴퓨터 게임에 관심이 많은 것을 관찰한 에노키의 암묵적 지식에 근거하였다.

I-mode 서비스를 성공적으로 시작하기 위한 서비스 개념을 구체화하고 지원 기술을 창조하는 것은 DoCoMo의 여러 부서, 고객, 하드웨어 제조업자, 콘텐츠 제공자 간의 협력이 필요하였다. I-mode 개발의 두 번째 단계에서는 다양한 바(Ba)를 역동적인 통합체로 연결하였다. 프로젝트 팀은 기술적 자원을 확보하고 성공적 제품 개발과 출시를 보장하기 위하여 DoCoMo 내에 네트워크를 구축하기 시작하였다. 이 과정의 초기에 프로젝트 팀은 많은 충돌을 경험했다. 에노키는 프로젝트 팀과 DoCoMo 사이의 상호작용을 위한 다층의 맥락을 창조하는 데 중요한 역할을 하였다. 프로젝트 팀 내에서도 에노키의 리더십 스타일은 동기를 부여하고 직원들이 창의적 에너지를 발휘하는 것을 도왔다. 프로젝트 수행에 필요한 공유된 맥락의 관리는 하드웨어 제조업자와 콘텐츠 제공자와의 긴밀한 협업을 통하여 이루어졌다.

이 사례는 초기 개념 창조뿐만이 아니라 서로 연결된 개체들의 효율적 통합이 I-mode의 성공을 가져왔다는 것을 보여 준다. 지식전환의 사회화 단계에서는 상호작용을 통한 개인적 지식의 공유가 바(Ba)를 창조하고 아이디어를 생산하는 데 중요한 역할을 하였고, 결합 단계에서는 지식이 전이되고 결합되었다. I-mode의 혁신은 바를 조직하고 이끄는 리더십과 바 내 · 외부의 상호작용에 근거하였다고 볼 수 있다.

출처: Peltokorpi, Nonaka, Kodama(2007)

1. 지식생산 프로세스

1.1. 지식생산 개념

지식생산은 조직 구성원의 지식을 동원하여 새로운 지식을 창조 또는 발견하거나 외부의 지식을 획득하는 것을 포함한다. 지식생산 프로세스는 형식적 지식 및 암묵적 지식, 지식 조각, 지식 복합체의 창조와 획득에 관한 것이다. 지식창조 이외에도 조직이 필요로 하는 지식을 공급하기 위해서는 지식획득과 지식발견도 조직의 지식경영의 주요한 활동이다. 따라서 이 장에서는 조직의 지식 축적을 위한 의식적이며 의도적인 지식생산 활동과 이니셔티브에 대하여 살펴보기 위하여 지식창조뿐만이 아니라 지식획득과 지식발견을 포함하는 조직의 지식생산 활동 전반에 대하여 다룬다.

지식경영은 기업 활동을 위해 기존 지식을 통합, 활용하는 것뿐만이 아니라 새로운 지식을 창조하는 프로세스로 볼 수 있다. 지식창조와 관련하여 언제 어디서 지식창조를 하는가에 대하여 두 가지 관점이 있을 수 있다. 순수한 의미의 지식창조는 조직 내에나 그 환경에 기존에 존재하지 않은 보편적 지식을 창조하는 것을 말한다. 이 관점은 전통적 인식론에 기초하며 지식은 모두에게 궁극적으로 유효하며, 이미 존재하는 보편적 지식에 대한 완전한 이해를 가정한다. 그러나 지식경영에서는 조직이 필요로 하는 지식을 창조하는 좀 더 현실적인 접근에 초점을 맞춘다. 실무적 의미의 지식창조는 보편적 의미의 지식창조가 아니라 한 조직이나 개인의 범위에서 지식을 창조하는 것을 말한다. 지식은 단지 보편적 차원으로 정의되는 것만이 아니라 특정 기업 또는 개인의 범위 안에서 정의된다.

조직의 지식창조 활동

지식창조는 개인으로부터 출발한다. 지식창조는 아이디어나 접근방법을 가지고 있는 지식노동자로부터 시작된다. 아이디어는 개인의 마음속에 형성되지만, 개인, 그룹, 조직 사이의 상호작용이 새로운 아이디어 개발에서 중요한 역할을 한다. 지속적 커뮤니케이션, 교환, 그리고 상호작용이 지식창조의 핵심이다. 지식창조를 촉진하는 상호작용은 공식적 회의, 비공식 공동체(실무공동체, 가상 공동체, 비공식 네트워크), 프로젝트 팀(팀 내부와 팀 간), 그리고 외부 상호작용(고객 및 파트너)을 통하여 이루어진다.

공식 회의

공식 회의는 정보와 지식을 생산하고 교환하는 공식적 회의로서 다양한 형태를 가진다. 예를 들어, 브레인스토밍(Brainstorming)은 새로운 아이디어를 판단을 유보하면서 자유롭게 제시하여 혁신 또는 새로운 기술과 관련된 구체적 문제를 해결할 목적의 회의이다. 또 연구 개발 부서와 마케팅 부서가 고객과 함께 하는 공식 리뷰(Formal Review)에서는 제품과 제품의 사양에 대한 리뷰를 하면서 새로운 지식을 교환, 수용, 창조할 수 있다.

비공식 공동체

지식창조는 일상에서 직원, 팀, 외부 파트너 간 비공식 상호작용과 즉흥적 커뮤니케이션과 교환을 통하여 일어난다. 비공식 공동체와 네트워크는 지속적으로 팀과 부서 내에서 또는 팀과 부서 사이에서 만들어지고 또 다른 형태로 전환되고 있다. 비공식 공동체는 크게 실무공동체, 공유 공동체, 가상 공동체, 비공식 네트워크의 네 유형으로 나눌 수 있다. 실무공동체는 공통의 이해나 목표를 가진 사람들의 비공식적, 즉흥적 공동체로서 주어진 문제를 해결하기 위해 모인다. 공유 공동체는 아이디어, 정보, 지식을 공유하고 교환하기 위해 만나는 사람들의 공식 또는 비공식 공동체이다. 가상 공동체는 인터넷이나 다른 정보기술 도구를 통하여 공통의 이해, 아이디어, 지식을 공유하는 사람들의 공식 또는 비공식 공동체이다. 비공식 네트워크는 조직 내 사람들이 만든 조직 구조도에 발견되지 않는 비공식적, 자율적, 즉흥적 관계를 말한다.

프로젝트 팀

기업은 빈번한 집중적 · 보완적 자원 교환, 커뮤니케이션, 상호작용을 통하여 지식창조를 이루기 위해 유연성 있는 부서 간 프로젝트 팀을 공식적으로 구성한다. 프로젝트 팀의 참여자들은 높은 수준의 권한을 위임받아 팀 멤버 사이의 상호작용, 자원 동원, 자유로운 행동을 취할 수 있다. 이것은 팀이 프로젝트 팀 내에서와 팀 사이에서의 상호작용을 통하여 지식창조를 일상적으로 할 수 있게 한다.

외부와의 상호작용

많은 기업들은 제품 개발 프로젝트를 통하여 고객과 밀접하면서도 긴밀하게 협력한다. 고객의 피드백은 영감, 새로운 아이디어, 혁신의 중요한 소스가 된다. 앞선 고객은 새로운 기술 방향을 제시할 수 있는 새로운 제품 니즈를 알려 주기도 한다. 또 외부 파트너와의 조직 간 상호작용과 협력은 서로 배우고, 정보와 지식을 교환하고, 보완적 자원을 동원하고, 혁신을 촉진하고, 비용과 위험을 공유할 수 있게 한다. 공식 또는 비공식 조직 간 파트너십은 지식을 공유, 교환, 창조하고 조직적 학습이 가능하게 한다.

1.2. 조직 지식 프로세스

조직 지식 프로세스 개념은 지식창조 프로세스를 중심으로 하는 지식경영 프로세스에 대한 관점이다. 지식창조를 중심으로 한 지식생산 활동에 대하여 노나카와 타케우치(Nonaka & Takeuchi)는 지식창조 프로세스 단계를, 도로시 레오나드-바튼(Dorothy Leonard-Barton)은 조직 지식 프로세스 접근방법을 제시한다.

지식창조 프로세스의 단계

노나카와 타케우치는 일본 기업의 실무에 대한 관찰을 통해 [그림 3-1]과 같이 조직 내의 암묵적 지식이 형식적 지식으로 전환되는 지식창조 프로세스를 다섯 단계로 전개되는 모델을 제시한다.

- 암묵적 지식공유(Sharing Tacit Knowledge) - 조직의 지식은 지식을 보유하고 있는 개인들이 지식을 공유하는 것으로부터 시작한다. 이 단계에서 여러 기능 분야의 개인은 공통의 목표를 향하여 일하면서 그들의 기술과 경험을 공유한다. 그들은 공유된 정신 모델을 공동으로 개발하기 위하여 자발적으로 조직한 또는 회사가 만든 팀 안에서 면대면 대화를 통하여 서로 상호작용한다. 예를 들면 혼다의 '혼다 시티 카'의 개념인 '톨 보이'를 진화시킨 팀은 자주 비공식으로 퇴근

[그림 3-1] 지식창조 단계

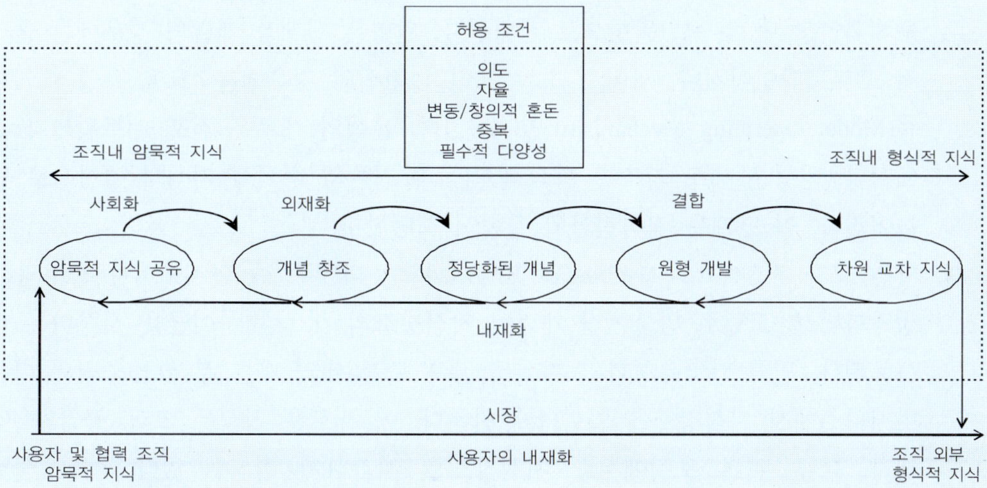

후 정종을 나누면서 그들의 아이디어를 교환하였다. 이 첫 번째 단계는 지식전환의 사회화에 해당한다.

- 개념 창조(Creating Concepts) – 이 단계에서 암묵적 지식과 형식적 지식의 상호작용을 조직화한다. 멤버들이 첫 번째 단계에서 개발한 공유된 암묵적 정신 모델에 대하여 집합적으로 성찰하고, 그 모델을 언어와 형식적 개념으로 표현하려고 함에 따라 자발적 조직의 팀 내에서의 지속적 대화가 한층 활발하게 일어난다. 암묵적 지식을 형식화하려는 노력은 연역, 귀납, 변증법적 추론, 모순과 패러독스, 은유, 유추, 전쟁 이야기와 같은 다양한 추론 및 커뮤니케이션 방법의 도움을 받는다. 이 프로세스는 팀 멤버들이 창의적으로 아이디어와 가능성을 브레인스토밍 하는 데 비유적 언어를 사용하면서 반복된다. 이 단계는 지식전환의 외재화에 해당된다.
- 개념 정당화(Justifying Concepts) – 이 단계에서 새로 창조된 개념이 조직의 목표와 일치하고 전체 사회의 니즈를 충족하는지를 결정하기 위하여 조직 차원에서 평가된다. 이 스크린 프로세스는 정량적(비용, 이익, 마진, 제품의 조직 성장 기여도) 또는 정성적(비전과의 일치) 정당화 기준을 적용한다. 정당화 기준은 보통 전반적 조직의 비전 또는 전략에 대한 이해에 기초하여 중간 및 최고 경영자가

결정한다. 이 단계는 지식전환의 외재화가 결합으로 움직이는 상황이다.

- 원형 개발(Building an Archetype) – 앞 단계에서 정당화된 개념이 유형의 또는 구체적인 어떤 것 즉, 원형으로 전환된다. 원형은 신제품 개발의 경우에는 물리적 프로토타입이거나, 서비스 또는 조직적 혁신의 경우에는 '모델 운영 메커니즘(Model Operating Mechanism)'일 수 있다. 은행의 새로운 점포 네트워크가 그 예이다. 원형은 새로 창조된 형식적 지식과 기존의 형식적 지식의 결합으로 만들어진다. 이 단계는 지식전환의 결합에 해당한다.
- 차원 교차 지식(Cross-leveling of Knowledge) – 다섯 번째 단계에서는 창조되고, 정당화되고, 모델로 만들어진 개념이 지식창조의 새로운 사이클을 시작하는 데 사용된다. 원형으로 유형화된 지식은 같은 조직 내의 다른 부서나 조직의 다른 비지니스에서 지식창조를 일어나게 만든다. 이 새로운 지식은 고객, 공급자, 경쟁자, 다른 관련 조직에서도 지식창조를 시작하게 할 수 있다. 예를 들면 POS(Point-of-sale)의 구축은 공급자가 데이타를 수집하고 처리하는 방법을 변화시켜, 회사와 공급자 모두 고객 니즈에 더 잘 반응할 수 있는 새로운 시장 정보를 얻게 할 수 있다. 이 단계도 지식전환의 결합에 해당한다.

지식구축 활동

도로시 레오나드-바튼(Dorothy Leonard-Barton)은 『지식의 원천(Wellsprings of Knowledge)』에서 지식구축은 지식구축 활동을 양성하고 조직 내 개인의 핵심 능력을 증대시키는 환경을 창조하는 프로세스라 한다. 레오나드-바튼은 조직의 지식 개발 활동과 핵심 능력 사이의 지속적 상호작용을 강조한다. 핵심 능력이 지식 개발 활동을 통해 창조되고 확장되지만, 이러한 활동은 조직의 핵심 능력에 의해서 이루어지고 또 그에 의존한다. 레오나드-바튼의 중심 테마는 새로운 제품과 프로세스 개발 과정에서 추구되는 활동과 조직의 핵심 기술적 능력 사이의 상호작용을 관리하면서 지식을 창조하는 것이다. [그림 3-2]에서 보는 것처럼 이러한 활동은 공유된 문제 해결, 실험과 프로토타이핑으로 현재와 미래의 과제를 해결하고, 조직 외부로부터의 지식을 도입하고 조직 내부에서 새로운 프로세스와 도구를 실행하고 통합하는 것을 포함한다.

- 공유된 문제 해결 – 이 활동에서는 각각의 전문성과 문제 해결 방법을 가진 직원

[그림 3-2] 지식창조 및 확산 활동

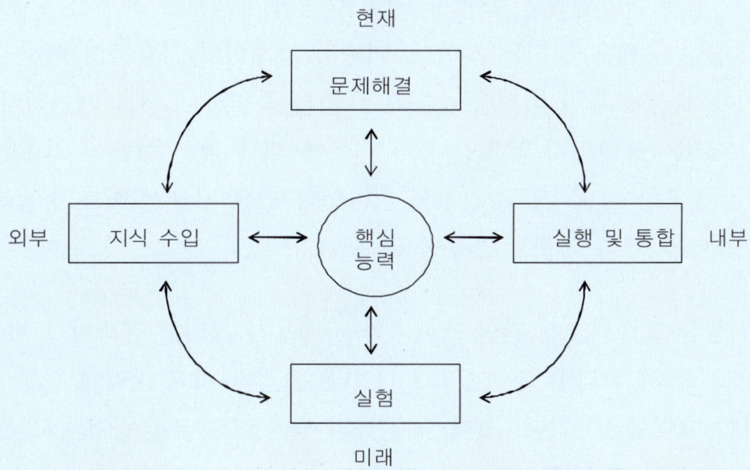

들이 함께 모여 그들의 지식과 경험의 다양성이 창의적 문제 해결로 모아지도록 한다. 다양한 자신만의 재능을 가진 사람들을 문제 해결을 위해 한곳에 모아서 잘 관리하면 혁신적 해법을 만들어 내는 창의적 자극을 주게 된다. 이러한 창의적 에너지를 생산적으로 사용하기 위해서 매니저와 직원들은, 통합적 재능을 개발해야 하고, 다른 전문 영역을 연결하기 위하여 프로젝트 결과에 대한 분명한 공유된 비전을 정의하고, 물리적 프로토타입을 구축하는 것과 같은 기법을 사용할 필요가 있다.

- 새로운 프로세스 및 도구 실행 통합 – 이 활동에서는 개인적 지식이 내부 운영을 향상시킬 프로세스 도구와 방법으로 통합된다. 성공적 도구의 실행을 위해 사용자 참여가 필수적이다. 그것은 미래의 사용자가 디자인 단계에서 통합되어야 할 결정적 정보를 가지고 있기 때문이다. 동시에 사용자와 새로운 도구가 효과적으로 보완되게 하기 위하여 기술과 사용자 환경은 서로 상호적으로 적응할 필요가 있다.
- 실험 및 프로토타이핑 – 이 활동을 통하여 조직은 미래를 위한 새로운 능력을 구축할 뿐만 아니라 기존 능력을 확장하여야 한다. 지속적이며 전사적인 실험은 조직을 위한 기술적 옵션의 다양한 포트폴리오를 개발하게 하고, 실험 행위 자체는 혁신의 선순환을 일으킨다. 값어치 있는 교훈을 주는 지능적인 실패는 장려되어야 하고, 실험으로부터 교훈을 얻는 피드백 채널이 수립되어 있어야 한다.

▶ 지식 수입 – 기술적 지식을 수입하는 데 주요한 것은 조직이 기술적 기회를 지속적으로 넓게 관망하면서, 모델을 말과 형식적 개념으로 표현하는 직원을 파악하면서, 흡수 능력을 넓히는 것이다. 기술적 잠재력이 사용자의 이해 능력을 앞서 있을 때 시장에 관한 지식을 수입하는 것은 특별한 도전을 제기한다. 이러한 경우에 조직은 표현되지 않은 사용자 니즈에 대한 깊은 이해에 기초한 제품 또는 서비스 창조라 할 수 있는 강조된 디자인과 같은 시장 실험과 정성적 기법을 통하여 새로운 제품 기회를 추구할 수 있다.

조직의 지식생산 프로세스에 관한 노나카와 타케우치 그리고 레오나드-바튼의 접근방법은 유사하며, 이것을 요약한 것이 [표 3-1]이다. 조직의 지식 관리에 관한 이들의 관찰은 다음과 같이 요약할 수 있다. 첫째, 직원들의 암묵적 지식을 공유하고 전환함으로써 조직은 조직의 능력을 확장하는 새로운 지식을 생산한다. 이것을 해내기 위해서 사람들은 면대면 대화를 하고, 문제를 집합적으로 해결하고, 성찰하기 위해 그룹으로 함께 일한다. 둘째, 조직은 새로운 또는 향상된 제품 및 서비스를 생산하거나, 조직이 더 효율적으로 기능하기 위하여 새로운 개념을 활용한다. 이렇게 하기 위해서 새로운 개념은 조직의 목표에서 나온 기준에 따라 평가되거나 정당화되고, 그 실제적 가능성과 유용성은 현실 상황에서 테스트된다. 새로운 지식의 프로세스 도구와 방법에의 적용은 그 자체를 사용자의 참여와 지속적 적응을 필요로 하는 혁신 프로젝트로 관리할 필요가 있다. 셋째, 조직은 새로운 지식을 조직 외부뿐만이 아니라 조직 내부로 전파하고 전이하여 조직의 주변과 부서 간 경계를 넘어서 지식을 이동시킨다. 새로운 지식이 다른 부서와 조직의 상위 구조로 전파되면서 새로운 학습 사이클이 생성된다. 시장뿐만 아니라 외부 소스로부터의 새로운 지식은 조직의 기존 능력과 결합되고 그것의 확장을 위해 사용된다.

[표 3-1] 지식 프로세스 비교

지식전환	지식 개발
암묵적 지식공유: 사회화	공유된 문제 해결
개념 창조: 외재화	실험 및 프로토타이핑
개념 정당화	새로운 프로세스 및 도구 실행 및 통합
원형 개발: 결합	
상호 차원 지식: 내재화	지식 수입

2. 지식창조

2.1. 지식전환 모델

기업에서의 지식창조 프로세스에 대한 가장 실용적 모델은 노나카(Nonaka)와 다른 학자들이 제시한 지식전환 모델이다. 노나카와 타케우치(Nonaka & Takeuchi)가 그들의 저서 『지식창조 기업(Knowledge Creating Company)』과 다른 논문에서 설명하는 지식전환 모델은 혁신의 관점에서 보는 지식창조 프로세스 이론이다. 이들은 기업에게 주어지는 새로운 지식의 중요성을 강조하며, 새로운 지식이 창조되기 위해서는 조직 멤버들 사이의 집중적이며 적극적 상호작용이 요구되는 개인과 조직의 자기 갱신이 필요하다고 주장한다. 즉 지식을 창조하기 위해서는 다른 사람으로부터 배우는 것과 다른 사람과 공유하는 지식을 내재화하는 것이 필요하다고 한다.

[그림 3-3]은 나선형 지식전환 모델이다. 이 모델은 암묵적 지식과 형식적 지식으로

[그림 3-3] 지식전환

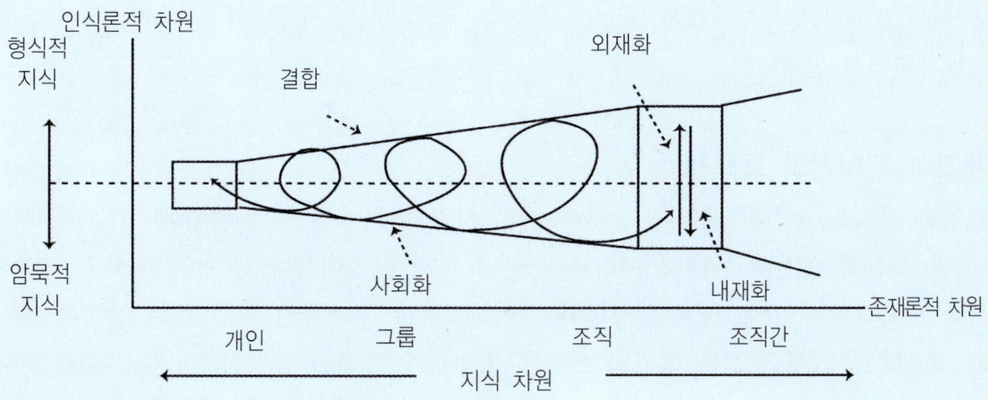

나누는 인식론에 기초하여 암묵적 지식의 활용과 전환이 지식창조의 핵심이라 본다. 지식창조의 핵심인 나선형 지식전환 프로세스에서는 사회화(Socialization; S), 외재화(Externalization; E), 결합(Combination; C), 내재화(Internalization; I)의 네 개의 지식전환 양식의 이동이 나선형으로 발생한다. 또 한 차원에서 다른 차원으로의 이동은 SECI의 네 프로세스에서 일어난다. 즉 사회화는 한 차원 내의 효과를 나타내는 활동이고, 외재화는 개인 지식이 그룹 지식으로 발전하는 방법이고, 결합은 조직이 여러 그룹이 소유하는 지식으로부터 하나의 지식 단위를 만들게 하는 프로세스이고, 내재화는 조직 지식을 개인 지식으로 전환하는 방법이며, 다른 차원을 통하여 새로운 SECI 룹(Loop)을 다시 시작하는 기초가 된다.

노나카와 타케우치는 조직 지식창조의 기본이 개인의 암묵적 지식이라 한다. 조직은 암묵적 지식이 창조되고 축적되도록 개인 차원의 움직임을 일으켜 자신의 암묵적 지식을 다른 조직 멤버와 공유하는 것을 장려하여야 한다. 지식의 공유 또는 사회화가 중심이 되는 지식전환 스파이럴이 조직 전체로 확산되면서 지식은 창조되고 축적된다. 인식론적 차원에서 지식은 개인에게서 시작하고, 존재론적으로 확산되면서 지식은 조직의 다른 멤버에게 전이된다. 암묵적 지식과 형식적 지식의 전환이 진전되면서 지식은 확대되고 조직 내에 통합된다. 이것은 조직의 모든 차원에서 집합적이며 협동적으로 진행되는 프로세스이다. 이 모델은 개인의 지식창조보다 조직 지식창조에 초점을 맞추어 개인, 그룹, 조직, 조직 간의 존재론적 차원으로 지식창조 프로세스를 설명한다.

지식창조의 차원

존재론적(Ontology) 관점에서 보면 지식창조 프로세스는 개인, 그룹, 조직, 그리고 조직 간 차원에서 일어난다.

개인적 지식창조 프로세스

개인적 지식은 공간과 시간을 통하여 다른 사람과의 관계 또는 환경에 의해 겪게 되는 개인 경험과 인간의 뇌에서 처리되는 것에 의해 만들어진다. 두뇌의 해석은 형식적 지식에서 시작되는 인과 관계나 명확하고 형식적으로 구조화된 이성 또는 암묵적 지식에서 시작되고, 그것의 획득 맥락과 조건에 밀접하게 관련된 감정적, 개인적, 주관적 이성의 수단을 통하여 합리적이며 객관적 방법으로 될 수 있다. 이러한 방법으로 개인은 환경에 의해 생겨나는 각 순간과 장소의 자극에 의해 노나카의 지식전환 프로세스에 기초한 끊임없는 지식창조 사이클을 자신의 마음속에서 지속한다.

그룹 지식창조 프로세스

그룹은 위에서 언급한 것처럼 노나카의 지식전환 프로세스를 통하여 끊임없이 지식을 창조하는 개인으로 구성되어 있다. 개인과 유사한 방법으로 그룹은 상위 차원 즉 조직 차원 및 조직 간 차원으로부터 지식을 포착한다. 그룹은 시간과 공간을 통하여 구성원으로부터 지식을 포착한다. 즉 특정 시간과 공간에 그룹은 구성원의 지식 기여를 포착한다. 그룹에서는 시간과 공간을 통하여 그룹 멤버가 공유하는 관찰, 모방, 업무가 사회화의 방법을 통하여 아무에게도 속하지 않는 공유된 암묵적 지식으로 만들어진다. 이러한 공유된 암묵적 지식은 그 그룹에 한정된다. 유사한 방법으로 그룹은 은유, 유추, 모델을 사용하여 암묵적 지식을 표현하게 되면, 그룹 차원에서 외재화가 일어나서 그룹이 소유하고 다른 그룹이 공유하는 형식적 지식을 개발하게 된다. 형식적 추론, 논리. 대화를 통한 형식적 지식의 결합은 그룹에 노나카의 지식전환 프로세스에서의 결합 능력을 부여하는 것이다. 지식이 실무, 경험과 밀접하게 연관되어 그룹에 매우 구체적이고, 개인적이고, 주관적이게 되면, 그룹 차원에서 내재화가 일어나게 된다.

조직 지식창조 프로세스

조직이나 기업의 지식창조 경우도 그룹과 개인의 지식창조 프로세스와 비슷하다. 개인 차원에서와 마찬가지로 조직 차원의 지식창조는 조직이 우연하게 새로운 지식을 발견하거나 새로운 지식이 필요하다고 인식할 때 시작된다. 조직은 지식을 산출물로 보기보다는 프로세스로 볼 수 있다. 그것은 조직이 여러 개의 하위 시스템 즉 그룹 또는 팀으로 구성되어 있고, 그룹이나 팀은 여러 개인으로 되어 있기 때문이다. 조직은 또 지속적으로 환경에 연관되어 있으므로 조직 간 차원으로부터 지식을 포착하게 된다. 조직 지식창조 프로세스의 내부를 보면, 기업을 구성하는 그룹과 개인이 끊임없이 자신의 지식으로 기여하고, 이것은 조직의 지식을 키우고 노나카의 지식전환 프로세스가 일어나게 한다. 조직 지식창조 프로세스는 정보의 흐름을 통제하는 사람과 다른 분야의 지식에 연결하는 경계 확장자(Boundary Spanner)에 의해 주도된다.

조직 간 지식창조 프로세스

기업의 환경에는 고객, 공급자, 정부, 공공부문, 협력자, 매스 미디어 등의 여러 에이전트가 있다. 기업과 이들 에이전트가 관계하는 시간과 장소를 통해 일어나는 자극과 그 자체의 지식은 노나카의 지식전환 프로세스를 일어나게 한다. 일반적 환경도 하부 시스템에 의해 축적된 지식에 기초한 그 자체의 노나카의 지식전환 프로세스를 가지고 있다. 즉 이 최고의 차원 즉 조직 간 차원에서는 지식창조가 과거의 사건과 하위 차원의 기여로 일어난다.

SECI

지식전환 스파이럴은 여러 가지 촉발 장치가 작용할 때 시작된다. 즉 사회화는 상호작용의 장을 구축하면서 촉발되고, 외재화는 의미 있는 대화나 집단적 성찰에 의해 촉발되고, 결합은 새로이 창조된 지식과 다른 부서의 기존 지식을 연결하여 새로운 제품, 서비스, 또는 관리 시스템으로 나타나는 것으로 촉발되고, 내재화는 일하면서 배우는 것에 의해 촉발된다.

사회화

사회화는 공유된 정신 모델과 기술적 재능과 같은 암묵적 지식을 창조하는 공유된 경험의 프로세스이다. 공유된 경험을 통해 지식의 사회화는 기술적 또는 인지적 차원에서 존재하는 공유된 암묵적 지식을 제공하는 결과를 낳는다. 이러한 암묵적 지식의 사회화는 물리적으로 근접되어 있는 것을 요구한다. 기술적 차원은 노하우로 특징지어 지는 기술적 지식의 전달을 말한다. 기술적 전달은 개인과 환경의 상호작용에 대한 것으로 표현된다. 대표적인 예로 비 경험자가 경험적 지식의 개발을 촉진하는 구조적 방법을 통하여 스승 또는 경험자로부터 배우는 도제관계를 들 수 있다. 도제는 경험 많은 스승의 행동을 관찰, 보조, 모방하는 사회화를 통하여 물리적 및 인지적 기술 즉 기능을 배운다. 경험적 지식은 보통 사고 차원뿐만이 아니라 느낌을 포함하는 면대면 상호작용을 통하여 천천히 그리고 예기치 않게 쌓이게 된다.

사회화는 공유된 경험을 수단으로 암묵적 지식을 전이하는 것이다. 암묵적 지식은 감각, 개인적 경험, 신체적 움직임에 밀착되어 있어 다른 사람에게 전파하기가 쉽지 않다.

그것은 일이 수행되는 동안에 물리적으로 가까이 있어야 가능하다. 정립된 일상적 지식을 보유하는 매니저는 생산 현장을 오가고, 공급자와 고객을 방문하고, 경쟁자와 상호작용하면서 자신의 경험적 지식의 축적을 가속화할 수 있다. 이와 같은 암묵적 지식의 사회화의 구체적 방법은 다음과 같은 것이 있다.

- 직접적 관찰 – 작은 공동체의 멤버는 스승과 도제의 관계에서처럼 과제나 그 과제를 해결하는 다른 사람의 재주를 관찰한다. 관찰자는 어떤 행동이 바른 것이고 어떤 것이 아닌지에 대한 믿음을 공유하게 된다. 그리하여 유사한 상황에서 그 일을 해낼 가능성을 높인다.
- 직접적 관찰과 내레이션 – 멤버들은 과제를 관찰하고, 그 과제를 해결하는 프로세스에 대하여 흔히 유사한 일에 대하여 이야기나 비유의 형태로 다른 멤버들로부터 추가적 설명을 듣는다. 관찰자의 믿음은 이러한 이야기로 더 확실해진다.
- 모방 – 멤버들은 다른 사람에 대한 직접적 관찰을 통해 과제 해결을 흉내 내게 된다.
- 실험과 비교 – 멤버들은 여러 가지 해법을 시도하고 전문가가 일하는 것을 관찰하여 자신의 결과와 전문가의 결과를 비교한다.
- 공유된 작업 – 멤버들은 합동으로 과제를 해결하며 더 경험 있는 사람이 경험이 적은 사람의 성과를 향상시키는 힌트나 아이디어를 제공한다.

암묵적 지식은 이러한 메커니즘의 결합을 통하여 공유된다. 노나카와 타케우치는 일본 기업의 사회화 예로 혼다(Honda)와 마쓰시다 전기(Matsushita Electric Industrial Co.)의 사례를 들고 있다. 혼다는 한 리조트에서 브레인스토밍 캠프(Brainstrorming Camp)를 가진다. 여기서 참여자들은 정종을 마시고, 식사를 같이하고, 온천을 함께 하면서 제품 개발 프로젝트의 어려운 문제를 토의하고 해결한다. 마쓰시다에서는 제빵 기계 개발 프로젝트의 수석 책임자가 맛있는 빵을 만들 수 있는 반죽 만드는 비법을 관찰하고 배우기 위해 유명 호텔의 최고 제빵기술자의 도제가 되기를 자청한다.

자신들의 공동 관심 분야에 대한 정보를 교환하고 경험을 공유하는 전문가 그룹을 실무공동체라 부른다. 이러한 실무공동체에서 초보자는 관찰자로서 실무의 주변에서 안전하게 지내면서 일을 시작한다. 그러다가 초보자가 충분히 자신이 생기거나 전문가가 초보자가 준비가 되었다고 판단하면, 초보자는 주변에서 중심으로 옮겨 그 일을 맡아 하다가 다시 주변으로 물러나면서 지식을 습득하여 새로운 지식을 창조할 수 있게 된다. 학습자는 합당한 참여자로서 실무자들과의 다양한 커뮤니케이션 형태(메일, 회의, 스토리, 보고서)를 통하여 기법과 뉘앙스에 대한 유용한 노하우를 배운다.

사회화 프로세스에서 네트워킹 활동과 공동체 구축 도구는 중요하다. 폭넓은 공동체를 공통의 맥락적 플랫폼으로 끌어들여 그들의 집합적 경험과 지식에 접할 수 있도록 면대면 회의, 다양한 워크숍, 가상 회의가 조직된다. 팀 멤버가 서로 상호작용을 하고 효과적 성찰이 일어날 공통의 프로젝트와 활동에 참여하게 하는 공유된 맥락을 제공하기 때문에, 팀이 지식창조 프로세스에서 가장 중심적 역할을 한다. 이것은 관련된 개념과 그들의 관계에 대한 새로운 개인적 이해를 제공한다. 인트라넷, 전자우편, 다른 협력 도구는 공동체의 멤버들이 다른 지역, 국가에 있더라고 관계를 유지하는 것을 돕는다. 실제로 많은 기업은 여러 실무공동체가 유지되도록 인트라넷 기술과 실무공동체 멤버들이 상호 신뢰를 구축하도록 면대면 회의를 갖는 기회를 제공하고, 사회적 관계를 형성하는 것을 장려하여 암묵적·경험적 지식이 공유되도록 한다. 그러나 면대면 회의가 암묵적 지식의 공유를 위해서는 가장 효과적인 수단으로 지속될 것이다.

외재화

외재화는 은유, 비유, 모델, 스토리 등의 공유를 통하여 암묵적 지식이 형식화되는 필수적 지식창조 프로세스이다. 개인은 아이디어를 다른 사람과 공유할 때 어떤 형태이든 언어를 사용하여 개념을 분명히 하려 한다. 때로는 이 방법이 충분할 수도 있지만 때로는 전수받는 사람의 성찰이나 상호작용을 해야 할 때가 있다. 즉 외재화는 대화에 의해 시작될 수도 있고, 집합적 성찰 동안에도 가끔 일어난다.

노나카와 타케우치는 혼다 기술자들이 신차 디자인 과정에서 집합적 토의 중에 은유와 유추를 사용한 예를 들고 있다. 1978년 혼다는 아코드(Accord)와 시빅(Civic) 모델이 소비자에게 너무 익숙해짐에 따라 '도박을 하자(Let's gamble)'라는 슬로건으로 신개념의 차를 개발하고 있었다. 프로젝트 팀 리더는 미국의 자동차 도시 디트로이트(Detroit)의 생각에 도전하고 '자동차는 결국 어떻게 진화할까?'라는 질문을 던지기 위해 자동차 진화의 은유를 소개한다. 토의를 거쳐 인간의 극대화, 기계의 최소화의 아이디어와 최소 공간에 최대의 양을 담는 구체의 이미지 사이라는 유추를 통하여 높으면서(높이) 짧은

(길이) 차의 개념을 도출하였다. 이 개념은 톨 보이(Tall Boy)라는 별명의 혼다 시티(City) 차의 개발을 가져왔다. 이것은 전통적인 낮고 긴 디자인 원칙과 상반되는 것이었으나, 일본에 혼다 시티와 같은 높고 짧은 차가 등장하게 하였다. 이 사례는 매력적 은유와 유추의 사용이 지식창조 프로세스에서 열광과 에너지 집중의 효과를 내게 된다는 것을 보여 준다.

노나카와 타케우치는 조직의 직원들 사이에서 새로운 아이디어 창조를 위해 은유 사용이 중요하다는 점과 어떻게 은유와 유추가 새로운 아이디어 개발에 관련된 사람들에 의해 이해되는지를 설명한다. 노나카와 타케우치는 일단 형식적 개념이 창조되면 그것을 다시 모델로 바꿀 수 있다고 한다. 논리적으로 모델은 모순이 존재하지 말아야 하고, 개념과 전제가 체계적 언어와 일관된 논리로 표현되어야 한다. 그러나 실제에서 모델은 개략적 묘사이거나 그림에 불과하여 구체적이지 못하다. 새로운 개념이 비지니스 맥락에서 창조될 때 모델은 보통 은유로부터 만들어진다.

전쟁 이야기(War Story) 또는 경험담이 표현하기 어려운 집합적 지혜를 공유하고 전파하는 데 효과적인 도구이다. 한 복사기 회사의 수리 기술자들은 지식을 저장하는 데 이야기를 사용하였으며 훗날 진단에서 그 이야기들을 조사하였다. 한 사례를 보면 매우 정교한 복사기가 설치되었는데 전혀 신뢰할 만하게 작동되지 않았다. 에러 코드에 나타난 부품을 교환하는 것으로 문제가 해결되지 않았다. 배당된 기술자와 팀 기술 전문가 사이에 열 건이 넘는 이야기가 오고 갔다. 공유된 스토리텔링은 결국 최초 에러 코드는 믿을 수 없는 것이었고, 이 에러 코드는 실패의 원인이 누전된 디코로트론(Dicorotron)임을 지시하는 제2의 에러 코드를 수반한다는 바른 진단을 개발하였다. 이후 현장 수리 매뉴얼에서 발견되지 않은 이 새로운 통찰은 짧은 스토리로 만들어져 다른 기술자들에게 커뮤니케이션 되었다. 상세한 기술적 기록과 감정적 표현을 포함하는 스토리는 읽는 사람의 이해를 깊게 하고 긍정적 반응을 일으켜 이어지는 검색과 평가를 촉진한다. 필요 이상으로 상세한 것을 제공함으로써 스토리는 다른 문제에 중요한 추가적 정보도 공급한다. 즉 가능하면 모든 지식을 밀접하게 연결함으로써 새로운 문제가 어떤 알려진 사실과 관련이 있으면 그것이 시스템에 관해 알려진 고장과 해법에 연결하여 진단 전략을 만들 수 있게 한다. 이렇게 하여 스토리는 특정한 상황에 대한 이야기를 하면서 일반적 원리를 전파하는 지식의 전달자가 된다.

결합

결합은 기존의 형식적 지식들을 결합 또는 재구성하여 새로운 형식적 지식을 생산하는 프로세스이다. 결합은 지식의 전이에 초점을 맞추는 것이어서 지식의 전환보다 지식의 이동에 관련된다. 이것은 학교나 교육 프로그램에서의 학습으로 대표되는 지식 전이의 전형적 형식이다. 조직에서 구성원은 보고서, 메모, 다른 여러 형태의 문서를 교환하면서 그들의 형식적 지식을 결합한다. 또 기업에서는 데이타 관리 및 분석 도구를 사용하여 거대한 데이타베이스에 묻혀 있는 추세의 패턴을 찾아내기도 한다.

많은 조직의 온라인 거래 처리 시스템(On-Line Transaction Processing)은 계속적으로 업무 데이타를 저장하고 있다. 이 운영 데이타는 고객, 고객 구매와 서비스 등에 관한 매우 가치 있는 방대한 정보 소스이다. 새로운 데이타 관리 기술은 온라인 거래 처리 시스템의 운영 데이타는 물론 다른 기업 내의 다중의 데이타 소스에서 데이타를 가져다가 지식 노동자나 의사결정자에게 의미 있는 주제와 데이타 모델로 데이타 웨어하우스를 만들 수 있게 한다. 지식 노동자와 의사결정자는 온라인 분석 처리(On-Line Analytical Processing) 도구를 사용하여 데이타 웨어하우스의 데이타를 다차원으로 분석한다. 이렇게 기존의 데이타를 사용하여 새로운 패턴과 추세를 발견하는 것은 형식적 지식의 결합의 새로운 예이다.

내재화

내재화는 과제를 반복적으로 수행하여 응용된 원칙과 절차의 형식적 지식이 개인의 스타일과 습관의 암묵적 지식으로 흡수되게 하는 학습과 사회화의 프로세스이다. 내재화는 '일하면서 배우기(Learning by Doing)'와 관련된 것으로 설명할 수 있다. 즉 내재화가 일어나기 위해서는 개인적으로 활동을 수행하거나, 시뮬레이션 또는 롤 플레이(Role Play) 활동에 참여하거나, 충분히 경험이 살아나게 하는 스토리를 들음으로써, 형식적 지식을 개인적 경험 또는 생활화하는 것이 필요하다. 또 신속한 프로토타입 개발도 내재화를 돕는 개발 경험의 축적을 가속화시킨다.

형식적 지식은 표준 업무 절차, 문서, 매뉴얼, 참고 서류와 같이 말로 표현되거나 포착된 지식이 개인에 의해 소화될 때 암묵적 지식으로 전환된다. 개인은 자신들의 지식창조 경험을 보강하기 위하여 언제라도 이러한 문서에 접근할 수 있다. GE(General Electric)의 고객 '답변 센터(Answer Center)'는 신제품 개발 팀 멤버가 고객 불평과 문의에 대한 정보에 접근하는 귀중한 형식적 지식 소스로 사용되고 있다.

지식창조 바

2장에서 본 바와 같이 지식전환 프로세스와 밀접하게 관련된 네 유형의 '바(Ba)'가 있다. '바' 개념은 일본 철학자 기타로 니시다(Kitaro Nishida)가 제안하였으며 시미즈(H. Shimizu)가 발전시켰다. 존재이론에 의하면 '바'는 의미를 담는 맥락이다. '바'는 서로의 관계에서 공유된 공간으로 간주되며, 이 공간은 물리적, 가상적, 정신적 또는 이들의 결합일 수 있다. 노나카와 코노(Noboru Konno)가 이 개념을 지식창조 모델의 플랫폼으로 개발하였다. '바'는 지식창조를 위한 기반의 역할을 하는 공유된 공간이라고 말한다. '바'는 특정 시간과 공간의 맥락에서 지식을 집합 및 통합함으로써 지식창조의 플랫폼 역할을 한다. '바'가 일상적인 인간들의 만남과 다른 것은 지식창조 개념을 담고 있다는 것이다. '바'는 개인 지식 또는 집단 지식의 발전의 플랫폼이다. '바'로 그 플랫폼에서 초월적 관점이 모든 필요한 정보로 통합되고, '바'는 모든 것 속에서 자신에 대한 인식으로 생각할 수 있다.

'바'는 여러 차원으로 존재한다. 개인은 팀의 '바'를 형성하고, 이것은 다시 조직의 '바'를 형성한다. 또 시장은 조직을 위한 '바'를 형성한다. 직원들은 '바'에서 중첩되는 상호작용을 통하여 조직의 경계 내에서와 밖에서 지식을 추적, 연결, 전파한다. 조직에서 중간 매니저들은 경영자와 직원을 연결하여 지식을 찾고 '바'를 연결하여 큰 지식창조 시스템을 만드는 중요한 역할을 한다. '바'는 관련된 지식 영역 사이의 연결을 허용하는 침투성 경계를 요구한다. '바' 사이의 연결은 빠른 지식의 흐름, 문제 파악, 혁신의 전파를 가능하게 한다. 조직은 다양한 '바'가 일어날 수 있는 느슨한 조직적 구조를 지원하여야 한다. 또 SECI 프로세스를 자극하기 위하여 다양한 '바'에 에너지가 투입되어야 한다.

2.2. 지식창조 관리

지식창조 프로세스 지원

조직의 지식창조 프로세스는 선형 프로세스가 아니라 노나카와 타케우치의 지식전환 모델과 같이 다중 사이클의 나선형 프로세스이다. 그것은 개인과 조직의 차원에서 암묵적 지식과 형식적 지식의 상호작용이며, 아래와 같은 지식창조의 핵심적 하위 프로세스로 설명할 수 있다.

- 이해(Comprehension): 외부 환경을 관찰하며 상호작용하고, 문제, 니즈(Needs), 기회를 파악하기 위해 계속적으로 파악된 정보를 다른 프로젝트 지식과 통합하고, 형식적 지식을 암묵적 지식으로 만들고, 일하면서 배우고, 재경험하는 프로세스이다.
- 커뮤니케이션(Communication): 사람들 사이에서 경험을 공유하여 정신적 모델과 기술의 형태로 암묵적 지식을 창조하고, 니즈와 기회를 강조하는 대화 기록을 만들고, 계속적으로 대화와 그에 따른 의사결정을 다른 프로젝트 지식과 통합하는 프로세스이다.
- 개념화(Conceptualization): 암묵적 지식을 구체화하여 형식적 지식을 만들고 개념을 지식 시스템으로 시스템화하고, 프로젝트 팀의 지식 산출물을 생산하여 그 산출물이 프로젝트의 전반적 그림을 나타내고 반복적이며 집합적으로 개발되는 집합적 성찰 프로세스이다. 제안서, 스펙(Specification), 기술, 작업 세부 구조, 이정표, 스케줄, 스태핑(Staffing), 시설 요구 사항, 예산 등을 포함하며, 일회성 작업이 아니다.
- 협력(Collaboration): 팀워크나 다른 조직 프로세스 내에서 생산된 개념을 사용하는 팀 상호작용 프로세스이다.

지식창조 프로세스를 나타내는 [그림 3-4]의 이해, 커뮤니케이션, 개념화, 협력의 하위 프로세스는 인공물을 구축하며 왜 그렇게 만들어졌는지에 대해 사고하는 과정으로 이해할 수 있다. 이 과정을 나선형 방식으로 반복하면서 집합 지성의 성장을 가져온다. 개인적 사고의 포착과 팀 멤버 사이의 대화를 기록하는 것을 지원하는 것은 혁신적 지식 산출물을 창조하는 것을 돕는다.

[그림 3-4]의 지식창조 프로세스에서 개념화와 협력은 지식경영에서 많은 관심을 가져왔다. 이것은 기술적 맥락에서나 조직적 맥락에서 쉽게 제공될 수 있다. 그러나 조직의 지식창조는 인간적 차원의 하위 프로세스인 이해력과 커뮤니케이션에도 관심을 기울여

[그림 3-4] 지식창조 프로세스

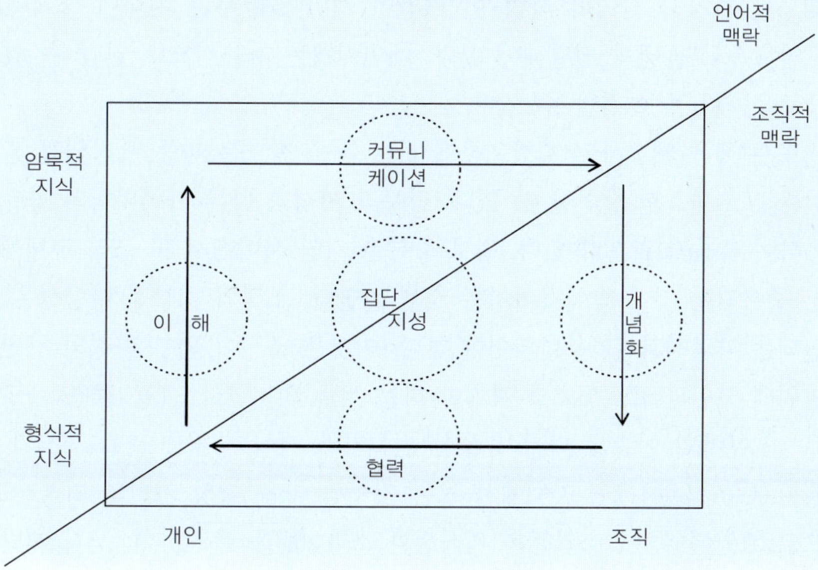

야 한다.

지식경영을 위한 조직화에는 직원, 그들 사이의 상호작용 패턴, 지식 저장고, 응집력을 제공하는 규칙과 관례 등 조직이 가지고 있는 모든 자원이 관련된다. 노나카와 타케우치의 지식 나선형은 암묵적 지식과 형식적 지식 사이의 반복적인 전환으로 나타나는 직원 상호작용에 기초한다. 그러한 상호작용과 전환이 일어나면 지식은 개인으로부터 조직의 집합 차원으로 선순환하는 나선형 움직임을 한다. 조직의 다른 차원으로의 상호작용에 주의하면서 지식 나선형은 조직 내의 지식 프로세스를 시스템으로 관리할 필요가 있다는 점을 깨우쳐 준다. 노나카와 타케우치는 조직 지식창조 프로세스가 비선형적이며 상호작용적이며, 지식창조는 끝이 없는 상호작용적 프로세스라고 본다.

지식전환 동인

조직 맥락에서 지식전환은 개인의 개인적 · 암묵적 지식과 조직의 공유된 형식적 지식 사이의 전환을 말한다. 일단 조직 내의 형식적 지식이 되면 그 지식은 다시 개인이 그것에 대해 배우거나 소화하게 됨에 따라 암묵적 지식으로 전환한다. 이 모델은 내부적 지식경영 사이클에 초점을 맞춘 것이며 조직 내의 특별한 조건을 요구한다. 조직은 조직 차원의 의도를 가지고 있어야 하며 이 비전이 개인에게 무슨 지식이 조직에게 가치가 있는지를 알도록 그들에게 전달해야 한다. 개인에게는 자율적으로 일할 수 있도록 허용되어야 새로운 지식을 발견할 수 있다.

조직은 또 관행을 재고하고 재창조하게 하는 장을 만드는 파동과 창의적 혼돈을 통하여 지식전환 프로세스를 장려할 수 있다. 암묵적 지식과 다른 아이디어의 공유는 정보의 중복을 통하여 촉진될 필요가 있다. 정보 중복은 개인 사이에서 또 조직 전체에서 정보가 반복 또는 중복되는 것이 받아들여지는 것을 말한다. 조직의 내부적 다양성은 외부 환경에서 발견되는 다양성과 잘 조화되어야 한다. 이것은 조직이 외부 환경의 차원에 대응할 충분한 범위의 자원과 프로세스를 가져야 하는 것을 의미한다. 예를 들면, 생명공학 분야의 조직은 이 분야의 이슈를 다룰 충분한 전문가와 지식 자원을 가질 필요가 있다.

이러한 요구 조건은 [그림 3-1]에서 보는 것처럼 다음 다섯 가지의 지식창조 권능 부여 조건으로 요약된다. 이 조건들은 지식전환 스파이럴을 촉진하며, 조직 개발에 필수적이다.

- 의도(Intention) – 의도는 비지니스 전략의 형태로 나타난 목표에 대한 조직의 열망을 말한다. 이것은 직원들의 몰입을 촉진함으로써 지식 연쇄 작용의 동인이 된다. 지식창조의 관점에서 전략의 핵심은 지식창조, 획득, 축적, 활용에 대한 조직 능력 개발에 있다.
- 자율(Autonomy) – 조직의 모든 멤버는 예상하지 못한 기회, 새로운 지식창조의 동기, 그리고 조직적 유연성을 증대시키기 위하여 가능한 한 자율적으로 행동하는 것이 허용되어야 한다. 자율성은 책임과 같이 직원 성과의 동기부여자이다. 미국의 3M은 새로운 제품 디자인을 위해 개인적 자율을 적극적으로 장려한다. 프로젝트의 성공은 부서 간 팀의 자율성에 달려 있다. 그것은 자율성을 가진 팀이 다양한 기능을 수행하고 개인의 관점을 더 높은 차원으로 확대하고 승화하기 때문이다.
- 창의적 혼돈(Fluctuation and Creative Chaos) – 조직이 변화해야 할 필요에 직면하였다면 그것은 혼란에 직면하였다는 것이다. 그러한 혼란은 개인에게 습관, 관례, 업무 방법, 업무 관계를 재고하게 한다. 지도자들은 도덕적 목표 또는 야망

적인 비전을 제기하여 멤버들에게 위기감을 일으킴으로써 의도적 혼란을 조직에 일어나게 한다. 이것은 조직의 긴장을 증대시키고 문제를 정의하고 해결하는 데 직원의 주의를 집중시킨다.

- 중복(Redundancy) – 중복은 조직 멤버에게 업무에 필요한 이상의 정보가 존재한다는 의미이다. 비지니스 활동, 경영 책임, 전반적 회사에 대한 정보를 의도적으로 중복시키는 것은 암묵적 지식의 공유를 촉진하고 새로운 커뮤니케이션 채널을 구축하는 것을 돕는다. 이러한 정보의 중복은 조직에게 추가적 지식창조 기회를 제공한다. 이것은 정보의 중복이 조직 또는 팀 멤버에게 서로 부서 간 아이디어를 제공하게 하여 침투에 의한 학습(Learning by Intrusion)을 하게 만들기 때문이다.
- 필수적 다양성(Requisite Variety) – 조직 멤버는 충분한 정보가 있는 조건에서 조직 내·외 환경으로부터 오는 도전에 대응할 수 있다. 정보에 대한 접근은 문제해결에 필요한 다양성을 최대화할 수 있도록 조직의 모든 멤버에게 제공되어야 한다. 또 조직의 내부적 다양성은 도전에 맞설 수 있도록 환경의 복잡성과 다양성과 매치되어야 한다. 수평적 및 유연한 조직 구조와 빈번한 직원 순환 근무는 그러한 다양성을 촉진하도록 한다.

지식창조와 창의성

앞에서 본 지식창조 모델은 지식창조가 개인의 학습 능력과 그 학습을 지식창조에 사용하는 능력뿐만이 아니라 개인 실력과 전문 지식에 의존하고 있음을 보여준다. 지식창조의 다른 중요한 특성은 개인이 실력과 지식을 공유하는 것을 허용하는 프로세스를 가지는 점과 지식구축과 공유를 소중히 하는 문화를 촉진하는 것이다. 적절한 조직 문화는 기업의 지식창조 잠재력을 여는 전제 조건이다. 실수는 학습 기회로 간주되어야 한다. 직원에게는 실험에 필요한 시간이 주어져야 한다. 지식창조의 진정한 병목은 창의성이다. 창의성 이슈는 엄격한 의미에서는 관리될 수 있는 것이 아니지만 조직은 창의성이 더 번성할 수 있는 조건을 만들 수는 있다. 창의성에 영향을 주는 주요 요인으로는 다음과 같은 것이 있다.

- 무 전제조건(Non-precondition) – 창의성은 무엇이 일어나는지(새로운 아이디어)와 어떻게 일어나는지(아이디어가 떠오르는 상황)의 관점에서 예상치 못한 것에 관한 것이다. 따라서 불필요한 제약을 가하지 않는 것이 중요하다.
- 비밀 실험실(Skunk works) – 조직의 가치 있는 지식의 창조로 이어지는 많은 활동은 관심 있는 직원의 비공식, 예상치 못한, 즉흥적 이니셔티브로부터 그 시작이 일어난다. 그 혜택을 얻기 위하여 조직은 최소한의 관리 통제로 그러한 일을 허용하고 장려하여야 한다.
- 우연한 발견(Serendipity) – 우연한 발견이 새로운 지식의 중요한 소스가 된다. 기업은 일상 업무에서 만지작거리거나 실험하는 것을 장려함으로써 운 좋은 사고가 일어나는 기회를 증대시킬 수 있다. 이러한 것을 이용하기 위하여 기업은 작업 순환이나 현재 업무와 관련 없는 과목의 수강을 지원함으로써 직원의 총명함을 높이도록 해야 한다.
- 다양한 자극(Diverse stimuli) – 직원은 특별한 상황에서뿐만 아니라 일상 업무에서 폭넓은 자극에 접근할 수 있어야 한다. 이것은 기능적, 분야적, 조직적 경계를 초월하는 것을 통해서 가장 잘 이루어질 수 있다.
- 내부 커뮤니케이션(Internal communication) – 전통적 상하 관계의 기업 커뮤니케이션 채널은 자주 직원이 지식창조의 관점에서 적정하게 협력할 조직의 다른 부서에 있는 사람과 접촉하는 것을 방해할 수 있다. 조직의 과제는 적어도 전반적 커뮤니케이션 정책을 수정하지는 못하더라도 비공식 커뮤니케이션 방법은 지원하여야 한다.
- 상호관계(Reciprocity) – 신뢰는 지식창조를 일으키는 힘이라고 인식되고 있다. 좀 더 일반적으로 말하면 상호관계는 경쟁적 환경에서도 창의적 활동에 도움이 되는 관계 개발의 핵심이다. 신뢰와 상호관계는 개인이 자신의 접촉이 지속될 것으로 기대하는 상황에서만 효과적이다. 적합한 환경을 제공하는 것은 조직에 달려 있다.
- 동기 부여(Motivation) – 지식창조는 강요될 수 없다. 그것은 내부 동기에 절대적으로 의존한다. 이것을 이용하기 위하여 조직은 지식 노동자의 업무의 방향을 자극하도록 노력하여야 한다. 이러한 맥락에서 보상과 인센티브 방안이 특별히 민감한 이슈이다. 지식창조를 위한 지식공유를 촉진하는 인센티브 제도는 5장에

서 자세하게 다룬다.

- 재미(Fun) – 내부적 동기의 하나로 간주되는 것으로 특별히 고려되어야 하는 것이 재미이다. 지식창조를 강요하려면 전문적 행동과 관련한 엄격한 규범을 통하여 구속하는 것보다 재미있는 행동을 장려할 필요가 있다.

지식창조와 신뢰 및 배려

효과적 지식창조는 기업에서 사람들이 서로 관계하는 방법에 특별한 요구를 한다. 신뢰할 수 없는 행동, 지속적 경쟁, 정보를 주고받는 것의 불균형, "그것은 내일이 아니야" 하는 태도 등은 효과적인 암묵적 지식의 공유를 어렵게 한다. 건설적이고 도움이 되는 관계는 커뮤니케이션 프로세스의 속도를 높이고, 조직 구성원으로 하여금 개인적 지식을 공유하게 하고, 그들의 아이디어나 염려를 자유롭게 의논하도록 한다. 좋은 관계가 만들어지면 조직의 구성원들은 새로운 시장, 고객, 제품, 제조 기술과 같은 미지의 영역을 탐험하려는 자신의 니즈와 욕망을 만족시키는 자신감과 자유를 가지게 된다.

실수를 용납하는 신뢰는 지식창조의 문화를 향상시킨다. 직원들은 조직이 실수를 용납할 것을 믿고 그것에 맞게 행동한다. 개인 간 신뢰는 직원이 정책을 따르면서 상사를 신뢰하게 한다. 개인 간 신뢰는 조직의 신뢰에 달려 있다. 이 신뢰는 지식기반, 기관 기반의 신뢰이며 관계적 신뢰는 아닐 수 있다. 왜냐하면 신뢰는 상사의 행동이나 동기를 예측하고 이해하는 직원의 능력과 조직의 규칙과 정책에 기초하게 되기 때문이다.

그룹과 팀 내에서의 지식창조에는 신뢰가 요구된다. 그러나 조직 정책과 규제가 그룹과 팀의 지식창조를 더 많이 지원하면 할수록, 통제와 정책이 신뢰를 대신하는 만큼 신뢰의 중요성은 줄어든다. 그룹과 팀 내에 불신이 존재한다면 두려움, 냉소, 경계심이 개인으로 하여금 팀과 함께 새로운 지식을 창조하는 데 필요한 정보와 지식을 공유하는 것을 막아 지식창조는 봉쇄되게 된다. 반대로 더 많은 신뢰가 존재하게 되면 사람들은 다른 사람과 더 많은 정보를 공유한다. 이것은 지식창조 프로세스가 일어나게 한다. 그러므로 신뢰는 지식창조에 필요한 요소는 아니지만 그룹이나 팀이 지식창조에서 성공할 가능성을 높인다. 이때 그룹 내의 개인이 자신의 정보와 지식을 공유하고 지식을 창조하도록 다른 개인을 신뢰하여야 하므로 개인 간 신뢰가 핵심이다.

신뢰는 관계적 신뢰, 동일화 기반 신뢰, 지식기반 신뢰, 조직 기반 신뢰, 제지 기반 신뢰, 계산법 기반 신뢰, 인격 기반 신뢰 등 다른 기반을 가질 수 있다. 그러나 개인 간 신뢰가 관계적 신뢰이거나 동일화 기반 신뢰이면 그룹 멤버들은 더 기꺼이 정보를 공유하게 되어 지식창조의 가능성을 더 높인다. 이렇게 더 높은 단계의 정보 공유의 이유는 개인의 그룹 멤버의 목표와 동일화이고, 관계 속에서 정보를 공유하는 단순한 행동은 관계적 신뢰를 만든다. 그러므로 지식창조를 위한 이상적 신뢰는 관계적 신뢰 또는 동일화 기반 신뢰이다. 관계적 신뢰와 동일화 기반 신뢰의 촉진은 지식창조와 공유를 위한 실무공동체의 창조를 추천하는 것으로 나타난다. 실무공동체는 사회적 일치감이 촉진되는 그룹이다. 이 그룹은 새로운 지식창조를 돕는다. 이 그룹 내의 사회적 유대를 촉진하는 것은 지식기반, 동일화 기반, 그리고 관계적 신뢰의 개발과 관계가 있다.

배려는 진지한 돌봄(주의), 염려와 관심의 느낌이다. 관계에서의 배려는 다른 사람이 성장하고 자신을 실현하는 것을 돕는 것이다. 또 다른 사람과 통찰력을 공유하면서 개인적 지식창조 능력을 키우고 돕는 것이다. 관계의 행동에서는 상호 신뢰, 능동적 공감, 도움에의 접근성, 판단의 관대함, 용기 이 다섯 개의 차원이 매우 중요하다. 배려는 이러한 형태의 행동을 일으키고 상호작용하게 한다.

조직적 관계는 높은 배려 관계에서 낮은 배려(불신, 공감 부재, 도움 접근 불가, 권위적 판단, 소심함)로 나누어 볼 수 있다. 조직에 배려가 존재하는 정도에 따라 지식창조 프로세스는 매우 다를 수 있다. 배려가 낮을 때에는 포착(Capturing)과 거래(Transacting) 프로세스, 배려가 높을 때에는 증여(Bestowing)와 내재(Indwelling) 프로세스가 일어날 수 있다. 조직 구성원 사이에 배려가 낮을 때 개인은 자신의 지식을 자발적으로 공유하기보다 포착하려 할 것이다. 또 개인은 자신에게 유리한 거래가 아니라면 지식을 형식적 지식으로 만들거나 공유하려는 동기가 줄어든다. 사회적 지식창조에 참여하면서 팀 멤버들은 다른 참여자와 지식을 거래하려고 할 것이다. 조직적 관계에서 배려가 존재하면 개인은 지식을 다른 사람으로부터 도움을 받을 뿐만 아니라 다른 사람에게 지식을 주려고 한다. 조직 멤버들 사이에 배려가 높으면 상호적 증여 프로세스가 일어나, 팀 내의 사회적 지식창조가 활발하게 된다. 내재는 암묵적 지식의 공유와 개념 창조에 특별히 중요하다.

지식창조와 사회적 네트워크

지식에 대한 공통된 정의는 없지만 지식이 사회적 성격을 가진다는 데에는 폭넓은 동의가 있다. 폴라니는 암묵적 지식을 활용하기 위한 공개된 공동체 내에서의 대화를 강조한다. 그의 주요 명제 중 하나는 지식이 사회적으로 구축된다는 것이다. 노나카와 타케우치의 지식창조의 역동적 모델에서 인간 지식은 암묵적 지식과 형식적 지식 사이의 사회적 상호작용을 통하여 창조되고 확장된다는 중요한 가정에 기초한다. 노나카와 타케우치는 지식전환이 개인 사이의 사회적 프로세스이며, 개인에 한정되지 않는다고 본다. 실무공동체 이론을 발전시킨 웬저(Wenger)는 지식이 지식 세계나 개인의 마음에 존재하지 않고, 문화적 실무에 참여하는 양상이라고 주장한다. 웬저는 참여라는 용어를 사회 공동체의 멤버 관점에서 세상에 살고, 사회적 조직에 능동적으로 관여하는 사회적 경험으로 기술하기 위해 사용한다.

조직에서 무슨 일을 해내려면 어떤 형태의 네트워크가 중요한지는 모두가 알고 있다. 오늘날 비계층화되고 지식 집중적 업무 중심의 조직에서 대부분의 중요한 업무가 직원들의 비공식 네트워크에 크게 의존한다. 예를 들면 신제품을 개발하는 업무 프로세스를 연결하는 비공식 네트워크는 조직의 효과성에 매우 중요하다. 이 네트워크는 혁신에 필요한 효과적 협업과 전문 지식의 통합을 가능하게 한다. 이러한 네트워크는 흔히 공식적 조직 차트에서는 발견되지 않지만 조직의 전략적 그리고 운영적 성공의 근원이 된다. 그런데 지금까지의 지식경영은 9장에서 다루는 실무공동체 개발과 운영 수준으로 제한되어 10장에서 다루는 직원들의 비공식 네트워크가 가져오는 보조적 기능과 효과적 협업에 대해서는 관심을 보이지 못하였다.

사회적 네트워크에서 지식 또는 정보를 획득하는 관계는 다음 네 개의 차원에서 지식의 창조와 공유를 지원한다.

- 지식: 우리가 아는 것을 우리는 알고 있는가?
  우리가 문제나 기회에 직면하였을 때 누군가가 알고 있을 것이라는 것을 아는 것은 구체적 사람을 찾는 첫 단계이다. 다른 사람이 옵션이 되기 위해서는 우리가 그들의 전문성에 대한 약간의 인식이라도 가져야만 한다.
- 접근: 우리가 아는 것에 제때에 접근할 수 있는가?
  누군가가 알고 있다는 것을 아는 것도 제때에 그들의 생각에 접근할 수 있어야만 유용한 것이다. 접근은 물리적 인접성, 조직적 설계, 협업 기술뿐만이 아니라 개인의 관계의 가까움에 크게 영향을 받는다.
- 연대성: 우리는 문제 해결에서 효과적으로 서로 연대를 하고 있는가?
  학습 상호작용에서 도움이 되는 사람은 정보 또는 지식을 찾는 사람과 능동적으로 생각하고 문제 해결에 함께 한다. 정보를 던지기보다 이러한 사람들은 정보를 찾는 사람이 경험한 것처럼 문제를 먼저 이해하고 주어진 문제에 지식을 적용하려 한다.

- 안전: 어떻게 우리는 관계에서 안전성을 도모하고 있는가?
  안전한 관계는 학습에서 가장 효과적이다. 지식의 부족을 인정하고 대화를 하는 것이 종종 창의성과 학습으로 이어진다.

3. 지식구축, 획득, 발견

3.1. 지식구축

지식구축(Knowledge Building)은 조직의 지식 개발을 장려하고, 조직 내 개인의 핵심 역량 증진을 장려하는 환경을 만드는 프로세스이다.

연구 개발

조직에서 지식을 생산하는 일반적 방법은 그 목적에 맞는 단위나 그룹을 만드는 것이다. 연구 개발(Research & Development; R&D) 부서가 일반적인 예이다. 연구 개발 부서의 목표는 새로운 지식 즉 새롭게 일하는 방법을 만드는 것이다. 즉 연구 개발 부서의 업무는 새로운 지식을 창조하는 것이다. 어떤 기업은 연구 개발 부서 대신에 기업 도서실을 조직에 새로운 지식을 제고하는 기능으로 운영한다. 많은 컨설팅 회사에서처럼 도서실이 구체적 지식 프로세스나 기능에 연관되도록 할 수 있다.

기업이 연구 개발 부서를 독립시키는 이유는 이윤과 데드라인(Deadline)에 속박되지 않고 아이디어를 탐구하는 자유를 연구원들에게 주기 위함이다. 그러나 연구 결과를 전 조직에 전이시키려 할 때, 연구 개발 부서의 독립이 다른 부서로의 연구 결과 전이를 어렵게 만들기도 한다. 지식창조자와 사용자가 다른 언어를 사용하기도 한다. 가장 대표적인 예가 1970년대 중반 제록스(Xerox)의 팔로 알토 연구소(Palo Alto Research Center; PARC)가 마우스를 사용하는 그래픽 인터페이스 컴퓨터를 발명하였음에도 제록스가 상업화하지 못한 것이다. 오히려 애플(Apple)의 스티브 잡스(Steve Jobs)가 제록스의 오랜 연구 결과를 매킨토시(MacIntosh) 개발에 적용하였다.

매니저는 연구 개발 부서에서 창조된 지식이 모든 부서에서 접근할 수 있도록 하는 구체적 단계를 마련하여야 한다. 샤프(Sharp)에서는 연구 개발 부서의 연구 결과가 공식적으로 먼저 샤프의 각 비지니스 그룹의 연구 실험실에, 그 다음에 비지니스 단위의 실험실에 전이되도록 한다. 연구 개발 부서의 연구원이 개발된 지식을 직접 가지고 가도록 비지니스 그룹이나 단위로 배치하기도 한다. 이러한 절차는 지식이 유용한 장소로 이동하도록 하는 목적을 달성하기 위한 것이다. 정기적 고위 경영층의 회의를 통해 새로운 지식을 평가하고 통합하기도 한다. 고위 경영층과 비지니스 그룹 실험실 매니저가 매월 연구 개발 프로젝트를 토의하는 회의를 갖는 것이 그 예이다. 또 다른 예는 정기적 실험실 책임자 콘퍼런스를 통해 실험실 책임자, 연구 개발 기획 책임자, 지적재산권 관리 책임자들에게 연구 개발 방향과 새로이 개발된 지식을 비지니스 그룹에게 전이하는 방법을 계획할 기회를 제공하는 것이다.

융합

연구 개발이 생산적 연구를 방해하는 압력과 혼란을 줄이려는 방안임에 반해, 융합(Fusion)을 통한 지식창조는 의도적으로 복잡성과 새로운 시너지(Synergy)를 창조하기 위한 충돌을 도입한다. 융합은 다른 관점을 가진 사람들이 한 문제 또는 프로젝트에 함께 참여해 일하게 함으로써 통합된 해답을 찾도록 한다. 노하우나 전문 지식의 소스는 보통 기능적으로, 물리적으로, 지리적으로, 인지적으로 분리되어 있다. 이러한 다양한 관점이 창의성에는 필수적이다. 이러한 다양성은 그룹이 가정을 파악하고 특정 해법에 조급하게 수렴하는 것을 피하도록 돕는다. 즉 지적 불일치 다시 말해 창조적 마손(Creative Abrasion)을 가능하게 한다. 토론이 장려되면서도 적정한 시점에 정리되어 진전이 일어나게 하는 것처럼, 창조적 마손이 잘 관리되면 새로운 제품이나 서비스로 연결되도록 하는 다른 관점의 결합 즉 창의적 융합이 일어난다. 사실 창의적 결합은 다른 정신적 모델이 충돌하여 혁신으로 합병할 때 창의적 융합이 일어난다.

도로시 레오나드-바튼(Dorothy Leonard-Barton)은 『지식의 원천(Wellsprings of Knowledge)』에서 니산 국제 디자인(Nissan Design International) 부서에서 실행되고 있는 이러한 융합과정을 창조적 마손이라 부르며, 어떻게 다른 기술, 아이디어, 그리고 가치관을 가진 사람들을 의도적으로 결합하여 창조적 해법을 생성해 내는지를 기술하고 있다. 레오나드-바튼은 창조는 한 사람의 지식과 기술 베이스의 영역 내에서가 아니라 여러 마인드(Mind-sets)의 경계에서 일어난다고 말한다. 니산 국제 디자인 부서의 경우 회사는 인식론적 다양성을 촉진하기 위하여 신입사원 채용에서 분석적이며 합리적 사고를 가진 인물과 직감적이고 심미안이 있는 인물이 결합되도록 노력한다. 니산은 이러한 다양성을 열보다는 불을 지피는 마찰이 일어나는, 풍부하게 발효하는 기회라고 말한다.

레오나드-바튼은 조직의 지식구축을 지원하는 경영 전략을 다음과 같이 제시한다.

- 조직은 핵심 능력과 전략적 의도에 대한 분명한 이해를 하여야 한다.
- 직원은 지속적으로 실험하도록 장려하여야 한다.
- 창조적 마손은 직원의 인지적 다양성과 핵심 기술을 증대시키는 효과적 방법이다.
- 그룹의 경계는 정보가 광범위하게 전파되도록 침투성을 유지한다.

노나카와 타케우치는 다른 지식과 경험의 사람들을 결합하는 것이 지식창조의 필요조건 중의 하나라고 말한다. 앞에서 본 필수적 다양성은 창조적 마손의 생산적 갈등(또는 창조적 혼돈)과 다량의 복잡한 아이디어 풀(Pool)의 가치와 같은 의미를 가진다. 개인의 차이는 그룹이 문제에 대한 관행적 해법에 머무르는 것을 막는다. 그룹의 멤버들은 공통의 익숙한 해법을 가지고 있지 않으므로 개인들은 협력하여 새로운 아이디어를 개발하거나 자신들의 기존 아이디어를 새로운 방법에 결합하여야만 한다. 직원들의 다양성은 다양한 재능과 배경의 인물들을 모아서 성공적 결과를 내놓는 기회를 높인다. 노나카와 타케우치는 앞에서 언급한 마쓰시다의 제빵기 개발을 필수적 다양성과 창조적 혼돈이 실제에서 작용한 예로 들고 있다.

대븐포트와 프루삭은 융합이 효과적으로 작용하도록 하는 다음과 같은 다섯 가지 지식경영 원칙을 제시한다.

- 추구하는 지식의 가치를 인식하는 것과 그것을 생산하는 프로세스에 투자할 의지를 촉진한다.
- 융합 노력을 효과적으로 이끌어 낼 핵심 지식 노동자를 파악한다.
- 아이디어의 복잡성과 다양성에 내재한 창의적 잠재력, 차이를 충동의 근원이 아니라 긍정적으로 보는 것, 그리고 복잡한 문제에 대한 단순한 해답을 피할 것을 강조한다.
- 생산의 필요를 명확히 하여 지식생산을 장려하고, 보상하고, 공통의 목표로 이끌어야 한다.
- 단순한 대차대조표 회계가 아닌 진정한 지식의 가치를 반영하는 성공의 측정 및 이정표를 도입한다.

적응

외부 환경의 변화는 기업으로 하여금 적응(Adaptation)하게 만든다. 경쟁기업의 신제품, 새로운 기술, 사회적 및 경제적 변화는 지식창조를 촉진한다. 그것은 변화하는 상황에 대응하지 못하는 기업은 망하기 때문이다. 따라서 일부 기업들은 지속적 혁신을 추구하면서 실제로 나타나기 이전에 위기감을 일으키려 한다. 새로운 지식으로 극복하여야 할 장애물을 만들어 조직을 재정비한다. 최근 기업이 핵심 역량을 분류하는 노력은 기업이 변화할 수 있는 것과 변화할 수 없는 것을 이해하려는 노력이다. 핵심 역량은 어떻게 특정한 일이 행해지는지를 정확히 설명하는 지식의 부분으로 분해된다. 이러한 지식 자산을 곧 기업이라고 한다.

성공은 자주 혁신의 적이 되며, 승리자의 저주라고 말한다. 레오나드-바튼은 핵심 강도에 기업과 직원이 몸에 밴 성공적 길을 고집하는 경향이 포함된다고 본다. 인간의 마음은 회사가 가지고 있는 가장 유연성 있고 강직한 자산이다. 사람들은 놀라운 직감의 도약을 할 수 있고, 동시에 작은 비생산적인 관행의 세부 사항에 끈질기게 매달리는 경향이 있다. 대부분의 조직은 사람들과 마찬가지로 상당한 긴장의 기간이나 위기의 자극 없이는 습관과 삶의 태도를 변화할 수 없다. 외부 변화가 오래된 것을 경쟁력 없게 만들면 그 지식을 새로운 제품이나 서비스에 적용하는 방법을 발견하는 것이 필요할지 모르지만, 그것들을 내던지고 완전히 새롭게 출발하는 것은 불가능하다. 기업은 새로운 것을 배우게 되지만, 그러한 기술은 그들이 과거에 하던 것과 유사할 것이다.

기업의 적응 능력은 두 가지 요소에 기초한다. 첫째는 새로운 방법으로 활용될 수 있는 기존의 내부 자원과 능력을 가지고 있다는 점이다. 두 번째는 변화에 열려 있거나 높은 흡수 능력을 가지고 있는 것이다. 가장 적응 능력이 있는 자원은 새로운 지식과 기술을 쉽게 획득하는 직원이다. 정신적 민첩함의 가장 좋은 예보자는 새로운 과제를 감당할 증명된 경험이며, 기업은 여러 가지 역할과 기술을 섭렵한 직원을 찾아야 한다.

3.2. 지식획득

재산권의 이전이라는 점에서 획득이란 개념을 정의하기는 쉽지만, 획득되는 재산이 지식이고 획득하는 주체가 조직일 때와 같이 명확하게 정의되지 않는 경우에는 그 정의가 쉽지 않다. 지식은 두 가지 관점에서 쉽게 전이되지 않는다고 한다. 첫째는 지식 원천의 점성(Stickiness) 때문이고, 둘째는 지식 전수자의 흡수 능력 때문이다.

지식의 획득은 지식이 반드시 새로이 창조되어야 하는 것을 말하는 것이 아니라, 지식이 조직에게 새로운 것임을 의미한다. 브리티쉬 페트롤리움(British Petroleum; BP)은 애플리케이션 개발에서 최고의 아이디어를 '훔친' 사람에게 '금년의 도둑'상을 준다. 이 회사는 조직 지식에서 독창성이 사용성보다 덜 중요하다고 보는 것이다. 텍사스 인스트루먼트(Texas Instrument)는 회사 내·외부에서 실무 방법을 차용하는 것에 대한 상으로 '여기서 발명되지는 않았으나 내가 그것을 해냈다(Not Invented Here, but I Did It Anyway)' 상을 만들었다. 스페인의 속담인 "잘 훔치면 절반은 한 것이다"는 이러한 아이디어를 잘 표현한다. 지식 중심의 회사는 지식 자체를 위해 새로운 아이디어를 생산해 내야 하는 것이 아니라 필요한 장소에서 필요한 시간에 활용할 적합한 지식을 가용하도록 하여야 한다.

구입

지식을 획득하는 가장 직접적이며 효과적인 방법은 지식을 사들이는 것이다. 즉 지식을 가지고 있는 조직을 사들이거나 개인을 고용하는 것이다. 물론 모든 기업 흡수나 합병이 지식획득을 목적으로 하는 것은 아니다. 지식획득이 흡수나 합병의 부산물로 이루어질 수는 있다. 그런데 점차 지식 때문에 다른 기업을 흡수나 합병하는 경우가 증가하고 있다. 흡수나 인수하는 회사의 새로운 지식이 기존의 지식에 보태지는 기대 가치 때문에 시장 가치보다 높은 프리미엄을 지불하기도 한다. 대표적인 예가 IBM의 로터스(Lotus) 인수이다. 반대로 AT&T의 NCR 인수는 실패의 대표적 예이다.

한 기업이 지식 때문에 다른 기업을 인수하는 것은 사람이나 문서, 컴퓨터의 구조화된 지식, 그리고 인수되는 회사의 지식이 내재된 관행이나 프로세스를 사는 것이다. 이러한 지식의 가치를 측정하는 믿을 만한 분석 도구가 존재하지 않는 관계로 지식의 가치를 결정하는 것이 투기적이거나 주관적이게 되는 경우가 많다. 성실한 조사를 통해 할 수 있는 것은 고용 계약이나 금전적 합의로 핵심 인물을 몇 년 동안 묶어 두는 것이다.

임차

지식의 생산은 임차(Rent)나 리스(Lease)를 통해서도 가능하다. 지식 임차란 지식 소스(Source)를 임차한다는 말이다. 대표적 예가 프로젝트 실행을 위한 컨설턴트를 고용하는 것이다. 기업은 평판을 가치 측정 도구로 사용하여 컨설턴트의 지식을 공유하거나 특정 이슈에 적용하는 대가로 컨설턴트에게 비용을 지불한다. 기구나 시설의 임차와 달리 지식 임차는 어느 정도 지식의 전이가 일어난다. 지식 소스는 일시적이기는 하나 컨설턴트의 일부 지식이 기업에 남게 된다. 어떤 기업은 컨설팅 계약에서 컨설턴트의 지식이 구조적이며 문서화된 형식으로 전달될 것을 요구하기도 한다.

컨설턴트의 지식이 매우 전문적일 경우에, 컨설팅 기간이 단기간이기 때문이거나 구조적 지식 베이스 형태로 표현하기 어려워 지식의 극히 일부만 전이될 수도 있다. 컨설턴트를 고용하는 기업마다 다른 목적이 있을 수 있다. 만약 기업이 특정 문제를 해결하기 위한 조언을 구한다면 컨설턴트가 사용하는 배경 지식보다는 문제에 대한 추천 의견에 더 관심을 가질 것이다. 반면에 기업이 외부 전문가로부터 될 수 있는 한 많을 것을 배우려 할 수도 있다. 지식 생성에 대한 다른 투자에서와 마찬가지로 기업의 의도가 중요하다.

지식의 리스는 생산되는 지식의 상업화 권리를 가지기 위해 기업이 대학 또는 연구기관에 대한 재정적 지원을 하는 것이다. 많은 산학연 컨소시엄(Industry-University/Research Institute Consortia)이 새로운 지식생산의 기지이다. 이러한 컨소시엄을 통해 기업은 사실상 연구 개발 업무를 아웃소싱하는 것이다.

3.3. 지식발견

고객, 공급자, 다른 거래 파트너와의 전자적 · 전통적 거래에 의해 점점 더 많이 발생하는 데이타는 조직의 새로운 지식을 위한 가치 있는 잠재적 소스이다. 그러므로 데이타 속에 암시되어 있는 지식의 발견은 주요한 지식경영 과제이다. 지식발견은 데이타 속의 가치 있고, 잠재적으로 유용하며 궁극적으로 이해할 수 있는 패턴을 파악하는 간단하지 않은 프로세스이다. 이러한 지식발견은 지식 마이닝(Knowledge mining) 또는 데이타 마이닝(Data mining) 기법을 사용한다. 데이타의 패턴은 의존 분석(Dependency analysis), 유형 파악(Class identification), 개념 묘사(Concept description), 일탈 탐지(Deviation detection), 데이타 비주얼라이제이션(Data visualization)의 방법으로 추출될 수 있다.

일반적으로 지식발견 접근방법은 기능에 따라 분류(Classification), 연합(Association), 배열(Sequence), 클러스터(Cluster) 네 가지로 나누어진다. 분류는 한 항목이나 사건이 특정 부류나 집합에 속하는지를 정하는 규칙을 찾고자 한다. 연합은 한 집합의 사건이나 항목을 다른 집합의 사건이나 항목과 연관 짓는 규칙을 찾는다. 배열은 시간적으로 사건들을 관련짓는 데 사용된다. 배열을 통하여 미래 추세에 대한 예측을 나타내는 다양한 감춰진 추세를 발견할 수 있다. 클러스터링은 여러 객체를 그들 사이의 유사성 또는 근접성으로 그룹을 나누는 것이다.

이러한 접근방법과 관련된 기술은 여러 가지가 있다. 주요한 것들을 보면 통계학, 수학, 데이타베이스 기술, 인공 지능, 경제학과 의사결정 이론, 비주얼라이제이션 등이다. 통계학은 잡음(Noise)과 추세를 발견하는 데 도움을 주며, 회귀 분석(Regression)과 같은 전통적 모델링 기법은 선형 예측 모델 개발에 적합하다. 온라인 분석 처리(Online Analytical Processing)는 다차원(Multidimensional) 및 관계형(Relational) 데이타 모델의 데이타 웨어하우스(Data Warehouse) 데이타에 대한 다차원 분석 및 분석 처리를 돕는다. 신경망(Neural Network)은 비선형 관계를 다루며 학습의 능력을 가지고 있다. 유전자 알고리즘(Genetic Algorithm)과 퍼지 로직(Fuzzy Logic)과 같은 다른 학습 알고리즘은 매우 복잡하고 부정확한 데이타에서 패턴을 추출하고 추세를 발견한다. 의사결정 나무(Decision Tree)는 문제의 구조화를 돕는 간단한 수학적 도구이며, 나무 구조를 생성하여 데이타의 분류를 돕는다. 비주얼라이제이션은 발견된 패턴을 분명하게 표현하게 해준다.

지식발견 기법은 크게 상징 기법(Symbolic techniques), 연결주의 기법(Connectionist techniques), 통계적 기법(Statistical techniques) 세 부류로 나눌 수 있다. 상징 기법은 의사결정 나무를 만들기 위하여 귀납법 알고리즘을 사용한다. 연결주의 기법은 과제를 수행하는 여러 개의 뉴런(Neuron)이라는 처리 요소로 구성되며, 그 결과는 신경망이다. 통계적 기법은 선형 회귀분석(Linear Regression), K-평균(K-means), 바스켓 분석(Basket Analysis), 식별 분석(Discriminant Analysis), 로지스틱 분석(Logistic Analysis)을 포함한다. 이러한 지식발견 기법은 오랜 기간 동안 과학 분야에 많은 공헌을 하였으며, 점차 경영 분야에의 응용이 증가하고 있다.

경영 분야에서의 지식발견의 주요한 응용의 예는 소매업과 은행 분야의 고객, 제품, 시장 분석, 정부의 사기 분석, 보험 분야의 보험 통계, 건강 분야의 환자 및 치료, 그리고 자산 관리 분야의 위험 및 포트폴리오 분석 등이 있다. 이러한 지식발견 기법이 가져다 주는 혜택은 고객의 니즈, 높은 효율성, 생산성, 예측의 정확성, 더 나은 의사결정 등이다. 한 예로 슈퍼마켓 거래 데이타에 대한 데이타 마이닝 결과 목요일에 아기 기저귀를 사는 남성 고객이 맥주도 함께 구매하는 것을 발견할 수 있었다. 이것은 슈퍼마켓으로 하여금 맥주를 기저귀 옆에 진열하고 할인 가격이 아닌 정가에 판매하게 하였다.

사례: 어센츄어(Accenture) 지식경영

앤더슨 컨설팅(Andersen Consulting, 현재의 Accenture)의 경영컨설팅(Management Consulting Practice; MCP) 부서는 정보시스템 디자인과 구축이 주된 비지니스이다. MCP의 주된 컨설팅 업무는 고객의 정보시스템을 구축하기 위해 현장에서 수개월 또는 수년 동안 머무르는 프로젝트 팀을 파견하여 맞춤 애플리케이션을 개발하는 것이다. 고객의 애플리케이션 소프트웨어를 개발하는 것은 불확실성을 내포한 매우 복잡한 지식 집중형(Knowledge-Intensive) 활동이다. 오랜 시간에 걸쳐 MCP는 내부 지식을 관리하고 업무와 관련된 불확실성을 극복하기 위하여 표준화된 시스템 개발 방법론(Standardized System Development Methodology)과 일련의 CASE(Computer-Aided Software Engineering) 도구를 개발하였다.

MCP의 시스템 개발 방법론은 프로젝트에서 일하는 컨설턴트의 일상 활동으로부터 만들어졌다. 실무적 노하우를 분석하고 성찰하면서 MCP 컨설턴트들은 그들의 경험을 일반화하고 형식화하여 시스템 개발 생명 주기(System Development Life Cycle)의 각 단계에서 수행되는 일련의 업무를 구체화하고, 문서화, 통제, 스케줄링, 프로젝트 예측에 대한 표준을 정의하는 방법론으로 만들 수 있었다. 표준 방법론의 제도화는 고객의 문제를 해결하고 커뮤니케이션하는 방법으로 모든 컨설턴트들이 따르는 공통된 접근방법을 요구하는 회사의 '하나의 회사(One-Firm)' 철학에 부합하는 것이었다.

시스템 개발 방법론의 공식화는 MCP 컨설팅 부서에 또 다른 혁신을 가능하게 하였다. 그것은 CASE 도구의 도입이며, 이것은 시스템 개발 방법론을 지원하고 실행하게 하기 위한 것으로 MCP는 생산성 도구라고 부른다. CASE 도구는 새로운 시스템의 문서로부터 데이타 사전을 만드는 소프트웨어, 프로젝트 예측 도구, 프로젝트 통제 시스템, 스크린 및 보고서 디자인 도구, 데이타 및 프로그램 디자인 도구, 실행 도구, 프로토타이핑 기능을 포함한다. CASE 도구에는 회사의 표준 소프트웨어 개발 철학과 프로젝트 관리 방법이 실현되어 있다. 시스템 개발 방법론과 CASE 도구의 사용은 상호 보강을 가능하게 하였다. 컴퓨터 도구의 사용은 컨설턴트의 일상 업무 활동에서 전문가 정신의 향상을 가져왔다. CASE 도구의 사용은 MCP의 생산성과 수익성을 크게 높였고 경쟁적 지위를 향상시켰다.

사회화

경영 컨설팅 회사의 시스템 개발 방법론 표준화는 개체, 데이타 항목, 데이타베이스, 데이타 플로우 등에 대한 어휘와 이들 개념 사이의 관계를 표현하는 규칙의 문법을 정의한다. 이 어휘와 문법은 컨설턴트들이 자동화하려는 조직적 현실을 이해하는 데 사용될 시스템 개발에 관한 언어를 구성한다. 또 시스템 개발 언어를 CASE(Compute-Aided Software Engineering) 도구에 코드화하여 이 도구들을 상용하여 협력하고 커뮤니케이션하는 컨설턴트들이 이 언어를 사용할 것을 요구한다. 결과적으로 단일 시스템 개발 언어는 한 기업의 문화를 유지하고, 생산 프로세스를 알려주고, 컨설턴트의 교화와 훈련의 기초로 사용되고, 경쟁자와 차별화하는 역할을 하게 된다. 신입 컨설턴트들은 프로그래밍과 분석 기술을 획득할 뿐만이 아니라 시스템 개발에 대한 회사의 구체적 해석을 나타내는 언어를 이해하고 사용하는 것을 배우게 된다. 신입 사원들은 수개월 동안 훈련을 받는다. 전 세계에서 선발된 신입 사원들은 전문가 교육 센터에 모여 회사의 여러 지역 사무소에서 날아온 컨설턴트로부터 교육을 받는다. 이 훈련의 목적은 기술적 지식을 가르치는 것만큼 신입 사원들이 회사의 일하는 방식에 따라 일하도록 교화하는 데 있다. 이 훈련이 끝난 후 신입 사원들은 2년 동안 고객 현장에서 프로젝트 팀의 분석가로서 경험 있는 컨설턴트와 함께 프로그래밍, 테스트, 문서화와 같은 업무를 수행한다. 2년의 현장 경험 기간 동안 신입 분석가는 경험 있는 컨설턴트로부터 비지니스 문제 분석과 시스템 디자인 기술을 배운다.

외재화

MCP 사례는 기업의 시스템 개발 생명 주기와 관련한 컨설턴트의 암묵적 지식을 포착해 코드화한 예이다. 이로 인해 특정한 고객의 정보시스템 구축에 참여한 컨설턴트들의 상호작용을 통하여 생성된 비공식적이며 맥락 구체적(Context-Specific)인 시스템 개발 지식이 필요할 때 반복된 사용을 통하여 제도화할 수 있게 되었다. 프로젝트에 투입된 컨설턴트의 일상 활동에서 점차적으로 시스템 개발 프로세스 모델이 만들어졌다. 컨설턴트는 그들의 프로젝트를 바인더에 문서화하였고 이것은 다시 공통적 성공 또는 실패 요소를 추출하고 좋은 시스템 개발 업무에 필요한 경험 법칙을 일반화하기 위하여 파트너에 의하여 검토되었다. 오랜 시간에 걸쳐 이러한 비공식 가이드라인은 모든 고객의 정보시스템 개발에 적용될 개념적 프레임워크뿐만이 아니라 개발 생명 주기의 각 단계의 일련의 업무를 구체적으로 정의하는 MCP의 표준화된 방법론 모델로 진화하였다. 이러한 표준 방법론의 제도화에서 경험 많은 컨설턴트의 암묵적 지식이 시스템 개발 모델의 형식적 지식으로 외재화되는 것을 볼 수 있다.

외재화 프로세스에서 새로운 노하우는 구체화되고 지속적 대화로 표현된다. 이 대화에서 팀은 정보를 모으고 다른 각도에서 그들의 정보를 조사하여 다양한 개인적 관점을 통합하여 새로운 집합적 관점을 만들어 낸다.

결합

MCP 컨설팅의 경험은 형식적 지식의 재결합 프로세스를 보여 준다. 표준 시스템 개발 방법론의 채택으로 방법론의 몇 단계에서 필요한 업무를 단순화하는 도구를 개발하는 것이 가능하게 되었다. 대부분의 도구는 애초에 특정 고객의 시스템을 개발하던 팀 멤버들에 의하여 프로젝트 현장에서 개발되었다. 이러한 도구를 사용한 몇 개의 잘 알려진 초기 성공에 이어 MCP는 이 도구의 사용을 장려하고 다양한 도구들을 CASE 도구의 통합된 개발 환경에 결합하기로 결정하였다. 이 일반화된 도구 패키지는 그 자체로 구입이 가능한 제품으로 만들어졌고 데이타 처리 업계에서 구입할 수 있게 되었다.

내재화

MCP의 경영 컨설팅 훈련 프로그램에서 신입 사원들은 실제 시스템 개발 프로젝트의 시뮬레이션으로 구성된 컴퓨터 실무 스쿨(Computers in our Practice School)에 들어간다. 신입 사원들은 팀으로 고객 시스템(주로 주문처리시스템)의 상세 디자인에서 구축까지를 실제로 수행한다. 컴퓨터 실무 스쿨 3주 동안 신입 사원들은 자습코스로 시작한 개발방법론을 학습하고 프로그램과 테스트의 세부적 사항에 대하여 배운다. MCP의 표준 시스템 개발 방법론은 자세하게 문서화되어 있어 형식지의 내재화를 돕는다. 훈련 장소에는 문화센터도 있는데 여기에서 신입사원들은 전자적 스토리텔러 역할을 하는 비디오로 회사의 역사, 목표, 가치를 알게 된다. 전자적 스토리텔링을 통하여 컨설턴트로서의 삶의 의미를 담은 전통, 우화, 규범이 신입사원에게 전달된다.

출처: Choo(1998)

4장 지식저장

학습 개요 및 목표

지식경영에서 새로운 지식의 창조뿐만 아니라 조직 내의 지식을 파악하고 포착하여 그것을 공유하도록 하는 것은 중요하다. 조직의 지식이 부가가치를 창출하려면 그 지식이 접근할 수 있어야 할 뿐만 아니라 적합한 형태로 구조화되어 있어야 한다. 이것을 위해서 조직은 먼저 중요한 암묵적 지식을 포착하는 노력을 하여야 한다. 그 다음은 방대한 양의 조직 지식을 체계적으로 구조화하여 효과적인 접근이 가능하게 하여야 한다. 이와 같은 지식의 코드화는 조직 내에서 지식이 재사용되고 전이될 수 있는 주요한 전제 조건이다. 정보기술의 발전에 맞추어 조직 내의 지식을 코드화하여 공유하며 활용하도록 하는 기법과 기술도 날로 발전하고 있다. 특히 최근에는 웹을 통한 지식 접근이 지능적으로 처리되도록 하기 위한 연구가 활발하게 진행되고 있다.

이 장은 조직의 지식을 포착하여 구조화하는 즉 코드화 과정과 기법에 대하여 살펴본다. 암묵적 지식의 포착과 형식적 지식의 구조화와 관련한 주요 기법을 소개한다. 이장의 주요 학습 목표는 다음과 같다.

- 지식저장의 의미를 이해한다.
- 지식코드화 프로세스에 대하여 이해한다.
- 지식코드화의 이점을 살펴본다.
- 개인 및 조직의 암묵적 지식의 포착에 대하여 이해한다.
- 암묵적 지식의 포착 기법을 살펴본다.
- 암묵적 지식의 표현 기법에 대하여 살펴본다.
- 형식적 지식의 구조화에 대하여 이해한다.
- 지식맵을 이해한다.
- 지식 택서노미를 이해한다.

사례: 마이크로소프트의 지식 활용

마이크로소프트의 운영체제(Operating System)와 애플리케이션 소프트웨어는 전 세계의 많은 사람들의 집과 사무실에서 사용되고 있다. 이렇게 넓은 기업의 영역과 깊은 시장 침투는 마이크로소프트에는 큰 소비자 서비스의 부담이 된다. 이에 대한 마이크로소프트웨어 전략은 두 가지의 전술적 움직임으로 실행되었다. 첫째는 기업의 모든 고객을 위한 세 개의 주요 접촉점을 하나의 채널로 통합하였다. 둘째는 문의하는 고객을 적합한 전문가에 넘기는 절차에서 고객 지원 담당자들을 모든 제품, 프로그램, 서비스에 대한 질문을 처리하도록 '지식 브로커'로 훈련하는 것이다. 전반적 목표는 첫 번째 접촉에서 해결하여 고객 경험을 향상시키는 것이었다.

마이크로소프트는 지식경영시스템을 개발하여 제품, 프로그램, 서비스에 대한 모든 정보를 고객 지원 담당자의 손끝에 닿도록 하였다. 개발의 첫 단계는 마이크로소프트의 요구 사항을 만족시키는 조직 메모리 유형을 파악하는 것이다. 컨설팅 회사는 지식기반시스템, 자연언어 서치, 사례기반추론(Case-base reasoning; CBR) 시스템과 같은 주요 지식경영 기술의 장점을 검토한 뒤 사례기반추론 시스템을 선택하였다. 이것은 사례기반추론 시스템이 마이크로소프트의 기술적 직원과 비기술적 직원 모두가 쉽게 구조적으로 지식 베이스에 접근할 수 있는 목표를 충족하였기 때문이다.

사례기반추론 시스템은 단일 조직 메모리에 모든 고객 서비스, 판매, 그리고 지원 데이타를 포착하여 전체 고객 접촉 센터에 그 정보를 제공한다. 사례기반추론 시스템의 중요한 이점 중 하나는 자연적이며 대화형 인터페이스이다. 고객 지원 직원들은 사람들이 생각하고 말하는 방법을 흉내 낸 구조의 정보를 접하게 된다. 고객 지원 직원이 첫 시도에서 해법을 찾지 못하면, 사람들이 대화에서 그렇게 하듯이 사례기반추론 시스템은 서치를 정교하게 하기 위한 질문을 한다. 사례기반추론 시스템의 실행은 다양한 유형의 고객 질문에 필요한 정보를 고객 지원 직원의 손끝에 제공할 수 있게 하였다. 이것은 고객 지원 직원의 훈련을 줄이고 바로 현장에 배치할 수 있게 하였다.

마이크로소프트는 이 사례기반추론 시스템을 통한 고객 지원으로 전반적 고객 만족도, 첫 번째 접촉의 문제 해결 성공률, 고객 지원 직원의 정보 능력 평가 분야를 상당히 향상시켰다. 신규 고객 지원 직원의 훈련 시간을 줄이고 그들의 기술을 전문가 수준으로 향상시켰다. 그리고 고객 지원 직원이 처리하는 고객 지원 서비스의 범위가 넓어졌고 그들의 서비스도 일관성 있게 되었다.

출처: Watson(2003)

1. 지식저장 개념

1.1. 지식코드화 프로세스

지식코드화 필요성

어떤 조직에나 많은 지식이 여러 형태로 이미 존재하지만 그 지식으로부터 혜택을 받을 수 있는 사람에게 가용되지 않은 경우가 많다. 어떤 지식은 순간적으로 존재하다가 그것을 저장하지 않으면 사라진다. 개인적 지식은 보통 누가 직접적으로 질문을 던지기 전까지는 암묵적으로 남아 있게 된다. 질문에 대한 답변을 할 때에 암묵적이던 지식이 형식적으로 된다. 그러나 그 지식이 다른 사람이 나중에 사용할 수 있도록 포착되지 않으면 학습, 생산성, 그리고 혁신은 일어나지 않는다. 지식경영의 주요한 목적은 조직의 개인 경험과 전문 지식을 포착하여 그것을 필요로 하는 모든 이에게 가용되게 하는 것이라 할 수 있다. 조직에게 필요한 지식은 포착과 코드화로 조직의 기존 지식베이스의 일부로 만들어야 한다.

지식을 형식적으로 보존하는 것 즉 코드화는 여러 가지 이점이 있다. 첫째, 지식이 더욱 쉽게 조직 내에서 공유될 수 있다. 전문가의 전문 지식으로 존재하는 암묵적 지식은 전문가가 자리에 없거나, 다른 약속이 있거나, 지리적으로 떨어져 있을 때 사용하기가 어렵다. 조직의 인트라넷에 지식을 형식적으로 코드화를 하는 것은 공유를 가능하게 하여 조직이 많은 효과를 얻을 수 있다. 둘째, 지식이 형식적으로 전환되면 조직의 불변의 정착물이 된다. 암묵적 지식의 소유가인 전문가가 떠나도 코드는 남아 있게 된다. 많은 조직은 전략적으로 중요한 사람이 떠나기 전에 지식포착 활동을 한다. 또한 조직은 코드를 이해하는 데 필요한 암묵적 지식도 남아 있도록 해야 한다. 셋째, 형식적 지식의 저장고는 거래의 객체가 될 수 있다. 즉 관심 있는 당사자에게 판매될 수도 있다. 넷째, 지식의 외재화는 지식을 경쟁 재화(Rival goods)에서 비경쟁 재화(Non-rival goods)로 전환한다. 경제학에서 경쟁 재화는 한 순간에 한 사람에 의해서만 소비될 수 있다. 비경쟁 재화는 많은 사람이 동시에 소비할 수 있다. 암묵적 지식은 경쟁 재화의 성격을 많이 가지고 있다. 인트라넷이나 매뉴얼에 저장된 형식적 지식은 많은 사람이 동시에 사용할 수 있어 비경쟁 재화와 같게 된다.

지식경영의 관점에서 코드화는 암묵적 지식을 조직 구성원이 사용할 수 있는 형식적 지식으로 전환하는 것이다. 정보시스템 관점에서 보면 이것은 문서화되지 않은 지식을 문서화된 지식으로 전환하는 것이다. 어느 관점에서든 코드화는 어떤 형태를 취하든 조직의 지식을 가시적이고, 접근할 수 있고, 부가가치적인 의사결정에 사용할 수 있게 하는 것이다.

지식코드화 프로세스

지식코드화 프로세스는 암묵적 지식은 추출하여 형식적 지식으로 포착하고, 형식적 지식은 구조화하는 것이다. [그림 4-1]에서 제1단계의 코드화라 할 수 있는 포착 프로세스는 암묵적 지식을 형식적 지식으로 전환하는 것이다. 제1단계의 코드화 산출물은 문서, 오디오, 또는 비디오에 표현된 형식적 지식이다. 형식적 지식이 다른 형식적 지식으로 구조화 또는 분류되는 프로세스는 제2단계의 코드화라 할 수 있다. 제2단계 코드화의 산출물은 지식 저장고의 조직화된 콘텐츠이다.

지식경영은 파악하지 못했거나 알지 못하는 것을 찾아 포착하고 코드화하는 일뿐만이 아니라 조직이 가지고 있지 않은 관련된 지식도 생산하는 것을 포함한다. 보통 지식경영은 현재 기업이 알고 있는 지식을 포착하는 일로부터 시작한다. 지식포착의 출발점은 조

[그림 4-1] 지식코드화 프로세스

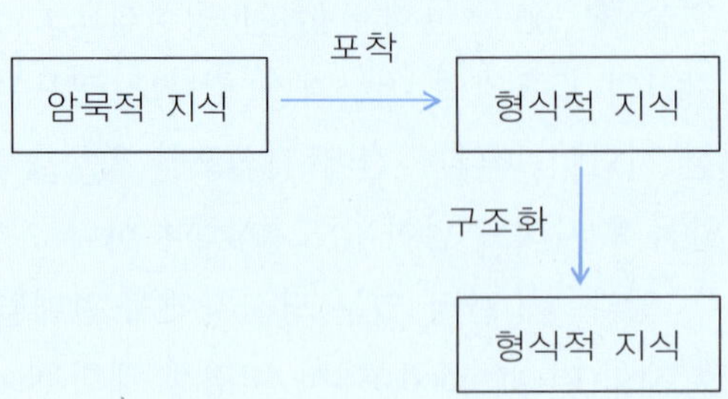

직의 지식베이스를 조사하는 것이다. 조직 기억의 콘텐츠 즉 조직 지식은 여러 요소에 산재되어 존재한다. 대부분의 기업의 경우 형식적 지식이나 기존에 파악된 지식 또는 코드화된 지식은 빙산의 일각에 불과하다. 사람들은 조직에 숨겨진 많은 지식의 존재 자체를 모르고 있다. 조직은 이러한 숨겨진 지식으로부터 혜택을 입을 수 있는 사람들을 위해 조직의 지식을 포착하여 통합하고 코드화할 필요가 있다.

조직의 지식은 암묵적 지식과 형식적 지식으로 나누어진다. 조직에서 암묵적 지식은 개인 간의 상호작용을 통하여 발달된 조직 절차 즉 오랜 시간에 걸쳐 만들어진 규칙과 관행을 통하여 활용되고 통합된다. 암묵적 지식은 복잡하여 표현하기 어렵기 때문에 쉽게 전이될 수 없다. 조직의 형식적 지식은 문서, 데이타베이스와 같이 코드화될 수 있으므로 지식의 송·수신자 사이에 공통 언어 또는 공통의 인식 프레임워크를 제공하면 조직 능력의 일부가 된다. 코드화된 형식적 지식의 활용은 사회적 커뮤니케이션을 크게 줄어들게 한다. 그것은 지식이 정보의 형태를 취하여 인트라넷을 통하여 전달될 수 있기 때문이다.

지식코드화 접근방법

지식코드화의 접근방법은 조직의 성격, 문화, 구성원이 문제를 해결하는 방식에 따라 달라진다. 어떤 조직은 일반적으로 표준화된 제품과 서비스를 제공하는가 하면, 어떤 조직은 끊임없이 새롭게 일하는 방식을 추구한다. 지식코드화는 고객정보를 구조화하여 데이타베이스에 저장하는 것에서부터 멘토링 프로그램을 개발하는 것까지 다양한 활동을 포함한다. 표준화된 일에 대한 지식은 명시적으로 기술하여 포착할 수 있으나, 혁신과 창의성이 필요한 경우에는 관련되는 사람을 직접 접촉할 필요가 있게 된다. 그러므로 지식코드화는 단순한 기계적 추가 작업이 아니다. 지식코드화는 지식을 발견하고, 구조화하고, 통합하여 조직의 일부로 만드는 작업이다.

지식포착 프로세스는 보통 여러 번의 정제 사이클을 필요로 한다. 지식포착은 지식을 디스플레이하는 것뿐만 아니라 사고와 설명을 다른 차원에서 코드화하여야 한다. 대부분의 지식은 코드화해서 시스템에 저장하여 재사용할 수 있다. 그러나 어떤 중요한 암묵적 지식은 형식화하기가 매우 어려울 수도 있다. 다양한 기법이 암묵적 지식을 포착하고 코드화하는 데 사용되며, 이러한 많은 기법은 지식경영이 아닌 인공지능, 사회학, 학습 설계 등의 다른 분야에서 시작된 것이다.

경험이나 오랫동안 일을 하면서 습득한 지식과 판단과 같이 개인의 머릿속에 있는 암묵적 지식을 획득하는 것은 쉬운 일이 아니다. 지식 획득은 개인의 노력과 협력에 달려 있다. 인적 자원 요소를 효과적 지식 획득의 필수적 부분이므로 고려해야 한다. 개인 관련성은 지식경영 프로세스를 조직의 목적에 맞추는 것과 관련한 사람, 행동, 그리고 행위에 관한 개념이다. 이것은 조직이 지식은 힘이라는 과거에 일하는 방식에서 경쟁 우위를 위하여 지식을 공유하는 것으로 어떻게 전환하는가에 관한 것이다. 사람들의 개인적 및 집합적 두뇌의 공유는 신뢰와 협력, 도움과 관심, 공유된 가치와 비전, 성실성과 호의가 없이는 일어날 수 없다. 신뢰가 지식 교환의 가장 중요한 사전 조건이다.

조직의 암묵적 지식포착은 우수 사례의 문서화나 전문가 디렉토리 개발 등의 방법으로 실행된다. 암묵적 지식 포착은 여러 가지 방법으로 이루어질 수 있다. 지식은 직원의 일상 업무에서 항상 사용되므로 그 지식의 많은 부분을 강요하지 않는 방법으로 포착할 수 있다. 개인의 지식을 강요하지 않는 방식으로 포착하는 것이 쉽지는 않지만 그렇다고 모든 지식을 포착하는 것은 바람직하지 않다. 조직은 지식경영 전략에 따라 조직에게 가장 가치 있는 지식을 선택적으로 포착하여야 한다.

코드화 여부 결정

암묵적 지식을 코드화할 것인지 여부에 대한 경영자의 의사결정은 몇 가지 균형을 고려해야 한다. 첫째, 지식의 이익을 독점적으로 확보하도록 하는 것이다. 특허는 코드화를 요구하므로 그 지식이 누출될 수 있다. 조직에 내재되어 있는 지식은 특허를 내지 않는 것이 유리할 수도 있다. 둘째, 지식이 일반에게 알려져 경쟁자가 활용하는 것을 막는 과제이다. 암묵적 지식은 흘러 나갈 가능성이 적다. 그러나 경쟁자가 암묵적 지식을 보유한 전문가를 스카우트할 가능성이 높을 때에는 선제적 코드화가 도움이 될 수도 있다. 셋째, 지식포착과 관련한 투자를 어떻게 하는가이다. 코드화가 지식을 누출하게 되면 지식포착에 투입한 투자가 오히려 경쟁자에게 이익을 준다. 반면에 지식을 외부에서 확보하게 되면 그만큼 적은 투자를 한 셈이 된다. 넷째, 조직이 코드화의 가치에 대하여 민감하면 직원 즉 전문가도 자신의 가치를 생각하게 된다. 이런 상황에서는 전문가가 지식포착에 적극적으로 협력하지 않게 된다.

조직에서는 코드화의 효과를 이해하려는 많은 노력이 있었고, 또 암묵적 지식을 형식적 지식으로 전환하는 것이 항상 좋은 것으로 여겨진다. 그러나 암묵적 지식을 그대로 보존하는 것이 유용한 경우가 있다. 첫째, 암묵적 지식을 코드화하지 않는 것은 물론 코드화에 따르는 비용을 절약하게 된다. 이것은 지식 포착, 저장, 유지, 정기적·형식적 저장고 업데이트 비용을 포함한다. 둘째, 비지니스 기밀 또는 경쟁 우위를 가지고 있는 프로세스와 같이 지식의 독점적 사용이 중요한 경우에는 지식이 유출되지 않게 하는 것이 중요하다. 암묵적 지식은 새어나갈 가능성이 적어 경쟁자에게 넘어갈 가능성이 적다. 셋째, 암묵적 지식은 조직의 프로세스에 내재되면 형식적 지식의 이점을 많이 가질 수 있다. 특정인에게 내재된 암묵적 지식에 초점을 맞추는 것은 조직 전체에 내재된 암묵적 지식이 가지는 경쟁 우위를 유지하는 것을 소홀하게 할 수 있다. 넷째, 암묵적 지식의 실무적 활용은 외재화된 형식적 지식의 활용보다 더 자연스럽고 실수를 적게 할 수 있다.

지식코드화를 실행하기 위해서는 몇 가지 기본 원칙을 점검하여야 한다. 첫째, 코드화된 지식이 어떤 기업 목표를 지원할 것인지를 결정한다. 코드화는 지식을 사용할 수 있는 형태로 만들기 때문에 조직은 사용을 위한 구체적인 전략적 이유를 가져야 한다. 예를 들면, 고객에게 다가가는 것이 회사의 전략적 의도라면 고객 지식을 코드화할 것을 선택한다. 이처럼 지식경영 프로젝트의 다른 목표는 다른 관점을 요구할 수 있다. 둘째, 다양한 형태로 존재하는 지식 중 앞의 목표를 달성하는 데 적합한 지식을 파악한다. 조직 지식의 존재, 가용성, 전이, 사용과 같은 다양한 관점을 조사하여야 한다. 셋째, 지식의 유용성과 코드화 적합성을 평가한다. 지식맵과 같은 도구를 사용하여 지식이 코드화에 유용한지를 조사한다. 넷째, 코드화하는 사람은 코드화와 분배에 적합한 도구를 파악한다. 코드화에 가장 적합한 수단 또는 도구가 무엇인지를 조사한다.

2. 암묵적 지식포착

2.1. 암묵적 지식포착 차원

암묵적 지식은 여러 가지 형태를 가질 수 있다. 암묵적 지식의 주요한 유형의 첫 번째는 솜씨나 기술과 같은 기술적 차원의 것이다. 이것은 형식화나 전이하기가 매우 어려워 일반적으로 오랜 도제관계를 통하여 획득된다. 두 번째 유형은 구체적 지식의 사용과 관련한 배경 지식이다. 세 번째 유형은 조직 내에 사람들이 가지고 있거나 접근할 수 있는 코드 형태의 여러 가지 노하우의 조각으로 분산되어 있는 것이다. 이 지식은 조직 구조와 절차에 따라 개인의 기여와 상관없이 분산된 지식 소스를 연결하여 사고 또는 추론 프로세스를 통하여 결과를 산출하게 한다.

개인 및 그룹 차원의 암묵적 지식포착

지식포착은 지식 수집과 새로운 지식창출에서 개인의 역할을 강조하여 왔다. 그런데 지식포착에서 개인의 역할에 대한 학자들의 의견은 크게 둘로 나누어진다. 일부 학자들은 기업 자체가 배우는 개체라고 보고 있다. 즉 조직을 구성하는 개인 차원을 넘어 조직도 인지 능력을 가지고 있다고 말한다. 또 다른 학자들은 조직 자체는 지식을 획득하거나 학습할 수 없다고 본다. 즉 개인만이 학습을 한다고 주장한다. 그러나 좀 더 현실적인 판단은 이 두 주장을 통합하여 조직의 지식 획득에는 조직 내의 개인의 역할이 결정적이라고 보는 것이다.

노나카와 타케우치의 지식전환 프로세스의 외재화는 암묵적 지식을 형식적 지식으로 전환한다. 외재화는 지식포착의 한 유형이다. 개인의 암묵적 지식의 활용은 지식이 실제로 존재하고 그 지식은 개인의 머리에 존재한다고 가정한다. 따라서 지식포착은 먼저 전문가의 지식을 포착하여야 한다. 전문가 지식의 포착 또는 획득에는 전문가, 지식개발자,

그리고 암묵적 지식을 형식적 지식으로 표현하는 데 유용한 표현 방법 또는 코드가 필요하다. 지식포착의 결과는 암묵적 지식의 표현인 형식적 지식이다. 이렇게 되면 암묵적 지식은 조직 내에 존재하게 되며, 외재화된 지식은 코드화되었다고 말할 수 있다. 물론 이 형식적 지식의 사용에는 코드를 이해하는 암묵적 지식이 필요하다. 그것은 형식적 표현이 암묵적 지식의 번역이 아닐 경우가 많기 때문이다. 많은 중요한 것이 포착 방법 또는 코드화 과정에서 상실될 수 있다.

조직 차원의 암묵적 지식포착

조직적 지식포착은 개인이나 그룹 차원에서 일어나는 프로세스와 질적으로 다르다. 그룹 차원에서는 주로 암묵적 지식을 파악하고 코드화하는 것과 관련되지만 조직적 지식포착은 좀 더 거시적 차원에서 일어난다. 조직의 암묵적 지식포착은 조직의 학습 프로세스를 통하여 일어난다.

학습 프로세스는 누가 학습하는가에 따라 다르다. 즉 개인, 그룹, 조직, 또는 일반 중 누가 관여하는가에 따라 암묵적 지식은 형식적 지식과 다르게 획득된다. 또 조직 차원의 지식 획득은 암묵적 지식과 형식적 지식에 따라 다르다. 기업의 입장에서 보면 학습은 이식, 대리학습, 경험학습, 추론적 프로세스를 통하여 일어난다.

이식(Grafting)은 기업 사이 즉 조직 간 지식 이전이다. 이식은 기업이 이전에 기업 내에서 가용하지 않던 과제 또는 구체적 프로세스 지식에 접근하여 학습하는 것이다. 기업은 다른 기업과 제휴, 합병, 또는 인수를 통해 연결하여 접근을 하게 된다. 이식에서 기업은 기업 간에 지식을 직접 전달하면서 파트너로부터 배운다. 이식의 일반적 예는 전략

[그림 4-2] 기업 차원 지식 획득 프로세스

	기업 내부로부터 획득/생산한 지식	다른 기업으로부터 획득한 지식
주로 형식적 지식	경험적 프로세스	이식 프로세스
주로 암묵적 지식	추론적 프로세스	대리 프로세스

적 제휴를 통한 지식 이전이다. 이전 프로세스를 통한 지식 이전은 해당 지식이 주로 형식적이다.

한 기업이 다른 기업의 경영 기법 또는 운영 절차 및 기법의 실연(Demonstration)을 관찰하거나 그에 참여하기 위해 다른 기업과 만나면 대리학습(Vicarious learning)이 이슈가 된다. 이식과 마찬가지로 그 프로세스는 기업 사이에 지식공유가 일어나 다른 기업으로부터 학습을 하게 된다. 그러나 한 기업이 대리학습을 통하여 획득한 지식은 다른 회사의 실무와 운영에 내재되어 있어 코드화하기 어렵고 어느 정도 손실 없이 이전되기 어렵다. 그것은 무엇을 어떻게 하는가를 배우는 것으로, 주로 암묵적 지식을 다룬다. 대리학습의 예는 미국 기업이 일본 기업의 경영 기법을 배우기 위하여 제휴를 하는 것이다.

경험학습(Experiential learning)은 다른 기업으로부터의 지식획득과는 관계가 없다. 이것은 기업 내에서 지식을 구축함으로써 지식을 획득하는 것이다. 경험학습 프로세스에서 지식은 행하는 것과 실행하는 것에서 나온다. 반복기반 경험은 경험학습의 핵심이다. 그러므로 그것은 상당 부분 관행과 절차를 수립하기 위한 학습커브(Learning curve)와 같은 아이디어에 의존한다. 기업은 기업 자신과 해당 지식에 관한 실무와 경험을 했는지를 살펴본다. 경험학습 프로세스를 통해 획득한 지식은 주로 암묵적인 것이지만 쉽게 코드화와 전이될 수 있다.

경험적 학습과 같이 추론적 지식획득 프로세스 즉 추론적 학습(Inferential learning)에서는 지식베이스가 기업 내에서 개발된다. 경험적 지식획득과 마찬가지로 추론적 프로세스는 행위를 통한 학습이 일어난다. 그러나 경험적 학습이 기본으로 하는 반복기반 경험과는 거리가 있다. 추론적 학습 프로세스에서 기업은 사건, 상태, 변화, 결과를 자신의 활동과 의사결정과 비교하여 해석한 뒤 지식을 획득한다. 지식은 기업의 활동과 의사결정과 그러한 활동과 의사결정이 어떻게 성공 또는 실패에 이르렀는지에 대한 이해를 통하여 구축된다.

조직적 지식포착 프로세스의 네 유형의 결과는 조직기억에 해당하는 지식저장고에 담기게 된다. 이 포착된 지식은 다시 코드화되어 인트라넷이나 엑스트라넷을 통하여 사용자에게 제공된다.

2.2. 지식포착 기법

개인의 암묵적 지식포착을 위한 기법과 도구는 여러 가지가 사용된다. 각 도구는 독특한 목적이 있다. 관련 소프트웨어 도구는 지식포착 프로세스에서 정확성과 무결성을 높여 준다. 자주 사용되는 기법으로는 인터뷰, 스토리(Story), 현장관찰, 브레인스토밍(Brainstorming), 프로토콜 분석(Protocol Analysis) 또는 시나리오, 합의 의사결정(Consensus Decision Making), 델파이 방법(Delphi Method), 블랙보딩(Blackboarding)이 있다.

인터뷰

인터뷰(Interview)는 암묵적 지식포착의 초기 단계에서 자주 사용되는 오래된 지식 포착 및 검증 도구이다. 암묵적 지식포착을 위한 인터뷰는 몇 가지 장점이 있다. 첫째, 인터뷰의 융통성은 어떤 질문을 하고 어떻게 질문을 던지는지에 대하여 잘 알려지지 않은 영역을 탐험할 수 있게 한다. 둘째, 인터뷰는 전문가가 무슨 말을 어떻게 하는지를 관찰할 수 있어 획득한 지식의 유용성을 평가할 수 있는 기회를 준다. 셋째, 복잡한 주제에 대한 지식을 추출하고 표현된 의견 저변의 개인적 감상을 추궁하는 데 효과적 기법이다. 넷째, 많은 사람이 다른 지식포착 방법보다 인터뷰를 좋아하며 협조적이다.

구조적 인터뷰(Structured interview)는 개인의 암묵적 지식을 형식적 지식으로 전환하는 데 가장 흔히 사용하는 기법이다. 많은 조직에서 직원이 퇴직하기 전에 구조적 인터뷰를 실행한다. 그들이 경험한 우수 사례나 교훈을 포착하기 위하여 사용된다. 구조적 인터뷰는 커뮤니케이션과 개념화 능력과 주제에 대한 철저한 이해가 요구된다. 지식개발자는 지식포착 세션의 구체적 목표와 질문에 대한 개요를 가지고 있어야 하고, 전문가에게는 구체적 질문이 아닌 세션 목표와 질문의 예를 제공하는 것이 좋다. 지식개발자는 구조적 인터뷰를 통하여 주요 질문에 대한 선언적 · 구체적 데이타를 확보할 수 있고 비구조적 인터뷰에서 획득한 지식을 정제할 수 있다. 잘 구성된 질문은 전문가가 시나리오나 사례 상황을 만들도록 질문한다.

인터뷰는 열린 질문과 닫힌 질문의 두 유형을 사용한다. 열린 질문은 전문가에게 제약을 주지 않고 폭넓게 질문하는 것이고, 닫힌 질문은 전문가가 제공할 지식의 유형, 차원,

양에 한계를 두는 것이다. 열린 질문은 자유로운 답변을 장려하기 위해 설계된다. 이것은 전문가의 어휘, 개념, 준거 프레임을 관찰할 기회를 준다. 전문가는 구체적으로 요구하지 않은 지식을 내놓을 수도 있다. 닫힌 질문에서는 선택할 대안을 제시한다.

구조적 인터뷰는 사람에 초점이 맞추어져 있어 상호작용을 일으키는 기법에 따라 세션의 결과가 성공적일 수 있다. 성찰적 듣기(Reflective listening)는 단어가 다중의 의미를 가질 때 도움을 준다. 인터뷰 참가자는 아주 다른 정신적 모델을 가질 수 있다. 배경, 태도, 훈련, 현재 지위에 대한 만족 여부 등의 개인적 특성이 전문가가 자신의 지식을 커뮤니케이션하는 데 영향을 준다. 성찰적 듣기에 사용되는 주요 기법으로 의역, 명료화, 요약, 성찰적 감정이 있다. 의역은 말한 메시지의 인지된 의미를 자신의 단어로 바꾸어 보는 것이다. 명료화는 전문가에게 메시지가 즉각 이해되지 않는다는 것을 알리는 것이다. 요약은 조각 지식을 합성하여 전체적으로 의미 있게 만드는 것이다. 성찰적 감정은 전달받은 감정을 전문가에게 다시 알리는 것이다.

인터뷰 필기록은 언급된 주요 개념, 공통된 주제, 주요 방법 및 기법을 파악하기 위하여 분석된다. 충분한 콘텐츠가 포착되었는지에 대한 가장 좋은 테스트는 입장을 바꾸어 보는 것이다. 실무 초보자에게 주요 이슈가 말로나 물리적으로 잘 되었는가를 따져 본다.

스토리

스토리(Story)는 암묵적 지식을 포착하고 코드화하는 데 매우 좋은 기법이다. 조직 스토리는 조직 내에서 비공식적으로 커뮤니케이션된 경영자, 직원 상호작용, 다른 조직 간 사건에 대한 자세한 이야기이다. 스토리는 사실이든 가상의 것이든 일어난 것이나 일련의 일어난 일들에 대하여 이야기하는 것으로 정의된다. 스토리에 지식을 전달하는 것은 맥락 없이 지식보다 풍부한 맥락을 제공하여 의식적 기억에 오래 남게 하고 기억에 흔적을 남긴다. 스토리는 조직학습을 증대시키고, 공통의 가치와 규칙을 커뮤니케이션하고, 암묵적 지식의 포착, 코드화, 전달을 위한 뛰어난 도구이다.

조직 스토리텔링에서 스토리는 흔히 지식공유를 촉진하고, 행동의 변화를 통지 또는 야기할 뿐만 아니라 조직 문화를 커뮤니케이션하고 소속감을 창조한다. 이러한 조직 목적을 달성하기 위하여 지식공유 이야기는 근거가 있어야 하고, 믿을 수 있어야 하고, 주목하지 않을 수 없는 것이어야 한다. 스토리는 그 도덕성과 조직적 교훈이 쉽게 이해되고, 기억되고, 따라 할 수 있도록 어떤 형태의 반응을 일으켜야 하고 간단해야 한다. 한

마디로 스토리는 유사한 실수가 반복되지 않도록 하고, 조직학습을 촉진하고, 집합적 조직 기억으로부터 나오는 우수 사례를 채택하여야 한다. 스토리텔링이 특정 조직에서 가치를 창조하도록 다양하게 상연하는 형태로 되기 위해서는 여러 가지 조건이 갖추어져야 한다. 모든 스토리가 이야기 형태이지만 모든 이야기가 좋은 지식공유 스토리는 아닐 수 있다.

IBM은 네 단계 스토리텔링 접근방법을 사용한다. 첫 단계는 인터뷰, 관찰, 스토리 서클(Circle)을 통하여 일화적 추출을 한다. 두 번째 단계는 스토리의 주요 메시지를 생성하기 위하여 문화적 이슈, 일하는 방식, 가치, 규칙, 믿음을 분석하는 일화적 해체를 한다. 세 번째 단계는 간섭이나 커뮤니케이션으로 스토리를 구성하거나 향상한다. 네 번째 단계는 스토리를 사용한다. 스토리텔링은 직원들이 경험을 공유하고, 사회적 자본과 네트워크를 구축하는 카타르시스 프로세스이다. 그것은 참가자들 간의 일치를 이루게 한다.

현장관찰

현장관찰(On-Site Observation), 행동 프로토콜(Action protocol), 또는 관찰학습(Learning by observation)은 전문가의 문제 해결 행동이 일어나고 있을 때 관찰, 해석, 기록하는 프로세스이다. 이 기법은 영역 전문가가 취하는 전반적 단계뿐만이 아니라 프로세스의 상세한 것에 집중할 것을 요구한다. 지식개발자는 전문가 행동의 관찰과 기록뿐만이 아니라 전문가에게 문제 해결 프로세스에 대한 질문을 한다. 현장관찰은 일정한 프로토콜을 가진다. 지식개발자는 말하기보다는 들어야 하고, 충고를 주는 것을 피하고, 틀리다 하더라도 관찰하는 것에 대한 판단을 알리지 않고, 전문가가 과제를 수행하는 동안 논쟁하지 않아야 한다.

행동관찰은 지식개발자에게 전문가의 작업 세계 내의 지식을 추구하는 것을 가능하게 한다. 인터뷰와 달리 관찰은 지식개발자가 문제를 해결하는 전문가가 사용하는 실제적 과정과 절차에 가까이 있게 한다. 현장관찰에 의한 지식포착 기법의 한 가지 문제는 어떤 전문가는 관찰당하는 것을 싫어할 수 있다는 것이다. 이 전문가는 실제의 자신을 보이는 것보다 자신의 사고 프로세스를 말하는 것을 더 좋아한다. 또 어떤 전문가는 관찰에 의해 자신의 수년간의 경험이 한순간에 넘어가는 것을 두려워할 수 있다.

현장관찰의 한 단점은 관찰 현장에서 다른 사람의 반응이 전문가를 산만하게 할 가능성이 있다는 점이다. 다른 문제는 포착한 지식의 정확성과 완전성에 관련된다. 일반적 가정은 사건이 일어날 때 사건을 기록한다고 하지만 실제는 관찰되는 것과 기록에는 시간적 갭이 존재한다. 기록은 회고적 프로세스이어서 불가피하게 실수를 포함할 수 있다. 시간 갭이 상황의 세부적인 것을 분명하게 할 수 없으므로 지식이 항상 유효하지 않을 수 있다.

브레인스토밍

브레인스토밍(Brainstorming)은 문제에 대한 아이디어를 생산하는 비구조적 접근방법이다. 브레인스토밍에서는 둘 이상의 전문가들이 모여 토의를 진행하며 다양한 의견을 교환한다. 브레인스토밍의 주요 목표는 문제에 대한 창의적 해법을 찾아내는 것이다. 브레인스토밍에서는 모든 가능한 해법이 동등하게 고려되고, 세션 중 반응의 빈도는 중요하다. 주제와 관련된 어떤 것도 제기될 수 있으며 모든 것이 평가된다. 명료화를 위한 질문도 제기될 수 있으나 당장 평가하지는 않는다.

브레인스토밍의 시작은 아이디어 생산이다. 이어서 제안된 아이디어에 대한 평가를 통하여 유사성을 찾아 논리적으로 그룹화를 하여 평가를 계속하게 된다. 평가 단계에서 지식개발자는 각 아이디어를 설명하고 코멘트나 비평을 고려한다. 일반적인 브레인스토밍 세션은 브레인스토밍 세션 소개, 전문가에게 문제 제시, 전문가 아이디어 생산, 아이디어 통합의 순서로 진행된다. 최종 해법에 대한 합의를 이루지 못하면 지식개발자는 투표나 합의를 도출할 수 있다.

합의 의사결정

합의란 문제에 대한 가장 좋은 해법에 대한 분명한 합의를 의미한다. 지식포착 도구로서 합의 의사결정(Consensus Decision Making)은 브레인스토밍 뒤에 일어난다. 합의적 의사결정은 각 전문가가 자신의 의견을 적절하게 개진한 뒤에 일어나면 효과적이다. 합의에 이르기 위해서 지식개발자는 전문가들이 자신이 지지하는 아이디어에 대한 느낌을 발표하게 하여 하나 또는 두 대안에 접근하도록 유도한다. 지식개발자는 전문가들이 합의에 도달하는데 공정함과 표준화가 보장되도록 설계된 절차를 따르는 것이 중요하다.

프로토콜 분석

프로토콜 분석(Protocol Analysis) 또는 소리내어 생각하기(Think aloud) 방법은 전문가가 어떤 문제에 대해 한 단계씩 접근해 가는 것을 명백하게 보여 준다. 프로토콜 분석에서는 전문가에게 문제를 해결하도록 요청하고 그가 생각하는 것을 직접적으로 기술하게 하는 방법으로 전문가의 머리에서 일어나는 것을 말하게 하면서 시나리오(Scenario) 또는 사례(Case)라고도 부르는 프로토콜을 수집한다. 앞에서 본 다른 방법과 달리 지식개발자는 중간에 중단시키거나 질문을 하지 않는다. 추출된 지식은 지식개발자가 프로토콜을 분석할 때 구조화된다.

시나리오는 상세하고 복잡한 사건의 연속을 말하기도 하고 어떤 상황 즉 이야기를 말하기도 한다. 시나리오에는 개인, 객체, 연속된 사건이 관련된다. 사람들이 일하는 실제 상황을 보여 주면서 시나리오는 어떻게 기술이 수행되는지에 대한 가이드라인을 제공한다.

델파이 방법

델파이 방법(Delphi Method)은 다수 전문가의 지식포착 도구로 사용되며, 기본적으로 전문가 서베이이다. 전문가들은 주어진 문제 영역에 대하여 의견을 투표한다. 일련의 질문서가 어려운 문제를 해결하는 데 대한 전문가의 반응을 투표하는 데 사용된다. 각 전문가의 기여는 각 질문의 결과를 사용하여 다음 질문을 구성하기 위하여 다른 전문가에게 공유된다. 델파이 방법의 중요한 세 가지 특성은 다음과 같다.

- 익명의 반응: 의견이 익명으로 수집되므로 한 전문가의 반응이 다른 전문가에게 편견을 주는 위험이 제거된다.
- 통제된 피드백: 통제된 반복을 통하여 델파이 방법은 각 전문가에게 다른 전문가로부터 얻은 익명의 피드백을 통하여 이전 해답에 대하여 재고하게 한다.
- 통계적 그룹 반응: 전문가의 최종 의견은 최종 회의에서 각 전문가의 반응을 통합한 것이다.

2.3. 암묵적 지식 표현 기법

다양한 코드화 기법이 지식포착의 다른 영역에서 사용된다. 의사결정 나무와 의사결정 테이블은 실제 코드화 이전의 단계에서 주로 사용된다. 의사결정 나무(Decision trees)는 계층적으로 정렬된 시맨틱 네트워크이다. 의사결정 나무는 보통 다른 경로는 그 상황에서 다른 의사결정의 영향을 나타내는 플로우차트의 형태를 가진다. 의사결정 나무는 목표를 나타내는 노드(Node)와 결정 또는 결과를 나타내는 링크(Link)로 구성된다. 의사결정 테이블(Decision tables)은 조건 리스트와 그것에 대한 값 그리고 결론의 리스트로 나누어진다. 즉 다양한 조건이 결론에 연결된다. 의사결정 테이블은 규칙을 검증하는 데 특히 유용하다.

전문가시스템 또는 지식기반시스템 개발과정에서 주로 사용되는 코드화 기법으로는 사례 기반 추론, 생산 규칙, 또는 지능적 소프트웨어 에이전트 등이 사용되고 있다. 사례 기반 추론(Case-based reasoning)은 인간이 과거 경험으로부터 결론에 이르는 것과 유사하게 관련된 과거 사례로부터 추론하는 것이다. 사례기반 추론은 문제와 연관된 해법에 대한 삽화적인 기술이다. 생산 규칙(Production Rules) 또는 규칙은 특정 조건이 진실이면 취할 수 있는 행동을 나타낸다. 지능형 소프트웨어 에이전트는 적절한 시간에 다른 에이전트와 상호작용을 하면서 자동적으로 목표 지향적인 행동을 취할 수 있는 소프트웨어이다.

일반적으로 지식포착에서 많이 사용되는 기법 또는 도구는 개념맵과 시맨틱 네트워크이다. 개념맵(Concep Map)은 아이디어, 토픽, 개념 등과 그들의 관계가 그림으로 요약 표현된다. 마음맵(Mind Map)도 이 부류에 속한다. 시맨틱 네트워크(Semantic Network)는 다른 지식 객체와 그들의 관계를 심층 분석하여 만들어진다. 결과물은 기본적으로 항목들 사이의 논리적 규칙의 형태로 되어 있다.

개념맵

지식포착 기법을 통하여 포착한 암묵적 지식은 개념맵(Concept Map)을 사용하여 코드화하는 방법을 자주 사용한다. 개념맵은 학습이 기존의 개념적 프레임워크에 새로운 개념을 동화시키며 일어난다는 인지 심리학에 기초한다. 이 기법은 개인의 특정 주제 관련 지식이 개념의 계층으로 표현될 수 있다는 아이디어에서 출발하여, 어떻게 개념들이 서로 관련되는지를 노드와 링크로 표현하는 그래픽 도구이다. 개념맵은 학습자가 지식의 콘텐츠를 이해하고 개념적 이해의 정도를 평가하는 것을 돕는다. 개념맵은 두 개념을 연결하는 연결 단어(또는 구)와 연결하는 선으로 표시된 개념 사이의 관계와 개념을 포함하고 있다. 둘 이상의 개념과 그것이 연결된 관계는 의미 있는 문장을 만든다. [그림 4-3]은 지식노동자의 형식적 지식 및 암묵적 지식과 관련한 활동을 개념적으로 표현한 것이다.

지식경영에서 개념맵 개발자는 개념맵을 만드는 프로세스를 진행하면서 많은 성찰적 사고를 하게 된다. 개념맵의 구축 과정은 전문가와 개발자가 지식 구조를 만들고, 동시에 개발자가 지식을 이해하고 추출하는 것을 돕는다. 개념맵 구축은 전문가가 주제에 대하여 이미 알고 있는 것을 외재화하고, 구체화하고, 종합하게 하는 것을 촉진한다. 개념맵이 지나치게 좁은 관점으로 지식 추출, 획득, 평가를 촉진할 목적으로 주로 사용되면서, 특정 주제에 대하여 종합적으로 지식을 포착하지 못하는 점이 지적되기도 하였다. 개념맵은 영역에 대하여 개념적, 미시적 구조에 초점을 맞추어 개념적 구조가 나타내는 콘텐츠와 자원에 대한 지식을 놓치는 경향이 있다. 최근에는 전통적 개념맵의 단점을 보완하는 많은 개념맵 소프트웨어 도구가 등장하였다.

[그림 4-3] **개념맵**

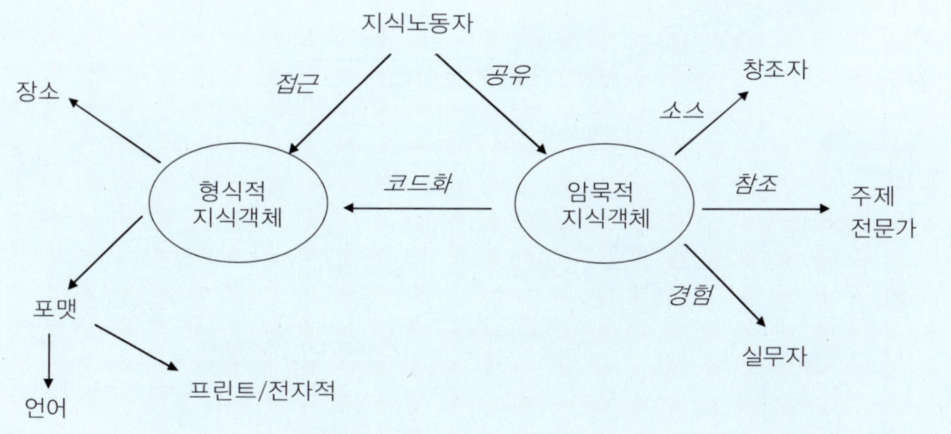

시맨틱 네트워크

시맨틱 네트워크(Semantic Network)는 어의적으로 관련된 용어와 그들 사이의 관계를 통하여 용어를 정의하는 프레임워크로 구성된 지식 표현 도구이다. 지식경영에서 시맨틱 네트워크는 지식을 포착하기 위하여 관계를 표현하는 그래픽 도구이다. 개념맵과 마찬가지로 시맨틱 네트워크는 네트워크를 형성하면서 연결된 노드의 집합이 지식의 구조를 나타낼 수 있다. 관심 대상의 아이디어는 노드 사이의 관계를 나타내는 선으로 연결된 노드로 표현된다. 시맨틱 네트워크는 개념과 관계의 네트워크이며, 이 네트워크를 통하여 지식개발자는 기술적 또는 선언적 지식을 그래픽으로 표현한다. [그림 4-4]는 문서와 관련된 개념과 그들의 관계를 표현한 예이다.

시맨틱 네트워크는 조직의 방대한 정보를 가치 있는 정보로 전환할 수 있게 하는 중요한 도구이다. 컴퓨터 기반의 시맨틱 네트워크는 정보의 의미를 정확하게 구분하기 위해 메타데이타를 사용한다. 메타데이타가 없으면 컴퓨터는 정보가 무엇을 의미하는지 이해할 수 없어 정보를 관리할 수 없고 사용자에게 가치 있는 정보를 제공하기 어렵다. 시맨틱 네트워크는 저장된 정보의 의미를 알기 때문에 구체적 정보를 찾는 서치를 돕는다.

[그림 4-4] 시맨틱 네트워크

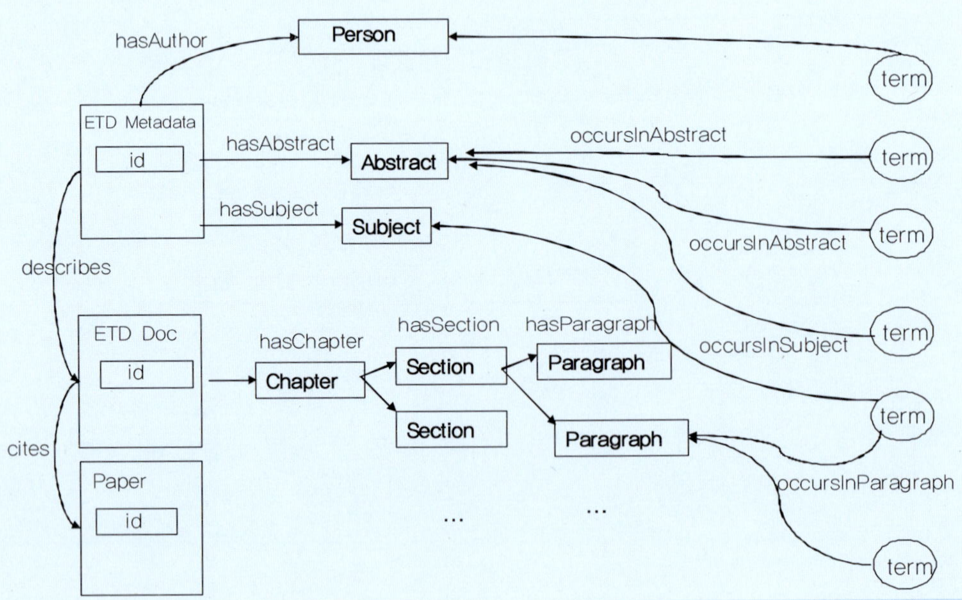

시맨틱 네트워크의 또 다른 이점은 콘텐츠관리 시스템이 조직의 모든 정보를 중앙에서 표준화하여 관리할 수 있게 한다. 추가적으로 시맨틱 웹은 마크업(Markup) 언어와 고급 메타데이타를 통하여 웹을 보편적 시맨틱 네트워크로 전환하여, 컴퓨터의 지식 관리를 향상하기 위해 인터넷을 기계 독해(Machine-readable)가 가능하도록 하려는 프로젝트이다. 시맨틱 웹에 대하여는 이 장 끝에서 더 자세히 설명한다.

3. 형식적 지식 구조화

3.1. 지식 구조화 개념

앞에서 언급한 것과 같이 지식은 포착될 때 형식적으로 표현된다. 형식화된 지식은 그래픽 형태이거나 아니면 기술된 형태이다. 이러한 지식은 지식 수요자들의 니즈에 맞도록 지식을 구조화하고 재구성되어야 한다. 거대한 콘텐츠 속에서 정확히 알지 못하는 지식을 찾기 위해서는 어떤 형태의 분류를 통한 내비게이션이 필요하다. 지식을 구조화하는 것은 지식경영의 중요한 부분이다. 지식의 코드화는 바른 지식을, 바른 사람에게, 바른 시간에 제공하기 위해서이다. 지식코드화는 지식베이스를 구축할 수 있는 형태와 구조를 만든다.

지식 구조화는 관련 지식 객체들을 파악하고 그 지식 객체들을 연결하는 데 사용될 관계를 발견하여 표현하는 것이다. 지식의 구조화 작업은 적절한 분류를 하여 지식 개체들을 할당하는 것이다. 어떤 지식을 찾는지에 대하여 명확히 알고 있을 때는 바로 키워드 서치를 하는 것이 가능하므로 그 지식에 대한 정교한 구조를 요구하는 것은 아니다. 이 경우에도 주제 분류나 다른 메타 데이타는 중요한 도움이 된다. 지식 구조화는 어떤 지식을 활용할 때 지식 구조화에 의한 분류가 그 지식에 대한 맥락을 이해하게 한다. 즉 문서와 관련된 주제와 같은 분류의 다른 문서 리스트는 지식의 맥락을 알려 준다.

지식의 구조화는 지식이 필요할 때 관련된 지식추출의 효율성과 효과성을 높인다. 지식 구조화 프로세스를 통하여 생산되는 분류나 지식맵은 어떤 지식이 있는지와 다른 영역들이 어떻게 연관되어 있는지에 대한 개관을 알려 주는 좋은 방법이다. 분류나 지식맵과 같은 구조는 공유된 관점과 공통된 이해를 구축하여 조직의 커뮤니케이션 니즈에 맞도록 한다. 사람들은 항상 의식하든 그렇지 않든 관심 있는 지식에 대한 정신적 맵을 가지고 있다. 지식 구조는 공유된 정신적 맵을 제공한다. 지식을 일관성 있게 구조화하여 그 구조를 관심 있는 모든 사람들에게 제공하는 것은 커뮤니케이션을 촉진시킨다. 통제된 어휘를 사용하는 것은 사람들로 하여금 다른 사람이 무엇을 말하는지를 알 수 있게 한다.

지식 구조 유형

지식코드화를 위해 사실과 관계를 코드화하는 방법은 여러 가지가 있다. 어떤 방법은 그래픽으로 되어 있고, 어떤 것은 테이블 모양이고, 또 어떤 것은 사실의 기술적 문장 형태이다. 지식은 분류되고, 기술되고, 모델화 되고, 매핑되거나 규칙화된다. 주요 코드화 기법은 인덱스, 시소러스, 용어 사전, 주제 맵, 메타데이타, 지식맵, 택서노미, 시맨틱 웹, 온톨로지 등이 있다.

인덱스(Index)는 하나 이상의 레코드의 콘텐츠를 가이드하는 데 사용된다. 시소러스(Thesaurus)는 알파벳순이 아닌 분류로 배열된 단어의 리스트이다. 시소러스는 특정 영역 내에서 연관된 용어의 네트워크로 정의되며, 정의, 사용 예, 주요 특징, 토픽, 연관성을 포함한다. 시소러스는 알려진 순서에 따라 배열된 통제된 어휘이며, 용어 사이의 동의성, 동형 이의어, 계층적 및 연합 관계가 분명히 디스플레이되고 표준화된 관계 표시기로 식별되도록 구조화되어 있다. 시소러스의 주요 목적은 문서의 추출을 돕고 기록 문서나 다른 항목의 인덱스에 일관성을 이루는 것이다. 용어 사전(Glossary)은 특정 주제와 관련된 단어, 용어, 문구의 설명들의 리스트이다. 용어 사전은 특정 영역에서 일어나는 단어의 정의와 용어의 리스트이다. 주제맵(Topic Map)은 문서들에 대한 콘텐츠 지향의 인덱스를 제공한다. 주제맵은 문서들에 대한 연결된 주제의 집합으로 작용한다.

메타데이타(Metadata)는 데이타에 대한 데이타로 정의된다. 메타데이타는 조직의 부호화된 지식이다. 메타데이타는 분류나 콘텐츠를 사용하는, 쓸 수 있고 의미 있는 속성의 집합을 제공한다. 택서노미는 콘텐츠를 구조화하는 수단이고 메타데이타는 그것을 더 기술하는 방법이다. 메타데이타는 콘텐츠 서치, 추출, 재사용, 다이내믹 콘텐츠 제공을 위하여 개발될 수 있다. 메타데이타와 택서노미는 정보 저장, 구조화, 접근, 추출을 위한 콘텐츠 파악을 위해 사용된다. 택서노미와 메타데이타는 정보와 그 특징을 파악하고 그것에 대한 접근, 내비게이션, 추출을 위한 구조화를 하는 데 사용된다. 택서노미는 이 장에서 별도로 자세하게 다룬다. 메타데이타는 택서노미 구축에 다음과 같이 사용된다.

- 메타데이타는 정보의 사용에 따라 정보를 택서노미에 할당한다.
- 정보를 계층에서 적절한 위치에 할당하는 것을 단순화한다.
- 계층의 어디에 위치하는지에 따라 문서를 연계된다.

3.2. 지식맵

지식맵 개념

지식 도메인(Domain)에 대해 전체적 아키텍처를 개발하는 것 즉 지식맵(Knoweldge Map)의 근본 아이디어는 오래된 것이다. 그러나 지식맵을 클릭할 수 있는 하이퍼텍스트 인트라넷으로 만들게 된 응용 맥락과 형식은 최근에야 가능하게 되었다. 지식맵이 기업 맥락에서 필요한 도구로 간주되는 이유는 거대 기업에 존재하는 전문 지식이 넓게 퍼져 있고 비공식적 커뮤니케이션을 통해 이 전문 지식에 접하는 것이 어려워졌다는 데 있다. 지식맵은 이러한 문제를 효과적으로 해결한다. 지식맵은 비주얼 인터페이스를 통하여 전문가에 접할 수 있게 할 뿐만 아니라 조직의 구성원이 관련 지식을 찾을 때 연관 지을 수 있는 공통의 프레임워크 또는 맥락을 제공한다.

지식맵은 포착된 정보와 그들의 관계에 대한 비주얼 디스플레이(Visual Display)이며, 이것은 다른 배경의 사용자들이 다중의 상세 수준에서 지식의 효율적 커뮤니케이션 및 학습을 가능하게 한다. 지식맵은 지식노동자가 조직 또는 자기 영역 안에서의 행동을 향상시키기 위하여 주요한 환경을 그림으로 표현한 것으로 되어 있다. 지식경영의 맥락에서 환경 또는 영역은 지리적인 것을 말하는 것이 아니라, 지적인 것이다. 지식 아키텍처를 그림으로 구성하면서 전체적 규모에서 또는 다른 관점에서 지식노동자가 의존하는 지식을 살펴보는 것이 가능해졌다. 지식맵은 개인, 팀, 조직 단위가 조직에 있는 지식을 이해하고 사용하는 것을 도와야 한다. 이 도구 즉 지식맵을 통해 매핑되는 지적 환경은 주로 참고된 전문 지식, 문서화된 경험, 추출되어 공식화된 프로세스 또는 절차로 구성된다. 지식맵은 사람(전문가), 프로세스, 애플리케이션의 형태로 경험 지식(Know-how), 교훈 또는 프로젝트 복명 형태의 원리 또는 경험(Know-why), 권고, 도움, 또는 명료화를 위해 추적할 수 있는 저자로 연결된 문서 또는 데이타베이스 콘텐츠 형태의 사실 지식(Know-what)을 포함한다.

지식맵은 여러 가지 목적을 달성한다. 지식맵은 지식의 구조를 이해하게 하고, 지식 소스의 가시성을 높여서 관련된 전문 지식이나 경험을 찾는 프로세스를 가능하게 하며 가속화시켜 준다. 동시에 지식맵은 사용자가 지식 도메인을 해석하고 평가는 것을 돕고 지식의 품질을 알 수 있게 한다. 지식맵은 기업 내의 지적자산에 대한 평가를 향상시킨다. 또 지식맵은 프로세스를 지식 소스와 연결시킨다. 지식맵은 특정 분야의 지식 개발에 필요한 단계를 스케치한다. 지식맵은 다음과 같은 질문에 답하기 위해 필요하다.

- 어떻게 관련된 지식을 찾는가?
- 어떻게 지식의 품질을 알 수 있는가?
- 지식 구조를 어떻게 이해할 수 있는가?
- 어떻게 지식을 활용 또는 개발할 수 있는가?

[그림 4-5]는 가트너 리서치의 지식 콘텐츠에 쉽게 접근할 수 있게 하려는 관점의 지식맵이다. 이 지식맵에 기초하여 웹 사이트의 모든 리서치 콘텐츠를 인덱스하였다. 5만 개의 문서를 11개의 주요 주제 분야로 나누어 990개의 서치 용어로 접근할 수 있다. 또 상호 참조와 시소러스를 통하여 열람을 돕고 있다. 메타데이타 노드 또는 핫 링크(Hot Link)도 문서에 내재되어 있어 빠르게 관련 문서에 접근할 수 있다. 각 문서는 하나 또는 그 이상의 노드로 지식맵에 할당되어 있다. 상호 참조를 통한 고급 서치는 산업, 지리, 업무, 주제, 기업 규모에 따른 서치를 제공한다.

[그림 4-5] 가트너 그룹 지식맵

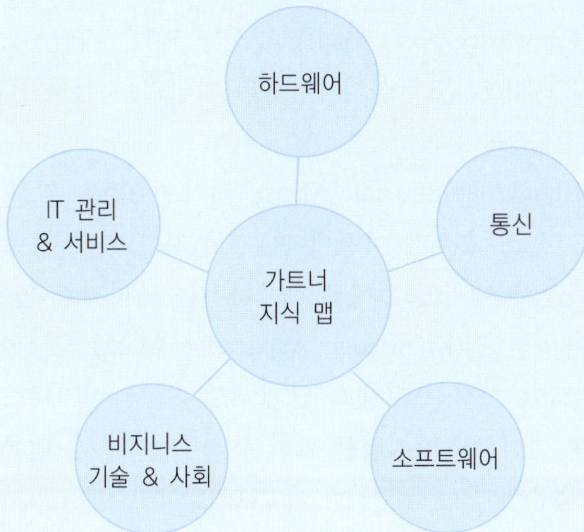

지식맵 구분

지식맵은 두 부분으로 나누어진다. 첫 번째는 기반 개념(Ground Layer)으로서 매핑의 맥락을 표현하는 것이고 이 맥락 안에서 두 번째 개별 요소(Individual Element)가 매핑된다. 기반 개념은 모든 직원이 이해하고 관련지을 수 있는 상호적 맥락으로 구성된다. 그러한 맥락은 기업의 비주얼화된 비지니스 모델(예를 들면 은행의 대출 비지니스 모델), 실제적 제품(예: 트럭 모델), 기업의 역량 분야, 기업의 가치사슬, 또는 단순한 지리적 지도일 수 있다. 이와 같이 공유된 맥락에 매핑되는 개별 요소는 전문가, 프로젝트 팀, 또는 실무공동체로부터 백서(White Paper)나 논문 같은 좀 더 구체적이며 코드화된 형태의 지식, 교훈, 사건(예: 회의 프로토콜), 데이타베이스나 전문가시스템 또는 시뮬레이션과 같이 유사한 애플리케이션을 포함한다. 지식맵은 이러한 개별 요소를 그들 간의 관계, 위치, 그리고 지식의 품질을 나타내기 위해 그룹화한다.

실무적으로 지식맵을 사용하기 위해 다음의 다섯 가지로 분류할 수 있다.

- 지식 소스 맵(Knowledge Source Maps): 지식소스맵은 서치 기준을 가지고 전문가 집단을 구조화한다. 서치 기준은 전문 지식 영역, 근접성, 근무연한, 지식 분

포 등이 사용된다. 지식소스맵은 특정 문제를 해결하기 위해 해당 전문가를 찾는 것을 돕는다.

- 지식자산 맵(Knowledge Asset Maps): 지식자산맵은 개인, 팀, 부서, 또는 전체 조직의 지식을 그림으로 표현한다. 이것은 기업의 지적자산에 대한 그림으로 된 단순화된 대차대조표이다.
- 지식구조 맵(Knowledge Structure Maps): 지식구조맵은 지식 영역에 대한 전체적 아키텍처와 그 구성 요소가 어떻게 연관되는지를 개략적으로 보이는 것이다. 이 지식맵은 전문 영역에서 고민하고 해석하려는 매니저를 돕는다.
- 지식 애플리케이션 맵(Knowledge Application Maps): 지식애플리케이션맵은 어떤 유형의 지식이 특정 프로세스 단계 또는 특정 비지니스 상황에 활용되어야 하는지를 보여 준다. 이 지식맵은 또한 특정 지식(문서, 전문가, 데이타베이스)을 찾는 것을 도와준다.
- 지식개발 맵(Knowledge Development Maps): 지식개발맵은 특정 개인 혹은 팀의 역량 또는 조직의 역량을 개발하는 데 필요한 단계를 그리는 다이어그램이다. 이 지식맵은 조직학습을 위한 공통된 기업 비전을 제공하는 비주얼 학습 또는 개발 로드맵으로서의 역할을 할 수 있다.

위의 다섯 가지 지식맵 외에도 이들을 결합하여 하나의 지식맵으로 나타낼 수도 있다. 예를 들면, 지식 애플리케이션 맵과 (부분적) 지식 소스 맵을 결합하는 것이다. 이것은 어떤 지식이 어떤 프로젝트와 관련이 있으며 어떻게 그 지식을 찾을 것인가를 알게 해 줄 것이다.

지식맵을 위한 비주얼라이제이션 테크닉은 다양하다. 어떤 테크닉을 선택하는가는 두 요소에 달려 있다. 첫 번째는 지식맵의 기반층을 제공하는 개념적 프레임워크의 요구 사항을 고려하는 것이다. 예를 들면, 지식 애플리케이션 맵에는 플로우 차트가 가능한 테크닉이고, 지식 구조 맵은 개념맵이 적절하다. 두 번째는 소프트웨어를 사용한 맵 개발은 기술적 인프라스트럭처와 소프트웨어의 가능성 여부를 고려하는 것이다. 하이퍼텍스트 마인드 맵, 개념맵, 또는 인터랙티브 플로우 차트를 지원하는 소프트웨어 도구는 많이 있지만 은유적맵 또는 3D 환경과 같은 복잡한 형태의 지식맵을 지원하는 소프트웨어 도구는 적다.

지식맵의 장·단점

지식맵은 인트라넷에 접속할 수 있는 모든 직원에게 기업 지식자산을 볼 수 있도록 한다. 따라서 지식맵은 참고 정보 추출을 위한 체계적 맥락을 제공한다. 지식맵은 또 전문가들을 서로 연결할 수 있도록 하고 초보자는 전문가를 빨리 찾을 수 있도록 도와준다. 그 결과 지식맵은 정보탐색 프로세스를 가속화하고 과제와 문제에 통찰력을 연결하여 체계적 지식개발을 돕는다. 지식맵은 비주얼 은유와 심볼의 사용을 통해 암묵적 지식을 형식적 지식으로 전환하는 것을 가능하게 한다. 마케팅 관점에서 보면 지식맵은 기업의 역량을 외부 그룹에 강조하거나 판매하는 데 사용할 수도 있다.

지식맵은 직원이나 고객이 기업의 경험, 숙련된 기술, 또는 지적 자원에 대한 정보를 통찰력 있는 비주얼화와 통합을 통하여 지식 영역을 연결하는 것을 돕는다. 지식맵이 현실에 대한 전체적 이해와 개념적 표현이라는 다이어그램의 두 특징을 사용하지만 지식맵은 다이어그램 표현 이상의 것이다. 지식맵은 다이어그램보다 더 많은 차원과 풍부한 의미를 제공한다. 구체적으로 시간, 장소, 품질 수준, 관계 그리고 시간 측면과 같은 문제 해결에 관련된 요소들을 제공한다. 다이어그램과 달리 지식맵은 내적이거나 완성된 것이 아니라 상호작용적이며 확장 가능한 것이다.

지식맵이 어렵거나 잘못 되었을 경우 나타나는 지식맵의 단점도 이해하여야 한다. 낮은 품질의 맵을 공식적으로 사용하는 경우 오판을 할 수 있으며 구식이 된 지식을 사용하게 만든다. 특히 경영진이 의도하지 않은 방향으로 경쟁자가 지식맵을 왜곡되게 사용하는 경우도 있을 수 있다. 또 지식맵이 정보 과다로 사용자를 혼돈에 빠지게 할 수도 있다.

지식맵 개발 방법

지식맵 개발 방법은 위에서 본 어떤 지식맵을 구축하는가에 따라 다를 수 있다. 그러나 일반적 개발 과정은 다음과 같다.

- 목적을 파악한다.
- 지식맵이 무엇을 하고자 하는 것인지와 지식맵의 범위와 사용자 요구 사항이 무엇인지를 결정한다.

- 지식맵의 효과와 요구 사항에 대한 지속적 교육을 한다.
- 주요 이해 당사자를 파악한다.
- 주요 스폰서와 이해 당사자의 대표와 기술위원회 멤버로 지식맵위원회를 구성한다.
- 지식맵 기술위원회를 구성한다.
- 도구 평가 및 선택 프로세스를 개발한다.
- 지식맵의 관리자, 저장 위치, 유지 프로세스를 파악한다.
- 초기 조직 지식맵을 개발한다.

지식맵 개발은 성과를 낼 수 있도록 분명한 영역에서 시작하고, 초기 지식맵은 깊이보다 폭을 강조하는 것이 좋다. 이것은 모든 매핑 차원을 고려하고, 아키텍처와 기술이 기능적으로 완전하게 한다. 초기 지식맵은 지식맵 프로젝트의 가치를 이해하고 계속적인 개발을 위한 지원을 얻도록 지속적으로 교육에 활용한다. 지식맵 개발을 알려진 조직 주제 전문가와 함께 진행하는 것이 지식맵에 대한 사용자의 신용과 신뢰성을 높인다. 초기 지식맵은 상세한 차원을 추가하여 확장될 수 있다.

지식맵을 쉽게 개발하고 사용할 수 있게 하는 정보기술은 계속 발전을 하고 있다. 이 도구들은 강력한 비주얼라이제이션 기술과 데이타베이스 기능을 결합하고 있다. 이러한 도구를 통한 지식맵 개발이 유용한 산출물을 만들어 내지만 중요한 것은 지식맵을 구축하는 프로세스이다. 지식경영에서 기술적 실행은 지식맵을 개발하고 사용하려는 일의 절반에 불과하다. 더 어려운 도전은 바른 참고 정보를 수집하여 모두가 연관 있는 프레임워크 안에서 결합하는 것이다. 즉 지식 매핑은 매핑 자체가 추가적 지식을 창조하도록 정보나 지식의 항목들을 연결하는 프로세스로 정의 된다. 매핑 프로세스 자체가 이미 기업의 지식자산과 지식을 효과적으로 배분하는 문제에 대한 통찰력을 제공할 수 있다. 이러한 맥락의 지식자산은 기업의 성공과 관련 있는 문제의 해결에 대하여 잠재적 이익을 제공하는 구체적으로 적합한 지식 원천이다.

지식맵의 품질 관리

지식맵이 단점을 가지지 않게 하려면 질 높은 지식맵이 만들어져야 한다. 고품질의 지식맵을 만들기 위하여 다음 다섯 단계를 따를 필요가 있다. 첫째, 조직 내 지식집약적 프로세스, 문제, 또는 이슈를 파악한다. 지식맵은 그러한 지식집약적 분야를 향상시키는 데 초점을 맞추어야 한다. 이 단계는 보통 기업의 가치사슬 또는 주된 프로세스를 스크리닝하고 지식집약적 프로세스와 관련된 핵심 직원과 여러 번 인터뷰를 하는 것을 포함한다. 둘째, 위의 프로세스나 문제로부터 관련된 지식 소스, 자산, 요소를 도출한다. 프로세스나 분야를 잘 관리하기 위하여 어떤 전문 지식과 경험이 필요하거나 도움이 되는지 그리고 어디에서 어떻게 그 지식에 접근할 수 있는지와 같은 질문에 대한 답을 얻어야 한다. 셋째, 이 요소들을 조직 전체가 쉽게 접근할 수 있도록 코드화한다. 앞에서 파악한 프로세스나 문제와 관련된 전문 지식을 분류한다. 넷째, 사용자가 내비게이트나 서치할 수 있는 비주얼 인터페이스에 전문 지식과 문서에 대한 코드화된 참고 정보를 통합한다. 이 내비게이션 시스템을 프로세스나 작업 환경에 연결한다(프로세스 워크플로우나 조직 홈페이지에 통합). 이 단계에서 지식맵의 실질적 디자인과 실행을 한다. 지식맵의 목적에 맞는 구체적 비주얼 테크닉이 선택된다. 다섯째, 지식맵을 업데이트할 수단을 제공한다. 지식맵의 링크가 구식이거나 쓸모없게 되면 지식맵은 쓸모없게 된다. 그러므로 지식맵은 계속적으로 업데이트되어야 한다.

지식맵의 품질 문제를 제거하기 위해서는 개발 초기부터 품질에 대한 기준을 설정하는 것이 필요하며, 다음과 같은 지식맵 품질 기준을 사용할 수 있다.

- 참여: 지식 매핑팀에 가능한 많은 직원이 참여하며 상호작용적으로 매핑한다.
- 공유: 모든 지식노동자가 관련되는 진정한 공유 모델의 지식맵이어야 한다.
- 시너지: 하나의 논리적이며 종합적 그림을 만들기 위해 모든 전문가들이 자신의 다른 전문 지식을 기여하도록 한다.
- 시스템: 지식맵의 요소는 통합된 하나가 되도록 결합한다.
- 단순: 지식맵은 한 번에 내려다 볼 수 있어야 한다.
- 비주얼: 아이콘 요소로 구성된 비주얼 프레임워크를 사용하여야 한다.
- 정보 풍부: 문제 해결 프로세스에 도움이 되는 많은 훌륭한 참고 자료를 통합한 것이어야 한다.

3.3. 지식 택서노미

택서노미 개념

택서노미(Taxonomy)는 과학자들이 세계와 그 안에 있는 모든 창조물을 분류하고 범주화하려는 노력에서 기원한다. 택서노미는 그리스어의 배열을 의미하는 택시스(Taxis)와 방법, 관리, 법을 의미하는 노모스(Nomos)에서 유래되었다. 택서노미는 대화, 분석, 또는 정보 검색을 위한 개념적 프레임워크를 제공하기 위한 카탈로그를 생성하는, 사전에 정해진 시스템에 따른 분류의 과학이다. 택서노미는 사용자가 중요한 지적 자본을 저장, 서치, 추출하기 위한 기초를 제공하기 위하여 콘텐츠를 논리적이며 불명확하지 않은 구조로 구조화하는 통제된 방법이다. 좋은 택서노미 개발은 한 그룹의 요소들을 분리하여 상호 배타적이며, 불분명하지 않은 하위 그룹으로 분리되면서도 전체적으로는 모든 가능성을 가지도록 하는 것이다.

식물이나 동물의 분류에 한정되어 사용되던 택서노미가 최근 들어 지식경영에서 빈번하게 사용되고 있다. 택서노미는 특히 정보와 지식 전문가들의 관심을 끌게 되었다. 그 이유는 인간은 분류가 복잡성을 줄이므로 자연적으로 분류를 하게 되고, 택서노미는 조직 메모리와 정보시스템 내에 있는 것에 대한 개관을 제공하기 때문이다. 끊임없이 환경 변화와 사회의 지식베이스의 성장은 조직에게는 분류의 문제를 제기하여 왔다. 세상은 택서노미 없이 살기 어렵다.

정보기술의 관점에서 택서노미는 현실 세계 개체들의 추정된 관계에 따라 계층의 형태로 정보 개체를 분류하는 것과 관련된다. 조직의 구성원은 '정보를 서치'하기보다 '정보를 찾기'를 원한다. 택서노미는 개략적으로 관련된 초기 서치 단어로부터 사용자를 종국적으로 발견하고자 하는 것을 찾도록 가이드한다. 즉 택서노미는 사용자에게 구체적 환경에 대한 일반적으로 수용된 어휘를 기초로 하여 관련된 정보를 찾는 능력을 제공한다. 택서노미는 계층적 내비게이션 계획을 형성하는 레이블(Label)의 시스템이며, 택서노미는 메타데이타의 레이블을 의미한다. 정보 아키텍처 분야에서 택서노미는 구체적 실무나 이론에 따라 단순한 리스트, 내비게이션 계층, 시소러스(Thesaurus)의 어느 것이 될 수도 있다.

실무적으로 택서노미는 문서와 다른 정보를 분류하는 부류의 계층이다. 기업 택서노미는 조직 내에 가용한 정보를 나타내는 방법이다. 기업에서 택서노미는 유사하게 또는 같이 사용되는 용어로 분류 체계와 통제된 어휘보다 선호하는 용어가 되었다. 분류 체계는 정보 검색을 지원하기 위하여 객체(책, 논문, 웹 페이지)들을 체계적으로 구조화하는 데 사용된다. 통제된 어휘는 분류 체계와 유사하나 분류보다 더 정확하고 융통성 있는 인덱스 개발에 사용된다. 인덱스 개발은 더 자세한 수준에서 검색이 가능하도록 한 개념에 하나 이상의 용어를 지정하는 프로세스이다. 웹과 관련하여 택서노미는 분류와 인덱스를 지칭하는 데 사용되고 있다.

또 다른 택서노미에 대한 정의는 조직의 지적자산을 내비게이트 하거나 접근하는 메커니즘을 지원하기 위하여 조직이 사용하는 다른 기능적 언어의 상관관계라고 보는 것이다. 택서노미는 사물(살아 있는 유기체, 제품, 책)을 파악, 연구, 추적하기 쉽게 하기 위하여 일련의 계층적 그룹으로 분류하는 방법을 제공하는 구조이다. 이런 의미의 택서노미는 구조와 애플리케이션의 두 부분으로 구성된다. 구조는 분류(용어) 자체와 그들을 연결하는 관계로 구성된다. 애플리케이션은 정보를 찾는 사용자를 돕는 내비게이션 도구이다.

위의 어느 택서노미에 대한 정의도 택서노미가 내비게이션의 유일하거나 주요한 근거가 된다고 하는 것은 아니다. 그러나 기업에서 지식경영시스템 또는 그 일부인 웹 사이트에 대한 택서노미를 개발할 때, 택서노미를 콘텐츠에 대한 인터페이스로 사용될 야후(Yahoo)와 같이 계층적 구조로 사용하고 있다. 즉 웹 포털에서 택서노미는 웹 사이트에서 발견되는 토픽의 카테고리와 하위 카테고리를 기술하기 위하여 만들어진다.

이상에서 본 바와 같이 택서노미에 대한 정의는 하나가 아니다. 택서노미는 접근방법, 목표, 또는 조직이 당면하는 문제에 따라 다양한 맥락의 의미를 가지고 있다. 주요 택서노미의 종류를 보면 다음과 같다.

기술적 택서노미

기술적 택서노미(Descriptive Taxonomies)는 서치를 통한 지식추출을 지원한다. 통제된 어휘를 개발하여 유지하면서 조직은 콘텐츠를 통제된 어휘로부터 선택된 기술적 메타데이타로 레이블이나 태그를 일관성 있게 붙일 수 있다. 또 어휘는 지식노동자의 용어를 포착하여 조직의 용어로 매핑할 수 있다. 시소러스 모델에 기초한 택서노미인 기술적 택서노미는 다른 용어들을 연결하는 것을 돕는다.

내비게이션 택서노미

내비게이션 택서노미(Navigational Taxonomies)는 통제된 어휘를 제공하여 열람을 통한 지식을 찾는 것을 돕는다. 내비게이션 택서노미는 지식노동자가 어떻게 정보를 구조화하는지를 반영한 정신적 모델에 기초하여 콘텐츠를 분류한 레이블로 되어 있다. 웹 디렉토리가 그 예이다. 내비게이션 택서노미는 콘텐츠가 아니라 사용자의 행동에 기초한다. 이러한 택서노미를 개발하는 것은 콘텐츠의 적절한 그룹화 결정을 포함한다. 택서노미는 지식 표현을 위한 구조를 제공한다. 지식이 더 복잡하면 할수록 지원하는 택서노미도 더 복잡하다. 택서노미 구조는 '깊은' 지식 또는 지식 조각의 노출을 돕는다. 택서노미는 다른 유형의 콘텐츠를 통합하고 연결하는 것을 돕는다.

택서노미의 필요성

오늘날 조직은 정보의 과부하와 직원의 낮은 정보 능력 문제를 해결하고, 이미 존재하는 지식에 대한 주의를 주어 그 지식을 찾는 능력을 높여야 하는 도전에 당면하고 있다. 조직은 직원들이 쉽게 관련된 정보를 찾게 하기 위하여 구체적 콘텐츠 항목의 다른 콘텐츠와의 관계를 알려 줌으로써 맥락을 제공하는 콘텐츠에 대한 구조를 만들 필요가 있다. 이러한 문제에 대하여 조직은 서치 엔진과 검색 소프트웨어와 같은 도구에서 택서노미와 온톨로지와 같은 새로운 기술과 도구로 방향을 돌리고 있다.

기업 택서노미의 목표는 지식생산과 지식검색에 사용할 용어의 리스트를 제공하는 것뿐 아니라 바른 시간에 바른 지식을 직원들에게 연결하기 위하여 개념 사이의 맵을 만드는 것이다. 즉 택서노미는 구체적 주제에 대한 또 그 범위 안에서의 정보와 지식을 구조화하는 것이 목표이다. 택서노미는 비지니스 니즈에 기초하고 지적자산(콘텐츠)과 지식노동자(직원)가 정보를 찾는 방법을 고려하여 공통된 시맨틱 네트워크를 창조하는 것이다. 그러한 네트워크는 지적자산을 관리하고 직원을 지식에 연결하는 필수적 도구이다.

택서노미는 정보와 지식에 대한 질서와 구조화를 하기 위하여 개발된다. 택서노미는 필요한 조직적 또는 주제의 맥락을 정보 구조에 제공한다. 택서노미의 목적은 알려진 주제 분야와 조직 특유의 용어를 사용하여 정보를 익숙한 맥락으로 대조하고, 사람들이 더 많은 정보에 접근하는 것을 도움으로써 정보가 사람들에게 접근될 수 있게 하는 것이다. 택서노미는 포맷이나 저장 위치와 상관없이 콘텐츠 요소를 저장하여 특정 주제에 접근하기 위하여 이 구조를 내비게이트 할 수 있는 재사용 가능한 구조를 창조하여 개발된다. 상이한 시스템이나 기능을 통하여 운영되는 조직에 있어 잘 구성된 택서노미는 더 효과적인 업무와 정보 공유의 기회와 사용자가 존재하는 줄 모르던 정보를 발견하는 기회를 만든다.

어떤 택서노미는 우리가 전자우편을 주제별로 폴더의 그룹으로 구조화하는 방법과 유사하게 계층적 구조의 폴더로 그래픽 하게 디스플레이한다. 또 어떤 택서노미는 더 복잡하여 입방체 구조로 만들어지기도 한다. 택서노미는 웹 사이트나 기업 또는 조직 포털의 콘텐츠를 디스플레이할 때 사용되며 디스플레이 페이지 왼편의 내비게이션 메뉴와 페이지 상단의 탭으로 나타내진다.

기업 택서노미

기업은 정보 포털이나 다른 채널을 통하여 정보를 직원에게 쉽게 접근할 수 있게 하고, 저장고와 그 콘텐츠에 대한 맵과 사용자 가이드라인을 제공할 필요가 있다. 기업 택서노미는 기업 포털에 대한 높은 차원의 맵을 개발하여 제공함으로써 직원들에게 조직의 지적자원에 대한 가이드를 제공하는 수단이다. 기업 택서노미는 조직, 비지니스 프로세스, 방법, 가이드라인, 표준, 사람, 다양한 저장고의 콘텐츠에 대한 정보를 포함한다. 기업 택서노미는 사용자에게 기업의 지적자산에 대하여 이해하게 하고, 지식맵을 제공하여 내비게이션 할 수 있게 하는 높은 차원의 도구이다.

조직이 활동하고 있는 환경은 복잡하고 역동적이다. 주제 분야는 상대적으로 쉽게 분류되고 구조화된다. 그러나 조직의 기능은 그렇지 않다. 조직 활동은 논리적 그룹으로 나누어지지 않고 조직 간 다른 용어를 사용하는 여러 주제와 관련이 있다. 기업 택서노미는 조직의 비전, 목표, 목적을 지원하고 조직에 가장 가치 있는 정보에 초점을 맞추어야 한다. 그러나 모든 직원이 정보에 대하여 같은 관점을 가지고 있지 않고, 같은 업무를 하는 것도 아니다.

시소러스나 분류 방법은 사용자를 염두에 두고 구축되지만, 출발점이 사람이 아닌 정보에 있다. 따라서 정보의 분류는 사용자와 거리가 있다. 인터넷의 등장으로 정보를 사용자에게 푸시(Push)해야 하고 사용자는 정보를 풀(Pool)해야 하는 필요에 따라 정보의 분류에 변화가 일어났다. 초점이 사용자의 니즈로 이동하고 분류는 사용자의 정보 요구에 맞추어지게 되었다. 택서노미는 내비게이션이 가능하고 조직의 지적 자본에 접근하도록 지식을 매핑하는 접근방법으로 사람과 문서 그리고 사람과 사람을 연결하는 지식경영 차원에 적용된다.

지식경영에서 택서노미는 사용자가 지식경영 인트라넷의 웹 페이지나 전자 파일과 같은 웹 기반 자원을 내비게이트 하는 것을 돕는 것과 조직의 전문가에 대한 택서노미를 구축하는 데 사용된다. 잘 구축된 택서노미는 조직 내 다양한 구성원과 전문가의 필요를 충족하여야 한다. 효과적 택서노미는 필요할 경우 한 사용자가 다른 분류의 정보를 횡단하여 내비게이트 할 수 있어야 한다. 즉 전문가나 직원이 하나의 구체적 분야에서 일하는 것을 허용할 뿐만 아니라 조직의 다른 관련 분야의 정보를 추출하여 부서 간을 뛰어넘어 일할 수 있게 하여야 한다.

택서노미 구축 프로세스

택서노미 구축 실무는 주로 임시방편으로 이루어지고, 그것은 과학이라기보다는 예술인 경우가 많다. 조직마다 다른 접근방법, 기법, 도구를 가지고 택서노미를 개발하지만 일반적으로 다음과 같은 프로세스를 거친다.

- 요구 사항 파악: 택서노미 개발 전에 범위, 목적, 콘텐츠 포맷 유형을 정의하고, 사용자를 파악하여야 한다.
- 개념 파악: 택서노미를 위한 개념을 파악하기 위해 어디에 어떤 콘텐츠가 있는지를 발견한다. 그리고 콘텐츠 재고 파악을 하고, 사용자와 주제 전문가를 인터뷰한다.
- 택서노미 초안 개발: 먼저 주요 분류에 대한 상위 구조를 개발한다. 처음에는 깊이보다 넓이에 초점을 맞춘다. 그 다음에 상향식 또는 하향식으로 깊이를 더한다.
- 주제 전문가와 사용자 검토: 이해 당사자, 주제 전문가, 사용자 모두가 택서노미 초안을 사용성 조사와 같은 방법으로 검토한다.
- 택서노미 정제: 사용자와 주제 전문가의 피드백을 검토하여 적절한 변경을 한다. 택서노미 정제는 반복적 과정이다.
- 콘텐츠에 택서노미 적용: 택서노미를 웹 사이트에 적용한다. 사용 및 적용 가이드라인을 제공하고 사용자를 교육한다.
- 택서노미 유지 및 관리: 누가 택서노미를 소유하고 관리할 책임이 있는지는 초

[그림 4-6] 택서노미 개발 프로세스

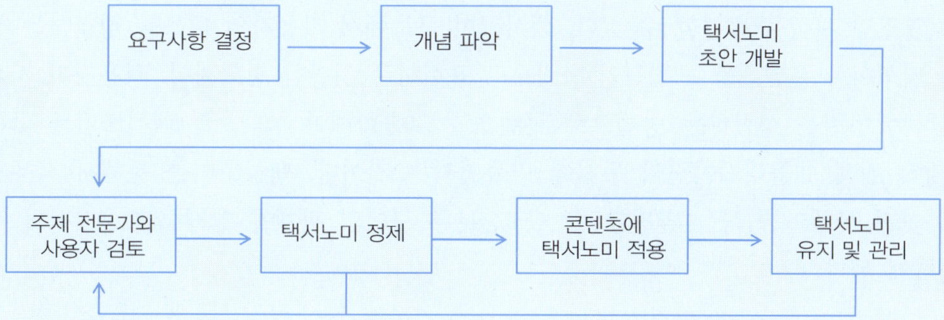

기에 정해져야 한다. 거버넌스(Governance)와 변경 통제 프로세스를 수립한다.

각 조직에서 택서노미를 개발하는 방법은 다를 수 있다. 택서노미 구축은 일반적으로 다른 정보시스템 개발에서의 분석, 디자인, 개발, 실행의 전형적 프로세스를 따른다. 그러나 택서노미 구축의 도전은 각 조직이 콘텐츠 사용과 맥락에 대한 독특한 요구 사항을 가진다는 점이다. 택서노미 구축은 다음과 같은 특징을 가진다.

- 다양한 그룹의 사람들이 택서노미 개발에 참여한다. 예를 들면, 택서노미 개발자. 사용자, 콘텐츠 매니저, 택서노미 디자이너, 주제 전문가와 고문 등이 있다.
- 조직 전체의 다양한 정보자산을 다룬다. 예를 들면, 다중 저장고, 데이타 및 파일 포맷, 데이타베이스, 개인 정보 및 지식을 다룬다.
- 다양한 요구 사항을 만족시켜야 한다. 어떻게 정보가 사용되는가? 어디에서 정보가 오는가? 포함되지 않은 정보는 무엇인가? 고려하여야 한다.
- 지식자산 사이의 관계와 사용자의 사용 패턴을 구별하고 표현하여야 한다.

사용자 니즈

사용자가 정보를 서치할 때 그들은 그 토픽을 잘 알고, 찾고자 하는 지식이 무엇인지 알아야 하고, 그것을 찾게 하는 단어나 구를 알 필요가 있다. 서치는 서치하는 콘텐츠의 텍스트에 있는 단어로부터 지식을 얻게 된다. 택서노미는 이것을 사용자가 지식을 찾기 시작하기 전에 수행하는 것이다. 서치할 때 필요한 지식이 택서노미를 구축하는 데 필요하다. 그러나 한 번 택서노미가 창조되면 사람들은 분류를 통해 대강 훑어보고 찾고자 하지 않았던 지식을 발견할 수 있다. 택서노미 구축에서 사용자의 니즈를 성찰하는 중요성은 지식이나 콘텐츠를 구조적인 방법으로 표현하는 것만큼 중요하다. 사용자가 지식을 요구하는 방법을 성찰하는 방법으로 콘텐츠를 그룹화해야 한다. 즉 택서노미를 구축할 때 지식 검색 애플리케이션이 동시에 만들어지는 것이다. 택서노미를 통해서 사용자는 전에 찾지 못했던 지식을 발견할 수 있고, 분류 사이의 관계를 알게 되고, 지식의 갭도 발견하게 된다.

지식 니즈

지식 서치는 언제나 지식 니즈에서 시작된다. 어떤 지식이 필요한지 또는 지식 니즈가 무엇인지를 결정하는 것이 쉽지 않다. 지식 니즈 분석에서 왜 지식이 존재할 필요가 있는가, 얼마나 많은 지식이 필요한가, 언제 지식이 필요한가, 지식 서치에 사용될 수 있는 소스는 무엇인가를 고려할 필요가 있다. 이것은 어떤 지식이 왜 필요한지를 명확히 한다. 지식 니즈 분석에서 핵심 개념, 개념 간의 관계, 가능한 서치 용어와 어떻게 서치 용어를 결합하는가에 초점을 맞추는 것이 중요하다.

지식탐색 행동

지식탐색은 문제 해결 수단으로 니즈를 만족시키려는 역동적, 의도적 행동이다. 그것은 기존 지식과 문제 해결에 필요한 지식과의 갭에 기초한다. 택서노미 구축에서 지식서치가 수행되는 방법을 이해하는 것은 중요하다. 그것은 지식을 찾는 사람, 문제의 본질, 사용되는 지식과 예상되는 결과에 달려 있다.

콘텐츠

택서노미 구축에서 사용자와 콘텐츠 그리고 그들의 관계에 주의를 기울여야 한다. 택서노미는 조직 내의 콘텐츠 구조화, 분류, 구조화를 위한 청사진을 제공한다. 효과적 택서노미는 전체 조직의 요구 사항을 고려하고 조직 내 모든 지식을 파악한다. 택서노미를 구축할 때 다음 분석이 포함되어야 한다. 누가 콘텐츠를 추출할 것인가? 사용자 요구 사항을 이해하는 것은 택서노미와 메타데이타 개발을 돕고 상세한 정도를 암시한다. 사람들은 구체적 콘텐츠에 대한 니즈를 다른 방법, 다른 용어로 표현한다. 사용자의 언어를 이해하는 것은 택서노미 개발에 사용되는 용어와 용어 개념을 이해하는 것을 돕는다.

택서노미 체계 선택

주어진 항목들을 구조화하는 최선의 택서노미가 하나만 존재한다고 할 수 없도록 현실 문제는 복잡하다. [그림 4-7]은 복잡한 클라이언트-서버 소프트웨어 시스템을 위한 문서에 대한 택서노미의 두 체계를 보여 준다. 제품은 클라이언트, 디자이너, 서버 요소로 되어 있고, 문서는 온라인 문서와 프린트 문서로 되어 있다. 제품 지향적 택서노미는 제품에 의한 택서노미를 보여 준다. 이것은 사전 규칙에 의하여 구조화된 전통적 접근방

[그림 4-7] 택서노미 선택

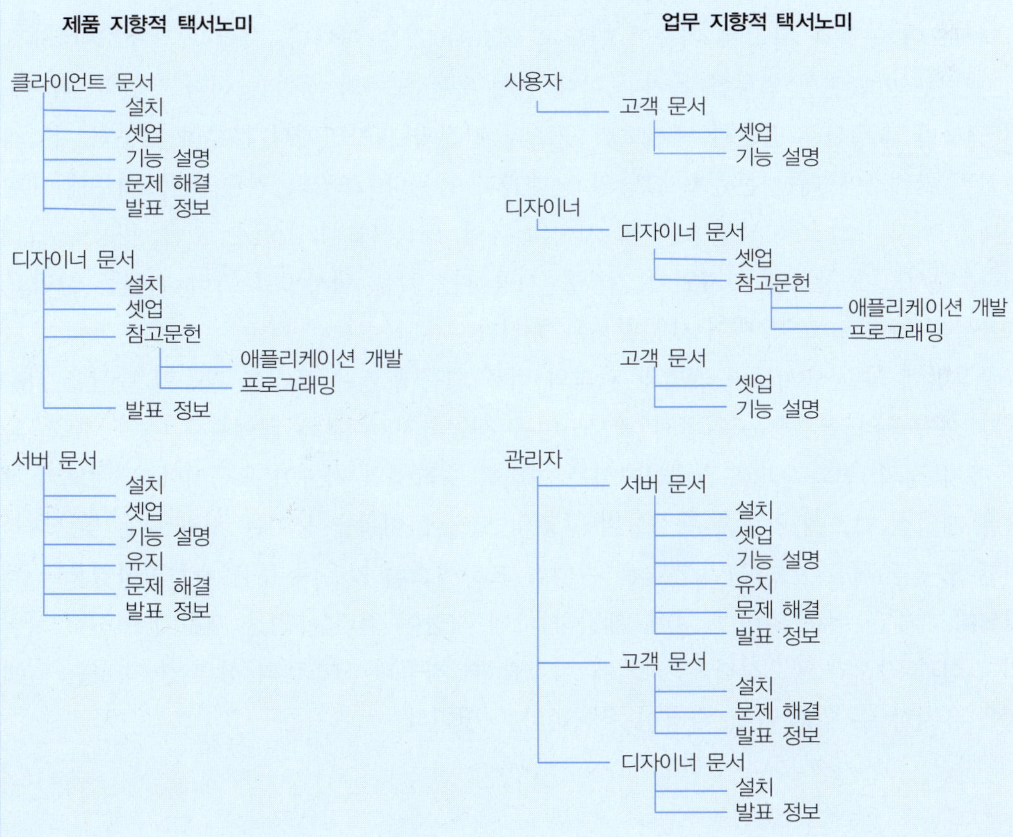

법으로 쉽게 이해된다. 그러나 이 택서노미는 사용자가 정보를 찾는 것이 자연스럽지 못하게 되어 있다. 따라서 택서노미를 좀 더 사용자에게 자연스러운 업무 지향적 택서노미로 개발할 수 있다. 업무 지향적 택서노미는 다시 온라인 문서와 프린트 문서로 나누어 개발될 수도 있다.

택서노미 정의에서 주요한 도전은 분류의 폭과 깊이에 대한 균형을 취하는 것이다. 택서노미는 무한대의 단계를 가질 수 있으나, 너무 많은 단계는 사용자로 하여금 최하위 단계로 내비게이트 하여 길을 잃게 할 수 있다. 좁은 택서노미는 사용자가 얻는 지식은 거의 없이 내비게이션 결정을 하게 만든다. 사용성의 관점에서 일반적 규칙은 폭이 깊이보다 더 좋다는 것이다. 택서노미는 정적이기보다는 정규적으로 업데이트되어야 한다.

정보기술

택서노미 구축과 관리에 기술이 반드시 필요한 것은 아니다. 그러나 택서노미 창조, 디자인, 관리에 관한 업무를 돕거나 아예 줄여 주는 도구가 점점 늘어나고 있다. 택서노미 도구나 솔루션은 간단한 택서노미 구조의 편집과 디자인에서 분류의 자동적 파악과 관련된 클래스에 대한 콘텐츠 할당의 단계까지 돕는다. 조직의 기술 사용 여부에 대한 선택은 비지니스 요구 사항, 관리될 지식의 유형, 양, 휘발성, 가용한 기술, 비용에 달려 있다. 택서노미 창조와 디자인에 기술을 사용하는 것은 택서노미 관리 비용을 줄이고, 효율성을 높이고, 조직 택서노미 활용을 높인다.

수작업에 의한 택서노미 개발과 관리의 비용 때문에 많은 조직은 자동화 수단을 사용한다. 대부분의 솔루션은 일반적 택서노미를 제공하지만, 분류 레이블링, 상호 참조, 공통 용어 정의, 변화관리와 관련하여서는 여전히 수작업의 기술이 요구된다. 택서노미 제품은 개인적 니즈에 맞도록 택서노미 구조의 노드에 이름을 붙이는 것과 같은 맞춤화를 위한 도구를 제공한다. 일부 기술은 관행적 프로세스의 많은 부분을 자동화하였으나 택서노미 개발은 쉬운 일이 아니며, 개발하는 데 시간이 걸리는 점들 때문에 여전히 사람의 간섭과 감시가 필요하다. 수작업에 비교할 때 자동화 시스템의 장점 중 하나는 일관성을 유지할 수 있고 규모 확장이 용이하다는 것이다.

3.4. 온톨로지와 시맨틱 웹

온톨로지

온톨로지(Ontology)는 개념화의 명시적 열거이며 관심 분야에 존재하는 것으로 가정되는 객체, 개념, 다른 개체와 그들의 관계 개념화로 상술한다. 온톨로지는 특정 영역에 대하여 인간이 아는 것에 상응하는 지식 분야 또는 주제 분야의 의미를 포착하는 것이다. 적합한 유추로는 지식맵 개념이라 할 수 있다. 온톨로지 사용이 촉진되는 두 분야는 지식경영과 시맨틱 웹 개념이다. 택서노미는 택서노미 개발과 유지에 중요한 온톨로지와 밀접하게 관련되어 있다. 온톨로지는 택서노미나 용어의 분류 이상이다. 택서노미는 어휘에서 용어의 시맨틱에 기여하고, 온톨로지는 구체적 영역의 용어를 포함할 필요 없이 그 영역의 표현을 가능하게 하는 풍부한 관계를 포함한다. 지식공유의 맥락에서 온톨로지는 공동체에 존재하는 개념과 관계의 기술이다. 온톨로지는 축적된 지식의 재사용과 공유를 위한 조직기억에 결정적이다. 온톨로지는 조직기억을 포착하여 표현할 지식의 유형에 대한 구체적 가이드이다.

온톨로지와 택서노미는 조직 내에 가용한 지식을 표현하는 방법으로 구조적 또는 비구조적 정보를 구조화하여 사용자에게 정보에 대한 이해와 내비게이션을 할 수 있게 한다. 온톨로지와 택서노미의 차이점은 [표 4-1]과 같다.

[표 4-1] 온톨로지와 택서노미 비교

온톨로지	택서노미
온톨로지는 구체적 영역의 용어를 포함할 필요 없이 그 영역의 표현을 가능하게 하는 풍부한 관계를 포함한다.	택서노미는 어휘에서 용어의 시맨틱에 기여한다.
온톨로지는 특정 영역에 대하여 인간이 아는 것에 상응하는 지식 분야 또는 주제 분야의 의미를 포착하려 한다.	택서노미는 계층적 내비게이션 계획을 형성하는 레이블의 시스템이다.

시맨틱 웹

조직의 인트라넷이나 웹을 통한 접근 가능한 지식베이스에 존재하는 정보의 양이 증가함에 따라 그 거대한 양의 정보에서 사용자가 자신이 원하는 정보를 찾고, 조직화하고, 접근하고, 유지하는 것은 점점 더 어려워진다. 이러한 문제 해결을 위하여 등장한 시맨틱 웹(Semantic Web)은 인간뿐만이 아니라 기계에 의해 정보가 이해되는 웹을 만드는 것이 목적이다. 시맨틱 웹은 기계가 접근할 수 있는 어의(Semantics)에 대한 정보를 알려주는 일반적 목적의 표현과 마크업 언어를 요구한다. 시맨틱 웹은 별도의 웹이 아니라 정보가 컴퓨터와 사람이 협력할 수 있게 명확한 의미를 가지도록 웹을 확장하는 것이다. 시맨틱 웹은 정보에 레이블(주석)을 달아서 사람이나 컴퓨터 시스템이 정보를 더 의미있게 처리할 수 있게 한다. 그러한 주석의 기초가 되는 어의는 일반적으로 온톨로지로부터 나온다. 온톨로지는 공통의 명칭과 지식 표현의 사용으로 정보 창조자와 사용자 사이의 합의를 요약한 것이다.

기업이 글로벌 시장에서 활동하게 됨에 따라 정보의 정확성, 무결성, 가용성이 중요해지고 있다. 이러한 비지니스 환경은 비지니스 논리와 지속적 시장 업데이트에 대한 수평적 및 수직적 통합을 요구하고 있다. 또 전략적 제휴나 협력 파트너십에 의한 비지니스 네트워킹의 증가 추세는 글로벌 차원의 지식공유를 요구한다. 글로벌 차원의 지식공유는 증가된 상호운용성과 통합을 지원하는 온톨로지의 합의를 요구한다. 그리고 웹2.0 및 웹3.0 기술의 급격한 확산으로 지식경영과 사회적 네트워크와 다양한 암시적, 공식적, 또는 강력한 어의 사이의 강한 연결을 요구한다. 이러한 변화로 시맨틱 웹이 웹의 콘텐츠에 활력을 주는 것과 같이 시맨틱 웹의 기본 원리와 기술이 지식경영에 활기를 넣을 것으로 보인다.

최근의 시맨틱 웹 연구 활동과 온톨로지 개발 방법론과 도구의 가용성에 따른 성공적인 온톨로지 개발은 실무적 지식 표현을 가능하게 하고 있다. 즉 시맨틱 기술이 일부 분야 애플리케이션에서 가치를 증명하면서, 시맨틱 웹을 비지니스에 활용하려는 동인이 증가하고 있다. 지식경영은 지적자산을 더 잘 활용하여 조직 성과를 향상하는 중요한 동인이다. 또 많은 기업은 글로벌 경제에서 더 큰 역할을 하는 지식 서비스를 해야 한다. 이러한 요구에 따라 최근에 시맨틱 웹을 전통적 지식경영 접근방법을 향상하거나 새로운 지식 서비스 요구 조건을 실현하기 위해 응용하기 시작하고 있다.

사례: 롤스로이스의 구조적 지식 감사

영국의 롤스로이스(Rolls-Royce)는 다른 일류 기업과 마찬가지로 비지니스의 모든 부분에서 향상과 혁신에 대한 압력을 지속적으로 받는다. 롤스로이스의 지식경영 팀은 회사의 엔지니어링 팀들에게 다양하고 종합적인 지식경영 서비스를 하고 있다. 비지니스를 지원하는 도구 중에는 프로젝트로부터의 교훈을 배우고 그 교훈을 프로세스 향상에 통합하는 것을 포함한다. 특정한 엔지니어링 니즈를 위한 지식포착은 일상적으로 이루어지고 있다. 지식 공유와 개발 그리고 의사결정 프로세스를 지원하는 실무공동체를 정기적으로 조사하고, 기록하고, 향상시키고 있다.

이러한 서비스 외에도 롤스로이스 지식경영 팀은 지식의 보호, 개발, 실행을 목적으로 지식 위험 평가와 행동 옵션 파악을 위하여 새로운 지식자원의 연구 및 분석 방법을 사용하고 있다. 이 색다른 방법은 구조적 지식 감사(Structural Knowledge Audit; SKA)라 불리며, 원래 이 방법을 개발한 AKRI(Applied Knowledge Research and Innovation)는 지식구조매핑(Knowledge Structure Mapping; KSM)이라 부른다. 지식경영 팀은 과거에도 향상된 지식경영 활동으로부터 혜택이 있을 것으로 보이는 기존 분야를 분석하거나 특정한 비지니스 분야에 적용하기 위해 SKA를 사용하였다. 최근 들어 SKA를 새로운 또는 개발되는 지식 분야에 대해 지식초점의 관점을 제공하는 데 사용하였다. 이 경우 새로운 또는 개발되는 분야가 정상 가동을 하면 필요로 하는 지식을 조사하는 목적으로 사용하고 있다. 이것은 새로운 분야에 대한 지식 요구 사항을 더 명확하게 할 수 있고, 그 분야가 필요로 하는 프로세스와 다른 요구 사항에 대한 관점을 제공한다.

SKA 방법에서 지식구조맵은 새로운 분야의 지식 요구 사항을 비주얼라이제이션한다. 이것은 파라메터 값의 결합뿐만 아니라 위험 또는 다른 파라메터와 관련하여 고려할 수 있게 한다. 맵에 표현된 지식은 전문가가 학습 의존 패턴에 따라 이 지식을 획득하는 방법으로 조직화된다. 즉 전문가가 다른 새로운 지식을 이해하기 전에 미리 예상하는 모습으로 지식을 보여 준다. 따라서 지식구조맵은 롤스로이스에서 새로운 또는 개발되는 지식에 대한 학습 구조를 제시한다. 또 맵에는 표현된 지식에 대한 전문가의 의견을 첨가한다. 맵 구축과정에서 포착된 전문가의 의견과 맵 구조를 사용하여 지식 분야를 분석할 수 있고 또 의사결정 프로세스에 이 지식자원을 참고할 수 있다.

지식연구의 맥락에서 위험의 의미는 정확히 정의된다. 지식 위험의 개념은 조사한 지식 분야에 매우 중요한 지식, 사라졌을 때 회복하기 어려운 지식, 전문가의 연구보다 경험으로 획득되는 지식, 그리고 지식 분야의 일부만이 완전히 아는 지식과 관련이 있다. 다른 파라메터는 구체적 지식 연구 과정에 특별히 관심을 두어야 하는 이슈를 다룬다. 이 추가적 파라메터들도 위험 분석에서 고려된다. 또 다른 파라메터는 중요하게 개발되는 지식 영역의 준비성 수준이다. 이러한 다른 파라메터의 가치와 준비성 수준은 지식 구조 개발을 위해 인터뷰한 전문가로부터 추출된다. 이러한 방법으로 개발되는 지식 준비성 그래픽은 지식이 의도된 목적으로 준비되지 않은 것처럼 보일 수 있다. 그러나 맵의 지식 노드에 할당된 준비성 값은 각각의 지식의 준비성을 자세하게 보여 준다. 이러한 것들은 매니저나 전문가에게 프로젝트를 시작하기 전에 대처할 기회를 준다.

지식 연구 방법은 각 지식 요소에 대한 정확한 정의를 추출하도록 장려하여 다른 그룹의 전문가들이 같은 항목에 대해 다른 의미를 가지는 가능성과 모호함을 제거하며 관련된 문제의 해결을 돕는다. 추출되는 각 지식 노드에 대해 유형에 따라 어떻게 지식이 활용되는지와 지식이 실제로 무엇인지에 대한 간단한 메모와 같은 요약을 부착하기도 한다. 즉 각 지식 요소는 여러 가지 파라메터의 값의 형식으로 지식에 대한 전문가 의견을 반영한다. 또 지식에 대한 기술적 이름, 정의, 간단한 요약과 지식의 소스에 대한 정보가 부착된다. 이 모든 정보는 분석을 도울 뿐 아니라 웹 소스로 내보내어져 도구에 의해 자동 분석이 될 수 있다.

인터뷰, 추출된 정보, 맵, 그리고 분석은 롤스로이스의 비지니스 영역을 향상시키게 된다. 이 연구는 매니저에게 지식 소스를 효과적으로 보호, 개발, 실행할 수 있는 옵션을 제공한다. 매니저의 옵션은 제기되는 도전에 대응하는 방법이며, 개별 지식 영역에 대하여 책임을 지울 수도 있다. 이 방법은 매니저가 지식을 소유하고 있는 전문가를 통하여 순향적인 지식 자원 개발을 하는 것을 장려한다.

출처: Cadas & Gordon(2008)

5장 지식공유

학습 개요 및 목표

지식공유의 목표는 조직 구성원이 중앙 집중화된 집합적 지식에 접근하여 활용할 수 있도록 하는 것이다. 인터넷 기술 특히 인트라넷은 가치 있는 지식을 조직 내에 영구히 저장하여 조직의 벽을 뛰어넘어 많은 사람들에게 공유될 수 있도록 만들었다. 이것은 지식을 행동으로 그리고 개인학습을 조직학습으로 전환시키는 전제 조건이며 지식전이와 지식공유의 전제 조건이다. 앞 장에서 본 것처럼 조직의 지식을 포착해 구조화하여 저장하면 형식적 지식의 공유 기반은 완성되지만 암묵적 지식의 공유는 개인 간의 상호작용을 통하여 일어난다. 따라서 지식공유는 조직의 구조, 문화, 그리고 정보기술이 적절한 환경을 갖출 것을 요구한다. 특히 노나카가 주장하는 다양한 형태의 '바'가 제공되어 지식소비자와 지식공급자 사이의 활발한 상호작용이 필수적이다. 조직의 지식경영이 성공하는가의 여부는 구성원의 지식공유와 활용에 달려 있으므로 지식공유가 촉진되거나 방해되는 요인에 대한 이해가 필수적이다.

이 장에서는 지식공유의 개념, 접근방법, 모드, 그리고 모델을 소개한다. 그리고 지식공유를 촉진하기 위해 필요한 조직 구조와 문화 그리고 정보기술의 활용에 대하여 살펴본다. 이 장의 구체적 학습 목표는 다음과 같다.

- 지식공유 개념을 이해한다.
- 지식공유 접근방법, 모드, 모델을 살펴본다.
- 지식공유 전략을 살펴본다.
- 지식공유를 위한 조직구조에 대하여 이해한다.
- 지식공유를 지원하는 조직 메커니즘을 살펴본다.
- 지식공유를 위한 조직문화에 대하여 살펴본다.
- 지식공유를 위한 정보기술에 대하여 살펴본다.

사례: Xerox의 Eureka 지식공유시스템

1990년대 중반 제록스(Xerox)의 PARC(Palo Alto Research Center) 연구소는 현장에서 기계를 수리하는 서비스 기술자 공동체를 지원하기 위해 지식을 포착, 주해, 공유, 업데이트하는 유레카(Eureka)시스템을 개발하였다. 유레카는 그동안 서비스 생산성과 고객 만족을 향상시키고 서비스 비용을 낮추었다. 현재 전 세계 2만 명의 제록스 기술자가 사용하고 있다.

유레카의 지식 구축은 사회적 실무를 바탕으로 하였다. 유레카 시스템은 기계의 문제를 파악하여 해결 방법을 제안한 서비스 기술자들이 제출한 "팁(Tips)"을 통하여 지식공유를 촉진한다. 이 팁들은 공동체의 모든 멤버들이 접근할 수 있고 향상시킬 수 있는 지식베이스로 구성된다. 유레카는 서비스 기술자가 지식을 공유하고, 5만 개가 넘는 팁의 지식베이스를 유지하는 것에 대한 동기 부여로 재무적 인센티브 대신 인정에 의존한다.

유레카는 처음에 PARC 연구팀과 제록스 프랑스 지사의 협력으로 엔지니어, 수학자, 컴퓨터 과학자 팀이 제록스 기계의 문제에 대하여 사용자를 최적의 해법으로 가이드하는 전문가시스템으로 개발되었다. 그러나 유레카가 흔한 문제에 대하여 표준적 해법의 전문 지식만을 제공하였기 때문에 기술자들에게는 유용한 진단 도구가 되지 못하였다. 기술자들이 원한 것은 흔하지 않은 어려운 문제에 대한 진단 방법이었다.

인공지능 팀은 기술자들이 서로 기계의 문제 진단과 해결 방법을 가르쳐 주는 데 어떻게 "전쟁이야기"를 사용하는지를 밝혀낸 PARC의 민족학 연구의 결과에 주목하게 되었다. 연구팀은 인공지능의 방향을 바꾸어 실무공동체 자체를 유레카의 전문가시스템으로 만들었다. 유레카의 효과성은 기술의 정교함에 있지 않고 사람들이 어떻게 그리고 왜 지식을 공유하는지에 대한 통찰력에 기인한다. 유레카 시스템은 기술자들 사이의 수평적 커뮤니케이션을 향상하는 기술적 인프라스트럭처뿐만이 아니라 프로세스와 실무를 제공한다. 유레카는 단순한 문제-원인-해법 구조의 사례로 구성된 지식베이스를 사용한다. 사례는 다른 문서나 그림에 연결되어 있으며, 관련된 팁을 찾는 매우 빠른 서치 프로세스를 제공한다. 또 새로운 팁을 검증하는 프로세스와 그 팁을 기술자가 오프라인으로 사용할 수 있도록 분해하는 인프라스트럭처도 포함한다.

각 기계의 문제에 대한 해결은 기계의 고장으로 인한 다운 타임(Down Time), 전문가 동원, 때로는 기계의 대체와 같은 것을 대신한다. 제록스는 유레카의 사용으로 수천만 달러를 절약할 수 있었고 또 고객과 직원의 만족을 가져올 수 있었다.

출처: http://www.parc.com/research/projects/commknowledge/eureka.html

1. 지식공유 개념

1.1. 지식공유 개념

지식경영에서 지식전이와 지식공유 두 용어가 혼용되고 있다. 지식공유와 지식전이를 거의 동일하게 사용하는 경우도 있지만 그 차이는 존재한다. 지식전이(Knowledge Transfer)는 기계적 용어로 누구에게 지식을 제공하는 것이고, 지식공유(Knowledge Sharing)는 개인 간이나 그룹 내 또는 그룹끼리, 개인과 지식베이스 또는 저장고 사이의 지식교환이라고 말한다. 또는 지식전이는 조직 또는 조직 단위 간의 지식교환으로, 그리고 지식공유를 개인 간의 지식교환으로 단순화하여 사용하기도 한다.

지식전이는 한 소스의 지식이 다른 소스로 이동되는 것이지만, 지식을 단순히 사용 가능하게 만드는 것은 지식전이가 아니다. 지식전이는 지식공유의 전제 조건이다. 지식전이는 경험, 교훈, 노하우와 같은 지식의 전달이며 전달된 지식의 사용이다. 지식전이는 지식의 전달과 흡수를 결합한 것이다. 학습이 이루어지고 수신자가 지식을 활용할 수 있도록 지식과 관련된 복잡함과 함축을 이해하였을 때 지식이 전이되었다고 한다. 즉 지식전이는 소스와 수신 단위 사이의 조직지식교환이며, 기여자가 수신자에 의해 사용되는 지식을 공유할 때 일어난다.

지식이 전이되고 공유되는 방법은 여러 가지가 있을 수 있다. 지식전이는 직접 함께 일하거나, 커뮤니케이션을 통하거나, 실습을 통한 학습을 하거나, 도제관계를 통하거나, 면대면 대화를 하거나, 지식을 절차에 삽입하거나, 멘토링을 통하거나, 문서 교환을 통하여 일어난다. 조직의 집합적 지식은 이해 당사자나 고객뿐만 아니라 회원들의 학습으로부터 수집된다. 지식전이는 지식 베이스나 저장고를 통해서만 일어나는 것은 아니다. 지식은 저장고에서 사람에게, 팀에서 개인에게, 개인 간에 전이된다. 지식전이는 협력적 기술 특히 인트라넷과 인터넷을 통하여 지식의 흐름을 향상시킨다. 커뮤니케이션 기술과 네트워크는 지식전이를 가능하게 하고 지식이 필요한 때에 언제라도 접할 수 있도록 보장한다. 어떤 경우이든 획득한 지식이 새로운 행동이나 부가가치를 낳는 학습이 일어나지 않으면 지식의 전이와 사용은 가치가 없다.

지식공유는 지식전이를 가능하게 한다. 지식전이의 목표는 지식공유, 협력, 네트워킹을 촉진하고 가능하게 하는 것이다. 지식공유는 희소한 자원, 새로운 통찰력, 새로운 전문 지식에 접근하고 지식의 교차 증식과 우수한 조직 환경을 창조하는 것이다. 지식공유의 목표는 지식을 행동으로 바꾸고 개인학습을 조직학습으로 전환하는 것이다.

지식공유는 개인지식을 조직 차원에서 가치를 창조하고 문제를 해결하는 데 사용할 수 있는 조직지식으로 전환하는 메커니즘을 제공한다. 지식공유는 조직 내에서 관련 지식을 다른 사람에게 가용하게 하는 능력이다. 또 지식공유는 개인과 개인의 상호작용이며, 이 상호작용을 통하여 한 개인은 자신의 지식을 조직 내의 다른 사람에게 이해될 수 있는 형태로 전환한다. 지식공유는 경험으로부터 얻은 사람들의 지식의 개인적 성격을 인식하는 것이다. 지식공유는 기존에 접근할 수 없던 지식을 맥락에 맞게 한다거나 접근할 수 있게 하는 것과 관련된다. 지식공유는 실무공동체를 만들어지게 하는 사회적 프로세스이다.

1.2. 지식공유 접근방법

지식공유 접근방법

조직에서의 지식공유에 대한 관점은 크게 둘로 나누어 볼 수 있다. 첫 번째 접근방법은 코드화 접근방법(Codification Approach)이다. 이 접근방법은 조직의 지식을 창조, 수집, 저장, 추출, 재사용이 가능한 객체로 본다. 코드화 접근방법은 조직의 지식은 효과적으로 관리하기 위해 코드화될 필요가 있다고 강조한다. 이 접근방법은 [그림 5-1]과 같이 중앙 지식저장고를 통하여 지식을 패키지화하여 전달하는 지식공유를 실현한다. 조직이 지식공급자(Knowledge Source)로부터 지식을 포착, 구조화, 코드화하여 저장하는 중앙 집중적 지식 베이스 또는 저장고를 만들어 인트라넷을 통하여 지식소비자(Knowledge Seeker)가 접할 수 있게 하고 또 지역적으로도 지식이 공유되게 한다. 이 접근방법은 전달자, 수령인, 도관, 지식, 환경 요소로 되어 있는 커뮤니케이션의 도관 모델(Conduit

[그림 5-1] 코드화에 의한 지식공유

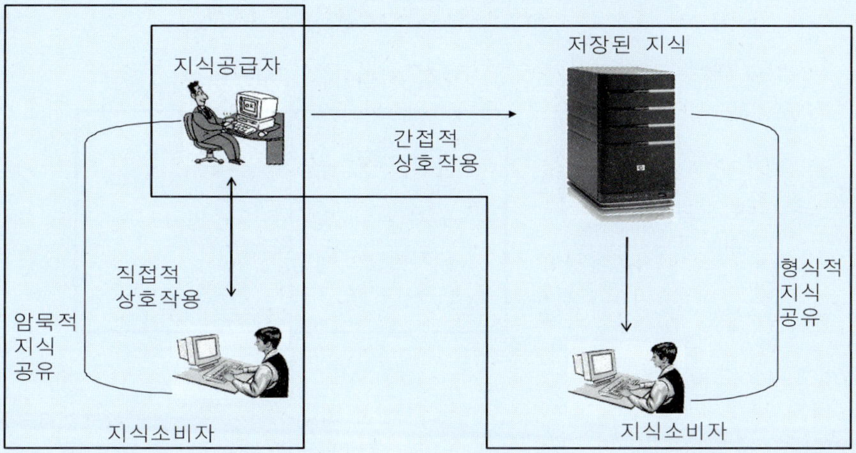

Model)을 사용하여 지식공유를 이해한다.

두 번째 접근방법은 개인화 접근방법이다. 이 접근방법은 지식의 사회학에 근거하여 조직의 지식은 사회적으로 개발되고 집합적으로 보유된다고 본다. 또 지식은 가단할 수 있고, 불확실성을 가지고, 업무와 사회관계에 내재되어 있다고 본다. 이 관점은 지식공유의 실제를 조직의 집합적 지식의 생산과 보존을 가능하게 하는 실무공동체(Communities of Practice; CoP)에 초점을 맞춘다. 또 조직의 개인적 지식 소스에 관하여 그래픽으로 지식맵을 만들거나 전문가 디렉토리 또는 옐로우페이지를 제공하여 지식이 전이될 수 있게 한다. 따라서 개인의 공동체에서의 정체성이 지식공유의 중요 요소이다. 또 스토리, 이야기(Narrative), 은유를 지식공유의 중요한 도구로 간주한다.

두 지식공유 접근방법은 두 가지의 다른 지식경영의 전략적 대안이다. 흔히 기업의 제품이나 서비스가 표준화되어 있으면 코드화 접근방법의 지식경영을 택하고, 기업이 혁신적이거나 맞춤 제품과 서비스를 창조하는 전략을 가지고 있다면 개인화 접근방법을 채택한다고 본다. 그러나 실제에서 기업의 지식경영은 두 접근방법을 균형 있게 적용하고 있다.

조직에서 지식경영은 두 접근방법이 동시에 다른 형태로 나타난다고 볼 수 있다. 하나는 지식경영이 전략적 및 계획적인 지식공유의 패턴의 실현으로 나타나는 계획적 지식

[그림 5-2] 지식경영 접근방법

		지식공유 성격	
		의도적 지식공유	창발적 지식공유
지식경영 접근방법	코드화 접근방법	중앙집중적 지식저장고	지역적 인트라넷/지식
	개인화 접근방법	지식맵 전문가 디레토리	CoP

출처: Heo & Yoo(2002)

공유(Deliberate Knowledge Sharing)이고, 다른 하나는 명시적이거나 의도된 계획 없이 새로운 패턴으로 발생하는 창발적 지식공유(Emergent Knowledge Sharing)이다. 계획적 지식공유는 조직이 표준화된 지식경영 접근방법을 소개하는 공식적인 하향식 지식경영 노력이고, 창발적 지식공유는 기업의 경영진이 이끄는 지식공유 전략을 기술적으로 채택하는 개인의 상향식 지식경영 활동에 초점을 맞춘다.

1.3. 지식공유 모드

성공적 지식경영 전략은 사람, 프로세스, 기술, 문화의 결합이다. 고성과 비지니스를 개발하는 데 필요한 다양한 전문 지식을 전파하도록 모든 글로벌 조직에 적용할 수 있는 유일한 지식공유 기법이나 접근방법은 없다. 그러므로 앞서 가는 조직들은 지식공유를 위한 여러 기법의 포트폴리오를 사용한다. [그림 5-3]과 같이 지식공유 기법을 지식공유 모드와 지식공유 프로세스의 형식성 정도의 결합으로 나누어 볼 수 있다.

지식공유 메커니즘 또는 미디어는 공식적이거나 비공식적일 수 있다. 회의나 멘토링 관계 또는 네트워크는 공식이거나 비공식일 수 있다. 공식 메커니즘을 통한 지식교환은 공식적 포럼이 있고, 공식 매체를 통한 지식 및 정보 공유는 문서, 인트라넷, 데이타베이스, 매뉴얼, 지침서 등을 이용한다. 비공식적 메커니즘을 통한 지식 및 정보 공유는 사회

[그림 5-3] 지식공유 모드

		형식성 정도: 비공식적/비구조적	형식성 정도: 공식적/구조적
지식전이 모드	라이브	• 멘토링/도제관계 • 전문가와 전화 통화 또는 회의	• 내부 컨퍼런스 • 훈련 프로그램 • 웹캐스트
	전자적	• 공유 파일 시스템 및 문서 저장 • 서치 엔진 • 전자우편 필터 및 개인화 도구	• 추천된 또는 요구된 방법론 및 프레임워크 • 전문가 시스템 • 특별 인트라넷 사이트

적 포럼 및 비공식화된 포럼, 사적 모임 및 네트워크, 개인적 컨설팅 등이 있고, 비공식적 미디어를 통한 지식 및 정보 공유는 개인 간 파일공유 시스템, 개인의 서치 엔진 사용과 개인적 커뮤니케이션 사용을 포함한다. 창발적 지식공유는 주로 비공식적 지식공유 메커니즘을 통하여 일어난다.

라이브 지식공유

많은 조직은 라이브 지식공유를 위해 상당한 투자를 한다. 가장 흔한 방법은 지속적 멘토링 혹은 도제관계를 통하거나 전화와 비디오 콘퍼런스에 의한 간단한 토의의 방법을 통한 전문가와 실무자들 사이의 사적 상호작용을 포함한다. 이러한 상호작용은 선임자가 후임자를 멘토링하는 것을 장려하는데, 사람들이 구체적 주제 분야 전문가를 찾는 데 도움을 주는 온라인 또는 인쇄된 전문가 디렉토리를 사용하는 기업 문화에서 가장 잘 일어난다.

사적 상호작용 이외에도 많은 지식 집약적 산업의 기업들은 공식 지식공유 기회들을 제공하고 있다. 가장 흔한 형식은 내부 콘퍼런스, 훈련 프로그램, 특정 분야 내의 경력자와의 만남이 있다. 이러한 제도에서는 흔히 시간을 들여 자신의 지식을 코드화하고 공유하는 전문가를 인정하고 보상해 준다. 이것은 전자적으로 전파되고, 그 결과 기업의 지적자산의 영구적 저장고의 역할을 할 자료의 개발을 촉진한다. 이러한 공식 제도에서의 전문가와 실무자가 개발하는 관계는 사람들이 자신의 지식을 일상 업무에 적용하려고 노력하면서 더 많은 사적 상호작용을 조장한다. 라이브 지식공유는 매우 효과적이나, 여행을 요구할 경우 비용이 매우 크다. 그러므로 대부분의 조직은 동시에 규모를 확장할 수 있는 지식공유의 전자적 수단을 사용한다.

전자적 지식공유

오늘날 사용 가능한 지식경영 기술의 많은 부분은 지식공유에 전자적 수단을 사용하는 데 초점을 맞추고 있다. 지식경영의 가장 기술집약적 부분은 지식 베이스 또는 저장고의 지식공유와 관련된다. 서치, 정렬, 필터링, 문서 전송, 전자 우편, 웹 콘텐츠, 다양한 유형의 사용자를 위한 데이타 등이 흔히 사용되는 기술이다. 정보를 필터링, 정렬, 재결합할 수 있게 하는 전자적 도구는 이 지식베이스의 소스를 생산하는 전문가들이 쉽게 조직의 지적자산에 접근할 수 있게 한다. 상당한 수준의 지식경영 프로그램을 가진 대부분의 전문 서비스 회사나 기업은 조직이나 웹에 있는 막대한 비구조적 정보를 마이닝(Mining)하기 위해 강력한 서치 엔진, 콘텐츠관리 시스템, 개인화 도구에 투자를 하고 있다.

서치 엔진이나 다른 전자적 도구가 특정 주제 분야에 관한 정보를 찾는 데는 효과적이지만, 이 도구들은 전문가의 사고 프로세스의 구조, 정밀성, 간결성의 특성을 가지고 있지 않다. 또 서치 엔진이나 전자우편 필터링 도구의 사용은 사용자 요구에 대해 어떤 결과를 가져올 것인지에 대해 통제나 예측을 할 수 없어, 조직은 이러한 도구를 특정 아이디어나 방법론을 촉진하는데 사용할 수 없다. 요약하면 서치 엔진, 전자우편 필터링과 같은 도구는 일반적 지식공유 도구이다. 그러므로 지식경영 이니셔티브를 실행하는 대부분의 조직은 더 공식적이거나 매우 정교한 지식공유 방법을 동시에 사용하고 있다.

1.4. 지식전이 모델

조직이 포착하여 코드화하였거나, 다른 방법으로 가용한 지식은 그것을 사용하여 가치를 창출하는 사람들에게 전이되지 않으면 쓸모없게 된다. 지식전이 프로세스에서 수신자는 팀, 그룹, 또는 개인이 될 수 있다. 지식을 전이하는 방법으로는 지식을 푸시(Push)하는 방법, 지식을 풀(Pull)하게 하는 방법, 그리고 교환(Exchange)하는 방법이 있을 수 있다.

지식 푸시

수신자가 능동적으로 찾지 않을 때에도 지식전이가 다른 사람이나 시스템에 의해 일어나는 것을 지식 푸시(Knowledge Push)라고 부른다. 지식 푸시는 알지 못하던 관련된 지식을 우연하게 알게 되는 이점이 있는 반면 맥락과 관계없는 지식을 방해하는 방식으로 전달하는 단점이 있다. 따라서 수신자의 의도와 상황을 이해하기 위해 사용자 모델과 업무 모델을 활용하여 지식 푸시를 하는 것이 바람직하다. 예를 들어, 수신자가 모르는 사이에 지식 푸시가 일어나는 것이 아니라, 사용자가 미리 배달 기준을 정하는 경우가 많다. 개인 사이의 지식 푸시는 복도에서 우연히 만난 직원과의 대화와 같이 우연하게 일어나기도 하고, 여러 가지 프로젝트가 어떻게 돌아가는지를 알려 주는 부서 회의와 같은 조직 활동에서도 일어난다.

정보기술은 지식 푸시를 두 가지 방법으로 지원한다. 전자우편이나 채팅(Instant Messaging)과 같은 일반적 커뮤니케이션 기술은 흔히 한 사람으로부터 다른 사람 또는 한 시스템에서 여러 사람들에게로의 지식 푸시를 기본적 형태로 사용한다. 마찬가지로 지식 포털은 그 자체는 지식 푸시 기술이 아니지만 첫 화면에 조직의 중요한 뉴스를 디스플레이하는 방법으로 지식을 푸시하기도 한다. 반면에 구체적으로 지식 푸시를 위해 개발된 기술도 있다. 예를 들면 디지털 도서관은 사용자에게 새로 나온 주요 정기 간행물을 사용자에게 뉴스레터로 알려 주는 서비스를 한다.

지식 푸시는 새로운 문서를 알려 주는 것과 같이 사건에 의해서나, 뉴스 레터와 같이 시간에 의해서 촉발될 뿐만 아니라 사용자 행동에 의해서 일어나는 경우도 있다. 예를 들면 워드 프로세서로 프로젝트 제안서를 작성하는 직원에게 회사 지식저장고에 관련된 배경 정보가 있다고 알려 주는 경우도 있다. 또 다른 예는 사용자가 현재 커뮤니케이션하고 있는 사람과 관련된 문서를 보여 주는 것이다.

지식 풀

지식전이가 지식을 찾는 사람 즉 지식소비자에 의해 시작되면 지식 풀(Knowledge Pull)이라 부른다. 지식 풀은 간섭하거나 방해받는 것이 아니라 스스로 업무와 관련된 숨겨진 지식을 찾는 것이다. 지식 풀은 면대면 만남에서 의도적으로 또는 우연하게 일어날 수 있다. 동료의 사무실에 찾아가는 것은 전자의 예이고, 공식 회의 후 휴게실에서 동료를 만나는 것은 후자의 예이다. 지식 푸시의 형태인 전문가의 강의 후에 이루어지는 질문과 답변 시간 동안에 지식 풀을 통해 지식전이가 일어나기도 한다. 비슷한 지식전이가 튜터링(Tutoring), 멘토링(Mentoring)과 같은 제도적 또는 공식적 지식전이 프로세스에서도 일어난다. 큰 조직에서 부서 간 지식전이가 잘 일어나지 않는 경우가 많다. 이것은 흔히 기술적인 이슈보다는 조직 문화의 문제일 수 있다. 이 문제를 해결하는 방법 중 하나는 지식 박람회를 여는 것이다. 이것은 주제나 프로젝트별로 구성된 비공식적 모임의 기본적인 구조를 제공하여 부서 간 지식전이를 촉진하는 것이다.

사람들 간의 대화는 지식전이의 직접적 방법일 뿐만 아니라 특정 주제 분야 전문가를 추적하는 방법으로도 중요한 것이다. 대화는 비공식적 네트워크의 진정한 가치를 드러낸다. 동료에게 아는 것을 묻는 것과 같은 직접적 연결뿐만이 아니라 동료에게 또 누가 알고 있는지를 묻는 것과 같은 간접적 연결을 활용하면, 잠재적 지식 소스의 수는 극적으로 늘어날 수 있다. 동료로부터 얻는 전문가에 대한 연결은 보통 그 전문가에 대한 배경 정보까지 얻게 되어 더 많은 정보에 근거한 선택을 하게 된다. 전문가에 대한 연결을 통한 지식전이는 정보기술의 지원으로 크게 도움을 받을 수 있다. 수작업으로 유지되는 직원 프로파일 기준의 단순한 옐로우 페이지에서 전문가 프로파일을 사용하는 정교한 시스템까지 다양한 시스템이 존재한다. 고급 시스템은 누가 어느 영역의 전문가인지를 파악 및 유지하기 위해, 또 지속적으로 업데이트된 추측을 하기 위해서, 직원이 만든 문서나 전자우편과 같은 소스를 분석하는 기능을 가지고 있다.

전자적 자원으로부터 직접 지식을 풀하는 것은 보통 지식추출이라고 부른다. 지식추출은 서치와 검색으로 일어난다. 사용자는 원하는 것을 찾을 때까지 체계적으로 링크를 따르는 것보다, 키워드를 입력하고 최선의 것을 찾기를 희망하는 방법을 지원하는 것이 서치이다. 사용자는 종종 효과적인 서치 쿼리를 만들지 못하므로 서치 도구의 기술적 향상이 필요하다. 반면에 검색은 가끔 지식소비자에게 더 나은 결과를 가져다주지만, 그렇게 되기 위해서는 지식제공자 쪽에서 더 많은 노력이 필요하다. 사용자가 검색을 더 효과적으로 할 수 있도록 하기 위해서는 지식저장고의 객체에 대한 구조적 정보를 제공하는 것이 필요하다. 이를 위해서 메타데이타, 택서노미와 같은 지식 분류 방법이 사용되고 있다.

실제에서 조직은 지식 푸시와 지식 풀의 두 전략 중 어느 하나만을 택하지는 않는다. 전자우편을 통한 약간의 지식 푸시는 사람들에게 배경 또는 맥락을 제공하는 데 도움이 된다. 그러나 필터링과 같은 정보 과부하를 피할 수 있는 메커니즘도 동시에 있어야 한다. 일반적으로 조직에게 더 중요한 것은 지식 풀 전략으로 항상 지식에 접할 수 있는 환경과 적시 지식공급 시스템이다. 이 전략은 조직으로 하여금 '알고 있는 것을 알게 하는' 것이며, 상당한 정보관리 능력, 새로운 조직구조, 새로운 지식노동자의 역할과 기술이 필요하다.

지식교환

지식교환(Knowledge Exchange) 모델은 지식생산자와 지식소비자 사이에 정보, 아이디어, 그리고 경험을 교환할 수 있도록 관계를 만들고 발전시킨다. 많은 조직은 지식교환이 지식전이를 위한 가장 이상적인 모델로 보고 있다. 지식전이의 교환 모델은 지식생산자와 지식소비자 사이에 정기적 정보, 아이디어, 경험의 교환 관계가 존재할 것을 요구한다. 따라서 지식전이를 위한 관계 형성이 중요하다.

지식전이는 조직 생활의 일상이다. 개인이 어떤 문제에 당면할 때 옆 사람과 논의하는 것은 편의에 의한 것이고, 그것에 만족하기 때문이다. 그 문제로 조직 전체에서 최고 전문가나 가장 박식한 사람을 찾지는 않는다. 이것은 제한된 합리성(Bounded Rationality)으로 설명된다. 제한된 합리성은 모든 대안과 그것의 결과에 대한 개인지식의 인간적 한계를 인식하는 개념이다. 바라는 것은 이웃 사람으로부터 '충분히 좋은(Good Enough)' 정보를 얻는 것이다. '충분히 좋은' 관점은 최적화가 아니라 만족을 의미한다.

1.5. 지식공유 전략 선택

지식경영은 공식화된 지식전이를 의미하며 성공적인 전이를 위한 구체적 전략이 요구된다. 지식전이에서는 사람들의 태도와 철학이 중요하며, 선례가 사고를 대신하도록 하여서는 안 된다. 지식이 포착되고 코드화되면 그 다음 단계는 조직에서 다른 사람에 의해 사용되도록 전이하는 것이다. 모든 업무에 맞는 가장 좋은 지식전이 방법은 없다. 지식전이 방법은 문제의 성격, 전이되는 지식의 유형, 그리고 지식전이의 장애와 같은 요소에 달려 있다.

성공적 지식전이는 그 소스, 사람, 프로세스에 대한 이해가 전제되어야 한다. 이것을 아는 것은 어떤 도전이 존재하는지, 어디에 존재하는지, 어떻게 사회적 맥락이 지식전이 노력에 영향을 주는지를 확인하는 데 도움이 된다. 지식 소스 즉 지식공급자의 특성으로는 지식 소유권의 상실, 특권 의식, 공유에 대한 보상 부족 등에 의한 동기 부족이 있을 수 있다. 또 지식 소스가 믿을 만하지 않거나, 신뢰성이 부족하거나, 지식이 풍부하다고 보이지 않을 경우 지식전이는 어렵다.

지식전이 방법 선택에서 고려해야 할 것 중 한 가지가 문제의 성격이다. 어떤 문제는 정기적으로 일어나는 반면에 다른 문제는 비정기적으로 일어난다. 어떤 문제는 복잡하고 중요하며, 다른 문제는 기본적이며 여유가 있다. 또 어떤 문제는 제약의 결합으로 되어 있을 수 있다. 비정기적이고 빈번하지 않은 성격의 문제는 경험에 의해 해결하는 것이 일반적이다. 경험 있는 사람의 암묵적 지식이 말로나 행동으로 전달되게 하는 것이다. 지식전이 방법 선택에서 고려하여야 할 다른 요소는 전이되는 지식의 특성이다. 어떤 지식은 다른 지식보다 전이가 쉽다. 그러나 개인의 암묵적 기술, 정보의 집합적 성격, 지식이 사용될 맥락의 특수성(언제, 왜 그 사례가 잘 적용될지에 대한 모호함) 때문에 정의하기 어려운 실무를 전이하는 것은 어렵다.

지식전이의 맥락적 특성도 고려하여야 한다. 지식전이를 조장하는 맥락은 공식적 조직 구조 및 시스템, 조정과 전문성의 소스, 그리고 어떻게 이들을 움직이게 만드는가에 달려 있다. 지식 소스와 수령자 사이의 커뮤니케이션이 부드럽고 전반적 관계가 친밀하면 지식전이는 잘 이루어진다. 또 사회적 맥락의 한 관점이 문화와 문화의 유사성 또는 차별성이다.

효과적인 지식의 공유는 여러 가지 요소로 가능하지만, 조직 구조, 조직 문화, 정보기술의 세 분야로 나누어 볼 수 있다. 지식공유가 촉진되려면 조직은 지식전이가 자유롭게 일어나는 조직 구조와 메커니즘을 제공하여야 한다. 조직은 지식공유를 위한 공식 및 비공식적 미디어, 공간, 시간을 제공하여야 한다. 지식공유를 기꺼이 하는지 아니면 꺼리는지의 상당 부분은 조직 문화와 관련이 있다. 지식공유를 막는 요소를 줄이고 동기를 부여하기 위해 인센티브를 마련하여야 한다. 또 지식공유에 대한 측정을 통해 지식경영에 대한 평가를 하여 지식공유를 촉진할 수 있다. 정보기술은 지식공유의 기회를 증대시킨다. 큰 조직의 인트라넷을 통한 전자적 포럼에서 신입 직원은 과거 토론을 검색하여 토론될 이슈에 대하여 익숙하게 되고, 주요 의견, 태도, 그리고 조직 문화에 대한 느낌을 얻을 수 있다. 그러나 정보기술이 암묵적 지식의 전이를 하는 데는 한계가 있다.

2. 지식공유 조직

2.1. 조직 구조와 지식공유

조직 활동은 직원의 개인지식은 물론 조직지식을 수집하고 공유하는 것을 포함한다. 지식노동자가 자신의 지식자원을 공유하는 정도는 조직의 구조, 문화, 프로세스에 달려 있다. 사회적 관점에서 보면 지식공유 활동은 일반적으로 개인의 일부분인 인지적, 감정적, 행동적 특성과 연관되어 있다. 좀 더 자세히 말하면 지식공유에 대한 개인의 행동은 지능, 인식, 야망, 상호성, 동기, 협력 및 커뮤니케이션 능력과 같은 요소에 따라 다르다. 지식공유 행동은 지식노동자의 기능적 역할, 전문적 멤버십, 또는 계층적 지위, 사회 환경뿐만이 아니라 자신의 능력, 역량, 지식을 생각하고 평가하는 방법에 의하여 발달된다.

조직의 구조와 노동, 권한의 분할도 개인의 지식공유 행동에 영향을 미친다. 조직의 지식공유와 관련한 요소는 (조직의 지식노동자들 사이에서 만들어진) 공통의 목적의식, 지식노동자의 팀 동질성 및 몰입, 공유된 코드, 가치, 목적의 존재, 특정 조직 문화를 포함한다. [표 5-1]은 앞에서 언급한 지식노동자의 지식공유 활동에 영향을 미치는 요소들

[표 5-1] 지식공유 행동 요소

개인 차원	조직 차원
지능	구조와 노동의 권한 및 분할
인식	기능 역할
야망	팀 동질성 및 몰입
상호성	안전
동기	공통의 목적의식
협력 및 커뮤니케이션 능력	공유된 코드, 가치, 및 목적
	조직지식 문화

을 개인과 조직 차원으로 나누어서 분류한 것이다.

조직 맥락에서의 지식은 사람에게서 나온다. 조직지식이라는 용어는 지식을 창조하는 것이 조직이 아니라 사람이라는 은유이다. 경영자의 역할은 구체적 상황에 지식을 적용하는 직원 개개인을 조정하는 것이다. 직원을 지식공유 행동과 지식 또는 역량의 범위에 따라 분류할 수 있다. 직원 유형의 첫째 차원은 지식 역량으로, 개인을 높은 역량을 가진 자와 낮은 역량을 가진 자로 나눌 수 있다. 직원 유형의 두 번째 차원은 지식공유의 정도로, 조직에서 다른 사람에게 지식을 제공하려는 사람과 지식을 제공하지 않으려는 사람으로 나눌 수 있다. 지식 역량이 낮거나, 지식 역량이 있으면서도 지식공유 의도가 적은 직원의 행동을 바꾸도록 만드는 환경의 변화를 이끌어야 한다.

지위와 지식공유

사람들은 누가 지식을 주는가에 따라 지식, 정보에 대한 행동을 결정한다. 지위는 그룹 또는 조직에서 다른 동료 직원들과 비교한 개인의 위치를 말한다. 지위와 지위 상징(타이틀, 사무실 크기, 사무실 위치 등)은 개인 및 그룹의 행동에 영향을 미치는 중요한 관리 요소이다. 조직 구성원에게 지식공유를 거스르게 하는 가장 큰 자극은 계층기반 지식 접근방법(Hierarchy-based Knowledge Approach)과 관련되어 있다. 예를 들면, 지식 소스의 지위가 아이디어의 질보다 더 중요하다는 생각에서 신입 직원은 상사가 자신이 내놓으려는 지식을 받아들이지 않거나 관심을 가지지 않을 것으로 판단하는 경우가 있다. 이러한 태도는 상호성과 신뢰의 향상을 통하여 바꿀 수 있다.

지식공급자의 지위를 고려하고도 전이된 지식을 사용하지 않는다면, 지식 공급자를 존경 또는 신뢰하지 않거나, 지식이 중요하지 않다고 보거나, 자만심 또는 관심 부족, 시간 부족 등의 이유가 있을 것이다. 이런 일이 일어나면, 지식이 자유롭게 공유된다는 것만을 보여 주기 위한 지식전이는 의미가 없다. 지식이 신뢰할 만하고 높은 프로파일의 공급자에게서 전이되면 그 지식의 품질을 기대하며 사용하도록 촉진할 수 있다. 그러나 항상 그러하지는 않다. 지식전이가 잘되는지의 여부는 멤버십, 현장 훈련, 직무순환, 그리고 직무 경험의 방법, 시간, 기간을 정하는 커리어 패스 등의 요소에 영향을 받는다. 지식전이가 직원과 조직의 절차에 영향을 준다면 지식전이 기술이 중요한 요소이다.

사람들은 가까운 곳에서 지식을 찾지, 최고의 지식을 찾지는 않는 경향이 있다. 지식

전이를 하려면 사람들이 관심을 보이고, 시간을 들여서 아이디어를 교환할 만남의 장을 찾아야 한다. 협력, 조정, 협동의 자발적 정신이 지식전이의 강력한 동력이다.

지식공유 공동체

지식노동자의 등장으로 많은 조직은 또 다른 전환을 하게 되었다. 이제는 많은 산업에서 복잡한 상호작용이 요구되는 일이 급속하게 증가하고 있다. 최근 추세는 관행적이고, 비창의적 상호작용으로 특징지어지는 거래적 상호작용에서 모호함을 다루고, 경험 또는 암묵적 지식에 기초하여 문제를 해결해야 하는 복잡한 상호작용으로 이동하고 있다. 많은 조직은 암묵적 지식노동자가 증가하고 비공식적 지식전이가 중요해짐에 따라 실무공동체를 그 해법으로 보고 눈을 돌리고 있다.

조직은 변화에 빠르게 대응하고 조직 성과를 높이는 조직 구조를 유지하고, 자유롭고, 빠른 커뮤니케이션과 지식 공유와 창조를 위한 네트워크 구조를 개발하여야 한다. 이것은 공식적, 계층적 구조를 유지하면서도 융통성의 차원을 추가하면 가능하다. 많은 조직은 지식공유를 촉진하기 위하여 조직 구조가 조직 내·외의 경계를 뛰어넘는 공유와 협력을 장려하는 융통성을 갖도록 설계하고 지원한다. 구체적으로 공식적 조직구조와 비계층적 자기 조직화(Self-organizing) 조직구조를 결합하여 지식창조와 공유를 향상시키려 한다.

전통적 기능별 조직에서는 부서 간의 인적 연결이 적어 문제 해결을 위한 자문이나 협력을 위한 접촉이 적다. 그러나 오늘날 많은 조직은 지식공유를 촉진하기 위하여 공식 및 비공식의 공동체 활동을 장려한다. 특히 실무공동체는 정보의 전이뿐만 아니라 우수사례, 포럼, 텔리컨퍼런스, 프로젝트의 동료협조 또는 동료리뷰(Peer Review) 방법 등으로 지식을 공유한다. 조직은 흔히 지식이 공유되는 과정에서 그 지식을 포착하여 접근이 가능하도록 한다.

실무공동체는 조직의 지식창조와 지식공유 네트워크이다. 사람들이 공통의 관심 영역에 관하여 상호작용을 하는 실무공동체에서는 코디네이터(Coordinator)가 전문가와 지식노동자 사이의 연결을 만들고자 노력한다. 실무공동체는 공식 또는 비공식으로 운영될 수 있으며, 조직은 전략적 영역에 관련된 실무공동체를 발굴, 설립, 지원하여 조직의 자산으로 만들 필요가 있다. 실무공동체에 대해서는 9장에서 자세하게 논의한다.

2.2. 지식전이를 위한 조직적 지원

암묵적 지식전이 지원

암묵적 지식의 전이는 형식적 지식의 전이보다 어려울 뿐만 아니라 시간도 더 걸린다. 암묵적 지식전이의 문제 중 하나는 암묵적 지식에 접하는 것 자체가 어렵다는 것이다. 암묵적 지식을 흡수하는 가장 좋은 방법은 암묵적 지식이 사용되는 현장에 있는 것이다. 암묵적 지식은 일반적으로 가르칠 수도 없다. 시간이 들여서 습득하는 수밖에 없다. 이것은 순환근무, 직무훈련, 재훈련, 현장학습을 통해 이루어진다.

조직에서 순환근무는 조직지식의 공유를 촉진하는 효과적인 제도이다. 직원은 자신의 직책 또는 다른 직책과 관련한 지식을 습득한다. 순환근무를 통해 직원들은 문제를 다루거나 의사결정을 할 때 상황을 자신의 관점뿐만이 아니라 다른 관점에서도 고려할 수 있게 되어, 더 편안하게 효과적인 의사결정을 할 수 있다. 더욱이 순환근무는 직원들에게 공통된 토픽을 만들게 하고 조직지식을 효과적으로 공유하는 것을 촉진한다. 또 신입 사원뿐만이 아니라 기존 직원에 대한 훈련도 조직지식공유를 향상시키는 효과적인 제도이다. 코칭도 어느 정도는 도움이 된다. 실무공동체도 암묵적 지식전이의 기회를 제공한다.

형식적 지식과 달리 암묵적 지식은 전자적 전이가 실제적으로 불가능하다. 현장의 즉흥적 의사결정, 현장의 역학 및 발견적 교수법(Heuristic)의 흡수, 새로운 지식베이스 개발 등을 통해 암묵적 지식전이가 이루어진다. 암묵적 지식의 전이는 지식이 머리에 축적되는 복잡한 프로젝트에서 일어난다. 암묵적 지식을 전수받는 팀은 장소, 경험, 기술, 문화에서 다른 전수 팀과는 차이가 있다. 따라서 전수받은 지식은 전수받는 팀에서 사용하는 언어와 콘텐츠로 수정된다. 사람들 사이의 다양한 종류의 커뮤니케이션 중에서 이야기(Narrative)가 암묵적 지식을 전달하는 데 효과적이다. 추상적 추론과 달리 스토리텔링은 감정에 호소하고 사람들이 직감적으로 포착할 수 있는 방법으로 태도와 같은 암묵적 지식의 요소를 전달한다.

팀의 지식전이 방법 중 하나는 구성원들 사이의 순차적 전이이다. 순차적 전이는 한 가지 업무에 전문화된 팀이 다른 지역에 가서 똑 같은 업무를 수행하는 방법으로, 가장 쉽고 단순한 지식전이 방법이다. 한 팀에서 다른 팀으로 지식전이가 일어나는 것뿐만 아니라 같은 팀의 회원들 사이에서도 지식전이가 일어난다. 이러한 지식전이에서는 협동이 일어나며 개인적 지식이 아니라 집합적 지식에 초점을 맞추게 된다. 팀이 하나의 과제를 수행할 때마다 각 멤버는 자신의 독특한 경험을 팀에 전이하여 그 결과가 전체 프로세스에 통합되도록 한다. 새로운 팀의 지식이 집합적으로 평가되고 재설계되어 팀은 다음 과제에서 더 효과적으로 기능을 수행할 수 있게 한다.

비공식적 지식전이 지원

지식은 활동이 일어나는 지점에서 전이된다. 조직에서 가장 효과적인 지식전이 채널은 면대면 회의이며, 가장 보편적인 제도적 또는 비공식적 모임이다. 조직의 구성원은 아이디어를 교환하고 문제를 논의하기 위하여 회의를 한다. 예상하지 못한 사건을 만나면 비정기적 회의를 갖기도 한다. 회의에서는 개인의 지혜와 지식을 모아 문제 해결 방법을 찾고자 한다. 지식전이는 교육과 훈련을 지원하거나, 고객 상담원이 상담을 지원하면서도 일어난다.

지식경영이 공식적 전이를 계획하지만, 즉흥적이며 비구조적 지식전이가 기업의 성공에 큰 역할을 한다. 전통적 경영자의 태도는 직원이 다른 것에 신경 쓰지 않고 일에만 몰두하도록 하는 것이다. 암묵적 지식의 공유를 향상시키기 위해 휴게실이나 비공식 클럽과 같은 비공식적 장소나 그룹을 조직 내에 두려 한다. 냉각수나 자판기가 있는 휴게실, 카페테리아, 엘리베이터 부근, 또는 복도에서 토의 또는 긴 회의를 하는 것을 장려하지 않는다. 그러나 직원들은 그러한 장소를 정보 또는 의견 교환이나 문제 해결의 장으로 사용하였다. 지식경영에서는 위와 같은 상호작용을 장려한다. 즉흥적인 짧은 만남이 아이디어를 창조하고 의견을 교환하는 길을 열어 준다. 그것이 새로운 문제 해결의 잠재력을 가지고 있고 독특한 결과를 생산할 수 있는 의견교환을 만드는 방법이다.

사람들 사이의 지식 및 정보 공유 방법을 구분하기 위하여 공식 또는 비공식 지식공유 미디어 대신 '플랫폼(Platform)' 또는 '장(Arenas)' 개념을 사용하기도 한다. 예를 들어 노나카와 코노는 '바(Ba)'라는 용어를 지식창출의 기초가 되는 공유된 공간 개념으로 사용한다. 또 새로이 만들어지는 관계를 위한 공유된 공간은 물리적·가상적·정신적 결합, 또는 이들의 결합일 수 있다. 물리적 공간의 예는 사무실과 분산된 사무 공간, 가상적 공간의 예는 전자우편과 텔리컨퍼런스, 정신적 공간의 예는 공유된 경험과 아이디어가 있다.

조직 간 지식전이

많은 기업들은 고객들이 온라인으로 노하우에 직접 접속할 수 있는 외부 지식공유 서비스를 제공하고 있다. 세계은행(World Bank)의 지식공유 전략은 처음부터 외부 공유를 명확히 하고 있다. 세계은행은 노하우와 경험을 내부 직원들뿐만 아니라 세계의 고객, 파트너, 이해관계자들이 접속할 수 있게 하였다. 외부 지식공유는 내부 공유 프로그램보다 기밀 보장, 지적재산권과 같은 복잡한 이슈와 개인 기업의 경우 재산권 보호 문제와 같은 위험 요소에 노출된다. 지식경영의 추세는 지식공유 프로그램이 내부 직원에 초점을 맞추던 것에서 공급자, 비지니스 파트너, 고객을 포함하는 외부 지식공유로 폭을 넓힐 것으로 예측되며, 많은 미래지향적인 기업에서는 이미 실행되고 있다.

기업 합병은 조직 간 지식공유와 관련하여 독특하고 어려운 도전이다. 기업 합병 이후 효과적 지식공유의 욕구와 필요성은 높으나, 새로이 결합한 두 기업의 지식공유는 쉽지 않은 과제이다. 그것은 두 기업 간에 공유된 맥락이나 상대에 대한 지식이 부족하기 때문이다. 조직의 지식은 오랜 시간 동안 반복적 행동을 통하여 축적되어 조직의 관행으로 만들어진다. 그러므로 한 조직의 지식은 그 관행에 익숙하지 않은 조직에게는 신비롭게 보일 수 있다. 또 기업 합병 후 지식공유가 어려운 것은 흡수 능력이나 관련된 지식이 부족하기 때문일 수도 있다.

3. 지식공유 문화

조직 문화는 조직이 지식을 효과적으로 관리하는 데 핵심적 역할을 한다. 지식경영과 관련한 조직 문화는 분명한 조직 비전 및 목표, 신뢰, 사회적 네트워크이다. 조직의 비전은 명확한 조직의 목적을 제시하여 바라는 미래의 목표를 성취할 수 있게 한다. 분명한 조직 비전과 목표는 직원들의 참여와 기여를 이끌어 내는 데 중요한 역할을 한다. 명확한 조직 비전과 목표와 함께 신뢰와 공개성의 조직 문화는 직원의 능동적 지식공유를 촉진한다. 개인 또는 그룹 간의 커뮤니케이션, 대화, 상호작용은 직원들의 지식 활동을 지원하고 장려하는 데 중요하다. 특히 공식 및 비공식 관계와 접촉은 다른 관점과 지식을 공유하는 데 중요하다.

3.1. 지식공유 문화 개념

문화는 조직 사람들의 공유된 가치, 믿음, 실무로 정의된다. 문화는 미션과 같은 조직의 가시적 요소들에 반영된다. 문화는 사람들의 행동, 서로에게서 기대하는 것, 서로의 행동을 이해하는 방법에 내재되어 있다. 문화는 조직의 핵심 가치에 뿌리를 두고 있다. 이러한 문화에 대한 정의에 따르면, 지식공유 문화를 가진 조직에서 사람들은 강요에 의해서가 아니라 자연스럽게 아이디어와 통찰력을 공유한다. 사람들은 서로에게서 그것을 기대하고 아이디어를 공유하는 것이 바른 행동이라고 본다.

지식경영 도입 초기에 많은 글로벌 기업들이 전 세계에 산재해 있는 직원들의 지식공유를 위해 정교한 웹 사이트를 구축하여 운영하였으나 문화의 벽에 부딪혔다. 그 원인은 지식공유가 좋은 아이디어인 줄은 알지만 실제로 시간을 내어 실행하는 데 시간을 들이지 않았기 때문이다. 지식공유를 지원하는 문화를 가진 조직은 다음과 같은 특성을 가지고 있다.

- 지식공유와 실제 비지니스 문제 해결 사이에는 명확한 연결이 존재한다.
- 지식공유는 조직의 기존 가치에 밀접하게 연결된다.
- 조직은 조직의 전반적 스타일과 일치하는 방법으로 지식공유를 지원하는 접근 방법, 도구, 구조를 도입한다.
- 지식공유 활동은 사람들이 일상에서 사용하는 기존 네트워크 위에 구축된다.
- 지식공유에 적극적으로 참여하는 사람들의 동료와 상사는 지식공유를 지원, 노력, 압박한다. 경영자의 적절한 수준의 지원 및 관여가 있다.

미국생산품질센터(American Productivity & Quality Center; APQC)의 파트너 기업을 대상으로 한 서베이에서 발견한 중요한 결론 중 하나는 지식경영에 대한 접근방법과 몰입이 아무리 강하다 해도 기업의 문화가 더 강하다는 것이다. 강력한 지식공유 문화를 촉진하는 데 성공한 기업들은 기업 문화를 지식경영 접근방법에 맞도록 바꾸려고 하지 않는다는 것이다. 기업들은 기업 문화에 맞도록 지식경영 접근방법을 만들어 갔다. 조직은 지식을 공유하는 데 단 하나의 올바른 방법만 존재하는 것이 아니므로 조직의 가치와 스타일에 의존하는 여러 가지 방법을 사용하여야 한다는 점을 적극 활용하여야 한다.

조직에는 조직 전체의 문화뿐만이 아니라 하위문화가 존재한다. 이 하위문화가 때로는 조직 문화와 아주 다를 수 있다. 지식경영 문화의 하위문화로서의 지식공유 문화는 지식공유를 촉진하거나 저해하는 문화를 말한다. 지식전이를 막는 조직적 또는 문화적 요소가 있다. 지식노동자가 지식공유에 참여하기를 꺼리는 이유는 전반적 사회-문화적 맥락에 대한 자신의 믿음과 관련된 요소에 기인한다. 이러한 믿음은 쉽게 널리 표현되지 않는 암묵적 지식의 일부라 볼 수 있다.

3.2. 지식공유 촉매 요소

지식공유의 동기는 긍정적 강화(Postive Reinforcement)와 부정적 강화(Negative Reinforcement)에 의해 자극될 수 있다. 따라서 지식공유를 촉진하기 위해서는 왜 개인 또는 그룹이 지식공유에 소극적인지를 파악하여야 한다. 지식공유에 부정적인 개인의 심리적 및 행동적 요소는 여러 가지가 있다.

- 지식은 힘이다 - 지식이 힘이라면 인센티브 없이 그것을 남에게 주는 것을 기대하기 어렵다. 이것은 조직에서의 개인이 자신의 위치를 강화하려는 심리적 동기에 근거한다. 조직 내의 경쟁이 심할 때에는 지식을 축적만 하려는 경향이 더 강해진다.
- 지식공유는 신뢰가 필요하다 - 개인은 지식을 축적하는 데 많은 시간, 자원, 에너지를 들이므로 자신의 지식을 다른 사람에게 줄 때는 상대방이 신뢰할 만한가와 지식공유가 상호적일 가능성이 있는지를 확인하려 한다. 지식 수요자도 지식의

질에 대한 신뢰가 있어야 사용하려 할 것이다.

- 지식노동자의 특성이 영향을 미친다 – '여기서 발명되지 않았다'는 생각에 의한 동기 부족과 새로운 지식에 대한 가치를 이해하고 소화하여 성공적으로 활용하는 능력이 부족하면 지식공유는 어렵다. 개인이 새로운 지식의 활용을 포기하고 현 상태로 돌아가지 않고, 성공하도록 하는 인내가 부족하여도 지식공유는 실패한다.
- 지식공유는 시간이 드는 일이다 – 업무를 하는 시간을 내어 동료를 돕거나 지식경영 도구를 이용하여 지식을 코드화하는 것은 인센티브가 없으면 기대하기 어렵다.

'지식은 힘이다'라는 딜레마는 많은 경우에 지식공유의 부정적 강화의 자극 요소가 된다. 이것은 지식공유가 전문가로서의 필요 불가결 요소에 대한 위협으로 인식되기 때문이다. 지식포착과 관련하여 이러한 믿음에 대한 대응은 어떤 기술도 인간의 지적 자원을 대체할 수 없다는 원칙에 근거하여야 한다. 또 지식노동자는 종종 보안과 비밀 보장에 관한 신뢰의 부재로 지식공유 활동을 꺼린다. 신뢰의 부재는 지식노동자가 자신의 지적자산의 남용 또는 상실을 두려워하기 때문에 중요한 지식공유의 장애가 된다. 이러한 문제를 해결하기 위해서는 관련된 절차를 잘 입안한 보안 프로토콜에 따라 검토하여야 한다.

문화, 언어, 지식 공급자의 지위, 장소의 불일치 등이 성공적 지식공유를 위한 신뢰의 존재 여부를 결정한다. 지식공유의 주요 성공 요소는 사람들이 사용하는 언어이다. 공유된 언어는 참여자들 사이의 신뢰를 높인다. 사람들은 사적인 지식을 공유하면서, 그 보답이 내적으로 보람 있다고 느껴야 신뢰를 구축한다. 더 많은 사람이 서로를 평가하고 상대의 입장에 대한 이해를 하면, 더 쉽게 얼마나 서로를 신뢰할 것인지를 결정할 수 있다. 지식노동자가 자신의 기여가 동료에게 중요하지 않거나 도움이 되지 않을 것으로 느껴서 오해, 오판, 좌절을 겪을 수 있다. 이러한 태도는 부정적 비판, 명성과 존경의 상실에 의해 증폭될 수 있다. 사용자 프로파일의 유지와 전체 조직 차원의 언어 사용이 이러한 문제 해결을 위한 주요한 기술적 요소이다.

지식공유에 대한 반대는 조직의 흡수 능력과 관련될 수 있다. 즉 지식노동자가 적절하게 직접적으로 활용 또는 재사용할 수 없는 지식에 대하여, 이해하기 위한 시간과 노력을 들이려는 태도를 갖지 않는 경우이다. 사용자에게 우호적인 인터페이스나 상호작용적 요소의 도입이 이러한 문제를 해결하는 가장 좋은 방안이다. 또 이러한 장애를 극복하기 위해서 지식노동자는 표현되는 정보의 형식과 콘텐츠에 대해 충분히 인지하고 있어야 한다.

내재적 동기의 존재와 지식공유에의 높은 참여 사이에는 강한 연관 관계가 있다. 지식공유는 위에서 언급한 부정적 자극의 제거 이외에도 긍정적 자극의 수립과 실행을 통하여 더욱 장려될 수 있다. 이러한 목적으로 관여된 개인 및 그룹의 사회적 아이덴티티에 대한 존경, 그들 사이의 건설적 관계 수립, 조직 필요성에서의 그들의 관점 조화는 긍정적 강화의 인센티브가 된다. 이러한 행동은 지식노동자의 실무공동체 소속감을 향상시키고 공유된 목적의 인식을 배양할 수 있다. 프로젝트나 업무를 지식노동자의 이해를 고려하여 할당하는 것도 지식노동자의 능력이 도전받으면서 개발될 수 있으므로 우호적 경쟁을 유발한다. 그러한 할당은 직원을 자극하고 향상된 창의와 성취감을 일으킨다. 자신이 하는 일로부터 고무된 사람이 강한 협동기술을 개발하며 더 자발적 동기를 가지고 생산적이라는 것은 잘 알려진 사실이다. 지식공유가 사용자 프로파일을 유지하고 전반적 프로세스의 진화를 모니터링할 도구를 제공하는 컴퓨터 기반의 협동 플랫폼에 의해 지원될 때 이러한 인센티브는 더욱 효과적이다.

이상에서 언급한 부정적 및 긍정적 강화는 조직의 지식공유 문화를 배양하는 데 촉매 역할을 할 수 있다. 이러한 맥락에서 그러한 문화는 연대, 상호성, 헌신, 상호 신뢰, 공유된 코드(Code), 가치, 목적에 기초를 두고 있다. 이러한 것들은 실무공동체의 결합력을 향상시키고, 공유된 목적을 가졌다는 느낌을 키운다. 공통의 언어와 이해를 개발하는 것도 필수적이다. 적절한 온톨로지 정의와 지식공유 공동체의 회원들 사이에서 일어나는 협동이 자연스럽게 될 수 있는 도구의 개발은 지식경영시스템 개발자의 기본적 과제이다. 공동체에 대하여 헌신하는 기분은 그 기분이 개인 자신의 아이덴티티와 일치할 때 더욱 강화된다. 또 사회적 관계와 개인 상호 간 상호작용에 내재된 모호함의 역학이 그룹에의 소속감을 장려하고 강화한다. 지식노동자가 그들 사이의 상호작용과 상호의존성을 확립하는 것은 자신의 아이덴티티, 상호관계, 헌신의 정도를 높여서, 자신이 동료들에 의해 (의식적으로나 무의식적으로) 조종된다는 느낌을 없애 준다. 모든 지식노동자가 협동에 대해 유사한 태도를 갖게 함으로써 자신의 개인지식을 다른 동료와 같은 정도로 공유하고 있다는 느낌을 갖게 하는 것은 중요한 이슈이다. 따라서 상호성은 품질과 효능

[표 5-2] 지식공유 촉매 요소

부정적 요소	긍정적 요소
• 계층기반 지식 접근방법 • 공유할 지식의 저평가 • 부정적 비판 및 명성과 존경 상실 • 공유된 지식의 조작 • '지식은 힘이다' 딜레마 • 문헌 재산 남용 또는 상실 • 받아들이는 능력 부족 • 보안 및 기밀 부재	• 건설적 관계 수립 • 사회적 및 개인적 아이덴티티 존중 • '공유된 목적' 인식 배양 • 공통된 언어와 이해 • 역할과 범위의 명료화 • 명성 쌓기 • 관심에 따른 과업 할당 • 측정과 협력에 대한 보상 • 연대 및 헌신 • 지식공유 문화 개발 • 직원과 기술 사이의 능력 구분 • 공유된 코드, 가치, 목적 • 상호성 • 헌신 • 신뢰

에 관한 한 개인의 노력은 줄여 주고 작업 조건은 향상되도록 하는 배경에서 고려되고 활용되어야 한다.

지식공유는 긍정적 강화와 부정적 강화에 의해 자극될 수 있다. 이러한 강화는 지식공유의 촉매로 작용하도록 조직의 문화와 지식경영시스템에 내재화되어야 한다. 부정적 강화는 처벌이 아니라 추가적 노동 또는 필수적 정보의 부재와 같은 거스르는 자극을 제거하는 프로세스로 이해되어야 한다. 반면에 긍정적 강화는 개인 또는 그룹의 역량, 업무 능력, 협동, 창의적 실수와 같은 좋은 점에 대한 수용 및 보상으로 이해되어야 한다.

3.3. 지식공유 장애와 촉진

지식공유의 중심에는 두 유형의 개인이 존재한다. 지식소비자는 지식을 찾는 사람이고, 지식공급자는 지식소비자가 찾는 지식을 가지고 있거나 지식소비자에게 다른 지식 소스를 알려 줄 수 있는 사람이다. 효과적 지식공유는 이러한 사람들 사이에 적절한 연결을 만들어 줄 때 일어난다. 지식공유의 효과성을 결정하는 관계의 네 가지 요소는 다음과 같다.

- 다른 사람이 알고 있는 것과 언제 그것에 의존할 것인지를 아는 것
- 그 사람에게 적시에 접근할 수 있게 하는 것
- 단순히 정보를 던져 주는 것보다 문제 해결에 참여할 의사가 있는 사람이 자원하는 것
- 학습과 창의성을 촉진하는 관계의 안전도

전문 지식 공유는 정보의 저장과 추출 이외에도 지식노동의 인지적, 사회적, 문화적, 조직적 요소에 초점을 맞춘다. 지식교환을 조직화하는 것을 강조하는 전통적 접근방법과 비교할 때 전문 지식 공유 관점은 조직 멤버들의 자발적 조직화 활동에 초점을 맞춘다. 공유를 활성화하기 위해 조직은 커뮤니케이션, 학습, 그리고 조직적 지식을 높이기 위해 서로를 연결하려 애쓴다. 전문 지식 관리는 공동체, 전문가, 그룹의 전반적 전문 지식을 증대하기 위하여 시도하는 실무공동체와 지식공동체를 포함한다. 공동체는 다음과 같은 지식공유 장애 요소를 해결하는 데 큰 역할을 한다.

- 인식(Awareness)–글로벌 분산 조직에서 특정 주제에 대한 전문가를 찾는 것은 지식소비자와 같은 지역에 있지 않을 경우 어려운 일이다. 특히 조직에 오래 근무하지 않았거나 개인 네트워크가 넓지 않을 때 별 다른 방법이 없는 경우가 많다. 이것은 지식소비자뿐만이 아니라 지식공급자의 문제이기도 하다. 지식 전문가가 때로는 누가 자신의 지식으로부터 혜택을 얻게 될지를 몰라서 자신의 통찰력을 순향적으로 전파하지 못할 때가 있다. 실무공동체는 개인들이 조직 내의 동일하거나 유사한 업무를 하는 동료를 인식하는 데 도움이 된다.
- 접근(Access)–지식소비자와 지식공급자가 서로의 존재를 알더라도 지식공유의 대화를 하는 것이 어려울 때가 있다. 조직으로부터 지식공급자가 지식소비자를 돕는 데 대한 인센티브가 거의 없을 수 있다. 주제 분야 전문가가 시간이 적을

경우나 경쟁적인 환경에 처해 있을 때나 여러 지식소비자로부터 요청을 받을 경우에, 지식공유는 프리미엄 서비스가 된다. 실무공동체는 지식소비자와 지식공급자에게 서로가 접근하는 시간과 장소를 제공한다.

- 응용(Application)-지식소비자와 지식공급자가 연결하여 지식을 공유할 시간이 있다 하더라도, 지식소비자가 지식을 제대로 이해하고 적절하게 활용하는 것이 쉽지 않을 수 있다. 지식소비자가 우수 사례를 바로 이해할 시간, 경험이 없는 경우가 많다. 또 지식이 잘못 활용될 것을 염려해 지식공급자가 공유를 꺼리기도 한다. 실무공동체는 지식소비자와 지식공급자가 그들의 통찰력을 공유하는데 필요한 공통의 콘텐츠와 이해를 갖도록 하는 것을 도와 지식소비자가 지식을 효과적으로 응용하도록 한다.
- 지각(Perception)-경쟁적 업무 환경에서 모든 해답을 알고 있어야 한다는 압박을 받는 지식소비자가 다른 사람에게 묻는 것 자체를 꺼려할 수 있다. 이것은 지식노동자가 해답에 가까울 것이라는 것에 만족하고 최선의 해답을 찾지 않게 만든다. 조직의 보상 및 인정 시스템이 부족할 때 지식공급자는 지식소비자를 돕는 것보다는 다른 일을 할 수 있다. 실무공동체는 지식소비자와 지식공급자 사이에 지식공유 행위가 존중되고 가치 있게 느껴지는 분위기를 만드는 것을 돕는다.

지식공유 인센티브의 필요성

조직의 지식경영에서 지식공유를 촉진하기 위해서는 인센티브가 필요하다. 적절한 정보기술에 기초한 시스템이나 도구를 제공하는 것만이 도움의 전부가 되지는 않는다. 지식공유에 대한 인센티브가 필요한 이유는 지식공유 프로세스의 특성과 지식과 정보가 무엇을 상징하는지에 대한 이해에서 찾을 수 있다. 전통적 생산 요소—토지, 노동, 자본—와 달리 지식은 개인의 머리에 들어 있다. 지식의 창조와 공유는 감독하거나 끄집어 낼 수 없는 무형의 활동이다.

개인의 지식공유 동기는 개인, 그룹, 그리고 조직의 차원에서 주는 이점에 근거한다고 볼 수 있다. 개인적 이점은 자기 이해와 개인적 이득을 들 수 있다. 그룹 차원의 이점은 상호적 행동, 다른 사람과의 관계, 공동체 관심 등이 있고, 조직적 차원의 이점은 조직적 이득과 몰입 등이 있다. 개인들의 지식공유 동기는 경제적, 사회-심리적, 사회적 요인의 세 분류로 나누어 볼 수 있다.

- 경제적 요인: 예상된 외부적 보상으로 금전적 보상, 승진 점수 등이 포함된다.
- 사회-심리적 요인: 예상된 상호적 관계와 자신의 가치와 관련된 것으로, 직원의 다른 사람과의 관계 유지 욕망과 조직에 기여할 수 있다는 자신의 가치에 대한 생각을 말한다.
- 사회적 요인: 공정성, 혁신성, 그리고 관계와 관련되며, 사회적 행동이 조직 구조의 영향을 받게 된다.

이상적 인센티브 시스템은 직원이 만족하고 성취감을 갖게 하는 일의 콘텐츠이다. 내적 동기는 행위 그 자체에 가치를 부여한다. 직원의 내적 동기가 항상 조직의 이익을 위하는 것은 아니므로, 직원이 조정된 목표 지향적으로 업무를 수행하도록 동기를 부여하여야 한다. 내적 동기가 단점을 가지고 있지만 특별한 조건하에서 외적 동기보다 훨씬 효과가 크다. 특히 창의성을 요구하는 업무에서는 내적 동기가 필요하다. 그러나 경제학자들은 직원을 그들의 한계 생산성에 따라 보상하고, 내적 동기보다 외적 동기에 비중을 둘 것을 권고한다. 직원은 자신의 니즈가 간접적으로 충족되면(특히 금전적 보상을 받을 때) 외적 동기를 받게 된다. 외적 동기에 의한 조정은 직원의 금전적 동기를 기업의 목표에 연결함으로써 이루어진다.

지식공유 인센티브

지식공유를 위한 기존의 인센티브 시스템은 성과에 의한 개인적 인센티브와 성과에 의한 팀 인센티브로 분류하여 볼 수 있다. 개인과 팀의 지식공유 행동은 보상에 의해 동기 부여를 받을 뿐만 아니라 작업하는 맥락에 의해 결정되기도 한다. 기업의 성과에 의한 개인적 인센티브 지불 방법은 무임승차(Free riding)와 같은 문제가 있어 기존의 지식공유 노력을 저해하며 지식공유를 촉진하는 데는 적절하지 않다. 기업의 성과에 의한 팀 인센티브 지불 방법도 무임승차의 문제와 개개인의 기여 평가의 어려움과 같은 문제로 지식공유를 촉진하는 데 적절하지 않다.

조직은 직원들이 공개적이며 자유롭게 아는 지식을 공유하여 조직에게 혜택을 주도록 하기 위해 여러 가지 보상을 주고 있다. 지식공유에 대한 명시적 보상으로는 경제적 혜택, 정보 및 지식에의 접근 특권, 승진 및 고용 보장 약속으로 나누어진다. 보이지 않는 보상으로는 명성의 향상과 개인적 만족이 있다. 구체적 보상의 예를 요약하면 [표 5-3]

[표 5-3] 지식공유 보상 분류

보상 분류	보상	예
하드(명시적) 보상	경제적 보상	보수 증가, 스톡옵션, 보너스
	정보 및 지식 접근	메일 리스트 멤버로 전문 지식 접근 권한
	승진/고용 보장	승진, 미래 계약 보장
소프트 보상	명성	지위 향상
	개인적 만족	다른 사람을 돕는 긍정적 결과

과 같다.

보상에 지나치게 의존하는 지식경영은 여러 가지 문제를 가져왔다. 즉 보상 메커니즘은 일시적 순응을 낳거나, 개인 관계를 파괴하거나, 조직학습을 저해하거나, 위험 감수를 회피하거나, 일 자체에 대한 관심을 잃게 하는 것으로 나타났다. 보상 메커니즘이 기대했던 행동과는 반대의 결과를 가져오는 것을 경험한 조직은 지식공유에 도움이 되는 작업 환경을 만드는 데 주의를 기울이게 되었다.

3.4. 지식공유 지원 인프라스트럭처

앞 절에서 본 보상에 의해서만 동기 부여가 되는 것이 아니라, 개인과 팀의 지식공유 행동은 그들이 일하는 맥락에 의해서도 결정된다. 조직은 보상이 의도한 것과 반대의 행동을 가져온다는 것을 배워, 보상 방안보다는 지식공유를 유인하는 작업 환경을 창조하는 데 더 초점을 맞추고 있다. 보상에 지나치게 의존하는 것은 여러 가지 바람직한 조직 행동에 해를 끼친다. 예를 들면 임시적 복종, 업무 관계의 단절, 조직학습의 저해, 위험 감수의 회피를 가져오고, 업무 자체에 흥미를 잃게 한다. 지식공유를 위한 바람직한 행동을 가장 잘 유도하는 환경은 적절한 사회적, 기술적, 경제적 인프라스트럭처에 의해 지지되는 것이다. [표 5-4]는 그러한 환경 인프라스트럭처를 요약한 것이다.

[표 5-4] 지식공유 지원 인프라스트럭처

인프라 분류	조건	예
사회적	공동체감 창조	공개성, 협력, 충성심, 신뢰 촉진; 사회적 상호작용 규정, 직원과 사회적 이벤트가 한 장소에서 발생토록 함.
	창시자의 조직 내 지위와 관계없이 지식공유를 명시적 책임으로 함	중역들의 참여
	지위 통제	지위와 관계없이 모두가 지식공급자라는 아이디어 촉진
	실험 격려	자율, 실패 허용의 규정
기술적	사용자에게 친근한 시스템 제공	사용 편리성; 사용의 효용성을 명백히 함.
	시스템이 공동체와 통합되도록 보장	인간 상호작용에 사용되는 시스템
	임계점(Critical Mass) 생성	시스템의 가치를 모니터링
경 계	서로 다른 그룹 구성원들이 공통의 준거점으로 사용하는 산출물, 인물 또는 공간 제공	공유된 저장고 제공, 택서노미 및 분류 방법 제공, 공유된 사회적 공간, 직원이 네트워크에 연결되는 기회

4. 지식공유 정보기술

4.1. 지식공유 정보 기술

정보기술은 지식 통합과 지식 네트워크 구축을 돕는다. 지식은 전개되어 전문가시스템이나 의사결정지원 시스템으로 통합될 수 있다. 그러나 암묵적 또는 불확실한 지식이 더 가치를 가진다. 정보기술은 지식을 통합하고 전문 지식을 가진 사람을 찾고 또 커뮤니케이션을 가능하게 하는 데 도움을 줄 수 있다.

형식적 지식 코드화와 통합

조직은 정보기술을 이용해 지식을 코드화하고 통합하여 직원들이 이해하고, 수용하고, 획득하는 것이 편리하도록 만드는 데 사용할 수 있다. 정보기술에 의한 조직지식자원의 통합과 코드화는 주로 지식 카탈로그와 지식베이스, e-Learning, 또는 지식 푸시로 일어난다.

지식베이스는 직원이 지식 카탈로그를 사용하여 자신이 필요한 지식을 찾을 수 있도록 조직지식자원을 코드화하고 통합하도록 만들어진다. 형식적 지식과 관련하여 지식 카탈로그는 지식베이스에 저장된 위치를 알려 주고, 조직지식자원의 종류를 통합하고, 직원들에게 일정한 방법으로 제시한다. 이것은 직원 훈련에 유용하다. 예를 들면 신입 사원이 조직에 들어오면, 먼저 신입 사원 훈련에 필요한 조직의 역사, 문화, 규제를 배워야 한다. 그러나 더 중요한 것은 언제라도 관련된 정보를 읽을 수 있게 하여 스스로 교육하게 하는 것이다.

기업에서 직원들의 이직을 막고 장기 근무를 하도록 하기 위해서는 직원의 숨겨진 잠재력을 활용하고 직원의 업무가 최고의 성과를 내도록 돕는 훈련을 할 필요가 있다. 기업은 업무나 거리에 관계없이 신입사원이 배우고 커뮤니케이션을 하도록 할 수 있다. e-Learning은 모든 훈련 교과목을 통합하는 데 온라인 훈련 시스템을 사용하는 것이다. 신입 직원은 웹에 로그인하여 자습을 하고 지식을 전이할 수 있다. 조직은 직원이 수강한 과목과 수업 시간, 테스크 결과 등에 대한 정보를 온라인 훈련 시스템을 통하여 획득할 수 있다. 이러한 정보는 실시간으로 보고서로 만들어져 관련 부서에서 사용할 수 있다.

암묵적 지식 코드화

전통적으로 암묵적 지식의 커뮤니케이션은 면대면 방법으로 이루어졌으며, 이것은 많은 제약을 가지고 있다. 그러나 정보기술의 발전으로 암묵적 지식의 커뮤니케이션이 빠르고 편리해졌다. 직원들은 지식 커뮤니케이션 플랫폼을 통하여 지식을 커뮤니케이션하고 공유할 수 있게 되었다. 예를 들면 신제품 개발 팀 멤버들이 제안을 할 수 있는 가상 공간을 제공하는 경우이다.

전문가 찾기 시스템 또는 전문가 맵은 관련 지식을 가진 사람을 찾는 데 사용할 수 있다. 전문가 찾기 시스템은 누가 어떤 지식을 가지고 있는지에 관한 정보를 저장하여 기술, 경험, 또는 프로젝트 등과 같은 속성으로 전문가를 찾을 수 있다. 이러한 방법으로 직원은 필요할 때 전문가를 편리하게 찾아 직접 커뮤니케이션을 하고, 지식을 네트워크를 통하여 획득하여 매우 효율적이고 정확하게 과제를 해결할 수 있다. 전문가 찾기 시스템은 인적 자원 시스템에 포착되지 않는 정보를 포함한 조직의 지적 능력을 카탈로그화하여, 나중에 조직이 쿼리로 지적 자본을 찾는 것을 돕고자 한다.

지식공유 인프라스트럭처

지식공유를 가능하게 하기 위해서 조직은 다양한 유형의 지식과 커뮤니케이션이 제공되는 종합적 인프라스트럭처를 구축한다. 정보기술 인프라스트럭처는 조직의 지식 통합과 정보 연결에 결정적이다. 정보기술은 지식 통합과 네트워크 창조의 능력을 제공한다. 지식은 해석되고 통합되어 전문가시스템이나 의사결정지원시스템으로 개발될 수 있다. 그러나 암묵적 또는 불확실한 지식이 더 많은 가치를 가진다. 그러므로 정보기술이 제공하는 지식경영의 다른 능력은 지식을 통합하고 전문적 기술을 가진 사람을 찾는 것과 그들의 커뮤니케이션을 돕는다.

조직은 직원들이 쉽게 지식을 공유하고 활용하게 하기 위하여 정보기술을 지식 통합과 코드화에 사용한다. 정보기술을 사용한 조직의 지식자원 통합과 코드화는 지식베이스와 카탈로그를 개발하여 지식공유를 촉진하고, 지식을 푸시할 수 있게 한다. 그룹웨어(Groupware)를 사용하도록 하게 하는 인트라넷(Intranet)과 엑스트라넷(Extranet)은 지식공유를 촉진한다. 또 조직은 정보기술을 암묵적 지식을 공유할 수 있도록 커뮤니케이션 플랫폼을 제공하는 데 사용한다. 정보기술은 누가 어떤 지식을 가지고 있는지와 기술과 경험을 가진 전문가에 대한 정보를 담은 전문가 지식맵 또는 전문가찾기시스템(Expertise-Locator Systems)으로 관련된 지식을 가진 사람을 빠르게 찾도록 해 준다.

4.2. 지식공유 기술적 촉진 방안

지식경영시스템에 의한 지식공유의 결정적 요소는 인간-컴퓨터 상호작용 즉 기술적 맥락이다. 고려되어야 할 인간-컴퓨터 상호작용 이슈는 사람과 컴퓨터가 어떻게 상호작용적으로 업무를 수행하고, 그러한 상호작용적 시스템이 어떻게 디자인 되었는가이다. 개인지식공유 행동에 영향을 미치는 기술적 맥락의 중요한 이슈는 지식노동자의 (교육, 훈련, 경력과 같은) 전문 분야, 전문가적 능력 및 역량, 문제 영역들이다. 또 브레인스토밍과 디지털 토론 포럼과 같은 협동적 프로세스를 위한 기술 인프라스트럭처와 관련된 보안이 지식공유 활동에 직접적으로 영향을 미친다. [표 5-5]는 기술적 맥락에서 지식노동자의 지식공유 활동에 영향을 미치는 요소들을 개인 또는 조직 차원으로 분류한 것이다.

[표 5-5] 지식공유 행동 요소

개인	조직
• 전문 분야 교육, 훈련 및 경력 • 전문가적 능력 및 역량 • 문제 영역	• 기술적 인프라 • KMS 기능, 미학, 구조 • 보안

기술적 맥락 지식공유 촉매 요소

지식노동자가 지식경영시스템을 사용하기를 꺼리는 이유는 시스템에 대한 지식노동자 자신의 소모성과 비능률의 느낌(Sense of expendability and inefficiency)에 기인한다. 좀 더 자세히 말하자면 지식노동자는 그러한 시스템이 자신의 일을 대체하여 자신의 일이 나중에는 중복되는 결과를 가져온다고 느낀다는 것이다. 업무가 중복되고 개인의 업무가 비효율적이라 판단되면 개인의 존재 자체가 필요 없게 된다. 이러한 이유에서 직원과 기술 사이의 능력과 관련된 역할은 주의 깊게 구분되고 명시되어야 한다. 다른 부정적 강화의 자극은 사용자 시스템 상호작용 그 자체와 관련이 있다. 시스템에 사용되는 지식노동자의 전문 지식이 각기 다르므로 부적절한 인간-컴퓨터의 인터페이스 디자인이 불만

[표 5-6] 기술적 맥락 지식공유 촉매 요소

부정적 요소	긍정적 요소
• 지식 근로자의 소모성 및 중복 • 지나치게 일반적 인터페이스 • 기능적, 미적, 구조적 이슈의 불만족한 프레젠테이션 • 불만족한 성과 • 공유된 지식추출을 위한 복잡한 쿼리 • 문헌적 자산 남용 및 상실 • 보안 및 기밀 부재	• 사용자 프로파일 유지 • 상호작용적 기능 • 융통성 • 전체 조직 언어 사용 • 비동기적, 원격 커뮤니케이션 • 값진 지식에 대한 쉽고 빠른 접근 • 지식추출, 처리, 저장, 전파 기능 • 공유하는 결과의 외재화 • 보안 프로토콜 수립 및 지속적 감시 • 사용자 중심 인터페이스

족스런 성과의 주된 요인으로 알려져 있다. 사용자 우호성은 전문 분야 사용자에게 기대되는 기능을 제공하면서도 새로운 사용자가 시스템을 사용하도록 자극하고 돕도록 하여야 한다. 다른 중요한 인간-컴퓨터 상호작용의 관점은 그러한 시스템의 기능들에 대한 비효율적 사용과 관련이 있다. 적절한 문서와 관련된 이슈에 대한 링크를 제공하는 도움도구(Help-tools)를 제공하는 것은 이러한 문제를 해결하는 방법이다.

지식공유를 위한 지식경영시스템 사용은 지식베이스의 창조와 유지를 가능하게 하며, 이것은 효과적이며 효율적으로 저장된 지식의 접근 및 사용과 원격의 공동체 멤버들 사이의 (비동기적) 커뮤니케이션과 교제가 가능하게 한다. 시간 및 장소의 융통성과 노동의 질 향상은 디지털 및 지식기반 경제에서 전자적 업무 솔루션 채택의 선결 요건이다. 관행적 업무에서 단순한 생산성보다 창의성과 혁신이 더 중요한 것으로 노동의 본질 자체가 변화하였기 때문이다. 그러한 환경에 대한 맞춤 솔루션 즉 지식노동자의 프로파일에 맞춘 솔루션을 제공하는 것이 새로운 노동에 대한 접근방법이 되어야 한다. 지식노동자의 프로파일 정의는 사용자의 플랫폼, 가용한 소프트웨어, 네트워크 연결에 대한 기술적 명세뿐만 아니라 사용자 선호 요소, 능력, 경험, 협동 모드에 관련된 것들을 포함한다. 지식공유가 효과적이기 위해서는 상호 운용이 불가능한 협동 도구, 부적절한 인프라스트럭처, 정의되지 않은 정보 공유 정책 및 표준, 표현 포맷에 대한 다른 우선순위, 정보 과부하, 자신감의 부족 및 의심, 보안 이슈, 역할 및 책임의 정의 등에 의해 생기는 장애를 제거하여야 한다.

지식경영시스템을 통한 지식공유는 인간-컴퓨터 상호작용을 향상시키고, 사용자의 인식, 상상, 창의적 사고를 자극하는 도구를 도입하여 더욱 장려할 수 있다. 이러한 목적으로 사용자 프로파일에 따라 동적으로 형성된 기능이 시스템에 포함될 수 있다. 구체적으로 지식노동자의 프로파일은 지식공유 활동의 참여와 전문 지식의 분야와 같은 이슈와 관련된 사전 정의된 속성으로 되어 있다. 그러한 프로파일은 개인의 변화하는 니즈를 수용하면서 진화할 수 있다. 프로파일은 또 시스템과 상호작용하면서 나타나는 사용자의 태도에 따라 진화할 수도 있다.

지능형 에이전트(Intelligent Agents)와 같은 지능형 도구는 지식노동자의 움직임을 모니터링할 수 있고, 그것에 맞는 더 나은 도움을 줄 수 있다. 이러한 프로파일의 유지 관리로 사용자는 지식공유 활동에 대한 자신의 참여 정도를 반영하는 변동되는 가중치를 부여받을 수 있다. 이러한 활동에 참여할 사용자의 의사는 적절한 지식공유 실적의 외재화에 의해 자극 받을 수 있다. 이것은 수행된 일의 잠재력과 업적에 대한 커뮤니케이션에 의한 혁신 및 창의성 증진과 같은 긍정적 강화로 간주될 수 있다.

사례: 지식경영으로 세계 일류 수자원 기업으로 거듭난다

조직을 효율적으로 운영하기 위해서는 직원들의 지식과 노하우를 최대한 공유하고 활용할 수 있는 시스템이 필요하다. 한국수자원공사는 지식포털시스템 OASIS 가동으로 전 직원이 지식을 공유하고 개선점을 제안하는 제도를 활발하게 활용하고 있다.

제도 개편과 통합으로 지식경영 기반 마련

한국수자원공사는 1998년 이후 4,162명이던 정원을 30.7% 수준인 1,154명으로 감원하는 강도 높은 구조조정을 단행한 바 있다. 그러나 이 과정에서 각종 프로젝트의 추진 배경과 귀중한 업무 노하우 등이 담당 직원의 퇴직과 함께 유실되는 사례가 발생했다. 이에 내부적으로 구조조정 이후 슬림화된 인력과 조직을 효율적으로 운영하여 경쟁력을 높이기 위해서는 직원들이 보유하고 있는 지식을 최대한 활용하는 것이 중요하다는 공감대가 형성되었고, 직원들의 아이디어와 지식의 체계적인 발굴과 창출, 축적과 공유를 통한 수자원 분야의 핵심 역량 강화를 위해 지식 제안 제도를 추진하게 되었다.

애당초 수자원공사는 직원의 창의력 개발과 직무 개선 의식을 장려하기 위해 1972년에는 제안제도를, 1982년에는 소집단제도를 도입하여 운영해 왔다. 그러나 대부분의 활동이 일회성으로 끝나거나 시간이 지남에 따라 사장되면서 좋은 취지로 도입한 제도들이 오히려 직원들의 지력을 낭비하는 상황을 초래했다. 그러던 차에 새로 도입한 지식경영은 제안 및 소집단 활동에 새로운 반향을 불러일으켰다.

우선 새로 도입한 지식경영에서는 직원 개개인의 경험과 노하우에서 우러나온 지식과 지속적인 업무 개선 노력에 의하여 창출된 제안을 하나로 통합하고, 품질분임조를 제안 및 지식창출 전담팀으로 체계화하였다. 그리고 이미 시행하고 있던 각종 제도의 문제점을 개선하고 피드백 기간을 최대한 단축하였다. 제안 처리 방법은 전자메일 발송, 전자심사제도 도입, 우수 제안 홍보, 명예의 전당제도 실시 등으로 다양화했다. 제안 제출방법도 테마 제안, 예산절감 제안, 익명 제안, 작은사랑 제안 등으로 다양화하고 인센티브는 대폭 상향 조정했다. 직원들이 제안한 내용을 토대로 매월 지식 활동 우수 부서에 대해 포상하는 제도를 도입하고, 매년 지식경영 활동 보고서를 발간하여 제안 내용은 물론 지식 소그룹에 대한 소식도 함께 전하였다.

이러한 일련의 지원 활동으로 수자원공사는 지식경영, 제안, 아이디어공모, 품질분임조 등 다양한 경영 개선 기법과 제도의 특성을 살리면서도 체제를 하나로 통합하여 시너지 효과를 극대화할 수 있었다.

지식공유/활용 촉진 프로그램

- 지식사냥대회 –지식활용 능력 배양 및 지식경영 마인드 확산(인터넷, KMS, 사내 정보시스템상의 정보 검색 방법)
- 업무매뉴얼 경진대회–직원들의 경험, 노하우와 세밀한 업무처리 방법이 담긴 업무 매뉴얼을 전사적으로 작성 · 관리
- 지식활용 경진대회 –지식경영을 통해 경영 개선을 달성한 사례를 발굴하여 우수 사례로 전 직원에게 확산 · 전파
- 지식발표회 개최 –우수지식 발표회 및 지식소그룹 성과 발표회 개최, 우수 사례 공유
- 사내 기네스 –각 분야별 최고를 선발하여 직원들의 도전 의식 고취, 직원 상호 간 우수 사례 발굴 · 공유의 장 마련
- 명예의 전당 –지식경영의 평가 · 보상 제도의 일환으로 구성원의 지식활동 평가, 보상과 명예를 부여하는 제도

지식제안 활성화의 촉매, OASIS

2001년 5월 가동한 지식포털시스템(OASIS)은 지식경영 활성화를 위한 직원들의 땀과 노력의 결실이다. 이전의 제안제도는 각 시스템별로 단순 아이템을 그저 저장하는 형태로 운영되어 지식자산의 축적이나 공유가 곤란했다. 또한 유사 · 중복 제안이 발생해도 효과적으로 관리하기가 힘들고, 문서 정보를 포함한 각 부서의 지식을 직원들이 서로 공유하기가 어려워 결과적으로 제안과 지식 활동의 질이 떨어지는 결과를 낳았다. 그런데 새로운 지식포털시스템 OASIS는 별도의 마감 개념이 없어 사내 · 외 어디서든 지식을 제안하고 바로 심사를 받을 수 있다. 미비했던 검색 문제도 검색 엔진을 키워드 검색과 원문 검색 두 가지를 사용할 수 있도록 하여 어느 정도 검색 효율을 높였다. OASIS로 평가자와 심사자는 수천 건씩 쏟아지는 지식 제안 속에서도 중복 제안을 걸러 내고 심사 기간을 획기적으로 단축하게 되었다.

한국수자원공사의 지식포털시스템 OASIS의 특징은 문서의 공유에서 특히 두드러진다. 임원과 본사 부서장의 주요 결재 문서는 결재 완료 즉시 실시간으로 OASIS에 게시되어 전 직원이 열람할 수 있다. 또한 각 부서에서 생성된 문서와 참고 자료를 문서철 형태로 묶어서 전자캐비닛에 보관하여 재활용할 수 있도록 지원하는 '전자편철시스템'과, 대내 문서 중 단순한 정보 전달은 전 부서 시행 과정을 생략하고 OASIS에 게시하는 '게시문서함 제도'는 문서 관리에 따른 비용을 획기적으로 절감하는 효과를 가져왔다.

참고로 OASIS는 2001년 5월 개통된 이래 직원들이 창출한 전체 제안 1만 2,076건, 지식 3만 4,648건, 업무 프로세스 과정에서 발생한 문서 150만여 건이 등록되었고, 직원 1인당 평균 457건의 조회 수를 기록하고 있다. 지식제안의 활성화는 당기순이익 증가, 고객만족도 향상 등 공사 경영의 여러 측면에서 획기적인 성과를 낳고 있다. 그러나 이런 수치적인 성과보다 더욱 값진 것은 직원들의 개선에 대한 마인드 변화다. 직원들 각자가 개선활동을 과외활동으로 인식하지 않고 내 일로 당연하게 받아들이게 된 것이다.

직원들의 96%(2000년도 41%) 이상이 자신의 지식과 노하우를 OASIS를 통해 공유 · 활용함으로써 사내 핵심 지식과 노하우가 4만 7,000여 건이나 축적되었고, 약 259억 원의 유형효과를 거두었다. 또한 대국민 지식 교류 활성화를 위하여 도입한 고객, 협력업체 제안이 2003년 한 해에만 1,219건이 접수되고 그 중 282건을 채택하여 직 · 간접적으로 공사 경영에 반영하는 등 국민에게 가까이 다가가는 공기업으로서의 역할을 수행하는 데 크게 기여하고 있다.

이러한 활발한 지식 제안 활동의 결과로 2003년에는 매경-브즈앨런 지식경영대상을 수상하여 한국수자원공사가 명실공히 국내 최고의 지식경영 실천 기업으로 자리매김하는 기회가 되었고, 많은 기관에서 공사의 지식경영제도를 벤치마킹하고 있다. 앞으로도 공사는 지속적인 지식경영 추진을 통해 수자원 분야의 세계 일류 기업으로 도약할 수 있도록 꾸준히 노력해 나갈 것이다.

출처: 물, 자연, 그리고 사람, 2004년 04월

6장 지식활용

학습 개요 및 목표

지금까지 살펴본 지식경영 프로세스의 세 가지 주요 활동 - 지식창조, 지식저장, 지식공유 - 은 조직의 새로운 상황이나 다른 과제를 해결하기 위해 그 지식이 활용되도록 하기 위함이다. 조직의 지식경영은 지식의 활용을 통하여 제품, 서비스를 향상하고 혁신하여 조직의 경쟁력을 지속하려는 것이다. 지식활용은 조직의 창의성과 혁신을 촉진하여 지속적 경쟁력을 확보하려는 조직의 목표와 전략을 달성하게 한다. 이러한 지식활용의 주체가 되는 개인과 조직의 지식활용을 설명하는 개념에 대한 이해는 지식활용이 효과적으로 이루어지게 하는 데 필수적이다. 또 구체적으로 실제에서 지식이 활용되는 과정과 프로세스를 살펴보면 여러 측면에서 지식경영의 관리적 이슈를 발견하게 된다. 성공적인 지식경영은 단순한 정보기술 차원의 지원만이 아니라, 지식활용을 개인 또는 조직 차원에서 지원하기 위한 여러 가지 개념과 기법에 대한 이해를 요구한다.

이 장에서는 개인과 조직의 지식활용과 관련한 개념을 설명하고, 지식활용 프로세스와 관련한 지식경영 이슈를 살펴본다. 또 조직이 주어진 상황에 대응하기 위해 지식노동자가 지식을 활용할 수 있도록 지원하는 시스템과 환경을 이해하도록 한다. 지식활용의 주요 개념과 기법을 살펴보려는 이 장의 구체적 학습 목표는 아래와 같다.

- 조직의 지식활용 개념 또는 모델을 살펴본다.
- 창의성, 혁신, 지식경영의 관계를 이해한다.
- 조직의 지식활용 프로세스를 이해한다.
- 지식활용과 관련한 개인의 특성을 이해한다.
- 개인의 지식활용 지원 방안을 살펴본다.
- 그룹 및 조직의 지식활용 지원방안을 살펴본다.
- 지식활용 지원 정보기술을 살펴본다.

사례: Best Buy 지식경영

세계 최대의 소비자 전자제품 소매업체인 베스트바이(Best Buy)는 가정 및 사무용품, 전자제품, 소프트웨어와 오락 제품을 판매한다. 베스트바이에는 미국, 캐나다, 멕시코, 유럽, 중국의 3,900개 점포에서 15만 명 정도의 직원이 일하고 있다. 베스트바이에는 하이테크의 신제품을 판매하고 서비스하는 젊고 모바일한 직원이 일하고 있다. 베스트바이의 매년 90%가 넘는 이직률은 신입 직원을 빠른 시간 내에 떠난 직원이 획득한 지식을 습득하여 손실을 메우게 해야 하는 도전을 안고 있었다.

베스트바이는 직원들이 선택하는 기업이 되려는 목표로 지식경영 이니셔티브를 통하여 소매업이 일반적으로 경험하는 높은 이직률을 해결하려 하였다. 베스트바이의 지식경영 목표는 (사람, 프로세스, 시스템과 관련한) 복제할 수 있는 실무공동체 방법론을 개발하여 모든 매점의 판매 부문에 전사적 실무공동체를 실행하고 유지하는 것이다. 직원들이 빠르게 바뀌더라도 공동체의 지식은 유지되고 성장한다는 가치 명제를 채택하였다. 직원이 이직하게 되면 그 직원이 공유했던 통찰력, 팁(Tip), 지식은 공동체 지식 그리고 베스트바이에 남아 있게 된다. 지식 보존과 재사용이 베스트바이 지식경영 전략의 주요 목표였다.

2000년에 세 개의 파일럿을 실행한 이후 베스트바이는 미국 내의 모든 점포에 실무공동체 방법론을 전개하였다. 이어서 본사와 다른 비지니스 단위에도 확장하였다. 베스트바이의 지식경영 비전은 진화하였다. 초기에는 조직의 집합적 지식에 의거하여 우수 사례와 교훈을 공유하는 것과 바른 정보를 바른 시간에 바른 사람에게 공급하는 것이 비전이었다. 경험이 쌓이면서 비전은 판매 직원의 커뮤니케이션, 우수 사례, 학습 콘텐츠, 성과 관리 정보에의 접근 향상과 모든 직원의 중심적 정보 소스의 제공으로 확대되었다. 파일럿 테스트는 마이크로소프트 네트워크(Microsoft Network) 솔루션 판매, 자동차 오디오 장치 설치, 그리고 PC 서비스 기술자의 실무공동체를 운영하는 것이었다. 파일럿 테스트를 통해 공동체에 제공될 직원의 판매 능력 배양을 가속화하고 기본 역량 개발 시간을 줄이기 위해 직원 훈련, 추적, 제품 정보를 포함하는 완전한 직원 툴킷(Toolkit)을 개발하였다. 다음은 전자 제품, 컴퓨터, 디지털 이미징(Digital Imaging), 홈 시어터(Home Theater), 모바일(Mobile), 그리고 와이어리스(Wireless)의 여섯 개의 대형 소매 공동체를 개발하였다. 그 밖에 일반적인 업무와 관련된 공동체 개발로 이어졌다.

또 베스트바이는 소매 지식공유 활동과 결과를 측정하는 균형성과시스템을 개발하였다. 베스트바이의 커미션 없는(Commission-free) 환경 정책에 따라 직원의 실무공동체에 대한 기여에 구체적 보상은 없다. 다만 직원은 실무공동체에 참여해 기여한 아이디어가 사내 뉴스레터에 실리고 개인 성과 스코어 카드에 점수가 향상되는 인정과 향상된 성과의 혜택을 받는다.

베스트바이의 지식경영은 지식경영 프로그램 관리 부서에서 컨설턴트의 지원을 받아 조정하고 지원하고 있다. 웹 기반의 실무공동체 애플리케이션은 플럼트리(Plumtree) 포털을 통하여 모든 점포와 회사 사무실에 제공되고 있다.

출처: http://www.apqc.org/portal/apqc/ksn?paf_gear_id=contentgearhome&paf_dm= full&pageselect= detail&docid=111983

1. 지식활용 개념

1.1. 지식활용 개념

지식은 개인이 일을 수행하는 것이 가능하게 하는 기초적인 에너지원의 요소이다. 지식이 없으면 개인은 아무것도 할 수 없고 하려 하지도 않을 것이다. 개인이 가지고 있는 지식을 사용하지 않는다면 그것은 가치가 없으며 획득하여 보존할 이유도 없다. 이것은 조직에서도 마찬가지이다. 개인과 조직은 끊임없이 요구되는 문제 해결과 상황 대처를 위해 보유하고 있는 지식을 활용한다.

문제해결-결과 지향적 사고와 행동

개인은 개인 및 비지니스를 목적으로 지식을 사용하기 위하여 수집하고 조직화한다. 지식은 필요하다고 생각하거나, 호기심이 있거나, 또는 우연한 계기로 시작하여 학습과 혁신적 발견을 통하여 수집된다. 개인의 사고와 생각은 지식에 의존한다. 또 개인은 바라는 바를 얻고 접근방법을 계획하기 위하여 즉 어떻게 행동하고 의도를 수행하기 위하여 지식을 사용한다. 개인은 생각하고, 사고하고, 문제를 해결하고, 의사결정을 하고, 행동을 한다. 개인은 도전을 행동으로, 그리고 투입물을 완성품으로 전환하여 변화를 일으키기 위해 지식을 사용한다. 모든 지식 활동은 변화를 만들기 위해서이다.

개인이 의식적으로 생각을 할 때 개인의 목적은 일반적으로 특정 상황에 대한 수용할 만한 결과를 얻고자 하는 것이다. 개인의 모든 사고는 결과 지향적 사고(Outcome-oriented thinking)이고, 개인의 모든 행동은 결과 지향적 행동(Outcome-oriented activities)이다. 개인은 어떻게 중요하거나 관심 있는 기회를 활용할까, 도전에 대응할까, 문제를 해결할까, 의사결정을 할까, 그리고 언제 새로운 대안을 만들기 위해 혁신을 할까에 대한 결정을 할 때 결과 지향적 사고를 사용한다. 마찬가지로 조직에서 개인, 그룹, 조직이 결과 지향적 행동을 할 때가 있다. 결과 지향적 사고와 결과 지향적 행동을 하나로 묶어 문제해결(Problem Solving)이라는 용어를 사용하기도 한다.

지식경영의 중요한 관점은 새로운 상황이나 다른 과제를 해결해야 하는 지식노동자의 일을 돕거나 그들의 지식과 이해를 향상시키기 위해 어떻게 지식노동자에게 지원 구조를 제공하는가이다. 새로운 상황에 대한 정보가 제시되면 지식노동자는 그 상황에 어떻게 대처할 것인가를 결정하기 위해 여러 단계를 거친다. 여러 가지 요소들을 고려하여야 하는데, 그것은 상황의 본질, 유사한 상황에 대하여 알려진 것, 일반적으로 알려진 것, 등과 같이 아래 사항을 포함한다.

- 상황에 대한 정보가 지식노동자에게 제시되면 그는 상황에 대처하기 위해 어떤 정보를 사용할 것인지를 결정한다. 그것은 동료로부터의 외부적 지식 또는 외부 소스에서 얻은 내재화된 지식일 수 있다. 또는 그것이 기록된 절차 또는 다른 참고 문헌 또는 지식기반시스템 등의 코드화된 지식일 수도 있다.
- 정보와 지식이 주어지면 개인은 기존의 기준이나 이해에 따라 상황이 어떠한지를 판단하기 위하여 상황에서 이해되는 것을 해석한다.
- 상황이 어떠한지에 대한 해석을 한 다음 개인은 일치의 정도를 파악하기 위해 그 해석을 이미 알고 있는 것과 기대된 것을 비교한다. 이 비교는 여러 가지 가능한 결과를 낳을 수 있다.
- 상황에 대한 최선의 이해를 갖게 되면 지식노동자는 바람직한 기준과 가능한 비전과 아이디어에 기초하여 그 상황에 어떻게 대처할 것인지에 대한 옵션을 개발한다.
- 상황에 어떻게 대처할 것인가에 대한 옵션, 각 옵션을 실행하는 데 요구되는 것에 대한 예측, 다른 옵션을 택한 결과에 대한 기대, 그리고 옵션을 추구할 능력과 자원의 가용성이 주어지면 어떻게 진행할 것인지에 대한 선택을 한다.
- 선택된 옵션이 실행된다.

이 프로세스는 상당히 이상적이고, 실제에서는 여러 가지 요소와 제약이 있다. 그러므로 일상적 지식노동은 비판적 사고를 요구한다. 지식노동자는 문제를 잘 해결하기 위해서, 창의적이기 위해서, 좋은 의사결정을 위해서, 지능적으로 행동하기 위해서 비판적으로 사고해야 한다. 비판적 사고는 주제와 관련 분야에 대한 많은 지식을 요구한다. 비판적 사고는 학습을 통해 배우게 된다.

조직에서 수행되는 결과 지향적 업무는 개인의 결과 지향적 사고와 유사하다. 조직의 결과 지향적 업무를 위한 조직구조는 개인, 팀, 전문가 그룹 등 여러 가지가 있다. 보통 조직구조는 효율적이며 능숙하게 결과 지향적 업무를 수행하도록 구체적으로 만들어져 있다. 조직의 개인 또는 공식 및 비공식 조직은 문제 해결을 위해 지식을 활용한다.

상황대처 모델

개인이나 조직은 크고 작은 여러 가지 상황에 대처할 것을 요구받고 있다. 상황에 대처하는 것이 삶의 중심이라 할 수 있다. 그것은 세계가 지속적인 변화로 역동적이기 때문이다. 이러한 기회, 문제, 이슈를 동반하는 변화의 환경에서, 상황에 대한 무대응이 기대하는 목표 이하로 나타날 것으로 예상되면 어떤 형태의 행동이 요구된다. 즉 상황의 변화가 필요할 때에는 개인이나 조직은 행동을 통하여 변화가 일어나게 한다. 요구되는 행동은 상황, 맥락과 목적, 개인의 상황에 대한 이해, 개인의 능력에 따라 다르다. 행동은 항상 도구로 사용될 에너지 또는 자원이 요구된다.

좋은 상황 대처는 산출되는 성과가 좋다는 것을 의미한다. 좋은 지식은 좋은 성과를 가져온다. 상황에 대처하기 위해 우리는 상황에 대한 이해를 하고, 어떻게 대처할 것인지를 결정하고, 개인이나 조직의 이익을 극대화하면서 적절한 행동을 실행하기 위해 상황에 대한 정보를 수집하고 지식을 사용한다. 행위는 자동화되었거나, 암묵적이거나, 또는 계획적이며 형식적인 의사결정에서 나온다. 행동에 대한 결정은 상황의 본질과 요구사항, 가용한 지식의 적용성과 품질, 그것을 실행하는 능력 또는 다른 요소에 기초한다. 정보와 지식의 품질과 가용성은 중요한 요소이다.

주어진 상황에 대하여 개인이 행동으로 이어질 의사결정을 하는 것을 개인이 상황대처(Situation-handling)를 하고 있다고 한다. 일상 업무에서 일어나는 상황은 단순한 것에서부터 매우 복잡한 것까지 다양하다. 상황이 발생하면 센스결정이 반복되고 새로운 행동이 개발되어 실행된다. 상황대처 프로세스를 잘 이해하게 되면 상황대처는 더 잘될 수 있으며, 상황대처는 가용한 정보, 지식, 자원으로 향상될 수 있다.

지식은 효과적 상황대처의 주요 요소이다. 사람들은 조직의 목표를 만족시키고, 개인의 이익을 가져오고, 다른 목적을 만족시킬 목적으로 상황을 효과적으로 대처하기 위해

[그림 6-1] 상황대처 프로세스

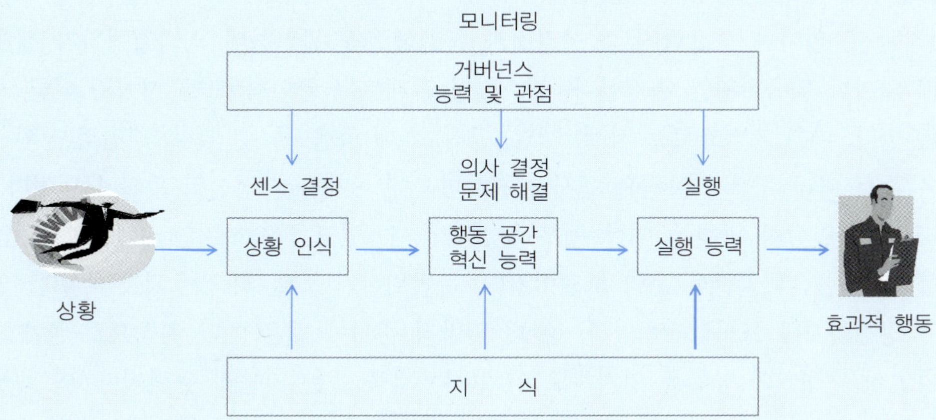

지식을 사용한다. 개인이나 조직은 가능하면 상황을 직접적으로 통제, 영향, 변화하려 하거나, 가능하지 않다고 판단되면 상황에 적응하거나, 조건을 원하는 방향으로 바꾸기 위해 적응과 외부 변화 즉 간섭의 결합을 추구한다. [그림 6-1]과 같이 개인 및 조직의 상황대처는 일반적으로 센스결정(Sense-making), 의사결정(Decision-making) 또는 문제해결(Problem-solving), 행동 실행, 모니터링의 네 과제로 나누어 설명할 수 있다.

[그림 6-1]의 상황대처 모델은 정보와 지식이 활용되는 부분과 연결되는 변수들을 보여 준다. 또 각 과제를 수행하는 데 요구되는 기능적 능력을 표현하고 있다. 기능적 능력의 유용성 정도는 과제 해결을 위해 개인이 소유하고 있거나 가용할 수 있는 지식과 전문 지식의 범위와 품질에 크게 달려 있다. 지식이 제한되거나 역량이 줄어든다면 기능적 능력은 제약이 되어 전반적 상황처리 효율성이 감소하게 된다. 지식이 향상되고 확장되면 기능적 능력이 현재 성과를 향상시키는 기회를 제공하거나 새로운 전략을 추구하는 것을 가능하게 만든다.

네 개의 상황대처 과제는 부분적으로 직렬 그리고 부분적으로는 병렬로 실행되는 운영의 통합된 시스템을 구성한다. 개인 상황대처에서 운영은 보통 개인의 마음에서 암묵적으로 실행되고, 조직에서는 운영이 개인, 팀, 부서, 또는 다른 자동화된 시스템에 의해 명시적으로 실행된다.

센스결정과 상황인식

센스결정의 목적은 상황이 무엇인가에 대한 이해를 하는 것이다. 이것은 상황이 무엇을 뜻하는지, 얼마나 중요한지, 의사결정과 문제해결과 관련하여 의사결정자가 상황의 유형에 얼마나 익숙한지를 결정한다. 센스결정 과제는 상황인식 모델 지식과 다른 지식에 의존한다. 다른 지식으로는 사실, 개념, 규칙, 기대 등을 들 수 있다. 개인적 상황인식 모델은 주로 여러 개념적 차원으로 사람들의 마음에 존재하는 정신적 준거 모델이다. 이 준거 모델은 일상적 과제를 위한 매우 구체적일 수 있고 익숙하지만 자동적이지 않은 과제를 위한 좀 더 일반적 운영 모델이거나, 광범위하거나 덜 익숙한 과제를 위한 일반화된 처방전이거나 도식일 수 있다. 좀 더 일반적 준거 모델은 메타 지식으로 존재한다.

상황인식은 개인이 상황을 인지하고 이해하는 것을 돕는 기능적 능력이다. 어떤 상황을 만나든 개인은 그것에 대한 정보를 획득하여 관찰하고 그것을 해독, 분석, 번역하고, 믿을 수 있는 것으로 수용하여 이해한다. 이러한 과제는 거의 암묵적으로 일어난다. 어떤 경우에는 받아들인 정보로부터 상황을 이해하기 위하여 유사한 상황에 대한 구체적이고 상세한 지식을 사용한다. 다른 일반적이며 잘 알지 못하는 상황에 대하여는 좀 추상적인 지식을 사용한다. 센스결정 과제 동안 개인은 목표 상황을 이해하기 위하여 자신의 이전 상황인식 능력을 사용한다. 조직에서는 상응하는 구조적 지식이 공유된 믿음, 스토리, 또는 실무, 시스템, 절차에 내재된 지식 등의 여러 가지 방법으로 존재한다.

의사결정

의사결정은 주어진 상황과 맥락에 대하여 무엇을 할 것인지를 파악하고 구체화하는 것으로 개인이 행하는 매우 중요한 활동이다. 상황이 잘 이해되고 나면 어떻게 대처할 것인지를 결정할 수 있다. 잘 이해된 상황은 단일 단계의 의사결정으로 바로 대처할 수 있다. 이 모드(Mode)에서 잠재적 대안을 평가하는 빠른 정신적 시뮬레이션을 하는 경우도 있다. 좀 더 복잡한 상황은 다단계 의사결정 또는 독창적인 문제해결을 필요로 한다. 다단계 의사결정이나 독창적 문제해결은 보통 추가적 정보 수집과 센스결정으로 반복적 대처를 요구한다.

문제해결

문제해결은 개인이나 팀이 이해당사자에게 이익을 주는 방법으로 새롭고 복잡한 상황에 대처하는 바람직한 행동 옵션을 찾는 프로세스이다. 어려운 고부가가치의 중요한 상황에서는 혁신적 문제해결이 요구된다. 뛰어난 문제해결 방법은 프로세스를 가이드하는 방법론적 정신 모델을 사용하고 직감의 일부로 개념적 융합과 개인적, 분석적 사고를 광범위하게 활용한다. 좋은 문제해결 방법은 호기심, 유연한 관점, 일반적 맥락에 대한 폭넓은 이해를 요구한다. 이것은 일상적 업무와 혁신을 효과적으로 지원하기 위한 주제 영역 지식, 인접 영역 지식, 일반적 지식, 메타 지식을 포함한다. 간단하지 않은 상황에서의 문제해결은 가끔 추가적 센스결정을 포함하는 반복적 프로세스가 된다.

행동 공간과 혁신 능력

주어진 상황에 대한 이해에서 상황에 어떻게 대처할 것인지에 대한 의사결정을 하는 개인의 능력은 자신의 행동 공간과 혁신 능력에 의해 결정된다. 행동 공간은 개인이 능력이 있고, 의지가 있고, 편안해하거나, 의사결정을 하고 행동을 할 준비가 되어 있는 공간이다. 행동 공간은 고정된 경계를 갖는 수동적 영역이 아니라 호기심과 창조적 능력, 방법론과 개인 태도, 정신, 동기로 형성된다. 이 공간에서 개인은 일상적 과제를 수행하고, 새로운 행동을 고려하고, 허용되고 수용된다고 보는 경계 내에서 혁신을 하게 된다.

개인의 혁신 행동은 개념과 정신 모델을 통합하는 것이다. 혁신 능력은 개인의 태도, 동기, 지식이 새롭고 더 효과적 대안을 창조하고 찾도록 하는 정도이다. 행동 공간과 혁신 능력의 범위와 효과성은 지식 객체와 정신 요소를 통합하는 즉 개념적 조합을 하는 개인 지식과 정신 능력의 함수이다. 그러므로 이 기능의 효과성은 개인이 관련된 상황에 어떻게 대처하는 가에 대해 알고 이해하는가, 상황을 이해하는 방향, 최선의 의사결정을 하기 위해 얼마나 노력할 것인지에 의해 결정된다. 조직이 사람들의 행동 공간과 혁신 능력을 확장해 주면 향상된 성과와 새로운 전략적 옵션을 위한 새로운 기회가 발생하게 된다.

실행과 실행 능력

의사결정이 되면 효과적 조직에서 좋은 의사결정이 유용한 행동으로 나타날 것이므로 그것은 실행되어야 한다. 실행 효과성은 실행 능력에 달려 있다. 실행 능력은 의사결정과 의도, 의사결정에 함축된 행동을 실행할 것인지에 대한 일반적, 구체적 및 추상적 지식, 자원의 가용성, 그리고 다른 요소에 달려 있다. 사람들이 일상의 업무에서 실행하는 작은 행동과 관련한 실행 능력은 개인의 일반적 능력에 의해 결정된다. 조직의 대규모 의사결정이나 행동과 관련한 개인의 실행 능력은 분야의 전문 지식뿐만이 아니라 좋은 사회적 및 커뮤니케이션 기술도 요구된다. 또 대규모 행동은 예산, 경영자 관심, 인력, 시간과 같은 자원이 요구된다.

모니터링과 거버넌스 능력 및 관점

모니터링은 바라는 방향을 추구하는 것과 행동의 책임에 관한 것이다. 가치, 믿음, 원칙, 목표, 다른 목적에 기초하여 모니터링은 해석, 의사결정, 행동의 가이드를 하고, 필요한 다른 과제에 대한 교정적 조정을 만들어 낸다. 모니터링은 전체 상황대처 프로세스의 시사점과 다른 관점 그리고 다른 새 과제의 결과를 예측하도록 목표, 목적, 의도를 제공한다. 상황대처 프로세스가 진행되면서 각 과제들은 조직의 목표와 목적에 맞게 성과를 내도록 모니터링한다. 모니터링의 효과성은 얼마나 잘 커뮤니케이션되었는지와 개인이 얼마나 잘 이해하였는지에 달려 있다. 모니터링의 효과성은 거버넌스 능력과 관점에 의해 향상되기도 하고 제한되기도 한다. 거버넌스 능력과 관점은 주요 과제의 성과를 평가하는 능력을 제공하고 필요한 교정적 조정과 가이드를 한다.

1.2. 창의성, 혁신, 그리고 지식경영

지식경영이 조직에게 어떤 영향을 미치려 한다면 개인이나 조직은 지식을 사용하는 방법을 급격하게 바꾸어야 한다. 지식경영은 새로운 지식을 창조하고 활용하는 것에 관한 것이어야 한다. 이것은 피터 드러커(Peter Drucker)가 말하는 지식을 생산적이게 하는 것을 의미한다. 지식경영은 근본적으로 창의성과 혁신에 초점을 맞추어야 한다.

기업의 경쟁 우위의 소스는 지식의 소유가 아니라 지식의 활용에 달려 있다. 일반적으로 조직 지식은 기업의 제품, 서비스, 프로세스에 내재된다. 조직이 적시에 바른 지식을 찾는 것이 쉽지 않다면 그 조직은 경쟁 우위를 유지하기 어렵게 된다. 혁신과 창의성이 현재의 경쟁 환경에서 가장 중요한 요소이므로 조직은 조직으로부터 바른 지식을 적시에 찾을 수 있도록 하여야 한다. 지식활용은 혁신에 매우 중요하다. 그것은 지식활용 없이는 새로운 제품이나 서비스 또는 프로세스가 불가능하기 때문이다. 따라서 지식활용은

[그림 6-2] 지식경영, 창의성, 혁신의 관계

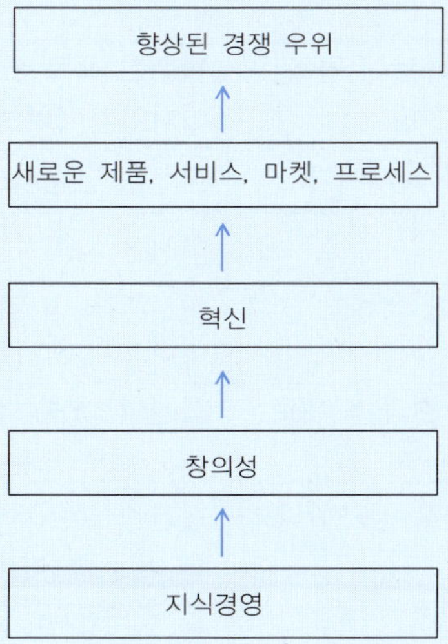

조직이 새로운 제품이나 서비스 또는 프로세스를 개발하는 데 적시에 지식과 기술을 활용함으로써 기술적 변화에 대응하는 것을 말한다.

[그림 6-2]에서 보는 것처럼 지식은 창의성의 기초이며, 창의성은 혁신의 기초이다. 지식은 결국 경쟁 우위의 기초이다. 따라서 지식은 필수적 조직 동인이며 가치 창조 프로세스의 주요 요소이다. 조직이 분산되어 있는 정보와 지식을 필요로 하는 사람에게 적절한 때에 원하는 형태로 제공하는 것은 창의성을 향상시키는 전제 조건이라 할 수 있다. 중요한 것은 조직은 학습이나 새로운 지식창조를 통하여 조직 지식을 확장하는 데 초점을 맞추어야 한다는 점이다.

창의성과 혁신에 대한 정의는 많이 있으나 때로는 그 구분이 명확하지 않다. 창의성과 혁신을 단순히 지식이 개발되어 비지니스 가치로 전환되는 프로세스의 일부분으로 간주하기도 한다. 그러나 바람직한 접근방법은 창의성을 아이디어를 생산하는 프로세스로, 그리고 혁신을 그 아이디어들을 고르고, 정제하고, 또 가장 중요한 것인 실행으로 보는 것이다. 즉 창의성은 아이디어를 생산하고 혁신은 그것을 행동에 옮기는 것이다. 창의성은 혁신의 기초로 작용한다. 창의성은 표현이나 설명하기 어렵고, 혁신적 사고나 아이디어와 같은 암묵적 지식을 활용하게 된다. 조직은 혁신적 제품, 서비스, 프로세스가 자극

[표 6-1] 창의성과 혁신 비교

창의성	혁신
창의성은 새로운 것을 생각하는 것과 관련되며, 뛰어난 아이디어가 생산된다.	혁신은 새로운 것을 해내는 것과 관련되며, 아이디어가 실행된다.
창의성은 개인적 행동이거나 과제이다.	혁신은 단순히 팀 노력이다.
창의성은 동인이다.	혁신은 가치 창조와 관련된다.
창의성은 새로운 기술/능력의 형태로 존재한다.	혁신은 이미 알고 있던 것을 새롭게 사용하는 방법을 말한다.
창의성은 프로세스이며, 그 결과는 새로운 아이디어이다.	혁신의 최종 산출물은 새로운 제품, 서비스, 프로세스, 또는 시장이다.
창의성에서는 아이디어 생산을 강조한다.	혁신에서는 기업과 개인에게 가치를 창출하도록 새로운 아이디어를 사용하고 실행하는 것을 강조한다.

되고 조직에게 필수적인 지속적 경쟁 가치를 제공하려면 암묵적 지식을 조장하고 지원하여야 한다.

혁신의 과정에서 개인의 탐구심은 새롭고 유용한 정보를 수집하여 새로운 지식을 창조하고, 문제에 대한 새롭고 독특한 관점이나 생각을 개발하여 문제에 대한 새롭고 향상된 해법을 찾도록 한다. 더 혁신적이기 위해서 조직에서는 창조적 사고와 같은 새로운 사고방식이 요구된다. 조직적 창의성은 개인의 능력, 그룹의 규범, 조직 문화의 함수이다. 그러므로 조직 내의 창의성을 향상시키고 개발하기 위해서 조직은 개인이 창의성 기술과 기법을 개발하고 더 좋은 그룹 규범과 업무 속의 자유, 자유로운 커뮤니케이션, 융통성, 또는 생각할 수 있는 일상 업무로부터의 자유와 시간 같은 조직 문화를 만들어야 한다. 예를 들면, 구글(Google)은 직원들이 근무시간의 20퍼센트를 일상 업무와는 관계없는 일이나 프로젝트에 사용하는 것을 허용한다.

1.3. 지식활용 사이클

지식활용 사이클

개인은 매일 지식을 활용하고 있다. 지식은 책 읽기, 계산, 생각 또는 운전 등 무엇을 하든지 간에 자신의 업무를 할 때 자동적으로 무의식중에 활용되고 있다. 조직의 입장에서 핵심은 활용될 지식을 인지하게 하는 것이며, 이것은 조직의 성공에 기여할 수 있다. 조직의 성공은 특정 업무를 효율적으로 수행함으로써, 원가를 절감함으로써, 산출량을 증대함으로써, 또는 수익을 높임으로써 이루어진다.

지식활용은 조직에 가치를 창조하는 바람직한 결과를 생산하기 위하여 구체적 맥락에서 지식을 사용하는 것이다. 성공의 정도는 조직의 맥락에서 과제 성취의 성공으로 알 수 있다. 어떻게 지식을 활용하는지를 알지 못한다면 지식의 창조와 공유를 걱정할 이유가 없다. 그럼에도 불구하고 많은 조직은 함정에 빠져든다. 조직은 지식경영의 노력을 지식창조에 초점을 맞추고 비지니스 해법 또는 킬러 애플리케이션(Killer Application)을 개발하려 끊임없이 노력하거나 정교한 정보기술 인프라스트럭처를 구축하여 공유하는 데 초점을 맞추고 있다. 지식활용에 적어도 같은 정도의 비중을 주지 않음으로써 축적된 지식의 많은 부분은 미사용되고 있으며 충분히 사용되지 않는 지식자산은 투자를 정당화하는 충분한 수익을 생산하지 못하고 있다.

지식활용은 기업이 가치를 창조하도록 지식을 더 활동적이고 관련성 있게 하는 것을 의미한다. [그림 6-3]은 지식활용의 사이클을 보여 준다. 지식은 지식 활동 이전, 활동 중, 그리고 이후의 세 단계에서 접근된다. 예를 들어 새로운 프로젝트를 수행하는 개인은 사전에 유사한 프로젝트의 교훈을 파악하기 위해 지식 자원에 접근할 수 있고, 프로젝트 수행 중에 당면한 이슈에 대한 자문을 구하기 위해 지식저장고에 접근할 수 있고, 프로젝트가 끝난 후 사후 행동이나 리뷰 활동 중 자문을 구하기 위해 접근할 수 있다. 그리고 프로젝트 수행으로 얻은 교훈이 기록 될 수 있고, 프로젝트 완성 후 리뷰는 미래의 접근을 돕기 위해 새로운 통찰력과 교훈을 기록할 수 있다. 또 프로젝트를 수행하는 개인 또는 팀은 수시로 관련 주제 분야 전문가에게 접근하여 지식을 전이 받을 수 있다.

지식활용이 지식을 업무에 적용하는 데 초점을 맞추고 있다면 지식 공유는 지식이 바

[그림 6-3] 지식활용 사이클

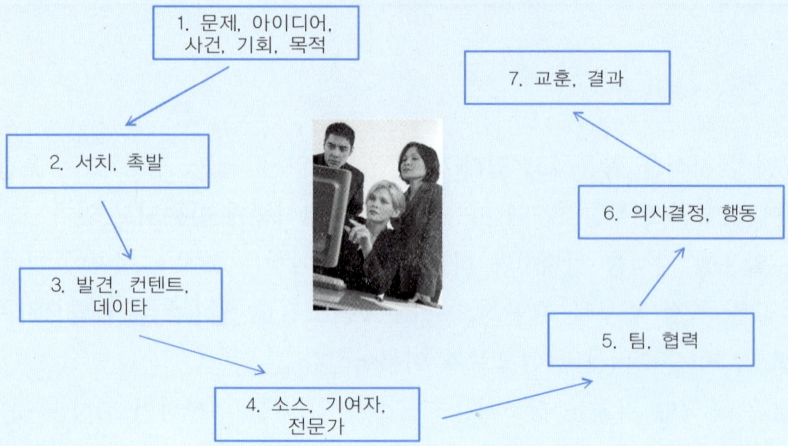

른 사람에게 바른 장소에 바른 시간에 가용하도록 한다. 지식은 조직 전체에서 사용할 수 있도록 선택적으로 가용하여야 한다. 이것은 조직이 지식을 지나치게 통제하거나 지식이 과부하가 되게 하는 것을 피하는 것을 의미한다. 개인이 바른 지식 풀(Pull) 행동으로 관련된 지식을 찾을 수 있도록 하여야 한다. 바른 문화적 맥락에 의해 촉진되는 자기 조직화와 자기 균형 메커니즘은 지식 과부하를 피할 수 있게 한다.

지식경영은 개인과 조직 전체가 향상되도록 조직기억에 모든 구성원이 접근하도록 하여 학습조직을 지원한다. 조직기억은 형식적 지식뿐만이 아니라 가치 있는 암묵적 지식도 포함한다. 암묵적 지식의 재사용은 주로 지식공유 상호작용을 통해 일어난다. 예를 들어 암묵적 지식의 재사용은 경험이 많은 동료의 자문을 구하는 개인에게 혜택이 주어진다. 형식적 지식의 재사용은 지속적이어서 장기적 혜택을 준다. 지식저장고를 통해 접근할 수 있는 지식 객체는 모든 지식노동자에게 접근 가능하며 조직에 유용한 한 존속된다.

암묵적 지식은 내부적 또는 외부적 형태로 전문가들에게 존재한다. 내부적 지식은 개인의 경험에 기초하며 개인의 머릿속에 존재한다. 반면에 외부 지식은 저장고에 존재한다. 일반적으로 내부 지식이 외부 지식보다 더 중요하다. 이상적인 경우 저장고의 모든 지식이 사용되어야 한다. 그러나 암묵적 지식의 대부분은 재사용되지 않는다. 주된 이유는 포착된 지식의 중요성을 이해하지 못해서이다. 구성원이 프로세스 지식을 기록하는 것에 부담을 느껴 지식을 포착하지 않기 때문이다. 지식이 포착된다 하더라도 공식적 지식의 포착에 한정된다. 예를 들면 프로젝트 멤버들 사이의 상호작용 같은 맥락적 또는 비공식적 지식은 흔히 사라져 포착한 지식을 재사용하기 어렵다.

지식활용은 지식통합과 밀접한 관계가 있다. 지식통합은 특정 조직 프로세스에 가치 있고 다른 조직 구성원이 소유하고 있는 지식 조각을 조직 프로세스에 적용하는 프로세스이다. 조직 능력을 창조하기 위한 지식통합을 위한 메커니즘에는 세 가지가 있다.

- 명령

  비전문가들은 규칙, 표준, 절차와 같은 명령으로 표현된 전문가들의 형식적 지식을 적용한다. 명령(Directives)은 전문가의 암묵적 지식을 통합된 형식적 지식으로 전환한 것으로 비전문가에게 효율적 커뮤니케이션을 하도록 만들어졌다. 예로는 위험물 처리 또는 항공기 안전 점검 및 유지 명령이 있다.

- 조직 관행

  협력 패턴, 상호작용 프로토콜 및 프로세스 절차와 같은 조직 관행은 개인이 다른 사람에게 설명하지 않고 자신의 지식을 적용할 수 있게 한다. 조직 관행은 업무 성과, 조정 패턴, 상호작용 프로토콜, 프로세스 절차의 개발을 말하며, 이것은 개인이 자신이 아는 것을 다른 사람에게 설명하거나 커뮤니케이션하지 않고도 자신의 전문지식을 사용하고 통합하도록 한다. 관행은 조립 라인의 시간 패턴 순서에 기초한 활동과 같이 단순하거나 여객기 조종사의 것과 같이 매우 복잡할 수 있다.

- 업무 팀

  업무 팀은 개인의 전문적 지식을 독특한 문제에 적용하도록 구성된다. 업무 불확실성과 복잡성이 명령이나 조직 관행을 사용할 수 없도록 할 경우 사전 지식과 전문성을 가진 개인들의 팀을 구성하여 문제를 해결한다.

지식은 조직 내의 프로세스에서 행동으로 적용될 때에만 조직에 가치가 있는 것이다. 그러므로 지식경영의 기본적 목표는 새로운 지식을 생산하는 것만이 아니라 기존 및 새로운 지식이 모든 프로세스에 실제로 적용되는 것을 보장하는 것이다. 이러한 목적을 달성하기 위해서는 다른 곳에서 창조된 새로운 지식이 실질적으로 유용하게 사용될 수 있는 프로세스의 그룹에 의해 '여기서 발명되지 않았다'라는 이유로 거절되거나 무시되지 않게 하는 새로운 인센티브나 모니터링 프로세스가 필요하다. 조직이 지식 자원을 활용하는 방법에는 여러 가지가 있다. 예를 들면 가용한 지식을 다른 맥락에 맞도록 하는 것, 내부 측정 기준을 높이는 것, 직원으로 하여금 기업의 제품, 서비스, 프로세스에 대한 이해를 사용하고 창의적으로 사고하도록 훈련하고 동기를 부여하는 것 등이 있다.

2. 개인 차원 지식활용

2.1. 개인 지식노동자 특성

지식을 활용하거나 재사용하려는 개인의 특성은 얼마나 그가 효과적으로 조직 지식을 찾는지, 이해하는지, 이용하는지에 영향을 준다. 개인 특성은 어떻게 개인이 잘 배우는지, 어떻게 개인이 정보를 받는 것을 좋아하는지, 어떻게 개인이 지식을 사용하는 데 도움을 받는지에 대한 개인의 스타일과 선호도를 포함한다. 이것은 묻는 것과 사용자가 선호하는 언어를 일에 적용하는 것과 같은 단순한 것에서부터 사용자의 능력과 목표에 따른 사용자 모델링과 같이 정교한 것을 포함한다. 이러한 것에 사용되는 적합한 프레임워크는 블룸(Bloom)의 학습 목적 택서노미이다. 이것은 교사들이 학습 활동의 학습 목표를 정하는 것을 돕고자 디자인된 것이다. 이 택서노미는 쉽게 지식저장고의 각 지식 객체에 대한 지식활용 목표에 적용할 수 있다.

사용자 모델

사용자 모델(User Model)은 사용자의 다른 특성을 기술하는 사용자 온톨로지로 정의된다. 사용자 온톨로지의 정의는 이름, 전자우편, 주소, 역량, 인지 스타일, 선호 등과 같은 각기 다른 특성으로 구성되는 직원의 프로파일에 대한 풍부한 메타데이타뿐만이 아니라 지식경영시스템과의 사용자 상호작용에 대한 구체적 행동 프로파일을 포착하는 것을 말한다. 사용자 모델은 지식활용을 촉진하는 구체적 방법으로 적용될 수 있다. 사용자 모델이 가장 도움을 주는 방법으로는 개인화, 전문가 찾기, 네트워킹과 협력, 학습과 변화가 있다.

개인화는 사용자 모델을 통하여 사용자에게 구조의 적응, 콘텐츠의 적응, 양식 및 선호의 적응과 같은 좀 더 '하이 터치(High Touch)' 특성을 제공하는 기회이다. 구조의 적응은 업무 또는 관심 영역에 따라 다른 전자적 작업 공간을 제공한다든지 하이퍼스페이스(Hyperspace)의 다른 부분을 제공하는 것이다. 콘텐츠의 적응은 선택적 상세 정보, 개인화된 권고 사항, 개인화된 힌트 등을 포함하며, 더 나은 개인화를 위하여 에이전트(Agent)를 사용하기도 한다. 양식과 표현의 적응은 사용자가 선택한 기준, 북마크(Bookmark), 쇼트커트(Shortcut)에 따라 다른 정렬을 포함하며 사용자의 선호에 맞는 프레젠테이션을 가능하게 한다.

전문가 찾기는 사용자 모델을 통하여 사용자의 역량, 자격, 관심 영역을 알려서 특정 영역에 대한 전문가나 지식이 있는 사람을 찾고 접촉하는 방법을 제공하는 것이다. 이것은 업무와 관련된 다른 과제를 완성해야 하는 지식노동자뿐만이 아니라 분산된 거대 조직의 인적자원 관리 부서에 중요한 서비스이다. 네트워킹과 협력은 암묵적 지식의 역동적 교환을 촉진한다. 사회적 프로세스는 네트워킹과 협력을 조장하고 사용자의 특성을 활용하여 조직화할 수 있게 한다. 학습과 변화는 학습이 새로운 지식의 획득 프로세스이면서 때로는 사용자의 행동적 변화를 일으키는 것이라는 관점을 기초로 한다. 따라서 지식경영시스템은 개인 차원에서 행동적 변화와 관련한 피드백과 자극을 제공하는 기능을 포함한다.

사용자 모델은 지식활용을 조장하는 데 충분하지 못하다. 사용자가 지식 객체를 활용할 때 무엇을 하려는지, 그들의 목표와 목적이 무엇인지를 알 필요가 있다. 즉 업무 모델이 필요하다. 사용자 모델과 함께 업무 모델은 왜 어떤 사람이 특정한 지식 항목을 활용하는지를 잘 특징짓는다. 사용자 모델과 업무 모델 접근 방법은 내재화 프로세스를 촉진하기 위하여 매우 권장할 만하다. 사용자를 최대한 지원하기 위하여서는 사용자와 그들이 하려고 하는 것을 잘 알 필요가 있다. 이 접근 방법은 적시에 적당한 지식을 원하는 사용자를 지원한다. 이것은 전자적 성과지원시스템(Electronic Performance Support System; EPSS)으로 지원되기도 한다.

개인화

고가품 판매 또는 호텔 마케팅에서는 제품이나 서비스를 고객에 맞게 개인화(Personalization)하는 것의 이점을 잘 활용하고 있다. 최근 들어 정보 획득과 데이타마이닝 기술의 발전은 거의 모든 온라인 판매에서 제품뿐만 아니라 고객의 제품 구매 경험을 개인화하는 것이 가능하게 만들었다. 개인화와 프로파일링은 현재 웹사이트를 방문하는 방문자의 특성을 파악하는 가장 인기 있는 수단이다. 이것은 마케팅 향상을 위해 고객 데이타를 분석하는 가상 점포에 가장 적합하다.

개인화가 주로 기업과 고객의 상호작용에 사용되어 왔지만 최근에는 조직의 포털 또는 직원관계시스템(Employee Relationship Management; ERM)을 직원 개인의 니즈에 맞추는 수단으로 사용되고 있다. 지식경영에서는 각 개인 지식노동자에게 맞춘 지식추출 및 지식활용 프로세스에 개인화와 프로파일링을 사용할 수 있다. 지식노동자가 지식을 찾고, 이해하고, 내재화하는 것이 쉬우면 쉬울수록 그 지식을 활용하는 데 더 성공적이게 된다. 이러한 내부 개인화 전략은 상업용 개인화 도구의 등장으로 가속화되고 있다. 개인화와 프로파일링은 웹 중심으로 또는 사용자 중심으로 만들어질 수 있다.

사용자 프로파일링 기술은 모든 고객을 이해하는 데 사용하는 것보다 조직기억 인터페이스를 통하여 특정 개인의 상호작용을 추적하는 것과 유사한 기법을 사용하는 것이 더 좋다. 이 대안은 조직 내의 지식활용을 적정화할 때 발생하는 인간-지식 상호작용의 유형을 잘 이해하는 것을 돕는 사용자 모델을 만들 수 있다. 예를 들면 푸시 기술은 유사한 새로운 콘텐츠가 생기면 자동적으로 푸시하기 위해 역사적 정보 요구를 조사하는 사용자 모델에 기초한다. 개인 모델에 기초하여 콘텐츠를 찾고 사용하는 것은 매우 유용하다. 개인이 지식 세계를 어떻게 보는지는 개인의 배경, 조직에 근무한 시간, 토픽에 대하여 얼마나 아는지, 언어에서 지식의 전달 형식에 이르는 선호도 등에 흔히 영향을 받는다. 시맨틱 네트워크는 이러한 것들을 표현하는 데 유용하다.

온라인 사용자의 과제를 모니터링하여 그들이 남긴 자취에 기초하여 맥락을 해석하는 시스템도 있다. 이러한 시스템은 과제가 잘 파악되어 분명한 온톨로지로 기술될 수 있는 경우에는 도움이 된다. 일반적으로 이러한 접근방법은 시스템의 변화를 이끌어 내는 과제를 수행하는 컴퓨터 시스템과 상호작용하는 사용자에 기초한다. 사용자가 수행한 자취 또는 로그(Log)를 생산하는 관찰 모델에 따라 관찰 에이전트 프로그램이 이러한 변화를 관찰한다. 그 자취는 중요한 경우를 파악하고 추출하기 위하여 분석되고 해석된다. 각 경우는 패턴으로 표현되고 각 패턴은 과제 또는 하위 과제에 연결된다. 예를 들면 사용자가 특정 파일을 찾아 열고 프린트하려 할 때 파일을 찾는 것, 여는 것, 그리고 프린트하는 것의 세 경우가 파악될 수 있다. 이러한 경우는 사용자가 무엇을 하려 할 때 돕는 도움이 에이전트 프로그램에 의해 사용될 수 있다. 도움을 주는 경우는 또한 미래에 재사용될 수 있다. 이러한 방법으로 시스템은 사용자들이 특정 유형의 과제를 수행할 때 어떻게 행동하는지를 모델링하게 된다. 여기서 중요한 점은 사용자 모델링은 일회성 이벤트가 아니라 지속적인 프로세스라는 것이다.

업무분석

인터넷과 인트라넷을 통하여 지리적으로 분산된 개인이나 그룹이 전자적 형태로 조직기억에 저장된 문서나 정보에 접근할 수 있게 되어 있다. 그러므로 지식 분배와 문서 이해는 인트라넷의 중심 기능이 되었고 업무분석이 그러한 기능을 개발하는 데 중요한 역할을 하게 된다. 바른 문서를 바른 사람에게 바른 시간에 제공하려는 지식경영에서 인지적 업무분석(Cognitive task analysis)은 미래의 지식 노동을 위한 시스템 아키텍처를 개발할 수 있게 한다.

업무분석(Task analysis)은 지식노동자가 취해야 하는 구체적 행동과 특정한 업무를 해내는 데 요구되는 인지적 프로세스를 연구한다. 가장 흔히 사용되는 모델은 업무분할이다. 업무분할은 높은 단계의 업무를 하위 업무와 작업으로 나눈다. 업무를 성공적으로 완수하기 위해 취해야 하는 단계적 프로세스를 잘 표현하기 위해 낮은 단계의 업무는 업무흐름 다이어그램, 의사결정 플로우차트, 또는 스크린 레이아웃을 사용한다. 좋은 업무분석은 활동 순서를 보여 주어야 한다. 업무를 분할하기 위해 '어떻게 이 업무가 행해져야 하는지'에 대한 질문을 하여야 한다. 하위 과제가 하위 단계로 파악되면 '왜 이 업무를 해야 하는가'에 대하여 질문하면서 구조를 만들 수 있다.

업무흐름 분석은 사용자와 시스템, 또는 다른 개인, 그리고 어떤 관련된 문제와의 상호작용의 세부 사항을 포함한다. 현재 시스템의 스크린 카피는 상호작용적 업무의 상세 사항을 제공할 수 있다. 업무흐름은 현재 작업 프로세스의 구체적 사항을 보여 줄 뿐만 아니라 업무 프로세스가 잘못 이해되는, 다른 직원과 다르게 수행되는, 또는 상위 단계 업무구조와 불일치하는 분야를 드러나게 한다.

인지적 업무분석이 전문가나 시스템 사용자가 사용하는 지식구조를 추출할 수 있다면 지식시스템의 사용성은 향상된다. 구체적으로 지식포착 프로세스와 사용자 인터페이스 디자인에서 더 좋은 결과를 가져온다. 따라서 업무분석은 지식활용 지원시스템 디자인의 중요한 첫 단계이다. 이러한 분석에 자주 쓰이는 형태는 지식경영이 등장하기 전부터 있어 왔다. 전자적 성과지원시스템은 현업 훈련 및 권고를 제공하는 데 사용되어 왔고 또 지속적으로 사용되고 있다. e-Learning은 현재 매우 흔하게 사용되고 있고 전자적 성과지원시스템의 하위 시스템으로 간주되고 있다.

2.2. 개인 지식활용 지원

지식 택서노미

블룸(Bloom)은 학습이 계층적임을 강조한다. 학습은 먼저 낮은 단계의 지식과 기술을 성취하는 것에 달려 있지만, 가장 높은 단계의 학습이 목표이다. 블룸은 질문의 추상 수준을 분류하고 높은 등급의 사고를 인식하기 위하여 택서노미를 만들었다. 교사는 특정 수준 내의 질문을 자주 하기 때문에 이 택서노미는 테스트 질문을 분류하는 데 유용한 구조를 제공한다. 만일 교사가 습관적으로 사용하는 질문의 수준을 결정할 수 있다면 학생은 가장 좋은 전략을 사용하여 공부를 할 수 있다. 블룸은 지식을 정신운동 영역(Psychomotor domain), 감정 영역(Affective domain), 그리고 인지 영역(Cognitive domain)으로 구분되는 계층적 구조로 나눈다.

감정 영역의 태도적 변화가 흔히 지식경영에 요구되지만 인지 영역이 더 일반적으로 사용된다. 감정 영역은 느낌, 가치, 감상, 열광, 동기, 태도 등과 같이 감정적인 태도를 포함한다. 정신운동 영역은 물리적 운동, 조정, 동력장치 기술의 사용 분야를 포함한다. 이러한 기술의 개발은 연습을 요구하고 속도, 정확성, 거리, 절차 또는 실행 기법으로 측정된다. 정신운동 영역은 지식경영에서 그리 많이 사용되지는 않지만 물리적 일이나 기술과 관련이 있다.

[그림 6-4] 블룸의 인지적 영역 택서노미

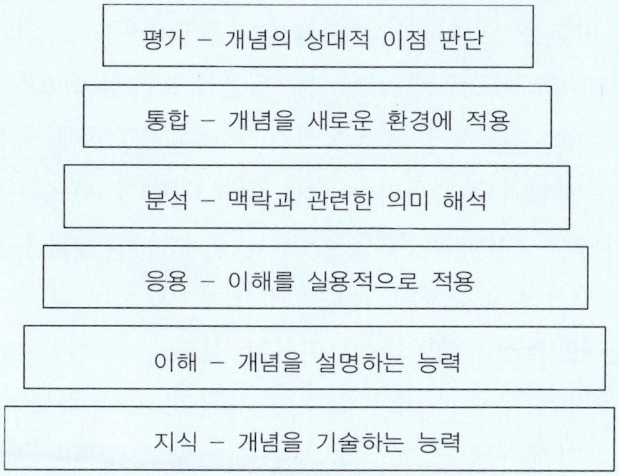

[그림 6-4]는 인지 영역의 택서노미를 보여 준다. 높은 등급의 사고는 필수적으로 인식 처리 계층의 가장 높은 수준에서 일어나는 사고를 의미한다. 교육 분야에서 가장 널리 알려진 블룸의 택서노미는 계층적 배열이며, 지식 수준의 사고에서 시작하여 마지막으로 평가 수준의 사고로 움직이는 사고 기술의 연속체로 간주될 수 있다.

이러한 택서노미 분류는 사용자가 무엇을 하려 하는지를 이해하는 데 사용될 수 있다. 효과적 성과를 위한 내재화의 수준을 파악할 수 있다. 예를 들면 지식노동자가 지식 객체를 이해하고 적절하게 사용할 수 있도록 하기 위해 달성해야 하는 최소한의 경계를 설정할 수 있다. 이것은 다시 사용자 모델에 통합될 수 있다. 블룸의 택서노미는 지식노동자가 해낼 수 있기를 기대되는 것(보통 기술 또는 전문 지식)뿐만이 아니라, 성취해야 하는 성과의 수준(숙달 수준)을 결정하는 수단으로 사용된다. 예를 들면 블룸의 택서노미 중 인지적 기술 부분만을 사용하여, 프로젝트 제안서 준비 과정에서 프로젝트 팀 멤버의 이력서를 어떻게 잘 표현할 것인지에 대한 절차와 관련한 우수 사례와 같은 특정 지식 객체의 특징을 규정지을 수 있다. 또 다른 예는 블룸의 택서노미에서 감정 영역을 사용하여, 기술적 요구 사항을 갖춘 후보가 좋은 팀 플레이어인지, 업무에 협력적인지, 지식을 끌어모으기만 하는지, 또는 팀 성과에 대하여 자신의 치적으로 자랑하는지와 같은 적합한 소프트 기술을 소유하고 있는지를 판단할 수 있다.

블룸의 택서노미는 지식활용 평가에 좋은 기초를 제공한다. 흔히 콘텐츠에 접근하는 것을 지식노동자가 그 콘텐츠를 사용하는 것으로 해석한다. 그러나 지식 베이스의 지식을 통해 학습, 이해, 새로운 방법으로 일을 하는 것에 대한 영향을 평가하는 것이 훨씬 더 유용하다. 행동의 변화를 통해서만이 지식이 사용된 것을 추론할 수 있다. 블룸의 택서노미는 지식이 내재화된 정도를 평가하는 구체적인 프레임워크를 제공한다. 예를 들면 낮은 단계의 인지적 기술 수준에서, 지식노동자가 지식저장고에 콘텐츠를 찾을 수 있는 것만으로도 조직 내에 지식이 존재한다는 것을 쉽게 관찰할 수 있다. 그러나 지식활용은 지식노동자가 분석, 통합, 평가와 같은 훨씬 더 높은 수준의 이해를 얻을 수 있기를 기대한다. 이 수준에서만 지식이 진정하게 활용되기 때문이다.

지식활용을 분석할 때 감정적 영역을 고려하는 것도 중요하다. 지식은 이해되지 않아서가 아니라 지식노동자가 우수 사례나 교훈이 자신이 이미 하고 있는 것보다 훨씬 향상된 방법인지에 대한 확신이 없기 때문에 자주 사용되지 않는다. 태도 변화가 내재화의 중요한 전제조건이 된다. 어떤 실무를 알고 있거나 이해하고 있는 것만으로는 충분하지 않다. 사람들은 그 지식이 더 좋은 방법이고 새로운 업무 방법을 채택하는 것이 도움이 된다는 것을 믿어야만 움직이는 경향이 있다.

전자적 성과지원시스템

전자적 성과지원시스템(Electronic Performance Support System; EPSS)은 직원에게 가용하고 쉽게 접근할 수 있고, 다른 사람의 최소한의 지원과 간섭으로 업무 성과를 낼 수 있도록, 다양한 정보, 소프트웨어, 안내, 권고, 도움, 데이타, 이미지, 도구, 평가 및 모니터링을 제공하는 시스템에 즉시, 개인적, 온라인 접근을 할 수 있도록 구조화되어 있는 통합된 전자적 환경이라고 정의된다. EPSS는 사용자의 성과를 향상시키기 위하여 지식경영시스템과 의사결정지원시스템의 성능을 결합한 것이라 할 수 있다. 즉 EPSS는 업무를 수행하는 데 필요한 복잡성이나 단계를 줄이고, 직원이 업무를 수행하는 데 필요한 성과 정보를 제공하고, 직원이 특정한 조건에서 적합한 행동을 파악할 수 있게 하는 의사결정지원시스템을 제공하면서 직원 성과를 향상시키는 요소나 소프트웨어이다.

EPSS는 직원이 과제를 수행하기 전·후가 아니라 과제 수행 중에 정보에 접근할 수 있게 하고, 최소한의 외부 간섭이나 훈련으로 업무를 수행할 수 있게 한다. EPSS는 조직이 생산성과 성과는 증가시키면서 직원 훈련 비용을 줄이는 것을 돕고 있다. EPSS를 사용하면서 신입 직원은 자신의 일을 더 빠르고 정확하게 완수할 수 있을 뿐만 아니라 자신의 업무와 회사의 비지니스를 배우는 부수적인 혜택을 얻는다. EPSS는 실제 업무를 수행하는 맥락에서 적합한 통합된 지원을 제공하면서 직원들을 바로 현업에 투입할 수 있게 만들었다. EPSS의 관점은 혁명적이었으며, 그 중요성은 신입 직원에게 지식과 기술을 제공하고 업무에 착수하도록 하는 훈련 패러다임에 관한 우리의 생각을 어떻게 바꾸는가에 달려 있다.

EPSS는 미래의 지식경영시스템과 e-Learning 시스템의 주요 요소가 된다. EPSS와 같은 성과지원시스템은 지식경영시스템의 콘텐츠에서 유용한 지식 부분을 걸러 내는 것을 돕고 업무 수행에 필요한 구체적 지식 부분으로 안내한다. 이것은 문서관리시스템과는 다르게 지식경영의 콘텐츠 관리에 있어 문서를 세부 부분으로 나누어 관리하여 사용자가 큰 기술적 문서나 다른 지식 용기의 전체를 훑지 않아도 되게 한다. 즉 지식경영의 콘텐츠 관리는 문서를 개념적 요소로 분해하여 개념 인덱스, 시맨틱 네트워크, 또는 계층적 지식 택서노미를 사용하여 매핑하는 것을 포함한다. 이것을 위해 지식 분할은 EPSS 개발의 전제 조건이 된다.

EPSS 개념의 확장을 위한 노력이 다양하게 일어나고 있다. EPSS 개념의 확장은 사용자 모델 또는 사용자와 시스템 사이의 상호작용 추적을 통하여 가능하다. 사용자 모델은 관심 또는 초점의 대상 즉 어떤 콘텐츠에 언제, 얼마나 자주, 어떤 순서로 접근하였는지를 포착한다. 사용자 상호작용의 로그는 사용자와 업무의 기록을 파악하는 데 사용된다. 이러한 것 모두가 사용자가 수행하는 사용자 모델과 업무를 파악하게 한다. 이 두 가지 소스의 정보는 특정 상황에 맞는 지식활용의 지원을 가능하게 한다.

유지 활동

지식저장고의 지식은 조직의 영구적 자산이다. 이것은 지식 콘텐츠의 유지와 평가에 대한 논의를 제기하며, 다음과 같은 주된 이슈들이 있다.

- 품질 – 지식저장고의 지식은 일정 표준에 부합하여야 한다. 지식은 실질 또는 가능한 영역에 대한 가정을 반영한다. 그러한 가정은 어느 정도 정확하거나 완전히 틀릴 수도 있다. 이러한 회의론적 관점은 사용자가 지식을 수정 가능한 것으로 보게 한다.
- 시사성 – 유효하기 위해서 지식은 최신의 것이어야 한다. 이것은 조직이나 환경

에 관련된 관점을 항상 모니터링할 것을 요구한다. 관련된 변화가 발견되면 시스템에 반영되어야 한다.

- 국제성 – 시장과 기업의 글로벌라이제이션으로 지식 콘텐츠는 다른 국적과 문화의 사용자를 고려한 종합적 프레젠테이션을 제공하여야 한다.

지식 콘텐츠는 시간이 지남에 따라 쓸모없게 된다. 혼란을 피하기 위해 그런 지식은 제거되어야 한다. 지식의 제거와 버전 관리 이외에도 새로운 통찰력의 결과로 기존 지식을 정제하는 유지 작업도 필요하다. 이러한 과제는 앞에서 제시한 기준과 관련하여 몇 가지 의사결정을 할 것을 요구할 것이다. 지식이 복잡해지고 그 규모가 커지는 것을 감안하여 볼 때 이것은 사용자 각자가 책임을 떠맡아야 한다고 볼 수 있다. 물론 품질 표준을 준수하기 위해서 전문가들이 실제 유지 활동을 조정할 필요는 있다.

3. 그룹 및 조직 차원 지식활용

3.1. 지식 재사용

지식활용은 지식경영 프로세스의 마지막 프로세스로서 앞 단계에서 창조하고 포착한 지식을 실제로 사용하는 프로세스이다. 지식활용은 효율성을 높이기 위해 지식을 재사용하는 것과 일을 더 효과적으로 하기 위하여 혁신을 하려는 일반적인 지식경영의 목적을 달성하는 것이다. 지식 재사용은 지식을 새로운 상황에 적용하거나, 포착되고 코드화될 때 맥락이 없어진 지식을 다시 맥락에 맞게 하는 것을 말한다.

지식은 사용될 것이라는 가정 아래 조직의 모든 지식노동자에게 접근될 수 있도록 만들어 진다. 그러나 지식이 포착, 구조화, 코드화된 것은 노나카와 타케우치의 지식전환 모델의 사회화, 외재화, 결합 프로세스를 거친 것에 불과하다. 이것은 지식전환 스파이럴의 내재화 프로세스를 아직 남겨 놓고 있다는 의미이다. 내재화 프로세스는 콘텐츠에 접근하여 이해하는 것뿐만 아니라 그 지식이 일을 더 잘하는 방법이라는 판단을 하여 실제 문제에 적용하는 것을 의미한다. 이것이 지식의 재사용이다.

지식 재사용은 실제의 지식활용뿐만이 아니라 회상과 인식을 포함한다. 지식 재사용은 흔히 서치 질문을 만드는 것으로부터 시작한다. 여기서 전문가와 초보자의 차이가 드러난다. 전문가는 물어야 할 바른 질문을 만들 줄 안다. 전문가는 전문지식추적시스템이나 옐로우 페이지를 사용하여 찾을 수 있다. 적절한 전문가나 자문을 선택하여 지식 보고를 활용할 수 있다. 지식활용은 일반적 가이드를 얻어 주어진 상황에 맞도록 구체화하는 것으로 지식의 재맥락화라 할 수 있다.

지식경영 도구를 사용한 지식 재사용 프로세스에서는 유용한 지식 객체에 접근하게 된다. 지식 객체들은 주석이 달린 참고 자료, (프로그램 또는 문서) 요소, 템플릿, 패턴, 또는 다른 유형의 자료들이다. 예를 들면 컨설팅 회사들은 프로젝트 제안서 템플릿을 자주 재사용한다. 템플릿은 회사 브랜드를 유지하며, 증언, 회사 설명 등과 같은 재사용 가능한 유용한 객체들을 포함한다. 목적은 과제를 완성하는 데 걸리는 시간을 단축하고 수행되는 업무의 질과 관련해 높은 표준을 유지하는 것을 돕고자 하는 것이다. 신규 직원에게 주는 효과는 매우 크다. 그것은 신규 직원이 첫 업무에서 상당히 높은 수준의 성과를 달성할 수 있기 때문이다.

마커스(Markus)는 개인 또는 그룹의 지식과의 거리 그리고 재사용의 목적이나 지식 재사용 상황이 다른 형태의 지식 재사용을 하게 한다고 본다. 마커스는 지식 생산자, 재사용자, 목적에 근거하여 지식 재사용 상황을 분류한다. 같은 개인(또는 그룹), 다른 개인(또는 그룹), 또는 이 둘의 결합이 지식 생산자와 재사용자의 역할을 할 수도 있다. 지식이 재사용되는 상황을 정의하기 위해 지식 거리와 재사용의 목적이 사용된다. 지식 거리는 지식 생산자와 재사용자 사이의 지식 중복의 정도로 측정된다. 지식 거리는 생산자와 재사용자 사이에 공유되는 지식에 따라 측정된다. 마커스는 이와 같은 지식 재사용 개념과 특성을 기준으로 [표 6-2]에서 보는 것처럼 지식 소비자를 공유된 작업 생산자, 공유된 작업 실무자, 전문가 추적 초보자, 이차적 데이타 마이너의 네 부류로 나눈다.

마커스는 대부분의 경영 과제는 지식 생산자와 재사용자 사이의 지식의 차이에서 온다고 본다. 그의 지식 재사용 분류는 지식저장고 개발과 관련한 문제를 이해하게 한다.

[표 6-2] Markus 지식 재사용 분류

공유된 작업 생산자	지식 거리가 가장 가까운 그들은 동질 그룹 또는 부서 간 팀의 공유된 작업을 하면서 자신이 나중에 사용할 지식을 생산한다. 예를 들면 실행 팀이 프로젝트 후반기에 디자인 결정을 다시 보는 것이다.
공유된 작업 실무자	실무공동체를 공유하면서 지식은 현장의 컨설턴트와 같이 다른 장소의 동일한 역할을 하는 전문가에 의해 생산된다. 그들은 서로를 위해 지식을 생산하나, 다른 멤버가 생산한 지식의 재사용에 어려움을 가지므로 문서나 전문가를 찾는 데 도움을 주는 네트워크에 의존한다. 이러한 지식 재사용은 지식 필터링이나 개인화를 요구한다.
전문가 추적 초보자	지식 거리가 가장 멀리 떨어진 이 유형의 지식노동자는 질문 만들기, 지식 소스를 찾는 것과 그 품질을 판단하는 것, 전문 지식을 활용하는 것과 같은 지식 재사용 상황의 모든 단계에서 상당한 어려움을 겪는다. 지식 중개자의 역할이 중요하며 EPSS나 e-Learning 모듈과 같은 다른 성과 지원 도구가 큰 도움이 된다.
이차적 데이타 마이너	지식 생산자와는 완전히 격리되어 저장고에서 지식을 추출하기 위해 분석적 전문 지식을 적용한다. 지식 재사용에 대한 그들의 목적은 생산자가 처음에 지식을 상술한 동기와 매우 다르다.

하나의 목적으로 한 그룹에 의해 개발되는 지식저장고는 상당한 재작업이나 다른 조정 없이 다른 그룹에 의해 성공적으로 재사용되기 어렵다. 따라서 지식저장고를 개발하는 노력의 상당 부분은 촉진자와 중개자의 역할을 강조하게 되었다. 중개자는 지식 생산자에 의해 만들어진 지식 콘텐츠를 수정하고 지식 재사용자에게 유용한 형태로 전환시킨다. 중개자에 의해 행해지는 활동은 초록, 인덱스, 저술, 필터링, 진부한 콘텐츠 정리 등이다.

3.2. 지식활용을 위한 정보기술

정보기술은 조직 명령(Directives)의 포착, 갱신, 접근을 가능하게 하여 지식 통합과 활용을 향상시킬 수 있다. 예를 들면 많은 조직이 인트라넷을 통하여 조직의 명령에의 접근과 유지를 향상시키고 있다. 정보기술은 변화가 적용되는 것을 신속하게 한다. 한 조직 단위는 유사한 경험을 하는 다른 조직 단위의 지식에 접근함으로써 학습 커브를 빠르게 진행할 수 있게 한다. 정보기술은 개인의 내부적, 사회적 네트워크의 규모를 크게 하거나 조직기억의 양을 증대시켜 조직 지식이 시간과 공간을 넘어 활용될 수 있게 한다. 정보기술은 조직 관행을 코드화하고 자동화하여 지식 통합과 활용의 속도를 높인다. 워크플로우 자동화 시스템은 커뮤니케이션과 조정의 필요를 줄이고, 업무 관련 문서, 정보, 규칙, 활동을 적시에 자동적으로 유통되게 하여 조직 관행의 효율적 사용을 가능하게 한다. 또 고객관계관리시스템(Customer Relationship Management; CRM)은 조직이 고객서비스 관계를 관리하는 것을 돕는 업무지원시스템이다. 전문가시스템은 잘 정리된 조직 절차를 포착하여 따르게 하는 수단이다.

다양한 도구와 기법이 지식경영의 활용 프로세스를 지원한다. 분배 및 출판 도구는 지식저장고 디자인을 돕는다. 이 도구들은 필요로 하는, 또는 푸시 서비스나 풀 서비스를 구독하는 사람들에게 정보를 보내는 기능을 갖추고 있다. 전자우편과 워크플로우는 새로이 게시된 또는 만료된 콘텐츠와 같은 변화를 사용자에게 통지하는 푸시 서비스를 할 수 있다. 푸시되는 콘텐츠가 찾아가야 하는 사용자를 찾기 위해 사용자 프로파일에 패턴 매칭 기법을 적용할 수 있다.

다른 도구는 콘텐츠의 구조와 내비게이션 개발을 돕는다. 지식 택서노미는 조직 지식 자산의 분류를 돕는다. 내비게이션 도구는 찾고자 하는 지식을 쉽게 찾도록 사용자 인터페이스 개발을 돕는다. 콘텐츠가 적절하게 인덱스되고 조직화되면 사용자와 업무 니즈를 반영하도록 하기 위하여 같은 콘텐츠에 대한 다중 관점을 제공할 수 있다. 콘텐츠를 상호 참조하는 링크를 개발하고, 그 상호링크를 요약하는 시소러스를 개발할 수 있다. 또 전문가 찾기 시스템도 사용자 인터페이스에 포함하면 지식경영과 관련한 콘텐츠, 사람, 프로세스 모두가 사용자 인터페이스에서 시작할 수 있다.

지식저장고

많은 경우 지식 재사용이 간단한 일이 아니다. 이렇게 직감과 다른 결과가 나타나는 것은 두 가지 이유에서 온다. 어느 정도 복잡한 조직에서는 재사용할 지식을 찾는 것이 쉽지 않다. 지식노동자는 그들이 필요로 하는 지식이 이미 가용한지를 모르고 있다. 또 지식이 조직에 존재하며 바르게 파악되었으나 업무에 맞지 않는 형태일 수 있고 필수적 정보가 암시적으로만 존재할 수도 있다. 지식은 당면한 업무의 요구 사항에 맞도록 다시 재구성되어야 한다. 또 지식을 부분적으로 수정(업데이트)해야 하는 경우도 있다. 사용자와 그들의 업무의 지식 요구사항을 이해하는 것이 다양한 소스로부터의 바른 지식을 이해, 파악, 사용하는 열쇠이다. 이것은 이미 있는 지식을 더 잘 활용할 수 있게 하여 지식 자산에 의한 수익을 증대하는 결과를 가져온다.

조직은 조직기억을 지원하기 위해 코드화된 지식을 저장하고 분배하는 데 지식저장고를 사용하며, 지식저장고는 이 프로세스를 촉진하기 위해 조직에 저장된 지식을 조직화한다. 조직은 일반적으로 단일의 거대한 지식 소스를 유지하지 않고, 조직기억을 지원하기 위해 여러 지식저장고의 집합을 만든다. 지식저장고는 주로 형식적 지식을 포착하는 데 사용되고, 보통 구조화된 콘텐츠인 데이타베이스를 포함한다. 어떤 지식저장고는 사람들이 업무를 하면서 사용할 수 있는 콘텐츠를 가지고 있으며, 이 콘텐츠는 사람들이 업무를 하면서 자동으로 포착되기도 한다. 고객관계관리시스템을 지식저장고로 사용하는 경우가 여기에 해당된다. 지식저장고는 보통 조직기억을 보관, 관리, 활용하기 위한 인트라넷 또는 포털의 일부이다. 일반적으로 지식저장고는 문서, 데이타, 레코드 이상을 가지고 있다. 지식저장고는 개인의 독특한 경험에 기초한 암묵적 및 형식적 지식과 실제에서 시도와 테스트되어 통용되는 노하우의 결합인 유용한 콘텐츠이다.

보통 개인이 지식저장고를 통하여 지식을 제공하는데, 대부분의 조직은 최고의 지식이 보존되도록 하기 위해 어떤 지식이 코드화되고 저장되는지를 통제하는 일정한 프로세스를 수립한다. 어떤 조직은 특정 전문가들이 지식저장고에 기여하는 것만을 허용하고, 어떤 조직은 제공되는 지식을 검토하기 위한 전문가 팀을 운영하기도 한다. 다른 조직은 팀 수준에서 어떤 지식이 포함될 것인지를 결정한다. 그러므로 지식저장고를 통해 제공되는 지식은 보통 어느 정도의 품질 수준이며 정제된 것이다.

공동체는 조직이나 전문가들의 분야 중심으로 운영되므로 유사한 경계로 전체적 지식저장고를 분할하는 것이 좋다. 여러 유형의 지식저장고가 사용되고 있으며 이들은 몇 가지 유형으로 나눌 수 있다. 지식저장고는 외부 지식의 저장고와 내부 지식의 저장고로 나누어 볼 수 있다. 외부 지식저장고는 데이타 판매 업체나 공공 부분의 경쟁 정보, 인구 또는 통계적 데이타를 수집하여 저장하고, 내부 지식저장고는 그룹 토론의 기록, 전자우편, 다른 내부 커뮤니케이션과 같은 비공식적 정보를 저장한다. 내부 지식저장고는 유동적이고, 주관적인 지식 콘텐츠를 더 잘 다루기 위해 제약이나 형식적 구조를 덜 가진다. 지식저장고는 일반적 지식과 구체적 지식으로 나누어 볼 수 있는데, 이러한 분류는 지식의 신뢰성이 일반적 또는 상식적 지식에서 오는지 아니면 동료가 발견한 지식에서 오는지를 알 필요가 있는 지식 재사용자에게 매우 유용하다.

지식저장고는 지식활용의 원 스톱 서비스를 하여야 한다. 직원은 조직의 누적적 경험과 전문 지식에 접근해 이를 이해, 활용하기 위해 필요한 것을 찾을 수 있어야 한다. 이렇게 되면 지식노동자는 이미 포착, 코드화, 점검, 가용화된 지식과 노하우를 찾는 데 시간을 덜 보내게 되어 자신이 하는 것에 집중할 수 있게 된다. 증명된 지식의 재사용은 지식노동자가 이미 개발되었거나 해결된 것을 재발견하는 데 시간을 낭비하지 않아 효율성과 효과성을 높일 뿐만 아니라 지식노동자가 자신의 노력을 조직 기업에 보탤 혁신적이며 창의적인 지식 개발에 쓸 수 있게 한다. 다른 유형의 재사용자는 지식저장고를 다르게 사용하므로 지원 니즈도 다르다. 저장고는 개인 수준은 아니더라도 실무공동체 수준의 개인화가 필요하다.

콘텐츠

조직은 흔히 직접적, 긍정적 효과를 가져오는 조직지식에 가장 관심을 가지게 된다. 조직의 지식 즉 조직 메모리의 콘텐츠는 사람들의 머리, 인공물, 그리고 정보시스템에 존재한다. 이 세 장소 또는 미디어는 서로 연관되어 있고, 지식 네트워크로 복잡하게 얽혀 있다. 경쟁 우위를 만드는 조직 역량으로 불리는 지식 네트워크는 문서, 사무실, 정보시스템과 같은 외부 메모리와 함께 많은 사람들로 구성되어 있다. 지식경영은 개인적 지식 요소나 한 장소 즉 지식베이스뿐만이 아니라 이러한 복잡한 관계나 네트워크를 포함한다. 조직 메모리의 콘텐츠는 암묵적 지식과 형식적 지식을 모두 포함하여 그 범위가 넓으므로 여기서는 형식적 지식을 통합하여 공유하도록 하는 지식경영시스템의 콘텐츠를 중심으로 논한다.

조직의 지식구조는 보통 기존 조직에 존재하던 고객 관련 데이타, 특허, 기술 데이타베이스(옐로우 페이지), 교훈, 우수 사례, 제품 설명, 비지니스 프로세스, 프로젝트, 보고서, 시장 조사 등과 같은 지식 소스를 반영한다. 관리할 문서가 점점 증가할수록 유사한 문서를 수집하여 작은 그룹으로 나누어 이름을 붙이는 것이 점차 중요해진다. 이 작업이 분류이다. 모든 자동 분류 방법은 두 문서가 같은 클러스트에 포함될 만큼 유사한가를 결정하기 위하여 특징을 사용한다.

콘텐츠 관리의 중요한 이슈 중 하나는 문서가 분석, 저장, 분류되는 방법이다. 문서가 수집되면 콘텐츠 시스템이나 사용자에 의해 추출될 수 있고 사용될 수 있도록 분석되어야 한다. 문서가 포털에 저장되면 그것은 나중에 추출과 디스플레이된다. 그러나 문서를 단순히 원래 형태 그대로 출력하는 것은 도움이 되지 않는다. 시스템은 보통 시스템이나 사용자에 의해 문서가 추출될 때 더 효과적이고 효율적이도록 문서 콘텐츠를 분석하여 그 결과를 저장한다.

콘텐츠 관리는 점증하는 기업 데이타를 자동적으로 관리할 수 있는 디렉토리와 인덱스를 요구한다. 이 기능은 기업의 모든 정보 소스의 지식을 서치하는 것을 돕는다. 이 지식은 문서, 협력 데이타, 애플리케이션 시스템, 전문가, 외부 소스의 정보와 같은 구조화 또는 비구조화된 정보 객체를 포함한다. 다양한 정보의 복잡함을 다루는 지식노동자가 문제해결에 집중할 수 있게 하기 위해 정교한 지식경영 택서노미가 메타 데이타에 근거하여 개발되어야 한다. 메타 데이타는 정보의 유형을 정의하기 위해 필요하다. 콘텐츠 관리 요소는 지식저장고의 정보를 출판하여야 한다.

지식 포털

인터넷 기술의 등장으로 포털을 통한 지식경영은 더욱 활발해졌다. 포털은 처음에는 단순한 서치 엔진이었다가, 나중에 그룹의 개인 관심사를 분류하여 제공하는 내비게이션 사이트로 확장되고, 이어서 정보 포털로 발전하였다. 기업 포털은 지식경영과 내부 커뮤니케이션을 지원하며 직원들의 홈 베이스로 등장하고 있다. 포털은 회사의 비지니스 프로세스에 초점을 맞춘 통합 플랫폼이며, 인터넷 자원에의 유일한 접속 포인트이다. 포털은 조직의 다른 포맷으로 다양한 시스템에 저장된 지적 자본에 대한 단일 관점을 만든다. 포털은 구성원들이 업무를 성공적으로 수행하는 데 필요로 하는 지식과 정보를 제공하는 조직의 두뇌 역할을 할 수 있다.

포털은 기업의 내·외부에 저장된 정보에 대한 개인화된 정보로의 단일 통로를 제공하게 된다. 포털은 고객, 파트너, 직원과 같은 다양한 사용자 사이의 지식 공유를 촉진하고, 데이타 웨어하우스, 데이타베이스, 거래처리시스템에 저장된 구조화된 데이타에 대한 접근을 제공하고, 전자적 문서, 교훈, 스토리 등과 같은 비구조화된 데이타를 조직화하는 가상 작업 공간이다. 포털은 다양한 애플리케이션에 저장된 데이타에 대한 접근을 단순화하고, 직원들 사이의 협력을 촉진하고, 기업이 고객과 관계를 갖는 것을 돕는다.

포털의 주요 목표는 모든 정보 소스에 대한 단일 접근 포인트를 제공하는 것이다. 따라서 포털은 모든 기업 애플리케이션의 보편적 통합을 위한 도구이다. 동시에 모든 개인은 다른 정보 니즈와 지식 사용 요구를 가지므로 포털은 개인화된 인터페이스를 제공하여야 한다. 이러한 이슈를 고려할 때 포털은 다음 기능을 포함하여야 한다.

- 통합 – 통합 기능은 다양한 내·외부 정보 소스의 정보에 접근하여 포털에 디스플레이하는 기본적 기능을 제공한다. 이미지와 비디오에 이르기까지 모든 형태의 데이타와 문서는 통합되어 가상 저장고로 사용된다.
- 분류 – 분류 기능은 조직의 택서노미를 실행하여 포털 정보를 신속히 이해하여 생산적 사용을 할 수 있도록 맥락화하는 것을 돕는다. 또 포털은 직원, 파트너, 고객을 포함한 모든 수준의 분류를 지원하여야 하고 프로세스, 제품, 서비스 차원과 같은 여러 차원의 분류를 지원한다.
- 서치 – 서치 요소는 구체적 정보 항목에 대한 단일 포인트 서치와 접근을 제공한다. 효과적 서치는 종합적 인덱스, 메타데이타 접근, 개념기반 서치 등을 가능하게 한다. 이것을 위해 저장고의 정보에 대한 프로파일을 만들고 내비게이션과 서치를 위하여 조직화한다.
- 출판과 분배 – 출판 기능은 콘텐츠의 창조, 인증, 포스트 하는 것을 지원하고, 정확성, 보증, 적시성을 보장한다. 분배 기능은 문서나 전자적 문서의 형태로 구조화 및 비구조화된 정보의 분배를 지원한다. 개인은 능동적 메커니즘(서치 인터페이스)이나 수동적 메커니즘(푸시)을 통해 지식을 획득한다.
- 프로세스 지원 – 포털이 e-Business 경영에 초점을 맞추고 있으므로 프로세스 지원은 중요한 요소이다. 프로세스 자동화 애플리케이션은 문서와 양식을 보내고, 비지니스 프로세스 중간의 상태 변화를 접수, 대응하고, 사전 정의된 프로세스 플로우를 모니터링하는 감사 및 유지 서비스를 제공한다.
- 협력 – 협력 기능은 공동체를 지원하고, 포털이 조직 내·외의 상호작용을 위한 포럼의 역할을 할 수 있게 한다. 협력은 메시징, 워크플로우, 토론 데이타베이스 등과 같은 것을 통하여 동기적으로나 비동기적으로 이루어진다. 이 기능은 포털이 수동적 정보 제공자에서 모든 유형의 조직 상호작용의 인터페이스로 확장되

게 한다.

- 개인화 – 개인화는 개인의 생산성을 높여 주기 때문에 성공적 포털 아키텍처의 핵심 요소이다. 정보의 양이 많아짐에 따라 개인화는 지식노동자가 업무나 관심사에 대한 콘텐츠를 선택하여 관리하고 우선순위화할 수 있게 한다.
- 프레젠테이션 – 포털은 정보 디스플레이, 맥락, 사용 편리성을 통합하여야 한다. 대부분의 사용자가 계층적 폴더에 익숙하지만 더 풍부한 미디어와 완전한 커뮤니케이션 범위(예: 휴대전화와 PDA)를 고려한 새로운 대안도 등장하고 있다.
- 학습 룹(Loop) – 포털 학습 룹은 지식경영을 위한 애플리케이션이 아니라 지식경영 애플리케이션의 하나로서 사용자와 포털 사이의 상호작용에 고유한 집합적 지혜를 역동적으로 수집하고 분석한다. 이 자료는 사용자 정보 니즈의 변화를 발견하고 대응하는 데 사용된다.

포털의 문서 수집 상태는 정적이지 않고 변화하므로 포털은 어떤 형태로 택서노미 유지 기능을 제공하여야 한다. 새로운 문서가 추가되면 분류 기술을 사용하여 적합한 장소에 택서노미를 추가하여야 한다. 클러스터가 커지고 새로운 문서의 개념적 내용이 시간이 지남에 따라 변화하면 클러스터를 분할하거나 문서를 한 클러스터에서 다른 클러스터로 옮겨야 할 때가 있다. 포털 관리자는 택서노미 에디터를 사용하여 이것을 모니터링하여 실행하여야 하고, 때로는 현재의 택서노미와 그에 따른 문서의 양의 적정성을 평가하여야 한다. 출판 프로세스에서는 지식경영 택서노미와 관련하여 여러 가지가 고려되어야 한다. 메타데이타에 의한 문서 태깅(Tagging)이 문서 출판에서 콘텐츠의 품질에 중요하지만 메타데이타를 태깅하는 것이 복잡하고 시간이 걸리는 프로세스가 되면 정보를 제공하는 것이 부담이 될 수 있다.

포털은 지식의 전이가 일어나는 곳이다. 이러한 목적을 위해 포털은 다음과 같은 주요한 모듈을 포함한다.

- 문서 저장고(Document Repository) – 문서 저장고는 관련 문서를 수집한다. 문서는 문자, 그림, 그래픽, 오디오, 비디오를 사용하여 업무와 관련된 지식을 기록한 것이다.
- 출판 배스킷(Publication Basket) – 출판 배스킷은 슈퍼마켓의 쇼핑 카트 개념과

유사하다. 포털은 회원들에게 문서 저장고에서 쇼핑하여 업무에 필요한 문서 리스트를 만드는 것이 가능하게 한다.

- 포럼(Forum) – 포럼은 회원들이 실시간으로 연속된 메시지나 질문 또는 토픽을 올리는 데 사용된다. 다른 회원들은 전자우편으로 올린 내용에 대하여 통보를 받고 시간이 될 때 반응을 하거나 새로운 메시지를 올릴 수 있다. 포럼이 메시지에 대하여 토론하는 회원들의 수단을 제공하므로 메시지 보드라고도 불린다. 포럼의 장점은 회원들에게 토픽에 대하여 토론한 플랫폼을 제공하는 포털의 기능을 하는 점이다. 포럼은 전자우편이 할 수 없는 가상 공간을 제공한다.
- 채팅 룸(Chat Room) – 채팅은 실시간 토론 수단이다. 채팅은 여러 회원들이 실시간 인터페이스에 로그인하여 아이디어를 교환하고 대화를 할 수 있다. 채팅 세션이 계획되어 회원들이 실시간 회의에서 만나 이야기함으로써 비용과 시간을 줄일 수 있다.
- 메시지 서비스(Short Message Service; SMS) – 메시지 서비스는 모바일 통신 사용자와 전자우편, 페이징, 음성우편과 같은 외부 시스템 사이에 문자 메시지를 전달할 수 있게 하는 무선 서비스이다. 포털은 장소에 관계없이 회원들 간의 접촉이 가능한 SMS 서비스를 제공한다.

포털은 [표 6-3]에서 보는 것과 같이 지식경영 프로세스의 각 단계를 지원하는 요소를 가지고 있다. 지식생산 프로세스는 지식의 획득, 통합, 창조를 가능하게 하는 도구가 필요하다. 지식저장 프로세스를 통해 조직은 선택한 지식을 분류하여 매뉴얼, 데이타베이스, 사례, 보고서, 프로세스, 경험 법칙 등의 형태로 조직기억에 저장한다. 지식공유 프로세스를 지원하는 기능도 여러 가지 도구로 지식 포털에 포함된다. 지식활용 프로세스는 문제해결, 의사결정, 아이디어 탐색, 학습 등의 활동을 지원하는 도구로 지식노동자를 돕는다.

주제별 전문가 디렉토리

전문가 찾기 시스템(Expertise Locator Systems)은 조직 내·외부의 전문가를 찾아 주며, 가장 간단한 형태는 조직의 전화번호부이다. 지식경영에서 전문가 찾기 시스템은 암묵적 지식의 교환을 위해 사용된다. 이러한 도구는 정보가 아니라 사람에 접근하는 것을

[표 6-3] 지식경영 프로세스와 포털 요소

지식경영 프로세스	포털 요소	기능
지식 생산	커뮤니케이션/메시징	포털 사용자가 다른 사람과 커뮤니케이션하는 데 사용하며 전자우편, 토론 보드, 채팅 도구, 메신저 등을 포함한다.
	애플리케이션 공유	다중 사용자가 애플리케이션을 공유하고 협력하는 도구로 웹 기반 미팅 도구가 있다.
	커뮤니티 구축	유사한 관심과 니즈를 가진 사용자들이 가상 공동체를 형성하게 한다.
지식 저장	저장	정보를 가치 있는 지식으로 전환하여 저장하는 데 사용하는 도구로 메타 데이타 서비스를 포함한다.
	아카이브	사용자를 위한 정보에 대한 인덱스를 만든다.
	라이프 사이클 관리	정보를 효율적으로 아카이브에 저장하여 가용하게 만들고, 개인이 개인 정보를 유지하도록 한다.
지식 공유	프로파일링	개인의 업무 스타일을 위해 개인화된 방법으로 정보를 제공한다.
	푸시/풀 기술	푸시 전달, 전자우편 등의 방법으로 지식을 분배한다.
	출판	다른 형태로 콘텐츠와 문서를 제공한다.
지식 활용	통합	기존의 다양한 데이타 저장고로부터 인덱스를 통한 정보를 접근하게 한다.
	프로세스 자동화	워크플로우 도구 등을 사용하여 비지니스 프로세스를 자동화한다.
	라이프 사이클 관리	정보를 효율적으로 아카이브에 저장하여 가용하게 만들고, 개인이 개인 정보를 유지하도록 한다.

가능하게 하며, 직접적 대화나 전자우편의 교환을 통하여 정보에 관한 맥락을 얻는 것을 가능하게 한다.

많은 다른 조직처럼 미국의 코닝(Corning)은 찾고자 하는 기술과 그 지식을 가진 사람을 찾는 것을 돕기 위해 개인 전문가 프로파일의 디렉토리(Directory)를 가지고 있다. 참여는 자발적이지만 참여한 개인은 자신의 실력에 책임을 진다. 이 시스템은 기존 직원의 기술에 대한 친밀감과 접근을 높이고 기술 공동체 운영에 완전히 통합하도록 디자인되었다. 이 시스템은 직원들이 현재 개발하고 있는 지식뿐만이 아니라 미래에 필요로 하는 기술을 찾을 수 있게 한다. 코닝이 직면한 장애물을 뛰어넘으려면 정보를 획득하고, 업데이트하고, 데이타의 보안을 유지하고, 법적 이슈를 해결하고, 제한된 예산과 자원을 극대화하는 것이다. 조직은 주제별 전문가를 찾는 개인이 전문가의 자격에 대한 판단을 하도록 주제별 전문가 프로파일에 대한 랭킹(Ranking)을 하지 않는다. 주제별 전문가 프로파일은 과거 프레젠테이션, 출판, 언어, 여행, 관심, 기술, 연락처 등을 포함한다.

조직은 전문가 찾기 시스템에 일정한 기술 체계를 만드는 데 시간과 노력을 들여야 한다. 많은 학습관리시스템(Learning Management System; LMS)은 유사한 기능을 포함하고 있으며, 점점 많은 조직이 일관성 있게 직원 개발을 위한 학습관리시스템을 사용하고 있다. 대부분의 전문가 디렉토리는 자율 통제를 하며 전문가 검증 프로세스 디자인에 최소한의 시간을 들이고 있다.

사례: 현대증권, 지식경영시스템 '위즈모어' 오픈

현대증권은 핵심역량 강화를 목표로 모든 임직원이 손쉽게 핵심 지식을 창출, 공유, 활용하기 위한 지식경영시스템인 '위즈모어(Wizmore)'를 오픈했다고 2일 밝혔다. 이번에 구축된 지식경영 시스템인 위즈모어는 지혜(Wisdom)를 모으고 공유한다는 의미로 4개월여의 개발기간과 명칭 공모를 통해 오픈하게 된 것이다.

위즈모어는 공지 사항 게시 중심의 기존 인트라넷의 한계를 넘어 정보 활용의 편의성 향상과 다양한 지식관리기능을 강화하였으며, 통합 검색을 통해 고객에 대한 빠른 업무 응대를 지원할 수 있도록 구성했다. 또한 직원들의 참신한 아이디어를 업무에 반영하기 위한 제안관리 시스템인 '아이디어 풀(Idea Pool)'도 함께 구축했다. 아울러 지식 마일리지 제도를 도입해 우수 직원에 대한 포상도 실시할 계획이다.

허 강 현대증권 이노베이션추진 부장은 "업무 정보의 체계적 제공, 임직원 간의 지식과 노하우 공유, 조직의 커뮤니케이션 및 협업 체계 강화 등 3대 목표를 중심으로 한 지식경영을 추진하고 있다"며 "이번 지식경영시스템의 도입으로 전사적인 지식의 생산 및 활용을 통해 급변하는 증권산업의 환경 변화에 적극적으로 대응해 나갈 계획"이라고 밝혔다. 날리지큐브 김상옥 프로젝트매니저는 "현대증권의 지식경영시스템은 제안관리시스템과 e-Manual(업무편람) 시스템을 적용, KMS와 유기적인 연동이 되도록 구축했다. 이는 향후 현대증권의 지식자산을 원스톱(One-Stop)으로 제공하는 EKP 구축의 지식경영 인프라가 될 것"이라고 전했다.

한편 이번 프로젝트에서 자사의 K*Cube EP, KMS, IMS 제품을 공급해 구축한 날리지큐브는 포스코, 삼성화재, 아주그룹 등 그동안 대규모 지식경영시스템 구축을 수행한 바 있다.

출처: 아이티투데이, 2008년 01월 02일

현대證 "지식 나누면 고객만족 늘어요"
지식경영시스템 '위즈모어' 오픈 100일 맞아

현대증권은 14일 지난 1월 오픈한 지식경영시스템 위즈모어(Wizmore)가 오픈 100일을 맞이했다고 밝혔다. '위즈모어'는 금융 상품, 업무 정보는 물론 직원들의 지혜와 노하우를 공유하는 지식 포털로서, 지식경영을 통해 고객서비스를 향상하고 직원들의 경쟁력을 증대하기 위해 마련됐다. 지난 100일 동안 활발히 운영된 위즈모어 게시판에는 영업과 업무 경쟁력 향상에 도움이 되는

600여 건의 다양한 지식들이 등록됐고 15,000여 건의 댓글이 달렸다.

위즈모어를 통한 지식공유는 실무자들의 실전 지식을 공유할 뿐더러 직원들의 참여와 의견교환이 자유로워, 기존의 교육과정에서 맛볼 수 없는 색다른 효과를 가져오고 있다는 평가다. 현대증권의 지식경영시스템은 직원들의 지식을 공유하는 것은 물론 고객들의 제안도 체계적으로 관리하고 있다. 신제안시스템 'Ideapool'에는 지난 100일간, 고객들과 직원들의 제안 1,000여 건이 등록돼 고객만족을 향상시키는 데 큰 역할을 했다.

기획본부장 박재만 이사는 "현대증권은 지식경영을 통해 현장에 있는 지식과 아이디어를 전사적으로 활용할 수 있도록 노력하고 있다"며 "고객들에게 좀 더 높은 서비스와 가치를 제공하는 체계를 만들어 나갈 것"이라고 말했다.

출처: [프라임경제] 2008년 04월 14일

3부

지식경영 네트워크

7장 조직학습

학습 개요 및 목표

기업의 경쟁력은 적기에 변화하는 상황에 대응하는 능력에 달려 있으므로 조직의 학습 능력은 기업 능력의 핵심 요소이다. 조직은 학습을 하면서 지식노동자와 조직 전체의 성과에 가치를 더하고 핵심 역량을 강화한다. 많은 기업에서 조직학습의 중요성이 커지고 있으며, 조직학습은 지식경영과 밀접하게 연관되어 있다. 조직학습의 이슈는 지식경영의 이슈가 된다. 지식경영은 개인학습과 조직학습을 촉진한다. 조직학습이 효과적이기 위한 조직 구조와 문화는 지식경영의 그것과 별도로 다루기 어렵다. 조직학습을 지식경영과는 다른 시각으로 접근할 수도 있겠으나 이제 둘의 구분이 크게 의미 있는 것은 아니다. 따라서 이 장에서 조직학습과 지식경영을 촉진하는 조직 구조와 조직 문화를 통합하여 살펴본다.

이 장에서는 조직학습의 개념과 이론을 소개하고, 조직학습이 장려되는 조직 구조의 특성을 이해한다. 또 조직학습을 촉진하는 지식경영 문화를 요약한다. 이 장의 학습 목표는 다음과 같다.

- 조직학습의 개념에 대하여 이해한다.
- 개인 및 조직학습 사이클을 이해한다.
- 개인, 조직, 공동체의 학습 개념을 이해한다.
- 조직학습을 위한 조직 구조를 이해한다.
- 지식흐름과 조직 구조의 관계를 이해한다.
- 지식경영 문화에 대하여 살펴본다.
- 지식경영 프로세스에 대한 문화의 영향을 살펴본다.

사례: 지식경영 2.0 새 패러다임을 열다

삼성SDS '오픈플레이스 2.0' 업계 화제 – 전략 회의 · 업무 보고 등 새로운 조직 문화 구현. 지적 자산 재활용…. 전 세계 연결 종무식도 척척.

부산에서 근무하는 삼성SDS 이소통 책임(가명). 그는 출근하자마자 가상의 사내 업무 공간인 '오픈플레이스''(OpenPlace)를 열어 업무를 시작한다. 홈(Home)에 들어가 팀장 메일을 확인한 뒤, '팀룸(협업 커뮤니티)'을 클릭, 전국 40여 개 사이트에 흩어져 있는 품질 평가 태스크포스(TF) 멤버들이 올린 게시글을 확인, 서울에 있는 팀장에게 중요 사항을 보고 한다. 회의 시간에는 팀룸에 있는 회의실에서 커뮤니케이터(메신저)들과 화상회의를 시작한다. 문서를 화면 한쪽에 올려 공유, 수정 작업까지 하며 필요한 자료는 실시간으로 요청하기도 한다.

삼성SDS에서 현재 벌어지고 있는 직원들의 업무 모습이다. 삼성SDS가 가상의 사내 업무공간인 '오픈플레이스'를 통해 자사의 IQ를 높이고 있다. 이 회사는 지난해 10월 오픈플레이스 1.0을 개통한 데 이어 최근 한층 업그레이드된 2.0 버전을 개설했다. 오픈플레이스 2.0은 '개방, 공유, 참여'라는 웹 2.0의 사상에 지적 자산을 재활용하는 '창출' 및 경영 화두인 '소통'의 의미를 더해 새롭게 탄생한 것. 이는 모든 업무와 지적 자산 재활용을 사이버 공간에서 해결하는 것으로 삼성SDS가 국내 기업 중 최초로 도입했다. 삼성SDS 김인 사장은 "오픈플레이스 2.0은 불필요한 중복 작업을 줄이고 직원들의 의사소통을 원활히 해 조직의 경쟁력을 높이는 제2의 경영 혁신"이라며, "다수의 지식과 지혜를 구하는 집단 지성은 삼성SDS에 꼭 필요한 자산"이라고 강조했다. 그는 특히 "진정한 글로벌 SDS를 실현하기 위해서는 일하는 방식과 관행, 사고 구조를 바꿔야 한다"고 말하기도 했다.

오픈플레이스 2.0은 삼성SDS의 일하는 방법과 조직 문화까지 바꿨다. 시간과 장소에 구애 받지 않고 언제 어디서나 신속한 의사결정이 가능해졌다. 업무 효율을 증진하고, 역량을 키우며, 사우들 간의 교류를 활성화해 활기찬 조직 문화를 만들어 가고 있는 것이다. 특히 삼성SDS는 매달 임원, 사업부장들이 한 곳에 모여 진행하던 기술전략회의도 오픈플레이스로 대체하고, 이를 모든 사원들에게 공개하기도 했다. '커뮤니케이션 & 펀 경영'의 일환으로 펼쳐진 임직원 스타크래프트 대회를 오픈플레이스의 화상회의 기능을 통해 생중계하기도 했다. 오픈플레이스 2.0 내 '프로파일'에서는 사내 전문가들의 네트워크가 구축돼 지식을 공유하고 재창출하는 지식 선순환 활동을 하고 있다. 예컨대 사내 전문가 네트워크 구축의 기반인 '프로파일'에 자신의 프로파일 및 보유 지식을 등록하면 자료가 필요할 때 적시에 그 분야의 사내 전문가와 지식을 검색, 그의 도움을 받거나 지식을 활용할 수도 있다. 현재까지 약 2,000여 명이 등록해 활발하게 새로운 지식을 얻고 나누며 확산시키는 활동을 하고 있다.

삼성SDS는 이 같은 혁신적 지식경영시스템 '오픈플레이스 2.0'을 개발, 정착시킴으로써 7년 연속으로 아시아 최고 지식경영 기업상을 받기도 했다. '개방된 혁신의 도구'라는 의미도 담고 있는 오픈플레이스를 기반으로 한 자유로운 토론 마당을 통해 부서원 상호 간에 끈끈한 정이 쌓이고, 다양한 연구회 활동과 전문가 네트워크를 활용해 진정한 지식경영을 실천하고 있는 것이다.

삼성SDS는 향후 더욱 발전된 오픈플레이스를 통해 콘텐츠의 모바일 서비스(SMS)를 실시할 계획이다. 연말에는 전 세계 8,000여 명의 직원들과 화상회의 기능을 통해 종무식도 가질 계획이다. 김인 사장은 "적극적인 참여와 제언을 통해 더욱 다듬어지고 완성도를 높인 '오픈플레이스'를 만들어 갈 것"이라며 "특히 오픈플레이스를 단순한 지식 저장소가 아닌 살아 있는 협업의 장으로 만들기 위해서는 더 많은 노력이 필요하다"고 말했다.

출처: 헤럴드 경제, 2008년 11월 28일

1. 조직학습과 지식경영

1.1. 조직학습 개념

조직학습 필요성

오늘날 기업은 새로운 관점, 통찰력, 그리고 새로운 행동을 요구하는 새로운 기술, 규칙, 환경에 놓여 있다. 글로벌라이제이션, 이와 관련된 규제 완화, 사유화, 증가하는 고객 고급화는 조직 역량의 기준과 기대를 높이고 있다. 비지니스의 대변화를 일으키는 다른 조직의 추세로는 지식의 제품과 서비스 내재화, 증가하는 기술 능력, 지식의 축적과 가치 절하 가속화 등을 들 수 있다. 이러한 변화는 지속 가능한 조직의 경쟁력을 창출하기 위한 조직학습을 요구한다. 조직학습은 불확실성과 외부 도전의 시기에 일어나는 혁신, 협력, 문화 이동, 높은 사기에서 볼 수 있는 것처럼, 조직의 끊임없이 변화하는 속성 그 자체에 나타나는 역동적 프로세스이다.

현재나 미래의 기업 환경에서 기업이 당면하는 주요 도전은 불확실하고, 복잡하고, 급격하게 변화하는 세계의 복잡한 사건이나 상황에 대한 이해와 의미를 발견, 창조, 또는 개발하는 것이다. 조직 환경 또는 조직의 전략이나 비전에서 주요 패러다임 이동이 일어날 때 조직은 큰 도전을 맞게 된다. 그것은 새로운 자화상을 발견하고, 현재의 원칙을 포기하고, 굳게 지켜온 믿음을 새로운 현실을 반영하는 더 정확한 것으로 대체하는 것을 의미한다. 이것은 조직학습과 지식경영의 등장을 요구하는 것이다. 지식을 공유하는 것이 쉬운 일이 아니지만 과거에 잘 통하던 실무와 믿음을 포기하는 것은 더욱 어렵다. 조직의 미션, 전략, 비전에 초점을 맞춘 지식경영은 바깥세상의 변화를 발견할 수 있다. 조직학습은 성공할 새로운 학습을 파악하고 과거의 지식을 새로운 지식으로 대체하여야 하는 과제를 안게 된다.

조직학습을 하면 조직은 지식을 창조하여, 조직의 지식노동자와 전반적 성과에 가치를 더하면서 사회적 시너지를 창출한다. 이러한 능력이 조직의 문화에 내재되면 조직은 핵심 역량을 가지게 된다. 핵심 역량은 조직마다 독특하여 다른 조직이 따라 할 수 없다. 핵심 역량의 기초가 되는 지식은 오랜 기간의 경험과 성공을 통하여 구축된다. 핵심 역량은 각 지식노동자의 지식의 합일 뿐만 아니라 지식노동자들의 관계와 정신이다.

조직을 의사결정을 위해 조직기억에 존재하는 지식을 사용하는 정보처리 주체로 볼 때, 조직의 학습 능력이 기업 능력의 핵심 요소이다. 조직의 학습 능력은 일상적 문제에 대해 더 빠르고 좋은 의사결정을 하여 의사결정의 효율성을 높이는 능력에 영향을 준다. 조직의 학습 능력은 조직이 새로운 문제를 다루는 능력에 영향을 주어 경쟁력, 생산성, 혁신에 영향을 준다.

조직학습 정의

조직 내에서 학습은 개인 차원과 조직 차원에서 일어난다. 조직학습은 조직 내의 개인 학습, 집합적 개체로서 전체 조직학습, 또는 이 둘 사이의 어떤 것을 말하기도 한다. 엄격하게 말하면 개인학습과 그룹학습 또는 조직학습에는 차이가 있다. 개인학습은 주로 개인과 그 주변 환경 사이에서 일어나는 인지적 또는 행동적 활동이다. 그룹 또는 조직 학습은 학습이 주로 참여자 사이의 상호작용을 통하여 일어나는 개인 사이의 관계와 상호작용에 의존하는 집합적 프로세스이다. 지식경영의 관점에서 모든 차원의 학습이 중요하고, 모두 장려되어야 하며 조직 문화의 일부가 되어야 한다.

개인학습은 더 좋은 지식과 이해를 통하여 행동을 향상시키는 프로세스이다. 개인학습은 공부, 관찰, 인지, 경험, 실무, 그리고 효과적 정신 모델을 개발함으로써 이루어진다. 반면에 조직학습은 그룹이 상호작용하면서 지식을 공유하고, 그룹이 이해하여 효과적 행동을 하는 결합된 능력을 극대화하는 방법으로 집합적 행동을 하면서 배운다. 조직학습은 개인학습과는 매우 다르게 언어, 의미, 목적, 표준의 공유를 요구한다. 조직은 개인의 집합으로 만들어 지는 것이므로, 개인의 그룹학습과 조직학습이 가능한 표준, 프로세스, 관계를 수립한다. 조직학습은 개인학습의 부분을 합한 것 이상이다. 조직학습은 조직 지능이 조직 내 개인의 지식의 합계보다 크기 때문에 중요하고 필수적이다.

단일 룹 학습과 이중 룹 학습

조직에서 학습은 두 가지 방법으로 일어난다고 볼 수 있다. 적응적이라 할 수 있는 단일 룹 학습(Single Loop Learning)은 조직이 에러(Error)를 발견하고 정정한 후에도 현재의 정책과 목표를 바꾸지 않고 그대로 운영할 때 일어난다. 단일 룹 학습은 에러를 표준적 운영 절차에 의해 해결하지만 에러 감소에 대한 주의를 기울이지 않는다. 생산적이라 할 수 있는 이중 룹 학습(Double Loop Learning)은 조직이 에러를 발견하면 정정하여 기존의 규범, 절차, 정책, 목표에 대하여 의문과 수정을 할 때 일어난다. 이중 룹 학습은 조직의 지식 베이스 또는 조직의 역량이나 관행을 변화시킨다. 이것이 이중 룹 학습의 학습조직을 우수하게 한다.

많은 경우 이중 룹 조직학습은 에러의 발견, 그 원인에 대한 적절한 진단, 에러 정정의 프로세스이며, 이것은 조직이 경험으로부터 배우고 존속에 도움이 되는 행동을 취할 수 있게 한다. 흔히 이것은 니즈에 답하기 위해 새로운 지식창조의 필요성을 파악하게 한다. 조직학습은 조직이 집합적 지식 베이스에 접근할 수 있는 능력이 있을 것을 요구한다. 학습조직은 지식의 창조, 획득, 전이를 할 줄 알고 있으며, 이것은 조직의 행동을 수정하는 데 사용된다. 이 행동은 새로운 지식과 통찰력을 반영한다.

일반적으로 이중 룹 조직학습의 가치는 작업장에 있는 새로운 아이디어, 기법, 방법, 도구의 수용과 응용을 빠르게 하는 데 있다. 또 조직과 개인 사이의 역할과 관계를 바꾸는 새로운 비지니스 방법을 완전히 수용하는 데 있다. 매니저와 직원, 동료 간, 공동체 회원 간, 정부와 산업, 본부와 현장 활동, 구매자와 사용자의 관계 모두는 어떤 형태로든 변화한다. 얼마나 이 변화가 효과적인지는 각 분야의 개인의 믿음과 행동에 달려 있다. 학습과 변화는 적응, 실험, 그리고 혁신에 절대적으로 필요한 것이기 때문에 조직 성공의 주요 요인이다.

조직학습 사이클

조직학습은 한 조직의 관점에서 지식의 흐름과 집합적 학습 프로세스에 초점을 맞춘다. 물론 지식의 흐름과 프로세스가 한 조직의 경계에 한정되지는 않는다. [그림 7-1]의 조직학습 모델은 조직학습 사이클과 얽혀진 조직 내의 지식경영 프로세스를 기술한다. 이 조직학습 모델은 개인학습 사이클과 조직학습 사이클로 구성되는 학습 모델이다. 이 학습 모델은 지식경영 프로세스의 흐름을 동시에 볼 수 있게 한다.

지식 소스는 개인학습 사이클을 통하여 조직학습 사이클의 일부분이 된다. 개인학습 사이클은 노나카의 지식전환 모델로 설명될 수 있다. 조직학습 사이클은 개인학습 사이클을 가지는 구성원의 활동을 조직화한 것이라 볼 수 있다. 개인 지식이 커뮤니케이션을 통하여 다른 개인의 지식과 연결되고 공유되어 그룹 지식이 생성된다. 그룹 지식은 개인의 지식 활동이나 학습에도 영향을 준다. 그룹 지식의 한 형태가 네트워크나 공동체 지식이다. 개인으로부터 독립하여 자유로운 접근을 허용하기 위해 개인 지식과 그룹 지식은 조직 지식으로 조직화된다.

[그림 7-1] **개인 및 조직학습 사이클**

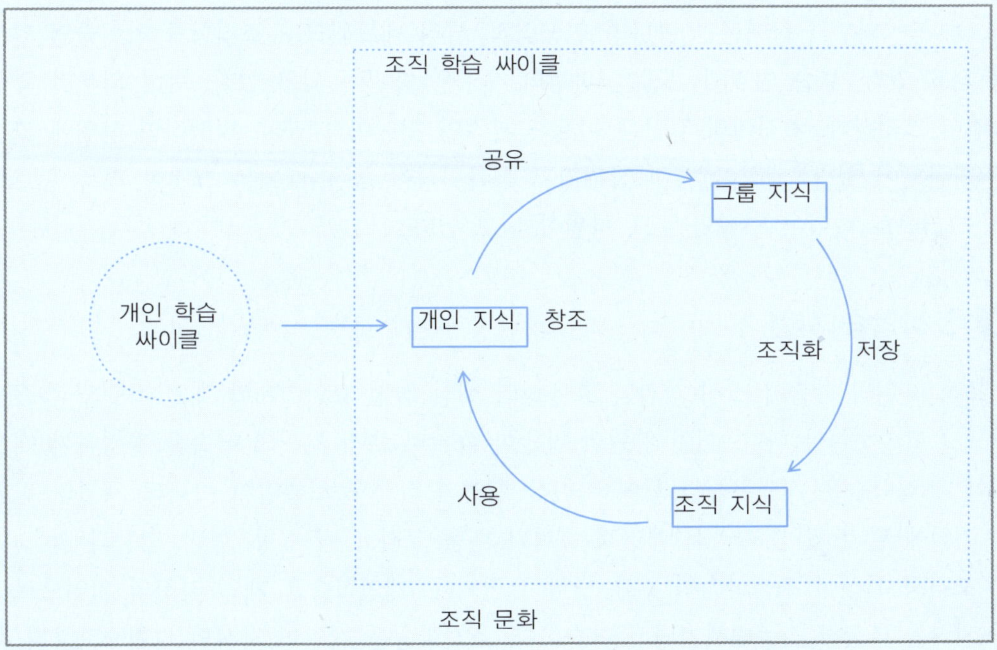

조직학습 사이클은 다양한 지식경영 접근 방법이 제안하는 지식 프로세스를 분류하고 연관 짓는 데 사용될 뿐만이 아니라 조직학습 사이클이 시스템적으로 조직화될 수 없음을 보여 주는 데 사용된다. 그러나 이러한 프로세스에 대한 증대된 이해는 조직이 조직학습의 바퀴를 원활하게 돌게 하는 것을 돕는 공식적 프로세스를 만드는 것을 돕는다. 다시 말하면 개인과 넓은 지식공동체에 의해 지식이 활용되고, 공유되고, 제도화되고, 재사용되고, 바르게 개발되는 것을 돕는 공식적 프로세스를 만든다.

조직학습 프로세스의 일부만이 공식적으로 조직화될 수 있다. 조직학습 프로세스의 대부분은 비공식적 프로세스를 통하여 일어나며, 조직이 할 수 있는 것은 이 프로세스를 위한 환경을 만드는 것이다. 조직학습은 지식 문화의 영향을 받는다. 지식 문화는 조직 내의 지식 활동과 흐름의 기초가 되며 동시에 지식경영 이니셔티브는 조직 문화에 변화를 가져온다. 조직 문화는 지식을 공유하고, 재사용하고, 그리고 다른 사람으로부터 배우려는 것에 영향을 준다.

조직 내의 지식흐름은 조직 환경에서 시작하고 끝난다. 새로운 지식의 흐름은 조직 내부뿐만 아니라 조직이 파트너와 밀접하게 협력하는 경우 외부로부터 시작될 수 있다. 조직의 경계를 넘어서는 협력과 지식 교환은 외부로부터의 조직학습 참여를 가능하게 한다. 공식적 외부의 참여뿐만 아니라 비공식적, 사적 네트워크도 조직학습 사이클의 일부가 되고 있다. 학습 연결의 개발은 경쟁의 새로운 방법이 되고 있다. 특히 외부적 학습 연결이 그러하다. 지식에의 접근은 이제 근본적인 것이며, 고도로 경쟁적인 산업에 그것이 확산되어 있다. 지식이 더 복잡해지고 불확실성이 높은 때에는 그것이 더욱 중요하다. 그러므로 협력이 경쟁의 주요 차원이 되고 있다.

조직학습 지원

조직 차원의 학습이 조직 성과와 효율성의 핵심 결정 요인이지만 개인 차원의 학습을 반드시 고려하여야 한다. 개인 차원의 학습이 합쳐져 조직 차원의 학습을 결정하기 때문이다. 조직학습은 개인학습의 합이 아니라 개인의 학습 능력뿐만이 아니라 개인의 집합적 기억에 달려 있다. 따라서 개인적 능력과 행동 그리고 팀 성향, 협력, 협동과 같은 다른 조직적 특성이 조직학습의 주요 영향 요인이다. 개인학습은 개인 자신의 기억으로부터 지식을 추출하고 증대시키면서 학습하나, 조직학습은 개인이 자신의 경험으로부터 뿐만이 아니라 조직 내 다른 사람의 과거 경험 즉 조직기억으로부터 배울 때 일어난다. 조직기억은 조직 내·외의 프로세스, 개인, 지식 인공물에 분산되어 있는 지식에 의존한다. 그러므로 조직기억으로부터의 학습은 개인 간 지식 전이뿐만 아니라, 지식 인공물을 통한 간접적 지식 전이와 관련된다. 지식경영의 관점에서 이것은 조직학습이 조직 내의 지식의 가시성과 지식 소유자의 가시성을 향상시키는 더 좋은 커뮤니케이션을 통하여 증대될 수 있음을 암시한다.

조직학습은 학습을 장려하고 지식창조와 사용을 촉진하는 정보 프로세스와 시스템을 가진 환경에 의존한다. 이러한 유형의 조직에서 지식창조는 단지 몇 사람의 책임이 아니다. 그것은 공유된 비전으로 추진되는 집합적 노력이다. 이것은 종종 열린 네트워크를 통하여 프로세스가 통합되는 것을 의미한다. 조직학습은 그룹을 고립시키고 지식의 흐름을 방해하는 조직 경계를 해소하면 더욱 조장된다.

이러한 요구는 조직이 커뮤니케이션, 상호작용, 융통성을 장려하는 구조를 가져야 함을 의미한다. 지식 경제를 상징하는 글로벌 커뮤니케이션과 신속한 의사결정은 전통적 피라미드와 같은 계층 구조가 변화에 빠르게 대응할 수 없음을 잘 노출시킨다. 조직은 환경 변화에 더 반응적일 수 있는 융통성 있는 구조를 만드는 노력을 하여 왔다. 이러한 융통성 있는 구조는 복잡한 네트워크 관계를 만들고, 컴퓨터 또는 커뮤니케이션 기술은 이 광대한 네트워크를 결합하는 것을 지원한다. 이러한 새로운 구조를 그물망(Fishnet)이라 부른다. 이것은 전통적 계층 구조가 평평해지고 새로운 구조가 수평적임을 반영한 것이다. 새로운 구조는 구체적 과제에 따라, 필요하면 개발할 수 있고 유연한 계층을 허용하는 복잡한 연결로 구성되어 있다. 이러한 조직에서 팀은 흔히 핵심 작업 그룹이다. 팀은 과제의 요구에 따라 비공식적 또는 임시 네트워크로 정렬될 수 있으므로 팀은 지식 공유와 시너지를 통하여 지식창조를 장려하는 경향이 있다.

조직학습과 지식경영

지식경영과 조직학습은 서로 연관되어 있다. 지식경영의 결과는 기업 능력에 긍정적 영향을 준다. 지식경영은 지식의 창조와 공유를 포함하며, 지식은 학습의 요소이다. 학습은 미래의 행동을 변화시키는 의사결정과 관련이 있으며, 의사결정은 보통 지식경영의 결과로 간주된다. 지식경영과 조직학습은 지식창조와 지식공유를 기초로 한다. 이 능력이 성공적이려면 역할, 책임, 경험, 동기, 자기 이미지, 존경과 신뢰, 정직과 무결성, 개인 상호 간 관계의 질과 같은 인간적 요소에 높은 관심을 가져야 한다.

기업은 점점 더 경쟁 우위, 혁신, 효과성 향상을 위해 조직학습에 초점을 맞추고 있다. 조직학습은 기업이 지식경영을 통하여 조직 내·외부의 정보를 획득, 저장, 해석하는 것을 포함하여 공통의 지식 저장고를 창조하고, 역량과 관행을 파악하여 코드화할 때 가속화된다. 지식경영은 지식공유 프로세스를 통하여 개인학습과 조직학습을 촉진한다. 커뮤니케이션의 품질과 속도, 조직 주변의 문제와 변화에 대한 이해를 향상함으로써 조직학습과 지식경영은 함께 조직의 의사결정과 그 실행의 효과성을 증대시킨다.

이상적인 것은 조직학습을 지식 프로세스를 돕기 위해 지식경영 프로그램에 내장시키는 것이다. 이것을 달성하기 위해서는 기술과 프로세스의 인프라스트럭처로 지원하고, 협력 팀의 조직 구조와 학습, 공유의 문화를 가지는 지식노동자, 매니저, 리더의 지식 네트워크가 필요하다. 이러한 네트워크 조직은 외부 요구에 대응하여 빨리 변화하는 조직의 내부 조정능력을 갖게 한다. 이러한 조직의 유연성은 지식경영과 조직학습 노력 사이의 밀접한 협력을 가져온다.

조직은 변화가 일어나는 동안 적응성과 효율성을 증대시키는 것을 배운다. 오늘날 급격하게 변화하고, 불규칙적이고, 점점 복잡해지는 환경에서 지속적 학습을 통한 지식창조, 획득, 활용이 조직의 존속과 우월성을 위한 유일한 해법이다. 조직학습은 리더십, 구조, 전략, 환경, 기술, 문화와 같은 여러 요소에 달려 있다. 지식경영은 같은 요소를 조직지식의 적정한 사용을 위하여 창조하고 배양하려 한다.

1.2. 조직의 학습 활동

개인학습 활동

개인은 조직 내의 지식창조와 활용에 중요한 역할을 한다. 개인은 상사의 지식에만 의존하지 않고, 의미 있고 맥락화된 방법으로 새로운 상황에 대처한다. 새로운 상황에 대응하기 위해 가용한 지식을 사용하면서 개인은 새로운 지식을 창출할 가능성을 가진다. 그러한 활용(Exploitation)을 통한 탐구(Exploration)는 개인이 행동 중 사고(Reflect-in-action)의 능력을 가진 정도만큼 일어난다. 또 개인은 일을 통한 학습(Learning-by-doing) 프로세스를 통하여 맥락에 대처하는 데 필요한 지식을 축적하고 정제한다. 일을 통한 학습은 단일 룹 학습을 나타내고, 행동 중 사고는 이중 룹 학습을 나타낸다. 이 두 유형의 학습 사이의 균형을 이루는 것은 조직이 지식 시스템을 관리하여 선순환이 되도록 하는 것에 달려 있다.

조직학습은 개인학습과 노동 집단의 능력에 크게 의존한다. 기업이 조직학습에 도움이 되는 문화와 리더십을 가지면 그 환경은 개인학습을 지원하게 될 가능성이 높다. 많은 지식경영 이니셔티브는 개인 개발보다는 기술과 지식공유를 강조하였다. 그러나 지식경영의 문화는 개인학습에 필요한 것과 기술 중심적 지식공유가 잘 매칭되게 하여야 한다. 성공적 지식경영 프로그램은 지식노동자가 바라는 많은 조건을 제공할 것이며, 그것은 조직 전체에 학습을 활용하게 할 것이다. 예를 들면, 지식경영은 지식공유의 문화와 열린 커뮤니케이션을 구축하고, 이것은 개인학습에 도움이 되게 하는 환경으로 이끌 것이다. 실무공동체, 팀, 지식 저장고, 중개인, 엘로 페이지 등 모두가 자율적인 노동자의 학습 니즈를 충족하는 것을 지원할 것이다. 지식경영이 조직의 지식노동자의 마음에 학습과 지식의 중요성과 결실을 일깨우고 실증하게 하는 결과를 가져오게 하여야 한다.

그룹 지식 활동

조직은 지식공동체가 제공하는 영속성과 지식공동체 내의 연결이 제공하는 변화의 충동 사이에 역동적 균형을 취할 필요가 있다. 이 균형의 필요성을 이해하기 위하여 그룹 지식에 대한 두 관점을 고려해 볼 수 있다. 첫째로 실무공동체 관점은 공통의 사고 세계를 가지는 실무자의 공동체에 존재하는 공유된 아이덴티티와 믿음에 주의를 한다. 실무공동체는 전통을 이해하는 것을 도와주므로 지식 존재의 본질적 조건이다. 둘째로 지식이 존재하는 문화적 관습에 참여하는 것이 학습의 인식론적 원칙이다. 그룹 인지는 작업그룹 멤버들 사이에 만들어진 연결로 이루어진다. 작업 그룹 내의 그룹 인지는 다른 인식론적 경향을 가진 멤버들 사이의 유대 관계의 강도로 만들어진다. 작업 그룹의 멤버들은 다른 인식을 가지고 있으므로 작업 그룹은 과제의 복잡성이 개별 팀 멤버의 인지적 능력을 초과하는 경우에도 상황적 요구에 대응하기 위하여 완전한 시스템으로 반응하는 것이 가능하다.

조직은 지식공동체가 생산하는 지식과 작업 그룹이 생산하는 지식을 융화하려고 한다. 역동적 시스템에서 지식공동체가 작업 그룹 연결을 이끌기도 하고 작업 그룹이 지식공동체의 연결을 이끌기도 한다. 때로는 작업 그룹의 연결을 통해 얻은 지식이 지식공동체의 연결을 통해 나오는 지식과 다르기도 하다. 조직이 어떻게 두 지식 베이스의 차이에 대응하는가는 선순환의 지식 나선형을 만들고 유지하는 능력에 달려 있다.

조직학습의 관점에서 그룹이 새로운 지식을 어떻게 창조하는지에 대한 논의는 중요하다. 개인 간의 토론은 개인의 지식 경계를 넓히는 사고를 자극한다. 그룹 프로세스는 종종 그룹 멤버의 집합적 지식 이상 즉 부분의 합보다 큰 것을 얻게 한다. 그룹의 사회적 상호작용은 참여자가 개인적으로 이전에 가지지 못했던 아이디어를 발견하게 한다. 이와 같이 잠재적 지식은 발견되기를 기다리고 있다.

잠재적 지식

잠재적 지식(Latent Knowledge) 개념은 그룹 역학의 설명에 사용되는 인지 심리학 도구 조하리 창(Johari window)을 통하여 이해할 수 있다(Joseph Luft & Harry Ingram). [그림 7-2]의 조하리 창의 공개된 영역은 자신과 다른 사람이 아는 것과 관련이 있다. 사각 영역은 다른 사람이 알고 있지만 자신이 인지하지 못하는 것을 말한다. 감춰진 영역은 자신이 감추고 있어 다른 사람이 알지 못하는 것을 말한다. 미지 영역은 자신이나 다른 사람 모두가 접근할 수 없으나 언젠가는 드러날 것을 말한다. 미지 영역은 추론과 회상으로만 존재한다고 가정한다. 조하리 창은 공개된 영역을 형식적 지식 그리고 사각 영역과 감춰진 영역을 암묵적 지식에 관련지어 지식 이론의 유추를 가능하게 한다.

[그림 7-2]에서 보는 것처럼 그룹 활동의 초기에는 상대적으로 공개된 영역이 작다. 그룹 활동의 목적은 공개된 영역을 사각 영역과 감춰진 영역으로 확장하는 것이다. 그룹이 커뮤니케이션을 향상하는 것은 조하리 창의 공개된 영역을 확장하는 것을 의미한다. 개인과 그룹이 알고 있는 것과 공유하지 않은 지식을 동원하여 즉 공개와 노출을 통하

[그림 7-2] 조하리 창

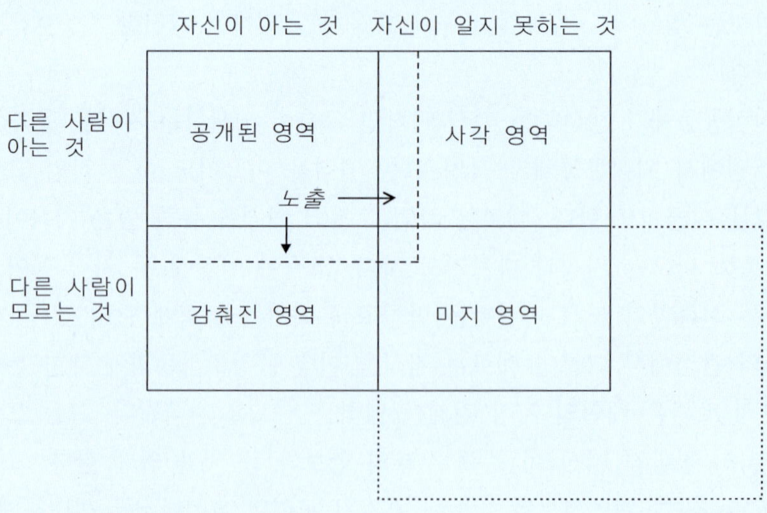

[그림 7-3] 지식전환과 잠재적 지식

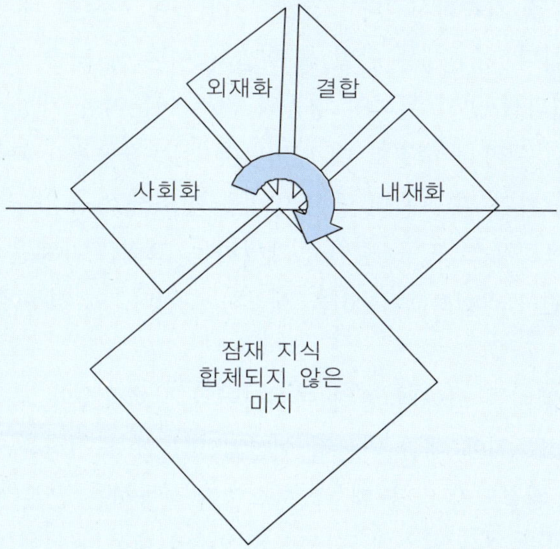

여 경계를 다른 영역으로 넓혀 가는 것이다. 그룹은 아는 영역 즉 공개된 영역을 넓히는 일을 하며 동시에 무의식적이며 잠재의식의 미지 영역에 더 관심을 가지게 된다. 공개된 영역, 사각 영역, 감춰진 영역의 지식이 빙산의 일각일 수 있다.

노나카의 사회화는 공유된 경험을 통한 새로운 암묵적 지식으로의 전환 프로세스에서 공동 활동의 중요성을 강조한다. 바(Ba)를 구축하고 발견하는 것만으로는 충분하지 않다. 바의 에너지를 넘치게 하는 필요한 조건은 자율, 창조적 혼돈, 중복, 필수적 다양성, 사랑, 관심, 신뢰, 그리고 몰입을 포함한다. 발견, 혁신, 상상의 프로세스는 복잡하고 신비하다. 잠재적 지식 개념은 개인이나 조직 전체에 알려지지는 않았으나 알 수 있으며, 발견될 수 있는 지식이 존재한다는 것을 이해하는 데 도움을 준다. 이것은 개인이나 그룹 멤버들 사이의 상호작용을 통하여 '아하' 하는 순간이 일어날 수 있음을 말해 준다. 아래의 [그림 7-3]에서 보는 것처럼 노나카의 지식전환 프로세스에 잠재적 지식을 도입하면, 지식의 빙산의 보이지 않는 부분이 조직학습 프로세스에 들어오게 된다.

실무공동체 학습

실무공동체는 학습을 가속화시킨다. 그룹은 사람들이 무엇을 배우는 것과 어떻게 배우는가 모두에 중요하다. 공동체는 단일 룹 학습과 이중 룹 학습 모두를 촉진한다. 단일 룹 학습은 바라는 결과를 얻기 위하여 행동의 근본 이론이나 가정을 바꾸지 않고 행동 또는 전략을 변경하여 문제를 해결할 때 일어난다. 실무공동체가 특정 분야에 초점을 맞추어 더 나은 행동을 하기 위하여 더 좋은 방법을 창조하고 공유하려 한다면, 이러한 실무공동체는 새로운 프로세스, 도구, 방법을 개발하는, 그리고 새로운 경영 아이디어를 응용하는 생각의 시험판(Thought test-bed)을 제공하게 된다. 이 경우에 단일 룹 학습이 일어난다.

그러나 공동체의 멤버들 사이의 열린 아이디어와 상호작용의 교환은 문제가 되는 시스템이 어떻게 작동하는지에 대한 기본적 이론과 믿음에 도전하는 것이다. 다시 말하면 일어난 문제가 전혀 해결되지 않을 때 그 시스템이 작동하는 근본 이론이 틀릴 수도 있다고 보는 것이다. 이럴 경우 시스템 구조와 시스템의 행동 요인에 대해 전혀 새로운 이해가 요구되고, 따라서 새로운 이론이 개발된다. 이것이 이중 룹 학습이다. 이것은 그룹이 성공에 대한 그들의 이론을 바꾸고, 방어적 관습을 버리고 새로운 행동 이론이 옳게 작동할 것이라는 점을 받아들이고 믿어야 하므로 받아들이기 어려운 일이다. 그러나 이것이 공동체가 가지는 장점이다. 공동체는 멤버들이 상황을 보는 새로운 방법을 열어 주는 아이디어, 가정, 이론의 교환을 장려한다. 공동체의 지속적이고 급속한 피드백 시스템은 토론과 대화를 의사결정 결과에 연결하는 기회를 제공하여 시스템에 대한 새로운 방법을 만들어 준다. 공동체의 신뢰 프레임워크 안에서 개인은 다른 결과를 관찰하고 그들의 이론과 가정을 재고하게 된다.

일반적으로 학습의 가치는, 특히 이중 룹 학습에서, 작업장에 제공되는 새로운 아이디어, 기법, 방법, 도구의 수용과 활용을 촉진하는 것이다. 조직과 개인 사이의 역할과 관계를 바꾸는 새로운 비지니스 방법을 완전히 수용하는 것도 중요하다. 학습과 변화는 적응, 실험, 혁신에 절대적으로 필수적이므로 성공의 주요 동력이다.

2. 조직학습을 위한 구조

조직학습을 위한 조직 디자인은 조직 구조와 조직 프로세스로 나누어 볼 수 있다. 조직 구조적 장치는 지식경영을 책임지는 별도의 조직 단위와 팀, 그룹, 공동체를 만드는 것이다. 조직 프로세스는 지식경영 프로세스의 정의와 실행으로 되어 있다. 이 장에서는 조직학습을 위한 조직 구조와 프로세스에 초점을 맞추고 있으므로 지식경영을 책임지는 조직 구조에 대한 논의는 지식경영 이니셔티브를 다루는 11장에서 다루기로 한다. 그리고 조직학습을 위한 공동체와 사회적 네트워크를 포함한 공식 및 비공식 지식경영 조직에 대한 논의는 9장과 10장에서 중점적으로 다룬다.

2.1. 조직학습을 위한 조직

계층적, 통제적 구조는 본질적으로 안정을 선호하지만, 중대한 변화나 패러다임 이동에 대응하기 위해 필요한 밀접한 협력과 학습에는 비중을 두지 않는 편이다. 반면에 공유와 협력의 문화를 특징으로 하는 느슨한 구조는 흔히 학습을 촉진하고 변화를 위한 자유를 허용한다. 이러한 조직 구조에서도 학습의 분명한 방향과 조정이 있지 않으면, 결과로 일어나는 행동이 다양해서 초점이 없어지므로 주요한 조직 목적을 지원할 수 없다. 즉 조직학습이 제대로 관리되지 않으면 기업에 가치를 제공하지 못한다. 바로 여기에 학습과 연관이 있는 구조를 구축하고 관리하며 부수적으로 일어나는 학습의 활용에 초점을 맞추는 지식경영이 큰 기여를 한다.

일부러 자극하지 않으면 대부분의 조직 구조는 시간이 지남에 따라 경직되는 경향이 있다. 이러한 경직화를 예방하고, 노동 구조를 유연하게 하고, 개인적 및 전문적 변화에 열려 있기 위해서, 조직학습과 지식경영은 지역적 지식과 활동에 초점을 맞추고, 연관 짓는 능력을 유지하면서, 유연하고 변화하는 구조를 유지하도록 할 필요가 있다. 경험을 넓히고 도전 능력을 키우기 위한 순환 근무를 실시하고, 모든 계층에 새로운 인물을 투입하고, 고의적으로 조직 관계를 변화시키는 것과 같은 정책이 개인학습과 조직학습을 촉매하고 지속하게 할 것이다. 열린 커뮤니케이션을 장려하고, 매니저와 직원이 지속적으로 기본적 가정에 의문을 가지게 하고, 신중한 위험에의 도전과 팀 협력을 지원하는 것은 조직 지식을 배양하고 업데이트하는 문화를 장려하는 것이 된다.

지식조직 특성

오늘날 조직은 지식의 효율적 사용 없이는 글로벌 시장에서 경쟁하는 것이 거의 불가능하다. 조직은 지식을 활용하고, 응용을 발견하고, 기술을 개발하여 조직 운영과 기능을 더 효율적이고 효과적이게 해야 한다. 인간의 창의성과 혁신은 조직의 프로세스에 매우 중요한 요소이다. 이러한 조직에서 개인의 지능은 조직의 가장 중요한 자산이다.

미래에는 모든 기업에 오늘날 지식조직이 가지는 특성을 가질 것이 요구된다. 곧 모든 기업의 성패는 혁신 능력에 달려 있을 것이므로, 지식조직이라는 용어 자체가 무의미할 것이다. 이러한 조직의 행동 및 관리와 관련한 변화는 지금까지 배워 왔던 조직행동이론을 전적으로 수정하여야 할 것이라고 한다. 따라서 변화에 적합한 새로운 기법과 스타일을 개발하여야 한다. 그것은 달라진 직원들의 특성과 지식 노동의 현상을 이해하는 데서 출발한다.

지식조직은 구성원의 자유로운 사고와 무한 도전의 행동으로부터 나오는 지식을 요구한다. 지식조직은 유일성, 새로움, 창의성을 일으키는 기술로 성장한다. 지식조직과 다른 전통적 조직의 가장 명확한 차이는 지식조직에서는 직원의 창의성과 혁신이 강조된다는 것이다. 혁신은 지식조직이 벌이는 경쟁에서 요구되는 핵심 요소이다. 지식조직이 전통적 조직과 다른 차이점 중 하나는 직원의 역할이다. 지식조직에서는 자금이 아니라 인적자원 즉 지적 능력이 힘의 주요 요소이다. 지식조직의 업무 조건, 직무 능력, 업무 환경, 직원의 특성은 전통적 조직의 그것과는 다르다. 지식조직의 경영은 전통적 기업의 경영과 다르다. 미래에는 지식이 모든 조직을 이끌고 갈 것이므로 모든 조직에서 지식조직의 경영기법이 필요하다. 따라서 이들에 대한 이해가 필요하다. 지식조직의 직원은 다음과 같은 특성을 가지고 있다.

- 차이점에서 유일성과 복잡성 – 전통적 경영에서는 개인의 차이를 인정하면서도 표준화된 관리를 위해 공통성 아래에 두었다. 그러나 지식조직에서는 개인의 복

잡하면서도 유일한 점에 초점을 맞추어 그것이 조직에 기여하도록 하는 것이 바람직하다.

- 조직 목표에서 개인 목표 - 지식조직은 업무와 조직의 우선순위가 직원의 니즈에 맞는지를 알아야 한다. 지식조직은 다른 사람이 세운 목표를 달성하기 위하여 함께 일하는 개인의 집합이 아니라 조직을 수단으로 사용하여 자신의 목표를 달성하기 위하여 함께 일하는 다양한 자기 목표를 가진 사람들의 집합이다.
- 그룹에서 개인 - 지식조직의 직원은 직업, 조직, 상사, 공동체, 사회보다 자신을 가장 중요하게 생각한다. 지식조직은 개별 직원의 니즈, 동기를 이해하고 그것에 대응하여야 한다.
- 모두의 기회 - 지식조직은 과거에 핵심 인력에게 제공되던 개인적 및 전문적 성장 기회를 모든 지식노동자에게 제공하여야 한다. 지식조직은 과거의 업무 환경을 제거하여 지식노동자가 자신의 업무를 자신에게 흥미 있도록 디자인하도록 하여야 한다.

이와 같은 지식노동자에 대한 이해는 지식조직 경영에 활용할 수 있다. 지식조직의 모든 업무는 모든 지식 노동이 지적 활동이라는 사실에 따라 디자인되고 가이드되어야 한다. 지식조직은 프로세스, 과제, 업무 환경을 정기적으로 재검토하여 각 업무에 상당한 혁신 요소가 있는지 확인하여야 한다.

지식 노동 환경

매니저가 일상으로 해야 하는 기능 중 중요한 것의 하나는 일과 그것을 위한 조직의 디자인이다. 이것은 기본적 노동의 분할, 업무의 할당, 과업, 직원의 스케줄링을 포함한다. 그 목적은 매니저가 지식조직의 혁신과 생산성을 높이는 활동을 하는 데 관련된 의사결정을 돕는 것이다. 모든 지식조직의 매니저는 자신이 통제하는 업무 하나하나에 대해 운영 부분과 창의성 부분을 이해하기 위한 분석을 하여야 한다. 일의 운영 부분은 일상적이고 조직을 움직이게 하는 기능 부분이고, 창의성 부분은 지적이고 두뇌 기능 부분이다. 매니저는 모든 지식 업무에 대하여 창의성 부분을 증가시키고 자동화를 통하여 운영 부분을 제거하는 방법을 찾아야 한다.

지식조직에서 효과적으로 창의성을 혁신적으로 전환하려면 제품 및 서비스의 개념과 마케 사이클과 관련된 모든 이들의 협력적 노력이 필요하다. 지식조직은 모든 직원이 창의성 풀(Pool)에 기여할 수 있도록 환경을 개발하고 일을 디자인하여야 한다. 지식조직 매니저는 운영 부분과 창의성 부분을 나누는 전통적 조직의 업무 분리 원칙을 뒤엎는 방법으로 그러한 결과를 성취할 수 있다.

지식노동은 전통적 작업과 아주 다르다. 전통적 작업은 작업이 구조적이고 사전에 만들어진 디자인과 방법에 의해 수행되어 결과가 나오는 반면, 지식노동은 수행자가 아닌 다른 사람에 의해 정해진 방법이나 프로세스와 같은 성취를 위한 분명한 방법 또는 프로세스가 있는 것이 아니다. 지식노동자는 자신만의 일을 수행하는 방법을 가지고 있다. 매니저는 모든 지식 노동이 똑같이 의미 있고, 도전적이고, 보상되고, 흥미 있는 것은 아니라는 점을 받아 들여야 한다. 지식 노동의 유형에 따라 지식노동자의 관심을 끌기도 하고 또 관심을 끌지 못하기도 한다. 어떤 지식 노동이든 흥미 있고, 좋아하게 만들 수 있는 요소가 있다. 매니저는 지식노동자에게 관심을 끌기 위해 지식 노동이나 조직의 다른 일에 그런 요소를 포함시킬 수 있다.

매니저는 혼자 또는 집합적으로 근무 환경 요소의 대부분을 디자인한다. 이 근무 환경은 일과 직원을 통제하는 것을 돕는다. 근무 환경은 조직의 문화를 드러낸다. 지식조직이 신뢰, 자유, 불통제의 문화를 장려하면 전통적인 근무 환경은 결국 없어지게 된다. 성공적인 지식조직의 근무 환경은 근무 환경이 없는 것이다. 새로운 세대 직원들은 근무 환경이 없는 환경에서 가장 일을 잘한다. 과거 세대는 일이나 근무 환경이 만족스럽지 않아도 계속 일을 했고, 고용주는 직원이 주어진 과제를 효과적으로 하지 못해도 계속 고용할 수 있었다. 이것은 시장 기능이 근무 장소에서 일어나는 것과 상충하지 않았기 때문이다. 그러나 이것은 글로벌 경제에서 가상적으로 운영되는 21세기 지식조직에서는 가능하지 않다. 그러한 과거의 행동이 없어지지 않으면 지식조직은 곧 실패하게 된다.

2.2. 지식흐름과 조직 디자인

지식흐름

조직 활동은 데이타, 정보, 지식의 흐름, 조직 안과 밖으로 또 조직 내에서의 사람의 흐름, 그리고 적정한 인간 경험의 관점에서의 흐름으로 일어난다. 지식은 학습조직에서 조직 업무의 핵심인 학습을 위해 포착되고 공유되면서 흐른다. 학습이 조직에서 더 가치 있게 평가되면 될수록 핵심 지식이 더 잘 흐르고, 혁신과 새로운 지식창조를 통하여 핵심 지식이 더 잘 구축된다. 이 프로세스에서 개인의 역할도 중요하지만 지속적인 사람들 사이의 지식과 학습의 흐름이 조직학습을 만들어 낸다. 이러한 지속적 흐름은 사람들이 근무 부서를 바꾸고, 우선순위와 관심을 바꾸고, 사고의 새로운 영역을 키우면서 네트워크, 실무공동체, 그룹 안과 밖으로 사람들이 이동하면서 촉진된다. 특히 실무공동체와 네트워크 안과 밖에서의 사람들의 자연스러운 이동은, 관점과 아이디어의 다양성을 창조하여 개인이 업무를 더 잘하는 방법을 발견하고, 조직 미션을 성취하는 기회를 높이도록 지식과 학습을 새롭게 결합하도록 한다.

지식은 기업의 중대한 자원이다. 그러나 지식이 고르게 분배되지 않거나 효과적으로 조직화되지 않은 대부분의 조직에서는 지식이 경쟁 우위를 가져오지 않는다. 많은 기업, 정부 부서, 비영리 기관은 특정 사람(전문가, 컨설턴트), 조직(연구개발부서, 고성과부서), 장소(지역 사무소, 해외 지사), 시간(근무 시간대, 직원 이직 전과 후)의 지식 클러스터(Cluster)를 가지고 있다. 지식은 역동적이지만 획득에는 시간과 노력이 요구된다. 지식 클러스터를 다루는 것(지식 포착, 조직화, 전이)은 많은 비용과 실망이 수반된다. 기술적 관점에서는 이러한 점을 정보시스템의 디자인으로 해결하려 한다. 그러나 정보기술 중심적 접근 방법이 한계가 있음은 잘 알려져 있다. 따라서 지식흐름의 역동성과 지식 노동과 관련한 어떤 활동은 조직 디자인의 관점에서 접근할 수 있다.

다차원 지식흐름 모델

니센(Nissen)은 지식조직의 조직 디자인을 위해 지식흐름에 관한 다차원의 현상학적 모델을 제시한다. 지식흐름의 네 차원은 인식론적 차원, 온톨로지, 지식전환 라이프 사이클, 그리고 플로우 시간이다. 이 다차원 현상학적 모델은 노나카의 지식전환 모델을 다차원의 연결된 흐름으로 표현할 수 있다. 조직 내의 지식흐름에 대한 연구 중 대표적인 것은 노나카의 지식전환 모델이다. 노나카는 새로운 지식은 암묵적이며, 개인에 의해서만 창조된다고 본다. 그는 지식전환 모델로 지식흐름을 네 단계로 설명한다. 사회화, 외재화, 결합, 내재화의 네 프로세스가 동시에 존재하면 조직학습을 가속화하는 지식전환 스파이럴을 만든다. 학습은 본질적으로 개인적 경험이지만, 그 경험은 상호적 영향을 주어서 개인학습과 조직학습을 돕고 지식을 창조하게 할 수 있다.

[그림 7-4]는 노나카의 지식전환 모델의 지식흐름을 하나의 룹으로 표현한 것이다. 이 룹의 각 부분은 지식전환 모델에 포함된 지식흐름 프로세스의 하나하나에 상응한다. 인식론적 차원은 암묵적 지식과 형식적 지식의 스펙트럼의 종축이다. 온톨로지 차원은 노나카의 사회적 상호작용의 다른 차원을 나타내며 횡축이다. 지식전환 라이프 사이클 차원은 지식경영 활동을 나타내는 제3의 축이다. 플로우 시간 차원은 화살표의 유형(점선: 빠른 흐름, 직선: 느린 흐름)으로 흐름 패턴의 다른 구간을 표현한다.

예를 들어 A점은 개인에 의해 창조된 암묵적 지식을 나타낸다. 노나카는 개인이 가지고 있는 암묵적 지식이 지식창조의 핵심이라고 본다. 사회적 플로우(A → B)는 온톨로지 차원의 암묵적 지식에서 암묵적 지식으로의 움직임을 나타낸다. 사회적 플로우(A → B)의 지식 플로우(Flow)는 개인으로부터 그룹 차원으로 움직이는 것을 표현한 것이다. 이러한 종류의 사회적 플로우는 라이프 사이클 차원의 지식공유로 분류될 수 있다. 노나카는 공유된 경험이 사회화의 중요한 요소라 본다. 외재화 플로우(B → C)는 암묵적 지식에

[그림 7-4] 다차원 지식흐름

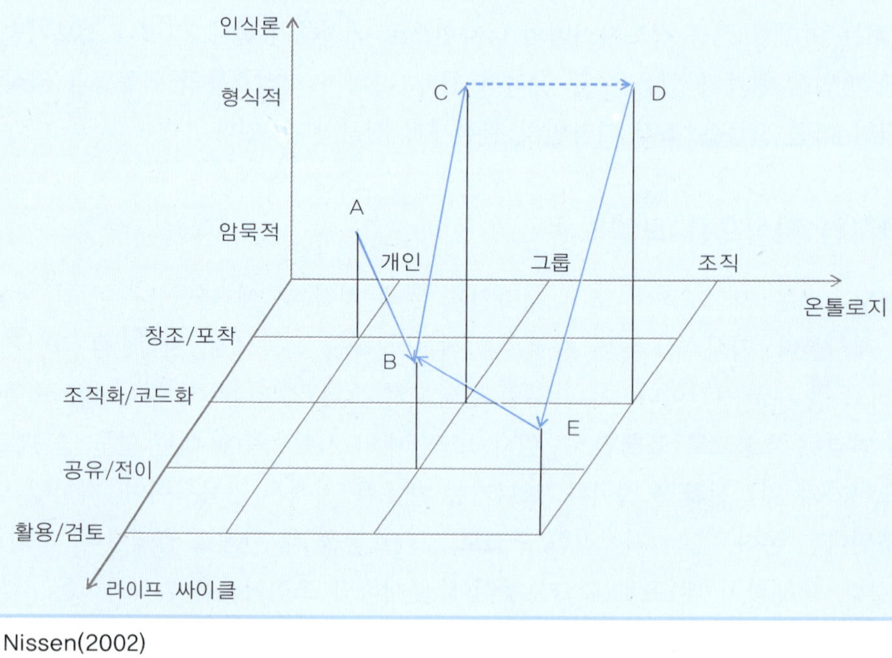

출처: Nissen(2002)

서 형식적 지식으로의 이동을 나타낸다. 외재화 플로우(B → C)는 그룹 차원의 외재화를 나타내고 있다. 암묵적 지식을 형식화하는 지식경영 라이프 사이클의 코드화 단계가 이러한 움직임에 해당한다. 결합 플로우(C → D)는 온톨로지 차원에서 형식적 지식이 형식적 지식으로 이동하는 것을 나타낸다. 결합 플로우(C → D)는 그룹 조직 차원에서 플로우를 대표적으로 표현한다. 노나카가 말하는 지식의 정렬, 편집, 재분류, 재맥락화와 같은 형식적 지식을 조직화하는 지식경영 라이프 사이클의 조직화/코드화 단계가 이에 상응한다. 결합 플로우(C → D)가 점선으로 표현된 것은 정보기술에 의한 빠른 조직화 플로우를 의미한다. 내재화 플로우(D → E)는 조직 차원에서의 형식적 지식에서 암묵적 지식으로의 플로우를 표현한 것이다. 지식경영 라이프 사이클의 활용 단계에서 형식적 지식을 세련(암묵화)되게 하는 것이 이 플로우에 해당한다. 마지막으로 E점에서 B점으로의 플로우는 조직에서 그룹으로 암묵적 지식을 전이하면서 지금까지의 지식 플로우 룹을 완성하는 것을 나타낸다. 이것은 개인과 그룹이 암묵화된 지식인 많은 조직 관행, 문화적 규범, 그리고 객관화된 아이디어를 배우는 것을 나타낸다.

지식흐름과 조직 디자인

이 다차원 지식흐름 모델은 [표 7-1]에서와 같이 조직 디자인의 몇 가지 대안을 제시한다. 이 표는 지식 유형과 디자인 목적의 관점에서 조직이 어떻게 디자인되는 것이 바람직한가를 보여 준다. 암묵적 지식의 경우 지식 플로우 시간 최소화 목표는 외재화의 지식 플로우 프로세스와 조직 표준화를 통한 조정에 강조를 둘 것을 제안하며, 이것은 [표 7-1]의 왼쪽 상단 셀에 나타나 있다. 암묵적 지식 플로우의 최대화 목표는 사회화의 지식 플로우 프로세스와 이데올로기를 통한 조정에 무게를 둘 것을 제안하며, 이것은

[표 7-1] 지식흐름 시작 분할표

디자인 목적/지식 유형	흐름 시간 최소화	암묵적 흐름 최대화
암묵적	지식: 외재화 조정: 표준화	지식: 사회화 조정: 이데올로기
형식적	지식: 결합 조정: 표준화	지식: 내재화 조정: 이데올로기

출처: Desouza(2005)

[표 7-1]의 오른쪽 상단에 나타나 있다. 형식적 지식의 경우 지식흐름 시간 최소화 목표는 결합의 지식흐름 프로세스와 조직 표준화를 통한 통합에 강조를 둘 것을 제안하며, 이것은 [표 7-1]의 왼쪽 하단에 나타나 있다. 암묵적 지식흐름의 최대화 목표는 내재화의 지식흐름 프로세스와 이데올로기를 통한 조정에 무게를 둘 것을 제안하며, 이것은 [표 7-1]의 오른쪽 하단에 나타나 있다.

2.3. 협력적 지식조직

지식경영의 주요 목표는 집합적 지식을 포착, 공유, 활용하는 것이 가능하도록 하여, 개인이 실시간에 적정한 문제 해결과 의사결정을 하여 조직 성과를 향상시키도록 하는 데 있다. 따라서 지식경영의 중요한 부분은 조직이 지적 자본과 지식 베이스의 자산으로부터 가치를 창조하는 프로세스라는 점이다. 조직의 지식창조는 언어적 맥락과 조직적 맥락에서 이해될 수 있다. 언어는 이해력과 커뮤니케이션의 수단과 환경이 되고, 조직은 의사결정과 같은 인간의 상호작용 및 협력과 관련된 조직적 프로세스를 지원하고, 가능하게 한다. 언어적 맥락에서 지식경영시스템은 하이퍼텍스트(Hypertext)의 옵션을 촉진하고, 맥락적 지원을 통한 선택의 자유를 제공하는 기능적 역할이 사용자에게 이해와 커뮤니케이션을 위한 풍부한 환경을 제공한다. 조직적 맥락에서 지식 인공물은 개념화되어 정보 생산자와 소비자 사이의 상호작용을 통한 협력 장치 역할을 한다. 이해와 커뮤니케이션을 지원하는 것은 새로운 것에 대한 개인의 학습을 돕고, 조직학습은 개인과 그들의 커뮤니케이션과 협력 활동을 통하여 일어난다.

공생체로서의 지식조직

협력은 공통의 목표를 달성하기 위하여 둘 이상의 사람들이 함께 일하는 프로세스이다. 협력은 지식과 학습을 공유하고 합의를 이루는 지적 활동이다. 또한 리더십을 요구하지 않으며 분산화와 평등주의를 통하여 더 좋은 결과를 생산하기도 한다. 이러한 업무방식은 지리나 규모를 초월하는 도구의 등장으로 새로운 국면을 맞고 있다. 지식경영은 본질적으로 협력적이다.

어떤 기업이나 조직도 다른 니즈(Needs)를 가진 개인들이나 그룹을 함께 모을 수 있다. 모아진 그룹이 성공적이기 위해서는 관계 속의 모든 회원들의 니즈를 충족시킬 포럼을 만들 필요가 있다. 이것은 개인들이 자발적으로 이 관계에 참여하였더라도 그들의 니즈가 연합을 통하여 충족될 것이라는 믿음을 그들에게 주는 사회심리적 계약이 된다. 지식조직에서 이와 같은 계약은 조직이 혁신과 지식을 발산하도록 촉진하는 환경을 제공하고, 직원들은 혁신이 일어나고 지식이 생성되어 곧바로 또는 추후에 시장에 활용할 수 있는 활동을 전개할 것임을 암시한다. 이러한 환경을 창조하는 주된 목표는 조직을 공생체(Symbiosis)로 바꾸기 위함이다.

지식조직을 공생체로 기능하게 촉진하는 최선의 디자인 모델은 일과 다른 관계를 권위에 의해 규칙으로 정하는 것보다 스스로 진화하게 하는 것이다. 그것은 모든 파트너가 자연적으로, 동시에, 연속적으로 기여자가 되게 하고, 나중에는 공생으로부터 나타나는 결과－긍정적이든 아니면 부정적이든 － 에서 자신의 몫을 가지게 하는 공생이다. 이러한 공생 조직 모델은 그 목표를 달성하도록 지식조직에서의 관계와 거래를 수행하게 하고, 모든 곳에서 혁신이 일어나게 한다. 지식조직은 모두를 동일하게 기능하도록 하고, 모두를 참여자로 다룬다. 그들 모두는 공생체가 된다. 성공적인 공생에서 공생체는 중복되는 역할의 복잡한 혼합 속에서도 자신의 역할을 알고 집단적으로 수행하고 정해진 목표를 달성하도록 한다.

분산 지식 통합

조직은 분산된 지식 시스템이라 할 수 있다. 이것은 특정 실무 또는 비지니스 프로세스에 대한 지식이 정확하게 문서화되거나 한 개인에 의해 표현될 수 있는 하나의 완전한 결합체를 이루지 않기 때문이다. 지식은 다양한 집합적 행위자들 사이의 상호작용을 통하여서만 아는 형태로 존재한다. 고객 주문의 인도, 소모품 구매, 새로운 제품 또는 서비스의 창조 중 어느 것이든지, 어느 한 사람도 전체 프로세스에 대해 명확히 이해하지 못하고 서로 상호작용하면서 프로세스의 다른 부분을 수행하는 여러 행위자와 시스템이 관여하는 복잡한 비지니스 프로세스이다.

이러한 집합적으로 아는 것에 관여하는 사람들은 흔히 다른 기능이나 부서에 있거나, 세계에 분산되어 있거나, 다른 조직에 근무할 수도 있다. 새로운 지식을 창출하기 위하여서는 이렇게 분산된 지식이 합쳐져야 한다. 이것은 문제에 대한 해답을 얻고 기회를 활용하기 위한 지식 통합의 문제이며, 이것은 지식과 전문 지식의 결합과 공유의 문제이다. 지식의 통합이 조직의 이슈가 되어 왔으나, 오늘날 점점 확장되고 네트워크화되는 조직의 성격과 거의 끊임없는 변화가 지식 통합의 문제를 더욱 중대한 문제로 만들고 있다.

분산 지식의 문제와 지식 통합의 필요성에 대한 조직의 가장 대표적 해법은 부서 간 프로젝트 팀을 사용하는 것이다. 이렇게 팀이 사용되는 이유는 팀은 특정 프로젝트 목적과 관련된 분산 지식 시스템의 다른 부분에 접근할 수 있는 개인들을 불러 모으기 때문이다. 오늘날 프로젝트 팀은 자주 내부 직원뿐만 아니라 외부 컨설턴트를 사용한다. 프로젝트 팀을 사용하는 이유는 독립적으로 일하는 개인보다 더 효과적 해답을 창출하도록 팀 멤버의 다른 지식, 기술, 전문 지식이 통합될 수 있다는 데 근거한다.

팀의 지식 통합 잠재력은 프로젝트의 목표를 달성하는 데 필요한 인적 자본이 있는가에 달려 있다. 인적 자본에는 지적 자본과 사회적 자본의 두 요소가 있다. 지적 자본은 프로젝트의 목적과 관련된 팀 멤버의 기술과 전문 지식의 적합성으로 반영되는 팀 구조와 구성의 적절성을 말한다. 지적 자본은 효과적 팀 성과의 필요조건이지만, 팀이 새로운 해법을 집합적으로 생산하기 위해 협력적으로 일하는 것을 배워야 하는 조건에서는 그 자체만으로는 충분하지 않다. 사회적 자본은 문제 해결이나 기회 활용에 도움이 되는 정보를 가져오는 것뿐만이 아니라, 팀 내에 존재하는 지적 자본을 사용하고 결합하는 멤버들의 네트워크를 통하여 팀에 의하여 생길 수 있는 자본 또는 자원을 말한다.

지적 자본은 집합체의 지식과 아는 능력이다. 팀은 프로젝트의 목적을 완수하는 과업에 요구되는 어느 정도의 지적 자본은 가지고 있을 것이다. 팀의 지적 자본과 그 다양성은 효과적 지식 통합과 프로젝트의 성공적 완성에 매우 중요하다. 그런데 필요한 지적 자본을 가진 팀이 다양한 기술과 지식을 통합하도록 협력적으로 일할 수 없을 때가 있다. 이럴 때는 그들이 팀의 경계를 벗어나 외부에서 정보를 찾을 필요가 있다. 사람들은 정보에 접근하기 위하여 데이타베이스, 인트라넷, 포털로 향할 때가 있지만, 개인적 관계가 정보 니즈를 개발하고, 문제를 해결하고, 학습을 하는 데 가장 많이 사용되고 있다. 주로 정보기술에 의존하는 비인간적 정보 소스는 사람들이 동료로부터 관련된 정보를 구하는 데 실패한 후에만 사용되는 것이 보통이다.

사회적 자본

사회적 자본은 개인 또는 사회적 단위가 소유한 관계의 네트워크 안에서, 그것을 통해서, 그것으로부터 나오는 실제 및 잠재적 자원의 합계이다. 이 정의는 네트워크가 개인이나 그룹에 다른 사람의 정보에 대한 접근이나 연결을 제공하는 방법에 초점을 맞춘다. 이 연결 관점(Bridging view)은 사회적 자본을 네트워크에서 다른 사람과의 관계에 기초하여 특정 행위자가 전유할 수 있는 사회적 네트워크에 부수하는 자원으로 본다. 사회적 자본은 구조적, 관계적, 인지적 요소로 구성된다. 사회적 자본은 네트워크 유대가 밀접할 때(구조적), 유대 사이에 높은 신뢰가 있을 때(관계적), 공통의 이해가 있을 때(인지적)에 강하다. 역으로 사회적 자본은 네트워크 링크가 제한적일 때, 불신이 있을 때, 상충되는 이해를 하고 있을 때 약하다. 분리된 공동체 사이에 연결을 가능하게 하는 개인은 중개인 역할을 하기 때문에 매우 중요하다. 두 당사자 사이 연합의 수준은 상대적으로 제한적(구조적)일 수 있고, 신뢰가 불안정(관계적)할 수 있다. 많은 외부 당사자와의 그러한 약한 유대는 조직 간에 정보와 지식에 접근하는 것을 필요로 한다. 더 많은 팀 멤버가 경계 확장자(Boundary spanner)일수록 다른 아이디어와 정보에 더 많이 접근하게 된다. 이것은 잠재적으로 창조적 지식 통합을 촉진한다.

반면에 결합 관점(Bonding view)은 그룹 내의 사람들 사이의 집합적 관계에 초점을 맞춘다. 팀 결합은 프로젝트 팀 멤버들 사이의 관계 강도의 측정 지표이다. 사회적 자본은 이 집합체 내의 내부 구조와 관계에 관한 것이다. 사회적 자본은 집합체가 공유된 목표를 추구하는 것을 가능하게 하는 내부 응집력을 보장한다. 그러므로 다른 사람과 협력적으로 일하는 것은 개인이 그들의 행동에 적응하고, 고쳐 배우고, 행동의 새로운 이론을 개발할 것을 요구한다. 강력한 팀 결합은 그러한 협력의 전제가 되는 심리적 안전장치를 제공한다. 사회적 자본에 대한 결합 관점은 그룹과 동일하다는 것을 보장하도록 네트워크에서 당사자 사이의 연합의 정도와 신뢰가 강력해야 한다는 것을 전제로 한다. 결합은 각 팀 멤버가 빈번한 커뮤니케이션을 통하여 강한 관계로 연결되고, 멤버들 사이의 신뢰가 높은 수준일 때, 그리고 상당한 지식의 중복이 있을 때 최고의 상태가 된다. 결합은 팀 멤버들 사이에 약한 연계만 있을 때, 신뢰가 제한적일 때, 그리고 공통의 이해가 제한되어 있을 때 최저의 상태이다. 팀 결합을 증가시키는 것은 팀의 행동 조정 능력을 증가시켜 학습의 기회를 향상시킨다.

이와 같은 사회적 자본의 두 관점을 팀 지식 통합 프로세스에 관련 지으면, 효과적 연결은 정보 획득의 물류적 문제를 지원하고, 결합은 지식이 문제를 해결하거나 기회를 활용하는 것을 돕는 방법으로 통합되도록 교환과 대화를 통하여 정보가 의미 있게 해석되는 문제를 지원하게 된다. 사회적 자본의 결합과 연결 측면은 모두 팀 지식 통합과 매우 관련이 높다. 연결 측면에서 개인은 팀이 문제 해결과 기회 활용을 배울 때 팀에게 유용한 정보와 지식에 접근을 가능하게 하는 유일한 네트워크를 가지고 있다. 팀 멤버에 의해 더 많은 연결이 사용되면 될수록 더 좋은 정보와 지식이 팀에게 가용하여 더 많은 창조적 지식 통합의 기회를 가지게 된다. 그러나 이러한 가능성은 팀 안에 이 지식을 창의적인 방법으로 공유하고 사용하는 것을 촉진하는 강한 결합이 있을 때만 가능하다.

3. 지식경영 문화

조직 문화

에드거 샤인(Edgar Schein)은 조직 문화를 조직 사람들의 공유된 가치, 믿음, 실무로 정의한다. 즉 문화는 조직의 멤버가 공유하고, 무의식적으로 작용하고, 당연시하는 방식으로 조직자체나 환경을 정의하는 기본적 가정과 믿음으로 정의된다. 문화는 미션과 같은 조직의 가시적 요소들에 반영된다. 문화는 사람들의 행동, 서로에게서 기대하는 것, 서로의 행동을 이해하는 방법에 내재되어 있다. 문화는 조직의 핵심 가치에 뿌리를 두고 있다. 이러한 문화에 대한 정의에 따르면, 지식공유 문화를 가진 조직에서 사람들은 강요에 의해서가 아니라 자연스럽게 여기면서 아이디어와 통찰력을 공유한다. 사람들은 서로에게서 그것을 기대하고 아이디어를 공유하는 것이 바른 행동이라고 본다. 조직문화는 조직의 역사를 통하여 개발된 믿음, 가치, 경험에 의해 배운 방법을 말하며 물질적 배치와 멤버의 행동에 나타난다. 조직문화는 유효하게 잘 작용하는 신입 직원에게 외부 적응과 내부 통합의 문제와 관련하여 감지하고, 생각하고, 느끼는 바른 방법이라고 가르치는, 기본적 가정의 유형이다.

조직에는 조직 전체의 문화뿐만이 아니라 하위문화가 존재한다. 이 하위문화는 때로

[표 7-2] 조직 문화 유형

	높은 결속	낮은 결속
높은 사교성	공동체 문화	네트워크 문화
낮은 사교성	용병 문화	파편 문화

출처: Goffee & Jones(1996)

조직문화와 아주 다를 수 있다. 조직 전체 특정 유형의 문화로 특징지어 지더라도 다른 유형의 하위문화가 조직에 존재할 수 있다. 이 하위문화가 실무공동체에 나타나거나, 다른 유형의 전문가나 기술이 조직의 인적 자본을 구성할 수 있다. 조직문화를 논의하기 위해 [표 7-2]와 같이 사교성(Sociability)과 결속(Solidarity)의 두 차원으로 나누어 네 가지 유형으로 나누어 볼 수 있다.

공동체 문화(Communal culture)는 멤버에게 과제 구동형이지만 소속감을 준다. 이 문화의 리더는 영감적이고 카리스마적이다. 주요 부정적인 점은 리더가 지나치게 영향력을 행사하고 다른 멤버는 침묵한다는 것이다. 네트워크 문화(Networked culture)는 멤버를 친구나 가족처럼 취급하고, 멤버들은 서로 가깝게 접촉하고 사랑한다. 그들은 서로 돕고 정보를 공유한다. 이 문화의 단점은 멤버들이 서로 친절하여 낮은 성과에도 비판하지 않는다는 점이다. 용병 문화(Mercenary culture)는 목표에 집착한다. 멤버들이 목표를 달성하고 신속하게 자기 업무를 완수할 것으로 기대한다. 모두가 목표와 목적에 초점을 맞추므로 정치적 파벌이 들어설 틈이 없다. 단점은 낮은 성과를 내는 멤버는 비인간적으로 취급당할 가능성이 있다. 파편 문화(Fragmented culture)에서는 멤버들의 소속감과 조직과의 동일화가 약하다. 개인주의자가 조직을 구성하고 있으며 그들의 헌신은 개인 멤버와 업무에 주어진다. 주요한 단점은 협력이 일어나지 않는다는 것이다.

지식경영 프로세스에 대한 문화의 영향

조직 문화는 일반적으로 조직이 지식과 학습을 다루는 데에 영향을 준다. 안정과 통제로 특징지어지는 조직 문화는 지속적 학습조직이 되는 데 바람직한 조건을 만들기 어렵다. 반면에 변화와 융통성을 가진 조직은 지식창조 전략을 전개하기 쉽고 지속적 학습조직이 될 수 있다. 학습 환경을 조성하기 위해서는 학습의 조직 문화를 만드는 능력이 매우 중요하다. 학습 환경을 만드는 조직 문화는 몇 가지 요소가 요구된다. 첫째로 기술과 지식의 습득이 직원의 주요 임무로 간주되는 환경을 만들어야 한다. 둘째는 기술과 지식 습득이 조직 구성원에 의해 상호작용과 장려로 지원되어야 한다. 셋째는 직원에게 개인 개발의 기회가 제공되어야 하고 업무와 관련된 지식을 활용하는 것이 장려되어야 한다. 마지막으로 혁신적 아이디어가 시장 경쟁력의 주요한 요소라는 공유된 믿음이 있어야 한다.

지식생산에 영향을 주는 문화

개인의 인지적 프로세스(예: 통찰)뿐만 아니라 사회적 및 협동적 프로세스를 통하여 지식은 조직의 틀 안에서 창조, 공유, 확산, 정당화된다. 많은 형식적 지식은 공식화된 메커니즘을 통하여 창출되지만, 전문 지식, 아이디어, 잠재적 통찰력과 같은 표현되지 않는 지식은 창의성의 근본이며 쉽게 포착 또는 코드화되지 않는다. 따라서 새로운 지식의 생산은 공식 프로세스가 아니라 비공식적 인간 네트워크를 통해 오랜 시간 동안 사회적으로 만들어진 프로세스에 의해서 이루어진다.

지식창조가 활발하기 위해서는 조직적 신뢰가 필요하다. 개인의 지식창조와 관련하여 조직에 대한 신뢰는 더 많은 지식창조를 가져온다. 직원은 조직이 실수를 허용할 것으로 신뢰해야 위험이 내재하는 지식창조 활동을 한다. 개인 간 신뢰는 직원이 자기 상사가 조직의 정책을 따를 것을 신뢰하게 한다. 그룹 내의 신뢰는 더 많은 지식을 공유하여 지식창조가 일어나게 한다. 그룹 지식창조와 관련하여 조직의 신뢰는 관계적 신뢰나 아이덴티티 확인 기반의 신뢰이다.

지식저장에 영향을 주는 문화

조직기억은 문서, 데이타베이스의 구조화된 정보, 전문가 시스템의 코드화된 지식, 개인 또는 개인 네트워크로 획득한 암묵적 지식과 같이 여러 형태로 존재하는 지식을 포함한다. 조직기억과 관련한 문제는 구성원이 조직기억의 존재를 인식하지 못하고, 조직은 정보가 미래에 필요할 것을 예상하지 못하여 저장하지 않는 데 있다. 조직 지식의 상당 부분은 표준적 운영 절차, 규칙, 대본에 저장된다. 따라서 효과적 지식 저장은 지식을 코드화하고 인간 네트워크를 확장하는 것뿐만 아니라 지식을 공식화된 규칙, 표준 운영 절차, 조직 문화를 이루는 조직 실무에 내장하는 것이다.

조직 문화는 지식생산에 매우 중요하며, 조직 프로세스의 역할(예: 공식화)은 조직기억과 관련된 활동에서 두드러진다. 따라서 조직이 융통성과 변화의 문화를 가지는 경우 그 조직 관행에 새로운 지식을 내장하는 것은 어려울 것이다. 그것은 그러한 문화는 계속적으로 적응하는 관행을 예상하기 때문이다. 반면에 안정과 통제의 조직은 학습이 느리지만 새로운 지식을 관행에 내장하는 것은 빠르다. 그 조직은 변화 이후에 안정의 상태로 다시 돌아가기 때문이다.

코드화된 지식의 사용에도 신뢰가 필요하며, 이 신뢰는 특정한 개인에 대한 것이 아니라 시스템에 대한 신뢰이다. 지식이 포착될 때 지식 보유자가 시스템에 저장된 지식을 보호할 것인지에 대한 신뢰도 중요하다. 개인은 조직이 지식을 적합하게 사용할 것인지에 대한 신뢰도 필요하다. 조직 신뢰는 더 많은 지식의 코드화가 일어나게 한다.

지식공유에 영향을 주는 문화

지식전이의 중요한 부분은 지식공유이다. 지식공유는 기꺼이 자신의 지식을 조직기억에 기여하는 조직 구성원과 관련된다. 조직의 가치와 규범은 개인이 자신의 지식을 개인 소유로 보느냐 아니면 조직 자산으로 보느냐에 영향을 미쳐, 조직기억에 내놓는 지식의 품질에 영향을 미친다. 조직의 가치와 규범은 어떤 지식이 중요한지에 영향을 미친다. 그러므로 문화는 개인이 공유하는 것을 촉진하는 데 중요한 자원이며, 이 자원은 혁신적 지식경영을 촉진 또는 저해할 수 있다.

많은 기업은 보상 메커니즘을 조사하여 공유를 일어나게 하고 있다. 어떤 기업은 성과 측정의 일부로 매니저가 지식공유 활동의 증거를 제시하도록 하는 명시적 보상 메커니즘을 시행하고 있다. 이것이 지식경영에 긍정적 효과를 가져온다고 보는 반면에, 다른 기업은 외부적 보상 시스템을 쓰지 않는다. 이런 기업은 개인 및 그룹들 사이에 지식공유를 하는 문화를 유지한다. 이것은 조직에서 일어나는 지식공유의 대부분이 암묵적 지식공유이므로, 암묵적 지식은 공식적 통제 시스템보다 비공식적인 열린 환경을 통하여 가장 잘 전이된다고 믿는 데 근거한다. 그러한 개방 문화에서는 커뮤니케이션 풍토가 개인이 정보를 축적하거나 비밀로 하는 분위기를 억제하는 조직 안에서 정보가 수직적으로나 수평적으로 자유롭게 흐르는 것을 장려한다. 반면에 닫힌 문화에서는 조직 내에서 아이디어, 전문 지식, 잠재적 통찰력의 자유로운 흐름이 몇몇 전문가들 사이에 한정된다.

지식공유와 관련된 문제 중 하나는 조직 구성원이 지식공유가 조직뿐만이 아니라 자신에게 장기적 이익이 된다는 것을 확인하지 못한다는 점이다. 그 결과 직원은 자신의 통찰력, 전문 지식, 아이디어를 다른 조직 구성원이나 외부 사람과 공유하는 데에서 얻는 이점을 보지 못한다. 또한 조직 구성원은 지식공유를 보상하는 동기 시스템이 부재할 경우 자신의 지식을 공유할 동기를 찾기가 어렵다. 따라서 지식공유에 있어 중요한 경영 과제는 지식공유가 전체 조직에 도움이 되는 것이고 궁극적으로 개인에게도 도움이 된다는 것을 구성원에게 확신시키는 것이다.

지식공유를 위해 지식의 공급자와 소비자 사이에 공유된 맥락을 설립하는 것이 중요하다. 공유된 맥락의 근본 아이디어는 지식이 개인 또는 그룹 사이에서 자유롭게 흐르기 위해 지식의 공급자와 소비자 사이에 관계나 친밀감의 소스가 있어야 한다는 것이다. 조직 구성원 사이의 높은 수준의 신뢰, 동정, 다른 사람에 대한 정의감과 같은 배려의 관계는 높은 수준의 지식공유가 일어나게 한다. 지식이 전이되고 공유되기 위해서는 신뢰가 있어야 한다. 개인 간 신뢰가 없더라도 조직의 신뢰가 지식전이를 가능하게 하고, 이것이 개인 간 신뢰를 증대시킨다. 신뢰가 없으면 두려움, 냉소, 경계심으로 인해 지식전이와 공유는 실패한다. 조직 신뢰와 개인 간 신뢰가 강한 조직에서는 더 많은 지식전이와 공유가 일어난다.

지식공유를 지원하는 문화를 가진 조직은 다음과 같은 특성을 가지고 있다.

- 지식공유와 실제 비지니스 문제 해결 사이에는 명확한 연결이 존재한다.
- 지식공유는 조직의 기존 가치에 밀접하게 연결된다.
- 조직은 조직의 전반적 스타일과 일치하는 방법으로 지식공유를 지원하는 접근 방법, 도구, 구조를 도입한다.
- 지식공유 활동은 사람들이 일상에서 사용하는 기존 네트워크 위에 구축된다.
- 지식공유에 적극적으로 참여하는 사람들의 동료와 상사는 공유를 지원 및 압박한다. 경영자의 적절한 수준의 지원 및 관여가 있다.

지식활용에 영향을 주는 문화

지식활용은 지식공유와 밀접한 관계가 있다. 어느 경우든 조직 구성원은 아는 것을 기여 하거나(지식공유) 아니면 모르는 것을 사용하려고(지식활용) 다른 사람에게 접근한다. 따라서 지식활용의 조직 풍토는 지식공유의 그것과 유사할 것이므로 위에서 언급한 것들이 그대로 적용된다.

지식활용의 조직문화와 관련하여 한 가지 주의할 점은 해석의 차이가 지식 기여자와 근본적으로 다른 지식의 활용이 일어나게 할 수 있다는 것이다. 일관성 있는 지식의 해석은 조직 단위가 가지고 있는 사전 인식 맵의 단일성 또는 이해 관계자들 사이에서 공유된 맥락의 정도에 의해 만들어질 수 있다. 개인은 유사한 인식 맵 때문에 외부 공동체보다 내부 실무공동체의 지식을 더 쉽게 활용할 수 있을 것이다. 좀 더 밀접하거나 중앙 집중적인 네트워크에서는 더 강한 믿음의 공유가 있을 것이고, 지식을 해석하는 능력이 더 커질 것이다. 조직 문화는 개인 해석을 결정하는 사회적 상호작용(가치, 규범, 실무를 통하여)을 위한 맥락을 만들고, 궁극적으로 조직은 지식을 활용하는 데 얼마나 효과적인지를 결정한다.

조직 신뢰는 지식활용을 높인다. 외부 지식 사용에 대한 '여기서 발명되지 않았다'라는 정신은 지식전이와 공유의 장애물이다. 외부 지식 사용에는 조직 신뢰와 개인 간 신뢰를 필요로 한다. 여기서 조직 신뢰는 조직 기반의 신뢰나 지식기반의 신뢰를 말한다.

지식 문화 충돌

APQC 파트너 기업들에 대해 한 서베이가 발견한 중요한 결론은 지식경영에 대한 접근 방법과 몰입이 아무리 강하다 해도 기업의 문화가 더 강하다는 것이다. 강력한 지식 공유 문화를 촉진하는 데 성공한 기업들은 기업 문화를 지식경영 접근 방법에 맞도록 바꾸려고 하지 않는다는 것이다. 그 기업들은 기업 문화에 맞도록 지식경영 접근 방법을 만들어 간 것이다. 서베이 결과는 사람들이 지식을 공유하는 단 하나의 올바른 방법이 존재하는 것이 아니라 조직의 가치와 스타일에 의존하는 여러 가지 방법을 사용한다는 것이었다.

문화는 여러 가지 방법으로 특징지어질 수 있으며, 조직 문화에 대한 조사는 지식경영 이니셔티브의 첫 단계이다. 지식경영을 촉진하는 문화의 근본적 전제는 신뢰이다. 조직 멤버가 존경을 받는다고 느끼면 그들이 전문적 매너로 취급될 것으로 기대하고 그룹의 다른 멤버들을 신뢰할 수 있어 지식공유가 크게 향상된다. 신뢰는 지식을 사용하는 사람이 지식 제공자에게 크레딧을 주는 것이고, 공유되는 지식을 적절하게 사용할 것을 믿는 것이다.

지식경영은 종종 기업 문화와 충돌하여 그 영향이 제한된다. 지식경영의 가장 큰 방해

물인 사람들의 행동을 바꾸기 어렵기 때문에 조직 문화가 지식경영 최대의 장애가 될 수 있다. 조직 문화의 중요성은 지식경영 이니셔티브의 주된 활동이 지식경영을 가로막는 조직 문화를 바로잡는 것이 되게 하는 데 있다. 조직 문화의 중요성과 관련하여 지식경영에서 정보기술이 차지하는 비중은 얼마 되지 않고 사람의 문제가 거의 대부분이라는 경험적 증언은 수없이 많다.

지식경영 이니셔티브가 기존 조직 문화와 충돌하는 이유는 여러 가지가 있다. 첫째로 지식경영이 가끔 기업 구성원의 가치에 반하는 행동을 요구한다. 효과적인 지식경영은 개인 및 그룹 간 지식공유, 지식창출, 그리고 지식활용을 장려하고 보상하는 문화를 요구한다. 그러나 현실은 기업이 개인적 전문 지식을 높이 평가하지 않고 멘토링과 보조에 대한 보상을 하지 않는 환경을 조장한다. 이러한 환경은 개인이 지식공유 활동에 참여하는 것을 주저하게 하거나 제한하게 하며, 개인은 정보를 자신만을 위하여 축적하는 것으로 보상을 받고자 한다. 개인적 성취만을 추구하는 분위기에서는 지식공유가 일어나기 어렵다. 둘째로 효과적 지식경영은 조직 부서 사이의 신뢰가 부족하거나 부서의 문화가 다를 때 성과를 기대하기 어렵다. 어떤 부서가 다른 부서보다 중요하다는 인식이 있으면 직원들은 자기 부서 방어로 시간을 낭비하기 쉽다. 셋째로 지식경영은 매우 공식화된 조직 문화에서나, 의사결정에서 지나치게 표준, 규칙, 규제 등에 얽매이는 조직 문화에서는 장애를 겪는다. 이러한 규제는 새로운 지식의 창출이 일어나지 않게 하기 때문이다.

사례: 슐럼버거의 글로벌 개인지식 네트워크

회사-직원 관계의 역학은 변화하고 있다. 인터넷이 발달하고 정보를 도처에서 가용하게 됨에 따라 조직은 직원과 정보를 과거보다 더 자주 그리고 더 직접적으로 공유할 필요가 생겼다. 1990년대에 슐럼버거는 최고의 직원을 채용하고 보유하는 정책을 지속하기 위해 이러한 도전에 직면하게 되었다. 슐럼버거 오일필드 서비스(Schlumberger Oilfield Services)의 운영 단위인 슐럼버거 정보 솔루션(Schlumberger Information Solutions; SIS)은 석유회사에 통합된 비지니스 솔루션을 공급하는 글로벌 리더이다.

1998년부터 슐럼버거(SIS)는 직원과 매니저가 함께 사용하는 인사 시스템에 상호작용성, 스피드, 융통성을 더함으로써 인사관리를 전환시킬 목적으로 야망찬 이니셔티브를 시작하였다. 프로젝트의 비전은 직원이 조직에서의 자신의 커리어를 극대화하는 것을 돕는 도구와 정보로 권한이 커진 공개적이고 신나는 환경을 조성하는 것이다. 이 온라인 인사 시스템을 slb.people이라 이름을 붙였으며, 처음에는 다음 세 분야에 초점을 맞추었다.

- 직원 중심 커리어 계획(The Career Center)
- 직원 커리어 야망과 현재의 기회 및 미래 비지니스 니즈를 매칭하는 것을 돕는 관리 도구(PeopleMATCH)
- 직원이 자신의 인사기록과 복지혜택 정보에 연결하게 하는 안전한 셀프서비스 포털(Employee Self-Service)

커리어 센터

커리어 센터(The Career Center)는 슐럼버거 직원들이 자신의 커리어를 관리하기 위한 필수적 자원에 접근하게 해준다. 이 웹 기반 도구는 전문적 및 개인적 야망에 기초하여 직원의 상상력을 자극하고 커리어 포부를 키우고, 미래 지위를 계획하게 한다. 사내 세계(A World Within) 도구는 직원들이 슐럼버거의 활동, 비지니스 단위, 제품, 서비스와 기술을 설명하는 전사적 정보를 검토할 수 있게 한다. 또 직원은 조직 내에 어떤 업무가 존재하고, 어떻게 그 자리들이 다른 자리와 관련되고, 어떻게 그 자리가 자신의 자리나 미래의 자리와 관련될 수 있는지를 배울 수 있다.

인재매칭

인재매칭(PeopleMATCH) 도구는 직원의 인생 포부를 커리어 기회 그리고 현재 및 미래의 비지니스 니즈와 매칭할 수 있게 한다. 부서 매니저와 인사부서 매니저가 사용하는 인재매칭 웹 기반 도구는 공석인 자리에 대한 정보와 직원에 대한 정보를 보유한다. 직원 정보는 공석인 자리의 후보를 파악하기 위해 쿼리(Query)를 하는 데 사용된다. 공석인 자리에 연계된 대화 기능이 부서 매니저와 인사관리 매니저가 잠재적 후보에 대한 정보를 커뮤니케이션 할 수 있게 한다. 전자적 토론은 공석인 자리와 잠재적 내부 후보에 대한 신속하고 실속 있는 커뮤니케이션을 가능하게 한다.

직원 셀프서비스

직원 셀프서비스(Employee Self-Service)는 실시간 커리어 관리를 위해 안전하게 직원들이 자신에 대한 인사 기록과 복리 혜택 정보에 연결하게 한다. 직원들이 연금 옵션을 변경하고, 주식 거래 정보에 접근하고, 유연하게 복리 혜택 옵션을 선택하게 한다.

슐럼버거의 slb.people은 직원들이 전문적 및 개인적 야망에 기초하여 미래 자리를 계획하게 하고, 개인 선호도를 내부 공석과 매칭할 수 있게 하고, 안전한 인사 레코드와 복리 정보에 접근하는 서비스를 제공한다. slb.people은 직원들이 조직과 같이 자신의 커리어를 관리하도록 권한을 부여하고, 개인 포부에 매칭하는 커리어 기회에 접근할 수 있게 한다. 또 slb.people은 안전한 환경에서 바른 시간에 바른 직원에게 바른 정보를 제공한다.

슐럼버거 직원과 인사부서와의 관계는 훨씬 생산적이고 직접적이게 되었다. 직원의 업무 선호와 연간 성과관리 사이클의 연결은 크게 호응을 받게 되었다. 연말 인사고과 평가와 커리어 개발 토의에서 매니저와 직원은 직원의 커리어 포부와 다른 선호도에 대한 공통의 이해를 가지고 시작할 수 있게 되었다.

출처: http://www.slb.com/content/services/resources/casestudies/im/slbpeople_cs.asp

사례: 아주그룹의 그룹 차원 지식경영

아주그룹의 지식경영 사례가 제10회(2008년) 매일경제/부즈앤컴퍼니 지식경영 대상에서 가치 창출 모델 민간 부분에서 우수상을 수상하였다. 아주그룹은 2005년 지식경영을 도입한 이래 그룹 역량을 보완하고 확장하는 차원에서 지식경영 및 그 확산 활동을 중점적으로 추진했다. 문규영 회장의 적극적인 지식경영 의지와 함께 임직원들의 자발적인 참여가 확대돼 2008년 현재 도입 첫해보다 1인당 지식 등록 건수가 10배나 증가한 성과를 얻기도 했다. 현재 아주그룹은 지식경영을 통해 얻은 재무적 성과를 계열사 내 회계 · 재무 전문 인력이 꼼꼼하게 측정하는 등 향후 지속적인 지식경영시스템을 발전시킬 계획이다.

아주 그룹의 지식경영시스템은 임직원들 간의 지식정보 공유 기능, 문서관리 시스템, 커뮤니티를 제공하고 있다. 지식경영시스템은 계열사 임직원들이 업무 지식을 공유하도록 하고 또 통합 지식 자료 검색 시스템을 제공하고 있다. 문서관리 시스템은 ERP, 지식경영시스템, 일정관리, 성과관리 시스템, 6시그마 등 업무 시스템을 원활히 이용할 수 있는 게이트웨이(Gateway)를 제공한다. 커뮤니티 시스템은 커뮤니티 그룹 생성 및 운영 기능과 게시판, 자료실, 일정관리 등 다양한 기능을 제공하고 있다. 그룹 포털은 아주그룹 계열사별 포털 화면을 통해 임직원 사용자 정보 통합 관리와 계열사별 각종 이벤트 콘텐츠 자료를 제공하고 있다. 또 기업 업무 시스템 통합 화면을 통해 ERP, 지식경영시스템, 일정관리, EIS, 6시그마 등 업무 시스템을 원활히 이용할 수 있는 게이트웨이를 제공하고 있다.

[그림 7-5] **그룹 포털 시스템**

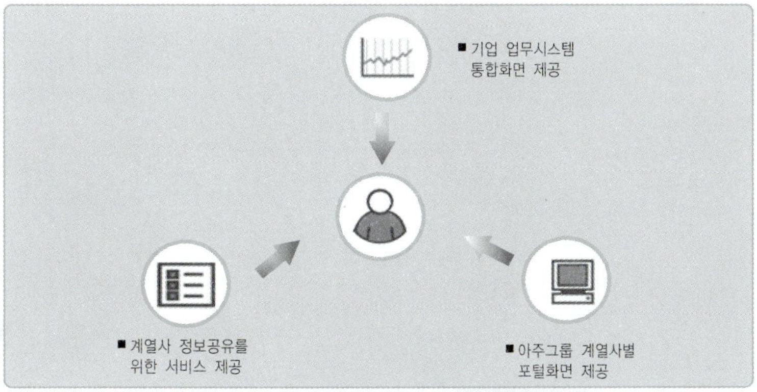

출처: http://www.aju-it.co.kr/Service/Sm/Application/Kms.asp

8장 개인지식경영

학습 개요 및 목표

효과적 조직 성과를 성취하는 데 개인의 지식, 이해, 판단의 역할은 결정적이다. 개인은 지식의 수요와 공급 측면에서 지식 수요자와 지식 공급자의 역할을 하고, 지식공동체에서 참여자로서의 역할도 한다. 개인지식경영 능력이 그룹이나 조직 차원에서의 지식경영 노력의 근본이 된다. 그러나 많은 조직에서는 개인지식경영을 조직 지식경영의 한 부분으로만 채택하거나 아니면 공식으로 채택하지 않고 있다. 조직의 지식경영과 개인지식경영은 서로 대조되는 것이라기보다는 동전의 양면에 해당한다. 조직적 관점과 개인적 관점은 조직의 지식경영과 개인지식경영을 위해 모두 필요하다. 개인지식경영은 작업 환경에서 지식노동자의 생산성 향상에 초점을 맞춘다. 지식노동자는 자기 자신은 물론 자신의 지식을 관리하여야 한다. 정보를 관리하는 관점에서 보면 정보기술의 비약적인 발전에도 불구하고 지식노동자가 개인 정보나 지식을 효과적으로 관리하는 것은 여전히 쉽지 않은 문제로 남아 있다.

이 장에서는 지식노동자의 개인 지식 활동과 관련한 개념을 소개하고 개인적 지식경영에 대한 관점과 이슈를 소개한다. 실제의 개인지식경영과 관련한 전략, 기술, 그리고 도구에 대하여 살펴본다. 이 장의 구체적인 학습 목표는 다음과 같다.

- 지식노동자의 과제와 활동을 이해한다.
- 지식노동자에게 요구되는 능력을 살펴본다.
- 지식노동자의 유형과 역할을 살펴본다.
- 개인지식경영 개념을 이해한다.
- 개인지식경영의 정의와 접근 방법을 살펴본다.
- 개인의 지식 활동과 프로세스를 이해한다.
- 개인지식경영 도구를 살펴본다.
- 개인 개발 이슈를 살펴본다.

사례: Google 서비스를 통한 개인 지식관리의 예

개인지식경영은 개인의 일하는 스타일, 관심, 선호에 따라 다르게 나타난다. 개인은 많은 개인 지식경영 도구 중에서 자신의 지식 활동과 프로세스에 맞게 선택하여 사용할 수 있다. 구글(Google)은 개인지식경영과 관련하여 다양한 지식 활동이나 프로세스를 지원하는 도구를 개발하고 있다. 다음은 다양한 구글 도구를 사용하여 개인의 지식 활동이 이루어지는 모습을 구성해 본 것이다.

- 먼저 구글의 여러 가지 서비스를 사용하기 위해 즉 Gmail 계정을 만들고, 무제한의 저장 공간을 제공하는 Gmail을 사용한다.
- Google Calendar를 사용하여 개인 스케줄과 이벤트를 관리하고 팀과 공유한다.
- Google Reader를 통하여 좋아하는 블로그나 뉴스 사이트의 RSS 피드를 구독한다.
- (구글이 제공하고 있지 않으므로) dell.icio.us와 같은 사회적 북마킹(Social bookmarking) 사이트를 사용하여 관심 있는 웹 사이트를 기록한다.
- Google Notes와 같은 온라인 노트 적기를 사용하여 방문한 웹 사이트의 정보를 클립하여 저장하고 조직화한다.
- Blogger.com과 같은 블로그 사이트에서 블로그를 포스트한다.
- Google Docs & Spreadsheet를 사용하여 문서를 조직화하고 Picasa를 사용하여 사진을 관리한다.
- 구글의 사회적 네트워크 사이트인 Orkut는 브라질, 인도 사람들이 주로 사용하고 구글 브라질에서 관리하고 있으므로 트위터(Twitter), 페이스북(Facebook), 링트인(LinkedIn), 마이스페이스(MySpace)와 같은 사회적 네트워크 서비스를 사용하여 개인지식 네트워크를 관리한다.
- 마지막으로 여러 가지 개인지식경영 도구를 사용하므로 이것들을 한눈에 볼 수 있게 Firefox와 같은 브라우저로 대시보드(Dashboard)를 만들어 브라우저 초기 화면에서 원하는 개인지식경영 도구를 시작할 수 있게 한다.

1. 지식노동자

1.1. 지식노동자의 과제와 활동

효과적 조직 성과를 성취하는 데 개인의 지식, 이해, 판단의 역할은 명백하다. 과거에는 업무 절차와 방법에 대한 관리는 관찰할 수 있는 업무 자체에 관심을 보였다. 그 후 정보와 정보 흐름의 역할로 관심을 넓혔으나 이것 역시 관찰이 가능하다. 이제 초점은 관찰이 어려운 지식으로 이동하고 있다. 노하우와 전문 지식이 일의 질에 영향을 준다는 것을 이해하게 되었다. 그럼에도 불구하고 지식 초점이 개인의 교육과 훈련 배경에 맞추어지고 있을 뿐 조직 내의 전반적 지식 프로세스나 지식 메커니즘에 대한 체계적 관점은 고려되지 않고 있다. 보이지 않는 활동에 대해서는, 특히 지식노동자가 과제를 수행할 때 어떻게 생각하고 지식을 활용하는지에는 거의 초점이 맞추어져 있지 않다.

지식노동자의 과제

조직의 환경은 지속적으로 변화하고 그 변화의 속도도 끊임없이 증가하고 있다. 환경과 사회의 빠른 변화는 많은 문제를 제기한다. 조직은 점점 더 여러 유형의 도전적 문제를 만나게 된다. 따라서 조직은 지식노동자의 기여에 의존하게 된다. 지식노동자는 조직의 문제를 이해하고 적합한 해법을 찾아내야 한다. 지식노동자가 당면하게 되는 문제는 일상적인 문제, 어려운 문제, 복잡한 문제로 나누어 볼 수 있다.

일상적 문제는 전에 만났던 문제이거나 경험했던 문제와 유사한 문제이다. 일상적 문제는 알려진 문제일 뿐 단순하다는 것은 아니다. 일상적 문제도 도전적이어서 다단계의 과정을 요구하고, 추가적 정보 사용이 필요하고, 다른 사람과의 상호작용이 있어야 하고, 시간이 많이 걸릴 수 있다. 일상적 문제는 독특한 요소를 가질 수 있다. 그러나 중요한 것은 이전에 유사한 상황을 경험하였다는 점이다. 많은 일상적 문제는 개인에 의해 해결될 수 있다. 경험이 일상적 문제 해결에서 중요한 역할을 한다. 경험이 많은 노동자는 더 좋은 패턴인식과 센스결정 능력을 가지고 있다. 일상적 문제는 일상적 반응을 생산할 수 있으며, 이것이 적합할 때가 있으나 일상적 반응이 혁신과 변화를 막을 수도 있다.

어려운 문제는 난제이지만 알 수 있는 것이다. 상황, 관련된 요소와 변수를 정의할 수 있다. 난제는 독특한 도전을 제기한다. 그것은 이전에 그러한 상황을 만난 적이 없고, 지식노동자는 제한된 기존 패턴 또는 센스결정 신호를 가지고 있기 때문이다. 경험 있는 지식노동자는 이런 유형의 상황에 대한 센스결정을 하기 위해서 또는 이슈를 이해하기 위해서 시간을 더 사용하거나, 통찰력과 아이디어를 얻기 위해서 다른 사람과 대화를 하는 접근 방법을 사용한다. 동시에 그들은 웹을 서치하여 더 많은 정보를 수집하고 문제를 세분화하거나 단순화하여, 이해할 수 있는 요소로 만들거나 다른 경험과의 유사성을 발견하려 한다. 대부분의 난제는 협력의 형태가 사용된다. 한 사람이 모든 해답을 가지고 있지 않으므로, 상황을 헤쳐 나가기 위해서는 상호작용, 팀워크, 협력이 필요하다. 또 능력 있는 지식노동자는 난제가 학습과 관련이 있음을 인식한다.

복잡한 문제는 알 수 없는 것이다. 지식노동자가 미리 복잡한 문제의 범위나 모든 요소를 완전히 이해할 수는 없다. 복잡한 문제는 분명하지 않은 다른 목표로 명확하게 정의되지 않고, 역동적이며 지속적으로 변화하여 처리하기 어렵다. 복잡한 문제는 상호 연관이 되며, 감춰진 요소와 다중의 잠재적 해법과 진로를 가지고 있다. 보통 이상적 접근 방법에 대한 의견의 일치가 없어 복잡한 문제를 해결하는 과정은 쉽지 않다. 개인의 기존 센스결정 능력은 흔히 부적합하거나 부분적이다. 패턴이 너무 많거나 일치하지 않아 그것을 발견하는 것이 어렵다. 또 많은 행위 주체, 차원, 요소가 있으며 이것들은 변화하거나 상충한다. 이러한 상황에서 문제를 해결하기 위해 행하는 주요 행동을 보면 다음과 같다.

- 복잡성 인식 – 이슈가 복잡하고 일상적이며 또는 어려운 문제 접근 방법이 통하지 않는다는 것을 인지하는 것이 첫 단계이다.
- 협력 – 복잡성은 협력을 요구한다. 함께 일하는 것은 여러 사람이 센스결정과 패턴인식 통찰력을 공유하므로 다중의 관점을 생산할 수 있다. 협력은 공유된 분석, 아이디어 생성, 프로토타입 개발의 기회를 제공한다.

- 향상된 센스결정 – 복잡한 문제에 대한 센스결정은 어렵지만 반드시 일어나야만 한다. 가능한 센스결정 활동은 다중 관점을 찾는 것, 외부 통찰력에 대하여 열린 자세를 갖는 것, 지속적 센스결정 활동을 하는 것을 포함한다.
- 태도 – 복잡성을 가진 문제의 해결은 개인이 호기심, 창의성, 새로운 통찰력, 접근 방법, 인내에 대한 열린 마음을 가질 때 향상된다.
- 프로토타이핑 – 복잡한 문제의 다양한 차원을 조사하는 방법으로 비주얼 모델과 프로토타입(Prototype)을 만들어 조사하는 것이 유용하다. 프로토타입 개발은 지식노동자가 가정과 이해를 잠재적 반응에 투입해 볼 수 있게 한다. 프로토타입은 강력한 커뮤니케이션 도구가 된다.
- 다차원 조사 – 연결, 알려진 것과 알려지지 않은 것, 행위자, 그리고 가정을 포함하는 문제의 다른 부분을 조사한다. 또 경제적, 환경적, 사회적, 공동체 및 개인 관점의 다른 렌즈를 통하여 문제를 보는 것이 유용하다.
- 핵심 가치와 바람직한 행동 구체화 – 복잡한 문제를 다루기 위한 핵심 원칙, 바라는 최종 상태, 수용할 수 있는 행동을 파악한다. 이러한 원칙은 복잡한 문제의 범위를 다른 사람과 커뮤니케이션하고 조사하는 방법을 제공한다.

지식노동자 지식 활동

지식노동자는 일상 업무에서 특정한 필요, 이슈, 또는 상황에 대응하여 활동을 한다. 어떤 활동은 책임을 맡아서, 또 어떤 것은 스스로 한다. 이러한 활동은 모두 문제해결, 의사결정, 센스결정과 관련이 된다.

문제해결

지식노동자의 지식 활동은 문제를 해결하는 과정이다. 지식노동자는 하루에도 수많은 작은 개인적 문제해결을 한다. 대부분은 몇 초 정도를 요구하고 무의식적으로 행하고, 어떤 것은 더 많은 시간, 정보 수집, 팀워크를 요구한다. 지식노동자의 지식 활동은 다양한 환경에서 직면하게 되는 문제를 해결하려는 목적에서 시작된다. 사이먼(Simon)은 "어떤 사람이 무엇인가를 원할 때, 그것을 얻기 위해 수행해야 하는 일련의 행동을 즉각적으로 알지 못하는 경우 그 사람은 문제에 직면한다"라고 말한다. 따라서 문제해결

(Problem solving)은 광범위하고 포괄적인 개념이다. 일반적으로 문제해결 과정은 문제가 무엇인지 인식하고 문제해결을 통해 원하는 목표에 도달하는 것이다.

지식노동자는 사회·문화적 맥락에서 문제를 해결해 나가는 지식 활동을 한다. 조직에서 지식노동자의 지식 활동은 개인으로부터 시작하여 커뮤니티를 통해 조직으로 확산된다. 지식은 개인의 머릿속에 존재하지만 커뮤니티와 조직 차원의 사회적 관계를 기반으로 창조되고 성장한다. 조직에서의 지식창출은 가시적으로 나타나는 현상뿐만 아니라 조직 구성원 사이에서 공유되는 정신적 모델을 통해 주어진 사실을 반영하고 의미화시킨다. 개인지식경영은 지식이 고정된 대상이 아니라, 지식노동자 혹은 커뮤니티가 속해 있는 맥락에 따라 다른 사회·문화적 특성을 반영한다.

지식노동자의 지식 활동에서 기본적으로 지식노동자의 사회적 관계는 핵심이다. 지식노동자의 지식 활동은 지식노동자, 지식, 프로세스를 포함하는 모든 요소들의 사회적 상호작용을 바탕으로 하며, 이때 지식은 관계적 상호작용을 통한 사회적 산출물이다. 지식노동자는 지식을 창출하고 창출된 지식을 다른 조직 구성원과 공유한다. 지식노동자는 구성원 사이의 대화나 협업을 통해 지식을 교환하고 진화시킨다.

지식노동자는 문제해결을 위해 다양한 유형의 지식을 필요로 한다. 그런데 문제의 중요도, 참여도, 난이도에 따라 사용되는 지식의 유형이 다를 수 있고 활용하는 지식의 범위도 다르다. 예컨대, 문제가 쉽다면 한 가지 유형의 지식을 적용할 수 있지만, 그렇지 않은 경우에는 여러 가지 유형의 지식을 적용하게 되고, 적절한 지식을 찾기 위한 시간도 더 많이 소요될 것이다. 문제가 중요할 경우, 요구되는 지식의 품질에 영향을 미치며, 의사결정에 신중함이 요구되기 때문에 활용하는 지식의 범위도 넓어지게 된다. 이것은 지식노동자가 서로 다른 환경에서 문제해결을 하고 있다는 점을 의미한다.

의사결정

전통적 의사결정(Decision making)이론은 개인이 의사결정을 할 때 체계적이며 단계적인 프로세스를 거친다고 설명한다. 합리적 의사결정 접근 방법은 문제 정의, 철저한 분석, 대안 도출, 최종 결정 이전에 파악한 근거에 기초한 대안 선택의 과정으로 진행된다. 그러나 이것은 대부분의 지식노동자들이 일하는 방식이 아니며, 그들은 문제에 당면하면 단계적 분석을 통해 일하지 않는다. 지식노동자의 의사결정 대부분이 개인의 상황에 대한 센스결정과 패턴 이해 능력인 직감에 기초하며, 센스결정, 패턴인식, 정신적 모델이

의사결정의 필수적 요소이다.

개인이 상황에 직면하면 이슈에 대한 센스결정을 한다. 센스결정은 신호를 생산하고, 이것은 문제의 본질과 반응 모두에서 패턴을 인식하게 한다. 패턴인식을 통하여 개인은 이슈에 대응하는 행동을 파악한다. 행동을 시작하면 개인은 실시간 그들의 행동의 잠재적 영향력을 평가한다. 특히 고도의 능력을 가진 지식노동자는 가능한 결과를 상상하는 방법으로 정신적 시뮬레이션을 실행하면서 행동 중 사고의 능력을 보인다. 개인은 이것을 하면서 그들의 행동을 바로 조정한다. 이러한 접근 방법 즉 자연적 결정(Naturalistic Making)은 직감에 의한 의사결정 이상의 것이다. 직감은 경험을 통하여 얻는 알기 위한 학습의 프로세스이며, 상황을 인지하고 무의식적으로 분류하는 능력 개발의 프로세스이다. 초보 단계의 의사결정자는 더 단계적 방법으로 문제를 해결한다. 그러나 초보자는 경험을 쌓으면서 그 모델을 버린다. 그들은 문제해결 프로세스를 내재화하고, 센스결정과 패턴인식 저장고에 의존하게 된다.

센스결정

센스결정(Sense making)은 지각된 의사결정을 하기 위해 복잡한 상황을 분석하는 프로세스이다. 센스결정은 새롭고 복잡한 문제를 만났을 때 일어난다. 이 프로세스는 데이타를 수집하고 조직화하는 것에서부터 시작된다. 보통 정보가 문제를 해결하는 것을 도울 수 있도록 상당히 단순한 구조로 조직화될 수 있다. 그러나 이 프로세스는 잘 정의되어 있지 않고 반복적이며 복잡하다. 정보 추출, 조직화, 과제 재정의가 교묘하게 상호작용을 한다. 이 모든 행동이 센스결정의 프로세스이다.

센스결정이 지식노동자의 핵심적 과제일 수 있다. 센스결정은 지식노동자가 세상을 변화시킬 때나 세상이 지식노동자 주위를 변화시킬 때 일어난다. 즉 센스결정은 새로운 문제, 기회, 또는 과제가 등장할 때나 과거의 것들이 다시 등장할 때 일어난다. 센스결정은 겉보기에는 비구조적인 상황에서 중요한 구조를 찾는 일이다. 그것은 인지적 및 사회적 차원의 활동이며, 정보, 커뮤니케이션, 컴퓨팅 측면을 가지고 있다.

지식노동자가 관련 분야의 증가하며 변화하는 지식에 대하여 내리는 센스결정은 상호지원하는 두 개의 병렬적 프로세스로 이루어진다. 센스결정을 위한 노력에서 기존의 지식에 더하거나 새로운 패턴을 테스트하면서, 지식노동자는 정보를 보고 센스결정을 하려는 프로세스를 거치게 된다. 이 내부적 프로세스는 무엇인가를 알려는 데 초점을 맞추

[그림 8-1] 개인지식경영과 센스결정

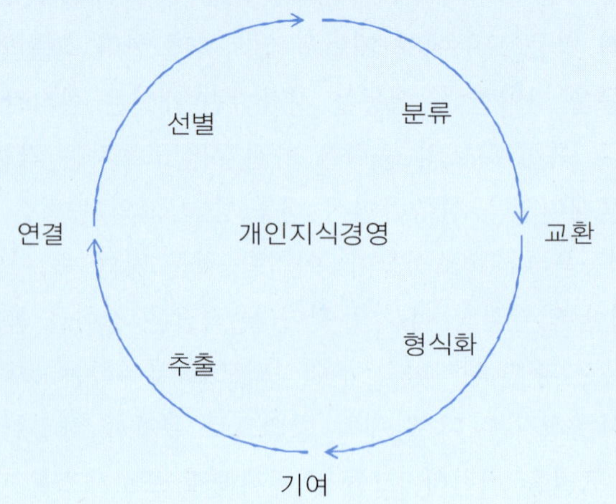

며, 필요할 때 정보를 추출하여, 관찰한 것과 읽은 것을 선별하고, 그것을 파일, 리스트, 태그, 또는 분류하고, 형식적으로 표현하는 활동으로 나눌 수 있다. 외부적 프로세스는 사회적 학습 과정이며, 다른 사람과 연결하여, 아이디어와 관찰을 교환하고, 대화를 통해 기여하는 활동으로 나누어진다.

최근 들어 센스결정에 대한 관심이 증가하였다. 웹 기반 도구는 지식노동자에게 방대한 정보에 접근할 수 있게 하였고, 이것은 다시 지식노동자가 복잡한 문제를 이해하는 방법을 근본적으로 변화시켰다. 센스결정 프로세스는 지식노동자가 가용한 정보 자원에 대한 센스결정을 하는 것을 돕는다. 또 센스결정은 개인의 정보공간을 넘어 확장되고 있다. 그룹은 여러 정보 소스로부터 정보를 결합하고, 다른 관점이 반영된 통합적 이해를 하여 더 큰 문제를 이해하도록 만들어 더 큰 문제를 이해하여야 한다.

1.2. 지식노동자의 능력

지식노동자의 능력

많은 사람은 지식노동자의 능력을 모두가 가져야 하는 기술의 집합이라고 본다. 지식노동자에게 필요한 기술은 지식 소스 파악, 서치, 내비게이션, 분석, 조직화, 링크, 매핑, 암묵적 지식과 형식적 지식의 전환, 관계 구축, 커뮤니케이션, 프레젠테이션, 지식 패키징 등을 포함한다. 그러나 지식노동자의 활동은 논리적 또는 개념적 요소뿐만 아니라 물리적 또는 실제적 요소를 가지는 문제해결 능력에 기초하는 것으로 볼 수 있다. 이 능력 또는 기술은 21세기 지식노동자가 성공적으로 문제를 해결하는 데 요구되는 것이다. 지식노동자에게 필요한 것은 다음의 일곱 가지 능력이다.

정보 및 아이디어의 접근 및 추출(Accessing/Retrieving Information & Ideas)

지식노동은 풀어야 할 문제나 도출해야 할 의사결정의 핵심에 대한 질문으로 시작된다. 그 질문에 답하는 것은 연구와 학습의 프로세스이다. 정보 접근은 그 안에 포함된 지식을 발견하기 위해 문서와 데이타를 추적, 파악, 추출, 그리고 보는 것이다. 아이디어에 접근하는 것은 학습, 조사, 도움을 줄 수 있는 전문가나 다른 동료를 찾는 것을 말한다. 형식적 지식 전체에 대한 매핑 또는 내비게이션 능력과 함께 질문하는 것은 핵심 능력이다. 정보 추출은 문서와 전자적 소스 그리고 실험과 질문을 통하는 것뿐만 아니라 다양한 분야에 맞는 기법으로 정보를 수집하는 것과 관련된다. 요구되는 기술은 질문하는 것, 듣는 것, 추가적으로 조사하는 것과 같은 낮은 기술의 능력과 서치 도구, 읽기와 노트 적기와 같은 능력을 포함한다. 서치 개념과 반복적 인터넷 서치 습관이 효과적인 방법의 일부분이 되는 것과 같이 더 효과적인 질문을 하기 위한 사회적 기술도 중요하다.

평가(Evaluating/Assessing)

문서관리와 인트라넷 같은 정보기술이 정보의 질보다 양의 증대를 가져왔다. 정보가 넘치는 환경에서 정보에 대한 평가 능력은 더욱 중요하게 되었다. 정보의 추출은 선택된 데이타와 정보가 일정한 테스트를 통과하는 것을 기초로 한다. 정보와 아이디어를 추출한 다음 정보의 질과 문제와의 관련성에 대한 평가가 있어야만 한다. 사용하는 도구에 대한 신뢰가 매우 중요한 요소이지만 평가는 도구보다 기술에 의존한다. 이러한 능력은 정보와 개인과 관련하여 권위 있는 소스인지를 파악하고 검증하는 것을 포함한다.

조직화(Organizing)

일단 정보와 아이디어가 손에 들어오면 그것은 지식노동자에 의해 내재화되든지 기존에 알고 있거나 믿는 것과 통합되어 행동할 수 있는 지식이 된다. 이렇게 되기 위해서는 정보 조각을 연결하는 정보 조직화가 필요하다. 정보 조직화 기법은 지식노동자의 정보처리 시스템의 한계를 극복하는 것을 돕는다. 정보 조직화의 핵심은 지식노동자가 새로운 정보와 오래된 정보를 관련짓는 순서와 연결 원칙을 사용하여 정보를 자신의 것으로 만드는 것이다. 디렉터리, 폴더, 데이타베이스, 웹 페이지, 웹 포털과 같은 전자적 도구가 지식노동자에게 더 강력한 연결 기능을 제공함으로써 정보 조직화에 대한 기술적 능력은 더욱 중요해지고 있다. 조직화가 중요하지만 패턴, 추세, 관계를 발견하는 것은 매우 개인적 프로세스이다. 정보와 아이디어에 대한 센스결정은 관련 항목이 재배치로 시간을 낭비하지 않게 하는 서치, 분류, 인덱스 기술에 의해 도움을 받고 있다.

분석(Analyzing)

정보 분석은 정보를 지식으로 전환하는 프로세스의 가장 근본적인 것이다. 전문 분야마다 분석 모델, 이론, 프레임워크가 다르므로 정보 분석은 분야에 따라 다르다. 한 공동체에 맞는 분석 능력과 도구가 다른 분야에는 거의 소용없게 된다. 분석은 정보 조직에 기초하며 일반적 표준에 대한 존중의 중요성을 강조하는 것 이상이다. 분석 능력은 데이타에서 의미를 추출하는 도전이다. 일부 분야에서는 스프레드시트나 통계 소프트웨어와 같은 전자적 도구가 정보를 분석하는 수단을 제공하지만 그 소프트웨어에 내재된 모델을 만드는 지능적 요소가 핵심이다.

전달(Conveying/Presentation)

정보 프레젠테이션의 핵심 요소는 군중이다. 이것은 정보 분석에서와 같이 분야 공동체 즉 중요한 군중과 그들의 규범과 표준에 대한 이해가 매우 중요하다. 효과적 프레젠테이션은 군중의 이해뿐만 아니라 군중과 연관되는 프레젠테이션의 목적에 대한 명확한 이해를 가정한다. 의도적 일대일 또는 일대다의 정보 및 지식전이의 관점에서 협력과 구분되는 전달은 마이크로소프트 오피스(MS Office)와 다른 생산성 도구를 사용하여 우리가 알고 있는 것을 대답하고, 구체화하고, 광고함으로써 지식경제에 가치를 창출하는 방법이다.

협업(Collaborating)

듣기, 다른 사람의 아이디어를 이해하는 것에 대한 존중을 보이는 것, 공유된 실무를 개발하고 따르는 것, 윈윈(Winwin) 관계의 구축, 논쟁 해결은 효과적 협력 업무의 기본 원칙이다. 협력적 조사에서 파트너는 자신의 목소리를 다른 사람이 들을 수 있게 하고 다른 사람의 목소리를 듣는 것을 배워야 한다. 문화적 이슈와 실행적 이슈 모두에 관심을 가져야 한다. 동기 및 비동기 커뮤니케이션을 지원하는 협력 도구는 효과적 정보 교환을 위한 절차를 요구한다. 협력 도구는 메시징, 공유 작업 공간, 토론 및 채팅 애플리케이션, 전문가 추적 시스템 등을 포함한다. 일부 실무공동체 도구는 그룹의 사회적 성격을 유지하는 기능을 가지고 있다. 사회적, 감정적, 정치적 능력은 자동화될 수 없고, 팀, 네트워크, 공동체의 성공에서 도구보다 더 중요하다.

보안(Securing)

정보를 보호하는 것은 정보 능력에서 자주 무시된다. 그러나 전자적 네트워크의 폭발로 지적 자본 이슈와 보안의 다면성에 대한 중요성은 더욱 커진다. 정보를 안전하게 하는 것은 정보의 비밀, 무결성, 실질적 존재의 보장을 돕는 실무를 개발하고 실행하는 것이다. 저작권과 특허의 지적 자본 인식은 매우 중요하다. 패스워드 관리, 백업, 아카이브(Archive), 암호 사용과 같은 관행은 정보 보안 실행의 중요한 요소이다. 또 가치 있는 정보가 상식적 원칙과 관행을 게을리 하면서 새어 나가는 것을 조심하여야 한다.

지식노동자 능력 영향 요인

개인 지식 노동은 고립하여 일어나지 않는다. 일은 맥락 속에 일어나고, 개인의 문제해결과 의사결정에 대한 접근 방법은 여러 가지 요인에 의해 영향을 받는다. 지식노동자의 능력에 영향을 주는 요인은 개인적, 사회적, 조직 능력 차원으로 구분하여 볼 수 있다.

개인적 능력

개인은 문제를 다르게 해결한다. 경험과 능숙도의 차이에 대한 연구는 다른 패턴과 문제해결 능력을 발견하였다. 개인 스타일과 성격도 우리가 어떻게 일하고 주요 지식 프로세스를 관리하는지에 대하여 중요한 역할을 한다. 지식노동자는 도전적인 일, 학습하고 향상할 수 있는 기회를 원한다. 지식노동자는 능력 이하의 일이 주어지면 실망을 한다. 공식적 교육은 문제해결에 대한 개인의 분석적 접근 방법의 기초가 된다. 업무 경험은 개인의 문제에 대한 센스결정을 돕는 패턴과 정신적 모델의 저장고 개발을 돕는다.

사회적 능력

지식 노동은 매우 사회적이다. 지식 노동은 네트워크와 실무공동체를 통한 협력과 상호작용에 크게 의존한다. 지식노동자는 유대 네트워크와 연결 네트워크를 만든다. 유대 네트워크(Bonding network)는 높은 신뢰 관계를 바탕으로 사람들이 서로 가깝게 일하도록 한다. 이러한 네트워크는 보통 빈번한 상호작용, 편안한 정보 공유, 이슈에 대한 공통된 이해를 가진다. 높은 신뢰의 네트워크가 일의 수행을 쉽게 만든다. 연결 네트워크는 광범위한 연락처 네트워크이다. 이 경계 확장 네트워크는 개인이 새로운 통찰력과 관점을 얻도록 한다. 연결 네트워크가 다양한 아이디어에 대한 폭넓은 접근을 가능하게 하지만, 신뢰가 높은 편은 아니라서 지식공유가 효율적이지는 못하다. 사회적 능력은 사회적 자본, 신뢰 관계 구축 능력, 네트워크와 공동체를 지원하고 유지하기 위한 공통된 이해와 관심을 요구한다. 전문가의 독특한 특징 중 하나는 유대 네트워크와 연결 네트워크를 구축하는 능력이다.

조직 능력

지식노동자의 지식 활동을 관리하는 능력은 지원적 조직 환경에 달려 있다. 지원적 조직은 유연성, 개인 자율, 높은 신뢰, 위험 도전 허용, 새로운 일을 할 수 있는 기회, 지원적 리더십 존재, 창의성과 혁신에 도전하는 것 허용 등을 포함한다.

1.3. 지식노동자 유형과 역할

지식노동자는 조직에서 여러 가지 역할을 하게 된다. 일상적 업무를 수행하면서 주로 조직 지식 저장고의 지식 사용자가 되지만, 지식의 수요와 공급 측면에서 지식 수요자와 지식 공급자의 역할을 하고, 지식공동체에서 참여자로서의 역할도 한다. 이러한 역할을 하는 지식노동자는 다양한 지식 활동을 하며 각 활동에 필요한 능력을 발휘한다.

[그림 8-2] 지식 노동자 역할

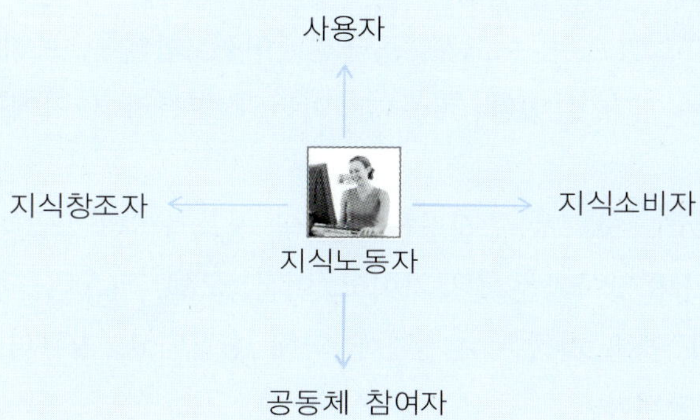

지식노동자 유형

개인은 개성 유형 그리고 개인 지식 분야와 능력에 따라 개성 프로파일이 다르다. 이렇게 다른 개인지식경영과 관련한 개성의 유형은 다음과 같이 여섯 가지(6C)로 나누어 볼 수 있다.

- 수집가(Collector) – 지식 수집가는 정보와 지식에 대한 강한 욕구를 가지고 있으며, 온갖 지식을 수집한다. 그래서 지식노동자는 보통이 아닌 것들을 알고 싶으면 수집가를 찾아간다. 수집가는 보통 다른 사람이 잘 이해하기 어려운 정교한 방법의 지식 조직화 시스템을 가지고 있다. 그들은 지식을 분류, 조직화, 인덱스, 링크, 지식 클러스터화, 다른 것들 사이의 관계를 차트화한다. 지식 수집가는 매우 효율적인 서치를 하고, 정보가 있는 곳을 알고 있다.
- 연결자(Connector) – 지식 연결자는 관계를 축적하며, 이들의 사람들과 연결하는 능력이 매우 가치 있는 것이라는 점을 조직이 인식하기 시작하였다. 연결자는 우리가 무엇을 알고 싶어 할 때 자신의 관계를 사용하여 해당 문제와 관련되는 사람에게 연결하여 준다. 연결자는 다른 사람이 아는 것과 알고자 하는 것을 커뮤니케이션을 통해 수집한다. 연결자는 팀 멤버들에게는 특별히 도움이 된다.
- 커뮤니케이터(Communicator) – 커뮤니케이터는 타고난 스토리텔러(Storyteller)

이다. 커뮤니케이터는 훌륭한 연구자는 아니더라도 정보를 의미 있게 패키징하여 전달하는 데 뛰어나다. 커뮤니케이터는 다른 청중에게 지식을 전달하는 능력을 가지고 있으며, 보고서, 프레젠테이션, 회의록, 브리핑 자료, 토론 문서를 잘 만드는 기술이 있다. 커뮤니케이터와 연결자 사이에는 상당한 시너지가 일어난다.

- 창조자(Creator) – 창조자는 진정한 지식의 창조자이며 드물게 존재한다. 창조자는 자문을 위해 찾아가는 전문가이고, 이론, 모델, 시스템을 만들어 내는 사람이다. 창조자가 만든 지식은 수집가에 의해 수집되고, 커뮤니케이터에 의해 다른 사람에게 전달된다.
- 비평가(Critic) – 비평가는 관찰, 호기심, 추측, 의문, 점검, 실험의 습관으로 정규적으로 지식 분야를 살펴본다. 비평가는 지적 능력뿐만 아니라 관계적 능력을 가지고 지식과 정보의 신뢰성을 판단한다. 비평가는 지식을 인증하고 상호 교차 점검을 할 수 있는 사람들의 네트워크를 유지한다. 비평가는 다량의 정보가 빠르게 공급되는 환경에서 시간이 없는 사람들에게 크게 도움이 된다. 비평가는 의사결정에 크게 도움을 준다.
- 소비자(Consumer) – 지식노동자는 지식 소비자이다. 그런데 지식노동자가 더 이상 단순한 지식 소비자로서만 행동할 수는 없다. 지식기반 조직에서 지식노동자는 신뢰와 교환을 기초로 하는 관계의 네트워크에 참여하므로 공동체에 기여하여 가치를 보탤 것을 요구받고 있다.

위에서 본 각 유형은 지식기반의 팀에서 유용한 역할을 할 수 있다. 이 분류는 주로 개인이 어떤 역할을 하는지와 자신의 역할을 강화할 수 있는 행동에 대하여 알게 해준다. 이 분류는 동시에 다른 사람은 팀에서 어떤 역할을 하는지를 파악할 수 있다. 이러한 분석은 팀의 멤버들이 어떤 새로운 행동과 능력을 향상하여야 하는지를 파악하는 것을 돕는다.

지식노동자 자기관리

지식노동자는 상당 부분 스스로 관리한다. 자기관리는 지식노동자의 중요한 특성이다. 지식노동자는 자신의 일을 조직화하고 관리하여야 한다. 이것은 지식노동자의 과제가 항상 변화하기 때문이다. 지식노동자는 지식을 가지고 있거나 그것을 어디에 있는지 찾을 줄 알 것으로 기대된다. 지식노동자는 자기 자신은 물론 자신의 지식을 관리하여야 한다. 조직의 문제를 해결하는 지식노동자는 세 가지 유형의 지식을 관리한다. 첫째는 자신의 암묵적 지식, 둘째는 형식적 형태로 가용한 정보, 셋째는 다른 지식노동자와의 대화와 공동체를 통한 상호작용으로 접근하려는 암시적 지식이다. 암묵적 지식은 교육, 경험, 그리고 전문 지식과 같이 지식노동자의 머리에 존재하고, 형식적 지식은 문서나 데이타 같은 조직의 인공물로 관리되고, 암묵적 지식은 문화와 공동체를 통하여 사회적 맥락에서 전이된다. 이러한 다른 유형의 지식을 효과적이고 효율적으로 관리하는 기술 또는 능력을 정보 능력과 사회적 능력으로 나눌 수 있다.

정보 능력과 관련하여 사람의 두뇌에는 두 가지 한계가 있다. 하나는 장기기억 회상(Long-term memory recall)이고, 다른 하나는 단기기억 용량(Short-term memory capacity)이다. 장기기억의 한계는 지식의 기억 또는 재구성을 돕는 도구로 부분적으로 극복할 수 있지만, 단기기억은 한 번에 일곱 개 정도만 기억할 수 있다고 한다. 단기기억의 한계는 외부적 지식 표현을 사용하는 방법을 통해 부분적으로 해결할 수 있다.

사회적 능력 요소는 최근 들어 지식노동자의 자기관리나 조직의 지식경영에서 관심을 받기 시작하고 있다. 문제해결과 의사결정이 개인의 지식과 생각의 조직화와 접근에 대한 관리와 그것을 돕는 도구로만 사용되는 것이 아니다. 그것은 느슨한 관계의 네트워크, 공동체 참여, 대화로부터도 가능하다. 네트워킹, 공동체 참여, 암묵적 지식 교환과 탐구는 얼마나 개인의 지식 관리와 학습에 효과적인지를 결정짓는다.

지식노동자의 생산성을 향상시키는 것은 조직의 주요 목표이다. 그것은 지식기반 조직이 지식노동자의 합계보다 더 효과적일 수 있기 때문이다. 지식노동자가 더 생산적이게 하는 방법의 하나는 자신이 생산, 수집한 지식을 가능하면 더 많이 재사용하는 것이다. 따라서 지식노동자의 지식경영에 대한 관심은 지식과 콘텐츠를 더 많이 재사용하게 하고 그것을 쉽게 하는 것이다. 이것을 돕기 위해 정보기술이 사용되며 개인의 지식경영을 돕는 많은 도구가 등장하였다.

2. 개인지식경영

2.1. 개인지식경영 개념

개인지식경영 개념은 개인의 통제하에 있는 모든 정보를 포함하는 정보의 개인 공간을 관리하는 기계를 개발하려는 아이디어에서 시작된다. 바네바 부쉬(Vannevar Bush)는 가상 기계 메멕스(Memory Extender; Memex)를 처음 제시하였고, 더글라스 엥겔바트(Douglas Engelbart)는 개인이 지식의 일반적인 방법의 외적 표현을 효과적이고 효율적으로 할 수 있도록 하는 도구를 기술하였다. 개인지식경영은 개인이 정보 과부하를 체계적으로 관리하려는 소프트웨어 도구에 대한 논의를 본격화하면서부터 등장하였다.

개인지식경영의 뿌리를 한 곳에서 찾는 것은 어렵다. 1990년대만 하여도 개인지식경영이라는 용어가 거의 등장하지도 않다가, 2000년대에 들어와서 개인지식경영이 지식경영 교재의 한 장으로 소개되고 콘퍼런스의 세션으로 등장하였다. 개인지식경영에 대한 연구는 미국 밀리킨(Millikin)대학의 폴 도시(Paul Dorsey)와 UCLA의 제이슨 프랜드(Jason Frand)가 앞장섰다. 폴 도시는 지식노동자가 지식의 개발과 사용에서 더 효과적이며 효율적이도록 훈련하는 관점에서 개인지식경영을 조사하였고, 프랜드는 개인지식경영을 개인이 중요하다고 느끼는 정보를 개인 지식 베이스의 일부가 되도록 조직화하고 통합하는 개념적 프레임워크로 본다. 프랜드는 개인지식경영이 정리가 안 된 정보 조각을 체계적으로 활용하고 개인적 지식을 확장하는 무언가로 전환하는 전략을 제공한다고 주장한다.

이러한 움직임에 발맞추어 기업들도 최근에 들어 개인지식경영을 조직의 지식경영에 포함시켜야 할 이유를 인식하게 되었다. 지식노동자를 지원하는 것의 중요성이 점차 인식되고 있는 것이다. 이것은 지식경영 실무자들이 개인적 지식 노동에 대한 지원이 협력적 지식 노동뿐만이 아니라 지식노동자의 생산성에 중요한 영향을 준다는 인식을 하게 되었음을 보여 준다. 또한 개인지식경영은 지식노동자가 점점 자신의 성장과 학습에 책임을 져야 할 필요가 있다는 관점에 대한 반응이다.

개인지식경영 정의

개인의 관점에서 지식노동자는 어떻게 지식 프로세스를 자신의 일상 근무 활동에 적용하는가에 초점을 맞춘다. 이러한 관점에서 개인지식경영은 개인이 일상 활동에서 지식을 창조, 수집, 분류, 저장, 서치, 추출, 활용하기 위하여 수행하는 프로세스의 집합이다. 개인지식경영의 목적 또는 동인은 지식노동자의 생산성을 향상시켜 혁신을 가속화하는 데 있다. 개인 지식경영 개념은 이것을 실행하는 방법의 하나이다. 개인지식경영은 개인 지식노동자의 지식 활동에 초점을 맞추고, 개인에게 자신의 관행을 평가하고 강점과 잠재적 향상 여지를 파악하는 구조적 방법을 제공한다. 개인지식경영은 개인적이라는 점을 강조한다. 그러면서도 개인지식경영은 개인 지식노동자가 혼자서 뿐만 아니라 협력적으로 어떻게 일하는가를 고민하고, 좀 더 효과적으로 일하기 위한 메커니즘을 개발하는 것을 장려한다.

개인지식경영은 개인지식과 개인경영의 두 차원을 가지고 있다. 개인지식 차원의 관점은 모든 지식을 개인지식이라고 본다. 지식은 개인의 머리에 존재하며 부분적으로 형식화될 수 있다. 따라서 개인지식경영에서는 개인이 지식을 사용하여 일을 더 잘할 수 있도록 개인의 능력을 높이는 방법과 도구를 사용하는 것을 조사한다. 개인경영의 관점은 개인의 지식경영에 경영 개념을 적용한다. 경영은 목표를 정하고, 행동을 정의, 실행, 측정하는 통제의 사이클을 목표를 달성할 때까지 반복하는 체계적 접근 방법이다. 전통적 경영과 달리 개인경영에서는 개인이 자신을 관리하는 것이다. 이것은 실행과 관리의 두 역할을 수행하고, 둘 사이를 언제 어떻게 옮겨 가는지에 대한 문제이다. 개인지식경영에서 전형적 경영의 문제로 [표 8-1]과 같은 것이 있다.

개인지식경영은 개인정보관리의 기술과 도구에 대한 생각으로부터 출발하였으나 개인 네트워킹, 커리어 관리, 시간 관리에 대한 통찰력을 포함하면서 그 범위가 넓어졌다. 개인지식경영은 작업 환경에서 지식노동자의 생산성 향상에 초점을 맞춘다. 초점은 개인에게 맞추어 지지만 개인지식경영의 목표는 개인이 공식적 조직 구조나 느슨한 작업 그룹에서 더 잘 근무하게 하는 데 있다. 조직 관점에서 개인지식경영은 개인의 능력에 초점을 맞춘 개인정보관리(Personal Information Management; PIM)와 지식경영을 통합한 것이다.

[표 8-1] 개인지식경영 관점

개인지식 관점	개인경영 관점
• 과거에 학습한 지식을 필요할 때 빨리 불러내는 것 • 새로운 통찰력을 유도하기 위해 외부적 모델 도구로 개인지식과 믿음을 모델링하는 것 • 아이디어를 파일로 저장하고 필요할 때 추출하는 전략	• 시간 및 과제관리 • 작업 습관과 개인 생산성 수준 변동을 매칭하는 것 • 개인학습과 개인지식경영 향상에 시간을 투자하는 것 • 일과 생활의 균형

조직 차원의 지식경영은 콘텐츠와 수집에 초점을 맞추고, 지식의 재사용을 전제로 전체 조직의 택서노미로 콘텐츠를 조직화 및 통합, 저장, 분배하는 활동에 치중하였다. 그러나 개인지식경영은 맥락과 연결에 초점을 맞춘다. 적시에 바른 사람과 연결하여 특정한 비지니스 문제의 맥락에서 그들의 지식과 자문을 요청하고, 그것을 통합하여 당면한 문제에 활용한다. 개인지식경영은 무엇을 아는가에서 노하우를 얻는 것으로 이동하고, 개인 콘텐츠 관리와 개인 생산성 향상에 관심을 가진다.

개인지식경영이 개인정보관리가 발전한 것이라거나 개인의 지식 활동에 초점을 맞추는 것에 동의하지 않는 사람도 많이 있다. 이들은 지식은 개인적 소유가 아니라 연결, 커뮤니케이션, 사회적 상호작용을 통하여 생성되는 것이라고 주장한다. 이것은 일의 협력적 성격에 초점을 맞춘다. 사람들은 과거보다 더 팀을 조직해 협력하면서 일하고 있다. 사회적 프로세스의 측면에서 개인지식경영은 연결, 요청, 통합, 활용의 네 요소로 되어 있다. 이것은 지식조직에서 공유되는 방법을 반영한다. 다른 사람을 복도에서 만나거나 필요한 지식을 가지고 있는 사람과 전화로 연결하여 그 사람이 아는 것을 요청해 이미 알고 있는 지식과 통합하여 문제, 과제, 또는 의사결정에 활용한다.

개인지식경영 접근 방법

지식노동자에 따라 같은 정보를 체계적으로 관리하는 방법과 사용하는 도구에 큰 차이가 있다. 전통적인 지식경영시스템이나 그룹웨어는 이러한 개인적 편차에 대한 고려 없이 획일적인 기능을 제공해 왔다. 전통적인 지식경영 관점에서 지식노동자가 지식을 창조하고 공유하는 과정은 조직의 지식 프로세스를 구성하는 과정 중의 하나로 인식되었기 때문에 개인지식은 암묵적 지식과 동일하게 간주되는 경향이 있었다. 그러나 개인지식경영을 부가가치가 높은 지식을 만드는 과정으로 인식한다면 기존의 방법론과 지원도구를 새롭게 구분할 필요가 있다. 개인 정보를 관리하기 위한 도구는 정보처리 관점과 학습 기반의 사회적 관점으로 구분하여 살펴볼 필요가 있다.

개인정보관리

개인지식경영은 개인이 조직의 기술적 또는 재정 자원에 의존하지 않고, 지식을 획득, 창조, 공유하고, 개인 네트워크를 확대하고 동료와 협력하는 데 사용할 수 있는 상대적으로 단순하고 값싼 기법이나 도구에 관한 것이다. 이러한 정보관리 관점에서 개인지식경영은 정보를 효과적으로 관리하기 위한 도구로 인식된다. 지식사회에서는 넘치는 정보를 기반으로 어떻게 새로운 지식을 창조하느냐가 개인 능력의 중요한 척도로 사용된다. 따라서 정보를 가능하면 빠르고 정확하게 확보, 처리하고 또 체계화시켜 효과적으로 재사용하는 것은 매우 중요하다. 개인의 지식 활동을 지원하기 위한 다양한 소프트웨어 도구는 개인정보관리의 핵심이 된다.

정보관리 관점의 개인지식경영은 개인정보관리 도구에 초점이 맞추어졌다. 정보관리 관점에서 중요한 것은 지식노동자가 지식 활동을 수행하기 위한 효율성에 있기 때문이다. 개인정보관리 도구는 데스크톱 환경 또는 인트라넷 환경에서 개인의 지식 활동을 지원하는 도구와 웹을 통해 개인정보를 관리해 주는 사이트들이 포함된다.

개인학습환경

개인학습환경(Personal Learning Environment; PLE)은 비공식 학습, 평생교육 등과 같은 학습 패러다임의 변화 요구에 따라 등장한 개념이다. 개인학습환경은 개인의 학습 공간을 만들기 위한 모든 활동, 즉 정보를 관리할 뿐 아니라 커뮤니티 안에서 정보를 만들고, 소비하고, 재구성하고, 공유하는 것을 모두 지원하기 위한 것으로 정의된다. 시스템 관점에서는 개인 학습자가 스스로 통제하고 관리할 수 있는 가벼운 도구와 서비스로 개인학습환경의 특징을 설명하고 있다. 또 개인의 지속적인 학습을 위해 요구되는 모든 디지털 자원들을 접근, 수집, 구성, 조작할 수 있는 도구로 정의하기도 한다.

개인학습환경은 분산 환경과 웹 기반 서비스를 통해 구현 가능하다는 점에서 중앙 집중적 시스템인 가상학습환경(Virtual Learning Environment; VLE)과 구분된다. 가상학습환경은 주로 푸시(Push) 형태의 서비스인 데 반해 개인학습환경은 블로그, 소셜 네트워킹, 위키와 같은 기술을 배경으로 풀(Pull)형 서비스 환경을 제공한다. 학습 환경의 변화는 개인이 지식을 창조하고 공유하는 과정과 효율성에 영향을 미칠 수 있다

개인지식경영의 사회적 측면

개인의 지식 활동에는 사실이나 정보를 효과적으로 관리하는 것뿐만 아니라 다른 구성원과의 지속적인 사회적 활동을 함께 하는 것이 포함된다. 개인지식경영에 관해 개인 정보관리나 개인학습환경 접근 방법이 개인의 생각과 지식을 조직화하고, 도구를 사용하여 학습하고, 개인의 능력을 개발하는 것 이상이라는 관점이 등장하였다. 이제 개인지식경영은 커뮤니케이션, 공동체, 그리고 협력에 관한 것으로 범위를 확장한다. 개인지식경영은 개인의 기술적 능력 이상의 기술을 포함하고, 조직 정보와 관련한 표준화된 활동 이상의 개인적 습관이나 선호를 포함하고, 개인의 지식과 전문 지식을 풍요롭게 하는 주요 소스로서 상호작용의 힘을 생각하는 사회적 네트워킹으로 확대된다. 이것은 지식이 사회적으로 생산된다는 관점에 근거한다.

개인지식경영은 개인의 지식 활동 프로세스뿐만이 아니라 사회적 프로세스를 포함한다. 정보관리 관점은 형식적 지식 중심의 개인정보를 관리하는 데 적합하다. 정보관리 관점과 달리 학습 중심의 개인지식경영은 사회적 관계를 중요시한다. 개인학습환경은 학습이론에서 말하는 평생학습을 지향하는 개념으로 시작되었으며, 학습 자체가 조직의 구성원이나 동료 사이의 유기적 관계에 의해 진행되어야 한다는 것을 강조한다. 개인학습환경 관점은 사회적 연결성을 통해 구성원 사이의 상호작용을 지원한다. 이러한 측면에서 개인학습환경은 개인지식경영에 비해 암묵적 지식을 표현하고 공유하는 데 적합할 수 있다.

개인지식경영은 개인이 하고 있는 대화, 대화가 가능하게 하는 관계, 대화에서 오고 가는 아이디어를 인식하는 것이다. 개인지식경영은 지식공유와 학습의 책임을 조직에서 개인으로 이동시킨다. 따라서 조직은 지식노동자 사이에 개인지식경영의 조건을 만들 필요가 있다. 개인지식경영은 [그림 8-3]과 같이 두 가지 관점의 특징을 모두 포함해서 정보를 체계적으로 관리하고 사회적 상호작용을 통해 지식을 창조하고 공유하는 환경을

[그림 8-3] 지식의 유형과 사회적 연결에 따른 개인지식경영 환경

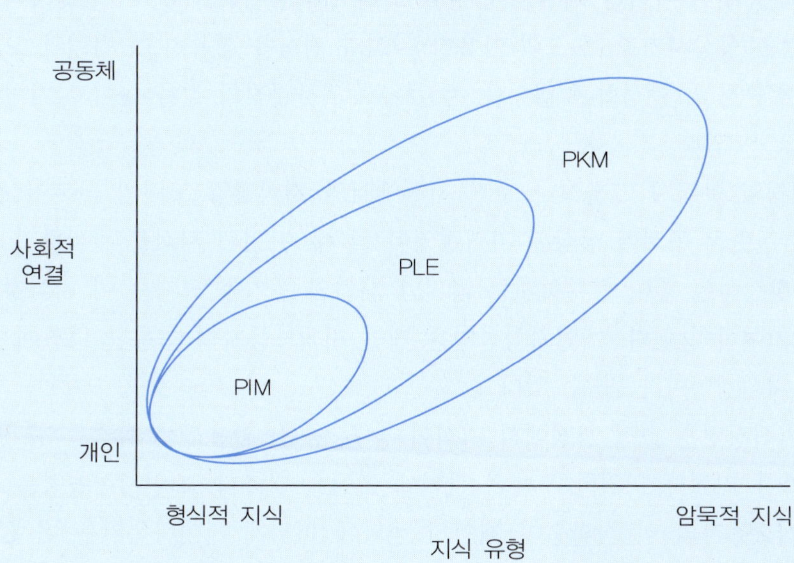

제공할 수 있다. 개인 지식경영시스템은 광범위한 지식의 유형과 사회적 연결성을 지원해야 한다.

개인지식경영과 조직 차원 지식경영의 관계

개인지식경영은 지식노동자의 일상 활동에서 자신의 지식을 최대한 활용하기 위해 구성하는 지식 활동 프로세스의 집합이라 할 수 있다. 개인지식경영은 개인에게 몇 가지 이점을 준다. 첫째는 개인의 효과성이다. 개인지식경영은 지식노동자가 적은 자원으로 더 많은 것을 할 수 있게 하여 중요한 것을 할 수 있는 시간을 준다. 둘째는 개인지식경영은 개인으로 하여금 개인의 능력, 강점과 약점, 일하는 스타일과 습관에 대하여 인식하게 하여 개인의 선호에 맞는 작업 환경을 선택 또는 구성할 기회를 준다. 셋째는 개인지식경영은 직장에서 스트레스를 덜고 재미를 느낄 수 있게 한다. 그러나 많은 조직 지식경영에서 개인지식경영은 그다지 주의를 받고 있지 못하다.

개인지식경영이 조직에게 주는 이점의 하나는 더 효과적인 직원이 가져오는 더 좋은 생산성이다. 또 개인지식경영은 조직의 지식경영에서 개인의 선호와 일하는 스타일을 통

합할 수 있게 해준다. 개인지식경영과 조직의 지식경영의 결합은 기존 활동 위에 지식경영이 실행되는 것이 아니라 개인의 업무를 고려하여 통합되게 된다. 개인지식경영은 조직의 생산성을 향상시키고, 최고의 가용한 지식과 경험을 활용하고, 직원과 고객의 집합적 지혜에 접근하고, 활성화된 협력을 촉진하고, 의사결정의 질을 높이고 기민성과 혁신을 향상시킬 수 있다.

개인지식경영 능력이 그룹이나 조직 차원에서의 지식경영 노력의 근본이 된다. 조직 차원에서의 전반적 목적이 향상된 지식경영이 될 때, 자신의 지식을 관리하기 위해 개인의 능력을 향상하는 것이 충분하지는 않지만 개인의 동기를 크게 높여 지식경영의 조직적 목표에 기여하게 된다. 개인지식경영은 개인 지식노동자의 독특한 니즈에 초점을 맞춘 상향식 지식경영이라 할 수 있다.

조직의 지식경영은 조직 관점에서 지식이 창조, 공유, 활용되는 환경을 창조하고 그러한 프로세스를 지원하기 위한 구체적 관여에 초점을 맞춘다. 개인지식경영은 개인의 관점에서 지식노동자의 여러 활동이 개인의 성과에 어떻게 기여하는지를 이해하려 한다. 조직의 지식경영에서는 흔히 지식경영 이니셔티브가 기존의 개인 업무와 일상적 관행에 맞추어지는지를 생각하지 않고 디자인된다. 그 결과 지식경영 활동이 지식노동자의 업무를 쉽게 하는 것이 아니라 업무 과부하로 인식된다.

조직의 지식경영과 개인지식경영은 서로 상충되는 것이라기보다는 동전의 양면에 해당한다. 조직적 관점과 개인적 관점은 조직의 지식경영과 개인지식경영을 위해 모두 필요하다. 개인지식경영은 학습과 지식공유의 책임을 조직에서 개인에게로 옮기는 것이며, 이것은 조직과 개인 모두에게 큰 도전이다. 조직은 직원이 단순한 인적 자원이 아니라 조직에 전문 지식을 가져오는 투자자라는 점을 인식해야 한다. 창의성, 학습 또는 다른 사람을 도우려는 욕구는 통제될 수 없으므로 지식노동자에게는 질 높은 결과를 산출하도록 본질적으로 동기부여가 되어야 한다. 명령과 통제의 관리가 통하지 않을 가능성이 높다. 자신의 일과 학습에 책임을 지는 것은 지식노동자에게도 도전이다. 이러한 책임을 지는 것은 개인지식경영 지식과 기술을 개발하는 것뿐만 아니라 태도의 변화와 이니셔티브를 요구한다. 개인지식경영은 자신의 전문 지식을 개발하고 투자하는 책임을 지는 데 대해 더 큰 위험과 보상을 갖게 되는 창업자 정신이 요구되기도 한다.

2.2. 개인지식 활동 및 프로세스

지식노동자는 높은 차원의 전문 지식, 교육, 경험을 가진 사람들이며, 이들의 주된 역할은 지식의 창조, 분배, 활용과 관련된다. 지식노동자는 자신의 일을 정의하고 무엇을, 언제, 어떻게 할 것인지를 자율적으로 정한다. 지식노동자는 스스로를 관리하는 책임을 지고 그들의 일은 비구조적인 경향이 높다. 지식노동자는 자신이 효과적이기 위해 지속적인 학습과 향상을 하려 한다. 대부분의 학습은 업무를 하면서 경험과 동료, 전문가, 네트워크 멤버들과의 상호작용을 통하여 일어난다.

지식노동자에게 일의 질은 일의 양보다 중요하다. 지식노동자의 일을 이해하는 방법은 상황대처, 문제해결, 의사결정의 중요성에 초점을 맞추는 것이다. 문제해결 활동을 하는 지식노동자에 대한 연구에서는 분석적 프로세스, 정보 자원에의 접근과 활용, 협력적 및 사회적 상호작용, 지속적 학습의 네 가지의 상호 연결된 활동의 중요성이 두드러졌다.

분석적 차원

문제해결은 지적 프로세스를 포함한다. 인간은 문제를 정의하고, 평가하고, 해결하기 위하여 센스결정, 패턴 파악, 분석적 기법을 적용하는 독특한 인지적 능력을 가지고 있다. 문제해결의 인지적 요소는 주로 직감적이며 암묵적이다. 그러므로 개인은 자신의 관행을 정확하게 기술하거나 평가하는 것이 어렵다. 여러 가지 분석적 차원의 핵심적 능력 요소는 아래와 같다.

- 이해 – 이해는 이슈나 상황의 본질을 빨리 이해하기 위하여 센스결정을 하고 패턴을 인식하는 역량이다. 센스결정과 패턴인식은 압박을 가하는 상황에서 사람들이 의사결정을 하는 주요한 방법이다.
- 계획 – 계획은 직감적으로 문제해결을 위한 정신적 모델을 만들어 행동 방향을 평가한다. 정신적 모델에 대한 인식 향상이나 능력 개발은 성찰과 연구와 관련된다.
- 분석 – 분석은 문제를 이해하고 그에 대응하기 위해 업무 기능 또는 산업에 맞는 정규 분석 방법을 적용한다. 합리적 선택 전략이 필요할 때 정규 분석 방법을

적용한다.

- 창조 - 창조는 새로운 아이디어나 개념 또는 기존 아이디어나 개념 사이의 새로운 연계를 개발한다.
- 맥락 - 맥락은 구체적 상황을 넘어 문제 또는 전체 시스템을 구성하는 요소와 복잡성을 이해한다. 이것은 다양한 원인과 효과 요소, 시사점, 영향 분야, 상호 연결된 세력을 고려한다.

이해와 계획은 센스결정 및 패턴인식과 관련된다. 그것은 센스결정과 패턴인식이 모든 유형의 문제해결에서 필수적 요소이기 때문이다. 다른 요소는 분석적 기법, 창의적 능력, 변화하는 환경에 대한 긴급 대처 능력을 사용하는 것과 일 전반에 대한 맥락 이해를 포함한다.

정보 차원

대부분의 지식 노동은 문서와 전자적 파일을 포함하는 다양한 유형의 정보를 가지고 일한다. 지식노동은 웹에서 자원을 찾고, 문서를 검토하고, 컴퓨터의 파일에 접근하는 것을 포함한다. 지식노동자는 필요한 정보를 빨리 찾을 수 없거나 너무 많은 정보로 과부하가 되어 좌절하기도 한다. 그들이 발견한 정보의 질을 평가하기도 어렵다. 또 발견한 정보가 크게 유용하지 않은 경우도 있다. 정보 차원은 서치 능력을 통하여 정보를 찾고 가용한 소스로부터 정보를 추출하는 것, 획득한 정보의 품질을 평가하는 것, 미래 사용을 위해 정보 자원을 조직화하고 저장하는 것, 다중 소스의 정보로 일하는 능력을 갖는 것, 자신의 사용과 다른 사람의 문제해결 활동을 위해 자원을 통합하여 새로운 정보를 창조하는 것을 포함한다.

- 소스 - 정보를 파악하기 위해 브라우징(Browsing)을 하여 높은 품질의 정보 소스를 찾아 추출한다.
- 평가 - 추출한 정보의 가치를 평가하고 유용한 요소를 조사하여 파악한다. 이것은 서치에서 잠재적 가치를 평가하는 것과 가능한 자원을 선택할 때 체계적이며 구조적인 평가를 포함한다.
- 조직화 - 미래 사용을 위해 개인의 선호에 맞게 정보에 레이블을 붙이고, 정렬,

카탈로그, 저장, 발췌, 추출한다.

- 통합 – 다중의 정보 요소를 모으고, 요약, 통합, 편집, 결합하여 통합된 것으로 개발하는 것이다. 정보를 구체적 상황과 맥락에 적용하고, 구체적 사용자와 니즈에 맞게 다중의 소스를 요약하고 정보를 편집하는 것을 포함한다.
- 커뮤니케이션 – 정보를 말과 글로 다른 사람에게 표현, 공유, 상호작용하는 것이다.

사회적 차원

지식 노동의 사회적 차원의 중요성이 점차 인식되고 있다. 사회적 차원의 요소는 연락처 네트워크를 만들어 유지하는 것, 문제에 대한 해답을 찾는 것을 도와줄 통찰력과 정보를 가진 전문가를 파악하는 것, 다른 사람과 협력적으로 일하는 것, 대화를 하고 관계를 구축하는 것을 포함한다. 지식노동은 점점 협력적이고 사회적으로 변하고 있다. 특히 어려운 문제와 복잡한 문제는 협력과 폭넓은 사회적 상호작용을 요구한다. 사회적 차원의 중요성은 지식 노동이 독자적이고 고립적이지 않다는 점을 강조한다. 지식노동자는 사회적 관계와 네트워크를 구축하여 유지하고 다른 사람과 협력적으로 일하여야 한다.

- 발견 – 문제에 대응하기 위해 유용한 정보, 아이디어, 자문을 제공할 수 있는 사람을 파악하여 상호작용하는 것이다. 발견은 개인적 연락처, 다른 사람의 추천, 데이타베이스 서치를 통하여 일어난다.
- 협력 – 혼자서 할 수 없는 집합적 결과를 얻기 위해 효과적인 팀워크나 협력적 활동을 한다.
- 근접 네트워크(Close network) – 공통의 지식, 이해, 경험, 관심을 가진 사람들과의 높은 신뢰를 가지는 네트워크를 개발하고 유지한다.
- 광범위 네트워크(Extended network) – 최고 관심사 이외 분야의 정보, 통찰력, 경험에 접근하기 위해 경계를 확대하는 외부 네트워크에 참여한다.
- 대화 – 열린 자세로 다른 사람과 지속적인 커뮤니케이션을 하며 지식을 공유한다.

학습 차원

앞의 세 차원은 학습을 포함한다. 센스결정과 패턴인식 능력의 확장, 정보 자원의 파악, 평가, 창조하는 능력 개발, 든든한 네트워크 구축과 협력적으로 일하는 능력의 강화는 학습과 연관된다. 학습은 일에 관한 것이고, 일은 학습에 관한 것이고, 둘은 모두 사회적이다. 이것은 우리가 어떻게 일하고 학습하는지에 대한 경험과 사회적 상호작용의 연결 고리를 설명한다. 대부분의 지식노동자는 전문가와 상호작용하는 것, 정보를 찾는 것, 사회적 상호작용을 하는 것과 같은 비공식적 학습 접근 방법을 선호한다. 비공식적 학습은 지식노동자가 당면한 상황을 해결하면서 업무를 통하여 적시에 일어난다. 그러나 많은 조직에서 비공식적 학습이 제대로 인식되거나 지원되지 않고 있다. 업무를 통한 학습의 도전은 대부분의 학습이 무의식적으로 일어난다는 점이다. 지식노동자가 성찰을 할 때도 학습이 거의 구별되지 않고 업무 프로세스와 구분되지도 않는다. 그러나 지식노동자는 자신의 일과 학습에 더 의식적일 수 있고, 이것은 효과적으로 지속적 학습자가 되는 능력을 향상시킨다.

- 센스 - 센스결정은 문제를 이해하는 직감적 프로세스이며, 문제의 패턴과 익숙한 요소를 파악하여 이루어진다. 센스결정은 피드백, 성찰, 활동 재검토, 대화, 경험, 신호 파악, 자신의 아이덴티티와 개념적 프레임워크 인식으로 강화된다.
- 성찰 - 사건과 경험에 대하여 의식적인 자기반성 프로세스를 갖는다.
- 개발 - 고차원의 학습으로 새로운 지식을 창조한다. 새로운 지식의 개발은 다양한 소스의 아이디어를 통합하거나 지식을 새로운 방법으로 적용하는 것에서 올 수 있다.
- 향상 - 개인은 지속적으로 개인적 향상을 하는 순향적 접근 방법을 취하여, 자신의 학습 계획을 하고 주기적으로 진전 상황과 결과를 모니터링하여야 한다.
- 확장 - 지식을 공유하여 다른 사람의 학습을 교육, 코칭, 촉진한다.

이러한 개인지식 활동의 차원과 관련하여 각 지식노동자의 지식 활동은 서로 차별된다. 각자는 독특한 맥락에서 일한다. 심지어 같은 조직이나 유사한 조직과 유사한 역할을 하는 지식노동자에게도 상황은 어느 정도 독특하다. 그러므로 제공된 정보는 제한적이게 된다. 각자의 업무는 이러한 패턴에 완전하게 맞는 것이 아니고, 역할과 기능이 다를 가능성이 훨씬 더 크다.

2.3. 개인지식경영 도구

개인과 조직 차원에서 효과적이기 위해 지식활용 활동에는 개인이 자신의 지식창조, 조직화, 분배 활동을 촉진하도록 정보의 수집과 조직화 및 분배가 빈틈없이 수행되게 하는 도구의 지원이 필요하다. 개인지식경영 도구는 지식노동자가 개별적으로 발전하고 경쟁하도록 돕는다. 정보가 넘치는 환경에서 정보를 효과적으로 다루는 도구는 필수적이다. 효과적 개인지식경영을 위해 개인의 정보, 작업 공간, 시간, 그리고 관계를 관리하는 것을 돕는 많은 도구가 등장하였다. 개인지식경영 도구는 개인의 지식활동 프로세스의 다른 부분을 지원하는 다양한 기술로 되어 있다. 현재 지식노동자가 많이 사용하는 개인지식경영 도구의 대부분은 인터넷에서 무료로 쓸 수 있다. 이러한 개인지식경영 도구가 지식경영의 힘을 개인 사용자에게 넘겨주었다고 할 수 있다.

개인지식경영 웹 도구

지식노동자는 바쁜 일상 속에서도 떠오르는 생각과 아이디어를 조직화하는 데 도움을 주는 도구를 필요로 한다. 다행히도 지식노동자는 노트 하기(Note-taking), 웹 사이트 북마킹(Bookmarking), 온라인 서치 중 주요 텍스트 하이라이트 하기, 마인드 맵 만들기, 시간 추적, 약속 기록, 다른 사람과의 협력, 프로젝트 관리와 같은 과제를 돕는 도구를 인터넷에서 바로 사용할 수 있다. 또 웹은 지식노동자가 학습하는 과정에서 다른 사람과 연결하는 방법을 더욱 다양하게 만들었다. 다양한 개인지식경영 도구의 유형을 보면 다음과 같다.

- 인덱스/서치(Index/Search) – 인덱스를 사용하여 대용량 텍스트 서치.
- 메타 서치(Meta-search) – 다른 서치 엔진의 서치 결과를 통합.
- 폭소노미(Folksonomy) – 공동체 멤버들이 개념적 분류 모델에 의거하여 태그(Tag) 용어와 자원 사이의 링크 정의.
- 연합 링크(Associative links) – 온라인 시소러스(Thesaurus), 사전, 또는 문서에서 다른 웹 리소스(Resource)로의 하이퍼링크.

- 비구조적 정보 포착(Unstructured information capturing) – 감춰진 키(Key)를 찾아 비구조화된 정보와 문서의 재조직화와 구조화 지원.
- 노트 쓰기와 문서관리 도구 – 이 도구는 어디에서나 간단히 아이디어를 적고 싶을 때 노트를 할 수 있게 한다. 또 개인이 사용하거나 다른 사람과 공유하는 노트로부터 문서를 만드는 것을 돕는 도구도 있다.
- 북마킹 사이트 – 온라인 서치를 할 때 방문한 사이트를 노트하고 분류하여 저장할 수 있게 하고 유사한 콘텐츠의 다른 사람 북마크를 볼 수 있게 한다.
- 개념/마인드 매핑(Concept/Mind mapping) – 머리에 떠오르는 생각과 아이디어를 일관성 있게 조직화하여 기록하게 하고 브레인스토밍 세션을 조직화하게 한다.
- 개인적 위키(Wiki) – 위키는 조직, 그룹을 연결하고 협력하여 일할 수 있게 한다. 개인적 위키는 노트를 써서 조직화하여 보관하고, 웹 사이트에 포스트하거나 전자우편으로 보낼 수 있다.
- 웹 사이트 하이라이트(Highligheter)와 접착 노트(Virtual sticky notes) – 웹 사이트 검색 중 일어나는 생각이나 아이디어를 바로 기록해 조직화하여 둘 수 있게 한다.
- 전자우편 관리, 분석, 통일된 메시징(Email management, analysis and Unified messaging) – 메시지 과부하나 명함 관리와 같은 문제를 돕기 위해 다양한 커뮤니케이션 시스템 향상 및 통합.
- 음성 인식(Voice recognition) – 음성 인식 인터페이스 개인지식경영 도구.
- 리스트(To-do lists) – 바쁜 지식노동자에게는 해야 할 일들의 리스트를 만들어 사용할 수 있는 유용한 도구.
- 온라인 캘린더 – 약속 등을 조직적으로 기록.
- 시간 추적(Time trackers) – 지식노동자의 시간을 효율적으로 사용하는 것을 돕는다.
- 일반적 서류 정리 도구(Organizer)나 과제 관리자(Task manager) – 진행 중인 프로젝트를 조직화하고, 스케줄링을 돕고, 다른 사람과 공유하거나 개인의 중요한 것들을 한 곳에 모아 두고 관리하는 것을 돕는다.
- 협력(Collaboration) 도구 – 다른 사람과 협력을 할 때 멤버들과 연결하고, 아이디어를 공유하고, 프로젝트를 함께 할 수 있게 하는 협력 도구는 다양하다.

▶ 사람/전문가 찾기(People/Expert finding) – 개인 문서 저장고로부터의 연결을 향상시키면서 유사한 분야에 관심 있는 사람이나 전문가 서치 지원.

최근에 등장한 사회적 소프트웨어는 개인지식경영을 한층 더 자극하고 있다. 웹 2.0으로 불리는 인터넷 기술의 혁신은 지식과 학습 프로세스에 대해 기술적 및 행위적 혁명을 일으키고 있다. 사회적 소프트웨어의 상향식 지식 활동은 콘텐츠 소유권과 책임을 장려하고 협력과 상호작용의 기회를 넓혀 준다. 사회적 소프트웨어는 사용자에게 권한을 주어 비공식적이며 혁신적이고 융통성 있는 지식활동을 지원함으로써 사용자 중심의 지식경영 전략 도구가 된다. 사회적 소프트웨어와 개인지식 네트워크를 지원하는 사회적 네트워크 서비스는 팀과 공동체 내에서 일어나는 상향식 지식경영을 확산하게 한다.

[그림 8-4] **사회적 네트워크 도구**

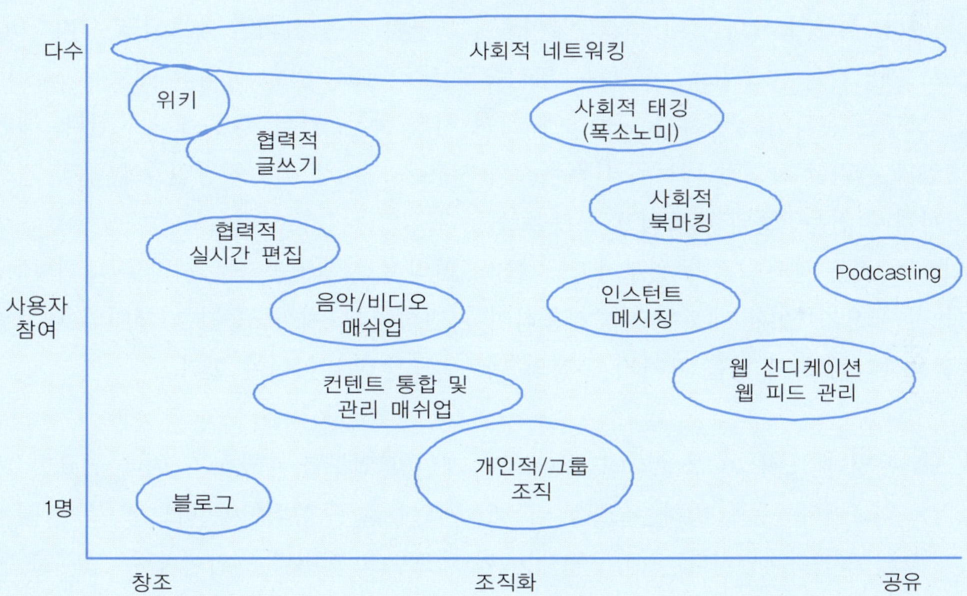

개인지식 네트워크

바른 정보에 연결하고, 최고의 지식 저장고에 접속하고, 최신 웹 포털과 대시보드를 사용하게 하는 최고의 최신 기술에도 불구하고 여전히 사라지지 않는 전략 중 하나는 다른 사람들로부터 알고자 하는 것을 직접 알아내는 것이다. 특히 높은 성과를 내거나 전문 지식을 가진 지식노동자의 경우 주로 개인 대 개인 네트워크 즉 개인지식 네트워크(Personal knowledge networking; PKN)에 의존한다. 지식노동자에게는 일을 하는 데 필요한 지식이 자신이 알고 있는 것과 개인지식 네트워크에서 온다. 이들은 지식 업무 생산성과 관련하여 업무 관계의 사회적 네트워크에 내재된 것이 개인정보관리 도구가 제공하는 것만큼 중요하다.

사회적 네트워크(Social network)는 친구, 동료, 정보 교환과 같은 사회적 관계에 의해 연결된 사람들의 그룹이다. 지식노동자는 조직 인트라넷과 인터넷을 통한 커뮤니케이션이 발전하면서 작업 공간이나 가상 공동체에서 성황인 사회적 네트워크에 관심을 가지게 되었다. 최근의 사회적 네트워크 사이트나 도구와 같은 사회적 네트워크 서비스의 등장으로 개인지식 네트워크는 새로운 양상으로 발전하고 있다. 사회적 네트워크 서비스 또는 도구는 온라인 공동체를 구축하게 하여 지적 자본, 관심, 활동을 공유한다. 개인지식경영과 관련한 사회적 네트워크 서비스의 사용은 대학생이나 직장인들에 구직 기회를 연결하거나 전문인들의 네트워크 구축을 돕는다.

일하는 것은 네트워킹의 일부라고도 한다. 따라서 지식노동자는 시간을 내어 네트워킹을 할 필요가 있다. 네트워크는 사용하여야 번성한다. 지식노동자는 개인의 네트워크를 활용하기 위하여 다음 세가지 유형의 네트워크를 관리하여야 한다.

- 운영 네트워크(Operational network) – 개인의 업무를 수행하기 위해 필요한 네트워크이다. 주로 일하는 조직 내부의 사람들로 구성되어야 하므로 누가 멤버가 되는지는 자명하다. 지식노동자는 이 네트워크 멤버와 원만한 근무 관계를 유지할 필요가 있다.
- 개인적 네트워크(Personal network) – 개인 개발과 개인의 전문성 개발을 돕는 네트워크이다. 네트워크 멤버는 주로 조직 밖의 사람들로 정보를 알려 주는 일을 한다. 지식노동자는 이 네트워크의 멤버와 깊이보다는 폭넓은 관계를 유지하는

것이 필요하다.

- 전략적 네트워크(Strategic network) – 조직의 상층부로 갈수록 이 네트워크의 중요성은 더 커진다. 이 네트워크의 멤버들은 조직 내·외부에서 오며, 개인의 미래를 돕고 이해 당사자의 지원을 얻는 것을 돕는다. 지식노동자는 개인의 전략에 따라 내·외부를 연결해 줄 전략적 네트워크를 만들고 그 네트워크의 멤버들과 적절한 관계를 유지할 필요가 있다.

개인 네트워크는 다양한 그룹의 사람들과 상당히 높은 이해관계를 가진 활동을 통해 주의를 기울여 육성해야 한다. 그 구체적 방법으로 개인에게 잠재의식적 행동 원칙을 사용하여 네트워크를 구축할 것을 권장한다. 유유상종(Self-similarity)은 자신과 비슷한 사람을 선택하는 것이다. 이것은 동종번식의 네트워크를 만든다. 근거리(Proximity)는 자신과 시간을 가장 많이 보내는 사람을 선택하는 것이다. 공유된 활동(Shared activities)은 우연한 만남이나 잡담을 통해서가 아니라 자원 활동 조직에 함께 참여하는 것과 같은 공유된 활동을 통하여 순향적으로 네트워크를 만드는 것이다.

네트워킹은 시간을 필요로 한다. 부서나 조직 외부의 사람들과도 상호작용을 할 이유를 찾아 네트워크를 만들고, 네트워크 멤버들과 지속적으로 상호작용을 하도록 시간을 적절히 배분하여 네트워크 관리를 위한 시간을 만들 필요가 있다. 네크워킹은 지식노동자의 가장 중요한 요구 사항의 하나이다.

개인지식경영 도구 이슈

조직 지식경영과의 균형 이슈

개인지식경영이 효과적이기 위해서는 조직의 지식경영 관점이 필요하다. 개인지식경영을 지원하기 위해서는 인간 중심의 개인지식경영 즉 사람과 그들의 니즈에 초점을 맞추어야 한다. 그러나 많은 조직은 개인지식경영을 조직의 지식경영의 한 부분으로만 채택하거나 아니면 공식으로 채택하지 않고 있다. 이렇게 개인지식경영이 조직 지식경영의 일부가 되지 못한 현실은 두 가지 이유로 설명된다.

첫째는 조직이 지식경영에 큰 투자를 하였기 때문이다. 개인지식경영 도구의 확산은 조직 차원의 지식경영시스템 사용을 감소하게 할 수 있다. 특히 기술적 및 운영적 지원이 약할 때는 일부 지식경영시스템 실패 사례에서 보듯이 조직의 지식경영시스템은 도전을 맞게 된다. 조직은 지적 자본에 대한 투자를 잃지 않으면서 상향식 지식경영을 통한 이점을 확보해야 하는 어려운 과제에 직면한다. 또 정보나 정보시스템을 개인에게 넘기는 것이 통제의 상실이 되고, 보안 측면의 위험을 가져올 수도 있다.

둘째는 개인지식경영의 전략이 채택되기 위해서는 조직 문화에 변화가 있어야 한다. 이것은 시간에 대한 더 많은 투자가 필요하다. 개인 지식경영시스템이나 도구가 더 많은 개인에 의해 채택되지 않는 이유는 개인이 개인지식경영 인프라스트럭처가 갖추어져 있지 않은 상황에서 개인지식을 개발할 시간이 없기 때문이다. 사람들은 개인 차원의 지식경영을 자발적으로 할 가치를 느끼지 못하고 있다. 개인의 지식경영 도구와 메커니즘의 사용이 삼투작용으로 배워질 것으로 가정할 것이 아니라 어떻게 사용하는지를 가르쳐야 한다.

개인지식경영 도구가 주는 이점은 잘 알려져 있다. 개인지식경영 도구는 이제 제때를 만나게 된다. 조직과 개인이 그것을 선택하느냐가 아니라 언제 선택하느냐가 문제이다. 넷 제너레이션(Net Generation)은 개인지식경영 도구를 자연스럽게 받아들인다.

개인지식경영 도구 이슈

개인지식경영을 위한 도구는 이전부터 여러 가지가 존재하였다. 중요한 것은 어떤 도구를 선택하며, 그 도구를 어떻게 사용하는가이다. 적합한 도구를 선택하여 개인의 일의 유형뿐만 아니라 일, 사고, 학습 스타일에 맞는 사용 방법을 개발하는 것이 중요하다. 성공적인 개인지식경영 도구는 단순하고, 유비쿼터스이어야 하며, 실시간이어야 한다.

또 다른 문제는 통합이다. 여러 가지 도구를 별도로 사용하는 것은 개인지식경영을 쉽게 하는 것이 아니라 더 어렵게 만든다. 지식 노동 프로세스는 상호 연관되어 있어 분리될 수 없다. 정보를 찾는 것과 그 정보를 맥락에 맞게 하는 것이 더 많은 정보를 서치하도록 할 수 있다. 동료와의 대화에서 지식노동자는 개인적 관계를 유지하면서 코드화된 정보의 위치를 묻고, 개념의 의미를 논의하고, 동시에 새로운 아이디어를 생각해 낼 수 있다. 그런데 지식노동자에게 제공되는 도구를 보면 이러한 프로세스의 상호 연관성을 고려한 도구는 거의 존재하지 않는다. 문서관리 시스템은 정보를 찾는 것만 돕는다. 정보를 사용하고, 공유하고, 의미를 이해하고, 그것을 토론하는 것은 다른 도구로 이루어져야 한다. 마인드 매핑과 같은 인지적 도구, 비주얼라이제이션 도구, 또는 개인정보관리 도구는 한 지식노동자를 위하여 디자인되었고 지식창조의 사회적 맥락을 반영하지 못하고 있다. 이 장 첫머리의 사례는 개인지식경영 도구를 통합하는 환경을 개발하려는 개발자의 전략이 일부 실행되고 있음을 보여 준다.

2.4. 개인 개발(Personal Development)

개인 개발의 중요성

조직의 성과 향상은 개인 지식노동자의 능력 향상으로도 가능하다. 지식노동자의 성과는 개별 지식노동자의 행동에 달려 있다. 조직이 지식창조, 획득, 처리, 사용과 관련한 개인의 능력을 향상하면 조직 프로세스의 성과를 향상시킬 수 있다. 개별 지식노동의 향상은 지식노동자 개인의 성과를 향상시키기 위한 기술 또는 능력을 향상하는 데 초점이 맞추어져 있다.

개인 개발은 이전에도 중요하였지만 지식경제 시대의 지식노동자에게는 더욱 중요하다. 그 이유는 지식노동자는 개별적으로 발전하고 경쟁해야 하기 때문이다. 지식노동자는 자신의 성장과 학습에 책임을 져야 하며 이를 위해 개인지식경영이 등장하였다. 개인지식경영은 개인 생활의 일부가 된다. 개인지식경영이 효과적으로 된다면 지식노동자의 지식은 성장하고 그는 더 경쟁적이게 된다.

조직 차원에서 개인지식경영은 직원 개발 프로그램의 핵심이 되어야 한다. 직원은 그들의 일을 훨씬 쉬워지게 하는 개인지식경영 도구와 방법이 주어지면 동기부여가 되었다고 느낀다. 그렇게 되면 직원 채용 및 훈련 비용이 감소하고 이직율이 낮아져서 지식 손실도 적게 된다. 동기부여와 권한 부여로 자기 만족한 노동력은 조직을 경쟁에서 앞서게 한다. 직원 개발 프로그램이 성공하려면 개인지식경영과 조직의 지식경영이 연계되어야 한다. 개인 선호와 업무 스타일을 조직 지식경영에 통합하는 것은 기존 활동에 추가적인 일을 만들지 않는 혼합 접근 방법이 될 것이다.

지식 및 지적 자본은 가치를 유지하기 위하여 지속적인 업데이트와 충전이 필요하다. 일반적으로 지속적 학습은 학습 니즈(Needs)를 파악하고, 학습 이벤트를 개발하고, 학습 자원을 파악하고, 학습을 할 시간을 스케줄하고, 검토와 연습을 할 시간을 마련하는 순서로 진행한다. 이 프로세스는 모든 지식과 기술 부분에서 반복된다. 학습 이벤트는 길 필요가 없다. 학습 자원은 인쇄물이나 시청각 자료일 수도 있고 다른 사람일 수도 있다. 학습 이벤트 일정 기간 후에는 검토를 하고 얼마나 학습하였는지 기록할 필요가 있다.

개인은 사고 스타일과 관련하여 자신만의 학습 스타일과 선호도를 가지고 있다. 개인은 학습에 대한 여러 가지 모드를 사용하지만, 다음의 네 학습 스타일 중 하나에 기초한 우세 모드를 가지게 된다.

- 실용주의자: 빠르게 행동하고, 일하면서 배운다.
- 활동주의자: 구체적 예와 경험을 통하여 배운다.
- 숙고자: 다중 관점에서 관찰하고 취한다.
- 이론가: 관찰을 정신적 모델로 개념화하고 통합한다.

각 학습 스타일은 계획, 실행, 검토, 이해의 전형적 학습 사이클의 한 부분을 나타낸다. 일단 자신이 선호하는 학습 스타일을 이해하고 나서 학습 스타일을 계획에 반영하는 실질적 단계를 택해야 한다. 이것이 개인 일상의 일부분이 되면 될수록 쉽게 지속적 학습의 습관으로 만들 수 있다. 예를 들면, 이론가인 사람은 읽을 시간을 가지고 활동을 개념적 프레임워크에 반영되도록 해야 한다. 실용주의자는 개발하고자 하는 기술을 연습할 수 있는 활동을 택하여야 한다.

일을 하면서 배우는 것을 돕는 다양한 도구와 기법이 있다. 그 하나가 적극적 노트 하기이다. 그냥 듣기만 하는 것보다 뭔가를 적는 것이 기억 수준을 10퍼센트에서 30퍼센트 정도 높인다는 연구 결과가 있다. 또 들은 것을 나중에 발표하거나 연습하면 기억 수준은 더 높아진다. 같은 맥락에서 읽고 있는 책이나 인쇄물에 잔뜩 쓰는 것은 자신의 이해와 참고 자료가 되어 원래 문서보다 더 유용할 때가 많다.

지식노동자는 스스로 배울 수는 있지만 보통의 경우 혼자서 배우는 것은 아니다. 사람들은 사회적으로 배운다. 알고 있는 다른 사람들의 지식이 자신을 돕고 자신의 지식이 다른 사람을 돕는다. 따라서 지식노동자에게 있어 개인적으로 알고 있는 사람들 즉 개인적 지식 네트워크가 문제해결, 의사결정, 그리고 학습에 매우 중요한 역할을 한다. 따라서 개인적 지식 네트워크를 잘 관리하여야 한다. 효과적 지식 네트워크 관리를 위해 고려할 점을 보면 다음과 같다.

- 자신의 지식 네트워크의 범위와 형상을 이해한다. 누구와 가까운 관계를 유지하고, 정규적으로 접촉하는 사람이 누구인지와 그들과의 커뮤니케이션 성격과 빈도를 네트워크 다이아그램을 그려 분석할 수 있다.
- 지식 네트워크의 구성을 강화할 수 있는 방안을 검토한다. 지식 네트워크가 다른 사고 스타일과 연령대를 포함하고 있는지와 추가로 접근하여야 할 지식 분야와 사람이 있는지 살펴본다.
- 가까운 네트워크의 사람들의 계획과 목표를 파악하여 그들을 돕는다. 또 그들을 자신의 활동에 관여하게 한다.
- 지속적인 접촉과 커뮤니케이션으로 지식 네트워크가 활발하게 움직이게 한다. 효과적 네트워크는 상호성과 신뢰에 기초한다.

개인 지적 자산

지식노동자는 자신의 지적 자본을 인적, 구조적, 고객 자본으로 나누어 볼 수 있다. [표 8-2]와 같이 개인의 지적 자본을 파악하면 자신의 중요한 자산에 대해 살펴보고, 어떻게 개발하고 활용할 것인지에 대한 관점을 가질 수 있다.

지식노동자는 자신의 지적 자본을 키우고 활용하여야 한다. 이것은 어느 정도의 자기 마케팅과 다른 사람에 대한 영향을 필요로 한다. 자신과 지식을 파는 것은 무형의 판매

[표 8-2] 개인적 지적 자본 분류

분류	예	사례
인적 자본	경험 지식 기술	업적, 성공적 상황 전문 분야, 산업, 시장 지식 기술적, 전문적, IT, 온라인, 양도할 수 있는 기술
구조적 자본	프로세스 네트워크	개발한 방법, 정제한 방법 Know-who, 연락처, 상호적으로 활용할 수 있는 지적 자본, 정보 자원, 개인적 데이타베이스, 파일, 코드화된 지식, 논문
고객 자본	관계 평판	개인적 고객 관계의 수와 깊이 성공적 배치, 성공적 프로젝트, 경험에 기초한 증명
기타		활용할 가치가 있는 다른 지적 자본(예: 저작권, 디자인)

이다. 지식노동자는 상품처럼 패키지화하거나 마케팅할 수 없으며 대부분의 전문가는 이것을 바라지도 않는다. 중요한 것은 자신의 평판이 다른 사람에게 매력적이도록 하는 것이다.

사례: 당신이 알고 있는 사람 & 당신이 알고 있는 것

허리케인은 지식관리 측면에서 지옥과도 같은 것이다. 미항공관리국(FAA)의 지식관리 설계사인 지오라 헤이다가 그 증인이다. 소용돌이 모양의 이 강력한 비바람은 항법장치, 항공교통관제장치, 레이더장비 등 항공기의 안전을 책임지는 모든 기기를 무용지물로 만든다. 또한 그것은 지상의 여러 곳에 있는 FAA 직원들 사이의 통신과 중요한 정보 흐름을 방해한다. 2005년 허리케인 카트리나와 리타가 이런 재앙을 가져왔다. 하지만 그것들은 좋은 일을 한 가지 했다. 그것은 FAA로 하여금 최고 등급의 허리케인 같은 극한의 재난 속에서도 통신과 지식관리를 유지하기 위해 사회 네트워킹 도구를 개발하게 만든 것이다.

FAA의 경우, 허리케인 등의 자연 재난은 근본적이고 긴급한 지식관리 현안을 제기한다. 그것은 "시스템을 복구하고 다시 운영하기 위해 이용 가능한 사람들은 누구인가?" 하는 것이다. "우리는 우리 사람들을 접촉해 그들에게 문제가 없는지 파악할 필요가 있다"고 FAA의 그 재난복구 프로젝트를 지원하고 있는 헤이다는 말한다. "또한 우리는 그들이 어디에 있는지 또 재난복구 작업에 참여할 수 있는지를 파악할 필요가 있다." 일단 모든 사람의 상황이 파악되면, FAA는 어떤 재난 전문가가 어떤 일을 해야 하는지, 다른 미연방정부, 주정부, 지방정부의 어떤 사람과 협력해야 하는지를 파악할 필요가 있다. 반면 연결된 전문가들은 장비를 재가동하고 어떤 일을 해야 하는지를 파악하기 위해 이메일, 인스턴트 메시징, 음성메일, 각종 문서들을 추적해야만 한다.

이런 면에서 볼 때, 지금은 사회 컴퓨팅 도구들(온라인 사회 네트워크들 및 위키와 키워드 태깅 같은 그룹 커뮤니케이션 도구 같은 것)을 지식관리 도구의 일환으로 사용하기에 최적의 시기이다.

지식관리의 도전 과제

지식관리 담당자들은 항상 사람들의 머릿속에 있는 정보를 꺼내 데이타베이스에 입력하는데 따른 문제에 직면한다. 사회 컴퓨팅 기술은 이런 일을 도와주는 좋은 도구처럼 보이는데, 사람들로 하여금 다른 사람과 지식을 공유하도록 촉진하고, 기업에는 그런 전문 지식을 쉽게 수집할 수 있도록 해주기 때문이다. 사실 사회 컴퓨팅은 지식관리 측면에서 볼 때 제3의 물결이다. 사회 컴퓨팅 도구와 프로세스들은 기업이 지적 자산을 만들고, 추적하고, 공유할 수 있게 해준다고 지식관리/사회 네트워킹 전문 독립 컨설턴트인 패티 앵크램은 말한다. 앵크램은 제1의 물결이 콘텐츠 관리 시스템 같은 도구를 사용해 문서를 디지털로 만들고 추적하는 일이었다고 말한다. 그리고 그런 문서를 공유하는 일이 너무 어렵다는 것이 드러나자, 기업은 제2의 물결로 협업 도구를 도입했다. 하지만 사회 네트워크는 기업이 지식관리를 확장해 직원들과 정보를 연결하는 일을 더 쉽게 해준다. "지식관리를 위한 기본은 사람들이 서로 연결되어 공유할 수 있도록 해 주며…, 그리고 그들이 자기 자신의 소규모 개인 네트워크에서 벗어나 연결될 수 있도록 해 주기 위해 구축할 필요가 있는 것들을 이해하는 것이다"라고 앵크램은 말한다.

사회 네트워킹 도구는 대체로 소비자들에 의해 사용되고 있지만, 이제는 기업 환경으로 그 영역을 넓히고 있다. IDC가 2007년에 조사한 바에 따르면, 초대 기업(직원 10,000명 이상)의 40% 정도가 비지니스 또는 사회 네트워킹 도구를 사용하고 있으며, 30% 이상은 온라인 커뮤니티들을, 20%가 약간 못 미치는 곳들이 즐겨찾기 공유 도구(social bookmarking tools)를 사용 중인 것으로 나타났다. 이보다 작은 기업들은 그런 도구의 사용에 덜 적극적이지만, 그래도 그들의 도입률도 계속 높아지고 있다. 이 시장에 대한 관심이 높아지는 이유는 무엇인가? 사회 네트워킹 도구는 조직 내에서의 협업과 서로 다른 종류의 지식공유를 개선해 줄 잠재력이 크기 때문이다. 그리고 직원들은 일반적으로 그런 도구에 익숙하다. 사실 그런 도구를 실제로 제공하는 기업은 10%에 불과하지만, 25%의 기업에서 직원들은 이미 업무에서 그런 사회 네트워킹 도구를 이용하고 있다고 미 CIO지의 2008년 '소비자 기술 조사' 보고서는 말한다. 하지만 그런 도구를 제공하는 기업 가운데 30%는 지식관리를 개선하기 위해 그렇게 하고 있다.

FAA처럼 이런 기업 가운데 많은 곳이 지식관리를 위해 사회 네트워킹 도구들을 최적으로 활용하는 방안을 모색하는 초기 단계에 있다. 이것은 부분적으로 "지식관리란 정해져 있는 것이 아니라 일종의 비지니스 프로세스이기 때문"이라고 IDC의 분석가 마크 레빗은 말한다. "지식관리와 관련해 많은 프로세스들이 묶여 있으며, 따라서 어떤 단일 제품도 그것을 해결할 수는 없다."

FAA, 사실상의 첫 번째 테스트 통과

FAA는 2000년 사회 네트워킹 도구를 어떻게 사용할 수 있는가에 대해 생각해 보는 것으로 그 일에 착수했다. 미 동부 서비스 지역 긴급조정관인 알랜 스텐스랜드는 당시 한 전시회에서 팀 협업 플랫폼인 로터스 퀵플레이스와 인스턴트 메시징 도구인 로터스 세임타임을 보고는 그것들을 도입했다. 그러나 2005년의 격렬한 허리케인 시즌을 보낸 후, 그는 자신의 재난복구 전문가들을 더 잘 연결하고자 하는 욕구가 생겼다. 그래서 IBM의 큰 고객 가운데 한 곳인 FAA는 프로파일스(사람들과 그들의 전문 지식에 대한 목록 기능), 커뮤니티즈, 블로그스, 두기어(태깅 도구), 액티비티즈(대시보드) 등의 사회 컴퓨팅 도구가 포함되어 있는 로터스 커넥션의 베타 테스터가 되기로 했다. 또 FAA는 퀵플레이스에서 퀵커로 업그레이드했고, IBM의 웹 스피어 포털을 구축했다.

FAA의 재난복구 대응팀은 이런 도구를 활용하는데, 이것들은 액티비티즈 대시보드를 통해 운영된다. FAA의 200여 재난복구 전문가들은 프로파일스를 통해 사람들을 자신의 네트워크에 초청하며, 액티비티즈를 일종의 전자 프로젝트 저장소로 사용하고 있다. 다시 말해 프로젝트에 대한 음성메일, 문서, 전자 계산서 등이 거기에 저장되는데, 그로 인해 프로젝트 정보를 추적하고 그것을 다른 기관과 공유하는 일이 쉬워졌으며, 재난복구 후의 비용 감사 작업과 관련된 잡무가 줄어들었다. 그러나 지난 두 번의 허리케인 시즌은 비교적 조용히 지나갔으며, 새 도구들이 테스트되어 구축된 후 대규모의 재난이 발생한 적은 없었다. 이번 여름의 허리케인 시즌은 아주 힘들었지만, 그 도구들 덕분에 FAA는 그 어느 때보다 더 신속하고 효과적으로 그 재난에 대응할 수 있었다.

비지니스 가속

사회 네트워킹 도구는 비지니스의 모든 측면에서 반응 시간을 더 빠르게 해 주어야 한다고 시스코의 수석부사장 겸 CIO 레베카 제이코비는 말한다. 시스코는 사회 네트워킹 플랫폼을 구축 중인데, "이것은 하나의 완전한 세트로서, 적절하게만 사용할 수 있다면, 비지니스를 가속시켜 주는 것으로서는 지난 10년간 나온 최초의 기술이 될 것이다." 시스코는 이런 도구로 가능하게 된 지식 공유의 형태를 전 세계적인 측면에서 비지니스를 '포괄적으로 바라볼 수 있게 해 주는' 그런 것으로 여기고 있다고 제이코비는 말한다. "나는 전 세계의 모든 곳 또는 다른 기능 부서에 있는 사람들을 한데 묶어 문제를 해결하거나 회사의 성장을 도와주는 혁신을 창출하게 만들 수 있다"고 그녀는 말한다.

핵심: 아이디어 존(시스코의 스탭이 비지니스 아이디어를 올리고 그에 대해 논평할 수 있는 내부 위키). 2006년 6월 가동에 들어간 후, 600개의 아이디어가 올려져 검토되었으며, 4개의 새 사업부가 시작되었다.

더 나은 협업 방식

사회 네트워킹 도구를 활용 중인 또 다른 곳은 펌프, 밸브, 고무 패킹 등의 제조사인 플로우서브(Flowserve)이다. CIO 린다 조조는 조직적 지식을 입수하고 그것을 멀리 있는 사무소의 직원들 사이에서 공유하도록 하기 위한 더 나은 방법이 필요했다. 플로우서브는 55개국 이상에서 사업을 하고 있으며, IT 부서는 12개국에 퍼져 있다. "우리는 IT 내부에서 더 친밀한 관계를 구축하고 싶다"고 조조는 말한다. "따라서 브라질에 있는 IT 스탭이 오라클 데이타베이스와 관련해 문제에 부딪히면, 그 스탭은 플로우서브 내에서 자신을 도와줄 수 있는 사람을 찾을 수 있다." 조조는 페이스북 같은 일반 사회 네트워킹 애플리케이션을 이용할 수도 있었지만, 프라이버시와 보안이 걸렸다고 말한다.

그래서 플로우서브는 페이스북의 내부 버전을 개발한 후 2007년 12월 가동에 들어갔다. 그 프로젝트는 2명의 비지니스 분석가가 앞장섰는데, 그들은 최근에 대학을 졸업한 사람들로 조조는 그들에게 직원들을 한데 묶을 수 있는 어떤 것을 디자인해 달라고 요청했었다. 그러자 그들은 몇 주 동안, 그것도 짬짬이 시간을 내는 식으로, 작업한 후 그 도구를 개발했다. 공식적인 발표는 없었지만, 그 도구에 대한 관심은 상당히 높았다. 현재까지 250명의 IT 스탭 가운데 150명이 등록했으며, 그 도구 안에 구축되어 있는 위키, 블로그 등을 사용하고 있다. 조조는 그것이 IT 부서에 미친 영향을 언급하기에는 아직 시기상조라고 말한다. 하지만 1~2년이 지나면 "이 도구는 IT 부서에 없어서는 안 될 그런 것이 되고, 우리가 플로우서브의 현업을 지원하는 방법과 관련해 필수적인 구성 요소가 되어 있을 것이다"라고 그녀는 말한다.

플로우서브가 자체 애플리케이션을 개발하기는 했지만, IDC의 레빗은 기업들이 많은 사회 컴퓨팅 도구들 가운데 선택할 수 있으며, 그런 도구 가운데 많은 것이 그들의 기존 소프트웨어와 연동되도록 디자인되어 있다고 말한다. 아이비엠, 마이크로소프트, 어도비, 노벨, 오라클 등이 그들의 제품에 이런 도구를 추가하고 있다. 이런 흐름은 수년 전에 시작되었지만, 지금에서야 기업들은 그런 아이디어를 편안하게 받아들이기 시작했다. "2년 전만 해도 작업자들은 전자적인 작업장에서 일하지 않고 있었다"고 레빗은 말한다. 현재 인스턴트 메시징과 사회 네트워킹 사이트들 덕분에, 대부분의 작업자는 온라인 커뮤니티에 익숙하다.

그러나 사용자들이 편안함을 느낄지는 모르지만, 기업은 편안하지 않다. 페이스북 같은 도구들은 기업이 요구하는 보안과 프라이버시를 결여하고 있다고 레빗은 지적한다. 따라서 다양한 사회 네트워킹 도구들을 익숙한 소프트웨어에 결합해 그 도구들을 더 쉽게 도입할 수 있게 해 주는 로터스 커넥션스 같은 제품이 더 인기를 끌 것이라고 그는 말한다.

완벽한 솔루션?

사회 컴퓨팅은 지식관리가 직면한 몇 가지 문제들을 해결해 줄 것처럼 보인다. 하지만 이런 도구는 CIO에게 몇 가지 문제를 던져 준다. 작업자들은 회사의 IT 인프라 밖에서 자신의 사회 네트워크를 구축할 수 있으며, 이로 인해 프라이버시와 데이타 보안 이슈를 만들어 낸다. 반면 기업은 회사의 내외부에서 사회 컴퓨팅을 통해 가능해진 커뮤니케이션을 완벽하게 통제할 능력이 없다. 여기에 과거의 방식으로 커뮤니케이션하는 데 익숙한 작업자들은 새로운 커뮤니케이션 방식을 배워야만 하는 부담이 있다. 웨인하우스 리서치의 분석가 데이비드 다인스는 이런 사용자 이슈가 사회 네트워킹 도구를 도입하고 있는 기업의 CIO가 직면하게 될 가장 큰 문제가 될 것이라고 말한다. "CIO들이 할 필요가 있는 질문은 이것이다. 사람들은 위키를 실제로 어떻게 사용하고 있는가? 이런 도구를 적절하게 사용하도록 촉진하기 위해 우리는 어떤 종류의 직원 구조와 방침이 필요한가?"라고 그는 말한다.

그럼에도 분석가들은 사회 컴퓨팅과 지식관리의 결합에 대해 낙관하고 있다. 다인스는 2007년의 경우 고객 커뮤니티와 내부 커뮤니티를 형성할 수 있게 해 주는 라이브월드, 소셜텍스트, 엠징가 등 도구의 대기업 판매와 위키 도구의 대기업 판매가 각기 2억 달러에 달했다고 말한다. 한편 IDC는 사회 네트워킹이 2012년에 13억 달러 시장이 될 것이라고 예상한다. 한 가지 분명한 것은 사회 네트워킹 도구가 기업의 정보 혼란을 해결해 주고 작업자들의 정보 공유를 높여줄 것이란 점이다. 다인스는 이런 도구가 작업자들이 프로젝트를 조사하고, 팀을 구성하며, 지식을 공유하는 방법을 합리화해 줄 것이라고 말한다. 그의 예측: "조만간 사람들은 페이스북 같은 것이 재미있다고 말할 것이다. 그러면서 그들은 회사 내에서도 그런 것을 찾을 것이다."

출처: Issue of CIO 매거진, 2008년 11월 233호

9장 실무공동체

학습 개요 및 목표

오늘날 급격하게 변화하는 환경에서 대부분의 조직은 모호한 비일상적 상황과 문제를 더 자주 맞이하게 된다. 한편 조직은 글로벌하게 분산되어 있고, 조직 구조의 경계가 협력을 어렵게 하고 있어 지식의 전이가 자유롭지 못하다. 또 공식적인 훈련이나 개발 프로그램은 직원들이 필요로 하는 지식을 모두 제공할 수 없다. 이러한 상황에서 직원들은 지식노동자에게 요구되는 새로운 지식이나 조직이 경험한 지식을 자주 조직의 공식 채널보다는 그들의 비공식적 관계나 공동체를 통하여 공유한다. 특히 인터넷 세대는 조직보다 동료들에 대한 친근감을 더 가지며 비공식적으로 자기 조직화한 조직을 통한 활동을 선호한다. 이러한 변화에 맞추어 최근 조직들은 실무공동체를 지식노동자의 효과성과 효율성을 위해 직접적으로 개발하거나 기존 공동체를 육성하며, 여러 다른 유형의 실무공동체를 실행하게 되었다. 또 지식경영 분야에서의 실무공동체에 관한 이론과 운영 경험이 많이 축적되었다. 실무에서는 실무공동체를 제품과 서비스 혁신, 생산성 향상의 수단으로 적극 활용하고 있다.

이 장에서는 실무공동체의 개념, 이론, 기법, 그리고 도구에 대하여 살펴본다. 실무공동체의 정의와 특성을 이해하고, 그 역할을 살펴본다. 그리고 조직이 실무공동체를 개발하고 관리하는 기법에 대하여 논의하고, 구체적 지원 방안을 살펴본다. 이 장의 학습 목표는 다음과 같다.

- 실무공동체 개념을 이해한다.
- 실무공동체와 팀, 실무 네트워크와의 차이점을 이해한다.
- 실무공동체의 유형을 살펴본다.
- 실무공동체와 학습과의 관계를 이해한다.
- 실무공동체 개발 과정을 이해한다.
- 실무공동체의 문제점을 살펴본다.
- 실무공동체 개발과 육성 방안을 살펴본다.
- 실무공동체의 성공 요인을 살펴본다.
- 실무공동체의 지원 방안을 살펴본다.

사례: 클라리카 보험의 실무공동체

지식자본의 개발과 활용의 파이어니어인 클라리카 생명보험(Clarica Life Insurance)은 지식 전략을 실무공동체 창조 프로그램으로 확장하였다. 이 사례는 개인과 조직 능력을 생산하기 위하여 전략적 공동체를 개발한 클라리카의 접근 방법을 요약한 것이다. 캐나다 전역의 재무 플래너(Financial Planner)와 보험 에이전트의 가상공동체인 에이전트 네트워크(Agent Network)로부터 클라리카는 공동체 개발 가이드를 위한 프로세스 모델을 파악하였다.

130년 전에 창립된 캐나다 최초의 클라리카 생명보험은 2002년 5월 선 라이프 파이낸셜(Sun Life Financial)로 합병될 때까지 1세기가 넘게 캐나다에서 영업을 해왔다. 클라리카는 인간 가치와 개인적 서비스로 세계시장에 진출한 기업으로 각 기업은 독자적으로 구체적 시장에서 강력한 존재로 발전하였으며 다양한 보험, 재산 관리 제품과 서비스를 판매한다. 1990년대 중반에 클라리카는 전략능력단위(Strategic Capabilities Unit; SCU)의 주도로 혁신적, 전사적 지식 전략을 개발한다. 조직 전반에 걸쳐 능력을 빠르게 개발한다는 모토로 클라리카는 전통적 인적 자원 관리 구조에서 전략적 능력 모델 중심으로 전환한다. 조직이 역사적으로 고객보다 제품에 초점을 맞춘 것처럼 전통적 인사관리 기능은 직원의 능력보다 보상, 훈련 및 개발, 채용, 스태핑과 같은 도구에 초점을 맞추었다. 새로운 조직 단위는 지식과 학습을 효과적 비지니스 리더십의 통합적 요소로 자리 잡게 하는 접근 방법과 지원 구조를 제공하였다. 이 모델은 또 전략 과제에 직접적으로 정렬된 공동체를 강조하면서 체계적인 실무공동체 개발을 지원하였다.

클라리카의 비지니스 목표는 다른 조직과 마찬가지로 주주 가치 창출을 위한 수익 증대와 빠른 성장이다. 1996년에 클라리카는 조직이 현재와 장차의 시장 도전에 대응하도록 하는 개인과 조직 능력 창출을 위한 지적 자본 이니셔티브를 시작하였다. 지식경영팀이 지원하는 많은 혁신 프로그램 중 하나는 조직의 기술 인프라스트럭처를 활용하는 협력적 접근 방법의 개발이었다. 그 프로그램은 체계적 공동체 개발이었다. 직원들은 1세기 동안 업무 관련 이슈를 다루는 그룹을 형성하고 있었다. 클라리카에는 비공식 관심공동체에서부터 구조화된 실무공동체까지 30개가 넘는 실무공동체가 발견되었다. 이러한 공동체의 중요성을 인식한 클라리카는 체계적이며 비용 효과적인 공동체 구축을 지원하는 프로세스를 개발할 필요를 느꼈다.

독립적 에이전트와 재무 플래너의 실무공동체를 만들려는 시도에 몇 번의 실패를 경험한 클라리카는 2000년에 공동체 디자인과 실행에 좀 더 구조적인 프로젝트 관리 접근 방법을 적용하기로 하였다. 공동체 개발 프로젝트의 목적은 두 가지였다. 첫째는 독립적 보험 판매 에이전트의 실무공동체 개발을 지원하는 것이다. 둘째로 우수 사례를 프로세스 모델로 파악하고 다른 전략적 공동체 창조에 사용할 교훈을 분석하는 것이다. 프로젝트 관리 접근방법의 첫 번째 이니셔티브는 경험이 많고, 제품과 서비스 전문 분야 영역과 담당하는 시장을 고려하여 캐나다 전역에서 150명의 에이전트로 구성된 에이전트 네트워크를 설립하는 것이었다. 프로젝트의 처음 단계에서는 파일럿으로 성공적 실무공동체 개발 프로세스를 학습하여 공동체를 다른 에이전트들에게 확장하였다. 웹 기반 도구는 온라인으로 3,000명 이상의 에이전트들이 공동체에 참여하는 것을 촉진하였다. 실무공동체 이니셔티브의 목표는 에이전트의 능력을 개인적으로나 집합적으로 향상하여 그들의 생산성을 증대하고 비지니스를 성공적으로 운영하게 하는 것이었다. 동시에 에이전트의 이탈을 막아 근무연한을 늘리고, 멘토링 관계를 만드는 목적도 있었다. 클라리카는 캐나다 전역의 에이전트들을 연결하는 살아 있는 실무공동체를 운영하고 있다. 이 클라리카의 사례는 몇 가지 교훈을 남겼다. 실무공동체 개발에서 맥락이 매우 중요하고, 신뢰가 핵심 열쇠라는 것을 경험으로 배웠다.

출처: Wallace & Saing-Onge(2004)

1. 실무공동체 개념

1.1. 실무공동체 정의

지식경제에서 많은 기업은 기업이 이미 알고 있는 것을 활용하는 메커니즘이 필요하다는 것을 발견하고 있다. 비구조적 조직 형태로 떠오르는 실무공동체가 바로 그 메커니즘이다. 실무공동체는 지식 공유, 학습, 변화를 자극하여 기업의 성과와 경쟁력을 향상시킬 잠재력을 가지고 있다.

실무공동체에 대한 광의의 정의는 학습을 도모하고, 문제를 해결하고, 새로운 아이디어를 개발하려는 목적을 가지고 책임 있고, 독립적 형식으로, 비공식적으로 함께 일하는 공통의 관심을 가진 사람들의 그룹이다. 실무공동체 내에서 사람들은 서로 직접적으로 협력하고, 서로 가르치고, 혁신을 촉진하는 방향으로 경험과 지식을 공유한다. 그 결과 기업에서 실무공동체 사람들은 전통적 조직 경계나 계층 밖에서 움직이는 사회적, 전문적 세력이다. 이들은 행동 지향적이고, 지식기반이고, 조직 구조의 구속에 억제되지 않기 때문에 실무공동체는 사고와 관련하여서는 어떤 조직에서도 가장 중요한 요소 중 하나로 간주된다. 실무공동체는 인적 자본의 작업장이며, 그곳에서 일이 이루어진다고 할 수 있다.

실무공동체는 업무와 관련된 공통의 관심에 관한 지식 또는 지식 베이스를 공유하고 확장하며 그들 사이의 유대 관계를 만드는 집합적 학습의 프로세스에 관여하는 사람들의 그룹이다. 실무공동체는 관심사, 문제, 또는 어떤 토픽에 대한 열정을 공유하며 지속적으로 상호작용하면서, 그 분야에 대한 지식과 전문성을 높이는 데 전념하는 공통된 업무를 하는 사람들의 그룹이다. 그룹의 멤버들은 여러 기능, 부서, 기업에 속하며 지리적으로 분산되어 있을 수도 있다. 실무공동체는 그룹웨어나 웹 기반 기술을 사용한다.

실무공동체 개념은 진 라브(Jean Lave)가 처음으로 소개하고 에티엔 웬저(Etienne Wenger)가 발전시켰다. 이 이론은 학습을 지원하기 위해 의도적으로 디자인한 환경에 초점을 맞추기보다 일상의 사회적 실무를 통하여 사람들이 어떻게 학습하는지를 조사하는 인류학의 관점에 근거를 두고 있다. 라브와 웬저(Lave & Wenger)는 실무공동체 개념을 설명하면서 도제관계가 수공업 시대의 것으로만 한정되지 않는다는 점을 강조한다. 그들은 실무공동체를 공동체에서 신입 멤버가 기존 멤버에 접근하여 상호작용하면서 점차 실무, 언어, 관습을 배우면서 합법적 멤버가 되는 사회화의 한 형태로 본다. 이러한 주장의 핵심은 정보나 지식이 아니라 사회를 강조를 한다. 신입 멤버가 경험하는 학습은 상황에 속해 있으며 공동체의 실무와 분리될 수 없다.

실무공동체는 반드시 매일 함께 일하지는 않지만, 그들의 상호작용에서 가치를 찾을 수 있기 때문에 그들은 만난다. 실무공동체 멤버들은 시간을 함께 보내기 때문에 보통 정보, 통찰력, 그리고 도움을 공유한다. 그들은 서로 도와 문제를 해결한다. 멤버들은 그들의 상황, 바라는 것, 필요한 것을 토론한다. 그들은 공통된 이슈에 대하여 고민하고, 아이디어를 찾고, 홍보 담당자가 된다. 그들은 도구, 표준, 일반적 디자인, 매뉴얼, 그리고 다른 문서를 만들어 내기도 하고 아니면 그들이 공유하는 것에 대한 암묵적 이해를 만들어 낸다. 그들은 지식을 축적하며 그들이 함께 배우는 데서 발견하는 가치관에 비공식적으로 구속된다. 이 가치관은 자신들의 일의 도구가 될 뿐만이 아니라 서로의 관점을 이해하는 동료를 알고 관심 있는 사람들 그룹에 속한다는 개인적 만족감을 갖게 한다. 시간이 지남에 따라 그들은 자신의 토픽에 대한 고유의 관점과 공통의 지식, 실무 능력, 접근 방법을 개발한다. 그들은 개인 관계와 정해진 상호작용 방법도 개발한다. 그들은 동질성을 개발한다. 이렇게 그들은 실무공동체가 된다.

실무공동체 안에는 여러 가지 다른 참여가 있을 수 있다. 실무공동체의 모든 멤버가 똑같이 활동적이지는 않다. 실무공동체가 몇몇 헌신적인 멤버들에 달려 있지만 주변적 참여 형태도 제공한다. 이것이 실무공동체가 젊은이들과 사귀고 새로운 멤버를 환영하는 것을 가능하게 한다. 실무공동체의 정규 멤버가 되는 단계는 세 가지가 있다. 첫째는 단순히 공동체를 찾아 슬그머니 들어가서 무엇이 벌어지는지를 보는 것이다. 둘째는 공동체에 어떻게 행동하는지를 배우고 참여하는 것이다. 세 번째는 어디서 어떻게 규칙을 바꾸고 혁신하는가를 아는 것이다. 실무공동체의 정규 멤버가 되었는지를 아는 사인(Sign)은 공유된 암묵적 관행, 이해, 가정, 공통된 세계관 등이 있다. 어떤 공동체에서는 정규 멤버가 되는 것이 인정된 역량에 기초하여 초대됨으로써 영예의 훈장으로 간주되기도 한다.

실무공동체가 새로운 것은 아니다. 우리 모두가 어떤 시점에 하나 또는 그 이상의 실무공동체에 속하게 되며 실무공동체는 우리 일상생활의 일부분이다. 그러나 실무공동체는 너무 비공식적이고 생활 속에 침투한 탓에 우리는 그것을 직시하지 않는다. 우리의 가정, 일터, 취미 생활, 사회생활에서 우리 모두는 우리의 학습을 돕고 일을 해결하게 하는 비공식적이고 비구조적인 네트워크에 참여한다. 실무공동체에서 새로운 것은 그 이름과 실무공동체의 존재로 우리가 조직에서의 학습을 이해하고 지원하는 방법이 달라진다는 사실이다. 반면에 실무공동체는 유기체적이며 비공식적이어서 그 활동에 대한 경영진의 감독과 간섭에 대하여 저항이 있다. 따라서 실무공동체에 대한 경영진의 역할이 특별히 없다는 점이 논쟁의 근거가 되고 있기도 하다. 경영진이 관여하면 공동체는 종종 사라진다. 그러나 실무공동체의 효과를 최대화하기 위해 성장과 조직에로의 통합을 위한 경영진의 노력이 필요하기도 하다.

실무공동체 특성

실무공동체는 그 정의로부터 세 가지의 근본적 특성을 가지고 있음을 발견할 수 있다. 이 세 가지 특성은 공동체 멤버들이 공유된 활동에 관여하는데서 나오는 것이다. 첫째는 공동체 참여자는 공통의 공유된 지식의 스톡을 소유하며 개발한다. 둘째 공동체는 공유된 가치와 공통된 세상에 대한 관점을 개발한다. 그러한 관점을 개발하고 커뮤니케이션하는 프로세스를 관점 결정(Perspective making)이라고 부르기도 한다. 셋째 공동체의 멤버는 공동체 아이덴티티를 갖는다.

실무공동체는 다른 조직의 그룹(예: 팀, 네트워크)과 구별되는 특징을 가지고 있다. 실무공동체는 오랜 시간에 걸쳐 형성되므로 실무공동체는 학습의 역사를 가지고 있다. 실무공동체는 가치를 보태는 멤버 모두가 하고 있는 어떤 것을 중심으로 형성되는 어떤 조직이 있다. 그러나 실무공동체는 팀처럼 행동 어젠다를 가지고 있지 않다. 학습이 이 조직의 핵심 요소이다. 그 결과 실무공동체는 자신만의 세계에 대처하는 법을 개발한다. 실무공동체는 자신들에게만 책임이 있고 스스로 통제한다. 상사가 없고 이슈에 따라 지도자가 등장한다. 실무공동체 안에서의 관계는 계속 진행형이며 불확정적이어서 상호 신뢰로 특징지어진다. 실무공동체는 형식보다 콘텐츠에 관심을 가진다. 그 결과 실무공동체는 파악할 수 있는 단위가 뚜렷하지 않다.

웬저는 공동체의 속성으로의 실무를 상호 관여, 합동 사업, 공유 저장고의 세 차원으로 나눈다. 사람들은 공유된 실무를 통해 실무공동체에 가입한다. 실무공동체의 멤버들은 업무 활동에서 상호 관여(Mutual Engagement)하는 것을 통해서 서로 연결되어 있다. 상호성은 관여의 핵심 요소이다. 사람들이 행동에 관여하고 이러한 행동의 의미를 서로 협상해야 하므로 실무가 존재한다. 실무는 책 또는 도구에서 발견되지 않고, 실무는 공동체와 상호 관여의 관계에서 발견된다. 실무공동체의 멤버들은 명시적이든 아니든, 공식적으로 정의되었든 아니든 간에 공통의 목표를 성취하기 위하여 함께 일한다. 합동 사업(Joint Enterprise)은 공동체를 하나로 묶는 열쇠이다. 합동 사업은 제시된 목표가 아니다. 공동체 멤버들 사이에서 상호 책임의 관계가 창출되고 이것은 실무의 일부가 된다. 합동 사업은 공동체 멤버들이 수행하는 과정에서 멤버들에 의해 정의된다. 시간이 지남에 따라 공동체에서의 공유된 실무, 반복된 상호작용, 공통의 역사와 문화 창조는 공동체의 자국 즉 공유 저장고(Shared Repertoire)를 만든다. 실무공동체는 참여자가 공동 사업을 추구하면서 의미를 협상하기 위한 자원을 만든다. 이러한 자원은 공동체가 만들어내고 실무의 일부가 되어 있는 절차, 관행, 도구, 스토리, 개념, 산출물을 포함한다.

라브와 웬저는 실무공동체가 도제 모델에 한정되지 않는다는 점을 강조하였고, 다른 많은 연구자들은 실무공동체를 지식경영에 활용하기 위해 그 개념을 확대하는 노력을 하였다. 실무공동체에 대한 많은 연구와 실제에서 발견되는 실무공동체의 특성을 요약하면 다음과 같다.

- 공통 기반(Common Ground) – 공동체 멤버들이 공유하는 지식, 믿음, 가정을 말한다. 실무공동체 멤버들은 일종의 공유된 지식 또는 배경 지식을 가지고 있으며 이것은 일반적으로 그룹의 공통 관심사와 연관된다.
- 공통 목적/동기(Common Purpose/Motivation) – 그룹의 멤버들은 그룹에 내적 동력을 주는 공통의 목적과 동기를 가지고 있다. 실무공동체의 멤버들은 공동체 내에서 그들이 하는 것에 대해 스스로 동기를 가지고 있다.
- 합법적 주변 참여(Legitimate Peripheral Participation) – 이것은 그룹 신입 멤버가 점차 실무공동체의 고참 멤버가 되는 프로세스를 말한다. 이것은 보통 도제관계의 형태에 기초한다.
- 유동성/재생성(Fluidity/Regeneration) – 실무공동체의 유동성은 신입 멤버의 도착과 구멤버의 이탈을 의미한다. 이것은 실무공동체가 스스로 재생성해 지식의 재

고가 없어지지 않도록 한다.

- 진화(Evolution) – 실무공동체는 일종의 진화를 한다. 공동체의 존재 자체가 공통의 관심사를 가진 사람들의 그룹에 의해 개발될 수도 있고, 그룹이 공식적으로 만들어졌지만 실무공동체로 진화하는 경우도 있다.
- 관계(Relationships) – 관계는 실무공동체의 주요 부분이다. 관계는 공동체를 정의하는 신뢰와 아이덴티티 개발에 핵심적이다.
- 공동체 아이덴티티(Community Identity) – 내부 동기와 관계의 발전은 공동체와 아이덴티티 느낌에 기여한다. 멤버들은 공동체에 속한다고 느낀다.
- 서술(Narration) – 서술은 스토리텔링의 형태를 취하고 실무공동체 멤버들이 지식을 공유하는 주요 수단이다.
- 역동적 새로운 지식창조(Dynamism/Creation of New Knowledge) – 역학은 그룹에서 지식의 사회적 분배와 관련이 있다. 특정 분야에 대한 특별한 지식을 가진 멤버가 있는가 하면 이들에게 도움을 얻는 멤버들이 있어 지식의 사회적 분배가 이동하는 역학이 존재한다. 이러한 동적 프로세스는 새로운 지식을 창출한다.
- 비공식적(Informal) – 실무공동체는 흔히 계층이 없고 그룹이 특정한 결과를 내지 않아도 된다. 그룹이 비공식 라인을 통해 운영된다.
- 사적/자발적(Unofficial/Voluntary) – 많은 경우 실무공동체는 조직에 의해 공식적으로 만들어지지 않는다. 흔히 실무공동체가 사적인 것이므로 멤버가 되는 것은 자발적인 것이다.
- 유사한 직업(Similar Jobs) – 실무공동체가 조직의 맥락에 존재할 때 나타나는 특징으로 많은 경우 실무공동체는 특정한 직업 중심으로 형성된다. 직업은 실무이다.

실무공동체에서 사회적 요소를 강조하는 것은 중요하다. 앞에서 설명한 특성 중 여러 가지는 사회적 특성의 중요성을 지적한다. 실무공동체는 조직 내의 지역, 부서, 지리적 경계를 연결하는 교량 메커니즘이다. 오늘날 실무공동체는 여러 형태와 규모로 존재한다. 어떤 실무공동체는 어쩌다 상호작용하는 사람들의 느슨한 그룹이고, 어떤 실무공동체는 훨씬 더 활동적이며 밀접하게 통합된 형태이다. 진정한 실무공동체의 특성을 가지지 않은 특별한 관심사 그룹과 네트워크는 결국 실무공동체로 진화한다.

실무공동체와 팀과의 차이

웬저는 조직에 대한 두 가지 관점을 강조한다. 첫째로 설계된 조직(Designed Organization)은 역할, 자격, 권한 배분을 정의하며 책임의 관계를 수립한다. 둘째로 실무(Practice)는 보통 설계된 조직에 대한 반응으로 조직에게 생명을 준다. 첫 번째 관점인 설계된 조직의 구조, 계층에 대해서는 잘 알려져 있다. 두 번째 관점은 설계된 조직 내부 또는 주위에 공존하는 아주 다른 형태의 조직이 존재한다는 것이다. 이와 같이 실무와 사회적 반응에 기초한 것이므로 실무공동체가 성장하고 번성하는 데는 인간적 터치(Touch)가 필요하다. 실무공동체를 우리 조직에 더 효과적으로 통합하는 법을 배우기 위해서는 우리가 잘 알고 있는 다른 공통적 조직 형태와 다르다는 것을 아는 것이 매우 중요하다.

실무공동체는 매우 빈번히 팀과 혼돈된다. 두 가지 조직 유형이 모두 조직의 미래를 위해 필요하다는 데는 일치한다. 실무자들은 팀과 실무공동체가 많은 점에서 중복된다고 보지만 차이점을 이해하는 것이 중요하다고 본다. 팀과 실무공동체는 각기 멤버들의 시간을 차지하려 하여 조직에서 긴장을 일으킨다. 그러나 팀과 달리 실무공동체는 전형적으로 조직 내·외부 경계를 넘어서는 멤버들의 자발적이며 비구조적 그룹이며, 유기체이다. 아직까지는 이런 유형의 조직 개체를 관리하고 가치를 이끌어 내는 방법에 대한 경험이 거의 없다. 확실한 것은 실무공동체가 팀과 같은 다른 조직 그룹과는 다르다는 것이다.

비지니스 단위나 부서는 특정 시장 부문을 서비스하거나, 제품을 생산하거나, 또는 행정 기능을 수행하는 것과 같은 비지니스 목표를 관리하는 책임이 있다. 이 책임은 자원배분, 비지니스 프로세스 관리, 그리고 비지니스 결과를 위한 공식적 역할 할당, 보고 관계, 책임 부여를 포함한다. 반면에 실무공동체의 주된 목적은 지식을 개발하는 것으로 제품을 시장에 공급하기에는 적합하지 않다. 실무공동체는 비지니스 부서 또는 그룹보다 느슨하게 연결된, 비공식적, 자기관리를 하는 공동체이다.

실무공동체의 목표는 특정 분야에 대한 지식을 공유하고 학습을 촉진하는 데 있다. 멤버의 구성은 자신들의 선택으로 이루어지며 파트타임이나 한계적 멤버들이 주류이다. 따라서 그 조직은 비공식적이고 자발적 구성체이며 이슈에 따라 리더도 달라지는 것이 보통이다. 멤버는 관심이 없으면 관계를 중단하면서 자연적으로 멤버십을 종료한다. 실무공동체의 가치 명제는 지식과 정보를 교환하면서 가치를 추구한다. 이러한 실무공동체에 대한 경영진의 관여는 멤버들 사이의 연결을 만들어 주거나 토픽이 새롭고 가치 있도록 하는 것이다.

팀의 목표는 특정 프로젝트를 완성하는 것이어서 팀의 구성은 팀의 목표에 기여할 수 있는 능력에 따라 풀타임으로 일할 수 있는 사람들이 선정되며 프로젝트가 끝나면 멤버십도 종료된다. 팀 조직은 프로젝트 리더나 매니저를 중심으로 한 계층 구조를 가지게 된다. 팀의 가치 명제는 그룹이 결과물을 통해 가치를 창출하는 것이다. 이러한 팀에 대하여 경영진은 많은 독립적 과제를 조정할 수 있다.

실무공동체와 실무네트워크와의 차이

실무네트워크 정의

어떤 사람들은 지리적으로 떨어져 있기 때문에 다른 사람과 직접적으로 연결되어 있지는 않지만 유사한 종류의 활동을 하고 있을 수 있다. 서로를 알지는 못하지만 실무를 공유하는 사람들이 실무네트워크(Network of Practice)에 속한다. 지리적 거리 때문에 실무네트워크의 멤버들은 서로 직접 상호작용을 할 수 없다. 그럼에도 불구하고 그들은 일상 활동과 구체적 직업 정체성을 공유한다. 실무네트워크는 유사한 업무를 하고 네트워크에 최소한의 결합력을 가진 지역공동체를 연결한다.

전자적 네트워크에서 실무공동체의 멤버는 조직의 다른 지역, 다른 조직, 또는 다른 나라에서 유사한 업무를 하는 개인과 연결할 수 있다. 특정 분야에 관심을 가지는 모든 개인이 지역에 상관없이 멤버가 될 수도 있다. 웬저는 사회적 연결을 통하여 지식과 학습이 이루어지는 조직 내의 실무공동체 멤버가 중복되어 상호 연결된 것을 실무공동체의 군(Constellation)이라 하였다. 일반적으로 이러한 광범위하면서 다양한 사회적 네트워크를 실무네트워크라고 부른다.

실무네트워크 멤버들 사이의 관계는 실무공동체의 관계보다 훨씬 느슨하다. 그러나 같은 실무네트워크의 멤버들은 그들의 일이 어떤 것인지를 알고 있어 그들은 직업적 토픽에 관한 정보를 쉽게 교환할 수 있다. 자신들의 일에 대해 지역적 접촉을 유지하면서 그들은 공통의 지식, 문화와 행동을 자신의 지역공동체에 속하지 않은 사람들과 공유한다. 또 그들은 네트워크의 다른 멤버들에게 컨설팅하여 다른 사람의 경험으로

[그림 9-1] 실무공동체와 실무네트워크

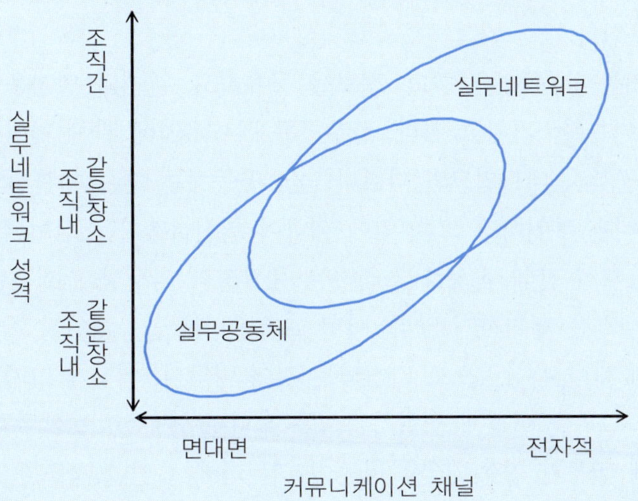

부터 혜택을 얻을 수 있고 지역에서 답을 얻지 못한 이슈에 대한 해답을 발견하기도 한다.

실무네트워크는 어떤 공유된 목표를 성취하기 위하여 다른 공동체가 그들 멤버들의 상호 접촉을 통하여 새로운 방법으로 지식을 결합하기 위하여 다른 공동체를 한 곳으로 모으는 것으로 볼 수 있다. 실무네트워크는 개인들이 네트워크에 연결하는 접속점을 제공하고 큰 조직 내에서 지역 아이덴티티를 만들도록 한다. 이런 관점에서 보면 실무네트워크를 구축하거나 강화하는 것은 기업에 큰 혜택을 가져다준다.

실무공동체와 실무네트워크의 차이

실무공동체와 실무네트워크는 자주 혼용되고 있다. 실무네트워크는 실무공동체로부터 진화한다. 실무네트워크가 형성되면 사람들이 유사한 관심을 갖는 다른 사람을 찾는 것이 쉬워진다. 실무네트워크는 자신의 이해에 기초한다. 사람들은 보통 자신의 이익을 위하고 자신의 업무를 발전시키기 위해 실무네트워크를 만든다. 사람들은 참가하는 데 어떤 개인적 이익을 얻는가에 따라 실무네트워크에 들어가기도 하고 나오기도 한다. 실무네트워크와 마찬가지로 실무공동체도 자기 조직화를 한다. 사람들은 공통의 업무를 공유하고 관계를 가짐으로써 큰 이익이 있다는 것을 깨닫는다. 사람들은 실무공동체를 자신들이 아는 것을 공유하고, 서로 지원하고, 의도적으로 자신들의 분야에 새로운 지식을 창조하는 데 사용한다.

모든 조직은 커뮤니케이션을 하고, 정보를 공유하고, 관계와 명성을 구축하는 사람들의 비공식적 네트워크를 가지고 있다. 실무공동체는 무엇에 관한 것이라는 점에서 누구에 관한 것의 비공식적 네트워크와 다르다. 실무공동체는 단순히 관계의 집합이 아니다. 영역이 아이덴티티를 부여하고 그 영역에 대하여 헌신하겠다는 점이 실무공동체에 비공식적 네트워크의 개인 간의 속성을 초월하는 응집성과 의도성을 제공한다. 물론 실제에서 이와 같은 차별성은 명확하지 않다. 어떤 그룹이 실무공동체인지 아닌지는 그 이름이나 멤버의 특성에 따라 추상적으로 결정되는 것이 아니다. 어떻게 그룹이 기능을 하는지와 영역, 공동체, 실무를 어떻게 결합하는지를 살펴보아야 한다. 실무공동체와 실무네트워크 모두 어떻게 실무가 공동체감을 만들어 내는가에 특별한 강조를 주면서 지식이 상황적으로 정의되는 실무라는 점에 초점을 맞추는 점은 공통이다. 실무공동체는 공동체 측면에 초점을 맞추고, 실무네트워크는 실무에 초점을 맞춘다.

실무공동체는 실무네트워크와 여러 가지 점에서 다르다. 실무공동체는 사람들 간에 서로를 위하여 함께 하겠다는 약속을 한 공동체이다. 사람들은 자신의 니즈를 위해서 뿐만이 아니라 다른 사람의 니즈에 봉사하기 위해 참여한다. 실무공동체에는 실무 분야를 발전시키고 그 발견을 더 많은 사람들과 공유하겠다는 의도적인 약속이 있다. 실무공동체 멤버들은 자신의 자원과 지식을 관련된 일을 하는 다른 사람에게 제공한다.

1.2. 실무공동체의 가치

기업은 지식의 창출, 유지, 전이에 실무공동체가 담당하는 중요한 역할을 인식하고 있다. 실무공동체가 지식창출의 주요 원천이라고 믿는 사람들이 많다. 어떤 사람들은 실무공동체가 지식경영의 접착제라고 부르기도 하고, 어떤 사람들은 지식경영의 기본이며 사회적 학습 시스템의 중요한 부분이라고도 한다. 실무공동체는 행동하는 지식이다.

지식경영에서 실무공동체의 역할에 대한 이해를 돕는 세 가지 원칙이 있다. 첫째, 프로세스가 일하는 것이 아니라 사람들이 일을 한다. 공식적 업무 프로세스 뒤에는 실제로 일이 되게 하는 현실적인 실무가 있다. 조직의 진정한 귀재는 공식적 프로세스가 예상하지 못하는 방법으로 실제 문제를 해결하는 비공식적, 즉흥적, 영감을 받는 방법으로 일하는 사람들이다. 둘째, 학습과 일은 모두 사회적 활동이다. 현실에서 일을 더 많이 접할수록 더욱 직감, 판단, 상식과 같은 암묵적 지식의 힘을 실감하게 된다. 그룹 안의 지식은 오랜 시간 동안 함께 일을 하면서 생겨나는 실무와 관계 즉 공동체의 사회적 연대 속에 있다. 셋째, 조직은 참여의 거미집이다. 현대 기업 활동의 핵심은 참여이다. 참여의 핵심은 지식노동자의 마음과 정신이다. 참여하는 노동자만이 성공 기업을 만든다. 기업이 공동체의 힘을 인정하고 공동체가 등장하도록 최소한의 프로세스를 취하면, 21세기 기업으로 큰 도약을 하게 된다. 오늘날 매니저가 당면하는 도전은 실무공동체를 조장하면서 이 원칙을 어떻게 실행에 옮기는가이다.

실무공동체 가치

실무공동체가 만사를 해결하는 것은 아니다. 실무공동체는 팀 또는 비지니스 부문을 대체하는 것이 아니다. 그러나 실무공동체의 지식 배양 역할을 잘 이해하면 실무공동체가 지식경제에서 성공의 주된 기여자 중의 하나인 것을 인식하게 된다. 실무공동체는 단지 지식자산을 관리하는 것이 아니다. 실무공동체는 조직과 멤버를 위해 다양하면서도 복잡한 방법으로 가치를 창출한다. 실무공동체의 혜택을 개인, 공동체, 조직의 차원에서 찾아볼 수 있다.

사람들이 공동체에 참여하는 것을 선택하는 이유는 공동체로부터 얻거나, 배우거나, 혜택을 받을 무언가가 있을 거라고 느끼기 때문이다. 어떤 사람은 자신의 전문성을 나누어 주려 하지만 많은 사람은 형식적 또는 암묵적 지식을 찾고자 한다. 이러한 개인적 소득을 실무공동체의 개인적 혜택이라 부른다. 공동체의 혜택은 집합적으로 공동체에 발생하는 것과 다른 공동체와 연결, 상호작용, 협력으로 실현되는 것을 합친 것이다. 이러한 상호작용은 집합적 공동체 멤버들의 전문성과 경험에 대한 인지와 접근성을 증대시킨다. 공동체 내의 누가 문제해결에 도움이 되고 유사한 경험을 공유할 수 있는지를 알게 됨으로써 멤버들은 공동체를 개인적 강점을 구축하고 조직의 능력을 확장하게 해주는 정보의 근원으로 간주하게 된다. 개인적 및 공동체 혜택은 약간 무형적이지만 이것들이 합쳐서는 유형의 기업 성과에 영향을 줄 수 있으므로 이것을 조직 혜택이라 할 수 있다. 공동체에 참여하여 얻은 지식이 실제 비지니스 문제를 해결하는 데 활용되어 공동체의 영향을 쉽게 추적하고 측정할 수 있게 한다.

실무공동체에 참여하는 것은 장·단기적 가치가 있다. 단기적으로 실무공동체 멤버는 당면한 문제해결에 도움을 얻고 정보나 문제해결을 위한 탐색 시간을 줄일 수 있다. 그들은 후원해 주는 공동체가 뒤에 있음을 믿고 새로운 시도를 더 많이 감행할 수 있고, 조직 경계를 넘어 노력을 조정하고 시너지를 추구할 수 있다. 실무공동체는 조직의 장기적 전략에 도움이 되는 실무 관행을 개발함으로써 지속적 가치를 개발할 수 있다. 멤버들은 전문성을 함양하고, 분야의 새로운 발전에 발맞추게 되고, 자신들의 전문성을 다른 조직의 동료들과 벤치마킹 할 수 있다. [표 9-1]은 실무공동체의 장·단기 가치를 요약한

[표 9-1] 실무공동체의 조직과 멤버에 대한 장 · 단기 가치

	단기	장기
조직	비지니스 성과 향상 • 문제해결의 장 • 질문에 대한 신속한 답변 • 시간 및 비용 절감 • 의사결정의 질 향상 • 문제에 대한 다양한 관점 • 조정, 표준화, 부서 간 시너지 • 전략 실행을 위한 자원 • 품질 보증 강화 • 공동체 지원으로 위험 감수 능력	조직 능력 개발 • 전략적 계획 실행 능력 • 고객에 대한 권위 • 재능 보유 증가 • 지식개발 프로젝트 능력 • 산업에 대한 벤치마킹 포럼 • 지식기반 제휴 • 미계획된 능력 도출 • 새로운 전략적 옵션 개발 능력 • 기술적 개발 예측 능력 • 신흥 시장 기회 활용 능력
개인	업무 경험 향상 • 도전에 대한 도움 • 전문성에 대한 접근 • 팀에 대한 기여 • 개인의 문제 접근에 대한 자신감 • 동료와 함께하는 재미 • 의미 있는 참여 • 소속감	전문성 개발 촉진 • 기술과 전문성 확대 • 관심 분야 동료 네트워크 • 전문성 평판 향상 • 향상된 개인의 시장성 및 몸값 • 강한 전문가 아이덴티티

출처: Wenger, McDermott, Snyder(2002)

것이다.

실무공동체가 창출하는 가치는 빠른 정보 접속을 통하여 표준 매뉴얼, 향상된 기술, 또는 비용 감소와 같은 유형의 결과를 포함하고, 또한 신뢰감이나 향상된 혁신 능력과 같은 무형적인 결과도 가져온다. 비지니스 리더가 공동체를 '소프트' 구조로 치부하는 실수를 저지르지 않고 공동체 활동을 유형의 비지니스 결과와 연결시키는 것은 중요하다. 공동체의 가치를 공동체의 성과에 대한 유형의 효과로 명확히 하는 것은 공동체에 지식을 효과적으로 관리할 필요가 있다는 정당성을 제공한다. 동시에 공동체의 위대한 가치가 사람들 사이에서 만들어지는 관계, 그들이 창조하는 소속감, 그들이 생성하는 호기심, 그리고 멤버들에게 부여하는 전문적 신뢰, 아이덴티티와 같은 무형의 결과에 있다는 점은 매우 중요하다.

실무공동체는 새로운 전략을 개발하는 것뿐만이 아니라 기존 전략을 실행하는 능력을 통하여 가치를 제공한다. 한편으로 실무공동체는 비지니스 전략을 실현하는 방법이다. 전략 실행은 제품을 이해하고, 시장 추세에 민감하고, 경쟁에서 앞서는 데 무엇이 필요한지를 아는 매우 능력 있는 일선 실무자들의 참여에 달려 있다. 다른 한편으로 실무공동체는 새로운 전략의 수립에 기여를 한다. 실무공동체는 실무자의 개인적 개발과 전문성 아이덴티티를 조직의 전략에 연결함으로써 가치를 창출한다. 조직과 공동체 멤버의 필요를 결합하는 능력은 기업이 직원들의 창의성을 충분히 활용함으로써 성공하는 지식경제에서는 결정적으로 중요하다. 공동체가 조직과 멤버 모두에게 가치를 제공하는 다양하고 복잡한 방법은 빠르게 경영 어젠다의 중요한 부분이 되고 있다.

실무공동체와 학습

실무공동체는 학습을 가속화한다. 실무공동체는 같은 일을 하는 그룹을 의미하므로 참여자는 공통 언어는 물론 일상 업무에서 많은 공통점을 가진다. 실무공동체의 공동체는 신뢰 위에 구축된 관계를 유지하는 그룹을 말하며 아이디어와 우수 사례를 공개적으로 공유하는 데 초점을 맞추고 있다. 실무공동체에서는 지식의 창조, 학습, 공유, 그리고 사용을 거의 구별하기 어렵다. 그것은 실무공동체에서는 일을 빼고 이야기를 나눌 수 없고 실무를 제외한 커뮤니케이션이 쓸모없기 때문이다. 공동체의 멤버가 되어 실무에 관여하게 되면 지식과 정보를 획득하고 사용하게 된다. 공동체 밖으로 물러나면 이러한 것은 가능하지 않은 일이다.

그룹은 사람들이 무엇을 학습하고 어떻게 학습하는가에 매우 중요하다. 그룹 환경에서는 실무 뒤편으로 오고 가는 지식이 쉽게 공유된다. 이러한 패턴은 작업장에서나 전문가의 현장에서 발견된다. 과학자, 의사, 건축가, 변호사들은 오랜 기간 동안 강의실에서 훈련을 받은 후 업무 기술을 전문적 멘토로부터 배운다. 그들은 매우 비밀스런 지식을 생산하고, 공유하고, 활용하는 공동체를 형성한다.

공동체는 단일 룹 학습과 이중 룹 학습 모두를 조장한다. 공동체는 특정 분야에 초점을 맞추어 더 좋은 행동을 취하는 방법을 창조하고 공유하는, 새로운 프로세스, 도구, 방법을 개발하는, 새로운 경영 아이디어의 활용을 위한 사고의 시험대를 제공한다. 이것이 단일 룹 학습이다. 그러나 아이디어의 공개적 교환과 공동체 멤버들 사이의 상호작용은 어떻게 시스템이 작동하는지에 대한 기본 이론과 믿음을 흔들 수도 있다. 이러한 일이 일어나면 시스템 구조와 시스템을 그렇게 작동하게 하는 것들에 대해 전적으로 새로운 이해가 재검토되어야 하고 새로운 이론이 개발되어야 한다. 이것이 이중 룹 학습이다. 이것은 공동체의 장점이 된다. 공동체는 멤버들이 상황을 보는 새로운 방법에 눈을 뜨게 하는 아이디어, 가정, 그리고 이론의 교환을 장려한다. 공동체의 지속적이며 빠른 피드백 시스템은 토론과 대화를 통한 의사결정 결과 즉 시스템에 대한 새로운 이해를 만들어 내는 기회를 제공한다. 공동체의 신뢰하는 프레임워크 안에서 개인은 다른 사람의 결과를 관찰하고 자신의 가정과 이론을 다시 생각할 수 있다.

1.3. 실무공동체 구조

실무공동체의 비공식적, 사회적 환경에서 어떻게 가치와 효과성을 촉진하고 달성할지에 대해서는 아는 바가 별로 없다. 그러나 실무공동체가 개발되려면 전통적 계층, 비지니스 관행, 경영 스타일은 적절하지 않다는 데에 학자나 실무자들 모두가 동의한다. 웬저는 이러한 공동체를 조직의 프론티어라고 부르며 실무공동체가 현대 조직에서 많지 않은 이유를 세 가지로 들고 있다. 첫째는 이제 겨우 실무공동체에 대하여 알기 시작하였고, 둘째는 실무공동체를 고무하고 지원하여야 한다는 점을 인식하였고, 셋째는 실무공동체가 감시나 간섭에 저항하는 특성 때문에 조직과 통합하거나 조성 및 지지하는 것이 쉽지 않다는 것이다.

실무공동체의 등장은 조직이 과거보다 더 유동적이 된다는 것을 암시한다. 조직은 전통적으로 명확한 경계를 가졌으나, 실무공동체가 멤버를 기업의 전문가 공동체로 확장하고 기업의 동업자, 파트너, 벤더, 고객을 포함하면서 미래에는 이 경계가 점점 더 희미하게 될 것이다. 내부적으로 조직은 전통적 프로젝트와 기능별 경계를 초월하는 참여의 그물과 같은 모습을 가질 것이다. 결국 실무공동체는 전통적 공식적 조직 구조와 프로세스를 어느 정도 무너뜨릴 것이다.

이러한 추세는 실무공동체의 직업적 원칙과 전통적 조직의 행정적 원칙 사이에 앞으로 풀어야 할 긴장을 만들고 있다. 실무공동체가 전통적 노동 구조를 대체하지는 않을 것이다. 오히려 실무공동체는 전통적 조직에 대하여 일과 학습의 새로운 차원을 더할 것이다. 예를 들면 실무공동체는 팀 학습을 조직 전체에 확산시킬 것이다. 그러므로 전통적 조직이 노동에 대한 수직적 관점(지역, 비지니스 라인, 또는 프로젝트)을 취하는 것에 비해 실무공동체는 학습과 행동을 통해 수직적 경계를 통합하는(예: 학습, 실무, 통찰) 수평적 관점을 취한다. 실무공동체를 조직에 효과적으로 통합하기 위해서 매니저는 어떻게 협력하는가와 어떻게 조직이 협력으로부터 배울 것인가의 두 질문에 답할 수 있어야 한다.

그러한 양방향 조직을 관리하기 위하여 기업은 인지된 비지니스 프로세스(실무공동체)가 일어나도록 역량을 조정하는 능력과 구체적 과제 요구 사항에 필요한 지식과 기술의 다양한 관점을 통합하는 능력을 개발하여야 할 것이다. 이러한 다른 유형의 구조를 성공적으로 통합하는 것을 배우는 기업은 이중으로 짠 천(Double-knit) 조직이라 할 수 있다. 이러한 조직은 꽉 짜여 수직적으로 조직된 팀과 얼기설기 짜인 수평적 공동체를 하나의 기능적이며 융통성 있는 구조로 짜놓았기 때문이다.

실무공동체 유형

실무공동체는 조직 내의 지역, 비지니스 단위, 지리적 경계를 넘어서 연결하는 메커니즘이다. 기업들은 많은 다른 종류의 실무공동체를 실행한다. 어떤 것은 어쩌다가 상호작용을 갖는 사람들의 느슨한 그룹이고 어떤 것은 훨씬 더 활동적이고 긴밀하게 통합된 그룹이다. 이외에도 특정 관심사 그룹과 실무네트워크 같은 것이 결국 실무공동체로 진화한다.

실무공동체 개발의 첫걸음은 실무공동체를 알아보는 것이다. 실무공동체는 조직에서 여러 가지 이름과 스타일로 존재한다. 실무공동체의 유형은 실무공동체가 존재하게 된 배경과 실무공동체를 구성하는 사람들만큼 다양하다. 다른 유형의 실무공동체를 이해하는 것은 실제에서 실무공동체를 인식하는 데 도움을 주므로 [표 9-2]에 각 기준에 따른 대표적 유형을 요약하였다.

[표 9-2] 실무공동체 유형

기준	유형	특징
규모	소규모/ 대규모	• 소규모 실무공동체는 몇 명의 전문가로 구성되고, 대규모 실무공동체는 수천 명 이상일 수 있으며 지역 또는 주제로 세분화되기도 한다.
생명	장기 지속/ 단기 지속	• 장인들의 실무공동체는 수세기의 수명을 가지나, 대부분의 실무공동체는 그 수명이 짧다.
지역	동일 지역/분산	• 대부분의 실무공동체는 같은 장소나 가까운 곳의 사람들로 구성되나, 많은 실무공동체가 지역과는 상관없다. 특히 인터넷과 글로벌라이제이션의 발전이 분산된 실무공동체를 촉진하고 있다.
속성	동질/이질	• 어떤 실무공동체는 같은 분야 또는 기능의 사람들로 구성되나, 어떤 실무공동체는 다른 배경의 사람들로 구성된다.
경계	내부/경계초월, 기업내/기업 간	• 실무공동체는 완전히 한 비지니스 단위에 속하거나 아니면 부서 경계를 초월할 수도 있다. • 조직 경계를 초월하는 실무공동체는 다시 기업 내, 비지니스 단위 간, 조직 간 실무공동체로 나눌 수 있다.
의도	즉흥적/의도적	• 어떤 실무공동체는 조직으로부터 어떠한 의도나 개발 노력 없이 시작되고, 다른 실무공동체는 조직이 필요에 따라 의도적으로 구체적 공동체를 개발한다.
인식	미인식된/제도화된	• 어떤 실무공동체는 조직이 인식하지 못할 수도 있고, 어떤 실무공동체는 그 가치가 중대하다고 판단되어 조직에 흡수되어 조직의 지원을 받기도 한다. • 실무공동체는 다시 조직의 인식 및 제도 여부에 따라 미인식된, 비공식적, 인정된, 지원되는, 제도화된 것으로 나누어진다.

2. 실무공동체 개발

2.1. 실무공동체 구조적 모델

실무공동체는 그 다양한 형태에도 불구하고 모두가 같은 기본 구조를 가지고 있다. 실무공동체는 영역, 공동체, 실무의 세 가지 기본적 요소의 독특한 결합이다. 지식의 영역은 이슈들을 정의하고, 사람들의 공동체는 그 영역에 대한 관심을 가지고, 공유된 실무는 그들의 영역에서 효과적이 되도록 개발된다.

영역(Domain)은 실무공동체 멤버들이 중요하다고 보는 일상에서 경험하는 토픽, 주요 이슈, 문제, 공개 의견 등의 집합이다. 지식 영역은 멤버들이 열정으로 하나가 되게 하고, 그들의 질문과 지식을 조직화하는 방법을 가이드하고, 실무를 개발하는 데에 대한 책임감을 느끼게 하는 전문 지식 분야이다. 영역은 공동의 장과 일체감을 만든다. 잘 정의된 영역은 멤버와 다른 이해 당사자에게 실무공동체의 목적과 가치를 확인시켜 공동체의 정당성을 부여한다. 영역은 기여와 참여를 하게 하고, 학습을 가이드하고, 멤버들의 활동에 의미를 부여하여 멤버들을 고무시킨다. 영역의 경계와 최첨단 분야를 아는 것은 멤버들에게 무엇이 공유할 가치가 있고, 그들의 아이디어를 어떻게 표현하고, 어떤 활동을 추구할 것인가를 정확하게 결정하게 해준다. 그것은 또 멤버들에게 잠정적 또는 대강의 아이디어의 잠재력을 인식하게 한다.

공동체(Community)는 멤버들 사이의 개인적 및 조직적 관계로 되어 있고, 멤버로서 개인, 그들의 연결, 상호작용, 환경, 개인 및 집합의 아이덴티티, 그리고 함께 모이는 공간을 포함한다. 공동체는 학습의 사회적 구조를 만든다. 강한 공동체는 상호 존경과 신뢰에 기초한 상호작용과 관계를 촉진한다. 그것은 아이디어를 공유하고, 자신의 무지를 드러내고, 어려운 질문을 하고, 주의 깊게 경청하는 것을 자진하도록 장려한다. 학습은 지적 프로세스인 동시에 소속감에 관한 것이므로 공동체의 매우 중요한 요소이다.

실무(Practice)는 공동체가 공유하는 프레임워크, 아이디어, 도구, 정보, 스타일, 언어,

스토리, 문서의 집합이다. 영역이 공동체가 초점을 맞추는 주제를 의미하는 것에 반해, 실무는 공동체가 개발, 공유, 유지하는 특정 영역에서 일을 하는 방법에 대한 구체적이고 집합적으로 가다듬는 노하우이다. 공동체가 형성된 지 어느 정도 되면, 멤버들은 서로가 공동체의 기본 지식을 터득한 것으로 기대한다. 이러한 공유된 지식과 자원은 공동체가 효율적으로 영역을 다루도록 해준다.

이러한 실무공동체의 세 요소가 제 기능을 할 때 그들은 실무공동체를 이상적 지식구조 즉 지식의 개발과 공유에 대한 책임을 지는 사회적 구조로 만든다. 세 구성 요소와 관련하여 공동체 모델을 개발하는 것은 단순한 이론적 훈련이 아니라 몇 가지 구체적인 점에서 유용하다. 이 구조적 모델은 토론, 집합적 행동, 그리고 조직에서의 정통성, 스폰서십, 자금 지원을 얻으려는 노력을 돕는 공통 언어를 제공한다. 영역, 공동체, 실무를 정의하는 것은 다른 유형과 다른 사회적 구조로서의 실무공동체의 정의를 명확히 하는 것이다. 이 요소들은 실무공동체 멤버들에게 참여가 어떤 다른 의미를 갖는지를 이해하는 수단을 제공한다. 예를 들면, 어떤 멤버는 실무보다는 공동체에 더 관심을 가질 수 있다. 이 세 요소는 잘 운영되는 공동체를 만들기 위하여 초점을 맞추어야 하는 분야를 알게 해주어 공동체 개발 노력을 돕는다.

2.2. 실무공동체 개발단계

실무공동체는 보통 계속 연결되어 조직의 중요한 부분이 될 수 있는 잠재력을 가진 느슨한 네트워크로 출발한다. 멤버들이 연결을 계속하면서 공동체로 연합된다. 일단 형성되면 공동체 안에서 멤버와 멤버들이 공유하는 지식의 깊이가 커간다. 성숙하게 되면 공동체는 높고 낮은 활동의 사이클을 거쳐 간다. 이 단계에서 공동체는 종종 그들이 공유하는 지식과 실무에 대한 능동적 관리를 하고 의식적으로 그것들을 발전시킨다.

실무공동체의 분석과 설계의 요소는 실무공동체의 진화를 몇 개의 구분되는 단계로 나누는데에서 파악될 수 있다. 웬저, 맥더못, 스나이더(Wenger, McDermott, Snyder)는 실무공동체의 라이프 사이클을 [그림 9-2]와 같이 다섯 단계로 나눈다. 실무공동체 라이프 사이클이 진화함에 따라 개발될 요소와 관련된 관리의 이슈와 활동도 달라진다. 각 단계는 앞에서 본 실무공동체의 구조적 모델의 세 요소인 영역, 공동체, 실무의 측면에서 살

[그림 9-2] 실무공동체 개발단계

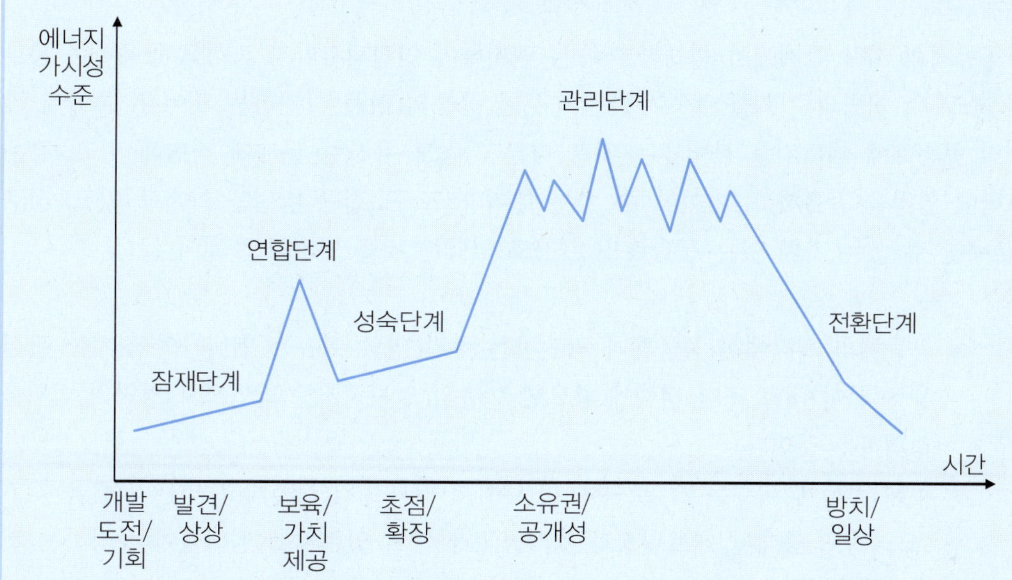

출처: Wenger, McDermott, Snyder(2002)

펴볼 수 있다.

잠재단계

실무공동체 개발 첫 단계는 공동체가 존재하지 않거나, 유사한 문제나 과제를 가지지만 잘 만나지 않은 사람들의 약한 네트워크로 존재한다. 공동체 개발은 현존하는 사회적 네트워크에서 시작된다. 잠재적 멤버들이 강한 관계 개발을 위한 잠재력을 가졌으나 실무공동체로는 발전하지 않은 상태이다. 조직의 어떤 중요한 토픽은 보통 네트워킹을 시작하는 관심 있는 사람들의 비공식적 그룹을 만들도록 한다. 그들이 단순히 느슨한 네트워크이든지 아니면 실무공동체로 인식하기 시작하였든지에 상관없이 그들은 공동체의 핵심 그룹을 형성하고 그 공동체를 이끄는 사람들이다. 어느 시점에 공동체를 형성하려는 아이디어가 이 느슨한 네트워크 안에서 생겨난다. 이러한 전망이 사람들의 주의를 끌어, 그들은 잠재적 공동체의 새로운 빛 속에서 자신들만의 이슈와 관심을 공동의 이익 및 그들의 관계로 보기 시작한다. 공유된 영역의 느낌이 만들어지면서 좀 더 체계적인 상호작용의 필요성이 나타나고 관심을 일으킨다. 어떤 사람은 공동체를 시작하는 책임을 맡게 된다.

공동체의 시작 단계에서 중요한 이슈는 멤버들이 연결되었다고 느끼고 공유하는 통찰력, 스토리, 기법의 가치를 볼 수 있는 충분한 공통의 장을 발견하는 것이다. 초기에 잠재적 공동체에 에너지를 불어넣는 것은 다른 사람도 유사한 문제에 직면해 있고, 같은 토픽에 열정을 공유하고, 기여할 수 있는 데이타, 도구, 접근 방법을 가지고 있고, 서로가 배울 수 있는 가치 있는 통찰력을 가지고 있다는 것을 발견하는 것이다.

- 공동체의 시작에서 공동체가 직면하는 주된 영역 이슈는 멤버들의 진지한 관심을 이끌어 내고 조직 전체에 중요한 이슈와 일치시키는 방법으로 영역의 범위를 정의하는 것이다.
- 주된 공동체 이슈는 그 토픽에 대하여 이미 네트워크를 하고 있는 사람을 찾고 어느 정도 증대된 네트워킹과 지식공유가 가치 있는지를 멤버들이 상상하는 것을 돕는 것이다.
- 주요 실무 이슈는 공통의 지식 니즈를 파악하는 것이다.

이 세 이슈는 서로 관련이 있다. 영역의 범위를 정하게 되면 공동체의 차원이 명백해진다. 공동체를 만들게 되면 사람들은 공통의 지식 필요를 파악한다.

공동체 설계 단계에서의 주요 목표는 영역, 공동체, 실무의 세 요소를 중심으로 공동체 개발을 촉진하는 것이다. 이것은 공동체의 초점 정의, 멤버들 사이의 관계 파악 및 구축, 공동체 멤버들이 큰 관심을 가질 토픽과 프로젝트를 파악하는 것을 포함한다.

연합단계

두 번째 단계인 연합단계에서는 멤버들이 적절한 상호작용 모델에 따라 관계를 구축하는 것이 지원되어야 한다. 공동체가 이미 존재하는 것에 대한 이해와 그것이 어디로 갈 것인지에 대한 비전을 결합할 수 있을 때 그 공동체는 연합단계로 이동할 준비가 된 것이다. 주된 과제는 선택한 분야의 지식공유가 멤버와 조직에게 주는 가치를 결정하는 것과 상호 이해를 촉진하고, 공유가 가장 유용한 지식의 종류를 발견하고, 적절한 공유 방법을 결정하는 것으로 멤버들 사이의 신뢰 및 개인적 관계를 구축하는 것이다. 이 단계에서 공동체는 공동체 이벤트를 개최하면서 공식적으로 출발하게 된다. 이 시기에는 멤버들이 관계, 신뢰, 공동의 관심사와 필요에 대한 인식을 구축하게 하는 활동을 갖는 것이 중요하다.

공동체 개발 두 번째 단계의 주요 이슈는 공동체가 연합할 수 있는 충분한 에너지를 생산하는 것이다. 공동체는 멤버들이 참여하면서 가치를 발견할 때 번성한다. 보통 공동체는 사람들이 서로 진정한 신뢰를 가지고, 진실로 유용한 지식을 공유하고, 공동체가 살아남기에 충분한 가치를 제공하는 데까지는 시간이 필요하다.

- 연합단계의 주요 영역 이슈는 영역에 대한 지식공유의 가치를 수립하는 것이다.
- 주요 공동체 이슈는 서로의 관계와 난처한 실무 문제를 토론할 수 있을 만큼 충분한 신뢰를 개발하는 것이다. 연합 프로세스에서는 신뢰가 가장 중요하다. 신뢰 없이는 공동체 멤버들이 영역의 어떤 점이 가장 중요한지를 발견하는 것과 공동체의 진정한 가치를 파악하는 것이 어렵다.
- 주요 실무 이슈는 어떤 지식이 어떤 방법으로 공유되어야 하는지를 구체적으로 토론하는 것이다.

성숙단계

성숙단계는 상호 관여의 증가와 높은 역학 관계로 특징지어진다. 멤버의 수가 급격히 증가하고 새로운 자극이 도입되기도 한다. 공동체의 도전은 성장과 내부 초점 사이의 긴장 관계를 해결하는 것이다. 성숙단계의 공동체 주요 이슈는 가치 정립에서 공동체 초점, 역할, 경계를 명확히 하는 것으로 이동한다. 일단 공동체가 실행 가능성과 가치를 보이게 되면 공동체는 급속하게 성장할 수 있다. 단편적 팁을 나누는 수준에서 종합적 지식 베이스를 개발하는 수준으로의 이동은 공동체 멤버들에게 시간과 관심사의 범위에 대한 요구가 확대됨을 의미한다.

- 공동체가 성장하면서 주요 영역 이슈는 조직에서의 역할과 다른 영역과의 관계를 정의하는 것이다.
- 주요 공동체 이슈는 더 이상 전문가 친구들의 네트워크가 아닌 공동체의 경계를 관리하는 것이다. 새롭고 확대된 경계를 정의할 때 공동체는 핵심 목표에서 벗

어나지 않도록 하여야 한다.

- 주요 실무 이슈는 단순한 아디이어나 통찰력 공유에서 공동체의 지식을 조직화하고 진지하게 관리하는 것으로 이동한다. 공동체가 강한 존재감을 갖게 됨에 따라 핵심 멤버들은 자주 공동체 지식의 갭을 보고, 최첨단을 파악하고, 공동체 핵심 실무의 정의가 좀 더 체계적일 필요를 느끼기 시작한다.

성숙단계는 공동체 코디네이터와 스태프들이 활발하게 일해야 할 때이다. 공동체 멤버들이 느끼는 긴장감이 상당히 클 수도 있다. 이 단계에서 공동체가 가끔 해체되거나 재구성되기도 하므로 공동체는 상당한 지원을 필요로 한다.

관리단계

관리단계에서 실무공동체는 공통된 지식의 체계적 조직화 작업을 계속한다. 전문 지식과 개인 관계를 확장하고 깊이 있게 하고 도구와 수단을 더 개발하여야 한다. 성숙한 공동체의 주요 이슈는 실무, 멤버, 기술, 조직과의 관계에서의 자연적 전환을 통하여 어떻게 모멘텀을 유지하는가이다. 때로는 에너지가 떨어지는 악순환을 할 때도 있다. 다른 어떤 성숙기처럼 신선함과 생동감을 유지하는 것은 에너지와 주의를 요구한다. 또 공동체는 새로운 아이디어, 접근 방법, 관계에 대하여 열려 있어야 한다.

- 공동체 개발에서 이 단계에서의 주요 영역 이슈는 영역의 관련성을 유지하고 조직에서의 존재를 발견하는 것이다.
- 주요 공동체 이슈는 공동체의 위치와 지적 초점이 살아 있게 하고, 역할을 하게 하는 것이다.
- 주요 실무 이슈는 공동체가 최첨단에 서 있도록 하는 것이다.

지식 베이스를 능동적으로 관리하는 것은 소유권과 공개성 사이의 긴장 관계의 균형을 유지하는 것이다. 새로운 도전의 기회를 파악하고, 공동체의 초점을 확대하고, 새로운 관점을 포용하는 것은 공동체 코디네이터와 핵심 멤버들의 역할이다.

전환단계

공동체의 소속감과 새로운 아이디어와 사람에 대한 공개성 사이의 긴장감은 완전하게 해소되기 어렵다. 긴장감은 공동체의 관리단계 내내 계속된다. 공동체가 경계를 넓히면 공동체의 초점을 잃을 수 있는 위험을 안게 된다. 새로운 멤버들이 공동체의 토픽, 실무, 프로세스에 대한 소유감을 별로 느끼지 못하게 된다. 공동체가 경계를 닫아 버리면 공동체는 질식하게 된다. 대부분의 공동체는 활동의 수준을 왔다 갔다 하면서 양 극단의 중간에 있고자 한다. 그러나 갑작스럽게 새로운 멤버가 밀려오거나 에너지의 수준이 뚝 떨어지는 극적인 상황이 가끔 일어나 급격한 전환을 요구하기도 한다. 혹은 초기의 태동기나 성장기로 회귀하거나 아니면 공동체가 문을 닫게 된다.

공동체의 급격한 전환이나 폐쇄는 나고, 성장하고, 살아가는 것처럼 자연스러운 일이다. 아주 건강한 공동체도 자연적 폐쇄를 맞기도 한다. 시장 변화, 조직 구조, 그리고 기술은 공동체의 영역을 의미 없게 만들기도 한다. 공동체의 실무가 너무 기계적이거나 상식적이어서 더 이상 독특한 공동체가 필요 없게 되는 것이다. 또는 공동체 멤버들이 시간이 지남에 따라 다른 관심사를 발전시켜 공동체를 하나로 묶을 공통성이 없어질 수도 있다. 어떤 이유에서든 공동체가 스스로 전환하는 여러 가지 경우가 있다. 공동체가 사라지거나 문을 닫는 것을 네 가지 유형으로 나누어 볼 수 있다.

- 존재 자체가 없어지는 경우 – 멤버들이 점차 공동체를 떠나고, 공동체 활동 참여가 감소하다가 종국에는 최소한의 참여나 참여 자체가 없어진다.
- 재정의하는 경우 – 공동체가 해체되는 것이 아니라 원래의 아이덴티티가 사라지고 새로운 아이덴티티가 만들어진다. 재정의 프로세스는 두 가지 형태로 나타난다. 첫째는 공동체의 멤버들이 아이덴티티 위기(Identity Crisis)를 갖는 것이고, 둘째는 공동체가 새로운 아이덴티티를 내부적으로 형성하는 것이 아니라 더 큰 조직에 대한 공동체의 외부 아이덴티티로 바꾸는 것이다.
- 다른 공동체에 합병되는 경우 – 합병은 공동체가 사라지는 대표적 방법이다. 합병은 동등한 합병 또는 불평등한 합병일 수 있다.
- 조직의 단위로 되는 경우 – 공동체로서의 기능을 중단하고 조직의 단위로 전환한다.

2.3. 실무공동체 디자인 원칙

공동체를 키우는 것은 조직과 조직 간의 맥락에서 이루어진다. 공동체는 맥락에 많은 영향을 받게 되고 잘 통합되었을 때 완전한 가치를 실현한다. 공동체를 통한 조직 지식 이니셔티브는 외부에서 공동체를 만드는 것이 아니라 공동체 본래의 생동감을 개발하는 것이다. 공동체 수준에서 디자인 원칙은 멤버들의 열정과 참여를 이끌어 내는 것이다. 조직 차원에서 디자인 원칙은 한 공동체가 성취할 수 있는 것 이상의 가치를 창출하도록 이 열정과 조직의 힘과 자원을 결합하는 것이다.

조직적 이니셔티브는 자연적으로 진화하고, 새로운 리더를 격려하고, 야심 찬 가치 목표를 추구하고, 공식 및 비공식 요소를 구성하고, 폭넓은 참여를 유도하고, 문화에 기초하여 개발하고, 모멘텀을 창조하도록 디자인되어야 한다. 공동체 기반의 지식 이니셔티브는 조직 차원의 사회운동이라 볼 수 있다. 오랜 시간에 걸쳐 모멘텀을 구축하고, 그 모멘텀이 강요되었다고 느끼지 않게 '당김(Pull)'의 느낌을 만든다. 공동체 기반의 지식 이니셔티브는 조기 채택자, 중간의 다수, 회의론자를 포함하는 여러 차원의 준비 정도를 가진 사람들이 참여하도록 점차 커지는 관심과 맞아떨어져야 한다.

지식의 상호작용적 성격이 조직의 지식경영을 도전적이게 한다. 실무공동체 디자인은 지식이 프로세스의 대상물이 아니라 인간과 그들의 사회적 상호작용에 밀접하게 결합된 암묵적 자원이라는 관점의 지식의 사회적 모델에 기초할 것을 요구한다. 실무공동체는 살아 있는 개체이며 조직의 열정, 관계, 자발적 활동의 중요성을 이해하는 접근 방법을 요구한다. 이러한 지식경영의 도전에 대하여 지속 가능한 지식 상호작용의 디자인을 위한 몇 가지 원칙이 제시되었다.

진화적 디자인

실무공동체는 유기체이므로 실무공동체 디자인은 무에서 창조하는 것보다 그 진화 과정을 관리하는 것이라 할 수 있다. 디자인 요소는 공동체의 자연적 진화의 촉매이어야 한다. 공동체가 개발될 때 보통 기존의 개인 네트워크로부터 시작된다. 공동체의 역동적 성격은 진화의 핵심이다. 공동체가 성장하면서 새로운 멤버는 새로운 관심을 가져오고 공동체의 관심을 다른 방향으로 이끌 수도 있다. 조직의 변화는 공동체의 상대적 중요성에 영향을 주고 새로운 요구를 할 수 있다. 진화적 디자인의 열쇠는 공동체 개발의 촉매가 되도록 디자인 요소를 결합하는 것이다. 공동체 코디네이터나 문제해결 미팅과 같은 사회적 및 조직적 구조는 공동체 진화를 촉진시킨다. 어떤 디자인 요소가 가장 적합한지는 공동체 개발단계, 환경, 멤버들의 응집력, 공유하는 지식의 유형에 따라 다르다.

내·외 관점 간의 대화

좋은 공동체 디자인은 공동체가 무엇인지를 발견하는 것을 리드하는 내부자 관점을 요구한다. 효과적 공동체 디자인은 공동체 멤버들의 집합적 경험 위에 개발된다. 내부자만이 영역의 중심 이슈, 공유가 필요한 지식, 분야가 당면한 도전, 그리고 새로운 아이디어와 기법에 대한 보이지 않은 잠재력을 이해한다. 내부자만이 누가 진정한 플레이어인지와 그들의 관계에 대하여 알 수 있다. 그것은 공동체 이슈에 대한 깊은 이해를 요구한다. 좋은 공동체 디자인은 지식을 개발하고 관리하는 공동체의 잠재력에 대한 이해를 요구한다. 그러나 그것은 멤버들이 가능성을 보는 것을 돕는 외부 관점도 요구한다. 좋은 공동체 디자인은 공동체 외부의 정보를 통하여 공동체가 성취할 수 있는 것에 대한 대화를 이끌어 내는 것이다. 이것은 공동체 멤버들에게 다른 조직에 대한 공동체의 역할에 대하여 교육하는 것을 포함한다. 이 대화의 결과는 공동체 내의 이슈에 대하여 이해하고 공동체 내의 합법성을 가지는 사람이 새로운 가능성을 보고 변화의 대리인으로서 효과적으로 행동할 수 있게 한다. 실무공동체는 자신들의 잠재력에 도달할 수 있도록 돕는 비전과 능력을 가진 공동체 내·외부의 공식 및 비공식 리더에 달려 있다. 이것은 내·외부의 관점 간의 대화를 하게 만든다.

여러 차원의 참여

좋은 공동체 아키텍처는 조직 차원에서 전체 조직을 통하여 다양한 역할을 하는 구성원의 참여와 지원을 이끌어 낸다. 사람들은 서로 다른 이유로 공동체에 참여한다. 모든 공동체 멤버들이 동등하게 참여하도록 장려하여야 하지만, 사람들은 공동체에 대한 서로 다른 이해의 차원을 가지므로 그것은 현실적이지 못하다. 살아 있는 공동체는 이벤트를 조직하고 공동체를 연결하는 코디네이터가 있다. 그러나 공동체의 다른 멤버들이 리더십 역할을 하기도 한다. 공동체 참여에는 세 차원이 있다. 첫째 토론에 능동적으로 참여하는 소수의 핵심 멤버들이 있다. 이 그룹은 공동체의 중심이며, 공동체가 발전하면서 이들은 공동체 리더십 역할의 상당 부분을 떠맡는다. 이 핵심 그룹 외부의 다음 차원에는 활동 그룹이 있다. 이 멤버들은 정기적으로 미팅에 참석하고 가끔 공동체 포럼에 참여한다. 공동체 멤버의 대부분은 주변에 있으며, 핵심 및 활동 멤버들의 상호작용을 지켜보며 드물게 참여를 한다. 이러한 주변 활동은 실무공동체의 필수적 차원이며 이러한 주변 멤버들은 그냥 지켜보기만 하는 것이 아니라 많은 학습을 한다. 이 세 차원의 공동체 멤버들 외에도 고객, 공급자, 지적 이웃과 같이 공동체에 관심을 가진 멤버가 아닌 사람들이 있다. 좋은 공동체 참여와 다른 차원간의 바람직한 움직임의 핵심은 모든 차원의 참여자가 멤버인 것을 느끼도록 공동체 활동을 디자인하는 것이다.

공적 및 개인적 공동체 공간 개발

역동적 공동체에는 미팅이나 웹 사이트 같은 공동체의 공공장소와 공동체 멤버들의 일대일 네트워크인 사적 공간에서 일어나는 연결이 풍부하다. 대부분의 공동체는 공동체 멤버들이 정보를 교환하고, 문제를 해결하고, 새로운 아이디어, 도구, 기법을 탐구하기 위하여 면대면 또는 전자적으로 모이는 공적 이벤트를 가진다. 공적 공동체 이벤트는 본질적 목적뿐만 아니라 의식적 목적도 갖는다. 그러나 공동체 디자인이 공적 이벤트에 너무 치중되지 않아야 한다. 공동체의 핵심은 공동체 멤버들 사이의 관계의 그물이며 일상의 대부분은 일대일 교환에서 이루어진다. 일대일 네트워크는 더 많은 사람들과 정보를 공유하는 길을 만든다. 공동체의 공적 및 사적 차원은 서로 연관되어 있다. 공동체 멤버들 사이의 개인적 관계가 강하면 공적 이벤트는 더욱 풍부하게 된다. 실무공동체의 생동감은 비공식 전문가의 열정 및 실무자의 열망과 조직의 공식적 운영 요구 사이의 균형을 통하여 이루어진다.

가치 초점

공동체는 공동체 멤버들이 일하는 조직과 팀 그리고 공동체 자체에 가치를 제공하기 때문에 번성한다. 공동체에 대한 참여는 자발적이므로 가치는 공동체 삶의 열쇠이다. 공동체의 가치가 초창기에는 분명하지 않을 수 있고, 가치의 근원이 공동체의 수명 주기가 바뀜에 따라 달라지기도 한다. 공동체가 성장할수록 쉽게 접근할 수 있는 지식의 체계를 개발하는 것이 중요하다. 공동체는 예상되는 가치를 미리 결정하려 할 것이 아니라 잠재적 가치가 드러나는 것을 돕는 이벤트, 활동, 관계를 만들고 그것들로부터 새로운 방법을 찾아낼 수 있게 하는 것이 필요하다. 대부분의 가치 있는 공동체 활동은 작은 일상적 상호작용이다. 또 공동체의 가치를 디자인하는 주요한 방법은 공동체의 수명 동안 공동체 멤버들에게 공동체의 가치에 대하여 명시적이게 하는 것이다. 조직 차원에서 가치 초점은 단일 공동체가 기여하는 것뿐만이 아니라 공동체, 팀, 비지니스 단위들이 전략적 능력을 개발하여 실현하도록 하는 것을 결합하는 것이다.

친근함과 열정의 결합

성공적 공동체는 고향과 같은 친근함을 제공하면서 새로운 아이디어와 사람들을 공동체에 끌어들이는 다양하고 흥미 있는 이벤트를 가지고 있다. 공동체가 성숙하면서 정기적 미팅, 텔리콘퍼런스, 웹 사이트 사용, 그리고 다른 활동들이 일어난다. 공동체는 사람들이 솔직한 자문을 구하는 자유를 가지고, 의견을 공유하고, 비판받을 것을 걱정하지 않으면서 정리되지 않은 아이디어를 내놓을 수 있는 장소가 된다. 실무공동체는 일상 업무의 압력에서 벗어난 중립적 장소이다. 또 생기 있는 공동체는 다양한 사고와 활동을 공급한다. 공동체는 콘퍼런스, 워크숍, 박람회와 같은 이벤트로 공동체 멤버를 모이게 하여 다양한 즉흥적 접촉이 일어나게 한다. 이것은 일상 활동의 친근함에다 새로운 분위기와 흥분을 보탠다. 실무공동체 디자인은 공동체 문화를 개발하고, 익숙함과 흥분을 결합하여야 한다.

공동체의 리듬 창조

살아 있는 공동체는 리듬을 가지고 있다. 공동체의 핵심은 멤버들 사이의 지속적 관계의 그물이지만, 그들의 상호작용 템포는 공동체 이벤트의 리듬에 크게 영향을 받는다. 공동체의 맥박이 강하면서 리듬이 있으면 공동체는 살아서 움직이는 감각을 준다. 공동체의 리듬은 공동체 생기의 지표이며, 리듬의 예에는 익숙하며 흥분을 일으키는 이벤트의 싱코페이션(Syncopation), 사적 상호작용의 빈도, 참여도가 낮은 멤버의 능동적 참여 증감, 공동체의 전반적 진화 속도 등이 있다. 공동체가 진화하면서 리듬의 변화도 있게 마련이며, 각 단계에서의 바른 리듬을 찾는 것이 공동체 개발의 핵심이다.

2.4. 실무공동체 파악

기업은 지원할 공동체를 파악하기 위해 여러 가지 다른 메커니즘을 사용한다. 실무공동체는 강요될 수 없고 갑자기 만들어 낼 수도 없다. 따라서 실무공동체를 파악하는 공통적 접근 방법은 조직의 핵심 역량을 중심으로 이미 작동하는 비공식 그룹을 발견하여 그들이 함께 공동체가 되도록 지원하는 것이다. 실무공동체는 어떤 형태로든 조직 성과와 연결된 전략적 의도를 가지고 있어야 한다. 실무공동체는 조직의 가치를 이끌어 낼 수 있는 목적의 공동체이다. 일단 파악이 되면 공동체의 의도를 만들고, 경계를 설정하는 것을 돕고, 발전을 도모하는 것은 경영자의 임무이다.

실무공동체가 중요한 조직 자산이기는 하지만 실무공동체는 단지 제도적 자원 또는 구조 면에서 많은 것을 요구하지 않기 때문에 쉽게 간과하거나 당연시하는 자원이기도 하다. 그럼에도 불구하고 실무공동체는 효과적이기 위해 주의, 에너지, 자원을 요구한다. 아직 조직은 어떻게 실무공동체를 개발 촉진하는지 배우고 있는 중이지만 공동체를 그냥 무시하거나 내버려 둘 수는 없다. 실무공동체를 개발하려는 조직은 적합한 공동체를 파악하고 촉진하는 방법을 배우는 적극적 역할을 취해야 한다.

공동체의 선정

먼저 조직은 어떤 공동체를 개발하여 유지할 것인지를 결정하여야 한다. 이 의사결정은 조직의 지식공유 및 전반적 비지니스 전략에 달려 있다. 공식적 실무공동체는 멤버들이 성과를 향상시키는 것을 도와야 하고, 이것이 조직에 이익을 가져와야 한다. APQC의 2001년 벤치마킹 보고서는 최우수 조직에서 지원할 공동체를 선정할 때 다음과 같은 기준을 사용하는 것을 발견하였다.

- 실무공동체는 비지니스 니즈에 관련되어야 한다. 실무공동체는 추가적 업무가 아니라 기존의 업무와 책임에 초점을 맞추어야 한다.
- 가이드를 통하여 실무공동체는 향상된 수익 또는 이익, 향상된 관리 및 비지니스 프로세스 능력 또는 절감된 사이클 타임과 같은 결과를 보여 줄 수 있어야 한다. 많은 조직의 실무공동체 운영 혜택은 감소된 실수이다.

- 열정적으로 한 이슈를 다룰 의욕을 가진 실무공동체를 선택하는 것이 중요하다. 실무공동체는 조직의 적합한 필요를 만족시켜야 한다.
- 가이드를 통하여 실무공동체로부터의 교훈이 조직 전체에 이전될 수 있어야 한다.

APQC의 벤치마킹 연구에 따르면 최우수 사례 조직에서는 보통 공식 실무공동체를 파악하고 선정하는 데 지식경영자문그룹(Knowledge Management Advisory Group)을 활용하는 것으로 나타났다. 지식경영자문그룹의 역할은 이것들이 조직을 어떻게 지원하는지 이해하고 그들의 협력이 더욱 효과적이도록 하는 어떤 도구라도 제공하는 것이다. APQC의 벤치마킹 연구의 결과로 나온, 앞에서 본 기준에 충족하는 공동체를 선정하는 것은 필요한 지원과 자원을 확보하는 데 도움을 준다. 최우수 사례 조직들은 자연적으로 발생하여 협력하는 비공식적 실무공동체의 효능도 인정하고 있다.

적합한 실무공동체가 파악되면 그 공동체의 장래 지도자는 공동체의 미션, 비전, 혜택을 개요하는 비지니스 케이스(Business Case)와 계획을 만들어야 한다. APQC의 2001 벤치마킹 보고서는 비지니스 케이스가 담아야 하는 내용으로 공동체 배경 및 전략적 맥락, 니즈(Needs)의 증거, 잠재적 혜택 및 산출물과 성공 지표, 계획 및 디자인의 조직 책임, 요구되는 초기 투자, 자원 및 그 출처, 그리고 개발 계획을 꼽았다. 공동체 지도자들은 비지니스 케이스 이외에도 해당 프로세스 경영진들에게 발표, 워크숍, 또는 벤치마킹 조직의 예를 통하여 실무공동체의 잠재적 혜택을 프로모션하여 실무공동체에 대한 지원을 얻어야 한다.

3. 실무공동체 지원

모든 실무공동체는 정원과 같이 가꿀수록 더 잘 자란다. 다른 실무공동체는 다른 유형의 지원을 필요로 한다. 예를 들면 조직의 경계를 뛰어넘거나 세계적 범위의 실무공동체는 지역적 배경을 가지는 실무공동체와는 다른 유형의 지원을 필요로 한다. 그러므로 경영자는 실무공동체의 진정한 필요를 파악하고 적절한 지원을 하는 책임을 진다. 조직이 실무공동체를 지원하기 위한 세 가지 일반적 분야는 관리, 기술적 인프라스트럭처, 그리고 문화이다.

3.1. 관리

실무공동체를 구축하기 위해 지도자가 실제로 하는 것은 중요하다. 경영자의 중요한 과제는 전략적 결정을 하는 것이 아니라 지식을 가지고 있으면서 활동하는 많은 사람이 모이는 환경을 만드는 것이다. 매니저는 행동을 통하여 환경을 만들고, 규범을 강화하고, 기대를 수립하는 것을 돕는다. 이것은 많은 매니저에게 새로운 역할이며 어떤 기업은 준비되어 있지 못할 수 있다.

첫 단계로 매니저는 실무공동체와 그것의 조직에 대한 중요성을 인식하여야 한다. 그러면 매니저는 실무공동체에 필요한 자원 즉 시간, 실무공동체에 참여하도록 독려, 회의 공간과 기술에 대한 접근을 제공하는 데 적극적이게 될 것이다. 많은 기업에서 실무공동체는 많은 돈이나 시간을 필요로 하지 않는다. 자원 이외에 매니저는 실무공동체가 번성할 수 있는 문화를 창출하는 데 주의를 기울여야 한다. 문화 구축은 분리된 관리 활동이 아니라 지도자가 하는 모든 것에 녹아 있기 때문에 은밀한 리더십을 요구한다. 문화는 기업의 핵심 가치에 기초한다. 매니저는 문화를 창출하거나 변화시키지 않고, 문화를 향상시키고 공동체의 독창성과 정신을 정의하는 데 문화를 사용한다.

경영진의 지원 이외에도 많은 실무공동체를 가지고 있는 조직에서는 중앙지원그룹을 만들어 유지하는 것이 필요할 수도 있다. 이 그룹은 개발, 설비, 변화 관리, 프로젝트 관리, 커뮤니케이션, IT 지원을 표준화할 수 있다. 많은 조직에서 이 중앙지원그룹은 조직의 지식경영 이니셔티브에 속해 있으며 실무공동체의 활동을 조직의 전략에 연결하는 임무를 수행한다. 중앙지원그룹은 공동체의 발견이 조직 전체에 전파되도록 한다. 이 그룹은 공동체와 부서 경영팀과 협력하여 아래와 같은 방법으로 문제를 해결하여야 한다.

- 포털, 협력, 아키텍처, 도구에 대한 공통적 표준 수립
- 지식 공유, 포착, 재사용을 위한 공동체의 필요를 충족하는 실무공동체를 창조하기 위하여 부서 간 및 다차원 디자인 팀 활용
- 잠재적 실무공동체 멤버들이 어떻게, 왜, 언제 실무공동체에 참여하여야 하는지를 이해하도록 도움
- 실무공동체의 적시 디자인 및 착수를 위한 프로젝트 전문가 및 도구 제공
- 개인들에게 실무공동체 프로세스와 도구에 대한 훈련
- 넓게 퍼져 있는 멤버들을 연결하고 레거시 정보(Leagacy Information)를 저장하는 IT 도구 개발
- 실무공동체 성공 측정 및 마케팅

실무공동체가 효과적이기 위해서는 아래와 같은 조정의 역할이 필요하다.

- 스폰서(Sponsor): 실무공동체에 대한 지원을 커뮤니케이션하고 공동체 진전을 방해하는 장애물을 제거하는 최고 경영자
- 챔피언(Champion): 실무공동체를 위한 이벤트와 커뮤니케이션의 주요 기획가
- 조정자(Facilitator/Coordinator): 정보를 명확히 하고 토픽에 대한 토론이 진행되게 하는 사람. 좋은 조정자는 강한 공동체에 필수적인 일대일 관계를 구축하는 것을 돕는다.
- 실무 또는 지식 지도자(Practice or Knowledge Leader): 실무공동체의 지도자. 리더십은 지위가 아닌 역량에 기인한다. 실무 지도자는 실무공동체의 지식을 유지하고 발전하게 하고 실무공동체 초기부터 전문가가 참여하게 하는 데 책임이 있다. 실무 지도자는 공동체의 에너지를 구축하는 데 중심 인물이다.
- 정보중개자(Infomediaries): 일부 조직은 정보에 대한 초반 추출을 책임지는 데 반드시 콘텐츠 전문가를 사용하지는 않는다. 정보중개자는 사서(Librarian), 지식 매니저, 연구원일 수 있다.

3.2. 기술적 인프라스트럭처

실무공동체의 핵심 동인은 기술이다. 정보의 접근성을 더 넓히는 면에서 기술적 발전은 더 넓고 복합적 공동체를 창출할 수 있다. 그러나 실무공동체를 지원하는 데 있어 많은 기업은 기술을 구입 설치한 뒤 기업이 변환되기를 기다린다. 기술은 공동체가 서로 연결되는 것을 돕는 데 유용하지만 실무공동체에게 여전히 필요한 것은 인간적 손길이다.

기술의 사용이 실무공동체를 지원하는 데 충분하지는 않지만 필수적으로 갖추어야 하는 기술 인프라스트럭처가 있다. 전화, 팩스, 전자우편과 같은 커뮤니케이션 도구는 지역적 실무를 지원한다. 전사적 라이브러리와 웹은 경험 및 문서에 접근할 수 있게 한다. 전자우편 이상의 지역적 및 글로벌 접근 및 공유를 지원하는 대화 기술이 필요하다. 협업 기술로는 사람들이 협력하여 일할 수 있는 도구와 멤버들이 문제를 표현하고, 프로토타입을 개발하고, 해법 창출을 가능하게 하는 애플리케이션이 있다. 협업의 어려움과 문제를 줄이는 소프트웨어와 지식의 포착, 추적, 코드화의 자동화 도구는 공동체에 연결, 기여, 접근을 쉽게 한다. 많은 이러한 유형의 도구는 전통적 조직이 필요로 하는 것과는 매우 다르므로 기업은 그들을 조사, 실행, 유지하는 팀을 만드는 것을 고려해야

[표 9-3] 공동체 지원 기술 분류

차원	공동체 목적	기술 종류
대화 또는 콘텐츠	대화 기능	토론 그룹
	문서 저장 및 제공	지식 베이스
사회적 구조 또는 지식 교환	사회적 구조 지원	웹 사이트 공동체
	지식 교환 촉진	전문가 접근
업무 수행 또는 학습	업무 수행	프로젝트 공간
	구조화된 지식 제공	e-Learning 공간
지속적 또는 빠른 상호작용	지속적 업무와 지식 통합 지원	지식노동자 데스크톱
	빠른 상호작용	동기화된 온라인 커뮤니케이션 플랫폼

출처: Figallo & Rhine(2002)

한다.

공동체 공간은 익숙하고 쉽게 돌아다닐 수 있어야 한다. 그러므로 공동체는 공동체 멤버들이 실무에 관하여 생각하는 자연적 방법을 반영하는 원칙에 따라 조직되어야 한다. 지식 포착과 공유를 업무 프로세스에 내장시키는 방법이 좋다. 예를 들면, 전자우편의 내용을 순향적 서치(Proactive Search)를 하기 위해 모니터링하는 것과 직원들이 콘퍼런스에서 전자우편 노트를 보낼 수 있게 하는 것 등이 있다. 모든 콘텐츠는 완전히 인덱스하여 사용자가 필요로 하는 정보를 클릭 몇 번으로 접할 수 있게 한다. 또 소비자와의 상호작용을 추적하여 사용자가 웹 사이트를 떠난 뒤에 고객 지식이 저장되도록 한다. 또 다른 예는 사용자가 배우고자 하는 정보만 추출하는 특정 지식 인터페이스를 설정할 수 있게 한다. 이러한 메커니즘은 지식공유를 업무에 통합하는 가장 좋은 방법이 문서화를 사람들의 업무 도구와 결속하는 것이라는 점을 증명한다. 정보는 검증되었을 때 더욱 사용성이 높다는 것은 제록스(Xerox)의 초기 지식경영 경험에서 밝혀졌다.

3.3. 실무공동체 문화

조직이 전략적 공동체를 파악하고 지원적 경영, 기술, 문화 환경을 만드는 단계를 취한 다음에는 그 실무공동체를 기업의 필요와 실무에 일치하는 방향으로 운영되게 하는 도전에 직면하게 된다. 실무공동체가 효과적이 되도록 하기 위해서는 지식이 구체적 비지니스 업무와 통합되도록 할 필요가 있다. 정보가 지식이 되고 또 지식이 힘을 발휘하도록 하는 것은 지식이 실무와 통합되는 방법에 달려 있다. 조직은 지식공유와 공동체를 장려하는 문화를 디자인하려고 하지만 그 디자인에 대한 반응이 정작 실무에 통합되는 것이 중요하다. 기업 문화를 변화시키려는 도전은 이러한 반응에 대한 작업이고, 그것을 포함하고, 그것을 조직의 기회로 만드는 일이다. 학습은 디자인될 수 없고, 학습을 위하여 실무공동체가 디자인될 수는 있으며 그것을 조장하는 문화가 생겨나야 한다.

실무공동체와 관련한 모든 이슈 중에서도 공동체, 학습, 지식공유를 지원하는 문화의 필요성은 실무자나 학자 모두 성공의 핵심 요소라 간주한다. 문화는 하룻밤 사이에 변화할 수는 없는 것이지만 향상은 가능한 것이다. 공동체에 더 지원적일 수 있는 문화는 여러 가지가 있다.

첫째는 사람들이 서로를 더 잘 이해할 수 있는 백그라운드 맥락을 충분히 개발한다. 사람들이 공유하는 것이 가치 있는 일이라고 생각하는 것은 경험, 목표, 문제, 정신적 프레임워크에 달려 있다. 두 사람 사이의 맥락의 불일치는 아이디어나 통찰력이 거절되는 가장 큰 이유라고 한다. 단순한 정보 공유에서도 사람들이 그것을 사용하는 방법을 이해하는 데 공유된 맥락이 구축될 필요가 있다. 둘째는 사람들에게 시간을 충분히 주는 것이다. 학습과 공유에 가치를 두는 조직은 사람들에게 성찰하고 아이디어를 공유하는 시간을 준다. 그것은 또 실무공동체에 참여하여도 된다는 메시지를 준다. 셋째는 지식을 공유하는 다수의 포럼을 사용하는 것이다. 실무공동체는 많은 다른 유형의 지식을 공유하므로 연결의 방법도 다양한 것이 필요하다. 단일 미디어는 멤버를 혼란시키거나, 물러가게 만드는 부적절한 정보로 막아 버리는 경향이 있다. 넷째는 면대면 회의를 제공한다. 전자적 커뮤니케이션은 면대면 회의를 보완하는 것이어야지 대체하는 것이 되어서는 안 된다. 면대면 회의는 실무공동체 결성의 가능성을 증가시키고 그것의 발전을 가속화시킨다. 전자적 커뮤니케이션은 그들의 관계를 지속 및 돈독히 하는 데 사용될 수 있다.

실무공동체는 신뢰 위에서 번성한다. 그러므로 멤버 사이의 신뢰 구축은 실무공동체가 효과성을 향상하는 데 중요한 방법이다. 신뢰는 무엇보다 먼저 면대면 접촉으로 만들어지며 이것은 기술이 물리적으로 한자리에 있는 것을 대체할 수 없는 주요한 이유이다. 신뢰는 가상공간에서 구축될 수 없다. 신뢰는 실제 문제에 대한 솔직한 대화와 멤버 간의 솔직함을 통하여 촉진된다.

3.4. 핵심 성공 요소

실무공동체는 성공을 위해서 강한 리더십, 그럴싸한 비지니스 케이스, 커뮤니케이션을 위한 충분한 기술, 그리고 절대적 사람 중심의 문화를 필요로 한다. 이러한 인프라스트럭처를 가지고도 넓게 분산된 다양한 배경의 사람들을 연결하는 것은 매우 어려운 일이다. APQC가 성공한 실무공동체로부터 찾아낸 핵심 성공 요소는 다음과 같다.

- 관련된 모두를 위한 강력하며 명백한 비지니스 케이스
- 헌신적이며 기술을 가진 조장 또는 리더
- 실무공동체의 핵심 콘텐츠를 위한 일관성 있고 종합적인 지식 맵
- 개략적이며 쉽게 따라 할 수 있는 지식공유 프로세스
- 지식 교환, 추출, 협력을 조장하는 적합한 기술 수단
- 실무공동체의 멤버와 외부 사람들을 위한 커뮤니케이션 및 훈련 계획
- 실무공동체 멤버들의 갱신된 동적인 명부
- 비지니스 결과를 보여 줄 주요 성공 측정치
- 참여자를 위한 보상 계획

실무공동체에의 참여가 단지 공유하는 것이 좋은 것이라는 것만으로는 부족하다. 개인에게는 참여에 대한 인센티브가 있어야 한다. 이것은 여러 형태를 취할 수 있다. 예를 들면 개인의 보상에 지식 기부, 공동체 참여, 지식 베이스 활용을 반영한다. 경영진은 사람들이 지식을 가지고 새로운 일을 하는 동기가 부여되도록 한다. 이것은 공동체의 일부가 되는데, 시간을 쓰는 것과 실수를 해도 괜찮다는 것을 직원이 알도록 하는 방법으로 이루어진다. 이러한 보장이 없다면, 사람들은 진정한 공유에 참여하는 시간과 위험에 대한 두려움을 가질 가능성이 높다. 실무공동체는 단지 우수 사례를 문서화하는 것보다는 사람들이 진정으로 관심 있는 이슈로 토론을 창출하도록 사용되어야 한다. 바른 사람들이 실무공동체에 관여하도록 하는 것은 이것이 일어나도록 한다. 이 사람들은 전체 그룹에 에너지와 자극이 일어나게 한다.

실무공동체에는 크게 지식 지킴이(Knowledge steward), 지식 소비자(Knowledge consumer), 소극적 참가자(Passive participant; luker)의 세 유형의 참가자가 있다. 소수의 지식 지킴이는 다른 사람과 아이디어를 공유하려는 적극적 호기심과 순수한 욕망을 가지고 실무공동체에 지식을 창조, 조직화, 분배한다. 지식 소비자는 지식을 소비하는 과정에서 추가적 지식을 생성하는 데 유용하고 가치 있는 경험을 한다. 실무공동체의 가장 큰 그룹인 소극적 참가자는 지식을 기여하지 않으면서 실무공동체로부터 약간의 가치를 줍는다고 할 수 있다. 조직은 지식 지킴이가 적절하고 상응하게 보상을 받도록 하여야 한다.

3.5. 실무공동체 운영

실무공동체의 문제

실무공동체도 인간이 만든 기관이므로 단점이 있다. 실무공동체는 지식을 매점하고, 혁신을 제한하고, 다른 사람들을 자신들의 전문성의 볼모로 만들 수 있다. 또 실무공동체가 모든 문제를 해결하기만 하고 문제를 야기하지 않는다는 환상도 가질 수 있다. 그러나 실무공동체는 해결해야 하는 문제의 일부일 수도 있다.

단일공동체의 문제

대부분의 공동체 문제는 크게 두 가지로 나누어진다. 첫째는 공동체가 제 기능을 하지 못하는 경우이다. 어떤 이유에서든 영역이 멤버들에게 열정을 일으키지 못하거나, 공동체 멤버들이 신뢰를 구축할 정도로 연결되지 못하거나, 실무 측면에서 진전이 없을 수 있다. 둘째는 멤버들의 인간적 약점에 기인하며, 이것은 공동체도 사람들로 구성되어 있기 때문이다. 많은 인간의 약점과 마찬가지로 공동체의 문제는 빈번히 공동체의 강점이 지나칠 때 나타난다. 예를 들면, 공동체가 이상적인 학습의 구조인 점이 오히려 학습을 기피하도록 하기도 한다. 공동체에서 찾고자 하는 어떤 좋은 점이 균형을 잃을 정도가 되면 공동체는 정체되거나 폐쇄되는 문제를 일으킨다.

단일공동체의 영역과 관련한 문제는 가장 대표적이다. 예를 들면, 소유권에 대한 자만심도 문제를 일으킨다. 때로는 영역에 대한 열광도 지나친 질투로 이어진다. 또는 공동체 영역에 대한 정당성이 널리 알려지고 깊이 침투되면 오만을 낳게 된다. 공동체가 영영에 대한 독점적 지위를 가지면 외부 사람들은 전문가의 독선적 전문성의 볼모가 된다. 멤버들이 열정을 가지는 분야에 초점을 맞추다 보면 공동체가 자신들의 영역이 다른 영역보다 더 중요하다거나 그 영역에 대한 자신들의 관점이 받아들여져야 한다고 생각할 수도 있다. 영역과 관련한 문제는 공동체나 조직이 영역과 비지니스의 필요 사이의 명백한 연결을 짓지 못한 데 기인하므로 이점을 고치는 조치를 취하여야 한다.

단일공동체의 공동체와 관련한 문제는 일반적 인간 사회의 문제와 비슷하다. 공동체는 평화롭고 선의로만 가득 차 있지도 않고 비생산적일 때가 있다. 공동체에도 충돌, 질투, 또는 모의가 있다. 기존 멤버들 사이의 강한 유대 관계가 새로운 멤버의 진입을 막는다. 멤버들 사이의 관계가 강하면 공동체가 파당이 되어 강력한 핵심 그룹이 제왕적 문지기 역할을 하게 된다. 파당적 공동체는 정체성을 띨 가능성이 많다. 이러한 문제의 해결은 내부적으로 상호 유익한 상호작용을 통한 신뢰를 구축하고, 외부적으로 다른 공동체와의 관계에서 다중 멤버 장려, 지식 브로커의 노력 지원, 조인트 활동을 여는 것 등이 있다.

단일공동체의 실무와 관련한 문제는 공유된 실무가 자원인 동시에 채무라는 점이다. 예를 들면 의사들이 환자들에 대하여 이야기할 때 사용하는 특별한 언어와 경험이 문제의 핵심을 다루는 데는 효율적이지만 이 효율성이 환자에게는 장벽이 된다. 이처럼 공동체의 실무가 공동체의 발전을 방해할 수 있다. 또 문서화는 실무 발전에 중요하지만 공동체 내의 체계적이지 못한 문서의 축적은 실무의 무질서를 가져온다. 이러한 실무의 무질서를 방지하기 위해서는 멤버들이 활발하게 참여할 시간을 할애하고, 합동 활동과 산출물 생산 사이에 균형을 취하고, 흥미 있는 지식 개발 프로젝트를 시작하고, 다른 공동체의 실무를 벤치마킹하는 등의 조처를 공동체가 하여야 한다.

공동체 간의 문제

실무공동체는 홀로 존재하지 않는다. 공동체의 효과성은 내부 발전만이 아니라 다른 공동체와 그 구성원과의 관계에도 달려 있다. 실무공동체가 자신의 영역에 초점을 맞추고 전문성을 높이게 되면 불가피하게 경계가 만들어진다. 실무의 경계는 조직에서 지식을 관리하는 데 두 가지 도전을 안겨 준다. 지식은 실무에서 분리하기가 어렵기 때문에 지식을 조직 내부로 들여오기가 어렵다. 지식은 실무 채널을 통해 흘러나오기 때문에 지식을 조직의 경계내에 붙들어 두기도 어렵다. 이것을 지식의 *끈끈함*(Stickiness)과 누출성(Leakiness)이라 부른다.

실무공동체는 지식을 *끈끈*(sticky)하게 하는 동시에 누출(leaky)하게 한다. 지식은 한 조직내에서 실무의 경계를 넘기는 어렵지만, 어떤 다른 경계가 존재하든 실무 내에서 쉽게 흐른다. 이러한 위험을 피할 수는 없으므로 이것을 받아들이고 관리하여야 한다. 주된 처방은 경계에 대해 두 가지 점에서 주의를 하는 것이다. 즉 경계가 일으키는 문제를 피하고 경계가 제공하는 기회를 활용하는 것이다.

조직의 문제

실무공동체는 조직 내에 한정되든 경계를 넘어서든 간에 일반적으로 조직 맥락에서 개발된다. 실무공동체의 문제가 공동체의 조직 학습을 방해할 수도 있고, 반대로 조직이 공동체의 발전을 방해할 수도 있다. 조직 차원에서 실무공동체의 문제는 두 가지로 나눌 수 있다. 첫째는 공동체가 직면하는 만성적 조직의 기능 장애이다. 조직 기능 장애의 예는 비합리적 내부 정치, 유형의 산출물에 대한 단기적 초점, 그리고 비학습 문화를 들 수 있다. 둘째는 경직성의 위험 또는 증대된 구조적 복잡성과 같은 구체적 조직 문제가 공동체의 초점으로 민감하게 확대되는 것이다. 지식을 공동체에서 조직화하는 위험의 하나가 지식에 대한 경직성과 변화를 거부하는 것이다. 실무공동체는 새로운 차원의 복잡성을 가져오므로 조직의 한계를 테스트하게 된다. 경영자는 공동체가 제기하는 복잡성을 이해하고 관리하여야 한다.

실무공동체를 지원하고 조성하는 모든 노력에도 불구하고 실무공동체를 작동하게 하는 방법을 이해하려는 과정에서 극복하여야 할 중대한 장애가 많이 있다. 예를 들면, 사람들의 시간과 에너지가 제한되어 있어 이 희귀한 자원에 대하여 보상을 극대화한다고 믿게 하는 것으로 지식이 조직 내에서 흐르는 것을 기대하기 어렵다는 것이다. 지금까지 조직은 지식을 축적하기만 하면 적절하고 효율적으로 사용될 것이라는 전제하에 지식 저장고를 구축하는 것을 강조하였다. 그러나 무지와 지식 사이보다 아는 것과 행동하는 것 사이의 갭이 더 크다. 또 정보를 지식으로 전환하는 것 또는 개인 지식을 조직 지식으로 전환하는 것은 쉬운 일이 아니다. 정보가 풍부하고 빠르게 축적되는 분야에서는 특히 그러하다. 어떻게 하면 최대한으로 실무공동체를 통하여 이끌어 낼 수 있는지에 대한 방법에 대하여는 아직도 모르는 것이 많다.

가치 측정

실무공동체의 가치를 최고 경영자에게 보여 줄 필요가 있다. 실무공동체의 가치를 파악하기 전에 실무공동체가 운영되는 가치 메커니즘에 대한 이해가 필요하다. 실무공동체의 가치는 정보를 축적하는 것이 아니라 정보를 공유하는 데 있다. 불행하게도 아직 실무공동체의 가치를 측정하는 절대적 척도가 없다. 어떤 유형의 척도가 적절한지에 대한 논쟁은 있다. 래리 프루삭(Larry Prusak)은 조잡하면서도 애매한(Crude and Fuzzy) 척도가 정확한 척도보다 더 효과적으로 지식의 가치를 포착한다고 주장한다. 그는 실무공동체에 의해 부가된 가치를 인식할 수 있는 비전통적 척도를 찾아야 한다고 한다. 다른 학자들은 최고 경영자들이 공유와 결과의 연계를 이해할 수 있는 전통적이고 널리 알려진 비지니스 척도와 실무공동체를 관련지어야 한다고 주장한다. 이것을 위해 균형성과표(Balanced Scorecard)를 사용할 수도 있다. 그러나 오늘날까지 어떻게 실무공동체를 평가할 것인지와 어떻게 조직의 성과와 연계할 것인지에 대한 합의가 이루어지지 않았다. 기업이 가치를 찾는 곳으로는 해결된 비지니스 문제, 새로 창출된 지식, 활용된 기존 지식, 제품, 아이디어 또는 프로세스 혁신, 그리고 프로세스 성과 척도이다.

실무공동체에 대한 이해와 실제는 계속 진화하고 있다. 그러므로 지식 매니저는 다른 사람들이 어떻게 하고 있는지에 대한 연구와 실제를 모니터링하는 것이 필수적이다. 또 지식 매니저는 자신들의 실무공동체의 성공과 실패를 모니터링하고 그것으로부터 배워야 한다. 현재로는 대부분의 실무공동체가 기업 내에서 운영되고 있다. 그러나 미래에는 제휴와 파트너 관계가 증가함에 따라 실무공동체는 다른 기업의 멤버를 포함할 것이고 새로운 이점과 위험을 가진 다른 특성을 지니게 될 것이다. 예를 들면 파트너십에 의해 만들어진 기업 네트워크 내에 실무공동체를 개발하는 것이 자연스럽지만, 오늘의 파트너가 쉽게 내일의 경쟁자가 될 수도 있다. 그러므로 기업은 실무공동체를 통해 무엇이 조직 밖으로 나가는지를 지속적으로 평가하여 언젠가는 지적 자산의 손실이 될 것인지를 결정하여야 한다. 이러한 상황은 실무공동체의 멤버들에게 어떤 정보는 보호되고 어떤 정보는 공유되는지에 대한 명백한 이해를 요구한다. 매니저는 그러한 잠재적 위험을 예상하고 실무공동체가 운영되는 가이드라인을 수립할 준비가 되어 있어야 한다.

사례: 유니레버 실무공동체

유니레버(Unilever)는 런던과 로테르담에 본사를 둔 세계 최대 소비재 생산 회사 중 하나이다. 전 세계 100여 개 나라에서 25만 명의 직원이 식품, 가정용품, 개인 관리 제품 등을 판매하는 글로벌 기업이다. 유니레버의 기업 목적은 세계 곳곳의 사람들의 일상 니즈를 이해하고 예상하여 브랜드 제품과 서비스로 그 니즈를 충족하는 진정한 다중 로컬(Multi-local)의 다국적기업이 되는 것이다. 지식이 핵심 차별화 요소이며 지속 가능한 경쟁 우위의 소스라는 중요성을 인식하고 유니레버는 지난 몇 십 년 동안 IT에 상당한 투자를 하였다. 그러나 곧 회사는 IT에 대한 투자는 솔루션의 일부에 불과하고 기업이 지식에 대하여 하는 투자가 성장과 수익성에 기여하도록 하는 더 중요한 것임을 깨닫게 되었다.

유니레버는 학습조직의 관점으로 회사 전반에 걸쳐 많은 지식경영 이니셔티브를 실행하였다. 알려진 것을 포착하고 알려지지 않은 것을 파악하기 위해 많은 지식 워크숍을 개최하였다. 워크숍의 목표는 회사 전체의 지식의 강점와 약점에 대한 공통된 이해를 하는 것이었다. 이 워크숍들을 통해 구체적 지식 영역의 후견인 역할을 하는 전문가 그룹의 실무공동체가 등장하게 되었다. 그러나 곧 가장 전략적 관련성이 있는 공동체는 가장 활동적인 것이 아니라는 것으로 드러났다. 그 이유는 전략적 가치가 높은 분야에서 일하는 전문가는 그 분야에서도 요구가 많았기 때문이다. 이들은 일상 업무 압박으로 실무공동체를 이끌어 가기 어려운 것을 발견하였다.

수십 년 동안 유니레버의 조직은 개인적, 비공식 차원 및 구조적, 조직적 차원에서 네트워크로 얽혀 있었다. 그러나 조직이 슬림화되고, 수익성 향상이 결실을 맺으면서 실무공동체가 존속이 주의 깊은 관리와 적절한 자원 할당에 달려 있다는 것이 명백해졌다. 이러한 이유로 지식경영그룹(Knowledge Management Group; KMG)은 회사 실무공동체의 효과적이고 효율적인 운영을 위해 공식 프레임워크를 적용하게 된다.

실무공동체 프레임워크는 비지니스 부가가치를 보장하기 위해 유니레버의 실무공동체가 적용해야 하는 몇 가지 원칙을 제시하였다. 이 원칙은 실적, 사람, 운영, 활용의 네 요소로 되어 있다. 실무공동체와 관심공동체를 명백하게 구분하여 실무공동체를 회사 전략의 핵심 지식 영역으로 정의하였다. 따라서 분명하며 지속적인 실적이 유니레버의 비지니스 결과로 파악되었다. 이 실적은 지식 실적이거나 비지니스 실적이다. 사람 요소는 실무공동체 멤버의 역할과 책임에 대한 것이다. 멤버는 공동체 내 · 외에서 인식되는 전문가이다. 활동가는 공동체의 활동이 회사의 전략과 정렬되도록 해야 하고, 활동가는 모든 멤버가 순환하면서 맡는다. 운영 요소는 멤버들이 공유하고 창조하는 일이 편안하게 느끼는 공개되고 신뢰하는 문화를 만들도록 한다. 실무공동체가 조직 내에서 고립되지 않게 하기 위해 공동체가 생산하는 산출물은 나머지 조직에 커뮤니케이션되도록 한다. 마찬가지로 광역 네트워크로부터의 입력이 제약 없이 흘러들어 올 수 있도록 활용 요소로 보장한다.

KMG는 공동체 가이드라인과 실무공동체 활동가들의 훈련 프로그램을 디자인하였다. 또 KMG는 실무공동체 설립 과정에서 활동가와 챔피언과 밀접하게 일한다. KMG는 실무공동체가 설립되어 상당 기간 운영되면 진단을 한다. 실무공동체가 지속적으로 부가가치를 파악하고 활용하는 것을 돕도록 여러 평가 접근 방법이 사용된다. 실무공동체는 상당한 수준의 투자가 요구되므로 회사에 가치를 창출하여야 한다.

목적 지향적 네트워크의 무정부 상태와 초점과 결과 지향적 비지니스 팀 사이의 경계에서 움직이는 실무공동체의 융통성과 스피드는 처음 7년 동안에 유니레버에게 괄목할 만한 결과를 가져다 주었다. 예를 들면, 작물학(Agronomy) 공동체는 토마토 생산 및 가공 관련 전 세계 전문가들의 공동체로서 전문 지식의 교환을 통해 품질 향상과 생산의 수익률에 크게 기여하였다. 유니레버 전체 효율성의 향상, 증대된 혁신과 향상된 위험 관리와 같은 결과로 나타난 실무공동체의 운영 실적은 실무공동체의 설립과 운영에 들어간 투자의 몇 배인 것으로 나타났다.

출처: http://www.kmmagazine.com/xq/asp/sid.DCC4FEE9-6A1F-4B46-A1F6-DB52B538E380/articleid.4D8FDB40-41CB-4278-90E3-FA955C7A1CF4/qx/display.htm

10장 지식 네트워크

학습 개요 및 목표

1990년대 이후부터 네트워크라는 용어는 현대 조직을 설명하는 데 자주 사용되었으며 동시에 조직이 경쟁적이기 위해서 사용되는 조직 형태로 이해되고 있다. 인간 중심의 지식경영은 지식이 사회적으로 창조되고 공유된다는 점을 강조한다. 지식은 공동체와 네트워크 내부의 그들 사이에서 공유되고 있다. 지식경영에서 네트워크는 전이되는 지식에 초점을 맞추는 지식 네트워크와 관계에 초점을 맞추는 사회적 네트워크라는 용어가 주로 사용되고 있다. 공식적으로 또는 비공식적으로 그리고 의도적으로 또는 자생적으로 조직 내에 존재하는 네트워크를 지식경영의 관점에서 조직의 성과를 높이고 경쟁력을 유지하는 데 활용할 필요가 있다. 지난 몇 년 동안 사회적 소프트웨어가 사람들을 지식 저장고뿐만 아니라 다른 사람과 연결하는 중요한 수단으로 발전하였으며, 새로운 형태의 사회적 네트워크와 공동체의 등장을 가져왔다. 따라서 지식경영에서 네트워크 개념과 현상은 개인, 그룹, 그리고 조직의 차원에서 중요한 관심의 대상이 된다. 그런데 지금까지의 지식경영은 실무공동체 개발과 운영 수준으로 제한되어 직원들의 비공식 네트워크가 가져오는 보조적 기능과 효과적 협업에 대해서는 관심을 보이지 못하였다.

이 장에서는 어떻게 지식 네트워크와 사회적 네트워크가 협력적 지식창조와 공유를 지원하는지를 살펴본다. 구체적인 학습 목표는 다음과 같다.

- 지식 네트워크 개념을 이해한다.
- 지식 네트워크 유형을 살펴본다.
- 지식 네트워크 이니셔티브를 살펴본다.
- 비공식 네트워크 개념을 이해한다.
- 사회적 네트워크 분석의 필요성을 이해한다.
- 사회적 네트워크 분석 방법을 이해한다.
- 사회적 네트워크 분석 단계를 살펴본다.
- 사회적 네트워크 지원 방안을 살펴본다.

추세: 왜 기업도 페이스북을 해야 하는가?

사람들은 개인적 관점에서뿐만 아니라 기업 관점에서도 트위터(Twitter), 페이스북(Facebook), 링트인(LinkedIn), 마이스페이스(MySpace)와 같은 사회적 네트워크 서비스에 왜 신경을 써야 하는지에 대해 질문을 많이 한다.

모든 비지니스는 사회적이며 개인적이다. 비지니스는 사람과 커뮤니케이션과 관련되고 또 사람들은 네트워킹(Networking) 기술과 기회를 귀중하게 여긴다. 기업끼리 거래를 하는 것이 아니라 사람들이 거래를 하는 것이다. 그리고 우리는 스포츠 팀, 날씨, 가족, 취미에 대해 이야기하면서 유대 관계를 구축한다.

비지니스맨들도 매일 전화, 전자우편, 회의, 이벤트 등을 통해 사회적 네트워킹을 하고 있다. 똑같은 활동이 사회적 네트워크 사이트에서도 일어나고 있다. 사람들은 토막 뉴스를 공유하고 다른 관계 구축의 순간을 나눈다. 그러나 아직도 사람들은 페이스북과 같은 사이트에서 실험을 해보고는 자신의 전문적인 커리어와 관계가 없다고 섣불리 결론을 내린다. 여기에는 두 가지 이유가 있다. 첫째는 동료들이 페이스북을 활발하게 사용하지 않고 있고, 둘째는 대부분의 애플리케이션이 비지니스 맥락에서 디자인되지 않았기 때문이다.

첫 번째 문제를 보면 우리는 현재 사회적 네트워크 사이트를 사용하는 친구나 동료가 많지 않은 것을 발견한다. 그러나 이제 친구가 하나둘 링크, 서평, 이벤트에 대한 포스트를 사회적 네트워크 사이트에 하기 시작한다. 그러면 우리도 따라서 사회적 네트워크 사이트를 사용하기 시작하면서 쉽게 중독이 된다. 개인 네트워크의 최신 뉴스를 공유하는 것은 매우 값진 것이다. 두 번째 문제를 보면 페이스북과 같은 사회적 네트워크 서비스에 비지니스 애플리케이션이 등장해야 한다. 아직은 사회적 네트워크 사이트가 20대들에 의해 20대를 위해 개발되고 있다. 그러나 이미 비지니스 지향의 개발자들이 새로운 가능성을 보기 시작하였고, 새로이 등장할 서비스의 사용자가 이제 막 사회적 네트워크 사이트에 등장하고 있다. 예를 들면 링트인은 산업계의 이벤트를 알려 주고, 개인의 네트워크 중에서 누가 그 이벤트에 참여하는지를 알려 주는 새로운 사회적 애플리케이션을 준비하고 있다. 그리고 이 애플리케이션은 이벤트에 참여한 사람 중에서 개인적 연결이 있는 사람을 보여 줄 예정이다.

사회적 네트워킹의 또 다른 비지니스 가치는 사회적 네트워킹 사이트를 사용하는 사람들에 접근할 수 있다는 점이다. 사회적 네트워킹 사이트에 광고를 하는 것은 아직 큰 효과를 기대하기 어렵지만 페이스북의 회사 제품 팬과 대화를 나누는 것은 의미가 있다. 언스트 영(Ernst & Young)은 페이스북에서 대학생들의 질문에 답을 해준다.

이제 사회적 네트워킹 사이트를 단지 젊은이들의 사회적 플레이그라운드라고 치부할 수는 없다. 회사의 고객이나 잠재 고객, 직원들이 사회적 네트워킹 사이트에서 관계를 개발하고 확장하고 있다.

앞서 가는 기업은 먼저 사회적 네트워킹 사이트에서 비지니스 가치를 창출하게 될 것이다. 기업이 사회적 네트워킹 사이트에 참여하는 것이 거의 필수적 과제로 되고 있다. 많은 기업의 경우 이미 조사, 소개, 추천이 사회적 네트워킹 사이트를 통하여 실행되고 있다. 기업이 사회적 네트워킹 사이트를 통하여 고객을 유인할 수 있는 엄청난 기회가 존재한다.

앞으로 모든 기업이 적극적으로 사회적 네트워킹 사이트를 활용해야 할 이유를 보면 다음과 같다.

- 고객 연결 - 사회적 네트워킹을 통해 고객과 새로운 방법으로 연결할 수 있고, 풍부한 고객 데이타와 피드백을 획득할 수 있다.
- 잠재 고객과의 커뮤니케이션 - 고객과 연결하면 그 고객의 친구를 잠재 고객으로 끌어들일 수 있다. 이 연결 고리는 무한대로 계속될 수 있다.
- 경쟁적 정보와 시장 조사 - 경쟁자에 대한 정보를 듣고 타깃 시장의 추세를 모니터링할 수 있다. 그 정보는 판매 전략에 대한 실시간 조정을 할 수 있게 한다.
- 고객 서비스 - 브랜드 로열티를 강력하고 역동적으로 구축할 수 있으며, 제품과 서비스에 대한 실시간 피드백을 받을 수 있다.
- 인재 확보 및 유지 - 사회적 네트워킹 사이트는 고급 인재를 채용하고, 유지할 수 있게 한다.
- 글로벌 접속 - 회사 뉴스, 홍보, 광고를 전 세계에 전파할 수 있다.
- 무료 자원 - 사회적 네트워킹 사이트는 완전히 무료로 이용할 수 있다.

1. 지식 네트워크

1.1. 지식 네트워크 개념

지식 네트워크의 중요성

최근의 역사를 보면 조직 형태는 가용한 기술에 의해 정해졌다. 산업혁명은 관료주의와 다중 부서의 조직 형태를 만들어 냈다. 이러한 조직 형태는 전화, 전신, 식자 기술의 발전에 따른 아래로 명령을 위로 정보를 흐르게 하는 것을 촉진하는 수직적 커뮤니케이션을 바탕으로 하였다. 후기 산업 시대와 정보 시대는 컴퓨터와 통신기술의 발전으로 네트워크 형태의 조직을 등장하게 한다. 네트워크 형태의 조직은 수직적 계층도 아니고 수요와 공급에 따라 움직이는 시장도 아니다. 네트워크 형태의 조직은 조직 내 모든 부분의 사람과 지식을 서로 연결하며 계속 진화한다.

인터넷 기반 네트워킹 기술은 네트워크 형태 조직의 등장을 가속시켰다. 인트라넷, 엑스트라넷, 공동체 지원 소프트웨어는 지식 네트워크나 네트워크 조직의 공진화를 지원한다. 인트라넷은 조직의 팀과 팀의 네트워크를 지원한다. 인터넷 기술의 광범위한 활용은 네트워크 조직 형태가 만들어지게 하였으며 이것은 다시 개인들이 가상 지식 네트워크의 범위를 식별하기 어렵게 하고 있다. 지식은 개인 및 인지적 네트워크, 분산된 작업 팀 네트워크, 인트라넷에 의한 조직 내부 네트워크, 그리고 엑스트라넷에 의한 외부 네트워크 연결로 네트워크 조직의 여러 차원에서 순환한다. 지식 노동이 여러 가지 지식을 연결하고 통합할 것을 요구하므로 이러한 여러 차원의 네트워크는 상호 의존적이며 공진화한다.

이러한 조직의 유기체적인 구조로의 진행과 함께 지식 집중적 업무가 급격하게 늘어났다. 지식노동자를 지원하려고 지식경영이 도입되었으나, 초기에는 재사용할 수 있는 업무 결과물과 우수 사례 또는 교훈을 공유하기 위한 지식 베이스와 업무 프로세스 개발에 초점을 맞추었다. 그러나 이러한 투자는 지식 노동의 효과성과 효율성에 대한 효과가 크지 못했다. 그 결과 지식경영은 직원의 암묵적 지식과 그들의 관계에 주의를 기울이는 인간 중심의 지식경영이 시작되었다.

조직이 과거의 구조적 관리 시스템에서 경계가 명료하지 않은 얽힌 네트워크로 변화하면서 지식경영에서 전통적 조직보다는 네트워크 맥락에서 지식창조와 전이를 관리하는 것의 비중이 커지고 있다. 효과적으로 지식을 관리하기 위해서는 직원들의 지식과 경험의 공유와 전이가 가능한 네트워크의 개발과 운영이 필수적이다. 지식 네트워크의 공개성과 풍부함은 완전히 새로운 지식의 창조를 위한 풍요로운 환경이 되고 혁신을 촉진한다. 지식 네트워크가 새로운 지식에의 접근을 위한 것이든 아니면 지식의 창조와 전이를 위한 것이든 네트워크에 대한 연결과 네트워크 관리 역량은 새로운 비지니스의 동인이 되고 있다.

조직에서 무슨 일을 해 내려면 어떤 형태이든 간에 네트워크가 중요하다는 것은 모두가 알고 있다. 특히 전통적 계층형 조직 구조가 유동적이며 수평적 구조로 바뀌면서 네트워크가 21세기 기업의 중심 조직 형태로 등장하였다. 이것은 최근 일어난 두 가지 변화에 근원을 두고 있다. 첫 번째 변화는 전사적품질관리(TQM), 리엔지니어링(Business Process Reengineering), 팀 기반 조직, 아웃소싱(Outsourcing) 등과 같은 새로운 경영 혁신 기법이 요구하는 조직의 비계층화에서 비롯되었다. 두 번째 변화는 이러한 구조조정의 결과로 정보의 흐름과 업무가 점차 공식적 보고 체계 또는 구체적 업무 프로세스의 사전에 정해진 채널보다는 비공식적 관계의 네트워크를 통해 진행된다는 점이다.

오늘날 비계층화되고 지식 집중적 업무 중심의 조직에서 대부분의 중요한 업무가 직원들의 비공식 네트워크에 크게 의존한다. 예를 들면 신제품을 개발하는 업무 프로세스를 연결하는 네트워크는 조직의 효과성에 매우 중요하다. 이 네트워크는 혁신에 필요한 효과적 협업과 전문 지식의 통합을 가능하게 한다. 이러한 네트워크는 흔히 공식적 조직 차트에서는 발견되지 않지만 조직의 전략적 그리고 운영적 성공의 근원이 된다. 전통적 공식적 계층 조직과 달리 사회적 네트워크 관점에서는 모든 사람이 거미줄같이 서로 연결되어 있다고 본다. 이러한 연결 또는 관계는 비록 인식하지 못하더라도 업무가 달성되는 데에는 근본적인 요소이다.

지식 네트워크의 이점

지식경영과 네트워크의 통합은 조직에 여러 가지 이점을 가져다준다. 이 혜택은 이미 전략적으로 정렬되고 신뢰 관계가 자리 잡은 문화를 가진 조직에게 더 크다. 지식 네트워크의 공개성과 풍부함은 기업이 조직지식을 창조, 공유, 활용하고 지식자산을 효과적으로 활용하는 것을 돕는다. 지식 네트워크의 이점은 개인, 네트워크, 조직의 차원으로 나누어 볼 수 있다.

직원은 관련 지식에 쉽게 접근할 수 있고, 정보를 찾는 데 시간을 덜 쓰고, 그 지식을 활용하는 데 더 많은 시간을 활용할 수 있으므로 더 생산적이고 더 의사결정을 빠르게 할 수 있다. 지식 네트워크의 발전은 열성적이며, 자기 동기부여가 된 다양한 사람들의 커뮤니케이션의 결과로 혁신을 증대시키는 것으로 간주된다. 이것은 지식 네트워크를 가졌거나 지식 네트워크에 참여한 기업의 학습 속도가 훨씬 빠르게 나타났기 때문이다.

지식 네트워크는 기업이 정보를 찾고, 조직화하고, 활용하고 지식의 품질을 향상하는 데 걸리는 시간을 최소화하는 것을 돕는다. 기업은 이러한 이점을 확보하기 위해 단순히 직원들에게 새로운 기술을 제공하고 창의성과 혁신으로 협력할 것을 기대할 수는 없다. 직원들은 먼저 지식을 공유할 의사를 가져야 한다. 그러므로 기업은 먼저 사람들에게 투자를 하여야 한다. 그 다음에 직원들이 사용할 기술에 투자를 하여야 한다.

역동적 지식경영을 위하여 조직은 지식 네트워크를 다양하게 운영하여야 한다. 지식은 기존 지식과 새로운 지식의 네트워크의 결과라 할 수 있으므로 개별적 지식 유형(형식적 및 암묵적)의 네트워크, 개인, 그룹, 조직 차원 간의 네트워크, 지식 분야(예: 고객지식과 연구 개발 지식)의 네트워크가 가능하게 하는 것은 필수적이다. 또 지식창조와 전이는 물리적(예: 사무실, 고객과의 만남), 가상적(예: 분산된 팀), 또는 정신적(예: 공통된 가치, 아이디어, 이상) 장소에서 일어날 수 있다. 이러한 네트워크는 공식적 또는 비공식적 네트워크의 형태를 가질 수 있다. 공식적 네트워크와 별도로 존재하는 비공식적 네트워크나 관계는 지식 생태계의 주요한 요소이다. 지식은 조직 내의 비공식적, 자생적 네트워크에 의해서도 생산되고 있고, 비공식적 지식 네트워크가 공식적 조직으로 전환되기도 한다.

누구를 아는가는 무엇을 아는가에 큰 영향을 미친다. 오늘날 지식노동자의 도전은 무엇을 아는가가 아니라 누구를 아는가이고, 지식은 개인에게 기초를 두지만 집단에 존재한다. 조직에 있어 지식은 더 나은 성과를 내기 위해 필요한 핵심적 자산이며, 지식 활동이 인간적, 사회적 활동임을 인식하고, 협력적 지식창조와 공유를 지원하는 공동체와 네트워크를 구축하고 유지하는 것은 중대한 일이다.

지식 네트워크 정의

지식 네트워크를 정의하는 것은 쉬운 일이 아니다. 지식 네트워크는 지식이 공유, 개발, 진화되는 역동적 현상이다. 지식 네트워크는 새로운 상황에 대처하기 위해서, 새로운 지식을 개발하기 위하여, 사람들이 정보, 지식, 경험을 공유하는 인간과 컴퓨터 네트워크의 프로세스이다. 지식 네트워크는 지식의 전략적 자원과 네트워킹의 인간적 행동, 이 두 중요한 개념의 강력한 결합이다. 찰스 새비지(Charles Savage)는 '제5세대 경영'에서 지식 네트워크를 지속적으로 변화하는 수익 패턴에서 서로의 지식, 경험, 재능, 기술, 능력, 야망을 결합 및 재결합하는 프로세스로 정의한다.

지식 네트워크는 지식창조와 전이 프로세스의 수단을 통하여 지식을 축적하고 사용하기 위하여 구성된 사람, 자원, 그리고 그들 사이의 관계를 말한다. 지식 네트워크를 구성하는 요소는 다음과 같다.

- 행위자 – 개인, 그룹, 조직을 포함한다.
- 관계 – 행위자 사이의 관계는 형태, 콘텐츠, 강도로 구분된다.
- 자원 – 행위자 관계 내에서 그들에 의해 사용된다.
- 제도적 특성 – 구조적 및 문화적 차원으로 통제 메커니즘, 표준 운영 절차, 규범, 규칙, 커뮤니케이션 패턴 등이 있다.

행위자

지식 네트워크의 행위자 또는 멤버는 사람, 그룹뿐만이 아니라 조직의 집합, 공동체 또는 사회일 수 있다. 어느 경우에도 네트워크 개념은 그것에 대한 기술과 분석이 네트워크 참가자와 네트워크 관계 사이에서 존재하는 관계에만 집중하는 것뿐만이 아니라 네트워크 전체를 포함할 것을 요구한다. 또 사회적 네트워크는 정의된 행위자 집합 사이의 특정 연결 집합에다 이 연결 전체의 특성이 관련된 행위자의 사회적 행동을 해석하는 데 사용된다는 점을 더한 것으로 이해된다. 결과적으로 네트워크는 행위자 사이의 사회적 관계를 의미한다.

지식 네트워크에서 멤버들이 담당할 수 있는 역할은 다양하다. 조직의 관점에서 구성원뿐만 아니라 고객, 공급자, 경쟁자, 또는 정부 기구도 네트워크의 특정한 역할을 할당받을 수 있다. 네트워크에서 멤버의 기여는 능동적이거나 수동적일 수 있다. 네트워크 내에서 멤버의 유형은 과제 지향형 또는 결과 지향형일 수 있다. 어떤 멤버는 네트워크와 강한 유대감을 가지고 상당한 헌신을 하는 반면에 다른 멤버는 유대감이 적고 헌신을 별로 하지 않을 수 있다. 멤버의 유형은 네트워크에서 자신의 위치에 따라 크게 다를 수 있다. 멤버는 네트워크의 중심에 있을 수도 있고 변두리에 있을 수도 있다. 멤버는 특정 지식 분야 또는 업무 역할, 지도자 역할, 지원 역할, 또는 중개자 역할을 할 수 있다.

지식 네트워크 내의 지식의 위치는 연속체 사이에 존재한다. 그 연속체는 지식이 한 개인에게 존재하는 것을 중앙으로 보는 것과 지식이 여러 사람 사이에 존재하는 분산된 것으로 보는 그 사이를 말한다. 분산된 지식은 지식의 흐름 또는 확산을 의미하며 모든 행위자들의 지식의 차원을 증가시키는 것을 의미한다. 또는 분산된 지식은 네트워크 내의 각 행위자가 소유하는 큰 지식 베이스의 일부분을 의미할 수도 있다. 분산된 지식 형태의 지식 네트워크에서 개인은 상대적으로 독특하고, 중복되지 않은 지식을 가지고 있어 집합적으로 복잡한 과제를 수행할 수 있게 한다. 분산된 지식은 실제에서 그룹, 프로젝트 팀, 조직 간 전략적 제휴 등 여러 차원에서 발견된다.

지식 네트워크 내의 모든 행위자는 전체 지식 네트워크에 대한 자신의 인식인 자신만의 인지적 지식 네트워크를 가지고 있다. 지식 네트워크는 행위자나 링크의 관점에서 유동성을 가진다. 행위자는 수행할 과제나 자신의 관심, 자원, 몰입의 관점에 따라 지식 네트워크에 가입하거나 떠난다. 지식 네트워크 내의 링크는 달라지는 과제, 네트워크 내의 지식의 분배, 또는 개인의 인지적 지식 네트워크의 변화에 따라 변화할 가능성이 높다.

관계

일반적으로 네트워크 관계는 형식과 콘텐츠의 다중 혼합에 의해 특징지어진다. 행위자 사이의 관계는 다양한 형태를 가지며, 그것은 교환되는 다양한 콘텐츠로 구성되어 있다. 네트워크 내에서 공유되는 지식은 형식적 지식 또는 암묵적 지식일 수 있다. 공식 언어로 코드화된 형식적 지식은 전자적 미디어나 다른 형태의 문서로 쉽게 전이된다. 개인 경험, 주관적 인식, 가치, 감정에 뿌리를 두는 암묵적 지식은 다른 사람과 공유하기 어렵다. 암묵적 지식을 공유하기 위해서는 사람들 사이의 직접적 커뮤니케이션이 가장 중요하다.

지식 네트워크의 주요 자원인 지식을 이주성 지식(Migratory knowledge)과 내재된 지식(Embedded knowledge)으로 구분하기도 한다. 책, 디자인, 컴퓨터 프로그램에 포함된 지식과 같은 이주성 지식은 한 장소, 사람, 그룹, 기업에서 다른 곳으로 쉽게 이동할 수 있는 형태로 존재한다. 반면에 숙달 지식, 독특한 탤런트, 축적된 노하우, 그룹 전문 지식과 같은 내재성 지식은 이전하기 어렵다. 네트워크 형태의 조직에서 지식, 목표, 자원, 인적 자원, 재무를 조직 경계 내에서 공유하는 것은 내재된 지식의 이전을 가져오므로 어디에서 한 네트워크 형태의 조직이 시작하며 끝나는지가 분명하지 않다.

네트워크는 문화적일 뿐만 아니라 구조적이다. 행위자 사이의 관계는 장기적 관점의 인사와 조직 또는 기술과 조직 연결에 기초한다. 네트워크 멤버들 사이의 관계는 그들의 자율성과 상호 의존성, 협력과 경쟁의 공존, 호혜주의와 안정성에서 나오는 것으로 이해된다. 네트워크의 경계는 결정하기 어렵다. 이러한 관점에서 조직의 경계 보호에서 관계의 관리와 고려로 초점이 이동한다. 이러한 요소들은 정적 또는 동적인 관점에서 인식될 수 있다. 지식 자원의 네트워크가 학습 상황으로부터 얻은 지식에 의해 증가하므로 지식 네트워크는 정적이 아니라 동적 구조를 가진다.

네트워크 내 관계의 상호작용의 지속 기간과 강도뿐만이 아니라 빈도 역시 다양하다. 이것은 개인의 네트워크에 대한 참여, 헌신, 관심을 의미한다. 지식 네트워크 멤버의 커뮤니케이션의 즉시성과 상호작용성은 그들이 사용하는 커뮤니케이션의 미디어 풍부성과 연관되어 있다. 네트워크의 연결성은 네트워크의 규모에도 영향을 받는다. 네트워크의 중심성, 공식화 정도, 자세, 지리적 범위는 지식이 교환되는 방법에 영향을 준다. 진입 장벽, 참여 가능성, 소유권은 지식의 흐름을 제한할 수 있다. 비지니스의 통합 정도, 네트워크의 기원, 소유권도 특별한 역할을 한다.

네트워크는 통합된 전체를 창조하기 위한 개체 사이의 연결이다. 네트워크의 힘은 확장, 성장, 반응, 적응에 기초한다. 네트워크의 한 노드는 개인, 콘텐츠 소스, 또는 다른 네트워크일 수 있다. 네트워크는 다른 노드나 네트워크에 연결하는 프로세스를 통하여 그 다양성과 가치가 성장한다. 네트워크는 집합적 주체가 아니다. 네트워크는 집합적 주체 형성을 위한 중요한 노동 소스이다. 사회적 네트워크는 어떤 순간에도 여러 버전의 네트워크가 존재할 수 있는 복잡하고 역동적 시스템이다. 네트워크의 일부는 주요 프로젝트가 진행 중일 때 집중적 커뮤니케이션을 통한 활동으로 구체화될 수 있다. 네트워크의 다른 부분은 기억 활동뿐만이 아니라 느슨한 커뮤니케이션을 통하여 구현될 수 있다.

1.2. 지식 네트워크 유형

지식 네트워크는 지식경영 프로세스를 지원하는 협력의 형태를 구축하며, 흔히 다양한 협력 모델을 총칭하는 용어로 사용되고 있다. 지식 네트워크는 지식 네트워크의 특성, 발전 과정, 네트워크 멤버들의 역할과 그들 사이에 형성되는 관계, 네트워크 내에서 공유되는 지식의 유형에 따라 구분할 수 있다.

의도적 및 신흥 지식 네트워크

지식 네트워크의 발전과 관련하여 두 가지의 분류가 가능하다. 의도적 지식 네트워크(Intentional knowledge network)는 처음부터 새로 시작하는 네트워크이고, 신흥 지식 네트워크(Emergent knowledge network)는 기존에 존재하던 것이며, 더 높은 성과를 얻기 위하여 장려된다.

비지니스 네트워크는 고객, 파트너, 또는 다른 기관과의 지식 네트워크를 말한다. 지식 링크는 지식이 전이되는 것을 허용하는 다른 조직과의 학습 제휴를 말한다. 조직 간 지식 네트워크는 [그림 10-1]과 같이 지식 교환과 공동체 성격에 따라 지식공급, 지식시장,

[표 10-1] 의도적 및 신흥 지식 네트워크

	의도적 지식 네트워크	신흥 지식 네트워크
조직내 지식 네트워크	• 공식 네트워크 • CoP	• 비공식 네트워크: 사회적 네트워크 • CoP, 실무 네트워크
조직 간 지식 네트워크	• 비지니스 네트워크: (전략적)파트너: M&A	• 실무 네트워크

출처: Mentzas, Apostolou, Kafentzis, Georgolios(2006)

지식사슬, 지식공동체의 네 가지 유형으로 나눌 수 있다. 하나 이상의 조직 간 지식 네트워크 유형의 결합으로 혼합형이 실제에서는 가능하다. 그러나 대부분의 조직 간 지식 네트워크는 네 유형 중 하나의 형태를 가진다.

[그림 10-1] 조직 간 지식 네트워크 유형

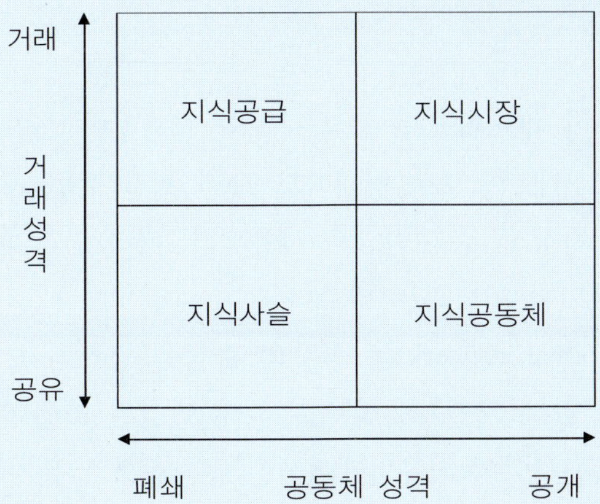

공식 및 비공식 네트워크

지식 네트워크는 공식적이거나 비공식적이다. 공식 네트워크(Formal network)는 구체적 목표로 인해 해결할 구체적 이슈나 문제를 가진 사람들의 그룹을 말한다. 공식 네트워크에서 멤버의 참여는 자신의 경험과 능력 또는 지식에 대한 관심의 관점에서 일어난다. 공식 네트워크의 개발은 멤버 자신들에 의해서가 아니라 경영자에 의해 촉발된다. 경영자가 조직의 전략적 목표에 기초하여 지식 네트워크를 파악하여 하향식으로 구성하게 된다. 이러한 네트워크는 높은 공식화 수준을 가진다. 공통된 목표는 그룹 아이덴티티의 응집력을 제공하고 헌신을 조장한다. 공식 네트워크의 멤버는 다양한 시각으로 창조적 마찰과 지적 충돌을 일으키려는 독특한 관점에서 다른 분야와 기술 분야에서 지속적으로 선택된다. 그러한 네트워크는 일시적이며 대부분은 과제의 종료로 해체된다. 프로젝트 팀과 태스크 포스(Task force)가 공식 네트워크의 예이다.

비공식 구조(Informal structure)는 노나카가 말하는 직원들 사이의 암묵적 지식의 비공식적 전이와 직접 연관되는 것은 아니다. 물론 그러한 비공식적 전이가 비공식 구조 내

[그림 10-2] **그룹, 팀, 실무공동체, 비공식 네트워크 비교**

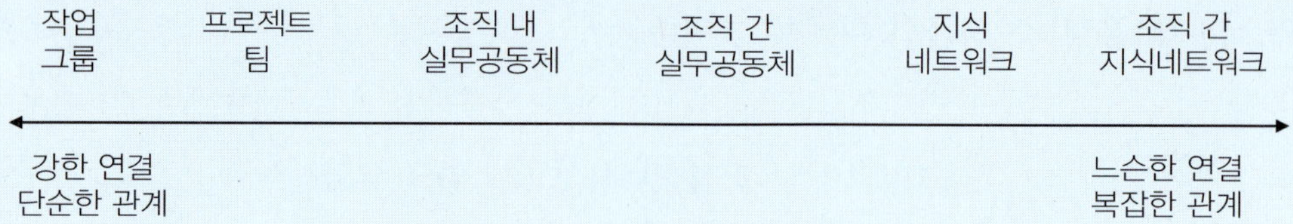

에서도 일어난다. 비공식 네트워크는 공식 구조와 상관없이 개인들 사이에 개발된 관계이며, 개인에 의해 지식 네트워크로 잉태되고 오랜 시간 동안 구축되어, 조직의 공식적 전략에 대하여 보완적 지식 공유 대안으로 사용된다. 따라서 휴게실, 자판기, 카페테리아와 같은 장소에서의 우연한 만남과는 다르다.

비공식 네트워크(Informal network)는 공통의 관심을 공유하고, 그들의 관심과 관련된 정보를 공유할 의사가 있는 개인들끼리 느슨하게 연결된 그룹이다. 응집력이나 공유된 목적이 없으므로 멤버들 사이의 커뮤니케이션은 규칙적으로 유지되지 않는다. 이러한 공동체의 멤버들은 다른 멤버들의 관심이 무엇인지를 안다. 네트워크가 주는 암시된 실무측면이 없는 것과 멤버들의 참여가 낮은 것이 높은 관심의 관계를 만들지 못한다. 비공식 네트워크는 직원의 관심으로부터 출발하여 상향식으로 등장한다. 비공식 네트워크는 경영자의 눈에 잘 띄지 않으므로 지원을 받지 못하고 점차적으로 와해되는 위험이 있다. 이러한 비공식 네트워크의 예에는 관심공동체 또는 실무공동체와 사회적 네트워크(Social network)가 있다.

프로젝트 팀의 요체는 구체적으로 사전에 정의된 목표의 성취에 기여하는 독립적 과제의 집합이다. 팀은 이 목표에 몰입하고 개인적 몰입이 지켜질 것을 보장한다. 프로젝트 팀에서는 공식적 역할과 관계를 통하여 합법화가 일어난다. 팀 리더는 팀이 결과물에 초점을 맞추도록 하고 전체 목적에 대한 개인의 기여를 조정한다. 프로젝트 팀은 멤버들이 구체적 과제를 수행하고 그 목적이 이루어지면 해산하므로 한시적이다. 그 결과 새로운 팀은 과거의 팀이 범한 실수를 반복할 수 있다.

실무공동체의 요체는 한 영역에 대한 멤버들의 개인적 투자이다. 실무공동체는 자신이 아는 것을 공유하고, 그들의 일에 관한 것을 서로 배우고, 특정 영역을 발전시키려는 사람들의 그룹이다. 영역은 구체적 성취에 관한 것이 아니라 공동체가 추구하는 공유된 관심 영역이므로 프로젝트 팀의 과제와는 다르다. 공동체 멤버는 상호 의존적 하위 과제에 의해서가 아니라 상호 의존적 지식으로 연결되어 있다. 공동체 코디네이터는 공동체를 이끄는 것이 아니라 사람들을 모아 공동체가 방향을 찾도록 한다. 공동체는 영역을 탐구하고 관련된 지식을 개발하고 공유하는 것에 근본적인 몰입을 하는 것으로 정의된다. 실무공동체는 팀보다는 오래 존속한다. 공동체의 지식은 보존되며 멤버들의 지속적 참여로 진화한다. 실무공동체의 멤버는 실무에 대한 상호작용을 통하여 그 합법성을 수립한다. 실무공동체는 자기 조직화(Self-organizing)와 자기 통제(Self-governing) 공동체이다.

실무공동체(Community of Practice)는 관계의 집합이 아니므로 네트워크와는 다르다. 공동체는 같은 장소에 있고, 잘 정의된, 구별될 수 있는 그룹 또는 사회적으로 인지되는 경계가 아니다. 공동체는 참여자가 그들이 하고 있는 것과 그것이 그들의 삶과 공동체에서 무엇을 의미하는지에 대한 이해를 공유하는 활동 시스템에 참여하는 것을 암시한다. 공동체는 개인이나 집단 아이덴티티가 표현되기 시작하거나, 단순히 무엇을 말했는지가 아니라 누가 무엇에 관해 말했는지에 관심을 가지거나, 링크가 교환의 잣대가 아니고 관계가 역학의 한 부분이 될 때 존재한다. 실무공동체는 공동체로서의 아이덴티티가 있고, 구성원의 아이덴티티를 만든다. 실무공동체는 멤버들이 집합적 학습 프로세스를 하여 공유된 실무를 만들기 때문에 존재한다.

실무공동체는 공통의 아이덴티티, 역사, 목적을 공유하며, 흔히 우수 사례를 개발하는 것에 초점이 맞추어져 있다. 반면에 지식 네트워크는 공통의 관심을 공유하며, 질문과

[표 10-2] 그룹, 팀, 실무공동체, 비공식 네트워크 비교

	작업 그룹	팀	실무공동체	비공식 네트워크
목적	제품 및 서비스 개발	과제 수행	회원 능력 개발, 지식 구축 및 교환	비지니스 정보 수집 및 전달
회원	그룹 매니저에게 보고하는 모든 사람	경영자에 의해 구성된 직원	자발적 선택	친구 및 비지니스로 아는 사람
유대 관계	업무 요구 및 공통 목표	프로젝트 일정과 목표	열정, 헌신, 그룹 전문 지식과 동일화	상호 필요성
기간	다음 재조직 때까지	프로젝트 완성일까지	그룹을 유지하는 관심사가 지속되는 기간	접촉할 이유가 있는 동안

출처: Wenger & Snyder(2000)

해답을 교환하지만, 제한된 공통의 아이덴티티를 가진다. 실무공동체와 지식 네트워크 모두 조직의 지식을 창조하는 네트워크이다. 지식 네트워크는 개인, 그룹, 조직, 그리고 조직 내 계층 간의 지식창조와 전이가 일어나도록 하기 위한 지식노동자 사이의 사회적 네트워크로 이해할 수 있다. 사회적 네트워크는 다양한 목적을 가지고 여러 가지 형태로 존재한다. 사회적 네트워크는 지식의 흐름을 중심으로 개인, 비지니스 단위, 조직 사이의 개인 간, 비계층적 관계를 의미한다.

1.3. 지식 네트워크 이니셔티브

지식 네트워크는 기업으로 하여금 진정으로 네트워크화된 조직으로 발전하도록 한다. 지식 네트워크 관리는 지식창조와 전이를 위한 의도적, 공식적 네트워크를 계획하고 디자인하고 신흥 및 비공식 네트워크의 조건을 만드는 것에 대한 능동적이며 체계적 접근 방법을 말한다. 이것은 기존 지식 네트워크를 파악하여 그 범위를 넓히고, 성과를 높이도록 지도하고, 우수 사례를 다른 애플리케이션 맥락으로 전이하는 것을 포함한다. 이것은 형식적 지식을 주로 관리하는 좁은 정보통신 기술 중심의 지식경영과 비교된다.

이러한 지식 프로세스의 기초가 되는 관계를 육성할 때, 노나카의 지식전환 스파이럴 프로세스에서 정보기술이 커뮤니케이션, 협력, 조정의 형태와 강도에 미치는 전환적 효과를 고려할 수 있다. 노나카와 코노(Nonaka & Konno)의 바 개념이 이러한 방향으로의 접근이라 볼 수 있다. 지식창조와 전이가 흔히 다른 시간대와 물리적 장소에서 일어나므로 정보기술을 사용할 수 있는 잠재적 가능성과 능력은 중요한 성공 요인이다. 또 적정한 지식창조와 전이가 일어나도록 지식경영 프로세스는 조직의 환경(예: 조직 구조, 경영시스템) 및 문화(예: 조직 문화, 조직 행동)와 조화를 이루어야 한다. 즉 조직은 효율적이고 효과적인 지식창조와 전이가 일어날 수 있는 조건을 능동적으로 개발하고 유지하여야 한다.

지식 네트워크 목표

조직에 혜택을 가져오도록 네트워크를 효과적으로 활용하려면 네트워크를 통하여 얻고자 하는 바를 명확히 하여야 하고, 네트워크의 설계와 맥락이 그 목표에 맞도록 하여야 한다. 따라서 지식 매니저는 네트워크를 조성하는 다양한 기법과 접근 방법을 이해하고 전반적 네트워크 목표를 달성하는 데 어떤 것이 적합한지를 결정하여야 한다.

네트워크는 두 개의 큰 목표가 있다. 첫째는 지식 서치를 돕는 것이다. 이것은 지식이 사람들이 정보를 센스결정 프레임워크에 결합하는 것이라는 해석으로부터 온다. 그러므로 비관행적 방법으로 개인과 그룹을 연결하는 것이 새로운 아이디어의 중요한 원천이 되고, 조직은 조직의 능력을 확대하고 개발하는 것을 돕는다. 네트워크는 개인과 조직이 당면 문제를 해결하는 데 필요한 적합한 정보를 적시에 제공하는 데 매우 효과적이다. 서치 네트워크는 필요할 때 모든 관련 정보를 가용하고 정보가 의외의 필요를 충족하도록 빨리 발견될 수 있도록 사용되고 있다. 이러한 유형의 네트워크는 범위가 매우 넓고 또 다양한 정보 소스에 연결될 필요가 있다. 이 네트워크는 튼튼한 사회적 유대나 깊은 관계에 의존하지 않는다. 어떤 기업은 지식 서치를 돕기 위해 누가 무엇을 아는지의 옐로 페이지(Yellow Page)를 발간하기도 한다. 다른 기업은 누가 잘 연결되어 있는지 또는 누가 업무의 일부로 필요한 연결을 담당하는지를 알려 주기도 한다. 대부분의 부서 간 또는 비지니스 부서 간 네트워크의 주된 목표는 지식 서치이다.

네트워크의 두 번째 목표는 지식전이를 촉진하는 것이다. 지식은 조직 안에서 저절로 흘러 다니지는 않는다. 개인이 지식전이를 촉진하거나 방해할 수 있을 뿐만 아니라 관련 지식의 유형도 전이에 영향을 준다. 복잡한 유형의 지식은 코드화된 단순한 지식보다 더 긴밀한 상호작용을 요구한다. 그러므로 복잡한 지식의 전이를 추구하는 조직은 개인 사이의 유대를 더욱 강하고 가깝게 하여야 한다. 예를 들면 여러 다른 분야에 걸친 복잡한 문제를 해결하려는 정부 출연 연구소 연구원들의 네트워크가 이에 해당한다. 반면에 그렇게 복잡하지 않은 지식을 전이하는 약한 관계의 네트워크의 예로 사회적 뉴스를 공유하는 온라인 뉴스레터를 들 수 있다.

지식 네트워크 이니셔티브 유형

지식 네트워크 이니셔티브는 조직에서 사람들이 항상 일해 온 방법에 대한 공식적 인식이며 확장이다. 이상적인 사회적 네트워크는 기능, 지리, 또는 조직의 경계를 넘어서 역동적이며 필요에 따른 패션으로 연결하여, 기업을 변화하는 고객 니즈와 산업 추세에 좀 더 반응적이도록 하여야 한다.

실무공동체 이외에 조직에서 구축하고 있거나 조장하는 지식 네트워크 이니셔티브를 파악하기 위한 미국과 캐나다의 지식 매니저 포커스 그룹 스터디는 기업에서 여러 가지 형태의 지식 네트워크 이니셔티브를 실행하고 있음을 확인하였다. 조사에서 발견된 지식 네트워크 이니셔티브를 다음과 같은 주요 지식 네트워크로 분류할 수 있다.

- 기능적 네트워크(Functional Network) – 이 유형의 네트워크에서는 조직의 다른 부서에서 유사한 업무를 수행하는 사람들이 그들의 일과 관련하여 지식과 경험을 교환하고 공유하는 기회를 갖는다. 예를 들면 다른 지역에 근무하는 직원들이 비지니스 문제를 온라인으로 만나 토론한다. 이것은 공통의 관심사를 다루는 소규모 면대면 회의로 발전한다.
- 부서 간 네트워크(Cross-Functional Network) – 조직 내의 다른 부서 사람들이 공통된 업무를 논의하는 네트워크이다. 예를 들면 신제품 개발 프로세스의 여러 다른 분야와 관련된 모든 사람들이 의사결정에 대한 정보를 공유하는 것이다.
- 개인 간 네트워크(Inter-personal Network) – 기업은 직원들 간의 사회적 연결이 미래에 다른 유형의 네트워크의 기초가 될 것으로 보고 지원한다. 예를 들면 보험회사가 에이전트들이 서로 비공식적으로 접촉하도록 협업 네트워크 사이버 공간을 만들었다. 한 은행은 특정 지역 직원들의 사회적 활동 및 개인적 성취에 대한 뉴스를 공유하는 온라인 월간지를 만들었다.
- 혁신 네트워크(Innovation Network) – 다양한 배경과 지식을 가진 개인들을 연결하는 것은 일에 대한 새로운 접근 방법을 찾는 혁신으로 연결될 수 있다. 어떤 기업은 매월 회사 내의 여러 다른 부서의 사람들을 연결하여 특정한 안건 없이 여러 가지 이슈에 대한 아이디어를 공유하도록 하여 혁신을 이루고자 한다. 이러한 면대면 및 비디오 콘퍼런스 회의는 회사의 미래 기회에 대한 토론이나 브레인스토밍을 자극하기 위한 것이다.
- 비지니스 부문 간 네트워크(Inter-Business Unit Network) – 기업 내 다른 부서는 공통의 문제가 있다 하더라도 완전히 분리되어 운영될 수 있다. 어떤 기업은 다른 두 비지니스 부문의 유사한 프로세스와 관련된 직원들에게 면대면 회의를 갖게 하여 문제의 해법을 찾고 공통의 이슈를 논의하도록 하여 자신들의 업무와

도전에 대한 새로운 관점을 갖도록 하는 새로운 업무 및 개인 관계를 구축하도록 하였다. 7장에서 본 아주그룹의 사례가 대표적 예이다.

- 고객 네트워크(Customer Network) – 기업들은 고객들과 새로운 방법으로 연결하려고 노력하고 있다. 한 기업은 공통의 건강 조건을 가진 고객 그룹이 서로 팁(Tip)과 충고를 교환하는 전문적 온라인 서비스를 하고 있다. 회사 직원은 새로운 제품과 서비스 아이디어를 발견하기 위해 대화를 모니터링하고 있다.

1.4. 비공식 네트워크

비공식 네트워크의 중요성

기업의 많은 일이 공식적 조직 밖에서 이루어진다. 이러한 이유로 조직의 공식 구조는 골격에 해당하고 비공식 네트워크는 신경계라고도 한다. 공식 구조는 예상된 문제를 해결하고 비공식 구조는 예상치 못한 문제를 해결한다. 지식노동자들은 거의 모두가 불가능하다 싶은 데드라인을 맞추기 위해, 전략적 결정에 대한 충고를 얻기 위해, 또는 새로운 상급자에 대한 정보를 얻기 위해 자신의 개인적 네트워크를 사용한다. 점점 더 전통적 조직 계층이 아니라 이러한 비공식 네트워크를 통하여 정보가 수집되고 업무가 이루어진다. 공식 조직 구조가 쉽게 예상되는 문제를 다룰 수는 있지만 예기치 못한 문제를 만났을 때에는 비공식 조직이 가동된다. 직원들은 필요한 지식을 얻을 수 있는 자신들만의 비공식 전문가 공동체를 형성한다. 문제나 해답이 사전에 정의될 수 없으므로 상징적 분석 과정에서 비공식 대화가 빈번하게 사용된다. 비공식 조직은 매우 복잡하고, 애매하고, 예측하기 어렵고, 일관성이 적고, 드문 일을 해내기 위해 기능 조직을 건너뛰는 적응적인 메커니즘이다.

그러나 많은 기업의 경영자는 비공식 네트워크를 의사결정이 이루어지지 않게 하고 일이 되지 않게 한다고 보아 보이지 않는 적으로 간주한다. 경영자들은 이 복잡한 커뮤니케이션 그물망을 볼 수도 없고 관리할 수도 없으므로 과학적 관리 도구를 사용할 수 없다고 본다. 그 결과 경영자들은 비공식 네트워크를 피해서 아니면 무시하면서 일하려고 한다. 네트워크의 존재를 인정한다고 해도 이러한 사회적 자본을 조성하는 데 신뢰하기 어려운 도구인 직감에 의지한다. 조직 내의 강력한 내부 힘인 비공식 네트워크를 고려하지 않는 것은 지식경영 실행의 약화를 가져온다.

최근 비공식 네트워크에 대한 관심의 증가는 기업 환경의 변화에서 세 가지 중요한 발전이 일어났기 때문이다. 첫째는 조직의 공식 구조와 함께 공존하는 비공식 조직의 중요성을 발견하게 된 것이다. 관료적인 조직에서도 개인들은 조직도에 나타난 것과 다른 복잡한 방법으로 항상 서로 상호작용을 한다. 둘째는 조직이 수평화되고, 더 유연하고, 팀 지향적이며 지식자산에 더욱 의존하게 되었다. 이러한 유기적인 네트워크 형태의 구조로 바뀌면서 조직이 어떻게 움직이는지와 어떻게 그 조직을 관리해야 하는지에 대한 이해가 필요하게 된다. 셋째는 아웃소싱, 조인트벤처, 제휴, 다중 조직의 프로젝트와 같은 조직 간의 밀접한 협력 관계가 급격히 증가하였다. 가상 조직을 어떻게 관리할 것인지에 대한 새로운 경영 이슈를 제기한다.

비공식 네트워크 형태

비공식 네트워크는 조직 내부와 조직 간의 커뮤니케이션을 촉진하는 중요한 장치이다. 비공식 네트워크는 공식 조직에 가치를 보완하고 부가하는 구조이다. 때로 비공식 네트워크는 공식 조직의 커뮤니케이션 시스템을 우회하여 힘의 분배에 크게 영향을 미친다. 공식 조직은 누가 힘을 가지는지를 정하지만 비공식 조직은 누가 힘을 가지고 있는지를 드러낸다. 비공식 네트워크는 다음과 같은 형태로 구분될 수 있다.

- 커뮤니케이션 네트워크 - 일반적 또는 특정 이슈와 관련한 상호작용 패턴을 나타내는 조직의 비공식적 구조
- 정보 네트워크 - 자문 또는 업무와 관련하여 누가 누구를 찾는가?
- 문제해결 네트워크 - 업무 문제를 해결하기 위하여 누가 누구와 대화를 하는가?
- 지식 네트워크 - 누구의 지식과 기술을 파악하고 있는가?
- 접근 네트워크 - 누가 누구의 지식 및 전문 지식에 접근할 수 있는가?

비공식 조직을 통해 업무가 일어나는 것을 분석하여 발견되는 복잡한 관계를 자문 네트워크, 신뢰 네트워크, 커뮤니케이션 네트워크, 이렇게 세 유형의 관계 네트워크(Relationship Network)로 나눌 수 있다. 자문 네트워크(Advice Network)는 문제해결이나 기술적 정보 제공에서 다른 구성원들이 의존하는 핵심 인물(전문가)을 보여 준다. 신뢰

네트워크(Trust Network)는 위기 상황에서 어느 구성원이 민감한 정치적 정보를 공유하고 다른 사람과 주고받는지를 보여 준다. 커뮤니케이션 네트워크(Communication Network)는 정기적으로 업무 관련 사항을 이야기하는 구성원들을 보여 준다.

한 조직이 비공식 네트워크를 맵으로 표현할 때 자문 네트워크, 신뢰 네트워크, 커뮤니케이션 네트워크의 모양이 서로 많이 다를 수 있다. 조직은 비공식 조직에 대한 파악으로 성과의 문제를 이해하고 비공식 네트워크를 그 문제해결에 사용할 수 있다. 이것은 구성원들 사이의 관계의 맵을 작성하는 방법을 주로 사용한다.

자문 네트워크는 조직의 일상 업무 수행에서 가장 영향력 있는 인물을 밝힘으로써 정치적 충돌과 전략적 목적 달성 실패의 소스를 보여 준다. 이것은 정규 인사에서 유용한 정보가 될 수 있다. 신뢰 네트워크는 한시적 팀의 낮은 성과와 같은 비정규적 문제의 원인을 드러내 보인다. 주요 변화을 앞두거나 위기를 맞은 조직은 신뢰 네트워크를 조사할 필요가 있다. 커뮤니케이션 네트워크는 정보 흐름의 갭, 자원의 비효율적 사용, 새로운 아이디어 생산의 실패를 파악하는 것을 돕는다. 생산성이 낮을 때에 커뮤니케이션 네트워크를 조사해 볼 필요가 있다. 조직의 비공식 네트워크의 커뮤니케이션 네트워크 분석은 일반적으로 다음과 같은 다섯 유형의 네트워크 구성의 문제를 발견할 수 있다.

- 내파된 관계(Imploded relationships) - 한 부서가 다른 그룹과의 링크를 거의 가지고 있지 않는 경우로 직원들이 부서 내 직원들 간의 대화에 거의 모든 시간을 보내고 다른 부서 동료들과의 관계를 만드는 것을 등한시하고 있다.
- 불규칙한 커뮤니케이션 패턴 - 내파된 관계와 반대로 한 부서의 직원들 사이에는 거의 대화가 없고 다른 부서 동료와 대화를 주로 하는 경우이다.
- 허약한 구조 - 그룹 멤버들이 자기들끼리와 다른 부서 하나와만 커뮤니케이션을 하는 경우이다. 이것은 업무를 신속히 완수하거나 창의성을 요구하여 여러 분야의 기여가 필요할 때 문제가 된다.
- 구멍 난 네트워크(Holes in the network) - 당연히 있어야 할 관계가 존재하지 않는 경우이다. 커뮤니케이션이 일어나는 것이 필요한 부서 간의 커뮤니케이션 부재는 중대한 문제가 될 수 있다.
- 보우타이(Bow tie) - 많은 구성원이 한 구성원에 의존할 뿐 그들 사이에는 커뮤니케이션이 없는 경우이다. 나비넥타이의 매듭에 해당하는 직원은 네트워크 내

에서 공식 조직 구조에서 부여한 것 이상의 상당한 권력을 가지게 되며, 이 직원의 이직은 고립된 두 그룹의 연결이 끊어지게 한다.

위에서 본 각 커뮤니케이션 네트워크의 형상이 본질적으로 좋다거나 나쁘다거나 또는 순기능적이라거나 역기능적이라고 할 수 없다. 중요한 것은 그 커뮤니케이션 네트워크의 형상이 조직의 목표와 일치하는가이다. 커뮤니케이션 네트워크의 형상과 조직 목표가 맞지 않으면 조직은 여러 가지 전술을 통해 비공식 네트워크를 확장하든가 아니면 모양을 바꾸는 노력을 해 볼 수 있다.

조직은 직원들 자신이 조직에 가치 있는 기여를 할 수 있게 하는 비공식 구조 내에서 관계를 개발하는 것을 도와야 한다. 매니저는 직원들이 적절한 관계의 결합을 만들어 가도록 가이드할 필요가 있다. 직원은 잦은 상호작용을 하는 관계인 강한 유대(Strong ties)와 낮은 빈도의 상호작용 관계인 약한 유대(Weak ties) 모두를 개발하여 비공식 관계의 힘을 활용할 수 있다.

비공식 네트워크 행위자 역할

경영자들은 비공식 네트워크 그룹의 몇몇 핵심 인물을 통하여 비공식 네트워크의 효과성을 향상시킬 수 있다. 크로스와 프루삭(Cross & Prusak)은 50개 기업의 비공식 네트워크를 분석하여 다음 네 유형의 인물(Role-Player)의 역할과 활용 방안을 제시한다. 크로스와 프루삭은 이 인물들이 조직의 생산성에 결정적 역할을 한다고 본다.

- 중앙 연결자(Central Connector) – 비공식 네트워크에서 회원들을 가장 많이 연결하고 있는 사람을 말하며, 부서나 단위의 공식적 리더가 아닌 경우가 많다. 중앙 연결자는 전체 네트워크가 업무를 해내기 위해 필요로 하는 중요한 정보나 전문지식을 제공할 수 사람이다. 조직은 이 중앙 연결자를 명시적으로 인정하는 것이 중요하며, 장기적 관점에서 회사는 이들에게 유형의 보상을 해주는 것이 바람직하다. 대부분의 중심 연결자가 기업에 긍정적으로 기여하지만 때로는 병목 현상이 나타나게 할 수도 있다.
- 경계 확장자(Boundary Spanner) – 비공식 네트워크를 회사의 다른 부분 또는 다른 조직의 유사한 네트워크와 연결하는 사람을 말하며, 이들은 넓은 세상에 대하여

그룹의 눈과 귀 역할을 한다. 경계 확장자는 주로 회사 내 다른 부서, 다른 지역 사무소, 또는 다른 조직과 같은 비공식 네트워크 바깥의 사람들과 연결을 한다. 이들은 자신의 소속과 관계없이 많은 다른 부서의 개인들에게 컨설팅과 자문을 하는 데 시간을 할애한다. 경계 확장자는 전략적 제휴나 신제품 개발과 같이 다른 종류의 전문지식이 필요할 때 중요한 역할을 한다. 경계 확장자는 그렇게 폭넓은 전문 지식을 갖추기 어렵고 외부 네트워크에 시간을 많이 활용하도록 기업 환경이 우호적이지 않기 때문에, 모든 네트워크에 존재하는 것은 아니다.

- 정보 브로커(Information Broker) – 비공식 네트워크 내의 다른 하위 그룹을 하나로 묶는 사람으로, 이들이 하위 그룹과 커뮤니케이션을 하지 않으면 전체 네트워크는 작은 규모의 효과도 내지 못하는 네트워크로 쪼개진다. 정보 브로커는 경계 확장자와 유사한 역할을 하지만 그 역할은 사회적 네트워크 안에 한정되어 있다. 정보 브로커는 중앙 연결자처럼 직접적 연결을 가지지는 않지만 중앙 연결자와 같은 권력을 행사하므로 비공식 네트워크의 효과성에 지대한 중요성을 갖는다.
- 주변 전문가(Peripheral Specialist) – 비공식 네트워크 내의 누구든 전문 지식을 위해 의지해야 하는 사람을 말한다. 주변 전문가는 비공식 네트워크의 아웃사이더이지만 네트워크에 연구 자료, 소프트웨어 기술, 또는 고객 선호도와 같은 전문 지식을 제공하는 중요한 역할을 한다. 많은 경우 주변 전문가가 더 잘 연결되기를 바라는 신입 사원일 수도 있다. 이런 경우 주변 전문가가 비공식 네트워크에 밀접하게 통합되면 더 많은 기여를 할 수 있다. 그러나 주변 전문가 중에는 다른 그룹 회원들과 지나치게 가까운 것을 바라지 않는 경우도 있다.

어떤 그룹이 가지는 관계의 패턴을 그림으로 평가한 결과는 여러 가지 흥미 있고 실질적인 내용들을 드러내 준다. 예를 들면 네트워크의 중앙에 있는 사람인 매니저를 파악해 보면 어떻게 정보 영역 또는 의사결정 권한을 그룹 전체가 효과적이도록 재할당할 것인가를 결정하는 데 도움이 된다. 또 누가 네트워크의 변방에 있는지를 이해하고 이러한 사람들을 참여하게 하는 방법을 찾는 것은 네트워크 안에서 전문 지식이 효과적으로 사용되게 하는 수단이 된다. 오늘날처럼 이직이 잦은 시대에 사람들끼리 빨리 연결되어 조직의 생산성에 도움이 되도록 하는 것은 더욱 중요하다. 더욱이 부서 간 또는 계층 간 경계로 분할된 네트워크 연결을 평가하는 것은 분리된 그룹을 통합하는 데 도움이 되는 사회적 또는 기술적 간섭에 좋은 정보를 제공하게 된다.

그러나 조직 내에서 이들 핵심 인물들의 영향이 큼에도 불구하고 종종 이들은 경영자들에게 보이지 않을 수 있다. 경영자들은 그들의 매니저나 직원들에 대한 정보를 얻기 위해 조직의 공식적 구조, 직감, 가십(Gossip)에 의존하여 사람들 사이의 관계를 잘못 짚을 때가 많다. 또 조직 내에는 비공식 네트워크가 많아 문제가 더 커질 수도 있다. 따라서 비공식 네트워크를 관리하는 첫 번째 단계는 그들을 전면에 나서게 하는 것이다. 이것은 잘 알려진 사회적 네트워크 분석 기법을 활용하여 조직의 관계를 파악하는 것으로 시작한다.

2. 사회적 네트워크 분석

2.1. 사회적 네트워크 분석 필요성

사회적 네트워크 분석(Social Network Analysis; SNA)은 1930년대부터 시작한 사회과학 연구에 근거한다. 특정 그룹 사람들의 연결을 그림으로 나타내려는 아이디어는 뉴욕시의 전체 인구를 연결하려던 초기 사회심리학자인 모레노(Moreno)에게서 출발한 것으로 알려져 있다. 그 이후 사회 네트워크 기법의 응용 측면에 사회학, 사회심리학, 인류학, 전염병학, 그리고 경영학 분야에서 기여가 있었다. 경영 분야에서는 관심이 주로 사회적 자본, 사회 네트워크에서의 정보 흐름, 조직의 비공식적 구조의 이슈에 초점을 맞추어 왔다.

사회적 네트워크 분석은 개인, 그룹, 조직, 컴퓨터, URL, 다른 연결된 정보 및 지식 개체 사이의 관계와 흐름의 매핑과 측정이다. 네트워크의 노드(Node)는 사람과 그룹이며 링크(Link)는 노드 사이의 관계 또는 흐름을 보여 준다. 사회적 네트워크 분석은 인간관계의 비주얼(Visual) 및 수학적 분석을 제공한다. 경영 분야에서는 이 방법을 조직에 적용하며 이것을 조직 네트워크 분석(Organizational Network Analysis)이라고 부른다.

조직 차트(공식적 조직 구조)를 말단 직원에서 경영자까지 어느 직원에게든 제시해 보면 그들은 그 차트의 박스나 라인이 조직에서 일이 이루어지는 것과는 상관이 없다고 한다. 이들은 직감적으로 사람들의 그룹 사이에 오랜 시간 동안 발전되어 온 넓고 다양한 패턴의 관계의 존재, 중요성, 그리고 힘에 대해 인정한다. 그러나 대부분의 조직 구성원은 조직 성과에 긍정적 영향을 미치게 하는 방법으로 이 비공식적 구조를 효과적으로 포착하고 분석할 줄을 모른다. 사회적 네트워크 분석은 우리에게 개인의 유대와 조직 내의 네트워크 관계를 더 구체적 관점에서 바라보는 독특한 방법을 제공한다. 사회적 네트워크 분석은 사람들 사이의 보이지 않는 관계를 보이게 하고 매니저가 자신과 자신의 그룹 성과를 향상시키는 정통한 의사결정을 하는 것을 돕는다.

사람들 사이의 공유된 규범과 가치를 포함한 그들의 관계를 사회적 자본(Social Capital)이라고 부른다. 사회적 자본은 기업의 물리적 분위기나 인트라넷 게시판에서 감지할 수 있는 것이다. 기업에서 가십, 스토리, 우화를 통한 비공식적 지식 교환을 관찰하거나, 회의에서 진지한 목적이 있는 대화를 듣는 것이 그 예이다. 사회적 네트워크 분석은 기업의 사회적 자본의 재고에 기여하는, 구체적으로 측정할 수 있는 관점을 제공한다. 조직 구조는 누가 높은 위치에 있는지를 보여 줄 뿐 어떻게 일이 처리되는지에 대한 최고의 잣대가 되지는 못한다. 경영자나 고참 직원이 항상 비공식 네트워크의 중심에 있지는 않다. 비공식 네트워크의 변두리 인물이 새로운 지식을 나타낼 수도 있다. 비공식 네트워크를 비주얼하게 매핑하는 것이 비공식 네트워크를 더 행동하게 만들고 협력적 행동 계획의 기초가 될 수 있다.

지식경영에서 사회적 네트워크 분석은 지식 흐름을 파악하기 위하여 사람들 사이의 관계를 매핑한다. 사람들이 누구로부터 정보와 지식을 구하는가? 사람들이 정보와 지식을 공유하는가? 누가 어디에서 일하고 누구에게 보고하는지의 공식적 관계를 보여 주는 조직도와 달리 사회적 네트워크 분석 맵은 누가 누구를 아는지와 누가 누구와 지식과 정보를 공유하는지의 비공식 관계를 보여 준다. 사회적 네트워크 분석은 지식창조와 공유를 조장 또는 방해하는 많은 관계를 보여 준다. 이러한 관계는 보통 보이지 않으므로 사회적 네트워크 분석이 조직 구조 표면 아래에서 움직이는 진짜 네트워크를 보여 준다고 해서 조직 X선(X-ray)이라고도 부른다.

네트워크 내의 상호작용을 통한 멤버의 연결성을 향상하기 위해 그들 사이의 관계를 조사할 필요가 있다. 사회적 네트워크 분석은 그룹이나 조직의 사회적 자본의 평가 또는 그룹이나 개인에 대한 판단이 아닌 정량적 및 정성적 관점을 통하여 관계의 패턴을 이해할 수 있게 한다. 그룹이나 조직 내 사람들 사이의 연결을 분석하는 목표나 활용 목적은 다음과 같다.

- 조직 내·외의 관계 비주얼라이제이션-누가 누구를 아는지와 누가 무엇을 아는지를 파악하고, 조직에서 다른 역할을 하는 팀과 개인을 파악한다(예: 생각을 리드하는 사람, 병목을 일으키는 사람, 경계 확장자 등). 고립된 팀 또는 개인 그리고 지식 병목을 파악한다.
- 공식 및 비공식 커뮤니케이션 채널의 효과성 향상-기능 부서와 조직 경계를 초월하는 지식과 정보의 흐름을 가속화한다. 증대된 또는 향상된 지식 흐름이 가장 영향을 주는 기회를 파악한다. 하위 그룹에로의 연결 기회를 포착한다.
- 비공식 네트워크의 중요성 인식 향상

사회적 네트워크 분석은 경영자의 간섭 기회를 제공한다. 사회적 네트워크 분석의 일반적인 경영의 활용은 다음의 세 분야로 가능하다.

개인 및 조직의 사회적 자본의 평가

최근 들어 사회적 자본과 어떻게 관계가 개인 또는 조직에 혜택을 주는지에 대하여 관심이 증대되었다. 사회적 네트워크 분석은 경영자와 매니저에게 두 가지 점에서 유용하다. 첫째는 사회적 네트워크 분석이 직원들 간 또는 조직 내의 다른 단위 간의 협력을 평가하는 X선 역할을 한다. 종종 보이지 않는 커뮤니케이션 패턴을 보여 줌으로써 사회적 네트워크 분석은 그룹의 효과성을 향상시킬 수 있는, 중재할 곳을 알려 준다.

네트워크의 개인 입장에서 보면 사회적 네트워크 분석은 자신의 개인적 네트워크의 건강과 효과성에 대한 통찰을 제공한다. 개인 네트워크는 직장을 찾거나, 승진하거나, 업무를 처리하는 데 필요한 정보를 획득하는 데 특별히 중요한 것이다. 모두가 자신의 네트워크가 중요한 자산이라는 점은 인식하지만 경영자들은 체계적으로 이 자산을 평가하는 시간을 가지지 못한다. 한 네트워크 내의 숨겨진 편향성을 이해하는 데 사회적 네트워크 분석을 사용하는 것은 의사결정, 커리어 발전, 성과의 관점에서 경영자에게는 매우 중요한 것이다.

효과적 지식창조 및 공유 보장

오늘날 정보와 지식의 흐름은 많은 조직의 생명줄이다. 사회적 네트워크 분석은 리더십 네트워크, 전략적 비지니스 단위, 신제품 개발 이니셔티브, 실무공동체, 조인트벤처, 합병과 같은 전략적으로 중요한 그룹의 협력을 평가하고 촉진하는 데 효과적이다. 다양한 기술의 등장과 접근할 수 있는 정보의 폭발에도 사람들은 일반적으로 지식 베이스나 파일 같은 정보 소스보다 자신의 네트워크로부터 정보를 얻고 어떻게 업무를 하는지를 배운다.

누구를 아는가는 종종 무엇을 아는가를 결정한다. 분석적으로 사회적 네트워크 분석은 네트워크 내의 정보와 지식이 흐르는 것을 향상시키는 데 필요한 것을 알려 주는 것을 돕는다. 예를 들면 조직의 다른 부문 사이에 정보를 옮기는 중요한 정보 브로커나 경계 확장자를 파악하여 비용-효과적으로 네트워크 내에 아이디어를 확산시키는 것을 촉진하는 데 활용할 수 있다. 또는 사회적 네트워크 분석이 불필요한 병목이 되어 많은 다른 사람의 업무를 더디게 하는 중앙 인물을 파악하는 데 도움이 된다.

조직의 비공식적 구조가 전략적 목적을 지원하는 정도의 분석

수평적 조직이 일반화되면서 업무는 점차 조직의 다른 부문과 비공식적으로 연결하는 소그룹에 의해 수행된다. 조직의 목적과 일치하도록 하기 위하여 조직 내 비공식 네트워크를 평가하고 지원하는 것은 중요하다. 불행하게도 중요한 비공식 네트워크가 공식적 구조, 업무 프로세스, 인적 자원 실무, 리더십 스타일, 문화와 같은 조직의 측면과 경쟁하거나 파편화 되고 있다. 이 경쟁과 파편화는 경영자가 직원들이 다른 전문가와 협력할 것을 기대하는 지식 집중 환경에서는 더욱 문제가 된다. 다른 전문 지식, 배경, 문제해결 스타일을 가진 사람들이 그들의 독특한 관점을 통합하도록 하는 것은 매우 어려운 일이다. 사회적 네트워크 분석은 기능적, 계층적, 지리적, 또는 조직적 경계를 초월하는 비공식 네트워크의 와해를 지적하는 효과적 수단이다.

사회적 네트워크 분석은 네트워크의 패턴이 보이게 하고 행동할 수 있게 함으로써 네트워크를 기업 목표와 일치하게 하는 기회를 제공한다. 종종 대규모 변화 이니셔티브는 기존 네트워크의 효과성을 손상시키고 새로운 관계의 발전을 등한시한다. 사회적 네트워크 분석은 내부 구조조정 또는 기업 흡수와 같은 변화가 일어난 이후의 비공식적 구조의 건강에 대한 강력한 평가 도구이다.

2.2. 사회적 네트워크 분석

네트워크는 노드와 노드 사이의 관계 또는 무관계를 나타내는 링크 혹은 타이(Tie)로 정의된다. 사회적 네트워크에서 노드는 행위자인 개인, 그룹, 조직을 나타낸다. 노드는 활동 또는 공식적 조직 프로세스의 중심지이다. 링크는 커뮤니케이션, 지식 흐름, 그리고 개인적 관계 개발의 경로와 같은 어떤 유형의 상호작용을 나타내거나 상호작용을 암시하는 신뢰와 우정 같은 추상적 연결을 나타낸다. 사회적 네트워크에서 관계는 정보 공유, 문제해결, 의사결정에 대한 자문 중 하나일 수 있다.

노드와 링크의 패턴은 지속적으로 변화한다. 연결의 밀도는 많은 유형을 나타내며, 어떤 것은 분명한 허브(Hub)를 중심으로 한 원형이고, 다른 것은 더 분산적이다. 개인은

[표 10-3] 사회적 네트워크 링크 측정 단위

측정 단위	정의
간접 링크 (Indirect Link)	두 행위자 사이의 경로가 하나 또는 그 이상의 행위자에 의해 중재된다.
빈도(Frequency)	링크가 몇 번 또는 얼마나 자주 일어나는가이다.
안정성(Stability)	링크의 존속 기간
다중성(Multiplexity)	두 행위자가 하나 이상의 관계로 연결되는 정도
강도(Strength)	시간, 감정적 강도, 친밀성, 또는 상호적 서비스(흔히 빈도 또는 다중성이 링크의 강도 측정 단위로 사용된다.)
방향(Direction)	한 행위자로부터 다른 행위자로의 링크가 일어나는지 여부
대칭성(Symmetry; Reciprocity)	관계가 양방향인지 여부

여러 네트워크에 속하며 어떤 네트워크에서는 가운데에 있고 어떤 네트워크에서는 주변에 있다. 네트워크는 분명한 경계를 찾을 수 없는 경우가 흔하다. 네트워크는 서로를 강한 또는 약한 유대 관계로 연결한다. 네트워크에서는 일대일 및 다중 대화가 동기 또는 비동기로 일어나며, 지식은 의식적인 방법 또는 예상하지 않은 방법으로 흐른다.

사회적 네트워크 분석의 기본적 구조물은 관계이다. 즉 초점이 행위자가 아니라 관계 또는 무관계이다. 관계의 콘텐츠 이외에도 링크를 특징짓는 몇 가지 측정 방법이 사용된다. 그 예로는 [표 10-3]에서 보는 것처럼 간접 링크, 빈도, 안정성, 다중성, 강도, 방향, 대칭성을 들 수 있다. [표 10-3]의 측정 단위는 두 행위자 사이의 특정 링크를 기술하는 데 사용될 수 있지만, 측정 단위는 통합되거나 특정 행위자에 할당될 수도 있고 또 전체 네트워크를 기술하는 데 사용될 수도 있다.

링크의 통합된 측정 단위 이외에도 다른 사회적 네트워크 측정 단위가 개별 행위자에 할당된다. [표 10-4]는 흔히 사용되는 측정 단위를 정의하고 있다. 이 측정 단위는 개별 행위자의 속성이 아니라 네트워크 내에서의 행위자의 관계를 나타낸다. 네트워크의 어느 부분이 변화되면 네트워크 내에서의 행위자의 관계도 변화한다.

네트워크와 그 네트워크 참여자를 이해하기 위하여 네트워크 행위자의 위치를 평가한

[표 10-4] 사회적 네트워크 행위자 측정 단위

측정 단위	정의
차수(Degree)	다른 행위자에 직접 연결된 링크의 수
안방향 차수(In-degree)	다른 행위자로부터 들어오는 링크(in-coming links)의 수
바깥방향 차수 (Out-degree)	다른 행위자로 나가는 링크(out-going links)의 수
범위(다양성)	다른 그룹에 연결된 링크의 수
밀접성(Closeness)	한 행위자가 네트워크의 다른 모든 행위자에 근접한 정도. 보통 다른 행위자에 대한 평균 경로 거리
매개성(Betweenness)	한 행위자가 다른 두 행위자 사이 최단 거리의 중재 정도. 보통 네트워크의 모든 행위자 쌍의 평균
중심성(Centrality)	한 행위자가 네트워크의 중심인 정도. 차수, 밀접성, 매개성이 중심성의 지표로 사용됨.
명성(Prestige)	비대칭형 관계에 기초하여 명성 있는 행위자는 관계의 소스이기보다는 대상이 됨. 관계의 방향으로 계산

다. 네트워크 위치를 측정하는 것은 노드의 중심성(Centrality)을 발견하는 것이다. 이 방법은 링크의 빈도, 강도, 힘에 기초하여 행위자를 집단화하여 상대적 응집력을 파악한다. 이 측정치는 우리에게 네트워크 내의 다양한 역할과 그룹에 대한 통찰력을 제공한다. 즉 누가 연락자(Connector; Liaison), 프로(Maven; Star), 리더(Leader; Gatekeeper), 연결자(Bridge), 고립된 자(Isolate)인지, 어디에 집단이 있는지, 누가 어느 집단에 속해 있는지, 누가 네트워크의 중앙에 위치하는지, 누가 네트워크의 변두리에 위치하는지를 알 수 있게 한다.

사회적 네트워크 분석은 행위자 개별적 위치의 차원에서 다음의 역할과 위치에 관한 정보를 제공한다.

- 차수/활동 중심성(Degree/ Activity Centrality) – 네트워크 멤버의 전문 지식과 권력에 대한 지수이다. 사회적 네트워크 분석 도구는 노드가 가진 직접적 연결의 수인 차수(Degree) 개념을 사용하여 노드의 네트워크 활동을 측정한다. 안방향 차수는 멤버의 인기도를 말하며, 안방향의 링크를 많이 가진 멤버는 특별히 유명하거나 높은 전문 지식을 가지고 있다. 바깥방향 차수는 외부로의 연결을 말하며, 바깥방향 차수를 많이 가진 멤버는 네트워크에서 영향력이 큰 사람이다. 차수 중심성은 지식 네트워크의 개별 멤버를 지원하는 데 필요한 측정 단위이다.
- 매개 중심성(Betweenness Centrality) – 네트워크의 다른 멤버들 사이의 최단 경로에 위치하는 멤버들의 정도에 관한 측정 단위이며, 네트워크 내의 지식 브로커와 문지기(Gatekeeper)를 찾는 것을 돕는다. 매개 중심성은 어떤 행위자가 다른 멤버들의 간접적 관계에 대하여 높은 잠재적 통제를 가지고 지식 흐름의 브로커나 문지기로서 중요한 역할을 하는지 여부를 결정한다.
- 밀접 중심성(Closeness Centrality) – 간접적 링크를 포함하여 멤버에 도달하는 정도를 측정하는 단위이며, 네트워크 멤버의 통합 또는 고립 정도를 알려 준다. 밀접 중심성은 최단 거리로 네트워크의 모든 다른 멤버들에 대한 거리에 초점을 맞추며 네트워크 내에서 멤버의 통합 여부를 결정한다. 높은 밀접 중심성은 다른 멤버에 쉽게 도달할 수 있으므로 개인의 높은 자율성을 표시한다. 낮은 밀접 중심성은 개인의 다른 멤버에 대한 높은 의존성을 말하며, 이것은 다른 멤버의 네트워크 자원 접근에 대한 흔쾌한 지지를 의미한다.

링크의 측정 단위와 마찬가지로 행위자에 관한 측정 단위도 전체 네트워크를 기술하기 위하여 통합된다. 예를 들어 네트워크의 밀도는 모든 가능한 링크에 대한 실제 링크의 비율이고 네트워크의 연결성은 네트워크의 어느 행위자로부터 다른 행위자에 도달하는 데 필요한 링크 수의 평균이다. [표 10-5]는 전체 네트워크를 기술하는 측정 단위를 정의하고 있다.

개별 네트워크 중심성은 네트워크에서 개인의 위치에 대한 통찰력을 제공한다. 모든 노드의 중심성 사이의 관계는 전반적 네트워크 구조에 대한 많은 것을 노출시킬 수 있다. 매우 중심적인 네트워크는 하나 또는 몇 개의 중심 노드에 의해 지배당한다. 이러한 노드들이 제거되거나 문제가 생기면 네트워크가 빠르게 연결되지 않은 하위 네트워크로 분할된다. 매우 중앙 집중적인 노드는 단일 실패점을 가질 수 있다. 잘 연결된 허브 중심으로 중앙 집중화된 네트워크는 그 허브가 문제를 일으키거나 제거되면 바로 작동하지 않게 될 수 있다. 허브는 높은 차수와 매개 중심성을 가진 노드이다. 중앙 집중화되지 않은 네트워크는 단일 실패점을 가지고 있지 않다. 이것은 많은 의도적 공격 또는 우연한

[표 10-5] 사회적 네트워크 측정 단위

측정 단위	정의
규모(Size)	네트워크의 행위자 수
포함성(Inclusiveness)	네트워크의 행위자 수 - 고립된 행위자 수; 연결된 행위자 수 / 행위자 수의 합계
부분 네트워크(Component)	최대로 연결된 하위 네트워크의 노드와 링크(부분 네트워크의 모든 노드는 연결되고, 외부의 노드에 연결되지 않음.)
연결성(Connectivity; Reachability)	네트워크의 행위자가 직·간접 링크에 의해 서로 연결된 정도
연결도(Connectedness)	상호 도달할 수 있는 노드 쌍의 수 / 모든 노드 쌍의 합계
밀도(Density)	실제 링크의 수 / 네트워크의 가능한 링크의 수
중심도(Centralization)	가장 중앙에 있는 행위자의 중심성 점수와 다른 행위자의 점수 차이를 계산하여, 실제 차이의 합계와 최대 차이의 합계 비율 계산
대칭성(Symmetry)	대칭 링크의 수와 비대칭 링크(또는 링크의 합계)의 수 비율
이행성(Transitivity)	이행성 세 행위자의 수 / 잠재적 이행성 세 행위자의 수

작동 중지에도 견디어 낸다. 많은 노드나 링크가 작동하지 않아도 남아 있는 노드들은 여전히 네트워크의 다른 노드들에게 연결되어 있다. 그러나 중앙 집중화가 덜된 네트워크는 점진적으로 작동하지 않게 된다.

사회적 네트워크 분석은 일반적으로 몇 가지 유형의 네트워크 구조를 드러낸다. 첫째 유형인 하부 그룹 또는 전문가 집단은 네트워크 멤버들의 일부 사이에서 빽빽한 연결을 통하여 만들어진다. 이것은 전체 네트워크의 행위를 이해하는 데 중요하다. 예를 들면 조직 하부 그룹 또는 파벌(Clique)은 자기들만의 지식 공유에 대한 문화와 다른 그룹에 대한 태도를 개발할 수 있다. 두 번째 유형인 연결점(Cut-points)은 지식의 흐름에 병목을 만든다. 이것은 네트워크가 느슨히 연결된 부분으로 나누어질 때 생겨나며, 부분을 붙들어 매는 데 중요한 역할을 하는 네트워크 멤버를 연결자(Bridge)라 부른다. 병목은 네트워크에서의 지식 공유에 매우 중요하지만 연결자로 가는 과다한 링크는 지식 교환의 비효율성을 낳으므로 하부 그룹 사이의 링크는 효과적이며 효율적으로 조정되어야 한다. 세 번째 유형인 허브(Hub)는 효과적 지식 전이를 일으킨다. 네트워크가 집단화되어 있으므로 어떤 멤버는 여러 집단에서 중요한 행위자가 되어 매우 중요하며 이들을 허브라고 부른다. 허브는 다른 부서와 같은 네트워크의 다른 하부 그룹을 효과적으로 연결하여 지식이 흐르도록 할 수 있다. 그런데 네트워크의 효율성이 허브에 크게 의존하므로 전체 네트워크의 기능에 잠재적 위험이 될 수도 있다.

사회적 네트워크의 예

[그림 10-3]의 사회적 네트워크 맵에 대한 사회적 네트워크 분석은 차수/활동 중심성, 매개 중심성, 밀접 중심성의 세 가지 중요한 측정치를 제공한다.

포터(Porter)는 네트워크에서 가장 많은 직접적 연결을 가지고 있으며 네트워크에서 가장 활동적인 노드가 된다. 포터는 네트워크의 연결자(Connector) 또는 허브(Hub)이다. 개인 네트워크에 대한 상식은 차수가 많을수록 더 좋다고 한다. 그러나 중요한 것은 그 연결이 누구에게로의 연결인가 하는 점이다. 포터는 그녀 집단의 다른 멤버들과만 연결이 되어 있으며, 그녀는 이미 서로 연결되어 있는 노드들과 연결되어 있을 뿐이다.

포터는 많은 링크를 가지고 있지만 볼드모트(Voldemort)는 네트워크의 평균보다 적은 몇 개의 직접적 연결을 가지고 있다. 그러나 볼드모트는 네트워크의 최고 위치 중 하나에 있다. 볼드모트는 두개의 중요한 구성원들 사이에 있으며, 네트워크의 중개자(Broker)

[그림 10-3] 사회적 네트워크

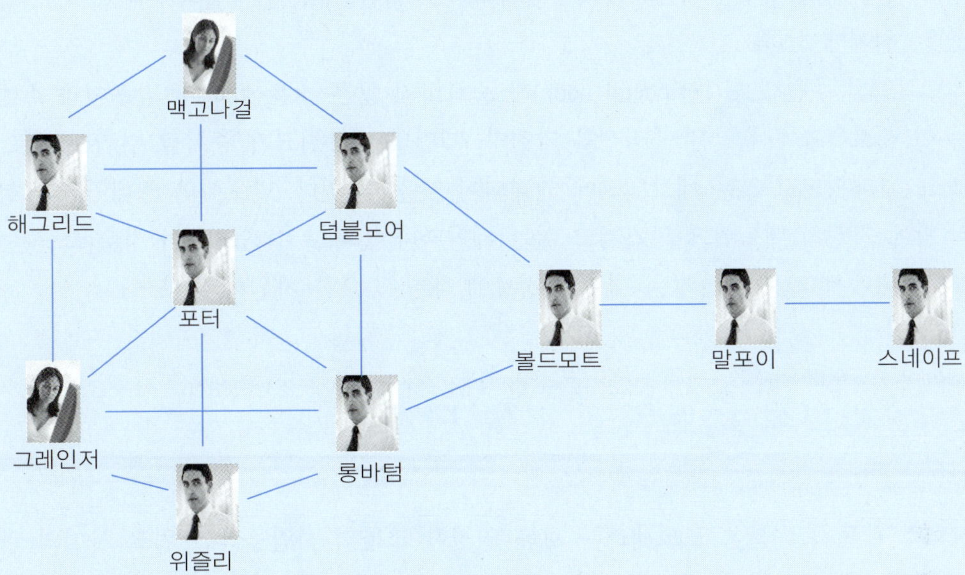

역할을 한다. 그는 네트워크의 가장 영향력 있는 역할을 하고 동시에 단일 실패점(Point of failure)이기도 하다. 볼드모트 없이는 말포이(Malfoy)와 스네이프(Snape)는 포터 집단의 정보와 지식으로부터 단절된다. 가장 높은 매개 중심성을 가진 노드는 네트워크에서 흐르는 것과 흐르지 않는 것에 대한 막대한 영향력을 행사한다. 볼드모트와 같은 노드는 네트워크의 결과에 대하여 커다란 힘을 행사한다.

덤블도어(Dumbledore)와 롱바텀(Longbottom)은 포터보다 적은 연결을 가지고 있으나 그들의 직간접 링크인 패턴은 그 누구보다 빠르게 네트워크의 모든 노드에 접근할 수 있도록 한다. 그들은 다른 노드에 대하여 가장 짧은 경로를 가지고 있으며 모두에게 가깝다. 그들은 네트워크의 정보 흐름을 모니터링하기에 가장 좋은 위치에 있다. 그들은 네트워크에서 일어 나는 것에 대하여 가장 좋은 시야를 가지고 있다.

한 그룹을 다른 그룹에 연결하는 노드는 높은 네트워크 측정치를 갖게 된다. 덤블도어, 롱바텀, 그리고 볼드모트와 같은 경계 확장자는 연결이 현재 집단에 한정된 노드들보다 더 전체 네트워크에서 볼 때 중심에 있다. 한 집단을 다른 집단에 연결하거나 중복되는 그룹의 멤버가 됨으로써 경계 확장자가 될 수 있다. 경계 확장자는 다른 집단에 흘러가는 정보나 아이디어에 접근할 수 있으므로 혁신자가 될 수 있는 좋은 위치에 있다. 그들은 여러 곳에서 발견되는 다른 아이디어와 지식을 새로운 제품과 서비스로 결합할 수 있는 위치에 있다.

네트워크의 주변 노드(Peripheral node)가 중요하지 않은 것은 아니다. 말포이와 스네이프는 이 네트워크에서 낮은 중심성을 가진다. 개인의 네트워크가 중복될 수 있으므로 주변 노드는 매핑되지 않은 네트워크에 연결되어 있을 수 있다. 말포이와 스네이프가 현재 조직 밖에 자신의 네트워크를 가지고 있는 계약자나 업자일 수 있다. 이 경우 그들은 현재 조직 내에서 가용하지 않은 새로운 정보에 대한 중요한 자원이 된다.

2.3. 사회적 네트워크 분석 단계

사회적 네트워크 분석 프로세스는 보통 일정한 그룹의 사람들 네트워크 사이의 관계에 대하여 정보를 수집하기 위하여 설문지 와/또는 인터뷰를 사용한다. 수집된 결과는 이러한 목적에 맞게 디자인된 소프트웨어 도구를 사용하여 매핑된다. 데이타 수집과 분석 프로세스는 그룹 또는 네트워크 내의 사회적 연결과 지식 흐름을 향상하기 위하여 적절한 변화와 간섭을 계획하고 우선순위를 매기는 기초 자료를 제공한다. 사회적 네트워크 분석 프로세스의 주요 단계는 다음과 같다.

- 사회적 네트워크 분석의 비지니스 목표 설정
- 분석될 사람들의 네트워크 파악(예: 팀, 그룹, 부서)
- 목표 구체화, 분석 범위 정의, 요구되는 보고 수준 합의 - 구체적 니즈와 문제를 이해하기 위하여 매니저와 핵심 인물 인터뷰
- 가정과 질문 만들기, 서베이 방법론 개발 및 설문지 디자인
- 사람들 네트워크 사이의 관계와 지식 흐름 파악을 위한 개인들에 대한 서베이
- 사회적 네트워크 분석 도구를 사용하여 데이타로부터 네트워크 맵과 통계적 측정치 도출
- 네트워크 맵을 검토하고 인터뷰, 워크숍을 통해 제기된 문제와 기회를 재검토
- 바라는 변화를 이끌 조정을 디자인하고 실행

▶ 상당 기간이 지난 후 네트워크를 다시 매핑

회사 내의 모든 비공식 네트워크를 한 번에 파악하는 것은 바람직하지 않다. 더 효과적인 방법은 생산성을 향상시키는 데 가장 필요한 연결을 파악하여 네트워크를 매핑하기 위한 기능이나 활동을 파악하는 것이다. 새로운 생산 라인 개발 또는 최근 인수·합병의 통합과 같은 우선순위가 높은 분야는 회사의 전략적 목표로부터 나온다. 이 단계에서는 조직의 운영과 전략에 중대한 영향을 주는 효과적 협업과 지식공유가 일어나지만 쉽게 인식되지 않는 비공식 네트워크를 파악하는 데 노력이 집중되어야 한다.

그 다음 단계는 비공식 네트워크 내에 존재하는 관계를 매핑하기 위해 사람들로부터 서로의 관계를 특징짓는 정보를 수집하는 것이다. 이러한 데이타는 전자우편 추적이나 사람들을 관찰하는 등 여러 가지 방법으로 얻을 수 있지만 가장 효율적인 방법은 10-20분 정도의 설문지를 사용하는 것이다. 질문은 알아내고 싶은 네트워크의 유형에 따라 다르다. 대부분의 경우 경영자들은 정보가 어떻게 흐르는가를 평가한다. 예를 들면 '누구와 정기적으로 업무에 관한 이야기를 하는가? 누구로부터 기술적 정보를 얻는가? 누구로부터 정치적 정보를 얻는가?' 등의 질문을 한다. 어떤 조직은 신뢰의 네트워크, 에너지의 네트워크를 매핑하고자 한다. 또 다른 조직은 의사결정 또는 혁신과 관련된 활동을 매핑하려고 한다. 관계의 네트워크를 매핑하는 능력은 각 조직의 필요에 따라 조정될 수 있다.

이 프로세스에서 측정하려는 관계의 유형이 주어진 과제에 적합하며 불필요하게 선동적이지 않은지에 주의하여야 한다. 조직에 따라 다양한 유형의 사회적 관계를 노출시키는 데에 대한 관용의 범위가 다르다. 어떤 조직은 신뢰와 권력의 관계를 매핑하는 질문을 할 수 있으나 다른 조직에서는 모든 관계 맵에서 실제 이름을 쓰지 않을 수도 있다. 진단 도구 또는 변화의 촉매제로서 사회적 네트워크 분석의 가장 좋은 방법은 네트워크 맵에 사람들의 이름을 넣어 대화의 기초로 모든 사람에게 공개하는 것이다. 그러나 그러한 맵이 네트워크에 대한 질문의 유형과 조직의 문화에 따라 민감한 사안일 수 있다. 그 결과 조직의 구체적 이슈에 도움이 되고, 동시에 기존 관계의 불필요한 파괴를 가져오지 않도록 질문을 개발하는 노력을 기울여야 한다. 서베이는 긍정적으로 받아들여질지 아니면 원하지 않는 침해로 간주되는지 알아보기 위해 작은 수의 직원을 대상으로 사전 조사를 해 볼 수 있다. 직원들의 프라이버시가 보호되고 정직하게 응답하였는지를 확인하기 위해 비밀 보장과 같은 안전 조처와 응답의 상호 점검과 같은 안전장치를 서베이 프로세스에 포함할 수 있다.

서베이를 통하여 수집된 정보는 그룹의 회원들 사이의 관계를 나타내는 네트워크 맵을 만드는 데 사용된다. 이러한 맵을 생산하기 위해 소프트웨어를 사용한다. 맵을 읽는 것은 어렵지 않다. 보통 네트워크 맵의 각 라인은 두 사람 사이의 관계를 말한다. 화살표는 관계의 방향을 나타내며, 들어오는 화살표는 누가 정보나 충고를 요구받고 있는지를, 나가는 화살표는 누가 정보나 충고를 구하는지를 의미한다.

비공식 네트워크의 회원이 50명을 넘으면 그룹 내에 하위 네트워크에 초점을 맞추는 것이 바람직하다. 하위 그룹은 공식적 보고 구조, 정치적 긴장, 또는 물리적 위치 등과 같은 여러 가지 이유로 형성되며 네트워크의 성능에 중대한 영향을 미친다. 경영자는 중재에 들어가기 전에 왜 비공식 네트워크에 그러한 분할이 있는지를 분석해 보아야 한다. 네트워크 맵에 나타난 문제와 기회와 관련한 맥락을 이해하기 위해서는 핵심 인물과의 인터뷰를 반드시 해야 한다. 그룹 회원들 사이의 상호작용의 수나 성격에 그들의 성격이 맵에 반영되지만, 맵이 단순하게 읽혀지지 않을 수 있다. 때로는 어떤 사람이 네트워크에서 하나 이상의 역할을 할 수도 있고, 종종 그 사람이 다른 네트워크에서 다른 역할을 할 수도 있다. 네트워크 맵의 맥락을 이해하기 위한 인터뷰에서는 다음과 같은 이슈에 초점을 맞추게 된다.

- 네트워크의 다른 부분을 유일하게 연결하는 중심 노드 즉 병목이 있는가?
- 효과적으로 조정되어야 할 부서 사이에 지나친 또는 불충분한 링크가 있는가?
- 그룹의 모든 노드 쌍을 연결하는 평균 거리는 적절한가?
- 그룹에 통합되지 않은 고립된 사람이 있는가?
- 전문가가 적절하게 이용되고 있는가?
- 자기들만의 문화나 다른 그룹에 대하여 부정적 태도를 가지는 하위 그룹이 있는가?

개발된 네트워크 맵과 인터뷰 와/또는 워크숍의 결과를 사용하여 파악된 주요 문제와 기회에 대응하는 바람직한 조정을 디자인하고 실행하는 것이 최종 단계이다. 조정의 목표는 지식과 정보의 흐름에 있는 패턴의 변화, 연결의 증대, 병목 행위자의 행위 변경,

중복되는 경로의 제거 등이다. 이러한 조정은 크게 세 분야로 일어난다.

- 지식경영(프로세스 및 실무) 조정 – 지식전이를 향상시키기 위하여 파악된 문제와 기회에 적합한 지식경영 실무를 선택한다.
- 구조적(조직적) 조정 – 조직 구조의 변화나 사람들에게 지식전이를 돕는 구체적인 새로운 역할을 부여한다.
- 개인적(조직적) 조정 – 네트워크 멤버는 네트워크 맵에서 자신의 위치를 파악한 뒤 공적으로나 사적으로 개인적 행동을 하게 된다.

사회적 네트워크 분석 사례

조직의 사람들 사이의 중요한 지식 관계를 매핑하는 도구인 사회적 네트워크 분석은 조직의 협력, 지식창조 및 공유를 향상시키는 데 도움이 된다. 크로스, 파커, 프루삭, 보가티(Cross, Parker, Prusak & Borgatti)는 사회적 네트워크 분석을 다음 정유회사의 예를 사용하여 설명한다.

어떤 정유회사의 탐사 및 생산 부문의 고위 경영자 20명의 정보 공유 네트워크를 보자. 이 부문의 공식적 조직 구조는 조직 차트 [그림 10-4]와 같다. 이 조직 구조는 계층적 관계를 보여 주고 있다. 이들 경영자가 업무를 처리할 때 정보를 공식적 조직 그룹 내에서 누구로부터 정보를 얻는지를 파악하여 그림으로 표현한 사회적 네트워크 맵은 [그림 10-5]와 같다. 맵에서 사람 사이의 연결은 누가 누구로부터 정보를 얻는가를 표시한다. 이것을 보면 조직 내의 공식적 비공식적 조직 사이에 큰 차이가 나는 것을 볼 수 있다. 조직 차트가 누가 누구에게 보고하는지를 분명하게 보여 주지만 이 그룹에서 정보가 어떻게 흐르고 일이 어떻게 이루어지는지와는 아주 차이가 난다.

이 네트워크에서 정보 공유와 관련하여 세 가지 중요한 점을 지적할 수 있다. 첫째로 사회적 네트워크 분석이 정보 흐름에서 중요한 중간 관리자 몇 사람을 파악하였다는 것이다. 예를 들면 많은 경영자들은 콜(Cole)이 전체적 정보 흐름에서 중심 역할을 하고 있는 것과 생산 부문 사람과 다른 부문 전체를 연결한다는 것을 발견할 수 있다. 콜은 정보와 지식 흐름의 병목이 되고 그에 따른 스트레스는 크다고 짐작할 수 있다. 따라서 콜이 떠난다면 회사는 그의 값진 지식과 여러 가지 면에서 전체 네트워크를 지지하던 그

[그림 10-4] **공식 조직 구조**

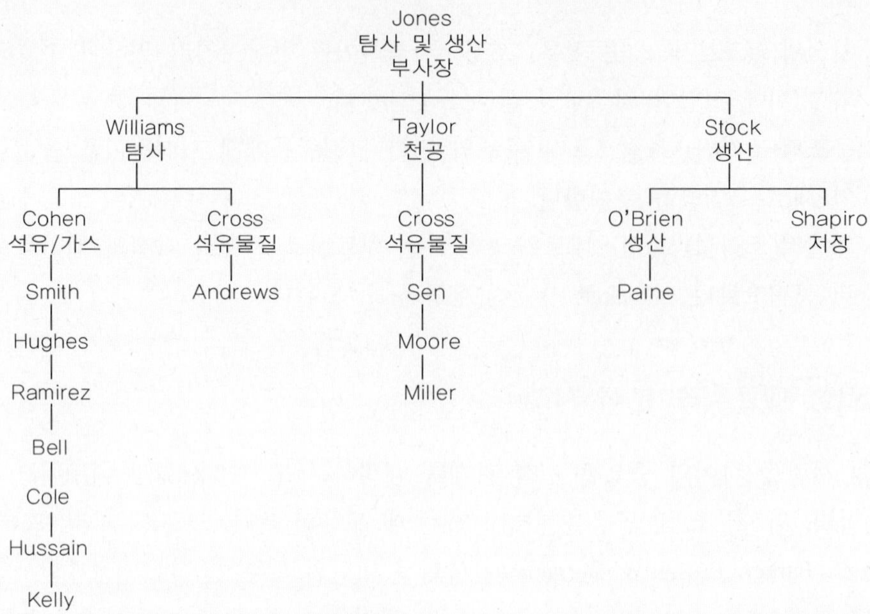

출처: Cross, Parker, Prusak & Borgatti(2001)

[그림 10-5] **비공식 조직 구조**

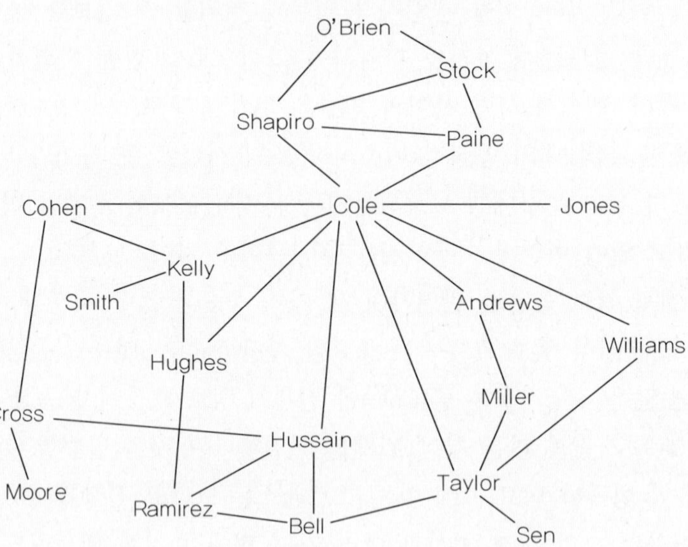

출처: Cross, Parker, Prusak & Borgatti(2001)

의 관계를 잃게 된다. 사회적 네트워크 분석은 콜이 받는 정보 요구를 다른 직원들에게 재할당하여 전체 네트워크가 좀 더 강화되고 반응적이게 하는 것을 돕는다.

둘째로 사회 네트워크 분석은 퇴출 가능한 사람을 파악하는 데 도움이 된다. 특히 존스(Jones)와 같은 경영자는 일상적 운용에서 매우 멀어져 있어 주변 인물로 나타나 있다. 조직의 상층으로 올라갈수록 그들의 업무가 더 행정적으로 되는 것이 일반적이다. 그러나 이 경우에 존스는 접근하기 어렵고 그의 반응성 부족이 중요한 결정을 내려야 할 때 하위의 모든 사람들을 지연시킬 수 있다. 사회적 네트워크 분석은 이러한 중요한 사실을 드러내 경영자가 직원들과 더 많은 시간을 보내도록 하는 것을 돕는다.

세 번째로 사회 네트워크 분석에서 생산 부문이 전체 네트워크로부터 분리되어 있다는 것이 나타났다. 이러한 이유의 일부는 최근 이 부문 사람들이 빌딩 내 다른 층으로 이사하였기 때문이었던 것으로 나타났다. 물리적 분리가 생산 부문과 다른 부문 사람들이 같은 층에 있을 때 일어났던 우연한 만남이 줄은 탓이라고 한다. 사회적 네트워크 분석은 부서 간, 지리적, 계층적, 근무 기간, 조직적 경계에 의한 네트워크 회원들의 커뮤니케이션의 손실을 보상하기 위한 노력을 조정하는 구조적 수단을 도입하는 것을 돕는다.

2.4. 사회적 네트워크 지원

조직의 비공식 네트워크를 개발하고 유지하는 것은 조직 리더의 책임이다. 조직은 직원들이 열린 마음으로 모르는 사람들과 상호작용을 하며 새로운 아이디어를 흡수하도록 하여 네트워크가 번성할 수 있는 환경을 창조할 필요가 있다. 조직은 기존 네트워크의 적정한 수준을 발견하여 지원하고 조직의 통제를 낮추고 뜻밖의 발견을 활용할 수 있는 준비를 해야 한다.

새로운 아이디어를 소화하고 효과적으로 응용할 수 있는 능력을 흡수 능력이라 한다. 이러한 흡수 능력이 부족한 조직은 네트워크로부터 얻은 새로운 지식을 활용하지 못한다. 혁신적 아이디어를 활용하여 실제적 현실로 전환하는 능력을 가진 조직은 그렇지 못한 조직보다 네트워크를 통해 훨씬 많은 혜택을 얻게 된다. 조직은 네트워크를 개발하는 것뿐만이 아니라 네트워크의 결과를 더 큰 학습과 능력 개발로 전환하는 능력을 제공해야 한다. 예를 들어 혁신 네트워크는 회사의 여러 부서의 다양한 직원을 새로운 아이디어를 생산하도록 연결시킬 뿐만 아니라 가장 유망한 아이디어를 가지고 더 발전시킬 수 있는 능력을 가져야 한다.

많은 사람들은 자신에게 편안한 사회적 관계에 안주하려 한다. 사람들이 자기 네트워크 밖으로 나오도록 하는 지식경영 이니셔티브가 필요하다. 면대면 접촉이 새로운 연결을 위해서는 가장 좋은 방법이다. 한 가지 방법은 비지니스 문제를 토의하는 대규모 콘퍼런스를 열고 이어서 전체 참가자를 기업의 각 부서를 대표하는 사람들의 그룹으로 나누는 것이다. 다른 방법은 한 프로세스의 다른 부분에서 일하는 다른 팀에서 한 사람씩 선발하여 관계를 구축하도록 지속적 회의를 마련하고, 이들이 서로 팀 학습과 팀 문제를 공유할 수 있도록 하는 것이다.

사람들은 네트워크를 자연적으로 형성한다. 그러므로 많은 경우 조직은 그들이 상호작용을 할 기본적 도구를 제공하기만 하면 된다. 이것이 값비싼 것이어야만 하는 것은 아니다. 많은 네트워크는 전자우편, 콘퍼런스 콜 또는 온라인 서비스를 통하여 번성한다. 그러나 중요한 것은 사람들이 상호작용할 시간을 가지는 것이다. 복잡한 유형의 지식전이를 위해서는 사람들이 아는 것을 면대면으로 공유하는 것이 허용되어야 한다.

네트워크는 경영자부터 말단 직원에까지 모든 직급에서 가능하다. 그러나 겉으로는 모든 직원이 참여하는 네트워크를 지향하면서도 경영자들의 의사 전달이나 통제 도구가 되어 버리면 성공하기 어렵다. 예를 들면 어떤 기업에서 경영자가 직원들과 커뮤니케이션을 위해 네트워크를 시작하였으나 직원들은 참여에 흥미가 없었다. 그래서 직원들의 관심사를 나누는 네트워크로 변경하자 성공적이 되었다.

전통적 명령과 통제 스타일 때문에 조직에서 지식은 매우 끈끈하다. 사회적 네트워크의 효과를 최대한 얻고자 하는 기업은 조정과 통제 메커니즘을 평가하여 네트워크 가치를 높이는 상호작용과 개인적 책임의 정도를 조절하여야 한다. 많은 경우 네트워크에 대한 경영자나 매니저의 간섭은 네트워크의 성공을 저해한다. 지식 매니저는 어떻게 경영진이 네트워크에 참여할 수 있는지를 고민하여야 한다.

회사는 네트워크가 새로운 방법으로 진화하도록 준비되어 있어야 한다. 한 회사는 특정 목적을 위해 파일럿 네트워크를 만들어서 성공한 다음 바로 상당히 다른 목적의 광범위한 네트워크를 발전시켰다. 또 다른 기업은 글로벌 경영자들의 3일간 면대면 네트워크 세션을 통해 기대하지 못했던 혁신적이며 부서를 뛰어넘는 아이디어를 만들어 냈다. 그러나 누구도 다음 과정을 이어가지 않아 참여자들이 실망하고 유사한 행사에 다시 참여하지 않겠다고 하였다.

2.5. 온라인 사회적 네트워크

사회적 네트워크와 사회적 소프트웨어

최근 웹은 발전의 새로운 단계로 접어들어 미디어에서 사회적 차원을 가진 플랫폼으로 진화하였으며, 이것을 새로운 세대의 웹이라는 의미로 웹 2.0이라는 용어를 쓰기 시작하였다. 읽기-쓰기 웹(Read-write Web)의 웹 2.0은 사용자 모두가 지식의 소비자인 동시에 생산자가 될 수 있게 하여 협력에 현저한 가치를 더하는 새로운 환경이 되었다. 웹 2.0은 동료 작업, 공유, 협력, 분산된 콘텐츠와 분산된 권한을 전면에 내세운 사용자 중심의 공개된, 역동적 웹이다.

사회적 소프트웨어 또는 사회적 미디어는 웹 2.0의 대표적 현상으로 등장하여, 새로운 형태의 역동적 지식을 공유하고, 협력적으로 창조하기 위하여 사람들을 지식 저장고뿐만 아니라 다른 사람에게 연결하는 결정적 수단이 되었다. 대표적인 사회적 소프트웨어의 예는 위키(Wiki), 블로그(Blog), 웹피드(Web Feed), 미디어 공유(Media sharing), 사회적 태깅(Social tagging), 팟캐스팅/봇캐스팅(Pod/vodcasting) 등이 있다. 사회적 소프트웨어는 개인적 및 전문적 네트워크를 구축 및 유지할 수 있게 한다. 구체적으로 사회적 소프트웨어는 사람들이 분야 전문가 네트워크를 찾아 연결하는 것을 돕는다. 대표적인 사회적 네트워크 사이트는 트위터(Twitter), 페이스북(Facebook), 링트인(LinkedIn), 마이스페이스(MySpace), 사이월드(CyWorld) 등이 있다.

사회적 소프트웨어와 사이트 즉 사회적 네트워크 서비스는 관심이나 활동을 공유하거나 다른 사람의 관심과 활동에 관심을 가지는 사람들의 공동체인 사회적 네트워크를 구축하는 데 사용된다. 대부분의 사회적 네트워크 서비스는 웹 기반이며, 전자우편, 메시징, 비디오 또는 보이스 채팅, 파일 공유, 블로그, 토론 그룹 등의 사용자들이 사용할 여러 가지 방법을 제공한다. 사회적 네트워크 서비스는 특정 분류에 따른 디렉터리, 친구 연결 수단, 신뢰할 만한 추천 시스템 등의 유형으로 분류할 수 있으나, 일반적으로 이것들이 결합되어 있다.

사회적 네트워크 서비스는 자신에 대한 정보를 공유하고, 반응을 기대하며 아이디어를 포스트(Post)하는 개인의 연결에 한정되지 않는다. 이러한 사회적 소프트웨어는 사회적 친근함을 위한 새로운 기회이고 사람들이 네트워킹을 하고 서로 상호작용하는 방법의 변화를 촉진한다. 사회적 네트워크 서비스는 과거에 상상하지 못한 수의 사람들이 연결될 수 있게 하고, 단순한 아이디어 포스트가 아니라 생각을 발전시키고 집합적 지성을 활용할 수 있게 한다.

집합적 지성은 공통의 목표를 향해 지식을 동원하여 다른 사람과 기록을 비교하는 능력으로 정의된다. 집합적 지성은 개인이 감당할 수 있는 것보다 더 규모가 크고 복잡한 문제에 당면한 지식 공동체의 중요한 힘의 소스이다. 누구든지 뭔가는 알고 있고, 누구든 모든 것을 알지는 못하므로 한 사람이 아는 것에 그룹 전체가 접근할 수 있다. 집합적 지성은 군중의 지혜(Wisdom of crowds) 개념과 유사하다. 여러 사람으로 된 그룹이 똑똑한 몇 명의 엘리트보다 현명하다. 여러 사람이 문제해결, 혁신 촉진, 현명한 의사결정, 미래 예측에서 몇 사람보다 더 잘한다고 본다.

집합적 지성을 활용하는 것이 웹 2.0의 동력이다. 웹 2.0 기술은 전 세계를 잇는 사회적 네트워크가 가능하게 하며 집합적 사고를 이끌어 간다. 사회적 네트워크는 개인의 생각을 단순히 결합하여 얻는 것보다 훨씬 큰 지혜로 개인의 사고를 통합한다. 사회적 네트워크 서비스를 사용하는 온라인 사회적 네트워크가 영감을 주는 집합적 지성을 만들어 내는 요인을 다음과 같은 데서 찾을 수 있다.

- 온라인 사회적 네트워크는 멤버가 다양하다. 집합적 지성을 창조할 적절한 조합의 멤버들을 인식하고, 끌어들이고, 활용할 수 있다.
- 온라인 사회적 네트워크는 기술을 활용하여 멤버들을 매끈하게 연결한다.
- 온라인 사회적 네트워크는 공개 소프트웨어(Open source software)에서와 같이 전문적 사고의 산물인 집합적 지성을 발굴한다. 겉으로 보기에는 혼란을 통해 깊은 이해와 미래를 예상하는 능력이 나타난다.

온라인 사회적 네트워크는 주로 사용하는 기술에 따라 웹 기반, 모바일 기반, 그리고 하이브리드 사회적 네트워크로 나눌 수 있다. 현재 대부분의 온라인 사회적 네트워크는 웹 기반이며 콘텐츠 개발에 초점을 맞추고 있다. 모바일 기반 사회적 네트워크는 안정된 인터넷 인프라스트럭처 플랫폼과 강력한 모바일 플랫폼의 발전과 스마트 폰(Smart phone) 또는 PDA와 위치기반서비스(Location Based Service; LBS)와 같은 새로운 기기의 등장으로 가능해졌으나 아직은 제한적으로 사용되고 있다.

사회적 소프트웨어와 사회적 네트워크 분석

개인이 새로운 연결을 통해 사회적 네트워크를 확장하는 것을 돕는 사회적 소프트웨어는 사회적 네트워크 분석을 위한 데이타를 생성한다. 사회적 소프트웨어 사용으로 축적된 데이타는 사회적 네트워크 분석 기법을 통해 비공식 공동체의 구조를 파악하는 데 사용될 수 있다. 예를 들면 전자우편 메시지나 전자우편 사용자 그룹의 참여를 추적하여 얻은 데이타를 사회적 네트워크 분석 소프트웨어에 입력하여 네트워크 맵을 작성하고, 이것을 정제하고 반복하여 공동체와 공동체 멤버들 사이의 상호작용 패턴을 파악할 수 있다.

사회적 네트워크를 알아내는 방법에는 여러 가지가 있다. 앞에서 설명한 것처럼 전자우편, 스케줄, 이력서 데이타베이스, 조직 구조 관련 데이타 등에서 관계를 찾는 프로그램을 사용할 수 있다. 사회적 네트워크 서비스 사이트의 데이타와 FOAF(Friend-of-a-friend) 데이타를 분석하여 사회적 네트워크를 알아낼 때는 데이타의 산재성과 편향을 고려하여야 한다. 웹 페이지 사용과 웹 시스템의 사용자 상호작용을 분석하여 사회적 네트워크를 파악하려는 노력도 진행되고 있다.

사례: 아벤티스 제약의 전문가 찾기

아벤티스 제약(Aventis Pharma)은 처방약 개발을 위한 연구 개발 예산이 가장 큰 회사 중 하나이다. 약품 개발은 활동 성분 파악에서 승인까지 보통 10년에서 15년이 걸린다. 개발 과정에서 약간의 시간 절약은 판매 수익의 증대와 혁신적 연구에 대한 투자에 기여하는 것이 된다.

아벤티스는 전문가 찾기와 연결(Locating and Linking Experts) 시스템을 통하여 빠른 시간에 바른 정보에 접근할 수 있게 하는 것뿐만 아니라 지식을 보유하고 있는 사람에게 접근할 수 있게 하였다. 아벤티스의 지식경영은 직원들의 기꺼운 글로벌 지식 교환 의지에 초점을 맞추고 있다. 지식 운반자로서의 개인은 지식경영 활동의 중심이다. 전문가를 찾고 연결하는 것이 중요한 부분이다.

전문가 찾기와 연결 시스템은 전자우편과 문서와 같은 비구조적 정보의 형태인 수동적 프로파일링 방법을 사용하였다. 이 방법은 영역에 대한 시맨틱 서치와 동적인 수의 용어를 지원한다. 지식 운반자의 암묵적 지식은 전자우편이나 다른 문서에 있는 형식적 지식을 분석하여 파악하였다. 전문가 프로파일은 자동화된 방법으로 비구조적 텍스트를 분석하고 직원들이 직접 기술한 업무 프로파일을 더하여 만들어졌다. 전문가는 프로파일을 다른 사람이 어느 정도 볼 수 있는지를 정할 수 있다. 전문가 프로파일은 완전한 데이타 보호가 되어 있으며 익명으로 조사될 수 있는 사적 부분을 포함하고 있다.

전문가 찾기와 연결을 실행하는 것은 직원들에게 상당한 변화를 요구하였다. 직원들에게 보유 지식을 공유할 의사가 있어야 하고, 다른 사람의 전문 지식을 수용할 의사가 있어야 한다. 직원들은 중앙 시스템에 개인 데이타를 저장하는 것에 동의하고, 다른 부서, 다른 나라에서 일하는, 다른 언어를 사용하는 사람으로부터의 접촉에 연결될 수 있어야 한다. 아벤티스는 직원의 현장 행동에 긍정적인 영향을 주는 방향으로 조직의 변화를 구체적 계획에 따라 실행하였다.

이것은 다양한 분야의 전문가들이 유사한 문제에 대해 일하고 있거나 일한 적이 있을 때 특별히 가치가 있는 것이다. 이것은 중복을 피할 수 있고 생산성을 높일 수 있다. 지식이 내부에서 교환되면 회사는 외부 전문가에 투자를 하지 않아도 된다.

출처: http://www.sapdesignguild.org/editions/edition5/aventis.asp

4부

지식경영 이니셔티브

11장 지식경영 전략

학습 개요 및 목표

불확실성과 역동적 경영 환경에서 조직의 지식기반 능력은 지속 가능한 경쟁 우위 창조를 위한 가장 중요한 능력으로 인식되고 있다. 지식은 가치 창조의 필수적 조직 동력이며 주요 요소이다. 기업의 경쟁 우위가 지식에 의해 판단될 때 경영자의 책임은 두 가지이다. 하나는 조직의 지식이라는 잠재력을 가치 창조 행동으로 바꾸는 것이다. 다른 하나는 지식과 같은 자산을 경쟁사보다 효과적으로 생산하고 활용하는 것이다. 비지니스 전략과 지식경영 전략의 조화가 조직 요소에 적절하게 구체화될 때 지식 프로세스의 활동은 향상되어 기대하는 비지니스 성과를 낼 수 있게 된다. 비지니스 성과 향상을 위한 지식경영 전략은 세 가지 요소를 포함한다. 첫째로 조직지식을 창조하고 활용하는 프로세스와 활동, 둘째로 지식 생산, 저장, 공유, 활용을 지원하는 기술 인프라스트럭처, 셋째로 효과적 지식 활동에 필수적인 조직 문화 그리고 조직 구조와 행동이 그것이다.

이 장에서는 지식이 조직의 혁신을 일으키고, 혁신이 경쟁 우위를 가져오게 하는 지식 전략의 틀 안에서 조직이 어떻게 지식경영 전략을 수립하고 실행하는가를 살펴본다. 지식경영 전략의 개념과 접근 방법을 이해하고 지식경영 로드맵을 소개한다. 지식경영 전략이 효과적으로 실행되기 위한 조직, 문화, 인프라스트럭처를 살펴본다. 이 장의 구체적 학습 목표는 다음과 같다.

- 조직 전략에서 지식의 역할을 이해한다.
- 전략경영 관점에서의 지식경영을 이해한다.
- 지식경영 전략 개념과 유형을 살펴본다.
- 지식경영 프레임워크 개념과 유형을 살펴본다.
- 지식경영 로드맵을 이해한다.
- 지식감사를 이해한다.
- 지식경영 조직을 살펴본다.
- 지식경영의 성공 요인을 살펴본다.

사례: BT의 Intellact 포털

BT(British Telecom)는 2004년 전 세계의 13만 명이 넘는 직원들이 인트라넷을 통하여 접근할 수 있는 정교한 정보 포털 Intellact 포털을 운영하고 있다. Intellact 포털은 통신 분야에 대한 경쟁적 정보에 대한 신속한 접근을 원하는 BT 직원들의 니즈에 답하기 위하여 개발되었다. Intellact 포털은 과거의 정보 자원뿐만이 아니라 신문, 지역별 통신 저널, 그리고 50개가 넘는 외부 정보 소스에 대한 키워드, 시간대, 소스에 따른 서치 서비스가 가능한 개인화된 인터페이스를 제공한다.

Intellact 포털은 BT의 판매와 마케팅 팀에게 BT 비지니스 시장에서 요구되는 정보에 쉽게 접근할 수 있게 하고, 그 정보를 BT의 비지니스 목표를 성취하는 것을 돕는 데 사용하는 방법에 대한 가이드를 제공하려는 비전으로 개발되었다. 인트라넷을 통하여 산재해 있는 시장과 경쟁자 정보를 통합하여 직원들이 쉽게 접근하게 하는 것이 최초의 목적이었다. 이것은 조사와 관련된 노동 비용을 절감할 뿐만 아니라 의사결정을 신속하게 하는 능력을 촉발하는 효과를 가져올 것으로 기대되었다. 그 후 Intellact 포털의 비전은 판매와 마케팅 부서 직원뿐만 아니라 전체 직원으로 범위를 넓혀 더 큰 사용자 베이스의 니즈를 충족하기로 하였다.

1991년 BT에서는 전자적 수단을 활용하는 것이 조직 전체에 전략적으로 중요하다고 결정되어, 지금의 BT Lab의 Intellact 팀 전신인 IRC(Information Resource Center, IRC)에서 주간 전자우편 뉴스레터 서비스를 시작하였다. 1997년에 종이 기반의 뉴스 클리핑(Clipping) 서비스는 온라인으로 전환되었으며, 그 결과 판매와 마케팅 및 서비스 부서를 포함한 모든 직원이 크게 활용하게 되었다. 1997년부터 2001년까지의 초기 디자인 단계에서도 Intellact 포털은 통신 부문 톱뉴스의 헤드라인과 정보에 대한 쉬운 접근을 극대화하여 효율적으로 조직화된 홈페이지의 모습으로 매우 정교하게 되어 있었다. 초기의 포털은 내부 애플리케이션에 기초하여 지역적으로 구축되어 한계가 있었고, 또 초기 외부 서비스 계약의 갱신이 필요하여 Intellact 포털은 2001년 재구축되었다. BT의 구조조정으로 각 부문에서 직원들과 관련된 링크, 스토리, 소스를 가진 홈페이지를 가지고 있었다. Intellact 포털의 재구축으로 더 많은 맞춤화, 사용 추적, 향상된 개인화 기능을 가지게 되었으며, 향상된 개인화는 포털이 사용자의 선호도와 관심을 이해하기 때문에 더 구체적인 정보에 빠르게 접근할 수 있게 하였다. Intellact 포털은 뉴스, 외부 연구 자료, 내부 시장 연구 및 경쟁자 분석 자료와 같은 많은 콘텐츠 소스를 통합한다. Intellact 포털은 개인화와 맞춤 기능 외에도 전자우편과 SMS 알림 기능을 포함하고 있다.

Intellact 포털의 효과를 재무적으로 나타내기는 어렵다. 그러나 더 큰 정보 공유와 사용자 공동체를 통한 정보 접근에 따른 신뢰 향상과 같은 소프트 혜택은 분명하고, Intellact 포털의 정보에 기초한 빠르고 효과적인 의사결정의 효과도 있었다. BT 고객의 Intellact 포털 정보 사용으로 인한 이익도 큰 것으로 나타났다.

출처: http://www.beepknowledgesystem.org/Search/ShowCase.asp?CaseTitleID=95&CaseID=403
http://www.cio.com/article/30300/British_Telecom_Manages_Online_Inquiries

1. 지식 전략

1.1. 지식의 전략적 역할

지식기반 경쟁

21세기 지식경제에서 기업은 글로벌라이제이션, 기술 발전, 신기술의 급속한 확산, 지식의 개발 및 사용 등의 여러 요인에 의해 전환하고 있는 복잡하고 도전적인 맥락에서 경쟁을 해야 한다. 이러한 경영 환경은 기업이 살아남고 번성하기 위해 일하는 방식이 달라지기를 요구한다. 기업은 경쟁 우위의 새로운 소스를 찾아야 하고 새로운 경쟁 유형을 전개해야 한다. 경쟁 역학을 이해하는 접근 방법 중 하나가 기업에 대한 자원 기반 관점이다. 기업이 특정 자원을 많게 또는 적게 가지고 있지만 희귀하고, 가치 있고, 모방하기 어려운 자원만이 지속 가능한 경쟁 우위를 가져다준다. 실행 전략이 기업의 희귀하고, 가치 있고, 모방하기 어려운 자원을 성공적으로 활용하면 그 기업은 시장에서 경쟁자보다 우위를 점하고 높은 수익을 올릴 수 있다.

기업은 전략 개발과 실행에서 유형 자원뿐만 아니라 무형 자원도 활용하며, 일과 경쟁의 성격이 변화하면서 무형 자원의 중요성이 더 커지고 있다. 기업의 무형 자원 중에서 인적 자본이 가장 중요한 자원이고, 경쟁 우위에 결정적이다. 그 이유는 모방이 어렵기 때문이다. 인적 자본을 통하여 경쟁 우위를 추구하는 기업은 바른 자원을 확보하고 그것을 활용하는 데 필요한 조처를 취해야 한다. 인적 자본은 개인이 조직에 직접적으로 기여하는 물리적, 지식, 사회적, 명성을 포함하는 모든 자원을 말한다. 현재의 경쟁 환경에서는 인적 자본의 물리적 요소보다 기업의 경쟁 우위 확보와 유지에 더 중요한 인적 자본의 지적, 사회적 기술, 명성에 더 가치를 둔다. 조직의 지식기반 자원은 직원의 기술, 능력, 학습 역량을 말하며, 지적 능력과 지식뿐만 아니라 배우고 지식을 획득하는 능력까지 포함한다. 사회적 자원 또는 사회적 자본은 조직 내의 멤버뿐만 아니라 조직 밖의 멤버들 간의 개인적 관계를 포함한다.

불확실성과 역동적 경영 환경에서 이러한 지식기반 자원은 과거보다 더 중요하다. 지식기반 능력은 지속 가능한 경쟁 우위 창조를 위한 가장 중요한 능력으로 인식되고 있다. 경쟁우위에 대한 지식기반 접근 방법 주창자들은 기업의 주요 목적이 지식을 창조하고 활용하는 것이라 본다. 조직의 지식 자원을 향상시키고 활용하려는 많은 활동이 개인과 팀 차원에서 일어나지만, 조직의 효과성도 지식을 활용하기 위한 조직 능력의 개발을 요구한다. 지식을 저장하고 분배하는 정보시스템을 디자인하고 효과적으로 실행하는 것이 지식경영을 통한 조직 능력을 개발하는 일반적 접근 방법으로 받아들여졌다.

지식은 가치 창조의 필수적 조직 동력이며 주요 요소이다. 조직은 외부로부터의 학습이나 혁신을 통하여 새로운 지식을 창조함으로써 조직지식 베이스 확대에 초점을 확대하여야 한다. 이 프로세스는 지속 가능한 경쟁 우위를 확보하는 것을 돕는다.

현재의 지식경제에서 개인과 조직의 지식은 기업의 중요한 자산에서 물리적 자산을 대신한다. 그러므로 21세기 기업의 성공은 지도자가 지적 자산을 향상하는 활동을 통하여 지적 자산을 개발하는 정도에 달려 있다. 치열한 글로벌 경쟁과 급격한 기술 변화의 시대에 기업의 지식관리 방법은 핵심 경쟁 요소가 된다. 지식과 지식에 대한 전략적 경영은 기업의 경쟁 우위를 구성한다. 지식과 지식에 대한 전략적 경영은 기업의 지식기반 역량을 관리하는 데 필요하다.

[그림 11-1] 지식경영과 혁신

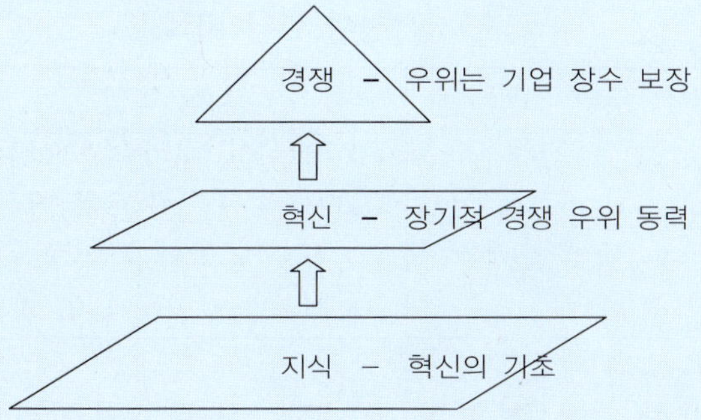

지식 전략 선택

기업의 경쟁 우위가 지식에 의해 판단될 때 경영자의 책임은 두 가지이다. 하나는 조직의 지식이라는 잠재력을 가치 창조 행동으로 바꾸는 것이다. 그들은 조직이 아는 것과 어떤 형태로 아는지를 파악하고, 암묵적 지식에 접근할 수 있고 사용할 수 있게 할 필요가 있다. 다른 하나는 지식과 같은 자산을 경쟁사보다 효과적으로 생산하고 활용하는 것이다. 이것을 위해 경영자는 가치 창조 활동에 사용할 독특한 지식을 창조하도록 해야 한다.

지식창조 잠재력과 관련한 조직의 전략은 살아남기 전략과 앞서기 전략으로 나눌 수 있다. 살아남기 전략(Survival Strategy)은 현재의 성공과 성과를 유지하기 위하여 기존 지식에 초점을 맞춘다. 앞서기 전략(Advancement Strategy)은 혁신을 강조한다. 지식은 경쟁 우위를 가져온다. 그러나 모든 지식이 전략적 가치를 갖는 것은 아니다. 그러므로 경영자는 전략과 관련하여 지식의 역할을 평가하는 [표 11-1]과 같은 실질적 분석 틀을 사용한다.

살아남기 전략과 앞서기 전략에서 지식의 역할은 다르다. 기업이 독점적으로 소유하고 있는 독특한 지식이 지속 가능한 경쟁 우위가 되기 위해서는 그것이 가치 있고, 경쟁자보다 먼저 새로운 비지니스 기회를 포착하고, 그것을 오랫동안 활용하기 위해서는 혁신으로 이끄는 지식을 보호하는 것은 필수 불가결하다. 지식자산 관리는 단순한 기술관리 이상이며, 지식창조는 인간 활동의 산물이다. 따라서 조직은 조직 내의 사회적 자본

[표 11-1] 지식 전략 비교

	경쟁 우위	지식 역할	주요 지식 활동
살아남기 전략	• 현재 이익 • 경쟁자보다 먼저 범위의 경제 • 제품/서비스 차별화 복제 불가	• 가치 있고, 모방, 대체 어려운 지식 • 독점적 보유 또는 공적 지식 • 콘텐츠보다 전이 능력 관심	• 지식공유 • 지식보호
앞서기 전략	• 미래 이익 • 경쟁자보다 먼저 잠재적 범위의 경제 • 잠재적 제품/서비스 차별화 복제 불가	• 프로세스/제품 혁신을 위한 새로운 지식 • 전이 가능한 새로운 지식	• 지식창조 • 지식보호 • 지식폐기

을 향상시켜 우수한 지식노동자를 보존하는 것이 중요하다.

살아남기 전략과 앞서기 전략 모두 지식창조, 지식공유, 지식보호, 지식폐기의 네 가지 지식활동을 한다. 지식공유와 지식보호는 경쟁우위를 유지하는데 매우 중요하다. 지식경영의 이 두 가지 관점은 살아남기 전략에서 특히 그러하다. 살아남기 전략에서는 지식공유와 지식보호가 주요 활동이지만 앞서기 전략에서는 지식창조가 주요 활동이다. 또 앞서기 전략에서는 지속가능한 성장을 달성하기 위해 낡은 지식을 폐기하는 것을 두려워하지 않아야 한다.

독특한 지식의 가치에도 불구하고 살아남기 전략이 현실적으로 경영자의 관심을 더 크게 차지한다. 일반적으로 대부분의 경영자는 기존 지식 이상의 것에 대한 관심을 가질 용기를 가지지 못한다. 특히 안정된 환경에서 조직은 살아남기 전략으로 번성할 수도 있다. 그러나 기업 환경이 변화하거나 조직 자체가 주요 변화를 겪게 되면 살아남기 전략에의 집착은 미래를 위태롭게 할 수 있다. 변화는 경쟁 우위의 새로운 소스의 창조를 요구하며, 경영자는 앞서기 전략을 고려하여야 하고 실행하여야 한다. 지식창조 기업은 앞서기 전략이 필요하다. 지식창조는 앞서기 전략의 실행을 위한 핵심적 지식 활동이다.

1.2. 전략경영과 지식경영

시장 관점 전략에서의 지식 역할

지식경영은 경쟁 우위 달성에 가장 큰 영향을 준다. 지식경영은 기업, 비지니스, 기능부서의 전략의 일부일 뿐만 아니라 경제적 가치와 지속 가능한 경쟁 우위 창조의 열쇠이다. 기업의 경쟁 전략은 보통 [그림 11-2]에서 보는 바와 같이 조직 목표, 시장 외부 분석, 시장 내부 분석, 그리고 경쟁 우위의 네 요소를 포함한다. 이들 네 요소와 그들에 대한 분석은 기업의 독특하면서도 지속적 경쟁 우위를 디자인하는 데 중심이 된다. 일반적으로 시장의 내·외부 분석을 위한 도구로는 포터(Porter)의 경쟁전략 모델과 가치사슬 이론을 사용한다. [그림 11-2]는 시장 기반 관점(Market-based view)에서의 전략 요소가 서로 영향을 주고 있음을 보여 준다. 그런데 포터의 시장 관점의 전략은 내·외부 분석에는 우월하지만 독특한 자원에 기초한 지속 가능한 경쟁 우위를 확보하는 데 필요한 것에 대한 고려가 없다.

[그림 11-2] 시장 관점의 경쟁 전략 개발

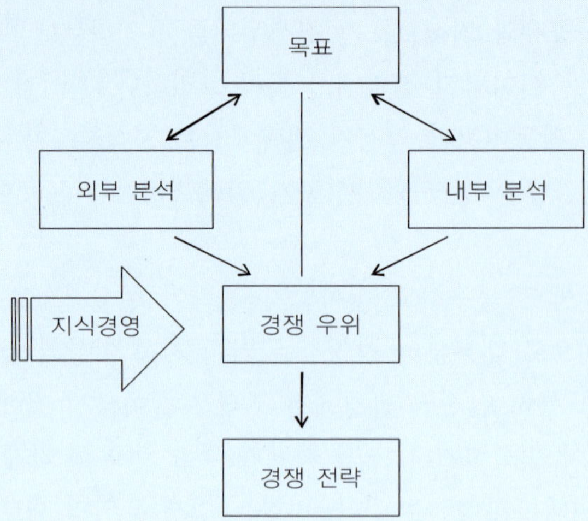

출처: Wickramasinghe & Von Lubitz(2007)

자원 관점 전략에서의 지식 역할

시장 관점 전략의 한계는 자원 기반 관점(Resource-based view)의 전략 개념의 등장을 가져왔다. [그림 11-3]에서 보는 것처럼 자원 관점 전략의 근본은 경쟁 우위를 통한 성공이 구체적 조직 자원에 의해 결정된다는 것이다. 구체적 제품과 서비스가 빠르게 변화하는 역동적이고 경쟁적인 시장에서 핵심 조직 자원과 능력은 더 영속적이다. 그러한 조직 자원은 핵심 역량, 역동적 자원, 물리적 자원과 같은 유형 및 무형의 자원을 포함한다.

[그림 11-3]과 같이 지식경영과 지식을 조직 자원으로 보는 지식기반 관점에서의 전략 디자인은 지식경영과 지식을 자원 기반 관점의 모든 차원에서 통합한다. 이것은 전략 디자인에서 지식경영의 중요성을 강조하는 것이다. 지식기반 전략을 실행하는 데 필수적인 것은 지식기반의 SWOT(Strength, Weakness, Opportunity, Threat) 분석을 실행하는 것이다. 즉 어떻게 조직의 강점과 약점이 지식경영의 기법, 기술, 도구에 의해 향상될 수 있는지를 철저하게 조사하여 기회를 극대화하고 위협을 최소화하는 데 사용하여야 한다. 구체적으로 전략 디자인은 어떤 지식과 지식 프로세스가 독특하며 가치 있는 자원이며 능력이고, 어떻게 이러한 자원과 능력이 기업의 제품과 시장 포지션을 지원할 것인지를 파악하여야 한다.

[그림 11-3] 자원 관점의 경쟁 전략 개발

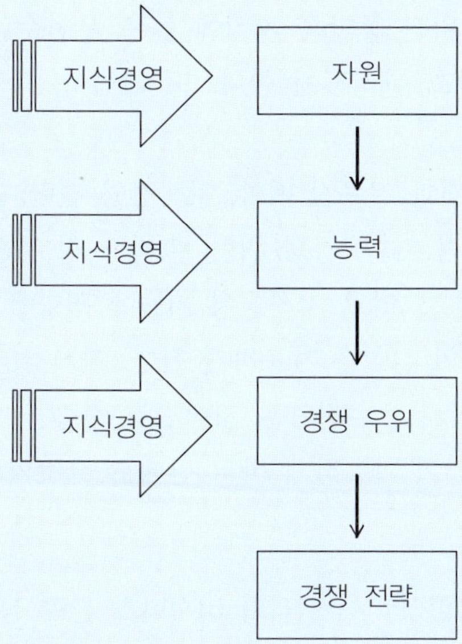

출처: Wickramasinghe & Von Lubitz(2007)

최근에 들어 자원 기반 관점에서 지식을 조직의 핵심 자원으로 보는 지식기반 관점(Knowledge-based view)의 전략이 관심을 끌고 있다. 지식기반 관점에서 조직의 능력 또는 역량은 조직 지식의 결합 또는 통합에 기초한다. 조직의 경쟁 우위는 기존 능력을 얼마나 활용하고 통합하는가와 시장에서 적용할 수 있는 새로운 능력을 개발하는 것에 달려 있다. 지식경영은 경쟁 우위를 제공하는 전략적 방법으로 사용될 수 있는 능력을 개발하는 도구를 제공한다. 지식기반 관점은 지식경영과 전략경영을 통합하는 연결 고리를 제공한다.

지식경영의 전략 비전 통합

지식경제에서 지속 가능한 경쟁 우위와 이익의 주요 소스는 어떻게 기업이 지식을 창조하고 공유하는가에 달려 있다. 지식경영을 전략 디자인에 통합하는 이점은 여러 형태와 차원에서 나타난다. 또 제품과 서비스 생산 원가 감소를 도울 수 있어 기업이 가격으로 경쟁하는 것을 돕는다. 지식경영 기법과 도구의 통합은 조직이 서비스를 향상하거나 차별화하는 것을 돕는다. 지식경영이 여러 차원에서 조직의 경쟁 우위를 향상시키는 점은 지식의 복잡한 성격에 기인한다. 이것이 지식경영이 조직 전략 비전에 통합되어야 하게 한다. 지식경영의 전략 비전 통합은 지식에 높은 우선순위를 부여하고 필수적 지식 자원이 우연에 맡겨지지 않고 관리되게 한다. 또 기업이 비전을 성취하고 가치 명제를 실현하게 한다.

[그림 11-4]는 기업의 환경과 전략적 맥락, 지식경영 전략, 그리고 지식경영 기술 사이의 연계를 보여 준다. 기술적 기회, 경쟁 위협, 그리고 정부 규제의 경쟁 환경은 기업의 전략적 맥락, 지식경영 전략, 그리고 지식경영 기술에 영향을 준다. 지식경영 기술은 조직이 선택한 지식경영 전략의 실현을 가능하게 한다. 지식경영 전략은 지식경영 기술 디자인과 정렬된다. 기업의 비지니스 전략은 지식경영 전략을 주도한다. 유사하게 지식경영 기술 선택은 전략적 맥락이 가능하게 하고 반대로 그것의 영향을 받는다.

[그림 11-4] 지식과 비지니스 전략 정렬

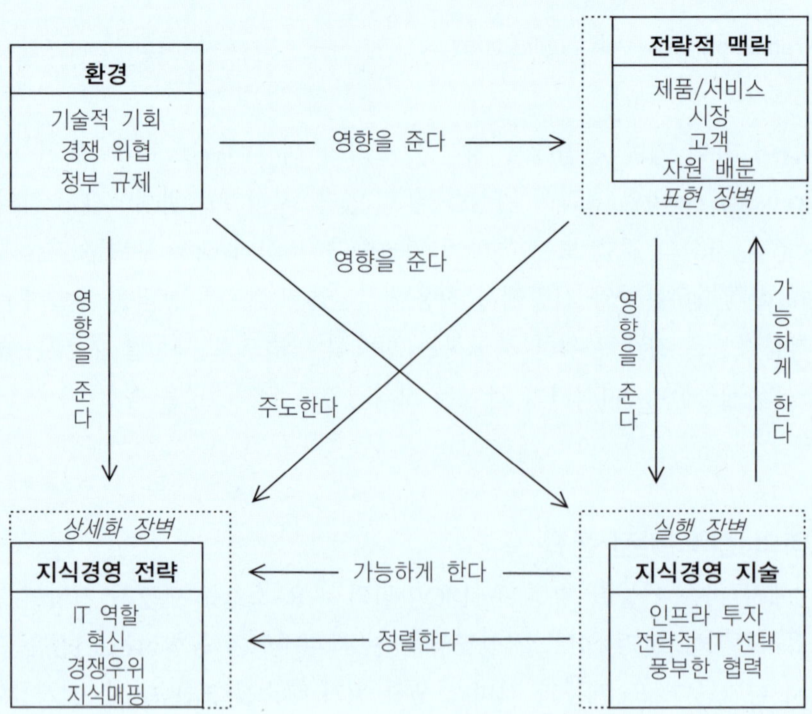

출처: Tiwana(2000)

전략적 맥락은 그 주변에 표현 장벽을 가진다. 기업은 비전에 기초하여 행동할 수 있는 타깃과 목표로 전환된 비지니스 전략을 구체화하면서 그 장벽을 부순다. 지식 전략은 조직의 비지니스 전략을 지원하고 세련되게 하는 중요한 지식을 구체화할 필요 즉 상세화 장벽을 가진다. 지식경영 기술은 그 주변에 실행 장벽을 가진다. 이 장벽은 주로 기술 선택 및 디자인과 관련이 있으며 경쟁자가 쉽게 따라 할 수 있으므로 어려운 장애물은 아니다.

2. 지식경영 전략

2.1. 지식경영 전략

지식경영이 조직에 경쟁 우위를 제공하기 위해서 지식경영은 조직의 비지니스 목적과 전략에 연계되어야 한다. 조직의 전략적 방향이 지식경영 활동의 방향을 결정하여야 한다. 비지니스 전략은 고객과 경쟁자와 관련하여 조직의 포지셔닝을 규정한다. 특정 비지니스 전략의 적절성은 조직이나 비지니스 단위의 환경에 달려 있다. 매우 역동적인 시장에서 조직의 경쟁 우위는 빠르고 효율적인 제품 개발이나 혁신 우월성에 기인할 수 있고, 다른 시장에서서는 원가 절감과 가격 리더십을 지원하는 생산 효율성이 경쟁 우위를 가져올 수 있다. 따라서 지식경영의 전략은 효율성 향상과 혁신 향상으로 개발될 수 있다.

지식경영 전략은 비지니스 성과를 낼 수 있도록 비지니스 전략과 조화되어야 한다. 비지니스 성과 향상을 위한 지식경영 전략은 세 가지 요소를 포함하여야 한다. 그것은 첫째로 조직지식을 창조하고 활용하는 프로세스와 활동, 둘째로 지식 생산, 저장, 공유, 활용을 지원하는 기술 인프라스트럭처, 셋째로 효과적 지식 활동에 필수적인 조직 문화와 조직 구조와 행동이다. 비지니스 전략과 지식경영 전략의 조화가 조직 요소에 적절하게

[그림 11-5] 지식경영 요소

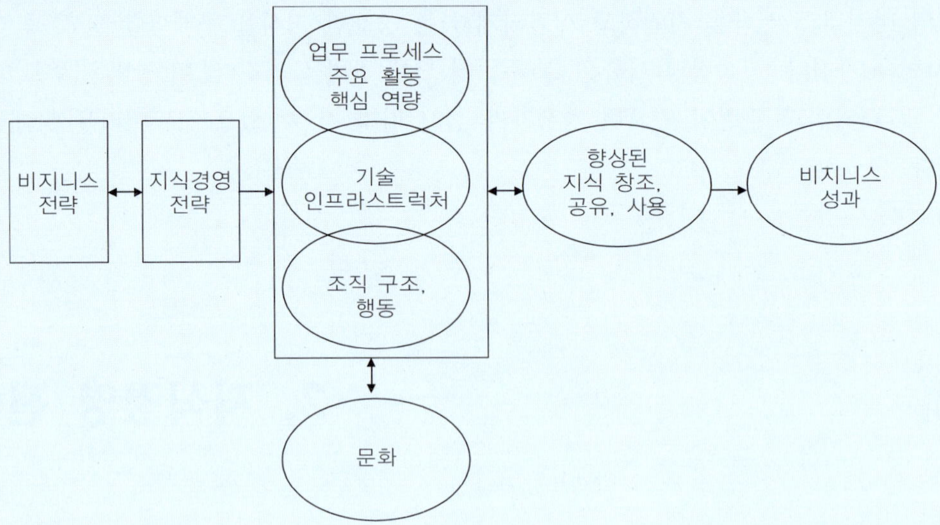

구체화될 때 지식 프로세스의 활동은 향상되어 기대하는 비지니스 성과를 낼 수 있게 된다.

지식경영 전략은 조직의 지식 자원과 능력을 경쟁자의 제품이나 서비스보다 나은 것을 제공하는 데 요구되는 지식과 균형을 맞추는 것이다. 지식 갭은 조직이 전략을 실행하기 위해 알아야 하는 것과 조직이 실제로 알고 있는 것의 차이이다. 비지니스 전략과 지식경영 전략의 연결은 전략적 지식 갭을 메우기 위한 조직의 지식경영 이니셔티브를 이끄는 문제이다. 지식 갭은 전략 갭으로부터 도출된다. 이것은 다음 세 분야의 지식을 파악하는 것이다.

- 핵심 지식 - 산업의 멤버들이 공통으로 가지고 있는 최소한의 지식이며, 진입을 위한 산업 기초 지식이다.
- 고급 지식 - 조직을 경쟁력 있게 하는 지식이며, 일반적으로 경쟁자도 같은 수준, 범위, 질의 지식을 가지고 있으나 구체적 지식을 가진 경쟁자와 지식 차이가 일어날 수 있다.
- 혁신적 지식 - 조직이 산업에서 앞서게 하고 경쟁자와 현저하게 차이가 나게 하

는 지식이다.

기업 차원에서 미래 비지니스 전략에 필요하고 구체적 지식경영 이니셔티브에 충족한 지식 요구 사항을 파악하는 것은 쉬운 일이 아니다. 이것은 조직의 비지니스 전략에 연결된 지식경영 전략을 디자인하는 첫 과제로 볼 수 있다. 동시에 경쟁 환경에 대한 분석도 자원 파악을 위해 필요하다. 자원은 조직이 특정 시장에서 경쟁 우위를 갖는 데 필요한 행동을 수행하도록 하기 때문에 의미 있고 가치가 있다. 다음 과제는 조직 역량 또는 능력을 제공하기 위하여 전략적으로 관련된 자원을 선택하는 것이다. 역량 또는 능력은 통합되고 네트워크된 자원의 집합이라 할 수 있다. 능력 또는 역량은 기업을 전략적으로 차별화시킬 때 핵심적이라 할 수 있다. 능력 차별성은 역량을 선택된 비지니스 분야에 활용하면서 실현되는 경쟁에서 우위를 가져온다. 많은 조직은 조직 활동이 핵심 역량을 중심으로 일어나게 한다. 지식경영은 자원을 통합하여 능력으로 만드는 것을 지원한다. 지속 가능한 능력 차별성은 지속적인 역량 향상을 요구하므로 역동적 조직의 학습 사이클을 이끌어 간다.

프로세스 지향의 지식경영 전략

자원 기반 관점은 전략경영과 지식경영 사이의 연결 근거를 제공한다. 그러나 이 연결은 개념적이어서 상당히 모호하다. 프로세스 지향의 지식경영 전략은 시장 기반 관점의 외부 지향과 자원 기반 관점의 내부 지향을 통합하는 도구가 될 수 있으,며 구체적인 지식경영 전략의 프레임워크가 될 수 있다.

기업 목표의 정의와 기업 분석은 전략적 비지니스 단위와 핵심 역량 분야를 파악하게 한다. 조직 구조 디자인과 상응하는 과제와 워크플로 디자인은 비지니스 프로세스를 정의하면서 될 수 있다. 비지니스 프로세스는 전략적 비지니스 단위 또는 핵심 역량 분야로 정의될 수 있다. 시장 지향적 요소 즉 경쟁 환경은 전략적 비지니스 분야의 정의에서 고려되고, 자원 지향적 요소 즉 지식 자원은 조직 핵심 역량의 정의에서 고려된다. 프로세스 지향의 지식경영 전략은 전략적 비지니스 단위를 정의할 때 조직의 핵심 역량을 고려하면서 두 지향 요소의 균형을 잡을 수 있다. 보완적 핵심 역량을 개발하는 데 필요한 추가적 전략적 비지니스 분야도 선택되어야 한다.

이러한 과제는 지식경영 활동에 의해 개발되고 관리되는 전략적 지식자산에 의해 가이드된다. 전략적 지식자산은 핵심 역량을 제품과 서비스에 활용하는 관점으로 보는 개념이다. 지식자산은 전략적 지식자산으로 선택, 결합, 네트워크, 통합된다. 전략적 지식자산은 비지니스 프로세스 디자인을 가이드하며 전략적 비지니스 분야와 핵심 역량 사이의 갭을 연결한다.

지식경영의 역할은 전략적 비지니스 분야와 관련하여 핵심 역량을 구축하는 전략적 지식자산을 개발하는 것이다. 전략적 지식자산은 전략적 비지니스 단위와 핵심 역량을 연결하여 내부 관점과 외부 관점을 연관시켜 핵심 역량이 고객에게 드러나게 한다. 프로세스 지향과 지식경영을 통합하는 관점은 운영 차원에서 두 접근 방법 사이의 강한 의존관계를 강조한다. 지식은 운영되는 비지니스 프로세스에서 창조되고 다른 비지니스 프로세스와 공유된다. 지식은 비지니스의 가치를 창조하는 비지니스 프로세스에서 사용된다.

지식경영 목표

조직이 지식경영 노력의 목표로 삼을 수 있는 것은 많이 있다. 추상적 지식경영 목표는 보통 지식경영의 도움으로 대처해야 할 높은 차원의 지식 관련 도전이다. 이것들은 조직의 지식경영을 정당화하는 것들로, 예를 들면 지식에 대한 형식적 또는 공식적 관리에 대한 관심을 갖는 것, 비지니스 개발에서 조직지식의 숨은 가치를 활용하는 것, 과거 실패와 전략적 의사결정의 성공 사례로부터 배우는 것, 제품이나 직원에 내재된 지식으로부터 가치를 창조하는 것, 지식을 자산으로 관리하는 것 등이 있다.

구체적 지식경영 목표는 조직의 지식관리 방법을 다루기도 한다. 이러한 지식경영 이니셔티브가 추구해야 할 목표는 여러 실증적 조사로 파악되어 있다. 조직은 지식경영에 한정된 목표 이외에도 지식경영 이니셔티브가 비지니스 목표 달성에도 긍정적 영향을 줄 것을 기대한다. 구체적 비지니스 목표도 여러 실증적 조사로 파악되어 있다. 조직은 지식경영 이니셔티브가 어떤 목표를 추구하는가에 대하여 다를 뿐만 아니라 지식경영 목표의 관리 차원에도 차이가 있다. 즉 지식경영 목표의 문서화가 일반적 문장이나 의도 천명의 수준, 잘 문서화되고 기술된 수준, 그리고 정확하게 정의된 수준으로 다를 수 있다.

조직에게는 여러 지식경영 노력이 향할 목표가 있다. 조직이 지식경영 전략을 결정할 때 고려하여야 할 전략적 옵션으로는 비지니스 분야, 지식의 유형과 조직 학습, 타깃 그룹, 비지니스 프로세스, 전략적 지식경영 활동 등이 있다. 넓은 지식경영 이니셔티브는 조직 전체의 지식관리를 향상시키는 것을 목표로 할 수도 있고, 조직의 가장 중요한 능력을 보유한 구체적 비지니스 분야의 지식관리를 향상시키도록 목표를 정할 수 있다. 조직은 조직 지식 베이스에서 목표로 하는 지식 유형과 장려할 학습 유형에 관한 전략적 의사결정을 해야 한다. 지식경영 이니셔티브는 주요 타깃 그룹에 따라 구분될 수도 있고, 초점을 맞추거나 지원하는 비지니스 프로세스에 따라 구분될 수도 있다. 또 지식경영 목표나 지식경영 전략을 실행하는 도구로 사용되는 전략적 지식경영 활동에 따라 지식경영 이니셔티브가 구분될 수도 있다.

지식경영 전략 선택

조직은 경쟁력을 높이기 위해 어떻게 지식경영을 사용할 것인가에 관심이 있다. 문제는 어떤 지식경영 전략이 조직의 비지니스 전략에 가장 적합하며 성공적이겠는가이다. 성공적 컨설팅 조직이 흔히 사용하는 지식경영 전략은 크게 두 가지로 나누어진다. 첫째는 지식을 시스템으로 번역하기 어려운 맥킨지(McKinsey) 등이 사용하는 개인화 전략(Personalization Strategy)이다. 고객의 산업과 기능에 관한 지식이 컨설턴트의 머릿속에 있으므로 맥킨지는 컨설턴트들이 함께 지식을 교환하도록 노력한다. 개인화 전략에서 컴퓨터는 지식의 커뮤니케이션을 조장한다. 반면에 언스트와 영(Ernst & Young) 등은 지식을 관리하기 위하여 코드화 전략(Codification Strategy)을 사용한다. 코드화 전략은 조직의 주요 지식이 코드화되어 컴퓨터에 저장된다고 가정한다. [표 11-2]에서 보는 것처럼 이 두 전략은 다른 목적과 초점을 가지고 있으며 다른 문제와 지식 유형에 적합하다.

조직이 지식경영 전략을 고려할 때 비지니스 목표와 운영을 정렬하여야 하는 것은 당

[표 11-2] 개인화 전략과 코드화 전략 비교

전략	코드화 전략 (네트워킹과 대화)	개인화 전략 (형식적 지식 수집, 저장, 공유)
목적	효율성 외재화와 지식 재사용	혁신 창의성과 지식공유
초점	프로세스	사람
문제	반복적 활동과 유사한 프로세스	새롭고, 비구조적, 비반복적
지식 유형	형식적 지식	암묵적 지식

연하다. 그러나 지식경영 이니셔티브가 예를 들어 80퍼센트 코드화와 20퍼센트 개인화 또는 그 반대가 되어야 하는 것은 아니다. 조직의 지식경영 이니셔티브를 50퍼센트 코드화 전략과 50퍼센트 개인화 전략으로 선택할 수도 있다. 코드화 전략과 개인화 전략의 바른 균형은 조직의 비지니스 단위나 기능 부서에 따라 다를 수도 있다.

2.2. 지식경영 프레임워크

규모가 큰 조직에서는 단지 지식경영 프로젝트만 정의하면 되는 것이 아니다. 큰 조직은 자체의 지식경영 프레임워크도 필요하다. 이 프레임워크는 구체적으로 조직의 환경, 프로세스, 목표에 맞는 지식경영 접근 방법을 제시한다. 이러한 프레임워크가 만들어지면 개별 비지니스 단위는 전체적 접근 방법에 일치하여 통합이 가능할 것이라는 확신을 가지고 지식경영 프로젝트를 시작할 수 있다. 이것은 다국적 조직 또는 지리적으로 분산된 비지니스의 경우에 특히 관련성이 높다. 면대면 회의를 가지기 어려운 경우에 문서화된 전략은 혼란을 없애고 커뮤니케이션을 가능하게 한다.

지식경영 프레임워크는 지식경영에 대한 일반적 접근 방법을 가지고 기업 특성에 맞는 접근방법을 개발하는 데 매우 적절한 출발점이다. 지식경영 프레임워크는 지식경영의 다양한 요소(프로세스, 활동 및 촉진자)를 서로 관련짓는다. 지식경영 프레임워크는 이 여러 요소들이 서로 어떻게 관련되는지와 지식경영 프로젝트 및 활동에서 어떤 역할을 하는지를 스키마(Schema) 그림으로 제공한다. 지식경영 프레임워크는 조직의 구성원들이 지식경영에 대한 공통된 이해에 도달하도록 돕는다. 즉 조직에 적합한 지식경영이 어떤 것인지를 파악하고, 이러한 점들의 바른 결합이 무엇인지를 이해하고, 조직 및 개인 차원에서 어떻게 지식경영을 개발하고 어떤 프로세스를 거쳐야 하는지를 이해하도록 한다.

지식경영 분야뿐만 아니라 지식경영을 도입하려는 기업에 프레임워크가 주는 이점은 많다. 잘 알려진 지식경영 프레임워크를 개발한 조직은 그 산업에서 확실한 명성을 가지고 있다. 그 조직의 명성을 가진 지식경영 프레임워크는 상당한 지위와 인식을 부여한다. 많은 경우 이런 프레임워크는 경영진과의 의미 있는 대화의 출발점이 된다. 프레임워크는 일정한 지식경영의 용어와 개념을 정의한다. 이것은 경영진, 최종 사용자, 구현팀, 벤더(Vendor), 컨설턴트와 같은 지식경영 이니셔티브의 이해 당사자 모두가 하나되는 것을 돕는다. 이것은 혼돈을 줄이고, 모든 노력이 지식경영의 본질에 대한 토론이 아니라 프로젝트에 집중되게 한다. 조직은 지식경영 이니셔티브에서 이와 같은 프레임워크를 조직에 적합하게 채택할 수 있다.

지식경영 프레임워크는 지식경영 프로젝트가 따라야 할 높은 차원의 프로세스를 제공한다. 이것은 지식경영 활동의 방향을 제시하고, 구체적 프로젝트 관리 계획의 기초가 된다. 지식경영 프레임워크는 전반적으로 프로젝트 내용을 형식화하여 의사결정 프로세스를 단순화한다. 지식경영 프레임워크는 덜 중요한 요소들을 제거하여 복잡성을 최소화하는 것을 도우면서 지식경영 이니셔티브에서 어떤 것을 간과하지 않았는지를 확인하는 체크리스트로도 사용할 수 있다. 프레임워크는 실제 지식경영 프로젝트에서 사용될 수 있는 실무적 프로세스와 접근 방법을 제공한다. 성공적 지식경영 프로젝트는 분석 및 계획, 지식 공유 및 획득, 문화, 프로세스와 같은 주요 사항들에 초점을 맞춘다. 프레임워크는 이러한 항목들을 프로젝트에 포함시키는 것을 정당화해 주어 최종 결과를 향상시킨다.

이러한 일반적 프레임워크 예는 많으나 대표적인 것으로 미국 생산성 품질 센터(American Productivity and Quality Center; APQC)와 유럽표준화위원회(Comite Europeen de Normalization; CEN)의 프레임워크가 있다.

지식경영 프레임워크 예

APQC 프레임워크

APQC가 내놓은 지식경영의 정신적 모델은 지식 프로세스를 통하여 지식경영 라이프사이클을 보여 주고 지식 동인(Knowledge Enabler)을 성공적 지식경영을 위한 동력으로 사용한다. 아이디어는 매우 간단하다. 지식경영을 위한 플랫폼이 있기 위해서는 기능적 환경이 필요하다. 이 환경은 서로가 상호작용을 할 순차적 지식 프로세스를 허용하고 이러한 상호작용을 통하여 지식 룹(Knowledge Loop)을 완성한다. 그 다음에 환경이 기능을 할 뿐만 아니라 작동하게 만드는 지식 동인이 있다.

APQC 프레임워크의 핵심 내용인 지식 프로세스와 지식 동인의 주요 요소를 보면 다음과 같다.

[그림 11-6] APQC 프레임워크

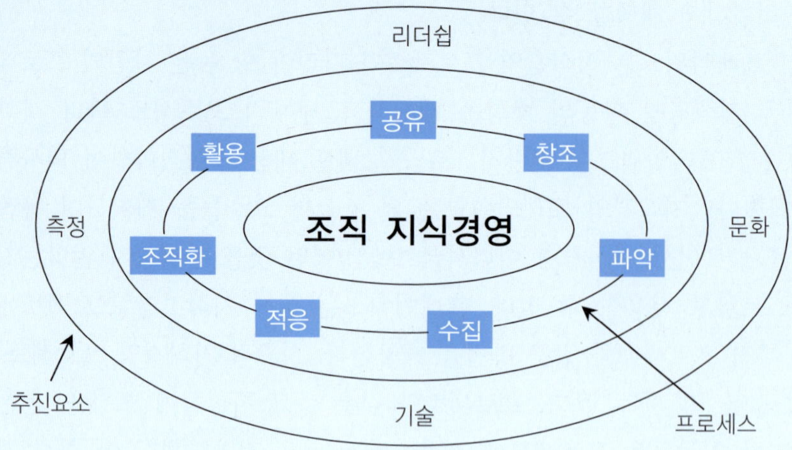

지식 프로세스

- 파악(Identify) – 우수 사례와 재사용할 수 있는 지식의 파악을 위한 방법 및 도구
- 수집(Collect) – 지식 수집을 위한 방법 및 도구
- 적응(Adapt) – 비지니스 프로세스, 업무 기술, 정보의 조직화를 위한 조직의 가이드라인
- 조직화(Organize) – 지식 시스템화 및 통합을 위한 방법 및 도구
- 활용(Apply) – 지식 재사용을 위한 방법 및 도구
- 공유(Share) – 지식 보급, 서치, 추출을 위한 방법 및 도구
- 창조(Create) – 지식 재창출을 위한 방법 및 도구

지식 동인

- 문화(Culture) – 주요 문화적 동인(인센티브)
- 기술(Technology) – 기술 및 표준의 파악 및 실행
- 측정(Measurement) – 지식을 모니터링하고 통제할 성과 지표, 지수, 측정치
- 리더십(Leadership) – 지식경영을 위한 비전, 전략, 지원

CEN 프레임워크

CEN은 2002년에서 2003년에 걸쳐 지식경영에 대한 실무적 가이드를 개발하였다. CEN 프레임워크는 유럽 28개국이 참여하는 CEN에서 세계의 150여 개의 지식경영 프레임워크를 통한 경험적 연구와 실무적 경험 및 분석 결과를 토대로 2004년에 만들어졌다. 이것은 지식경영을 시작할 때 계획 수립을 돕기 위한 것으로 중소기업을 위한 프로젝트 관리 방법론도 함께 제공한다.

CEN 프레임워크는 지식경영에 가장 관련된 요소들을 포함하며, 세 개의 층으로 되어 있다. 첫 번째 층은 지식경영의 초점이 비지니스에 맞추어져야 한다는 관점에서 조직의 가치 부가 프로세스를 다룬다. 이것은 전략 개발, 제품 및 서비스 혁신과 개발, 제조와 서비스 제공, 판매와 고객 지원의 프로세스를 포함하는 조직의 맥락이다. 또 이 프로세스는 조직이 공급자, 파트너, 고객과의 비지니스 네트워크에서 운영된다. 두 번째 층은 비지니스 프로세스를 지원하는 지식 파악, 창조, 저장, 공유, 사용의 다섯 가지 조직의 지식 활동을 통합한다. 지식 활동은 적합한 지식경영 방법과 도구로 지원되어야 한다. 세 번째 층은 조직의 지식경영 활동의 동인으로 개인지식 능력과 조직지식 능력으로 나누어진다. 개인지식 능력은 개인이나 그룹 차원에서 개발되어야 하는 야망, 기술, 행동, 경험, 도구, 시간 관리를 포함한다. 조직지식 능력은 미션, 비전, 전략, 프로세스와 조직 구조 디자인, 측정, 문화 이해, 기술과 인프라스트럭처, 지식자산을 포함한다.

[그림 11-7] CEN 프레임워크

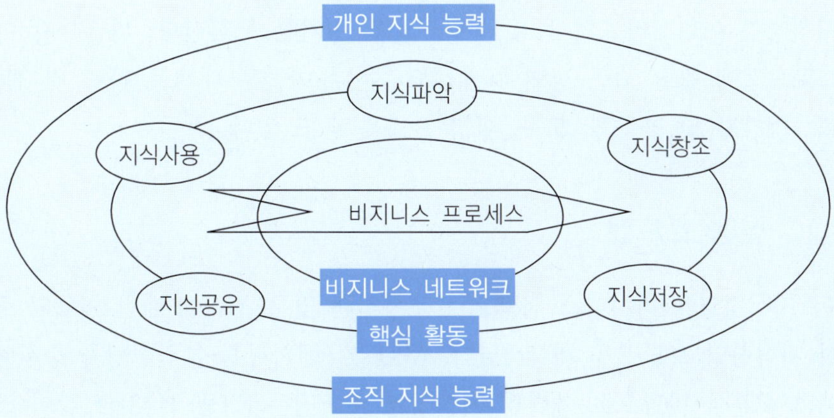

3. 지식경영 로드맵

3.1. 지식경영 로드맵

지식경영은 복잡한 활동이다. 구체적 계획 없이는 비지니스에 영향을 주지 못하므로 완벽한 계획이 필요하다. 일반적으로 지식경영에서는 이 계획을 방법론으로 만들지 않고 로드맵(Roadmap)으로 제시한다. 방법론은 정형적인 구조를 제시하나 지식경영에서 일어나는 복잡한 차원을 고려하지 못하고 있다. 반면에 지식경영 로드맵은 각 조직의 특성에 맞게 다양한 방법으로 실행될 수 있다. 지식경영 기술은 복사할 수 있어도 그 맥락은 복사할 수 없다. 지식경영이 조직 맥락에 뿌리를 깊이 내리고 있는 점은 지식경영이 기술 문제라기보다 조직 문제라는 사실에 근거한다. 그러나 지식경영을 가능하게 하는 기술과 지식경영이 작동하게 하는 문화는 서로 밀접하여 그 둘의 분리는 둘 다 작동할 수 없게 한다.

지식경영 로드맵은 지식경영 이니셔티브의 실행, 조직 및 정보기술 도구 설계, 그리고 지식 통제 및 지식 프로세스 재설계를 위한 메타 프로세스(Meta-process)라고 볼 수 있다. 다시 말하면 지식경영 로드맵은 조직의 지식 활동 사이클을 관리 및 지도하는 것과 조직의 지식경영 이니셔티브의 목표 수립, 실행, 평가를 포함한다. 지금까지 여러 가지 지식경영 로드맵에 관한 접근 방법이 제시되었는데 이들은 대체로 목표 및 전략, 조직, 문화, 주제, 참가자 및 공동체, 도구, 환경 요소를 담고 있다.

APQC 실행 로드맵

APQC는 지식경영을 비지니스 전략으로 추구하는 많은 조직에 대한 연구와 실행 경험을 통하여 지식경영 로드맵을 개발하였다. APQC가 벤치마킹과 컨설팅을 통하여 축적한 우수 사례와 교훈을 바탕으로 개발한 지식경영 로드맵은 [그림 11-8]과 같이 조직의 지

[그림 11-8] APQC 실행 로드맵

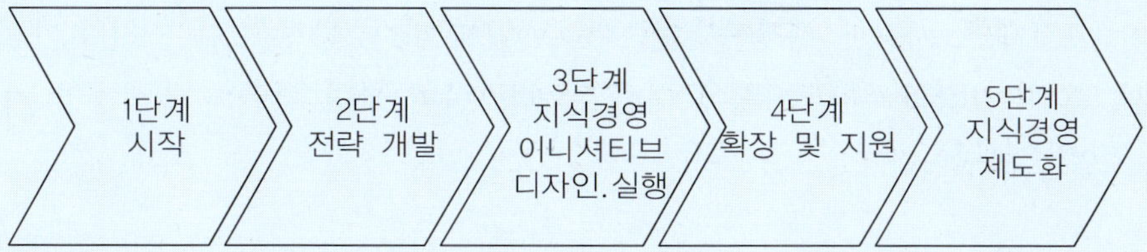

식경영을 다섯 단계로 가이드한다.

1단계: 시작

지식경영 팀은 지식경영의 가치를 조직에 증명하기 위해서 결과와 비지니스 성과를 가져오는 활동보다 우선 매력 있는 일에 초점을 맞추기 쉽다. 그러나 사실은 지식경영 노력이 일상의 워크플로에 내재되어야 한다. 지식경영 챔피언은 경영자의 지원을 구하고, 사람들을 연결하고 협력이 가능하도록 기존 기술을 활용하고, 어떻게 지식경영이 현재의 실제 비지니스 문제를 해결하는지에 대한 설득력 있는 그림을 제시해야 한다. 그 그림을 개발하는 데 사용되는 공통의 도구는 스토리텔링(Storytelling)이다. 스토리텔링은 조직 변화의 출발점이 될 수 있다. 스토리는 흥미 있고, 정보를 전달하고, 문화를 보존하고, 관계와 공동체를 구축하고, 조직을 변화시킨다. 스토리텔링은 경영자와 직원들이 개념을 이해하고 유추로 자신들의 작업 환경을 재발명하게 하는 기억되는 방법으로 증명되어 조직 사람들의 지원을 이끌어 내는 중요한 도구이다.

2단계: 전략 개발

이 단계는 지식경영이 개인의 관심이나 일부의 노력에서 조직 차원으로 이동하는 전환점이다. 즉 지식경영의 잠재적 이점을 조사할 것인가에 대한 결정과 개인적 열정에서 조직 행동으로 특징지어진다. 구체적으로 부서 간 지식경영 자문 그룹을 결성하고, 조직 목표 및 목적이 정렬되고 어떻게 지식경영 실무, 원칙, 접근 방법이 선택된 비지니스 기능 분야에 적용될 것인지에 대한 테스트와 이해가 있어야 한다. 경영자 자문 그룹은 지식경영 노력에서 일어나는 문제에 대한 공명판으로서 주요한 의사결정을 한다. 조직 차원의 다양한 지식경영 노력을 통합하고 변화를 이끌 적합한 거버넌스 모델과 구조를 개발하는 것은 중요하다. 자문 그룹과 비지니스 단위 차원의 할당된 자원의 부족은 인프라스트럭처, 프로세스, 사람에 대한 투자를 할 수 없게 한다. 자문 그룹은 전략 개발, 커뮤니케이션, 훈련, 보상과 인식 계획에 대한 논의를 하며 조직 차원의 지식경영 커뮤니케이션과 지원을 담당한다.

3단계: 지식경영 이니셔티브 디자인 및 실행

이 단계의 목표는 성공적 파일럿(Pilot)을 실행하여 지식경영의 비지니스 가치의 증거를 보이고, 교훈을 얻는 것이다. 이것을 통해 반복할 수 있는 프로세스와 방법론을 만드는 것은 성공적인 교훈 확산의 핵심이다. 이 과정에서 흔히 범하는 실수는 지식공유 디자인 프로세스에서 비지니스 프로세스와 관련된 사람들을 관여시키지 않는 것이다. 어떻게 지식공유가 비지니스 성과에 기여하는지를 추적하는 측정 장치를 개발하는 것도 중요하다.

디자인 팀은 지식공유와 전이가 가치를 제공할 비지니스 단위나 기능 분야를 대표하는 사람들로 구성된다. 디자인 팀의 목적은 지식경영 이니셔티브의 범위를 정하고, 잠재적 사용자와 조기 성공을 가져올 지식 분야를 파악하고, 비용과 요구되는 인프라스트럭처를 분석하는 것이다. 디자인 팀은 단계적 활동과 이정표를 밝힌 전술적 롤아웃(Rollout) 계획을 개발한다. 이 계획은 커뮤니케이션과 훈련, 보상, 인식, 주요 성공 지표, 지식경영 접근 방법의 문화적 수용에 영향을 주는 다른 이슈를 포함한다. 문화에 대한 핵심적 교훈은 사람들은 그렇게 할 이유 없이는 일하는 방법을 바꾸지 않는다는 것이다. 지식경영을 지원하는 문화적 변화를 요구하는 것은 옳지 않다. 열쇠는 그렇게 할 유효한 비지니스 이유를 줌으로써 사람들의 동기를 자극하는 것이다. 사람들이 그럴 만한 이유가 있고 그러한 도구가 가용할 때 사람들의 행위 즉 조직 문화는 변화된다. 처음부터 변화 프로세스에 사람들을 관여시키는 것이 지식경영 접근 방법과 프로세스의 성공적 실행을 가능하게 한다.

지식경영 활동과 결과를 추적하고 측정하지 않고서는 무엇이 되는지와 효과가 무엇인지를 이해하기가 어렵다. 측정 단위는 어디에 있는지, 어디에 있고 싶은지에 대한 그림, 그 지점에 도달하기 위해 필요한 경로에 대한 필수적 정보를 평가하도록 한다. 조직이 무엇을 평가하는 것은 지식경영에 대한 전반적 목적과 기대에 달려 있다. 지식경영 노력이 그 목적을 달성하는지를 알기 위해서는 원래 가치 명제에 상응하는 비지니스 성과를 파악하여 측정하여야 한다. 지식경영 도구와 애플리케이션이 사용되고 수용되는지를 알기 위해서는 활동 수준을 측정하고 어떻게 새로운 프로세스가 일상 업무를 향상시키는지를 사용자에게 물어보아야 한다. 지식경영 활동을 평가하는 데는 일반적으로 결과와 활동에 대한 측정을 한다.

4단계: 확장 및 지원

이 단계에서는 이미 가치 있는 것으로 증명된 지식경영을 조직이 지원하는 활동의 일부로 확장하고 지원한다. 자문 그룹은 확장 전략을 만들고 필요한 자원을 파악하여야 한다. 핵심 지식경영 팀을 유지하고 비지니스 단위의 지식경영 경영자와 챔피언의 네트워크를 구성하는 것은 지식공유 노력에 지원을 제공하고, 다수의 이니셔티브를 정렬하고, 비지니스 단위 사이의 고립을 제거할 것이다. 지속적인 커뮤니케이션은 지식경영 활동의 쇠퇴를 막고 조직의 지식경영 노력의 지속성을 제공한다. 지식경영 전략과 그 합리성을 조직에 커뮤니케이션을 하는 것은 다른 대규모 이니셔티브와 마찬가지로 대대적인 마케팅이 필요하다.

5단계: 지식경영 제도화

조직이 이 단계에 이르렀을 때는 지식경영이 비지니스 모델의 일부가 되었음을 의미한다. 조직은 지식경영 단계가 진전될수록 재무적 압박이 증가할 것을 기대할 수 있다. 일단 지식경영이 일상적인 상태가 되어 정규적 예산을 책정받게 되면 다른 부서와 마찬가지의 기대와 압력을 받게 된다. 5단계를 무난하게 지나려면 지식경영 리더는 조직의 구조와 예산이 지식경영 이니셔티브를 포함하도록 정렬하여야 한다.

지식경영이 비지니스 모델의 일부가 되게 하기 위해서는 조직 내의 비지니스 단위들이 독자적으로 그 모델을 실현하여야 한다. 이것을 위해서 표준위원회를 만들어 쉽게 접근할 수 있는 정책을 만들고 실무공동체를 통해 지역적 혁신의 동력이 되게 할 필요가 있다. 지식경영은 사용자의 수용을 위해서 자연스러워야 하지만 동시에 공통의 표준과 정책이 도움을 준다. 조직은 정책 만들기에는 관여하지만 구체적 비지니스 단위의 정책 실현에는 관여하지 않는 것이 바람직하다. 지식 저장고를 전사적으로 공유하게 하는 것은 이것에 대한 예외이다.

3.2. 지식감사

지식경영 전략 개발의 주요 단계는 먼저 현재 상태(As is)와 미래에 바라는 비지니스 목표(To be)와 관련하여 조직을 이해하는 것이다. 이 두 상태의 차이를 분석하는 것은 갭 분석(Gap analysis)이라 불리며 현재 상태에서 미래 상태로 가는 수단은 보통 지식경영 전략 로드맵으로 표현된다. 이 로드맵은 일반적으로 시간대별로 성취하고자 하는 분명한 이정표나 타깃을 포함하는 3~5년간의 전략이다.

전략과 지식의 연결을 구체화하기 위해 기업은 전략적 의도를 전개하고, 그 전략적 선택을 실제로 실행하는 데 필요한 지식을 파악하고, 그것을 실제 지식자산과 비교하여 전략적 지식 갭(Knowledge gap)을 드러내야 한다. 기술, 시장, 제품, 서비스, 프로세스에 관하여 기업이 취하는 전략적 선택은 의도한 시장에서 경쟁하는 데 필요한 지식, 기술, 역량에 직접적 영향을 준다. 이 연결은 나중에 행동할 수 있는 목표로 전환한다. [그림 11-9]는 그러한 연결을 보여 준다.

조직의 현재 또는 출발점의 상태에서는 문서와 같은 다양한 소스나 주요 이해 당사자 인터뷰를 통하여 정보를 수집하여 평가한다. 이 시점에 기존 지식경영 이니셔티브도 지

[그림 11-9] 전략적 지식 갭 분석

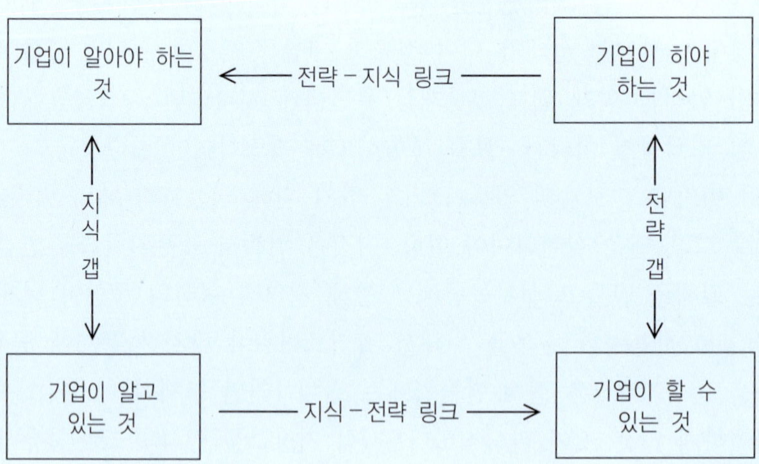

출처: Tiwana(2000)

식감사 또는 재고조사의 형태로 파악된다. 지식감사는 지식경영 전략 개발을 위한 기초 조사로 실시된다.

지식감사

조직을 학습과 개발 모드로 전환하고 효과적 지식경영 전략을 확보하기 위해 지식감사가 실행된다. 지식감사(Knowledge Audit)는 체계적 조직지식의 조사와 평가이다. 지식감사는 조직의 지식 니즈, 기존 지식자산 또는 자원, 지식 흐름, 미래 지식 니즈, 지식 갭, 그리고 지식창조와 공유에서의 사람들의 행동에 대한 분석이다. 지식감사는 조직이 어떤 지식을 가지고 있는지, 누가 그 지식을 가지고 있는지, 그리고 그 지식이 조직 내에서 어떻게 흐르고 있는지 또는 흐르지 않고 있는지를 파악할 수 있다. 지식감사는 지식이 조직의 경쟁력을 향상시키기 위해서는 조직과 개인의 행동, 프로세스, 기술 분야에서 무엇을 변화하여야 하는지를 알려 줄 수 있다.

성공적인 지식감사는 여러 가지를 얻게 한다. 이것은 조직의 강점과 약점을 개관할 수 있게 한다. 즉 조직의 잠재적 경쟁 우위에 대한 과학적 분석을 가능하게 하고, 조직 내의 성공적 지식경영에 관한 벤치마크를 제공한다. 일반적으로 지식감사는 조직의 지식 니즈, 조직에 어떤 지식이 있고 어디에 있는지, 지식 갭 또는 병목이 존재하는지, 그리고 조직 내의 지식 흐름을 파악하는 것을 돕는다. 성공적 지식감사는 기업의 가치 있는 지적 자산을 파악할 수 있게 하고, 기존 프로세스의 향상이 가능한 곳을 찾아내게 하고, 의도적이든 우연이든 지식의 재생산을 방해하는 사람을 파악하게 하는 가치 있는 일이다. 지식감사는 조직 내의 어디에 지식이 있는지를 알게 할 뿐만이 아니라 프로세스 향상을 위한 로드맵이 될 수 있다.

지식경영 이니셔티브를 시작할 때 지식감사를 실시하는 것을 생략하는 경우가 많다. 지식경영이 실패하는 주요 이유 중 하나가 조직이 어떤 지식을 필요로 하는지 또는 어떻게 지식을 애플리케이션 맥락에서 관리할 것인지를 파악하지 않기 때문이다. 지식감사는 조직에 어떤 지식이 필요하고 어떻게 그것을 관리할 것인지를 파악하는 것을 돕는 증거 기반 접근 방법(Evidence-based approach)을 제공한다.

지식감사를 실행하는 것은 경쟁 우위를 지속하기 위해 조직이나 비지니스 단위 차원에서의 지식경영뿐만 아니라 전략 계획의 중요한 요소이다. 지식감사를 실행하는 방법은 여러 가지가 있으나 공통적인 절차는 다음과 같다.

- 설문지, 인터뷰, 포커스 그룹 등의 방법을 통한 지식 니즈 파악
- 존재하는 지식의 유형에 초점을 맞춘 지식 재고 파악 – 지식이 어디에 있는지, 어떻게 저장되고 관리되는지, 무엇에 사용되고 있는지 그리고 얼마나 관련성이 있는지를 파악
- 사람, 프로세스, 시스템의 관점에서 지식 흐름의 분석
- 지식 맵의 작성

조직은 지식경영 이니셔티브를 시작할 때 조직이 알고 있는 것을 알아야 할 필요가 있으며, 지식감사는 조직에서 지식경영을 도입할 때 첫 번째 중대한 단계이다. 이러한 점에서 지식감사는 정보시스템 분석 및 설계에서의 요구 사항 분석에 해당한다고 할 수 있다. 지식감사는 조직지식의 비주얼 표현인 지식 맵을 만들어 내게 한다. 지식 맵은 조직 택서노미의 논리적 추상이며 지식감사의 주요 질문에 대한 가능한 해답을 제시한다. 지식 맵은 실행에 필요한 상세 내용을 포함하기도 한다.

지식 맵 작성에는 두 가지 접근 방법이 있다. 첫째는 지식 자원과 자산을 매핑하는 것으로, 조직에 어떤 지식이 존재하고 어디에서 발견될 수 있는지를 보여 준다. 둘째는 지식이 소스에서 타깃까지 조직 내에서 움직이는 것 즉 지식의 흐름을 보여 준다. 두 가지 모두 조직의 형식적 지식뿐만 아니라 암묵적 지식 그리고 지식 흐름에 의한 부가가치 실현에 대한 다이아그램을 그린다.

지식 맵 개발은 전략경영과 영역 전문가들에 의한 근본적 비지니스와 지식 전략에 대한 판단을 요구한다. 지식 콘텐츠와 인식의 차원으로 구성된 포트폴리오 모델이 전략적 사고에 도움이 될 수 있다. 조직 지식자산에 대한 완전한 분석을 위해 [그림 11-10]의 지식 포트폴리오를 사용할 수 있다.

제1사분면은 저장고(형식적 지식)와 전문 지식(암묵적 지식)과 같은 가용한 지식 자원을 말하며, 조직의 핵심 역량이다. 제3사분면은 지식자본 저장고의 활용되지 않은 부분으로 특정 부서의 우수 사례와 같이 주로 감춰진 자원이다. 이것은 주요한 학습과 개발의 가능성을 나타낸다. 제2사분면은 조직이 성장을 위한 전략적 계획을 실행하도록 만드는 조직 학습의 동력을 주는 부분이다. 이것은 경쟁 열쇠를 결정하기 위하여 경쟁자와 주요 성과 지표와 새로운 R&D와 혁신을 벤치마킹하여 확인된 갭이다. 제4사분면은 조직에게 드러나지 않은 감춰진 기회와 위협을 말한다. 지식 흐름, 네트워크, 그리고 갭으

[그림 11-10] 지식 포트폴리오

		지식 콘텐츠: 안다	지식 콘텐츠: 모른다
지식 인식	안다	1. 우리가 알고 있는 것을 알 때 • 강조: 지식 공유, 접근, 재고 • 도구: 벤치마킹, 실무공동체, 인트라넷, 포털, 택서노미	2. 우리가 모르는 것을 알 때 • 강조: 지식 찾기, 창조 • 도구: R&D, 경쟁 지능
지식 인식	모른다	3. 우리가 알고 있는 것을 모를 때 • 강조: 잠재 또는 암묵적 지식 • 도구: 지식맵, 지식감사, 훈련, 네트워크	4. 우리가 모르는 것을 모를 때 • 강조: 위험, 기회 발견 • 도구: 창조적 긴장, 감사, 딜레마, 복잡계 과학

출처: Drew(1999)

로 인해 전략적 목적을 달성하기 위해 필요한 지식 자원이 가용하지 않을 수도 있다. 많은 지식경영은 우리가 알고 있는 것을 알 때의 제1사분면에만 주된 관심을 쏟고 있다. 모든 형태의 지식이 조직의 포트폴리오로 고려되어야 하며 기업은 각 지식 유형을 다른 방법으로 관리하고 활용하여야 한다.

지식감사의 출발점은 조직의 지식 베이스를 조사하는 것이다. [그림 11-10]에서 보는 것처럼 조직이 알고 있는 것뿐만이 아니라 알지 못하지만 필요한 것을 파악하여야 한다. 조직 지식은 [그림 11-11]과 같이 조직의 사람, 인공물, 그리고 조직 자체에 존재한다. 사람의 지식과 인공물의 차이는 지식 처리 능력의 차이라 할 수 있다. 사람의 지식은 사람의 지식 조작 능력에 의해 조직에 가용하게 한다. 인공물은 처리 능력이 없고 그 존재가 사람에 의존하는 것이 아니다. 조직 개체는 조직의 작용에 의해 지식을 표현하고 전달한다. 조직 개체의 지식은 조직의 행동으로 나타난다.

사람들의 지식

조직의 사람들은 직원, 고객, 공급자, 파트너, 컨설턴트를 포함한다. 사람들의 지식은 개인, 그룹, 또는 공동체가 조작하거나 조직의 지식 활동 수행에 사용하게 할 수 있는 지식을 말한다. 조직의 사람들의 지식은 사람이 조직에 들어오고 나가는 것, 사람의 학습, 조직의 일에 가져온 사람의 지식 부분, 조직 개체와의 관계에 영향을 받는다. 고객, 공급

[그림 11-11] 조직지식

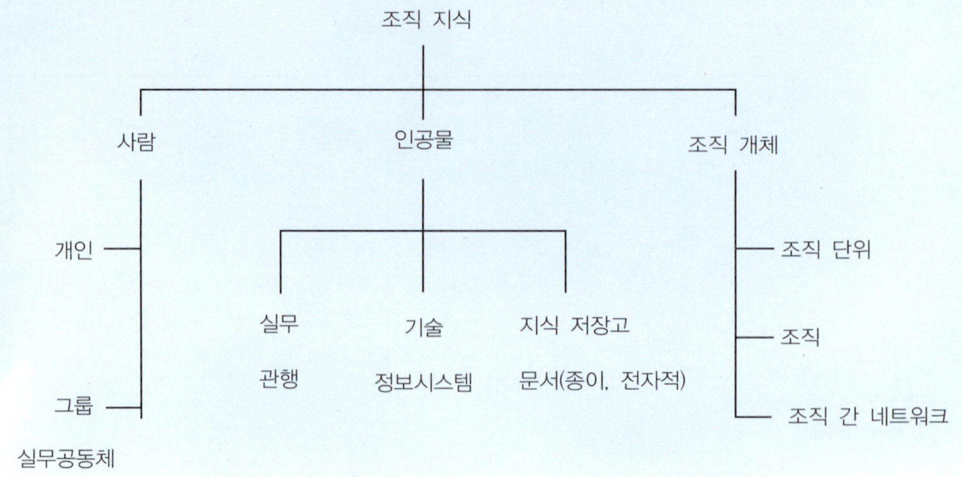

출처: Maier(2004)

자, 파트너, 컨설턴트는 조직에 속하지는 않지만 그들의 지식은 조직의 가상 지식 자원에 속한다. 사람들이 자신의 지식을 조직 자원으로 사용할 수 있게 하는 정도는 문화와 목적 같은 조직 개체의 지식 요소뿐만이 아니라 경영자의 영향력에 달려 있다.

지식 인공물

지식 인공물(Knowledge Artifacts)은 사용할 수 있는 지식의 표현을 담거나 전달하는 객체이다. 인공물에 구현된 지식은 형식적, 암묵적, 또는 암시적 지식이다. 지식 인공물의 예는 훈련 비디오, 책, 메모, 비지니스 계획서, 매뉴얼, 특허 문서, 파일 캐비닛 내용물, 시설, 레이아웃, 제품 등이다. 정보시스템은 주로 구조화된(레코드 또는 폼 형태) 데이타를 다루며 이것은 기업 정보의 일부에 불과하다. 인공물은 조직에 속하지만 조직 사람의 일부 통제 아래 있을 수 있다. 인공물에 내재된 지식은 다른 지식 자원으로도 표현될 수 있다. 인공물에 지식을 표현하는 것은 그 지식을 객체에 구현하는 것과 관련되며, 이것은 그 지식의 전이, 공유, 보존에 긍정적 영향을 미친다. 조직지식은 제품의 형태로 표현될 수 있다. 제품은 단지 물질, 자본, 노동 자원뿐만이 아니라 지식 자원의 결과이다. 지식 자원은 물질, 노동, 자본 자원을 제품으로 전환하는 것을 가이드한다. 따라서 조직의 제품 재고는 인공물이다.

조직 개체의 지식

조직의 행동으로 나타나는 조직 개체 지식은 인공물이나 사람들의 기억에 포착되거나 내재될 수 있으나 사람과 인공물과는 별개로 존재한다. 예를 들면, 조직 목적, 전략, 문화, 인프라스트럭처를 인공물에 표현할 수 있으나, 그 존재가 인공물의 창조에 달려 있는 것은 아니다. 이러한 지식 자원은 인공물에 내재되면, 선택되고 형식화되어 내재화가 될 수 있다. 조직 개체의 지식인 목적, 전략, 문화, 인프라스트럭처는 서로 연결되어 있고 그들 사이의 조화가 중요하지만, 어떤 것이 다른 것에 의해 파악되는 것은 아니다. 예를 들면 특정 문화가 조직을 특정 인프라스트럭처로 제한하지 않고, 그 반대도 마찬가지이다. 특정 목적이 하나의 잠재적 조직 전략을 정의하지 않고, 그 반대도 마찬가지이다. 조직 개체의 지식 요소는 서로 영향을 주며 수정을 하기도 한다. 예를 들면 목적의 변화가 수정된 전략을 가져올 수 있고, 전략은 인프라스트럭처의 개정을 일으킬 수 있고, 특정 인프라스트럭처는 특정 문화를 조장할 수 있다.

4. 지식경영 조직

4.1. 지식경영 조직

조직이 지식경영을 공식적으로 실행하면서 지식경영을 담당할 조직 구조를 별도로 만드는 경우가 많다. 지식관리, 지식 관련 업무와 도구의 조정, 지식 관련 구조적 및 기술적 인프라스트럭처의 관리, 유지, 업데이트를 담당하는 조직을 공식화하는 것이다. 즉 조직의 지식경영 이니셔티브를 조정하는 지위, 그룹, 또는 부서를 설립한다. 많은 조직에서는 기존의 조직 단위를 확장하여 지식경영을 담당하게 하고 있다. 지식경영을 담당하는 별도 조직의 제도화를 하는 대신 지식경영 프로젝트를 수행하는 방법이나 지식경영 위원회를 통해 지식경영을 추진할 수도 있다. 그러나 지식경영을 담당하는 별도의 조직을 만드는 것은 더 많은 직원을 두고 더 많은 투자를 할 것임을 말해 준다.

지식이라는 용어는 무엇에 활용될 것이라는 실용적 의미를 가지고 있다. 따라서 지식경영은 자본 관리와 달리 중앙 집중화할 수 없다. 따라서 지식경영 전담 조직의 역할은 조정하고 관리하는 것이다. 지식경영을 담당하는 조직에 대한 이해는 그 구조보다는 지식경영에 참여하는 사람들의 역할과 관계를 살펴보는 것이 더 의미가 있다. [그림 11-12]는 지식경영에 관련하는 사람들의 역할과 관계를 보여 준다.

[그림 11-12]의 위에 있는 최고 지식경영자가 지식경영 리더십에 책임을 진다. 지식경영은 위로부터 조직이 강요하여서 되는 것이 아니다. 최고 지식경영자는 지식경영이 실행되는 비지니스 단위의 지식 파트너나 이해 관계자와 지식경영 리더십을 공유할 수도 있다. [그림 11-12]의 중간 부분은 중요한 지식경영 업무와 프로세스를 효율적이고 효과적으로 수행하도록 하기 위한 구체적 지식경영 역할을 나타낸다. 지식 관리자는 지식 엔지니어로도 불리며 영역과 상관없이 지식의 포착, 저장, 유지를 담당한다. 지식 베이스 관리자는 지식경영의 기술적 인프라스트럭처를 개발하고 관리한다. 커뮤니티 경영자는 커뮤니티를 운영하는 핵심 멤버들이다. 멘토는 비공식적 도제관계를 통하여 새로운 직원에게 암묵적 지식을 전이하고, 코치는 직원의 성과와 동기를 향상시키는 것을 돕는다. [그림 11-12]의 아랫부분은 지식경영 이니셔티브에 참여하는 지식노동자와 집합체를 보

[그림 11-12] 지식경영 관련자 역할과 관계

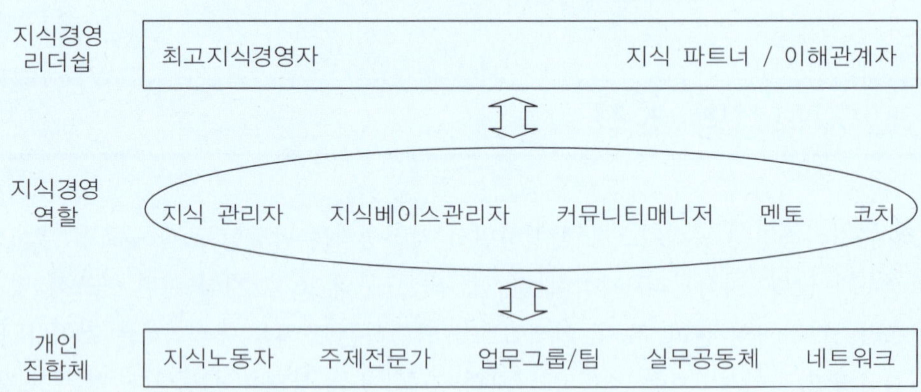

여 준다.

4.2. 최고 지식경영자

지식경영의 본질은 조직의 정신과 가치를 반영한다. 지식경영의 목표는 조직의 독특함을 활용하는 것 즉 경쟁 시장에서 조직의 주체와 위치를 정의하는 사람, 프로세스, 제품, 서비스의 결합을 이용하는 것이다. 지식경영 접근 방법은 이것을 유지하기 위하여 조직의 독특함을 반영하여야 하고, 지식경영이 조직에 가져오는 변화는 다른 조직이 아닌 자신의 강점의 기초 위에서 이루어져야 한다. 그러나 변화는 사람에 의한 간섭 없이 일어나지는 않는다. 필요한 추진력을 만들고 지속하는 데 요구되는 지속적 에너지와 동력을 제공하는 새로운 역할이 필요하다. 비전에서 실행으로의 이동은 최고 경영자의 리더십, 헌신, 관여를 요구하고, 최고 경영자는 새로운 역할에 필요한 기술을 파악하고 변화를 가능하게 하는 그 역할에 힘을 실어 주어야 한다. 지식경영이 임시방편은 아니지만 업무하는 방식의 변화를 요구받는 사람들에게 지식경영의 혜택이 명백하게 드러나도록 빠르게 진행될 필요가 있다.

지식경영 챔피언의 직위가 없는 경우 지식경영 프로그램의 일부가 제대로 진행되지 않을 수 있다. 누군가가 이 변화 프로그램을 관장할 필요가 있다. 바로 최고 지식경영자(Chief Knowledge Officer; CKO)가 필요한 것이다. 새로운 타이틀로 새로운 변화를 이끌어야 한다는 인식은 최고 지식경영자라는 자리를 만들어 내게 되었다. 변화를 일으켜야 하는 CKO의 책임은 최종 목표에 초점을 맞추면서 조직의 모든 요소를 통합하는 것이다. CKO는 최고 정보경영자(Chief Information Officer; CIO)와는 다르다. CIO는 정보기술 전략, 시스템 개발, 네트워크, 정보기술 지원, 일반적 정보기술 관리의 책임을 진다. CIO는 성공적이기 위해 반드시 기업가 지향적 성향이 필요하지는 않지만, CKO는 그렇지 않다. CIO가 CKO를 겸직하는 경우는 드물다. CKO의 역할에 필요한 특성이 다르기 때문이다. CKO는 지식경영이 일상 업무와 통합되도록 해야 한다.

CKO의 주된 역할은 지식공유 프로그램을 개발하고 실행하는 책임이다. CKO는 두 가지 기본적 디자인 역량이 필요하다. 하나는 기술주의자이고 다른 하나는 환경주의자이다. 최고 지식경영자는 정보기술뿐만 아니라 사회적 환경에의 투자를 장려하고 실행한다. CKO는 조직 구조에서 말하는 커뮤니케이션 기술, 지식경영 프로그램이나 실무의 영향을 효율적으로 측정하는 재무적 능력, 복잡한 이니셔티브를 주도할 프로젝트 관리 능력을 가져야 한다. CKO는 조직이 어떻게 창의성, 커뮤니케이션 능력, 분석 능력, 직감과 같은 요소를 포함하는 지적 자산을 다룰 것인지를 정의하여야 한다. 가장 어려우면서도 주요한 목표 중의 하나는 지속적 학습, 지식의 공유 및 창조가 일어나는 학습 조직이 되도록 조직 문화를 촉진하는 것이다. 그러므로 CKO는 지식 조정과 통합을 향상하기 위하여 지식경영과 지식창조의 문화적 부분을 장려하여야 한다. 지식이 사회적으로 생산되기 위해서는 CKO의 역할이 지식 네트워크와 실무공동체와 같은 사회적 실무가 개발되도록 하여야 한다. CKO의 주요 책임은 다음과 같다.

- 지식 문화를 구축하고, 인식을 높이고, 비지니스 리더의 헌신을 유도하고, 지식을 공유하도록 직원에게 동기부여를 한다.
- 조직의 비지니스 전략과 정렬된 지식경영 전략을 디자인하고 지식경영 이니셔티브의 적합한 범위를 정한다.
- 지식기반 제품 및 서비스를 개발한다.
- 지식 코드화와 전이를 위한 계획과 프로세스를 디자인, 실행, 감독한다.
- 지식을 중개하거나 새로운 지식을 연구 개발하는 별도의 조직 단위를 이끈다.
- 새로운 지식 관련 역할을 수립한다.
- 지식 베이스를 개발하여 운영한다.
- 지식경영을 지원하는 정보통신기술의 디자인, 실행, 관리를 감독한다.
- 지식경영을 글로벌라이제이션하고 여러 지식경영 이니셔티브를 조정한다.
- 무형 자산의 가치를 측정한다.

조직 조정자로서의 CKO

지식경영은 전체 조직의 지원을 얻는 데 성공이 달려 있는 이니셔티브이다. 지식경영은 변화 프로그램이며, 그 실행은 경영자들의 전폭적 지지가 있을 때만 성공한다. 변화는 조직이 업무를 수행하는 방법, 가치 시스템과 경영 스타일에 영향을 준다. 이러한 변화는 장기적 이익을 위해 조직에 내재되어야 한다. CKO는 조직 내의 다른 두 그룹에 지식경영의 가치를 설득해야 한다. 그 대상의 하나는 경영자들이다. 지식경영은 임시방편

[표 11-4] CKO 지식경영 이니셔티브 체크리스트

관리 분야	고려할 요소
리더십	• 최고 경영자의 지식경영 이니셔티브 지원 • 지식경영 이니셔티브의 조직 목적과 전략과의 부합 • 일선까지 지식경영 리더십 침투 • 최고의 개인적 및 협동적 지식 노동이 가능한 조건 창조 • 지식 노동에 적합한 문화 실천 • 지식경영 리더십에 대한 기술적 지원 • 최고의 지식경영 리더십 인식, 유지, 활용
조정	• 지식 활동 • 지식 활동 의존 관계 조직화 • 지식 활동을 하는 프로세서(개인, 협동 등) • 사용, 변화되는 지식 자원 • 지식 프로세스의 자율, 가이드, 지시 여부 • 인센티브 구조 • 지식 프로세스의 다른 운영과 통합 • 최고의 지식경영 조정 업무 인식, 유지, 활용
통제	• 지식 자원 및 프로세서의 수량, 질, 보안 • 지식 자원 보호 • 지식 자원의 정확성, 일관성, 확실성을 위한 유효성 통제 • 지식 자원 투명성, 의미, 관련성, 중요성을 위한 효용 통제 • 최고의 지식경영 통제 업무 인식, 유지, 활용 • 지식경영 통제를 위한 기술적 지원
측정	• 지식 자원 가치 계산 • 프로세서 평가 • 지식 활동, 조정, 지식 통제, 지식경영 리더십의 효과성 평가 • 경쟁력 및 재무적 성과에 대한 조직 지식경영의 효과 • 측정 업무의 효과성 • 최고의 지식경영 측정 업무 인식, 유지, 활용 • 지식경영 측정에 대한 기술적 지원

출처: Holsapple & Joshi(2003)

이 아니므로 상당한 투자를 하여야 하는 전략을 지지하도록 동료 경영자들을 설득하는 것이 최고 지식경영자의 역할이다. 경영자들이 지식경영 이니셔티브의 챔피언이 되도록 하여야 한다. 최고 지식경영자는 지식경영을 하는 비지니스 단위의 지식 파트너 즉 이해 관계자들과 함께 지식경영을 리드하는 팀 접근 방법을 택할 수도 있다. 다른 대상은 직원들이며, 그들에게 지식경영이 또 다른 프로젝트로 여겨지지 않도록 설득해야 한다. CKO는 경영자과 직원을 통합하는 것 외에도 협력하여야 하는 그룹이 있다. 이 지식경영 협력자 그룹으로는 IT 부서 직원, 인트라넷 옹호자, 인사관리 경영자, 다른 부서 경영자 등이 있다.

CKO의 지식경영 이니셔티브 관리

최고 지식경영자의 관리 능력은 조직의 지식경영 이니셔티브의 성공에 영향을 주는 주요한 요소이다. 최고 지식경영자의 지식경영 관리 능력은 지식경영 리더십, 조정, 통제, 그리고 측정의 분야로 나누어 볼 수 있다. 최고 지식경영자의 가장 중요한 지식경영 관리 능력인 리더십은 조직의 목적과 전략에 정렬하여 효과적인 지식경영의 조건을 수립하는 것이며, 조정, 통제, 그리고 측정은 이것을 위하여 필요한 것이다. 효과적 지도자의 핵심 역량은 촉매자, 조정자, 통제자, 평가자가 되는 것이다. 촉매자는 격려, 멘토링, 모범, 신뢰와 존경의 표상, 일관되고 창의적 문화 주도, 경청, 학습, 교사, 지식공유의 특성을 가진다. 최고 지식경영자는 직원들이 지식 능력을 발휘하고 발전시키게 하고, 개인이 자신의 지식 자원을 통해 조직 지식 베이스에 기여하도록 하고, 관련된 지식 자원에 쉽게 접근할 수 있는 조건을 창조한다.

4.3. 지식경영 팀

지식경영 프로그램이 디자인과 실행 단계로 진행하면 지식경영 팀이 활동하게 된다. 지식경영 팀은 지식경영 전략에 따라 지식격영 프로젝트를 파악하게 되므로 부서 간 팀 운영이 바람직하다. 지식경영 팀은 전문 지식, 지식, 이해, 기술, 통찰력을 프로젝트에 투입하여야 하므로 기능적 관점에서 공통점이 거의 없는 다양한 이해 관계자들로 구성된다. 이해 관계자들 사이 협력적 관계의 질이 지식경영 이니셔티브의 성공을 결정한다.

지식경영 이니셔티브를 이끌 지식경영 팀을 적절하게 구성하는 것은 매우 중요한 일이다. 여기서 CKO의 리더십이 부서 간 팀 구성에 중요한 역할을 하게 된다.

지식경영을 실행하는 조직은 내부 전문가 또는 조기 기술 채택자, 외부 부서 전문가 또는 실무공동체, 내부 IT 부서 직원, 외부 벤더, 파트너, 또는 컨설턴트, 최종 사용자와 같은 여러 소스로부터 전문 지식을 확보하게 된다. 지식경영 팀은 다른 프로젝트 팀과 달리 임시적이기보다 적어도 일부분이라도 영구적이어야 한다. 최종 사용자가 임시적으로 팀에 가담하더라도, 지식 챔피언 또는 경영자, IT 직원, 사용자 대표는 핵심 팀으로 지식경영 팀에 포함되어 존속하는 것이 바람직하다.

5. 지식경영 성공 요인

5.1. 지식경영 성공 요인

지식경영이 성공적이었는지를 평가할 때는 지식경영이 조직에 가져온 효과나 영향을 측정하는 것이 선행되어야 한다. 그러한 지식경영의 평가는 12장에서 자세하게 다룬다. 여기서는 지식경영 이니셔티브가 성공적으로 실행되기 위해서 경영자가 관심을 가져야 하는 요소에 초점을 맞추고 있다.

APQC는 지식경영을 지식자산을 창조, 보호, 사용하는 전략과 접근 방법의 집합으로 정의하며, 그것은 지식자산을 조직을 위해 더 많은 가치를 창조하는 데 사용할 수 있도록 바른 시간에 바른 사람에게 지식이 흐르도록 한다. 이 정의에는 지식경영의 성공 요소가 들어 있다. 이 정의는 지식경영이 전략과 접근 방법의 집합이므로 명확한 구조나 일을 하는 방식을 표현하고 있다. 또 이 정의는 이 접근 방법이 지식이 바른 시간에 바른 사람에게 흐르게 한다고 하고 있다. 그렇지 못한 경우 조직은 가치 창조를 하지 못하며 지식을 관리하게 된다. 지식경영은 수익의 증가나 시간 또는 비용의 절감을 통한 가치 창조를 가능하게 하여야 한다.

지식경영 이니셔티브의 성공은 여러 가지 요소에 달려 있다. 어떤 것은 조직의 통제 안에 있고 어떤 것은 그렇지 않다. 일반적으로 성공 요인은 리더십, 문화, 구조(역할과 책임 포함), 정보기술 인프라스트럭처, 그리고 측정의 다섯 가지로 나누어 볼 수 있다.

리더십

리더십은 조직의 거의 어떤 이니셔티브의 성공에도 결정적인 역할을 한다. 지식경영이 상대적으로 새로운 분야이기 때문에 지식경영에 대한 리더십의 영향은 더 두드러진다. 가장 효과적인 지식경영 리더의 리더십은 직원들에게 촉구하려는 것을 자신이 행동하는 모델로 보이는 것이다. 지식경영 리더는 단순히 예산과 자원만 지원하는 것이 아니라 직원들에게 비전과 프로젝트 진행에 대해 커뮤니케이션을 하고 다른 활동에 함께 하는 것이 중요하다. 또 지식을 공유하는 좋은 방법인 스토리텔링을 적극 사용하는 경영자도 있다. 스토리는 사람들이 그것에 연관되기 때문에 기억된다.

문화

지식경영 이니셔티브의 성공에 리더십이 결정적인 역할을 하지만 문화 요소도 그만큼 중요하다고 할 수 있다. 문화는 모든 사람의 행위에 영향을 주는 공유된 역사, 기대, 규칙, 사회적 관습의 결합이다. 문화는 정확하게 구체적으로 드러나지 않지만 항상 행동과 커뮤니케이션의 인식에 영향을 주면서 존재하는 저변의 믿음이다. 조직이 자연스럽게 지식을 공유하는 경향을 가졌다면 지식을 공유하게 하는 일은 약간은 쉬운 일이 된다. 조직이 공유하지 않는 문화를 가졌더라도 문화라는 장벽에서 포기하지 않는 것이 중요하다. 지식공유에 대한 장애 요인을 제거하고 직원들에게 지식을 공유할 필요가 있는 도구와 환경을 마련해 주어야 한다. 지식경영 이니셔티브를 문화에 어울리게 디자인하는 것은 문화적 변화를 시작하는 것이다. 문화적 이슈는 다음과 같은 경우에 일어난다.

- 공통적 관점의 결여 – 지식공유는 공통된 비전에 의해 자극되어야 한다. 새로운 프로세스나 기술에 영향을 받는 모든 직원은 이 비전을 받아들여야 하고 그것이 이루어질 것을 믿어야 한다.

- 시간 부족 - 지식공유가 일어나지 않는 가장 흔한 이유로 시간 부족을 든다. 지식경영 이니셔티브의 프로세스, 기술, 역할은 직원에게 부담을 주는 것이 아니라 직원의 시간을 절약하도록 디자인되어야 한다. 지식경영 이니셔티브의 목표는 직원이 더 많은 일을 하도록 하는 것이 아니라 더 효과적으로 하게 하는 것이다.
- 정렬되지 않은 보상 시스템 - 사람들은 자신의 전문 지식이 사용되는 것을 보고 싶고, 그로 인해 존경을 받고, 동료로부터 신뢰를 받을 때 지식을 공유하고 싶어 한다. 이러한 내면적 보상이 명시적 보상으로 전환될 수 있다. 인정받는 것은 직원이 승진이나 다른 성장 기회로 고려될 수 있는 것을 말한다. 명시적 보상의 가장 효과적 사용 방법은 지식경영 이니셔티브 시작부터 공유 행동을 격려하도록 사용하는 것이다.
- 공식적 커뮤니케이션 부재 - 지식경영 이니셔티브를 디자인하고 실행할 때 직원과 고객에게 조직에서 일어날 변화에 대한 커뮤니케이션을 넘칠 정도로 하여야 한다.

구조

지식경영 이니셔티브의 거버넌스(Governance) 구조는 조직마다 다를 수 있으나 일반적인 구조는 중앙 집중적 접근 방법과 분산형 접근 방법을 결합한 것이다. 이 모델은 최고 기구로 운영위원회를 두고, 그 아래에 중앙 지식경영 핵심 그룹, 그리고 지식경영을 책임지는 개인들로 구성된다. 운영위원회는 경영자들로 구성되며, 지식경영을 받아들여 가이드, 방향, 지원을 제공하게 된다. 중앙의 지식경영 그룹은 지식경영의 정신을 지지하는 몇 사람으로 구성되며 지식경영 이니셔티브나 프로젝트를 시작한다. 비지니스 단위의 지식경영을 책임지는 사람들은 지식공유와 획득을 담당한다. 이들과 지식경영 그룹은 조직 변화의 에이전트가 된다. 조직과 역할이 정해진 뒤에 지식경영 팀이 공통된 어휘를 사용하지 않으면 오해가 생기게 된다.

정보기술 인프라스트럭처

지식경영이 정보기술에 관한 것은 아니지만 지식경영은 정보기술에 의해 가능하다. 대부분의 조직이 실수하는 것은 정보기술에 너무 초점을 맞추는 것이다. 지식경영의 실행에서 정보기술 인프라스트럭처에 대한 이슈는 필수적이므로 13장에서 상세하게 다룬다.

측정

지식경영 이니셔티브의 효과를 측정하는 궁극적 목표는 일정 형태의 투자자본회수율(Return on Investment, ROI)이지만 다른 많은 변수가 결과에 영향을 미친다. 지식경영 이니셔티브를 계획하고 디자인할 때, 목표, 바라는 결과, 무엇을 측정할 것인지를 정해야 한다. 측정은 활동과 결과의 두 유형으로 가능하다. 지식경영의 성공을 측정하는 것뿐만이 아니라 성공적인 지식경영을 이끌기 위해서도 측정은 중요하여 12장에서 상세하게 다룬다.

지식경영 이니셔티브가 실패하게 하거나 지식경영 이니셔티브의 결과에 영향을 주는 다른 요인으로 전략, 평가, 그리고 훈련이 있다. 지식경영 전략의 핵심 요소는 변화가 필요하다는 비지니스 케이스를 만드는 것이다. 지식경영 이니셔티브를 시작하기 전에 조직이 이미 가지고 있는 것을 정확히 평가하는 것이 중요하다. 또 지식경영이 사람들이 일하는 방식에 변화를 가져오려면 직원들에게 새로운 프로세스에 대한 가이드가 필요하다.

지식경영 성공 요소를 종합하여 볼 때 지식경영을 기술, 문화, (조직)재구축 또는 다른 어느 한 요소의 문제로 이해해서는 안된다. 오히려 이 모든 요소와 그들 사이의 관계와 상호 의존성을 고려하여야 한다. 상반된 커뮤니케이션 시스템, 무표준, 다른 지식 프로세스와 같은 고립된 해법은 피해야 한다. 지식 프로세스와 정보통신기술 플랫폼은 조직 전체에서 표준화되어야 하고 기존 비지니스 프로세스와 통합되어야 한다.

5.2. 변화에 대한 저항 극복

기업이나 조직이 범하는 큰 실수 중 하나가 지식경영시스템의 가치가 모든 사람이 기꺼이 그것을 사용하게 만들거라고 가정하는 것이다. 그러나 이 가정은 가끔 빗나간다. 어떤 지식이 전환되었든지 또는 지식경영시스템의 구축이 순조롭게 진행되었든지 간에 지식경영의 실행은 변화를 의미하는 것이고 사람들은 변화에 저항하는 경향이 높다. 지식경영시스템 구축은 새로운 환경으로 접어든다는 신호이다. 사람들은 당연히 그 시스템이 어떤 일을 할 것인지 또는 자신의 업무와 장래에 어떤 영향을 미칠지에 대해 모를 때

불안하게 된다. 그 결과는 자주 변화에 대한 스트레스와 저항의 정도를 높이는 것이다. 저항은 여러 조직 차원으로 나타날 수 있다.

대부분의 조직에서 지식은 힘을 의미한다. 조직은 지식 베이스를 통한 지식공유를 촉진하는 시스템을 개발하지만 지식에 대한 독점권을 잃게 될 회사의 전문가들은 새로운 시스템의 구축에 저항한다. 지식 축적자(Knowledge hoarder)는 보통 지식공유의 가치나 가능성에 대해 양면성을 가진다. 퇴직이 얼마 남지 않은 사람은 걱정을 많이 하지 않지만 그들의 노력에 대한 적절한 보상이 없으면 지식공유의 동기가 약하다. 기업의 직원은 일반적으로 지식경영시스템 개발에 처음부터 참여한 것에 대한 인식(때로는 보상)이 부족한 것에 분개한다. 문제를 일으키는 사람들은 지식경영시스템 개발 사이클에 참여하지 않은 사람들이거나 만성적으로 불만을 가진 사람들로 지식경영시스템의 구축을 방해하고, 지연시키고, 또는 취소를 요구한다. 외골수 '슈퍼스타'들은 보통 조직의 정보시스템 부서의 기술 전문가들이다. 그들은 자주 자신들이 시작하지 않았거나 동의하지 않은 변화에 대해 저항한다. 다른 사람들은 자신의 관심 밖의 프로젝트에 대해 반대를 한다. 이러한 사람들은 최고 경영자의 지원이 없으면 성공하기 어려운 부류이다.

대부분의 저항은 새로운 시스템에서 자신의 자리 또는 조직 내 지위에 대한 인지된 영향과 관련된다. 저항은 또 개인 성격, 조직 구조, 지식경영시스템이 사용될 범위 내의 그룹 관계와 많은 관련이 있다. 사용자 교육, 전문적 훈련, 지식경영시스템 개발 과정에의 참여 등이 변화에 대한 저항을 줄이는 방법이다. 다른 유형의 저항은 사람보다 시스템 자체에서 오는 것이다. 지식경영시스템 실행에서 사용자의 주요 관심은 어떻게 그 시스템으로 일을 하는가이므로 사용자는 다음과 같은 질문을 하게 된다. 어떤 기능이 있는가? 어떻게 각 기능에 접근할 수 있는가? 시스템이 나의 질문에 바른 답을 주는지 어떻게 알 수 있는가? 또 다른 사용자의 관심은 어떻게 지식경영시스템이 바른 지식을 선택하고, 결론에 이르거나 주어진 문제에 대응하는가이다. 조직은 늦지 않게 시스템의 성능을 보여 주고 구체적 훈련을 하여야 한다. 지식경영시스템이 사용자 인터페이스를 형편없게 제공하거나 그 시스템을 충분히 배우는 데 상당한 훈련을 요구하면 그 시스템의 효과적 실행 가능성은 매우 낮다. 사용자에 편리한 지식경영시스템이 저항을 극복하는 데 결정적이다. 이상적인 것은 사용자가 변화에 대하여 열린 자세를 가지고 기술과 기술을 통한 지식공유 개념에 대하여 친근감을 가지는 것이다. 기술에 지나치게 집중하고 행동적 이슈에 대해 소홀히 하는 것은 지식경영시스템의 실패로 가는 길이다.

사례: 지식경영과 혁신

구글(Google)은 2004년 사회적 네트워킹 서비스 Orkut의 서비스를 일반에게 제공하기 시작하였다. 현재는 구글 브라질 지사가 중심이 되어 운영하는 Orkut는 구글 직원 Buyukkokten Orkut가 회사의 근무시간 20퍼센트를 자유롭게 사용할 수 있다는 정책에 따라 그 시간을 사용하여 개발한 프로젝트이다.

3M의 15퍼센트 규칙은 기술자들이 근무시간의 15퍼센트를 자신이 선택한 프로젝트에 사용해도 된다는 전통이다. 3M은 매출의 30～40퍼센트가 최근 4년 이내에 내놓은 제품으로부터 나오는 대단한 기록을 가질 수 있도록 혁신의 능력을 수십 년 동안 유지하고 있다. 3M은 직원들이 편안한 환경에서 만나 이야기를 나누도록 짧은 은거(Retreat) 프로그램을 운영한다. 은거의 목적은 자유로운 생각의 교환 또는 접종이 다음 번 대히트 아이디어를 만들어 내는 계기가 되도록 하는 것이다. 실무공동체, 뉴스 통합, 사회적 네트워크 도구와 같은 다른 방법들도 사용되고 있다.

구글과 3M의 자유 시간 프로그램에 나타난 개인의 창의성 지원에 대한 회사의 약속은 조직이 혁신하는 것을 돕는 것이 지속 가능한 경쟁 우위 확보의 동인이 되고 있음을 보여 준다. 또 두 회사의 프로그램에서 조직의 개인지식경영에 대한 연결을 발견할 수 있다. 지식노동자가 정보 과부하에 대응하며 잠재적으로 관련된 지식을 수집하도록 하는 것이 조직의 우선 순위에서 높은 위치에 있어야 한다. 조직이 알고 있는 지식을 수집한 거대한 지식 저장고를 구축하는 것으로는 충분하지 않다. 조직은 내 · 외부의 새로운 정보가 창의적 문제해결을 위한 자료로 지식노동자에게 인식되도록 하는 방법을 개발하여야 한다.

지식노동자가 자신의 학습 스타일과 일 패턴에 맞도록 개인지식경영 도구를 혼합하여 사용하는 시대가 도래했다. 이전 조직의 지식경영에서와는 달리 일괄적인 접근 방법의 개인지식경영은 개인에게 적합하지 않다. 조직은 개별 지식노동자를 위한 다양한 도구와 기법을 개발하여 제공하여야 한다. 구글과 3M의 교훈은 성공적 조직 차원의 지식경영은 개인지식경영에 달려 있다는 것을 보여 준다.

사례: 버크만 랩의 지식경영

버크만 랩(Buckman Labortories)은 미국 테네시 주의 멤피스에 본부를 둔 수성산업 시스템을 위한 특수 화학물질 제조업체이다. 회사는 미생물 성장을 통제하는 혁신적 솔루션을 창조하고 개발하는 독특한 능력에 기초하여 설립되었다. 버크만 랩은 우수 사례 중심의 지식경영을 도입한 파이어니어 조직이다.

1992년 버크만 랩은 제품 리더십 전략만으로는 대형 경쟁자와의 경쟁에서 생존이 쉽지 않음을 깨닫고 고객 친화 전략을 채택한다. 혁신의 노력을 유지하면서 적정한 가격으로 최선의 해법을 제공하는 고객 친화에 초점을 맞추기로 한 것이다. 고객 친근 모델(Customer intimacy model)은 고객에게 맞춤 버전의 최고의 총가치를 제공하는 제품 믹스를 전달하는데 초점을 맞춘다. 이러한 비지니스 방식은 개인 및 조직 지식과 그것에 관한 활동 능력에 가치를 주는 것이다. 버크만 랩은 맞춤 솔루션을 세계의 고객에게 제공하는 능력을 스케일 업하는 데 K'Netix 지식공유 시스템을 사용하였다.

1996년 최고경영자가 된 스티브 버크만(Steve Buckman)은 단순하고, 배우기 쉽고, 일하기 쉬운 비지니스 프로세스를 강조하였다. 1997년 버크만 랩은 기존의 훈련 및 개발 패러다임을 바꾸기 위해 지식과 학습을 융합하는 학습 센터(The Learning Center)를 설립하였다. 학습 센터는 조직과 개인 차원에서의 학습을 가속화하여 조직 능력을 획득하는 것에 초점을 맞추었다. 학습 센터의 초기 목표는 모든 직원의 훈련, 교육, 지식에 대한 보편적 접근을 가능하게 하는 것이었다. 이어서 학습 센터는 연결되고, 글로벌, 다중 문화를 지원하면서 제품과 서비스에 대한 분산 학습을 향상하였고, 새로운 아이디어, 제품, 그리고 프로세스의 인큐베이터 역할을 하게 되었다.

1998년부터 버크만 랩은 지식기반 비지니스 프로세스를 개발하기 시작하였다. 대표적인 예인 버크만 랩의 이전 워크숍(Transition Workshop)은 공급자를 다른 회사에서 버크만으로 바꾼 고객들의 혼란과 비용을 최소화하면서 이전하는 프로세스를 돕는 프로그램이다. 또 다른 성공 사례는 버크만 랩 직원들의 프로세스 일부를 비주얼라이제이션으로 수행할 수 있게 한 것이다. 구체적으로 원래의 미국 육군의 사후 검토(After-Action Review)를 약간 변형하여 성찰적 학습을 하게 하였다.

스티브 버크만은 지식경영의 목표를 고객과 함께 일을 하고, 회사를 학습의 장으로 하고, 그리고 이익을 창출하는 것으로 내세운다. 이러한 목표로 외부와의 지식공유 능력을 개발하고 가치창출의 극대화를 도모한다.

출처: Ellis & Rumizen(2002)

12장 지식경영 평가

학습 개요 및 목표

조직의 지식경영 이니셔티브는 장기간에 걸쳐 상당한 투자를 요구한다. 이러한 투자의 효과를 측정하고 평가하는 것은 경영자의 기본적 과제이다. '측정되는 것은 이루어진다'라는 말이 있다. 그러나 실제에서 지식경영의 결과를 측정하는 일은 잘 되고 있지 않다. 지식경영의 다른 부분은 빠르게 발전하고 있음에도 불구하고 측정은 느리게 발전하고 있다. 지식이 조직의 가장 중요한 자본으로 자리 잡고 기업 가치의 주요한 부분을 차지하게 됨에 따라, 지식자본의 평가는 조직 내·외부의 이해 관계자에게 중요한 정보를 제공한다. 장부가치를 초과하는 시장가치는 기업의 지적 자산에 의한 경쟁력을 간접적으로 나타낸다. 많은 지적 자산 평가 방법이 제시되었으나 어느 것도 만족스럽지 못한 것은 그만큼 무형자산에 대한 평가가 어렵기 때문이다. 또 다른 지식에 대한 경제학적 접근은 조직 구성원이 지식을 활용하여 제품과 서비스의 혁신을 이루는 것을 돕기 위하여 조직이 지식 시장을 조성하기도 한다는 것을 보여 준다. 특히 많은 조직이 인터넷을 통한 지식 시장을 지식경영의 효과를 높이기 위해 도입하고 있다.

이 장에서는 지식경영에 대한 경제적 접근 방법에 대하여 논의한다. 지식경영에 대한 투자 효과를 측정하고, 지식경영의 조직에 대한 영향을 평가하는 방법을 소개한다. 지식경영의 평가를 지식경영의 성숙도로 평가하게 하는 지식경영 성숙 모델을 살펴보고 조직의 지식경영의 발전을 위해 지식 시장의 개념을 살펴본다. 이러한 내용을 소개하는 이 장의 목표는 다음과 같다.

- 지식경영의 투자수익률 개념을 이해한다.
- 지식경영의 효과를 측정하는 방법을 이해한다.
- 지식경영 영향의 측정 기법을 소개한다.
- 지적 자산 측정 기법을 소개한다.
- 지식경영 성숙 모델을 소개한다.
- 지식 시장에 대하여 이해한다.

사례: ETRI의 지적 자본보고서

조직의 혁신과 발전의 핵심 원천이라 할 수 있는 지적 자본에 관한 보고서가 국내 공공 부문에서 최초로 발간되어 화제다. 지적 자본보고서 발간은 그동안 덴마크와 스웨덴 등 유럽 선진국에서의 사례는 있었지만 국내 공공 부문에서는 처음 있는 일이다. 지적 자본보고서란 현재의 조직 역량과 미래의 잠재력에 대한 정보를 제공하는 것인데, 보고서에는 조직이 현재 보유한 무형의 지적 자본을 규명하고, 향후 연구 경쟁력 향상을 위해 지적 자본을 어떻게 활용 · 증진해야 하는가를 자체 연구 모형을 통해 구체적으로 제시되어 있다.

ETRI(한국전자통신연구원, www.etri.re.kr, 원장 임주환)가 발간한 이번 보고서는 조직의 전체 가치가 논문, 특허, 기술료 등 유형적 결과보다는 직원의 역량, 일하는 방식, 대외 고객과의 관계와 같은 보이지 않는 무형적인 활동에 의해 좌우될 수 있음을 보여 주고 있다. 기존에는 연구 기관의 총 가치 산출 시에 유형적 성과, 즉 유형자산과 특허 및 기술 등 제한된 무형자산만을 구성 요소로 포함했을 뿐 기관의 인적 자본, 내부 구조 자본, 관계 자본의 지적 자본 가치를 간과해 온 것이 사실이었다. ETRI는 이 점에 착안, 2년여에 걸친 노력의 결과로 눈에 보이지 않는 무형의 지적 자본을 인적 자본, 내부 구조 자본, 관계 자본으로 분류하는 "ETRI 지적 자본모형"을 개발하였으며, 이에 근거하여 지적 자본을 각각 측정하여 그 결과를 지적 자본보고서로 발간하게 되었다.

ETRI는 인적 자본의 예로 역량, 태도, 만족도, 유지도를 들었고, 내부 구조 자본으로 기술혁신 역량, 인프라, 지적 재산권, 조직 문화를, 관계 자본의 예로 고객 만족, 브랜드, R&D 네트워크, R&D 가치 창출을 들었다. ETRI 임주환 원장은 "지적 자본의 측정과 평가는 새로운 관점에서 그 중요성이 부각되고 있는 만큼 성과관리, 기관평가 등에 반영하고 과거와는 다른 관점에서 연구 기관을 평가할 수 있는 방법의 모색이 필요하다"며 패러다임의 전환을 역설했다. ETRI는 20일 개최된 산업기술연구회의 직무혁신 워크숍에서 관련 내용을 설명하였으며, 향후에는 본 보고서를 연구원의 미래 발전 방향을 설정하는 데 필요한 기초 자료로 활용할 전망이다. 관련 자료는 ETRI 홈페이지(www.etri.re.kr)에서 국문과 영문으로 다운로드가 가능하다.

출처: 한국전자통신연구원, 2005년 10월

1. 지식경영 측정

1.1. 지식경영 측정 개념

지식경영 측정 목적

11장에서 본 지식경영이나 지식경영시스템의 성공 요인은 지식경영과 지식경영시스템의 성공을 정의하지는 않는다. 지식경영의 성공 요인은 단지 지식경영이 성공적이기 위해 무엇이 필요한지를 알려 줄 뿐이다. 따라서 조직이 지식경영이 조직에 미치는 영향을 파악하여 지식경영이 성공적으로 실행되고 있는지 또는 실행되었는지를 판단하는 것은 매우 중요하다. 일반적으로 조직은 다음 세 가지 목적으로 지식경영과 지식경영시스템을 측정(Measurement)한다.

첫째, 조직은 바라는 비지니스 산출물을 예측하고 그것을 추적하는 방법으로 지식경영 이니셔티브에 대한 투자를 정당화한다. 지식경영이 21세기 조직의 주요 과제가 되면서 지식경영 투자도 다른 투자 프로그램과 마찬가지로 비지니스 케이스 요구 조건을 충족시켜야 하게 되었다. 다른 필요한 투자 사업이 있는 상황에서 지식경영의 비용을 정당화하는 것이 종종 어려울 때가 있다. 특히 중간 관리자가 지식경영 이니셔티브에 대한 필요를 강하게 인식하면서도 무형의 결과를 가져오는 대형 투자 사업을 중역에게 설득하는 것은 쉬운 일이 아니다. 지식경영의 투자수익률을 보여 주는 것이 매우 중요하다. 많은 지식경영 프로그램은 투자수익률 케이스를 개발하기 위한 측정 지표와 성공 스토리를 사용한다.

둘째, 지식경영 측정은 경영자가 무엇이 중요한지에 초점을 맞추도록 한다. 지식경영 측정지표는 지식경영 실행에서 어디에 변화를 가해야 하는지의 이해를 돕는 대시보드 역할을 한다. 지식경영 프로그램이 처음 시작되었을 때 모든 것을 바로 하는 조직은 거의 없다. 적절한 측정 지표(Measure)는 어느 부분이 적응, 향상, 변화를 해야 하는지를 볼 수 있게 하여 지식경영 실행 관리를 돕는다. 또 모든 매니저와 직원은 처음 시작할 때의 목표를 가지기를 바라므로 측정 지표는 비지니스를 향상시키는 데에서 언제 어디가 성공적이었는지를 이해하는 것을 돕는다.

조직이 효과적 측정 단위를 개발하여 지식경영과 관련한 측정치를 수집하면 지식경영 실행의 성공 추적, 주요 이정표 파악, 그리고 투자수익률을 보여 주는 것이 가능하다. 조직은 지식경영 전략의 초기 실행 단계에서 비지니스 전략, 사용자 수용, 행동 변화와 정렬된 측정치를 필요로 한다. 조직의 지식경영 성공 여부 측정은 핵심 비지니스 이슈에 대한 지식경영 측정 지표에 초점을 맞추고, 몇 가지 선행 측정 지표와 지행 측정 지표를 파악하고, 현재 상태의 성과를 측정하고, 관련된 사람들과 측정 프로그램을 검토하고, 결과를 사용하여 실행을 가이드하고 주요 이정표를 파악하는 것을 돕는다.

셋째, 지식경영 측정은 조직 평가의 기초를 제공한다. 지식경영은 지적 자산 또는 인간 중심의 자산을 관리하는 전략, 전술과 관련된다. 이러한 관점에서의 지식경영은 지적 자산을 활용하거나 조직이 충분히 활용하지 않고 있는 자산(직원)의 인식 및 재발견을 하는 것으로 볼 수 있다. 이 접근 방법은 무형자산에서 가치를 창출하는 것이며 지식경영 영역으로 지적 자산을 두고 그 관리를 하는 것을 지향한다.

지식 및 지식경영의 가치를 측정하는 문제는 지식경영의 지속적 도전 중의 하나이다. 재무적 측정이 물리적 자산에 초점을 맞춘 과거에 관한 정보라는 인식을 하게 되면서, 가장 가치 있는 자산 즉 지식을 측정해야 할 필요성이 등장하였다. 최근 지적 자산의 측정에 구체적으로 초점을 맞춘 여러 가지 방법이 제시되었다. 이것은 기업의 미래 성장에 토대가 되는 무형자산으로 브랜드, 고객 관계, 특허, 트레이드마크, 그리고 지식 등을 포함한다. 그러므로 지적 자산과 같은 자원 측정 지표에 초점을 맞추는 것이 미래의 성공을 위한 조직 정렬의 핵심이라 할 수 있다.

지식경영의 측정이 지식경영 이니셔티브에 대한 투자의 정당화로 사용될 때 가장 흔하게 사용되는 측정 지표가 투자수익률이다. 이 절에서는 먼저 투자수익률에 대한 개념을 살펴보고, 이어서 지식경영 측정에서 경영자의 지식경영 관리에 도움을 주기 위해 사용하는 지식측정 모델을 살펴본다. 다음 절에서 조직의 지식 및 지식경영이 가져오는 영향을 측정하는 대표적 기법을 살펴본다.

지식경영 측정의 어려움과 접근 방법

성공을 정의하고 측정하는 것은 어려우며 논쟁을 피하기 어렵다. 여러 가지 측정치(정량 및 정성)가 성공을 측정하기 위해 사용될 수 있다. 지식경영이 실행된 이후 지식경영의 비지니스에 대한 영향을 평가하는 데는 먼저 무엇이 신뢰성 있게 측정될 수 있는지, 어떻게 지식경영이 진행 중일 때 측정할 수 있는지, 측정치는 유효한지와 어떻게 해석해야 하는지의 문제가 있다.

지식경영 이니셔티브와 그것에 의한 경영 성과를 연계하는 것은 쉬운 일이 아니다. 많은 요소가 비즈지스나 다른 조직의 성과를 결정하는 데 작용하므로 지식경영과 같은 한 요소와의 인과관계를 추적한다는 것은 어려운 일이다. 예를 들어 수익이 증가하면, 좋은 경제적 조건에서부터 신제품이나 서비스, 행운까지 어느 것이라도 그 요인이 될 수 있다. 또 지식경영은 비지니스 프로세스에 통합되었을 때에만 그 가치를 부가할 수 있다. 이상적인 것은 지식경영 노력을 향상된 비지니스 성과에 직접적으로 연계할 수 있어 경제적 가치로 연결되는 것이다. 그러나 실제에서 이 직접적 연계를 세우기가 쉽지 않다. 지식경영과 지식경영시스템의 성공에 대한 정의 없이는 그 성공 여부를 측정하기 어렵다.

실제에서는 지식경영의 결과뿐만 아니라 지식경영 활동이나 프로세스도 측정한다. 예로는 더 좋은 의사결정과 모든 것에 만족한 고객의 비율 등이 있다. 이러한 효과는 상대적으로 측정하기 어려우며 매우 불확실하다. 그리고 일반적 지식경영의 측정은 지식경영의 결과를 측정한다고 가정한다. 그러나 지식경영의 결과가 실현되는 기간은 짧지가 않다. 특히 실행된 지 오래된 기간의 효과는 더욱 그러하다. 이러한 경우 지식경영 실행의 각 단계에서 조직에 과거와 미래의 투자를 정당화하고 경영자에게 무엇이 가능한지에 대한 비전을 보여 줄 수 있는 성공 사례가 필요하다.

1.2. 지식경영의 투자수익률

투자수익률

정보기술이나 지식경영 프로젝트를 포함한 여러 종류의 조직 프로젝트는 일반적으로 투자수익률(Return On Investment; ROI) 분석을 사용하여 평가한다. ROI는 투자 기간 동안의 자본 지출에 대한 순수익을 측정한 것이다. ROI 측정 노력은 종종 간단한 문제가 아니다. 주요 측정 문제는 특정한 긍정적 효과가 프로젝트의 결과로 나타났는지 아니면 그 결과가 다른 요인으로부터 온 것인지를 어떻게 알 수 있는가 하는 귀속의 문제이다. 사실 어떤 복합적 시스템에서 우리가 다양한 원인이 되는 힘의 효과를 진실에 가깝게 분리시키는 것은 거의 불가능하다. 그 결과 실무에서는 프로젝트의 결과에 대한 사후 측정이 협상과 합의로 이루어진다. ROI 분석이 엄밀하게 보면 과학적이지는 못하지만 분석 프로세스 자체가 이점을 가지고 있기도 하다. 프로젝트의 구체적 비용과 기대 효과를 통한 사고는 그렇지 않을 때보다 더 많은 비용 통제와 잠재적 활용의 범위를 크게 할 수 있게 한다.

ROI 측정은 보통 고려 중인 프로젝트의 선택, 잠재적 대안 솔루션 비교, 그리고 이미 실행된 프로젝트 평가의 세 용도로 사용될 수 있다. 일반적으로 조직에서는 ROI 분석이 어떤 프로젝트를 수행할 것인지 아닌지를 결정하는 데 사용된다. 전략적 프로젝트인 지식경영 프로젝트는 단순한 ROI 분석으로는 폐기되기 쉽다. 그것은 아래에서 보는 것과 같이 지식경영이 간접비로 지출되는 기능으로 간주되고 그 혜택이 분명하게 드러나지 않기 때문이다.

- 지식경영은 간접비이다. 지식경영 자체는 수익을 창출하지도 않고 또 주요 사명인 것도 아니다. 지식경영은 그 효과가 간접적인 간접비이고, 인력 문제이고, 기능이다.
- 지식경영은 소모성을 가졌다. 지식경영은 첨단 기법이지만 모든 조직에 반드시 필요한 것으로 받아들여지지는 않는다. 그것은 지식경영이 간접적 기능이기 때문이다. 보통 기업은 필수적 기능인 인사관리와 같은 다른 간접적 기능을 지속적 ROI 분석에 넣지 않는다. 지식경영은 아직 상대적으로 증명되지 않았다고 보기 때문이다.
- 지식경영 효과는 장기적이고 측정하기 어렵다. 지식경영의 효과는 매우 불확실하고 다른 이니셔티브보다 변동성이 크다.

일반적 ROI 모델

프로젝트의 비용과 효과는 일회성 사건이 아니다. 그것은 반복적이다. 초기 투자와 관련된 비용이 있고 투자가 평가되는 각 기간의 비용과 효과가 있다. ROI 모델은 측정 단위로 현금 흐름을 사용한다. 현금 흐름은 말 그대로 현금이 들어오고 나간 금액이다. ROI 분석에서 총 지출은 단 한 번의 초기 현금 지출로 본다. 일반화된 ROI 모델은 스프레드시트로 쉽게 계산이 가능하며, 그 기본 수식은 다음과 같다.

$$Benefit_N - Cost_N = Net_N$$

$Benefit_N$: 기간 N의 효과

$Cost_N$: 기간 N의 비용

Net_N : 기간 N의 순이익

순이익을 나타내는 각 기간의 순 현금 흐름은 현금유입 증가분에서 현금유출 증가분을 뺀 것이다. 각 기간의 현금 흐름이 추정되고 나면 미래의 현금 흐름은 화폐의 시간 가치를 나타내는 할인율로 할인하여야 한다.

지식경영의 투자 비용

지식경영이나 지식경영시스템의 실행과 운영에 대한 비용을 결정하는 것은 간단하지 않다. 특히 지식경영시스템 개발이 조직의 새로운 정보통신기술 인프라스트럭처에 대한 투자의 일부로 이루어지는 경우가 많다. 지식경영시스템에 대한 투자는 보통 다른 비지니스 목표까지 달성하게 하므로 평가나 추정을 어렵게 한다. 이러한 어려움 때문에 지식경영 투자 비용의 산정은 지식경영 이니셔티브에 대한 지출의 주요한 유형을 조사하는 것에 한정된다. 주요 비용 중 하나는 지식경영시스템 개발과 실행에 투입된 비용이고, 다른 하나는 구체적 지식경영 역할을 맡은 직원의 봉급이다.

지식경영 관련 프로젝트의 비용은 일반적으로 하드웨어, 소프트웨어, 노동, 그리고 다른 관련된 지출이다. 비용은 재무적인 것이고 계약에 구체화되어 있으므로 효과보다 평가하기가 쉽다. 어떤 비용은 벤더의 청구서에 나타나므로 명백하나, 어떤 것들은 은닉되어 있다. 예를 들면 사람들이 애플리케이션을 배우고, 사용하고, 유지하는 데 걸리는 시간이 있다. 지식경영이 신중하게 고려되려면 가능한 아래와 같은 비용이 인식되어야 한다.

- 적합한 서버 및 클라이언트 하드웨어와 직원 컴퓨터 업그레이드

- 지식경영 애플리케이션을 지원할 적합한 시스템 소프트웨어
- 지식경영 소프트웨어 시간
- 훈련
- 직원 배치
- 컨설팅
- 다른 전문적 자문: 법률, 정보시스템 보안, 재무
- 직원 동요
- 직원이 새로운 시스템에 적응하는 동안 있을지 모르는 초기 고객 불만과 함께 초기 활동 지연
- 인센티브 시스템 개발
- 성과 측정 지표 시스템 개발
- 보상 실시에 따른 비용
- 직원과의 지속적 대화
- 이상 모두와 관련된 재무적 비용

지식경영의 투자 효과

ROI 모델의 지식경영 효과는 투자에 의해 생성되는 현금 흐름의 증가분이라고 한다. 지식경영의 투자 효과는 재무적이거나, 측정 가능하지만 비재무적이거나, 정성적이거나, 측정할 수 없는 것일 수 있다. 재무적 측정 지표에는 수익 증가액과 비용 감소액이 있다. 수익 증가액은 프로젝트가 없었다면 일어나지 않았을 수익 증가액이고, 비용 감소액은 프로젝트가 절감한 지출액이다. 비재무적 측정 지표는 많은 조직이 가지고 있는 비지니스 스코어 카드 항목이다. 예를 들면, 신제품에 의한 수익 비율, 직원 이직률, 시장 점유율, 서비스에 답변할 때까지 울린 전화 벨 횟수, 제품에 만족한다고 말한 고객의 비율, 새로운 특허의 수가 있다. 비재무적 측정 지표는 ROI 분석에 직접 사용할 수는 없고 재무적 수치로 전환하여 사용할 수 있다.

조직은 너무 성급하게 지식경영으로부터 상당한 ROI를 얻을 수 있을 것으로 기대하지 않아야 한다. ROI는 사람, 프로세스, 콘텐츠, 기술이 지식경영과 비지니스에서 가지는 영향을 이해하는 것이 너무 복잡하기 때문에 데이타를 수집하는 데 시간이 걸린다. 위 요소들의 상충 관계를 고려하면 지식경영에서 얻을 수 있는 어떤 이점에도 시간, 노력, 그

리고 몰입이 필요하다. ROI의 가능성 조사만 하더라도 전략적 사고의 변화가 요구된다. 그러므로 지식경영이 당장에 모든 문제를 해결하지 못할 것이라는 점을 명확히 해야 한다. 21세기에 경쟁을 진지하게 고려하는 조직은 지식경영을 3년에서 5년 정도의 장기적이며 지속적 전략으로 삼아야 한다.

지식경영과 성과 사이의 신뢰할 만한 관계를 개발하는 것은 많은 시간과 노력이 필요하다. 측정의 어려움을 고려할 때 기업의 지식 매니저는 측정 프로그램을 시작하기 전에, 측정 활동이 중역의 신뢰를 얻는 데 필요한 것이고 충분한 것이라는 것을 확실히 해야 한다. 지식경영이 큰 매출을 가져온다는 이야기 같은 엄밀하지 않은 측정 지표가 지식경영 비용을 정당화하고 최고 경영자를 만족시키는 데 충분할 수도 있다. 측정의 관점에서 스토리, 피드백, 인터뷰, 포커스 그룹과 같은 정성적 데이타는 정량적 데이타가 답할 수 없는 질문에 대한 답이 될 수 있다.

1.3. 지식경영 영향 측정 모델

지식경영 영향의 차원

지식경영은 사람, 프로세스, 제품, 조직 성과의 네 차원에서 영향을 미친다. 사람의 차원에서 지식경영은 지식을 직원의 학습에 활용할 수 있게 하여 직원의 적응 능력을 높이고 직원의 업무 만족도를 높인다. 지식경영은 조직의 프로세스에서 지식이 프로세스의 효과성, 프로세스의 효율성, 프로세스의 혁신성에 기여하게 한다. 지식의 효과성은 실수를 줄이고 변화된 상황에 적응하는 데 지식을 활용하여 얻어지고, 지식 효율성은 지식을 생산성 향상과 비용 절감에 사용한 결과이다. 지식경영을 통한 브레인스토밍과 새로운 아이디어의 활용은 프로세스의 혁신을 가져오게 한다. 지식경영은 지식활용을 통하여 제품의 부가가치를 높이고, 지식기반 제품을 생산하게 하여 제품에 긍정적 영향을 미친다. 지식경영의 조직 성과에 대한 영향은 지식활용이 투자수익률(ROI)을 통하여 직접적으로 그리고 규모 및 범위의 경제와 지속 가능한 경쟁 우위 확보를 통하여 간접적으로 나타난다.

[그림 12-1] 지식경영의 조직 영향 차원

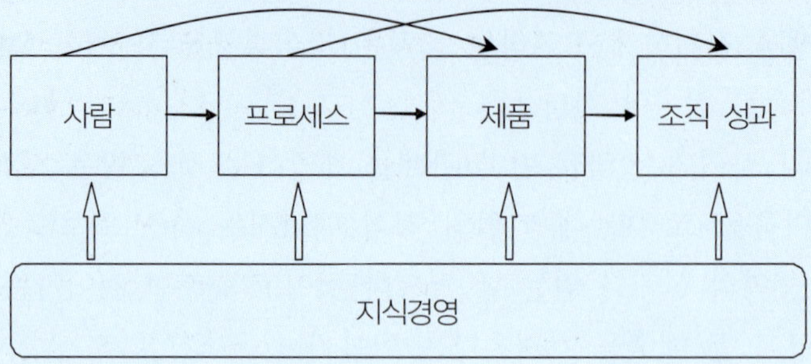

출처: Breu, K., Grimshaw, D., & Myers, A.(2000)

지식경영 영향 측정 접근 방법

지식경영이 조직에 미치는 영향을 파악하는 방법에는 여러 관점이 있을 수 있다. 첫 번째 관점은 지식경영의 성공과 지식경영의 효과성이 상호 교환적이라 보는 것이다. 이 관점은 효과성이 성공의 실현으로 나타난다는 점에 기초한다. 이 관점은 프로세스와 산출물 측정 지표를 사용한다. 두 번째 관점은 지식경영의 성공과 지식경영시스템의 성공은 상호 교환적이라는 관점이다. 지식경영시스템의 성공은 서치 스피드, 정확성 등을 향상하여 지식경영시스템의 요소를 더 효과적이게 하는 것으로 정의한다. 지식경영시스템의 효과성 증가는 지식경영시스템을 성공적이게 하고 의사결정 능력이 향상되어 조직에 긍정적 영향을 주고, 이것은 지식경영의 성공을 반영한다. 세 번째 관점은 지식경영의 성공과 지식경영시스템의 성공을 별도로 보는 것이다. 이것은 지식경영시스템의 성공이 곧 지식경영의 성공으로 연결되지는 않는다는 좁은 시스템 관점이다. 지식경영시스템을 지식경영 실행을 위한 기술적, 조직적 도구를 구성하는 지식경영의 하위 기능으로 본다. 지시경영시스템 성공은 시스템 또는 프로세스 측정치로 실행과 운영 요소를 다루고, 지식경영 성공은 이러한 시스템과 프로세스가 조직에 제공하는 가치를 평가하는 것이다. 지식경영은 산출물에 더 초점을 맞추고, 지식경영시스템은 프로세스에 더 초점을 맞춘다. 네 번째 관점은 지식경영의 성공을 프로세스 측정 지표로 파악하는 것이다. 다섯 번째 관점은 지식경영의 성공을 산출물 측정 지표로 파악하는 것이다. 여섯 번째 관점은 지식경영 성공을 프로세스와 산출물 측정이 결합한 것으로 본다. 지식경영의 성공은 향상된 프로세스 효과성뿐만 아니라 행동할 수 있는 산출물의 성취에 초점을 맞춘다. 일반적인 접근 방법은 여섯 번째 관점에 기초하여 지식경영 프로세스와 활동 그리고 지식경영시스템의 영향을 동시에 고려하고 있다.

지식경영 영향 측정 모델

지식경영에 대한 측정은 다계층, 다차원적 접근 방법이 가장 효과적이다. APQC는 지식경영 이니셔티브를 수행하는 세계의 수백 개의 조직과 더불어 지식경영 영향을 측정하는 프로세스와 우수 사례를 파악하여 프레임워크를 개발하였다. 이 프레임워크는 채택하는 조직에 맞도록 적용할 수 있는 시스템이며 프레임워크이다. [그림 12-2]의 APQC 측정 프레임워크는 입력(투자), 프로세스(지식경영 관련 활동과 행동), 그리고 산출물(조직 목적)의 관계를 보여 준다. 지식경영 활동에 따라 입력의 예는 시간, 급여, 그리고 IT 비용을 포함한다. 프로세스 변화는 사이클 시간, 참여, 지식에의 기여 등을 포함한다. 조직에 중요한 산출물에는 직원과 고객의 유지, 삭감된 거래당 비용, 증가된 수익 등이 있다.

APQC 프레임워크가 측정하려는 지표는 학자와 실무자들이 사용한 측정 지표들과 일치한다. 지식경영이 본격적으로 시작된 이후 처음 10여 년 동안 지식경영 측정에서 사용한 지표를 보면 주로 인적 자본, 재무적, 프로세스, 고객에 관한 지표가 사용되었다. 그 밖에 내부 인프라스트럭처, 시장 인텔리전스, 혁신 및 창의성, 지적 자산, 품질, 기술, 공급자 등이 사용되었다.

[그림 12-2] APQC 측정 프레임워크

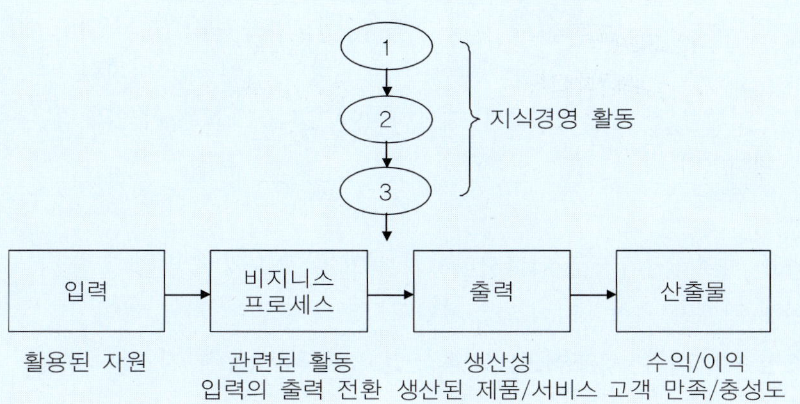

APQC 프레임워크에서는 조직이 지식경영 산출물의 측정을 별도로 하지 않는다. 조직은 비지니스 산출물 측정치를 사용해 그 결과에 초점을 맞추어 지식경영 활동과 측정 단위를 개발한다. 비지니스 목적에서 출발하여 그 목적을 방해하는 지식 갭을 분석하는 방법으로 조직들은 지식경영 활동이 측정할 수 있는 결과를 목표가 되도록 하였다. 조직들은 폭넓은 성공적 지식경영 노력의 관점을 제공하기 위하여 사회적 결속력, 업무 만족, 역량 개발까지의 시간과 같은 무형의 측정 단위를 포함하였으나, 이 소프트 산출물만으로 지식경영 프로그램을 정당화하지는 않았다. 지식경영 실무자는 프로세스 측정지표를 더 구체화하고 활동을 향상할 필요가 있다.

측정지표는 크게 결과(과거), 프로세스(현재), 그리고 자원(미래)의 세 부류로 나누어질 수 있다. 조직이 지식경영 실행의 성공을 측정하는 데 흔히 사용하는 몇 가지 측정 유형이 있다. 선행 측정지표(Leading Measures)는 어떻게 지식경영이 진행되는지에 대한 피드백을 보여준다. 이 지표들은 매니저가 상황에 적응하거나 대응할 시간이 있을 때 활동을 감시하도록 해준다. 그것은 시스템에 대한 입력, 실무공동체 내에서의 활동, 다른 조직을 벤치마킹한 정보, 그리고 성공 스토리를 포함한다. 이 측정지표들은 공유된 우수사례의 수, 지식공유를 목적으로 하는 사람의 수, 웹 사이트 사용자의 수 등과 같은 측정치로 나타난다. 지행 측정지표(Lagging Measures)는 목표에 관한 것이며 지식경영 실행이 어떻게 비지니스에 영향을 주었는가를 보여 준다. 이것은 실제 판매한 수, 생산성 증가분, 절약한 시간, 또는 획득한 수익과 같은 출력과 산출물 측정지표이다.

측정지표 선정

좋은 측정지표는 조직의 초점과 운영 목표를 제공하고 표준을 정한다. 지식경영은 다른 비지니스 프로세스의 동인이기 때문에 지식경영이 지원하는 비지니스의 성공 요인에 대한 분명한 이해를 하고 측정지표를 개발하여야 한다. CEN은 아래와 같은 측정지표 선정 단계를 제시한다.

- 목표 정의 – 지식경영 이니셔티브의 목표가 측정의 출발점
- 이해 관계자 파악 – 지식경영 이니셔티브와 관련된 사람 파악
- 측정지표 정의 – 유효하고, 신뢰성 있고, 행동 가능한 지표

- 수집할 데이타와 수집 방법 결정
- 측정 결과 분석 및 커뮤니케이션
- 측정지표 검토－측정지표가 작동하는지 감시와 평가

측정지표는 목표와 전략에 직접적으로 정렬되어야 한다. 지식경영이 지원하는 분야를 대표하는 부서 간 팀을 구성하여 결정적 장애 분야나 전략적 비지니스 초점 분야를 출발점으로 파악하는 것이 바람직하다. 그리고 비용, 품질, 사이클 타임과 같은 핵심 성공 요인을 출발점으로 사용하여 무엇이 프로세스를 움직이게 하는가, 아니면 움직이지 않게 하는가를 발견하여 변화를 측정할 수 있도록 한다. 그 다음에는 지식경영이 그 프로세스에 영향을 주는지 결정하도록 하는 두 세 개의 입력 또는 활동 측정지표를 파악한다. 그리고 비지니스 프로세스 안에서 지식경영의 목표가 무엇인가를 보여 주는 두 세 개의 출력 또는 산출물 측정지표를 파악한다.

선행 및 지행 측정지표를 파악한 다음 프로세스 소유자와 측정지표가 그들이 성취하려는 목표에 맞는지 확인하도록 한다. 다음 단계로 넘어가기 전에 몇 명의 최종 사용자와 현실성 여부를 점검하여야 한다. 측정지표는 단순하고, 이해하기 쉽고, 사람들의 에너지를 향하게 하고자 하는 데로 즉 비지니스 프로세스 향상에 초점이 맞추어져야 한다.

마지막으로 측정지표를 효율적이며 효과적으로 추적할 수 있는지를 확인한다. 지식경영의 결과를 측정하는 데 드는 비용이 얻는 것보다 크다면 그것은 가치가 없는 것이다. ERP 시스템, 대시보드, 성과균형표와 같은 다른 측정 소스를 출발점으로 점검할 필요도 있다. 이것은 지식경영 프로세스에 적용하기 이전에 현재 프로세스의 상태를 측정할 수 있어야 한다는 점과 관련된다.

조직이 측정 단위와 측정치를 개발할 때 고려하여야 할 사항이 있다. 첫째 지식공유 활동과 비지니스 결과 사이의 절대적인 일대일 관계를 보여 주는 지식경영 측정 단위를 찾는 것은 매우 어렵다. 때문에 조직의 훈련 및 개발 프로그램의 성공 여부를 측정하는 것과 같이 지식경영의 영향을 측정하는 것은 상관관계와 일정한 가정이 필요하다. 둘째 지식경영의 영향을 진정하게 이해하려면 지식경영 노력을 시작하기 전에 기초적 비지니스 또는 프로세스 성과에 대한 이해가 필요하다. 출발점이 어디인지 모르면 종착점에 도착하는 시간이 언제인지 알 수 없는 것과 같다.

좋지 않은 측정지표를 선택하는 것은 긍정적인 측면보다 더 부정적인 측면이 많다. 또

너무 많은 측정지표를 사용하는 것도 문제가 된다. 많지 않으면서 필수적인 측정지표를 선택하되 통제가 가능한 것이어야 한다. 지식경영 측정지표는 직원들이 초점을 맞출 수 있는 분명한 것이어야 하며 보상이 지연되지 않는 것이어야 한다. 측정지표는 재무적 결과를 강조하며 소프트한 결과를 간과하는 것이어야 하며, 미래를 예측하는 것도 포함하여야 한다.

새로운 비지니스 프로세스는 행동의 변화를 요구한다. 측정지표는 구체적 목표에 대한 직원의 노력에 초점을 맞춤으로써 행동 변화를 이끌 수 있다. 명시적 지식경영 활동 측정지표는 지식경영의 성숙 과정에 따라 그 중요성이 증가하다가, 시간이 지남에 따라 사람들이 지식경영에 익숙해지므로 조직의 지식경영 활동 측정지표에 대한 의존성이 감소한다. 직원들이 새로운 방법으로 일하는 것을 배우면서 측정지표는 지식경영 활동보다 비지니스 결과에 초점을 맞추어야 한다.

2. 지식경영 성과측정

2.1. 지식경영 성과측정 기법

지식경영에서뿐만 아니라 모든 측정은 어려운 일이다. 그러나 대부분의 조직에는 지식경영과 상관없이 조직의 성과를 측정하는 방법이 이미 존재하고 있다. 장기적으로 지식경영의 효과성을 측정하는 가장 좋은 방법은 조직의 성과측정 시스템과 연계하는 것이다. 언제부터인가 지식과 지식경영 이니셔티브에 대한 투자를 평가하기 위한 방법의 필요성이 제기되었다. 이에 대한 방안으로 지식경영을 측정하는 새롭고 구체적인 방법이 많이 소개되었다. 특히 무형자산 즉 지적 자본의 측정 분야가 많은 관심을 받았다.

스튜어트(Stewart)는 부는 지식의 산물이라고 하며 이것이 회계의 변화를 가져온다고 한다. 재무회계나 관리회계는 지식경영 활동을 제대로 반영하지 못한다. 전통적 대차대조표가 기업의 가치와 성장 가능성을 결정하는 무형자산에 대한 고려가 없다는 비판이 있어 왔다. 지식과 지적 자본은 회사의 감춰진 자산이라고 하며 보고되지 않은 무형자산이 유형자산의 5~10배가 된다고 한다. 더욱이 많은 연구는 기업의 미래 성장이 역사적 기록인 재무 상태가 아니라 경영 능력, 혁신 능력, 브랜드, 그리고 직원의 집합적 노하우(Know-how)에 달려 있다고 지적하고 있다. 따라서 많은 기업이 지식과 같은 무형자산의 측정 및 관리를 시작하였다. 스칸디나비아 국가에서 시작되어 이제는 세계의 많은 기업들이 무형자산의 측정 문제에 대처하고 있다. 무형자산의 측정은 다음과 같은 이점을 가지고 있다.

- 기업의 실질적 가치를 반영한다.
- 측정 프로세스가 지속적 성과의 동인에 대하여 통찰하게 한다.
- 사회적 및 환경적 보고에 따라 이미 이루어진 무형자산에 대한 효과적 거버넌스(Governance)에 대한 요구가 커지고 있다.
- 측정된 것이 관리된다는 말처럼 가치를 반영하는 자산에 대한 보호와 성장에 초점을 맞추게 된다.
- 주주 가치를 향상시키는 기업 목표를 지원한다.
- 기존 및 잠재적 투자자에게 유용한 정보를 제공한다.

회계에서 자산은 미래 서비스가 제공될 것으로 기대되는 스톡(Stock)으로 정의한다. 지식자산(Knowledge asset)은 사전에 구체화하기 어려운 일정 기간 동안 서비스가 제공될 것으로 기대되는 지식의 스톡으로 정의된다. 지적 자본(Intellectual capital)은 두 부류의 무형자산 즉 구조적(조직) 자본과 인간 자본의 경제적 가치로 정의된다. 구조적 자본은 독점적 소프트웨어 시스템, 분배 네트워크, 공급사슬과 같은 물건들을 말하고, 인적 자본은 조직 내의 인적 자원과 조직의 고객과 공급자를 포함한다. 흔히 지적 자본이라는 용어는 무형자산 또는 지식자산과 동의어로 사용된다. 그러나 OECD는 지적 자본을 지식자산의 부분으로 본다. 여기서는 지식자산의 무형 측면 특히 지적 자본의 측정에 초점을 맞춘다.

지금까지 지식 즉 지식자산 또는 지적 자본을 측정하는 다양한 개념과 접근 방법이 제시되었다. 지식경영을 측정하는 여러 가지 방법이 개념과 함께 제시되었으나 어느 하나가 최선이라고 하기는 어려우며, 다른 상황에 있는 기업은 다른 방법을 사용할 수 있다. 이 방법들은 그 초점을 기준으로 벤치마킹 초점 측정, 성과측정, 지적 자산 측정, 가치 초점 측정의 네 개의 부류로 나누어 볼 수 있다. 여기서는 이것을 다시 지식경영의 성과측정과 지적 자산 측정의 두 그룹으로 나누어 설명한다. 지식경영 성과측정 모델로는 벤치마킹 초점의 측정 방법인 지식경영 평가도구(KMAT)와 성과측정에 초점을 맞춘 균형성과표(BSC)를 그리고 지적 자본 측정 모델로는 스칸디아 내비게이터(Business Navigator)와 무형자산모니터와 가치 초점의 측정 방법인 지식부가가치(KVA)를 간략히 소개한다.

2.2. 지식경영 성과측정 접근 방법

벤치마킹 초점 측정

벤치마킹 모델은 조직지식의 수준이나 변화 정도보다는 지식경영 활동을 평가하는 데 초점이 맞추어져 있다. 벤치마킹 모델은 지식경영을 무형의 개념으로 보기보다 측정할 수 있다는 접근 방법의 첫 시도 중 하나이다. 벤치마킹은 객관적, 외부 표준과 다른 조직으로부터의 교훈을 사용하여 목표를 정한다는 것을 의미한다. 한 조직은 벤치마킹을 통하여 다른 조직의 지식경영 프로세스를 측정하여 비교할 수 있다. 조직의 지식경영 성과는 벤치마킹 대상 조직의 우수 사례를 채택함으로써 향상될 수 있다.

벤치마킹의 이점 중 하나는 지식경영의 가치를 수치로 경영자에게 보여 줄 수 있다는 것이다. 벤치마킹은 우수한 지식경영 실무에 기초하여 현실적이고 정량화할 수 있는 목표를 정하는 것을 돕는다. 벤치마킹의 혜택은 프로세스 향상이나 재사용에 한정되는 것이 아니라 조직 전체에 학습 문화를 성장시키고 수용하도록 하는 것을 포함한다. 벤치마킹은 비용 절감, 고객 서비스 향상, 시스템 효율성 향상의 결과를 가져올 수 있다.

관심을 끄는 벤치마킹 모델의 하나는 아서 앤더슨(Arthur Andersen) 컨설팅과 APQC가 공동으로 개발한 지식경영 평가도구(Knowledge Management Assessment Tool; KMAT)이다. KMAT 데이타베이스는 벤치마킹에 참여한 조직을 포함한 많은 조직의 데이타를 포함하고 있다.

KMAT는 조직이 지식을 얼마나 잘 관리하는지에 대한 초기의, 높은 단계의 협력적, 정성적 벤치마킹 도구이다. KMAT는 조직이 더 관심을 기울여야 하는 분야와 지식경영이 잘 되고 있는 분야를 파악하는 것을 돕는다. KMAT는 11장의 [그림 11-6]에 나타난 APQC 지식경영 이니셔티브 프레임워크를 기초로 한다. 이 프레임워크는 리더십, 문화, 기술, 측정의 지식경영 동인이 지식경영 프로세스를 통하여 조직지식을 개발하도록 촉진하는 역동적 시스템을 나타낸다. KMAT의 리더십, 문화, 기술, 측정, 프로세스의 다섯 개 영역은 여러 가지 지식경영 실무를 포함한다.

리더십 영역은 전략과 조직이 비지니스를 어떻게 정의하고 핵심 역량을 강화하기 위해 지식자산을 어떻게 사용하는가에 대한 전반적 이슈를 포함한다. 기술 영역은 조직이 직원들끼리 서로 쉽게 커뮤니케이션하도록 어떻게 기술 지원을 하느냐 하는 것과 어떻게 시스템을 정보 수집, 저장, 분배에 사용하는지에 초점을 맞춘다. 문화 영역은 어떻게 조직이 직원들이 고객 가치를 향상하는 방법으로 조직지식을 구축할 것인지를 포함하여 조직이 어떤 학습과 혁신에 대한 관점을 가지고 촉진하는지를 반영한다. 측정 영역은 조직이 어떻게 지식자본을 정량화하고 어떤 자원이 지식자본의 성장을 위해 할당되는지를 포함한다. 지식경영 프로세스 영역은 조직이 필요로 하는 정보를 파악하는 데 사용하는 활동 단계와 조직 전체에서 정보를 수집, 적응, 전이하는 방법을 포함한다.

KMAT는 조직들이 얼마나 지식을 잘 관리하는지에 대한 초기의 높은 단계 평가를 돕도록 디자인된 협력적 벤치마킹 도구이다. KMAT 벤치마킹은 조직에 있어 뛰어난 지식경영 실무의 파악뿐만이 아니라 조직이 관심을 기울여야 하는 분야를 지적한다. KMAT 벤치마킹은 세 종류의 비교 보고서를 생산한다. 외부적 벤치마킹은 조직을 전반적 (다중 산업) KMAT 데이타베이스 또는 소규모 맞춤 그룹과 비교하고, 내부 벤치마킹은 조직 내의 개인 또는 부서를 KMAT의 조사에 응한 동료 그룹과 비교하고, 평균 벤치마킹은 조직 내의 그룹 또는 개인을 전반적 KMAT 데이타베이스 또는 소규모 맞춤 그룹(내부와 외부 비교 결합)에 비교한다. 등급은 성과와 중요성 등급을 포함한다. 결과는 시작, 중단, 향상 및 계속, 우선순위와 선택의 사분면으로 된 매트릭스에 따라 해석한다.

균형성과표

성과측정 시스템은 적어도 간접적으로나마 긴 시간에 걸쳐 일어난 조직지식의 개발을 측정하려는 점에서 벤치마킹보다는 지식자산 측정에 초점을 맞춘다. 지금까지 성과측정은 재무적 성과에 초점을 맞추었다. 그러나 최근 단기적 재무 지표에 초점을 맞추는 것은, 기업이 무형자산이나 지적 자산에 대한 투자와 같은 장기적 가치 창조 활동을 대가로 단기적 재무적 수익에 초점을 맞추게 한다는 점 때문에, 기업에서 재무적 측정만 사용하는 것에 대한 비판이 일어났기 때문이다. ROI나 주당수익률과 같은 전통적, 회계적 측정은 오늘날의 경쟁적 환경이 요구하는 지속적 향상 및 혁신 활동에 대한 잘못된 신호를 준다는 점을 인식하게 되었다. 필요한 것은 재무적 건강과 함께 조직의 현재 상황에 대한 다른 중요한 점들을 반영하는 균형된 측정지표들이다. 이러한 배경에서 제안된 균형성과표는 조직의 지식 중심 성과를 측정하는 지속 가능한 방법이다.

카플란과 노톤(Kaplan & Norton)은 기업의 전략적 목적을 일관된 성과측정지표로 전환하는 종합적 프레임워크를 매니저에게 제공하려고 새로운 측정 시스템인 균형성과표를 개발하였다. 균형성과표는 조직 활동을 조직 비전과 전략에 일치하게 하고, 내부와 외부 커뮤니케이션을 향상시키고, 조직의 성과를 전략적 목표에 비교하여 모니터링하는데 사용하는 전략적 계획 및 관리 시스템이다. 이것은 조직 성과와 관련된 재무적 및 비재무적 지표에 초점을 맞추어 경영자를 위한 측정 시스템의 통합된 비전을 보여주는 도구이다. 균형성과표(Balanced Scorecard; BSC)는 장기 목적과 단기 목적, 재무적 측정과 비재무적 측정, 선행 지표와 지행 지표, 그리고 내부 관점과 외부 관점 사이의 균형을 유지하는 기법을 제공한다. 균형성과표는 기업에서 매우 인기 속에 채택되었고 다른 조직에서도 조직 성과를 측정하기 위하여 BSC를 사용하게 되었다.

BSC는 성과측정뿐만이 아니라 무엇을 실행하고 측정하여야 하는지를 파악하게 하는 프레임워크를 제공한다. 균형성과표는 무형재산에 대한 전통적 회계 관점에다 혁신과 학습, 비지니스 프로세스 향상, 고객 관계, 가치 창조와 관점을 재무적 및 무형자산의 용어로 추가하여 균형을 잡으려 한다. BSC는 조직의 비전과 전략을 균형된 관점에서 목적과 측정지표로 전환한다. 스코어 카드는 기대하는 산출물뿐만이 아니라 미래에 기대하는 산출물을 만들어 내는 프로세스의 측정지표를 포함한다. BSC는 조직을 네 관점으로 보고, 측정지표를 개발하여 각 관점에 대한 데이타를 수집하고 분석한다.

- 재무적 관점 – 재무적 관점은 전통적 회계 측정지표를 포함한다. 재무 성과측정 지표는 기업의 전략, 실행, 수행이 수익 향상에 기여하는지를 알려 줄 수 있으므

로 여전히 중요하다. 재무적 목표는 보통 영업 이익, 자본수익률, 또는 경제적 부가가치(Economic Value Added; EVA)로 측정되는 수익성과 관련이 있다. 재무적 목표의 대안으로는 급속한 판매 성장 또는 현금 흐름 발생이 있다.

- 고객 관점 - 고객 관점은 회사가 목표 시장 부문의 고객에게 제공할 수 있는 가치 명제의 구체적 측정지표를 다룬다. 이러한 시장 부문은 재무적 관점이 목표를 달성할 수 있는 소스를 나타낸다. 핵심 산출물 측정지표는 고객 만족, 고객 유지, 새로운 고객 획득, 고객 수익성, 목표 시장의 시장 및 계정 점유율을 포함한다.
- 내부 비지니스 프로세스 관점 - 기업은 고객 니즈를 충족하기 위하여 제품과 서비스 실현과 관련되는 모든 프로세스에 대하여 내부 비지니스 프로세스 측정지표를 개발한다. 이 측정지표는 고객 만족과 조직의 재무적 목적 달성에 가장 큰 영향을 주는 내부 프로세스에 초점을 맞춘다. 이 관점의 측정지표는 경영자에게 얼마나 잘 비지니스가 운영되는지, 제품과 서비스는 고객의 요구 사항을 충족하는지를 알게 한다.
- 학습 및 성장 관점 - 이 관점은 조직이 장기적 성장과 향상을 위해 구축해야 하는 인프라스트럭처와 관련이 있으며, 개인과 조직의 자기 개발과 관련이 있는 직원 훈련과 조직 문화를 포함한다. 직원 기반 측정지표는 직원 만족, 유지, 훈련, 기술과 같은 일반적 산출물 지표와 새로운 경쟁 환경에서 요구되는 특정한 기술의 구체적, 비지니스 인덱스와 같은 일반적 측정지표를 포함한다.

스코어 카드의 네 관점은 세 유형의 측정지표와 균형을 만든다. 세 유형의 측정지표는 단기적 대 장기적, 바라는 산출물 대 그러한 산출물의 성과 동인, 하드, 객관적 지표 대 소프트, 주관적 지표이다. 이것은 미션과 전략을 커뮤니케이션하는 프레임워크나 언어를 제공하고, 직원에게 현재 및 미래의 성공에 대하여 측정지표를 알려 주는 데 사용된다. BSC의 다른 관점과 각 관점의 세 유형의 측정지표와 동인은 서로 보완적이다. BSC는 매니저가 [그림 12-3]의 질문을 하면서 네 가지 다른 관점에 대하여 살펴보도록 한다.

균형성과표는 조직이 선택한 지식경영 전략의 현재 상태를 추적할 수 있게 한다. 원래의 네 관점을 지식경영 측정지표로 대체하여 지식기반의 균형성과표를 얻을 수 있다. 지식경영을 위해 균형성과표를 사용하는 프로세스는 다음의 네 단계로 나누어 볼 수 있다.

[그림 12-3] 균형성과표 접근 방법

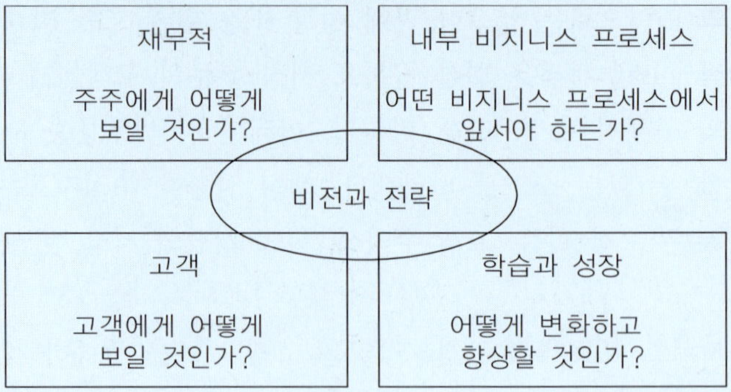

- 지식경영 비전을 해석한다. 이 전략적 학습 단계에서 전체 조직이 성취하고자 하는 공유된 비전을 명확히 한다. 왜 지식경영을 하는지 그리고 지식경영의 비전이 무엇인지에 대한 합의가 이루어져야 한다. 측정을 커뮤니케이션 언어로 사용하는 것은, 복잡하면서도 때로는 애매한 개념을, 합의를 도출할 수 있는 좀 더 정확한 형태로 전환하는 것을 돕는다. 균형성과표는 조직 비전에 따라 개별 직원에 대하여 단기적, 구체적 목표를 세울 수 있게 한다.
- 커뮤니케이션을 하고 연결한다. 지식경영 챔피언은 전체 직원에게 전략을 커뮤니케이션하고, 지식 활용의 관점에서 개별 직원의 목표와 부서/조직 목표 사이의 연결을 보여 준다. 커뮤니케이션과 연결은 모든 개인을 조직 목적 달성을 위한 행동으로 이끈다. 스코어 카드 개발에서 원인과 결과를 강조하는 것은 역동적 시스템 사고를 가져온다. 이러한 연결이 지식 사용과 기여로 보상된다는 점을 교육한다.
- 계획, 타깃, 전략적 이니셔티브를 결정한다. 이 단계에서 균형된 결과와 성과 동인에 대한 조직의 구체적, 정량적 성과 목표를 정한다. 바라는 성과 목표와 현재 수준을 비교하는 것이 전략적 이니셔티브가 목표하는 성과와의 갭을 파악하게 한다. 선택한 측정지표, 설명한 목표, 타깃, 그리고 할당된 자원이 지식경영 초기의 아이디어와 얼마나 일치하는지를 점검한다. 목표, 측정지표, 보상을 정렬하고 시간과 자금을 할당한다. 또 마일스톤(Milestone)을 수립하고, 성과와 조직의 지

식자산에 대한 기여에 대하여 보상한다.

- 학습과 피드백을 갖는다. 균형성과표는 지식경영을 위해 선택한 목표, 측정지표, 타깃을 평가하고 얼마나 잘 되고 있는지를 분석할 수 있게 한다. 이 단계에서 결과가 나타나는지, 무엇을 더 향상시킬 수 있는지, 그리고 지식경영 전략에 대한 검토를 한다.

첫 번째에서 세 번째 단계는 전략 실행에 매우 중요하지만 그것만으로는 부족하다. 따라서 네 번째의 운영과 관리 통제 시스템이 설정된다. 이 프로세스는 경영자가 계획된 전략이 계획에 따라 실행되는지에 대한 피드백으로 교정적 조치만 하는 단일 룹 학습에 해당한다. 그러나 지식조직의 전략은 선형이거나 안정적일 수 없다. 따라서 경영자가 계획된 전략이 성공적이며, 존속할 만한 것인지를 따져 필요하면 궤도를 수정하는 이중 룹 학습이 필요하다. 즉 이 프로세스는 순환적이며, 기업은 이 단계 사이의 스파이럴 운동을 기술하여야 한다. BSC의 역할은 정교한 측정 시스템일 뿐만 아니라 경영시스템이다.

2.3. 지적 자본 측정 접근 방법

지적 자본 측정 접근 방법은 조직지식의 측정을 위한 노력이다. 조직의 지적 부를 기술하는 용어는 지식자본, 지식자산, 무형자산, 지적 자본, 보이지 않는 자산 등과 같이 다양하다. 조직의 지식 스톡 개념은 특허, 트레이드마크, 저작권과 같은 지적 재산(Intellecutal Property)을 포함하기도 한다. 지식을 무언가 가치 있는 것으로 전환하는 것이 지적 자산 또는 지적 자본으로 알려져 있다. 스튜어트(Stewart)는 지적 자본을 지식, 정보, 지적 재산(Intellectual property), 경험과 같이 부를 창출하는 데 사용될 수 있는 지적물질(Intellectual material)로 정의한다.

스튜어트는 지적 자본을 측정하는 방법을 크게 둘로 나눈다. 하나는 지적 자본 전체를 포착하려는 접근 방법이고, 다른 하나는 지적 자본의 요소에 초점을 맞추는 접근 방법이다. 지적 자본의 요소에 초점을 맞추어 측정하려는 접근 방법은 지적 자본을 몇 가지로 분류한다. 스베이비(Sveivy)의 분류는 지적 자본을 인적 자본, 구조적 자본, 관계적(고객) 자본으로 구분한다. 스베이비의 지적 자본 분류를 기초로 지적 자산을 평가하는 접근 방법의 대표적인 것이 스칸디아 내비게이터와 무형자산 모니터이다.

스칸디아 내비게이터

리프 에드빈슨(Lief Edvinsson)은 스칸디아(Skandia) 보험 그룹의 자회사 스칸디아 AFS(이하 스칸디아)에 대한 다차원 무형자산 측정 시스템을 개발하였다. 스칸디아는 1980년대 중반부터 많은 주요 지표를 포함하는 비지니스 내비게이터(Business Navigator, 이하 내비게이터)를 지적 자산 활동의 동인 중의 하나로 적극적으로 사용하고 있고, 스칸디아에서 발행하는 무형자산보고서는 국제적 관심을 끌었다. 계속된 스칸디아의 지식 자산과 지적 자본을 측정하는 노력은 이전 모델을 기초로 하여 처음의 무형자산 용어를 지적 자본으로 바꾸고, 조직 가치와 성과의 개념화를 하였다. 스칸디아의 프로그램은 칼 에릭 스베이비(Karl Erik Sveiby)의 보이지 않는 대차대조표의 개념 구조에 기초하였으며 대차대조표와 유사한 형식을 취하여 여러 분야에 적용하였다. 1994년부터 스칸디아는 연말보고서의 보충 자료로 비재무적 비율을 발표하고 있다.

스칸디아의 내비게이터는 과거(재무), 현재(고객, 프로세스, 인적 자원), 미래(갱신 및 개발)의 균형된 운영의 모습을 제공하는 미래 지향형 비지니스 계획 모델이다. 내비게이터는 스칸디아의 운영 비전과 목적을 개인의 업무에 연결할 수 있는 구체적 요소로 나눌 수 있게 한다. 스칸디아는 인적, 고객, 프로세스 자본의 갱신과 개발에 대한 투자는 재무적 성공을 가져온다고 믿는다. 내비게이터는 이 믿음을 가시화하고 비지니스 계획 프로세스의 기초를 형성한다. 스칸디아의 내비게이터는 매년 내부적으로 모니터링하는 다양한 분야의 30개의 지표를 포함하고 있다.

스칸디아의 내비게이터의 아키텍처는 단순하면서도 매우 정교하다. 스칸디아 내비게이터는 카플란과 노톤의 균형성과표의 네 개 관점에 인적 자원 분야를 더하여 다섯 개 분야이고, 다른 관심 분야를 포착하여 조직에 대한 종합적 이해를 제공하며, 각 분야는 가치 창조 프로세스를 가시화시킨다. 스칸디아 내비게이터 측정 프레임워크는 5개의 분야 또는 초점으로 되어 있다.

- 재무 초점 – 조직 활동의 재무적 결과를 포착한다. 재무 분야는 장기 목표를 수립하고 다른 분야에 대한 전반적 조건의 상당 부분을 정의한다. 주주가 요구하는 이익성과 성장이 그 예이다.

- 고객 초점－이 영역은 조직이 제품과 서비스를 통하여 고객 니즈를 얼마나 잘 만족시키는지를 보여 준다. 예를 들면, 얼마나 많은 판매가 신규 고객으로부터 창출되었는가? 기존 고객과 비교할 때 어떠한가? 또는 고객의 충성도는 어느 정도인가? 이것은 조직의 밖에서 내부를 보는 관점이다.
- 프로세스 초점－이 영역은 고객이 바라는 제품과 서비스를 창조하는 실제 프로세스를 포착한다. 구체적인 예로 고객 지원을 어떻게 하고 있는가를 들 수 있다. 이 영역은 내부 프로세스와도 연관되어 있다. 예를 들어 효율적으로 일하고 있는가와 바른 방법으로 일하고 있는가와 같은 질문이 이 영역에 속한다.
- 인적 자원 초점－이 영역은 가치를 창조하는 조직의 필수 사항이며 스칸디아 내비게이터의 핵심이다. 지식창조 프로세스가 이 영역에서 비주얼라이제이션된다. 직원이 작업 환경에 만족해야 하고, 만족한 직원은 만족한 고객을 만들어 조직의 성과를 향상시키는 데 초점을 맞춘다.
- 갱신 및 개발 초점－이 영역은 조직의 장기적 혁신과 지속성을 보장한다. 장기적 성장과 이익성을 위해 어떤 조치와 행동을 취해야 하는지와 조직이 고객 니즈를 충족시키는 데 필요한 지식을 개발하고 유지하는 데 필요한 것은 무엇인지에 초점을 맞춘다.

[그림 12-4] 스칸디아 내비게이터 지표

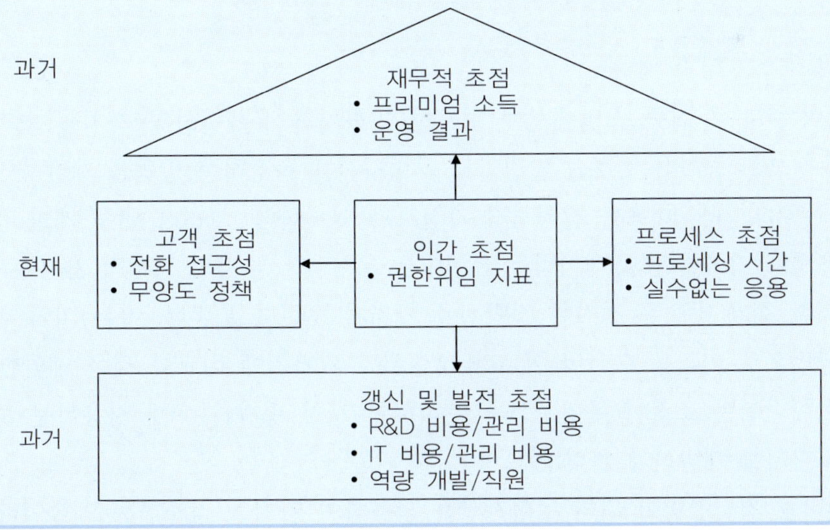

스칸디아 내비게이터의 지적 자본 평가 방법은 다음 여섯 단계로 되어 있다.

- 미션 – 첫 단계는 주주와 이해 관계자에게 조직 내의 감춰진 능력이 미래 가치를 만들어 내는 데 기여한다는 것에 대한 깊은 이해를 구체화하는 것이다. 이것은 무형자산을 가시화하는 것을 돕도록 체계적 택서노미를 개발하면서 이루어진다. 이것은 다시 감춰진 능력의 위치, 진화, 속도, 방향을 기술하는 일련의 측정지표 개발을 요구한다. 스칸디아에서 이것은 스칸디아 내비게이터라는 보고서로 수행된다.
- 재무적 초점 – 이것은 투자수익률, 운영 수익과 같은 전통적 분야를 다루고, 직원당 부가가치를 위한 재무적 결과를 계산한다.
- 고객 초점 – 이것은 계약 건수와 보험 계약률과 같은 측정지표뿐만 아니라 전화 접근성, POS(Point of sale) 수, 고객 만족과 같은 항목을 검토한다.
- 인간 초점 – 임원에 대한 직원, 매니저, 여직원의 수를 사용하여 연령과 수 그리고 훈련비와 연간 훈련일수의 관점에서 직원 프로파일을 고려한다.
- 프로세스 초점 – 이것은 직원당 계약 수, 직원당 일반 관리비, 전체 직원의 수에 대한 IT 직원의 수, 일반 관리비에 대한 IT 지출을 고려한다.
- 갱신 및 개발 초점 – 이것은 성과의 추세, 클레임 평가 시스템의 가치, 파일된 새로운 아이디어의 수, 40세 이하 직원의 비율 등을 고려한다.

무형자산 모니터

스베이비는 지식 집중 기업에서 무형자산의 가치가 유형자산의 가치를 초과하며 이 갭이 지속적으로 증가하는 것을 발견하고 무형자산을 측정하는 방법을 개발하였다. 회계 실무에서는 유형자본 비용을 감가상각 자산으로 기록한다. 그러나 연구 개발 투자나 훈련은 비용으로 기록한다. 스베이비는 유형이든 무형이든 투자의 경제적 가치는 불확실하므로 이러한 회계 방법은 적절한 정당성을 가지지 못한다고 본다. 그는 이익 마진을 표현하는 방법으로 이익을 수익이 아니라 창출된 부가가치에 비교할 것을 제안한다. 스베이비의 아이디어는 조직이 무형자산을 추적하여 가치 평가하는 데 사용하는 도구인 무형자산 모니터를 개발하게 한다.

스베이비는 지식경영이 위의 무형자산을 활용하여 가치를 창조하는 예술이라고 한다.

위의 무형자산 분류에 몇 가지 지표를 더하여 스베이비는 기업의 무형자산을 위한 경영 정보시스템으로 사용할 수 있는 무형자산 모니터(Intangible Asset Monitor; IAM) 모델을 개발하였다. 이 방법은 스칸디아의 내비게이터 개발에 기여하였다. IAM 모델은 사람이 비지니스와 내·외부 구조의 모든 부문에서 유일한, 진정한 에이전트라는 전제에 기초한다. IAM은 감사를 실행하는 데 사용될 수도 있다.

IAM 모델은 기업의 가치에서 시장가치와 장부가치의 차이에 해당하는 무형자산을 세 유형으로 나눈다. 기업에서 기업의 시장가치와 기업 자산 대체 비용과의 차이를 지적 자본으로 정의하기도 한다. 장부가치에 반영되지 않은 잉여분은 직원의 개인 역량, 내부 구조, 그리고 외부 구조에 귀속된다. 즉 IAM 모델은 무형자산의 측정에 초점을 맞추어 무형 또는 보이지 않는 자산을 다음의 세 가지로 구분한다.

- 외부 구조: 외부 구조 또는 고객 자본은 조직 밖과의 관계에 의존하는 자산을 말하며, 예를 들어 고객 관계, 공급자 관계, 그리고 조직의 이미지, 브랜드, 트레이드마크가 있다.
- 내부 구조: 내부 구조 또는 조직 자본은 직원에 의해 창조되고 조직이 소유하는 자산이며, 조직의 일부인 특허, 개념, 매뉴얼, 시스템 프로세스, 모델, 비공식 조직, 컴퓨터 및 행정 시스템, 문화를 포함한다.
- 직원 역량: 직원 역량 또는 인적 자본은 다양한 상황에 대응할 수 있는 직원의 능력(교육, 기술, 경험, 가치, 에너지, 태도)을 말한다.

[그림 12-5]에 있는 지표는 일정 기간 동안 무형자산 가치의 변화가 있었는지를 찾아내는 데 사용된다. 지표들은 무형자산과 유형자산이 어떻게 발전하고 있는지에 대한 통찰력을 제공할 수 있도록 한다.

[그림 12-5]의 네 유형의 자산에는 다른 가치를 할당하며, 그것은 재무적 가치, 고객 가치, 조직 가치, 그리고 역량 가치이다. 스베이비가 관심을 갖는 지표는 기업의 무형자산이 성장하는지 여부, 갱신되는지 여부, 얼마나 효율적으로 사용되며 또 안정적인지를 말해 줄 수 있는 것들이다. 그러므로 스베이비는 [그림 12-5]의 유형 및 무형자산의 지표를 성장, 갱신, 효율, 안정성의 차원으로 나눈다. 네 가지의 가치에 해당하는 자산에 네 차원의 지표를 할당하면 4X4 테이블을 얻게 되고, 이것은 16개의 셀에 적절한 지표

[그림 12-5] 무형자산 모니터

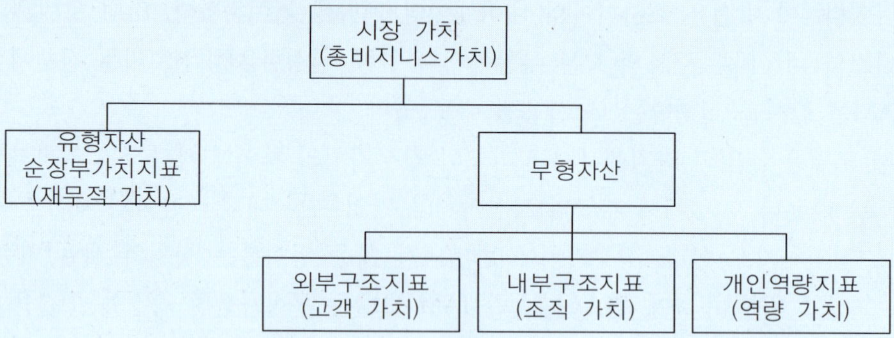

를 채울 수 있게 한다. 이 테이블은 조직 자산 상태의 전반적 그림을 나타낸다. 적시에 모든 지표를 측정하면 자산의 가치가 발전하는 방향에 대한 분명한 그림을 얻게 된다.

IAM과 BSC 두 모델은 독립적으로 개발되었으나 몇 가지 유사점을 가지고 있다. 두 접근 방법의 주된 제안은 비재무적 측정지표가 재무적 지표를 보완하여야 한다는 것이다.

2.4. 가치 초점 모델

조직 지식측정에 대한 비교적 최근 모델은 기업의 가치 창조 측정에 초점을 맞추는 접근 방법이다. 기업의 가치 창조를 측정하는 방법으로는 경제적 부가가치(Economic Value Added; EVA)와 시장 부가가치(Market Value Added; MVA)가 사용된다. 이러한 접근 방법에서 지식경영에 의해 창출된 부가가치를 측정하는 지식 부가가치(Knowledge Value Added; KVA)가 제안되었다.

지식 부가가치

지식 부가가치는 기업의 지식자산의 가치를 측정하는 프레임워크이다. 이 개념은 구체적 프로세스에 의해 생산되는 가치를 측정하지 않는 전통적 원가회계의 단점을 보완한다. 지식 부가가치는 주로 가치 창출보다 비용 절감에 초점을 맞추는 조직의 업무 재구축과 관련하여 개발되었다. 지식 부가가치는 업무 재구축을 통하여 창출되는 가치를 분석하도록 디자인되었다. 지식 부가가치는 프로세스에 의한 부가가치가 입력과 출력 사이의 변화이고, 이 변화는 입력에서 출력까지의 프로세스에서 부가되는 지식 가치에 의해 일어난다는 가정에 기초한다.

지식 부가가치는 리엔지니어링 전후에 주어진 프로세스에 의한 부가가치의 양을 측정하고 비교하는 객관적 방법이다. 프로세스 수익률(Return on Process; ROP)과 지식 수익률(Return on Knowledge; ROK)로 프로세스를 측정한다. 지식 부가가치 방법은 관심 있는 활동의 핵심 프로세스와 하위 프로세스를 먼저 파악한다. 그 다음에 개인들에게 입력과 출력을 파악하여 각 핵심 프로세스와 하위 프로세스들의 가치를 정량화하도록 한다. 지식 부가가치는 수익을 가치로 대체하여 사용한다. 할당된 수익은 다시 핵심 프로세스의 출력을 생산하는데, 필요한 지식을 사용하는 데 들어간 비용에 따라 나누어진다. 수익을 생산하는 데 소요된 비용에 수익이 매칭되므로 이 방법은 일반회계준칙의 매칭원칙을 따른 것이다.

지식 부가가치를 별도의 다른 방법으로 보는 것보다는 지식 부가가치는 전통적 원가회계 실무를 보완하는 방법으로 보아야 한다. 원가회계의 목적은 주어진 제품, 서비스, 또는 프로젝트의 프로세스에 대한 원가를 결정하는 것인 반면에 지식 부가가치의 목적은 주어진 제품, 서비스, 프로젝트를 생산하는 각 프로세스의 가치를 결정하는 것이다. 원가회계가 이익에 초점을 맞추었다면 지식 부가가치는 생산되는 가치를 결정하는 데 초점을 맞춘다. 지식 부가가치 접근 방법은 비용 절감보다 조직이 가치 창출에 초점을 맞추게 하는 비지니스 프로세스 감사(Business Process Auditing; BPA)를 강조한다. 업무 재구축의 주요 목표는 제품과 서비스의 수요을 증대하면서 프로세스 역량을 증대하는 데 있다. 지식 부가가치 팀은 BPA 접근 방법을 사용하여 프로세스 내 지식의 양을 측정하여 그 결과를 지식 부가가치 방법으로 얻은 결과와 비교하여야 한다.

지식 부가가치의 주요 이점은 어디의 어떤 비지니스 프로세스를 리엔지니어링할 것인지를 결정하는 상대적으로 객관적인 수단을 매니저에게 제공하는 것이다. 이것은 업무 재구축 노력의 성공에 대한 매우 정교한 정량화를 가능하게 한다.

3. 지식경영 성숙모델과 지식시장

3.1. 지식경영 성숙모델

성숙모델은 오랜 시간에 걸쳐 일어나는 한 개체의 발전 과정을 기술한다. 그 개체는 관심의 대상을 말하며, 인간, 조직 기능, 기술, 프로세스 등이 그 예이다. 여기서 관심을 갖는 개체는 지식경영이다. 조직의 지식경영 성숙모델은 지식경영 개발을 통하여 조직이 지나갈 것으로 예상되는 성장의 단계를 기술한다. 많은 지식경영 성숙모델이 학자와 실무자에 의해 개발되었다. 이러한 지식경영 성숙모델은 소프트웨어 엔지니어링 연구소(Software Engineering Institute; SEI)의 능력성숙모델(Capability Maturity Model; CMM)에 기초하여 개발되었는가에 따라 크게 두 부류로 나눌 수 있다. 하나는 CMM 기반 지식경영 성숙모델이고, 다른 하나는 비CMM 기반 지식경영 성숙모델이다.

CMM 기반 지식경영 성숙모델

지식경영 성숙모델은 지식경영이 성공을 거두기 위해서는 중대한 변화가 있어야 한다는 깨달음에 기초한다. 그 변화는 일터의 문화, 조직 프로세스, 그리고 조직의 시스템이 변화하는 것이다. 한 번에 큰 변화가 아니라 진보적 개발 안에서 단계적 프레임워크가 적용된다. 단계적 방법으로 변화를 관리하는 방법으로 가장 잘 수립된 모델은 미국 카네기멜론 대학의 SEI의 CMM이다.

CMM은 소프트웨어 개발 조직에게 어떻게 소프트웨어 개발과 유지 프로세스에 대한 통제를 하는지와 소프웨어 엔지니어링과 관리의 수월성 문화로 발전하는지에 대한 가이드를 제공한다. CMM은 조직의 소프트웨어 프로세스의 성숙도를 결정하는 참고 모델인 동시에 소프트웨어 조직이 무질서한 소프트웨어 프로세스에서 성숙하고 규율 잡힌 소프트웨어 프로세스로 진화하는 경로를 따라 발전하는 것을 돕는 규범적 모델이기도 하다.

[표 12-1] CMM 기반 지식경영 성숙모델

CMM	Siemens	Infosys
초기 단계	초기 단계	불이행 단계
반복적 단계	반복적 단계	반응적 단계
정의된 단계	정의된 단계	인식 단계
관리된 단계	관리된 단계	확신 단계
적정화된 단계	적정화된 단계	공유 단계

CMM은 다섯 수준의 성숙도로 나눈다. CMM에서 첫 단계를 제외한 각 단계는 몇 가지 주요 프로세스 영역(Key Process Areas; KPA)이 파악되어 있다. 각 KPA는 조직이 소프트웨어 프로세스를 향상하기 위하여 초점을 맞추어야 하는 영역을 말한다. 각 KPA는 다시 그 목표를 만족시키는 데 기여하는 주요 실무로 설명된다.

CMM과 지식경영 성숙모델은 모두 모든 수준에서 유사한 방법론을 따른다. CMM은 정보통신기술에 적용되지만 지식경영 성숙모델은 더 넓은 관점과 깊이를 가지고 모든 비지니스 분야에 적용된다. 많은 조직이 소프트웨어 성숙모델의 대표적 모델인 CMM을 지식경영에 적용하여 지식경영 성숙모델을 개발하였다. 대표적으로 Siemens와 Infosys가 CMM을 기초로 하여 지식경영 성숙모델을 개발하였다.

Infosys의 지식경영 성숙모델은 두 가지 목적으로 개발되었다. 첫째는 기업의 현재 지식경영 성숙의 수준을 평가하는 데 사용하는 프레임워크를 제공하기 위한 것이다. 둘째는 초점을 맞추고 우선순위를 결정하는 것을 돕는 메커니즘으로 활용하게 하여 지식경영 성숙의 수준을 높이는 노력을 하게 하는 것이다. Infosys의 지식경영 성숙모델은 각 수준에서 주요결과영역(Key Result Area; KRA)을 정한다. 각 KRA는 사람, 프로세스, 기술의 관점에서 특정한 능력을 정의한다. 각 성숙 수준은 사람, 프로세스, 기술의 관점에서 어떤 것을 관찰할 수 있는 능력으로 특징지어 지며, 높은 단계일수록 더 높은 능력을 가지게 된다.

APQC의 지식경영 성숙모델

비CMM 기반 지식경영 성숙모델인 APQC의 지식경영 성숙모델은 실무적 차원에서 조직의 지식경영 로드맵으로 제시된다. 즉 조직의 지식경영이 미숙하고 불일치한 지식경영 활동에서 전략적 비지니스 과제와 정렬된 성숙하고 규율 잡힌 접근 방법으로 이동한다고 본다. 이 모델은 APQC의 지식경영 성숙모델의 각 단계인 11장의 APQC의 지식경영 로드맵과 통합되며, 한 단계의 실행은 다음 단계의 성공의 기초를 제공한다고 본다. APQC의 지식경영 성숙모델은 다섯 단계로 나누어진다.

초기 단계

대부분의 조직이 지식경영을 시작할 때의 초기 단계를 말한다. 이 단계에서 조직은 핵심 지식을 성공적으로 파악, 포착, 공유, 전이, 활용하는 일관된 프로세스나 실무를 가지고 있지 않다. 조직은 임의의 비공식적 지식 공유와 전이를 하여 비지니스에 영향을 주지 못한다. 지식경영의 이 단계를 빨리 지나기 위해 조직은 다음의 목표를 커뮤니케이션하고 실행에 옮겨야 한다.

- 지식경영을 직원들이 연관지을 수 있는 방법으로 설명한다.
- 비지니스 성과의 관점에서 무엇을 성취하는 것이 가능한지에 대한 설득력 있는 그림을 그린다.
- 주요 이해 관계자와 중역들 사이에서의 이해와 관심을 넓힌다.
- 지식의 흐름으로부터 혜택을 볼 수 있는 영역을 찾는다.

개발단계

이 단계의 초점은 지식경영 전략의 수립이다. 지식경영 전략은 조직의 비지니스 전략과 목표에 밀접하게 연계되고, 지식 공유와 전이를 적용할 비지니스 기회를 파악하여야 한다. 그러한 기회와 기회의 가치는 비지니스 케이스로 평가되고 분명하게 문서화되어야 한다. 비지니스 케이스는 지식경영 프로젝트를 실행했을 때의 투자와 예상 혜택의 가치를 포함하는 투자수익률로 계산되어야 한다. 개발단계의 주요 목적은 다음과 같다.

- 지식경영을 위한 리더십과 후원자를 개발한다.
- 통합된 지식경영 전략을 개발하고 지원 세력을 넓힌다.
- 지식경영 접근 방법과 도구를 테스트하기 위하여 비지니스 기회를 선택하고 후원자를 확보한다.
- 초기 지식경영 이니셔티브를 지원할 자원을 찾는다.

조직의 지배 구조와 후원자는 2단계 활동을 통한 성공적 전개를 보장하는 핵심 성공요인이다. 중역의 지원은 조직 지식경영 활동의 성과에 대한 중역의 책임 문제에서와 조직 프로세스 향상을 위한 지식경영 전략과 프로그램의 스폰서로서 중요하다.

표준화 단계

3단계의 초점은 2단계에서 파악되고 정의된 지식경영 전략, 프로세스, 접근 방법을 관리하는 것에 있다. 지식경영팀은 지식경영 접근 방법과 프로세스에 대한 감독 책임을 가진 지식경영 조직으로 진화한다. 감독은 선택된 지식경영 접근 방법과 프로세스를 적용할 기회를 파악하고, 파일럿 테스트를 위한 자금과 자원을 확보하고, 전략을 마케팅하고 커뮤니케이션하고, 변화관리 전략을 수행하고, 지식경영 접근 방법과 프로세스를 표준화된 반복할 수 있는 방법론으로 정제하는 것을 포함한다. 표준화 단계의 주요 활동은 다음과 같다.

- 지식경영 접근 방법과 프로세스가 표준화되고 반복할 수 있도록 관리한다.
- 파일럿 기회를 디자인하고 실행한다.
- 방법론에 대하여 지속적 향상을 위한 교훈을 포착한다.
- 지식경영 방법론을 커뮤니케이션하고 마케팅한다.

적정화 단계

4단계에서는 지식경영의 기초가 수립되고 표준화된다. 이 단계는 표준화된 지식경영 접근 방법과 프로세스를 활용하여 전체 조직에 지식경영 이니셔티브를 확산한다. 강력한 조직 능력을 개발하기 위하여 조직의 지식경영 접근 방법과 프로세스는 조화롭게 실행되어야 한다. 이 단계의 주요 목표는 표준화된 지식경영 프로세스와 접근 방법을 활용하여 확산 전략을 개발하고 마케팅하는 것이다. 4단계의 주요 활동은 다음과 같다.

- 표준화된 지식경영 방법론을 전체 조직과 새로운 기능 또는 단위 조직에 활용하는 확산 전략을 개발한다.
- 방법론을 전체 조직에 활용함에 따라 일어날 수 있는 혼란을 통제하고 성장을 관리한다.
- 지식경영 방법론의 커뮤니케이션과 마케팅을 계속한다.

혁신 단계

조직이 5단계에 이르면 경영자는 비지니스 전략과 비지니스 모델을 지원하는 지식경영 능력을 믿기 시작한다. 그러나 조직이 4단계의 확산 전략을 표준화된 지식경영 접근 방법과 프로세스의 일부로 활용하여도 지식경영 접근 방법과 프로세스만으로는 바라는 비지니스 성과를 성취하지 못할 수 있다. 이 단계의 주된 목표는 바라는 비지니스 성과와 획기적 혁신을 성취하기 위하여 표준화된 지식경영 접근 방법과 프로세스를 적정화하여, 핵심 비지니스 프로세스의 처음부터 끝까지를 내재시켜 핵심 비지니스 프로세스를 향상하는 것이다.

지식경영 접근 방법과 프로세스를 적정화하기 위하여 리더십은 지식경영 능력과 바라

[그림 12-6] APQC 지식경영 성숙모델

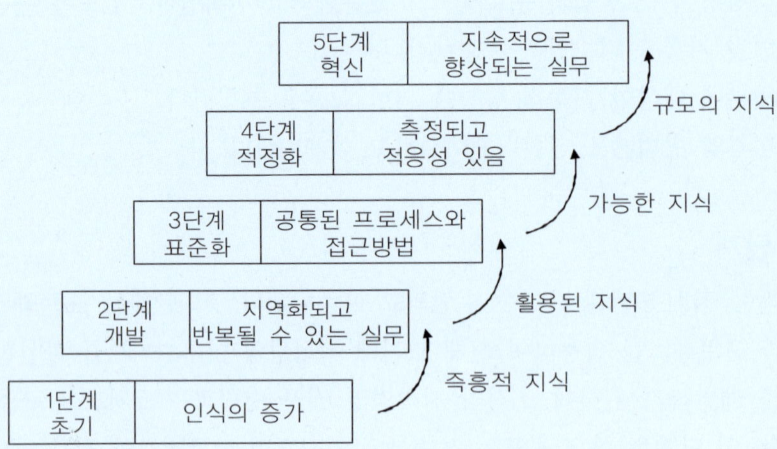

는 비지니스 결과와의 갭을 메우기 위한 순향적, 지속적 향상 활동을 실행할 필요가 있다. 지속적 향상은 개인, 부서, 조직 차원에서 일어나도록 제도화되어야 한다. 동시에 그것은 지식경영 전략과 성과 평가가 재정렬되어야 한다. 5단계의 주요 활동은 다음과 같다.

- 표준화된 지식경영 방법론을 비지니스 모델에 내재시킨다.
- 지식경영 방법론의 상태를 모니터한다.
- 성과 평가와 인정을 지식경영 전략과 정렬한다.
- 조직 지식경영 프레임워크와 지역적 통제의 균형을 유지한다.

3.2. 지식시장과 성장모델

지식시장

지식경영이 기술과 사람 측면에서는 많은 관심을 받았으나 경제적 측면에서의 논의는 매우 미미하다. 지식경영의 경제적 차원은 시장 메커니즘에 따라 지식의 교환 또는 거래를 촉진하는 이슈를 다룰 수 있다. 지식시장은 구매자와 판매자가 정의된 가격과 거래 규칙에 따라 자신의 노하우를 거래하는 시스템으로 정의할 수 있다. 시장 메커니즘은 지식경영 문제의 사회적, 기술적, 경제적 차원을 통합하는 것을 도울 수 있다. 시장은 구매자와 판매자의 사회적 상호작용을 촉진한다. 가격 제도는 지식 제공자에게 경제적 인센티브를 제공하고 무임승차 이슈를 완화하고, 기술은 인트라넷과 같은 가상 상호작용 공간과 같은 환경을 창조하여 시장을 조장한다.

현재 대부분의 조직에서는 지식이 제한된 방식으로 필요에 기초하여, 이타주의적 의도로, 또는 업무 프로세스나 과제의 결과로 교환된다. 이것은 지식이 명시적 보상 없이 교환되는 것이다. 무료 접근 방법에서 지식 교환은 무임승차(지식 저장고에 동등하게 기여하지 않음), 지식 가치 평가의 불가능(한 사람에게는 지식이지만 다른 사람에게는 아무것도 아님), 제대로 관리되지 않는 지식경영시스템(사용되지 않는 지식의 증가, 지식 서치 시간의 증가)과 같은 문제를 일으킨다. 지식시장 메커니즘은 이러한 이슈를 해결하는 것을 돕고 더 효과적인 지식경영 프로그램으로 가이드한다.

내부 지식시장의 행위자는 언제라도 또 거래에 따라 구매자와 판매자의 역할을 바꿀 수 있다. 시장은 구매자와 판매자가 어떻게 상호작용을 하는지에 대한 규칙에 따라 관리된다. 행위자는 시장의 규칙을 따라야만 한다. 시장 규칙은 교환과 가격 메커니즘을 결정한다. 지식시장은 암묵적 지식뿐만이 아니라 형식적 지식의 거래를 촉진하는 데 사용될 수 있다. 지식 객체에 대한 가격 결정 메커니즘은 세 가지 방법으로 나눌 수 있다. 첫째는 구매자와 판매자가 가격을 협상하게 하는 것이고, 둘째는 판매자가 가격을 정하여 방법이고, 셋째는 옥션으로 가격을 결정하는 것이다. 내부 지식시장의 공간은 보통 인터넷 공간 즉 전자적 마켓플레이스(Marketplace)이다.

지식시장의 주요 .요소는 행위자(구매자와 판매자), 규칙(상호작용의 관리), 공간(구매자와 판매자가 상호작용하는 영역)이다. 지식시장은 시장 조성자에 기초하여 분류할 수 있다. 시장 조성자는 시장을 만드는 데 책임을 지는 개체이다. 시장 조성자는 필요한 인프라스트럭처를 마련하고, 구매자와 판매자를 불러들이고, 시장의 규칙을 정하는 일을 한다. 시장 조성자의 유형은 사적 조직, 컨소시엄, 제3자로 나눌 수 있다. 사적 조직은 내부 지식시장을 만들어 시장 조성자 역할을 한다. 예를 들어 인도의 세계적 IT 기업인 인포시스(Infosys)는 K-Shop이라는 내부적 지식시장을 운영하고 있다. 일본의 후지쓰(Fujitsu)는 엔지니어들 사이의 지식공유를 촉진하기 위해 지식시장을 개발하였다. 컨소시엄은 공통의 목표를 달성하기 위해 협력하는 조직의 그룹이다. 컨소시엄이 다양한 파트너 조직 사이의 지식 교환을 가능하게 하기 위하여 시장 조성자 역할을 할 수 있다. 지식시장이 제3자에 의해 운영될 수도 있다. 제3자 시장 조성자는 주로 인터넷에서 지식시장을 운영한다(예: Knexa.com).

지식 성장모델

어떤 기업을 다른 경쟁 기업과 비교할 때 어느 정도인지 아는 방법은 무엇인가? 어떤 기업의 지식기반 기업 모델로의 진전 정도를 파악하는 것은 어떤 표준 측정 기준을 요구한다. 버튼 존스(Burton-Jones)의 지식 성장모델은 이 목적에 적합하다. 조직학습 관점에서 그러한 모델은 잠재적 훈련 및 인적 자원 요구 사항을 결정하는 기초를 제공한다. 이 모델은 경영진이 미래의 지식 투자를 결정하는 것을 돕는다. 또 이것은 개별 기업이 자신의 성과를 비교하는 데 사용하는 우수 지식경영 벤치마크로 사용할 기초를 제공한다. 지식 성장모델은 아래의 여섯 단계로 되어 있다.

- 1단계 – 지식 인식

  첫 단계는 생산 요소로서 지식의 중요성을 인식하는 데서 출발한다. 기업은 지식 감사를 자신의 지식자산의 가치를 분석하는 방법으로 실시한다. 이 단계에서 결과 기반의 성과측정의 특징을 갖는 기업 내부 노동력에 대한 중요성은 감소한다. 경력과 경험보다는 개인 지식과 역량에 대한 중요성이 증가한다.

- 2단계 – 지식 리엔지니어링

  이 단계는 비핵심 기능의 외부화와 핵심 기능의 내부화에 따른 중간 관리자층의 감소가 일어난다. 내부 시스템과 프로세스는 기업의 지식 베이스에 대한 업데이트된 개념을 활용하고 변화된 결과를 전략적 초점에 반영하도록 리엔지니어링된다.

- 3단계 – 지식 네트워킹

  3단계는 의사결정의 확산과 부서 간 팀의 활용 증가로 특징지어진다. 다른 성장단계의 특징은 노동자 지식과 부서 기능의 동질성 향상과 창의성과 혁신에 더 많은 초점을 맞춘다. 외부 중간 서비스 공급자와 자기 고용 노동자와의 연계도 증가한다.

- 4단계 – 지식 인센티브

  기업은 재구축한 내부 구조와 지식 초점과 인센티브 및 보상 시스템 재정렬의 필요를 가진다. 승진, 팀 기반 성과 인센티브, 개인 스톡 옵션이 주변 그룹의 인센티브로 사용된다. 주변 그룹은 개인적 생산성 인센티브를 받게 된다.

- 5단계 – 지식 향상

  5단계에서는 연구 개발과 훈련에 투자를 증가하고, 기업의 제품과 지식 베이스 사이의 연계를 재정비한다. 기업은 외부 훈련 기관 및 제품 개발자와 연계를 향상시킨다.

- 6단계 – 지식 기업

  이 단계에서 기업은 지식 중심의 기업이 된다. 지식경영과 기업경영이 통합된다. 성장 및 경쟁 전략이 지식기반이 된다. 핵심 그룹은 주변 그룹이나 외부에서 노동자를 추가하며 크게 확장하게 된다.

앞서 가는 기업이 지식 성장모델의 2단계에 접어들었을 때인 1990년대 초반에 비지니

[그림 12-7] 지식 성장모델

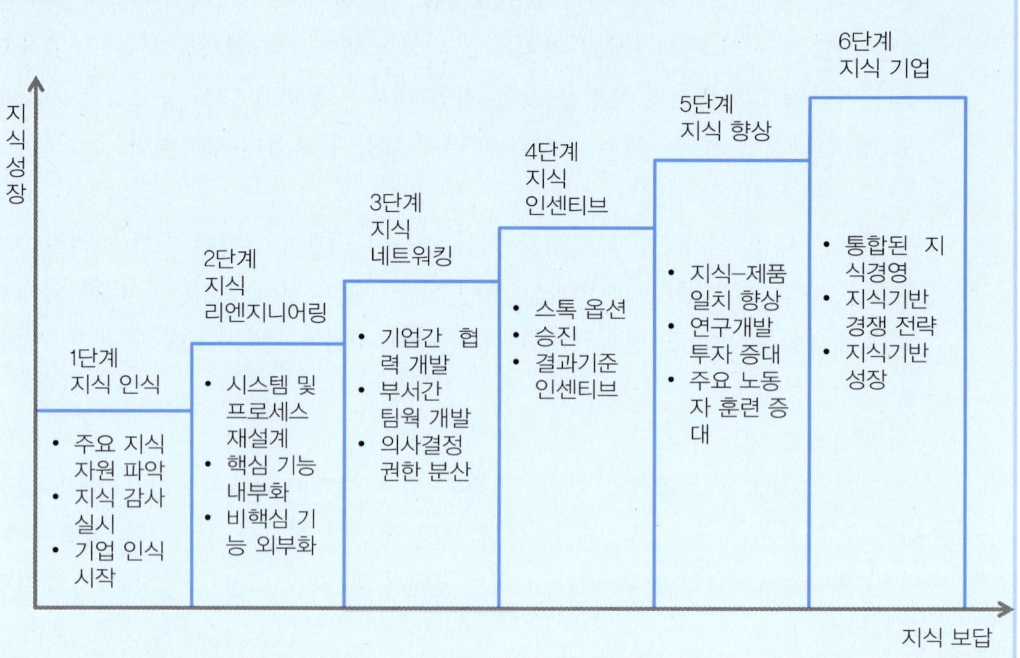

출처: Burton-Jones(1999)

스 프로세스 리엔지니어링(BPR)이 인기를 끌었다. 그러나 BPR이 기업의 지식 성장 요구 조건에 대한 종합적 관점을 가지지 못하여 인기를 잃게 되었다. 그것은 BPR이 지식 성장모델의 2단계의 변화에만 초점을 맞추고 지식 관점에는 관심이 적었기 때문이다. BPR 뿐만이 아니라 품질관리, 조직학습, 경쟁 포지셔닝과 같은 많은 다른 경영전략도 기업의 지식 요구 조건에 대해 종합적 모델에 근거하지 않고 부분적 접근 방법을 택하였다.

지식 성장모델의 1단계에서 3단계까지는 주로 재평가와 재구축의 프로세스이며 이것은 4단계의 지식 주도 성장의 기초를 놓는 과정이다. 4단계 이후부터는 기업이 혁신과 경쟁 우위를 위해 지식 자원을 활용하면서 성장 커브를 가속화하기 시작하는 단계이다. 4단계에서 6단계까지 기업은 더욱 지식에 의존하게 된다. 이 과정에서 기업은 외부와 공급자의 지식과의 인터페이스를 통제할 필요가 있다.

지식 성장모델은 기업이 현재 어디에 위치하는지에 대해 평가할 수 있게 한다. 이것을 통해 기업은 조직 내의 지식노동자와 조직의 중요한 이슈와 기회를 파악할 수 있게 한다.

사례: 유럽 금융기관의 연간보고서의 지적 자본 공표

최근 한 연구 논문에 따르면 유럽에서는 연간보고서의 지적 자본에 대한 보고는 급격하게 증가하고 있으며 연간보고서에서 차지하는 비중도 커지고 있다고 한다. 전통적 회계 시스템의 결점을 보완하기 위해 무형자산에 대한 정보를 공개하고 가치를 평가하는 새로운 보고 모델이 제안되었으며, 여러 국제기구와 회계 기준 제정 기관의 관심을 끌고 있다. 아직 연간보고서의 지적 자본 공표에 대한 연구가 많지 않아 상세한 현황을 말하기는 어려운 상황에서 이 논문은 유럽의 9개국에서 1개의 금융기관을 선정하여 지적 자본 보고를 비교하였다.

지적 자본 보고 내용의 분석은 지적 자본 공시의 다양성 측정을 위한 공시 지표(Disclosure Index), 지적 자본 콘텐츠의 양을 평가하기 위한 단어의 수, 그리고 연간보고서의 지적 자본 초점을 파악하기 위한 전체 연간보고서의 단어 수에 대한 지적 자본 공시 단어의 비율을 사용하는 콘텐츠 분석 방법을 사용하였다. 이 조사는 시장에 대한 지배력이 큰 기업과 투자자에 대한 보호가 큰 기업의 지적 자본의 공시가 더 많은 것을 발견하였다. 그러나 일반적으로 지적 자본 공시의 범위와 형식은 기업 간의 차이가 컸다. 따라서 지적 자본 공시 실태를 비교할 때 기업 간 측정지표가 큰 점에 주의하여야 된다.

일반적으로 지적 자본 공시의 범위와 콘텐츠는 아직 낮은 수준에 있으며, 가치 관련성이 적어 애매한 문장 또는 산만한 기술이라는 평가를 받는다. 지난 20여 년 동안 유럽에서는 특히 장부가치와 시장가치의 갭이 증가하면서 지적 자본과 그 중요성에 대한 인식이 증가하였다. 지적 자본 공시의 범위와 연간보고서의 총 단어 수에서 지적 자본 단어의 수가 증가하였다. 지적 자본의 유형(인적 자본, 구조적 자본, 관계 자본)의 변화도 평가되었는데, 영국의 한 은행의 경우 지적 자본의 콘텐츠가 인적 자본에서 관계(고객) 자본으로 크게 이동한 것이 밝혀졌다. 이것은 고객, 공급자, 투자자, 그리고 다른 이해 관계자와의 강한 유대 관계에 금융기관들이 가치를 부여하는 것으로 해석할 수 있다.

출처: Li, Pike, Haniffa(2006)

13장 지식경영시스템

학습 개요 및 목표

지식경영 컨설턴트인 코우로포울로스와 프라파오로(Koulopoulos & Frappaolo)는 지식경영에서 정보기술이 차지하는 위치를 다음과 같이 말한다.

> 현명한 매니저가 하나만 안다면 그것은 지식경영이 기술에 관한 것이 아니라는 것이다. 현명한 매니저가 두 가지를 안다면 두 번째 것은 오늘날 기술 구동의 커뮤니케이션 및 정보 생산 시대에 지식경영을 촉진하는 기술의 역할을 이해하는 것이다.

정보기술 자체가 지식경영을 만들고 유지하는 데 충분한 것은 아니다. 그러나 불가능하지는 않더라도 정보기술의 지원 없이 지식경영 이니셔티브를 시도하지는 않을 것이다. 정보통신 기술은 복잡한 파트너십과 제휴의 네트워크 속에서 경쟁하는 글로벌 기업에게 지식경영을 촉진하는 핵심적 역할을 한다. 정보통신기술이 지식경영의 만병통치약은 아니지만 사용하기 쉬운 지식경영시스템은 중요한 동력이다. 웹이나 모바일 애플리케이션을 통해 조직 어디에서나 접근할 수 있는 지식경영시스템은 필수적이다. 또 지식경영시스템은 학습조직에서 정보 과부하에 대처하는 데 유용한 역할을 한다. 정보기술은 조직 구성원에게 지식경영의 다양한 가능성을 제공한다. 정보기술은 조직 구성원이 지식경영의 직접적 효과를 보고 경험하게 한다. 이 장에서는 정보기술이 지식경영을 어떻게 지원하는지를 소개한다. 구체적인 학습 목표는 다음과 같다.

- 지식경영시스템 정의를 살펴본다.
- 지식경영시스템 아키텍처를 이해한다.
- 지식경영 인프라스트럭처를 이해한다.
- 지식경영시스템 개발 과정을 살펴본다.
- 지식경영 도구의 분류를 살펴본다.
- 주요 지식경영 도구를 살펴본다.
- 지식경영시스템의 성공 요인을 살펴본다.
- 지식경영 도구의 평가를 이해한다.

사례: "우리 기업만의 네이버 만들어 주세요"

친숙한 웹 페이지 디자인과 웹 2.0 관련 기능이 관건

최근 국내 기업들에서 웹 2.0 트렌드에 맞춰 지식경영시스템을 새로이 구축하는 바람이 거세다. 특히 이들 기업들의 요구는 간단하다. "네이버처럼 해주세요"라는 것. 실제 최근에 지식관리 시스템(KMS) 구축에 나선 한국도로공사와 자산관리공사의 요구 사항도 '네이버화'였던 것으로 알려졌다. 네이버는 국내에서 70% 이상의 고객 점유율을 확보하고 있는 대표적인 검색 포털이다. 이들의 성장을 뒷받침했던 요인은 '지식 검색'이었다. 한때 "네이버 지식인에게 물어봐~"라는 말이 유행어가 될 정도로 인기가 높았다. 즉, 필요한 모든 지식을 얻을 수 있는 곳으로 통했던 네이버. 이런 인식이 기업 내 지식경영시스템에도 전이된 것이다.

날리지큐브 기술컨설팅팀 강미정 팀장은 "네이버처럼 해달라고 요청하는 것은 기업 지식경영 담당자가 자사 기업 내 모든 지식을 KMS를 통해 얻을 수 있도록 만들고자 하는 의지가 담겨 있는 것"이라며 "다기능 웹 포털에 익숙한 사용자의 요구에 맞춰 솔루션 업체들도 관련 기능을 네이버를 통해 벤치마킹하고 있는 상태"라고 말했다. 기업 고객들의 요구 수준이 '네이버처럼'인 만큼 지식경영시스템 제공 업체들은 웹 2.0 환경에 익숙한 기업 사용자들의 요구 사항을 적극적으로 수용하기 위해 다양한 기능을 선보이며 대응하고 있다. 실제 네이버화하기 위해선 어떤 기능들이 수반되는 것일까.

무엇보다도 친숙한 웹 페이지 디자인이 중요하다고 업계 관계자들은 입을 모은다. 이런 것을 기능이라고 보기엔 무리가 있지만 일단 사용자가 바로 체감하는 부분이기 때문에 화면 UI(User Interface) 및 디자인을 네이버와 비슷한 느낌으로 제공하고 있다. 실제 한국도로공사의 경우 네이버처럼 검색을 전면에 내세우고 지식, 제안, CoP의 게시물을 요약하는 형태의 디자인으로 구성돼 있다. 예전에는 검색창의 위치가 상단에 조그맣게 있는 형태였다. 검색 결과 또한 네이버 검색 결과처럼 상단을 탭으로 구성해 블로그, CoP, 제안 등 전 시스템의 통합 검색 결과를 보여 주게 된다. Q&A 기능의 경우 질문하기 전에 중복 검색, 질문 등록, 조회하고 답변 채택 등 대부분의 네이버 기능을 그대로 제공해 주고 있다. 네이버처럼 질문 등록자가 본인의 마일리지를 걸 수 있도록 요청하는 곳도 있지만, 기업 시스템에는 적용하기 어려운 부분이 있기 때문에 이 부분은 일반적으로 적용되지 않고 있다.

또한 기업에서는 보다 정확한 전문가의 답변을 유도하기 위해 등록된 질문이 자동으로 해당 지식맵의 전문가에게 메일이나 쪽지로 발송되도록 지원하고 있고, 해당 질문 및 답변에 대해 관련 지식을 연결하는 기능 또한 보유하고 있다. 이는 기업 내 전문 지식 활용을 위해 한층 더 강화된 기능이라고 볼 수 있다. 또 예전에는 지식 은행 같은 한 군데 지식 저장소에서만 지식 등록 및 조회가 됐는데, 최근에는 블로그, CoP 등 사용자가 활동하는 다양한 곳에서 지식 등록이 이뤄질 수 있도록 기능을 제공하고 있다. 업계 관계자는 "기존에는 블로그나 CoP 등이 별도의 시스템이었지만 지금은 이 모든 것을 지식경영시스템에 포함하고 있는 추세"라며 "CoP 등을 통해 활동하는 과정에서 자연스럽게 지식이 등록되도록 함으로써 지식 등록에 대한 부담을 최소화하고, 학습 활동의 일환으로 사용해 보다 가치 있는 지식을 발굴하자는 취지가 숨어 있다"고 설명했다.

이 외에도 네이버에서 다양한 시스템과의 연계를 통해 연관된 다양한 정보를 동시에 보여 주듯이, 기업 내에서도 업무 프로세스와 연계하거나 전자도서관, 인물 정보 등과 연계해 보다 다양한 정보를 제공하고, 지식 활용도를 높여갈 수 있도록 하고 있다. 더불어 웹 페이지 크롤링 기능을 활용해 외부 지식을 활용하고, 뉴스, 부고 등 기업의 업무와 연관성이 있는 정보들을 보여 줄 수 있게 하고 있다. 또한 구글과 달리 네이버는 특정 검색어를 입력하면 데이타베이스(DB)를 가공해 페이지를 보여 주는 경우가 있다. 최근 들어 국내 기업들에서도 이런 기획 페이지 요청이 많다고 한다. 예를 들면, 지사가 많은 기업에서 지역명을 검색하면 해당 지사에 대한 정보를 보여 주는 형태라 할 수 있다.

이처럼 '네이버화'는 KMS에서 요청되는 부분이기도 하지만 실제 네이버 자체가 검색 포털이기 때문에 검색 부분에 대한 이슈들이 많다. 이는 그만큼 갈수록 시스템 내의 검색 기능이 중요해지고 있다고도 볼 수 있다. 관련 솔루션 제공 업체들도 이런 기능에 모두 초점을 맞춰 고객 요구에 대응하고 있다. 온더아이티는 자사 솔루션 날리지플러스를 통해 전사 포털뿐만이 아니라 개인 맞춤형 UI로 사용자 취향의 화면을 손쉽게 구성할 수 있도록 하고, AJAX, 태깅, 블로깅, RSS 등의 웹 2.0 기술 트렌드를 적극 수용하고 있다. 날리지큐브와 가온아이 역시 네이버로 대표되는 웹 2.0 환경에 익숙한 사용자들의 요구 사항을 적극적으로 수용하기 위해 다양한 기능을 제공하고 있다. 이들 업체들은 당분간 네이버화 바람이 국내 KMS 시장에 활기를 불어넣어 줄 것으로 기대하고 있다.

출처: 아이티투데이, 2008년 10월 10일

1. 지식경영시스템 개념

1.1. 지식경영시스템 배경

지식경영시스템과 지식경영 도구

지식경영에 대한 정의는 관점에 따라 차이를 보인다. 그러나 지식경영이 경영자의 수단, 기법, 방법, 협력 개념뿐만이 아니라 다양한 정보통신기술의 사용을 포함한다는 것에는 일치한다. 또 확실한 정보기술의 지원 없이 강력하고 효과적인 지식경영이 이루어질 수 없다는 점에도 모두 동의한다. 그런데 지식경영처럼 지식경영을 지원하는 정보기술 또는 시스템에 대한 용어가 아래에서 보는 것처럼 다양하게 사용되고 있다.

- 지식경영시스템(Knowledge Management System)
- 지식경영을 위한 정보통신기술
- 지식-기반 정보시스템(Knowledge-based Information System)
- 지식경영 지원 시스템(Knowledge Management Support System)
- 지식경영 도구(Knowledge Management Tool)
- 조직메모리 시스템(Organizational Memory System)
- 조직메모리 정보시스템(Organizational Memory Information System)

지식경영시스템 또는 지식경영 도구 용어는 지식경영 개념, 접근 방법, 그리고 이론이 소개하는 비지니스, 경영 관점, 조직학습의 자원 지향적 관점을 더 강조한다. 주로 문헌에서 사용되는 조직메모리 시스템 또는 조직메모리 정보시스템 용어는 집합적 메모리 응용의 역학뿐만이 아니라 조직학습의 이론적 기초, 개인 메모리의 유추를 더 강조한다. 최근 학자들이나 실무자들이 지식경영을 지원하는 정보기술 또는 시스템을 말하는 용어를 주로 지식경영시스템과 지식경영 도구라고 사용하므로 앞으로는 이 용어를 주로 사용하기로 한다. 그리고 두 용어를 구분하여 자세히 살펴보기로 한다.

지식경영시스템의 뿌리

지식경영시스템은 두 가지 다른 유형의 시스템을 기술하는 데 사용되어 왔다. 하나는 애플리케이션 시스템으로서의 지식경영시스템이다. 이러한 지식경영시스템은 데이타 및 문서관리, 오피스 관리, 커뮤니케이션과 같은 기본적 기능을 제공하는 기존의 정보기술 플랫폼의 기초 위에 만들어진다. 예를 들면 인트라넷 솔루션 또는 로터스 노트(Lotus Notes)와 같은 그룹웨어가 있다. 다른 하나는 플랫폼으로서의 지식경영시스템이다. 이러한 지식경영시스템은 고급 기능의 제공뿐만 아니라 정보기술 플랫폼의 기본 기능을 통합한다.

벤더(Vendor)들이 제공하는 지식경영시스템은 이미 대부분의 조직이 정보기술 플랫폼을 가지고 있으므로 첫 번째 부류이다. 이러한 지식경영시스템은 정보기술 플랫폼 기능을 사용하는 기능 및 서비스와 지능적 도구의 통합된 세트를 제공한다. 지식경영시스템은 체계적으로 조직 전체의 지식 포착, 저장, 전파를 가능하게 하기 위하여 기본적으로 다음 기술의 결합을 사용한다. 인터넷, 인트라넷, 엑스트라넷, 데이타 웨어하우스, 데이타 마이닝, 데이타 필터, 멀티미디어, 그룹웨어, 소프트웨어 에이전트, 복합적인 지식경영시스템은 이러한 기존 정보기술을 전부는 아니라 하더라도 여럿을 결합하고 통합한다. 지식경영시스템의 뿌리가 되는 주요 정보기술은 다음과 같은 것이 있다.

- 문서/콘텐츠 관리(Document and content management)
- 워크플로우 관리(Workflow management)
- 인트라넷(Intranet)
- 그룹웨어(Groupware)
- 데이타 웨어하우스(Data warehouse)
- 비지니스 인텔리전스(Business Intelligence)
- 그룹지원 시스템(Group support systems)
- 비주얼라이제이션(Visualization)
- 서치 엔진(Search engine)

- 컴퓨터 기반 훈련/학습 도구(Computer based training tools and learning environment)
- 커뮤니케이션 시스템(Communication systems)
- 인공지능(AI technologies)

위의 리스트가 완전한 것은 아니다. 이 리스트는 지식경영을 기술적으로 지원하는 분야나 시장을 나타내는 것들의 집합이다. 즉 기술적으로 지식경영시스템의 뿌리가 된다고 보는 것들을 모은 것이다. 많은 기업이나 조직은 이미 지식경영의 기능을 제공하는 대부분의 정보기술 플랫폼이나 애플리케이션을 설치하였다. 특히 인트라넷 플랫폼은 지식경영의 기본적 기능을 제공한다.

1.2. 지식경영시스템 정의

지식경영시스템 정의

앞에서 언급한 것처럼 지식경영시스템은 여러 다른 관점에서 정의될 수 있다. 가장 많이 사용되는 정의는 지식경영 프로세스 또는 지식경영 이니셔티브의 일부분으로 실행되는 구체적 조직 도구를 지원하는 시스템에 초점을 맞춘 것이다. 그 다음은 인간과 조직 정보 처리, 학습, 메모리 사이의 유추에 초점을 맞춘 정의이다. 시장에 제공되는 지식경영시스템의 일부분인 기능을 종합한 정의도 있다. 또 다른 정의는 기존 소프트웨어 도구

[표 13-1] 지식경영시스템 정의 예

저자	정의
Davenport, De Long, and Beers (1998)	조직의 의사결정자/사용자에게 그들의 의사결정과 업무 수행에 필요한 지식을 주도록 디자인되고 개발된 시스템
Gallupe (2001)	조직의 지식경영 실무를 지원하는 도구와 기법
Alavi and Leidner (2002)	조직지식의 코드화, 수집, 통합, 분배를 가능하게 하도록 디자인 및 개발된 정보시스템
Maier (2004)	지식경영 이니셔티브의 목표 조직 전체의 형식적 및 암묵적 지식을 맥락적으로 다루는 기능을 결합하고 통합한 시스템

를 통합하고 확장하는 것이다. [표 13-1]에서 보는 것처럼 이러한 다른 관점의 지식경영시스템에 대한 정의는 모두 지식경영의 이론과 실제를 반영하고 있다.

기능 측면에서 지식경영시스템을 보면 다음과 같이 정의할 수 있다. 지식경영시스템은 지식경영 프로세스 즉 지식 생산, 저장, 공유, 활용 프로세스를 지원 또는 향상하는 정보기술 기반의 시스템이다. 지식경영시스템은 네트워크 기반의 조직메모리 창조와 팀과 실무공동체를 지원하는 시스템이다. 종합하면 지식경영시스템은 조직학습 및 조직 효과성의 역동성을 지원하려는 목적으로 지식경영 프로세스에서 네트워크로 연결된 지식노동자의 지식 활동을 지원하는 통합된 서비스이다. 지식경영시스템의 최종 목표는 지식 즉 조직메모리 창조를 지원하는 것이다. 기술 측면에서 지식경영시스템을 정의하면, 조직 전체 또는 지식경영 이니셔티브의 대상 조직 부문의 형식적 및 암묵적 지식을 맥락화하여 다루는 기능을 결합하고 통합하는 정보기술 플랫폼이다.

지식경영시스템과 전통적 정보시스템 차이

지식경영시스템은 문서관리 시스템, 인트라넷, 그룹웨어 등과 같은 전통적 정보시스템과 여러 가지 차이가 있다. 첫째로 지식경영시스템은 기능의 맥락화된 결합 및 통합을 이룬다. 지식경영시스템은 형식적 지식의 출판, 조직화, 비주얼라이제이션, 분배, 서치와 검색뿐만이 아니라 전문가 파악, 암시적 지식의 취급을 지원하기 위한 커뮤니케이션과 협력의 기능을 결합하여 통합한다. 즉 지식경영시스템은 둘 사이의 의미적 관계를 제공한다. 지식경영시스템은 지식과 함께 메타 지식, 피드백, 평가, 그리고 비평의 소유자인 참여자와 팀, 그룹, 공동체와 같은 집합체를 지식 요소와 연결한다. 지식경영시스템은 지식경영 활동의 하나만을 구체적으로 지원하는 것이 아니라 모두는 아니더라도 대부분의 활동을 지원한다.

지식경영시스템은 그룹이나 프로젝트 팀에 초점을 맞춘 그룹웨어나 그룹지원 시스템과 달리 지식경영 이니셔티브가 대상으로 하는 조직 부문 또는 조직 전체를 위한 것이다. 예들 들어, 표준화된 택서노미나 지식 구조는 조직 전체 또는 조직 단위에 걸쳐 적용된다. 또 지식경영시스템은 지능적 기능을 통합한다. 예를 들면 자동 분류, 텍스트 분석 및 마이닝 기능, 서치 지원 기능, 사용자 모델링 및 프로파일링 기능이 있다.

지식경영시스템은 지식경영을 염두에 두고 디자인된다. 즉 지식경영시스템의 실행은 종합적 지식경영 이니셔티브에 포함된다. 이 이니셔티브는 지식경영시스템의 효과적 및 효율적 사용을 촉진하기 위하여 조직 및 사람 지향적 도구를 제공한다. 지식경영시스템은 조직 학습의 역동성과 조직 지식 베이스의 중요성을 강조한다. 지식경영시스템 디자인은 지식이 집합적으로 개발된다는 것과 지식의 분배가 다른 배경과 경험의 참여자에 의해 지식의 지속적 변화, 재구축, 응용으로 이어진다는 것을 반영한다.

2. 지식경영시스템 개발

2.1. 지식경영시스템 아키텍처

일반적으로 아키텍처는 정보시스템 개발에서 블루프린트 또는 준거 모델로서 중요한 역할을 한다. 아키텍처 특히 정보기술 아키텍처는 비지니스 니즈를 충족시키기 위해 조직을 가이드하는 데 사용되는 기술적 선택의 통합된 집합이다. 전형적 정보기술 아키텍처는 하드웨어와 소프트웨어 문제, 커뮤니케이션과 네트워크 이슈, 데이타 사용과 저장과 관련한 가이드라인, 그리고 애플이케이션과 그 기능에 대한 정책과 가이드라인을 포함한다.

아키텍처 분류

지식경영시스템 아키텍처는 크게 이론적 아키텍처, 소프트웨어 업체 아키텍처, 그리고 시장 지향적 아키텍처의 세 부류로 나누어 살펴볼 수 있다. 학자들이 주장하는 이론적 아키텍처는 조직의 지식 베이스 또는 조직메모리를 나타내는 이론적 조사의 결과를 바탕으로 상응하는 정보시스템의 이상적 기능 또는 요소를 유도한 것이다. 이론적 아키텍처에서 일반적으로 파악되는 지식경영시스템의 핵심 기능은 다른 차원이나 관점으로 분류되어 있다.

소프트웨어 업체 아키텍처는 각 업체의 지식경영에 대한 관점을 말하며 이것을 통해 그들의 도구가 어디에 위치하는지를 밝힌다. 이 아키텍처는 조직이 이미 가지고 있는 정보기술 인프라스트럭처를 활용하는 쪽으로 되어 있다. 보통 지식경영시스템은 웹 브라우저와 조직의 데이타와 문서 사이에 자리 잡는다. 종합적 지식경영 패키지는 텍스트 마이닝, 데이타와 문서에 대한 메타데이타의 시맨틱 통합 도구, 서치 엔진, 비주얼라이제이션, 사용자 관리, 출판 및 보고 기능의 상당 수로 되어 있다.

학자들과 실무자들이 내세우는 시장 지향적 아키텍처는 커뮤니케이션 시스템뿐만이 아니라 기존의 데이타와 문서관리 시스템을 통합하는 조직 지식경영 환경의 주요한 요소만 골라 놓은 실용적인 것이다. 이 아키텍처는 지식경영을 지원하고 조직의 개별적 지식경영 환경을 분석하기 위해 표준화된 소프트웨어 도구, 플랫폼 및 시스템 업체가 제공하는 것에 의존한다. 이 아키텍처는 계층적 모델로 표현된다.

지식경영시스템 아키텍처

다른 전형적 정보시스템과 달리 지식경영시스템은 조직마다 크게 차이가 난다. 각 조직의 지적 자산, 무형자산, 지식이 달라 이것들을 관리하는 시스템도 이 다른 점을 지원하여야 하므로 지식경영시스템이 조직마다 다른 것은 당연하다. 그런데 앞에서 본 여러 가지 다른 지식경영시스템의 아키텍처를 종합하여 전형적 지식경영시스템을 개발할 수 있다. [그림 13-1]은 앞에서 본 여러 가지 지식경영시스템 아키텍처의 기본 요소를 종합한 것이다.

[그림 13-1]의 지식경영시스템 아키텍처에서 개인화 서비스, 지식경영 프로세스 서비스, 지식 서비스가 좁은 의미의 지식경영시스템이라고 할 수 있다. 이 계층은 지식경영 인프라스트럭처를 기반으로 한다. 보통 조직은 다른 정보시스템을 위한 정보기술 인프라스트럭처로 이 요소들을 이미 가지고 있다. 지식경영 인프라스트럭처는 전자적 자산과 웹 콘텐츠의 관리뿐만이 아니라 데이타와 문서의 공유, 동기 및 비동기 커뮤니케이션을 위한 기본적 기능을 제공한다. 지식경영 인프라스트럭처는 지식경영시스템에 접근 또는 통합되어야 하는 다양한 데이타와 지식의 전자적 소스를 포함한다.

지식경영시스템 개발은 지식경영 인프라스트럭처 위에 원활한 지식경영을 지원하도록 다른 세 계층을 개발하는 것이다. 개인화 서비스는 대용량의 지식 요소에 대한 효과적

[그림 13-1] 지식경영시스템 아키텍처

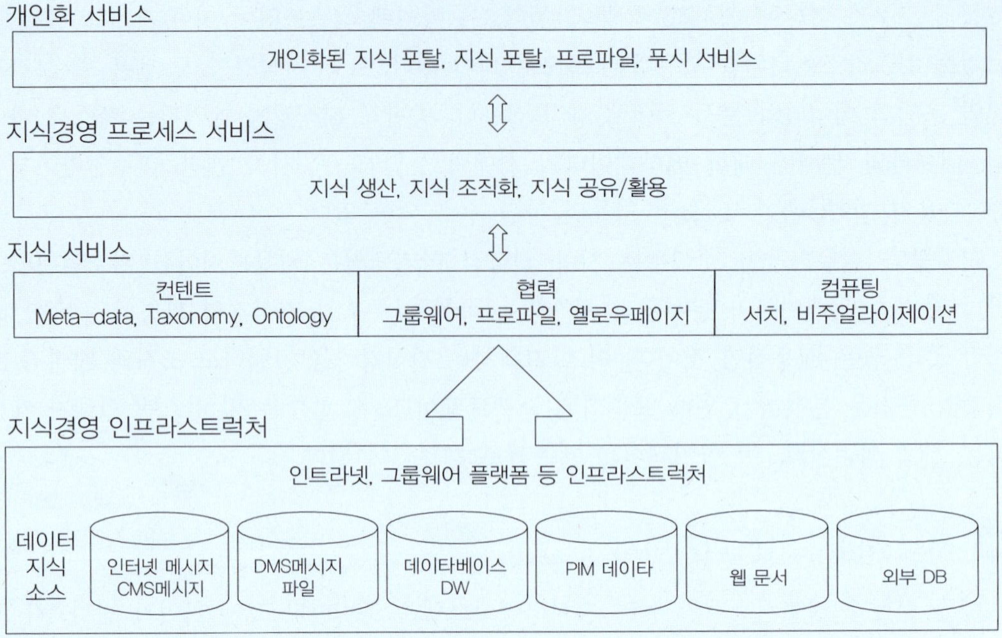

접근을 제공한다. 이것을 위한 첫 번째 방법은 전문가나 지식경영 매니저가 지식경영시스템의 콘텐츠와 구체적 역할을 위한 서비스의 일부를 조직화하거나, 역할 중심의 푸시 서비스(Push service)를 개발하는 것이다. 이것은 지식경영 프로세스 서비스를 조직 전체, 그룹, 또는 프로젝트의 지식노동자가 접근할 수 있게 하고 또 세부 업무 지식 포털을 통하여도 접근할 수 있게 한다. 두 번째 방법은 개인의 관심 프로파일, 개인 분류 넷, 그리고 개인화할 수 있는 포털과 같은 것을 이용하여 포털과 서비스를 개인화하는 것이다. 자동 프로파일 생성 기능은 기능, 콘텐츠, 서비스의 개인화를 돕는다.

개인화 서비스

지식경영시스템은 지식 포털의 개인화 서비스, 개인의 프로파일 저장 및 활용, 그리고 지식 푸시 서비스 등과 같은 서비스로 개인 사용자의 지식 프로세스를 지원한다.

조직의 포털은 모든 문서나 애플리케이션에의 통일된 접근 포인트를 제공한다. 지식경영에서 포털은 사용자에게 맥락적으로 관련된 것이 무엇인지를 알아서 맞춤 정보를 제공할 수 있다. 조직 포털과 직원 관계 관리(Employee Relationship Management, ERM) 시스템을 통하여 지식경영시스템의 도구와 서비스가 개인의 니즈에 맞추어지고 있다. 포털에서의 개인화는 사용자의 역할에 따른 콘텐츠를 제공하는 것을 넘어 사용자가 자신이 받는 정보와 그 페이지 레이아웃을 결정할 수 있게 한다. 개인화는 사용자가 자신의 홈페이지에 나타나는 정보나 애플리케이션 유형을 선택하도록 하는 인트라넷이나 포털의 기능이다.

개인화는 정보를 정제하여 개인의 과제를 성취하는 데 필요한 정보를 제공하게 한다. 개인화는 사용자가 누구인지와 사용자가 이용하는 것을 이해하는 것에서 출발한다. 이것은 지식 콘텐츠를 분석하고 각 그룹에 가장 관련이 있는 것이 무엇인지를 파악하여 개인화된 사용자 경험을 구축하는 것을 가능하게 한다. 또 개인화 전략은 조직 포털의 콘텐츠를 더 잘 관리하는 데 사용하는 것뿐만이 아니라 포털 사용자의 사고를 자극하는 새로운 지식을 투입하는데 효과적일 수 있다.

지식경영 프로세스 서비스

지식경영 프로세스 서비스는 지식경영시스템 아키텍처의 핵심 요소이며, 지식경영 프

[표 13-2] 프로세스 관련 기술

지식경영 프로세스	기술
창조/통합	• 지식창조 기능 • 지식 기여를 장려하는 인센티브 메커니즘 설치
조직화/ 저장	• 멀티미디어 사용 • 콘텐츠 관리 기능 • 중앙 지식 저장고 • 쉽고 빠른 지식 접근 • 정교한 서치와 추출 메커니즘
공유/활용	• 멀티미디어 • 보고서 생성 및 프레젠테이션 기능 • 협력 및 지식공유 가능 • 맞춤 인터페이스 • 지식 푸시 전략 기능 포함

로세스의 각 활동에 필요한 지능적 기능을 제공한다. 지식경영 프로세스 서비스는 [표 13-2]에서와 같이 지식경영 프로세스에 따라 관련 기술을 구분할 수 있다.

지식 서비스

지식 서비스는 콘텐츠(Contents), 협력(Collaboration), 컴퓨팅(Computing)의 3C 서비스로 나누어진다.

지식 서비스의 콘텐츠 서비스는 지식 장고를 비롯한 메타데이타, 택서노미, 온톨로지, 디렉터리, 그리고 동기화 서비스 등으로 되어 있다. 지식 장고는 사람, 시간, 토픽, 위치, 프로세스, 유형 같은 여러 차원에 대한 메타데이타의 도움으로 다양한 소스로부터 오는 지식 요소를 기술하는 조직의 메타 지식을 다룬다. 택서노미, 지식 구조, 또는 온톨로지는 지식 요소를 의미 있게 조직화하고 연결하는 것을 돕고 또 조직 지식 이스의 의미를 분석하는 데 사용된다. 지식경영 통합 서비스는 디렉터리 서비스와 같이 지식경영시스템을 사용하는 지식노동자에 대한 메타데이타 관리에도 필요하다. 그리고 지식 작업 공간의 일부를 오프라인으로 보내고 오프라인에서 끝난 지식 요소 작업을 재통합하는 것을 돕는 동기화 서비스도 지식경영 통합 서비스의 일부이다.

협력 도구는 목적 달성을 위해 공동 과제를 수행하는 사람들이 함께 일하고 정보를 공유하는 것을 돕는 컴퓨터 기반 도구이다. 협력 도구는 지리적으로 분산된 팀을 모아 온라인 미팅을 하게 하고 데이타를 공유하는 데 크게 도움을 준다. 협력 도구는 그룹웨어, 컴퓨터 지원 협업(Computer supported cooperative work, CSCW) 도구, 팀웨어(Teamware), 작업 그룹 컴퓨팅 애플리케이션으로 불리기도 한다. 일반적 협력 도구의 예는 전자우편, 메시징, 채팅, 위키, 화이트보드, 게시판, 비디오 콘퍼런스, 토론 그룹, 파일 공유 도구, 프레젠테이션 도구, 애플리케이션 공유 등이 있다.

지식경영의 컴퓨팅 요소와 관련한 기술은 여러 가지 지식경영 컴퓨팅 도구를 포함한다. 예를 들면, 서치, 클러스터링, 사회적 네트워크 분석(Social network analysis, SNA), 비주얼라이제이션, 에이전트, 비지니스 인텔리전스, 기업 포털이 있다.

지식경영 인프라스트럭처

지식의 사용은 지식 자원을 특정 공간이나 시간에 집중할 것을 요구한다. 이러한 목적에 사용하는 기술은 지식이 집중되고 지식창출을 위한 자원으로 활용되는 프레임(Frame)

을 제공한다. 인터넷 기술은 커뮤니케이션과 협동의 중재 및 지식 자원의 수집과 아카이브에 여러 가지 방법으로 사용될 수 있다. 인터넷 기술은 조직이 인트라넷과 엑스트라넷을 통하여 조직 내·외부의 지식을 통합하여 공유할 수 있게 한다. 그 지식의 소스는 조직 내·외의 데이타베이스, 데이타 웨어하우스, PIM 데이타, DMS 메시지, 파일, CMS 메시지, 인터넷 메시지, 웹 문서, 그리고 외부 DB 등을 포함한다.

지식경영 인프라스트럭처는 조직의 지식창출과 전이에 중요한 역할을 한다. 인터넷 기술은 코드화된 지식의 전이를 촉진하는 데 매우 효과적이지만, 암묵적 지식을 온라인으로 공유하고 창출하거나 매우 복잡한 과제를 협동으로 수행하는 데에는 어려움이 있다. 따라서 물리적 활동과 면대면 상호작용이 가능한 도구를 제공하는 것이 암묵적 지식 공유의 열쇠이다. 지식경영 인프라스트럭처는 조직 구성원이 팀이나 그룹으로 프로젝트를 수행할 때 시간과 거리에 관계없이 지식을 공유하고 커뮤니케이션을 하게 한다. 그룹웨어는 대표적 협력 활동 지원 도구이다.

위에서 본 지식경영시스템 아키텍처를 구성하는 서비스 이외에도 일반적 정보시스템이 가져야 하는 적응성(통합), 보안, 사용 편이성, 그리고 비용 측면의 효율성도 요구된다. 또 사용 측정 수단과 추적이 가능하도록 하고 지식의 품질과 무결성을 보장하는 메커니즘은 지식경영시스템의 필수 요소이다.

2.2. 지식경영시스템 개발

지식경영시스템 개발 접근 방법

지식경영시스템 개발의 접근 방법은 조직의 지식경영 접근 방법에 기초할 수 있다. 이러한 지식경영 접근 방법에 대한 분류 중 하나가 1장에서 본 바와 같은 코드화 접근 방법과 개인화 접근 방법이다. 이 접근 방법은 개발하고자 하는 지식경영시스템 모델에 영향을 준다.

코드화 지식경영 접근 방법은 지식 베이스에 지식을 코드화하고 저장하는 데 초점을 맞추므로 저장고 모델이라 부르기도 한다. 지식경영시스템은 시간이나 지리적 장벽과 상관없이 지적 자본의 결합과 교환 능력을 향상시키기 위한 기업의 지식 저장고의 역할을 한다. 저장고 모델의 지식경영시스템의 목적은 코드화된 전문 지식에 접근하게 하여 재사용을 촉진하는 것이다. 지식 저장고는 지식과 정보를 포착, 조직화, 저장, 서치, 추출하는 기능을 제공하는 지식경영시스템의 유용한 문서 데이타베이스이다. 우수 사례를 코드화하여 공유하도록 하는 지식 저장고가 그 예이다. 조직기억 시스템이라고도 불리는 이 정보시스템은 조직의 효과성을 높이기 위해 과거의 지식을 현재에 활용할 수 있도록 한 것이다. 이러한 지식경영시스템은 조직의 운영, 경영, 분석 및 의사결정을 지원하는 정보나 지식을 제공하는 통합된 시스템이다.

개인화 지식경영 접근 방법은 지식전이를 가능하게 하는 네트워크 모델의 지식경영시스템을 개발하는 데 초점을 맞춘다. 지식경영시스템은 개인이 보유하는 전문가에 대해 서치할 수 있는 인덱스나 카탈로그의 지식 맵을 제공한다. 이것은 조직의 전문가의 위치를 알리기 위해 즉 누가 무엇을 알고 있고 어떻게 접촉할 수 있는지를 가능하게 하기 위해 사람들을 연결한다. 지식 맵(Knowledge map)이라고도 부르는 이 방법은 주로 옐로 페이지(Yellow page)라고 하는 지식 디렉터리 개발로 실행된다. 조직의 코드화되지 않은 지식에 접근하는 방법은 내부의 전문가를 연결하는 것이다. 또 다른 방법은 유사한 토픽에 관심을 가진 사람들을 연결하는 것이다. 실무공동체를 지원하는 공통의 지식 포럼을 제공하는 지식경영시스템이 그 예이다. 이러한 지식경영 시스템은 조직의 데이타베이스에 존재하지 않는 개인의 머리에 있는 암묵적 또는 암시적 지식을 관리하는 메커니즘이다.

저장고 지식경영시스템 모델과 네트워크 지식경영시스템 모델은 지식경영시스템의 접근방법에 초점을 맞춘 것이다. 이와 달리 앞에서 본 지식경영시스템 아키텍처를 근거로 하는 지식경영시스템 개발에 대한 접근 방법은 두 가지로 나눌 수 있다. 하나는 프로세스 접근방법이고 다른 하나는 인프라스트럭처 접근 방법이다.

프로세스 접근 방법은 프로세스, 업무, 또는 프로젝트의 효과성을 향상하기 위하여 프로세스, 업무, 프로젝트 참여자에 의한 지식 또는 조직메모리 사용에 초점을 맞춘다. 이 접근 방법은 프로세스의 정보 및 지식 필요 즉 어디에 있는지와 누가 필요로 하는지를 파악한다. 이 접근 방법은 사용자가 포착되고 사용되는 지식의 환경을 이해하는 것으로 간주되므로 지식경영시스템은 최소한의 맥락을 요구한다. 인프라스트럭처 접근 방법은 전체 조직이 사용하도록 지식 또는 조직메모리를 포착하고 분산하는 시스템 개발에 초점을 맞춘다. 지식의 파악, 추출, 사용과 관련된 기능을 제공하는데, 필요한 기술적 사항과 획득된 지식을 설명하는 맥락을 포착하는 데 주의를 기울인다. 이 접근 방법은 네트워크 용량, 데이타베이스 구조와 조직, 지식 및 정보 분류에 초점을 맞춘다.

두 접근 방법 모두 완전한 지식경영시스템을 개발하는 데 사용될 수 있다. 프로세스 접근방법은 구체적 활동을 지원하고, 인프라스트럭처 접근 방법은 조직지식을 한 프로세스보다 전체 조직이 활용할 수 있는 단일 시스템에 통합한다. 조직의 여러 프로세스 기반 지식경영시스템을 단일의 통합 시스템으로 결합하는 전사적 지식경영시스템 개발도 가능하다.

지식경영시스템 개발 과정

지식경영시스템 개발 과정은 일반적으로 조직이 이미 가지고 있는 인프라스트럭처를 활용하도록 한다. 지식경영시스템 개발 과정은 크게 4개의 단계로 되어 있으며, 각 단계는 하나 이상의 활동으로 구성된다.

첫 번째 단계에서는 조직이 가지고 있는 인프라스트럭처를 분석하여 지식경영시스템 개발에 활용할 구체적 순서를 파악한다. 이 과정에서 조직의 지식 맵을 개발하여 지식 갭을 분석한다. 개발된 지식 맵은 비지니스 전략과 지식경영을 연결하는 데 사용될 수도 있다. 이 연결은 비지니스 성과와 목적에 맞는 지식경영 전략과 시스템을 개발하는 데 쓰인다.

지식경영시스템 개발의 두 번째 단계에서는 지식경영시스템의 분석, 설계, 그리고 개발 활동이 이루어진다. 먼저 지식경영시스템 아키텍처의 지식경영 인프라스트럭처를 구성하는 요소를 선택한다. 지식경영시스템을 만들기 위한 통합은 인프라스트럭처보다는 정보스트럭처(Infostructure)의 접근이 필요하다. 중요한 인프라스트럭처의 하나는 웹이나 로터스 노트(Lotus Notes)와 같은 협력 플랫폼이다. 다음 순서는 조직의 지식에 대한 감사를 하여 중요한 것과 부족한 것을 파악하는 것이다. 그 다음 순서는 개발팀을 구성하여 지식경영시스템의 디자인을 만드는 것이다. 지식경영시스템 디자인에는 지금까지 도출된 모든 내용들이 통합된다. 디자인이 만들어지면 독자적 협력 플랫폼 또는 인트라넷을 선택하여 구체적으로 실제 시스템을 개발한다.

세 번째 단계는 개발된 지식경영시스템의 실행 단계이다. 보통 지식경영시스템의 실행은 파일럿 실행을 사용하여 결과 구동적(Result-driven), 점진적 실행 기법으로 진행한다. 지식경영의 실행에는 문화적 변화가 결정적이므로 동시에 진행하면서 변화관리를 한다.

마지막 네 번째 단계는 지식경영 투자에 대한 평가를 하고 지식경영시스템의 유지와 관리를 실행하는 것이다. 지식경영에 대한 평가는 재무적 효과뿐만이 아니라 경쟁자에 대한 영향도 동시에 고려하여야 한다. 지식경영의 효과에 대한 분석은 다음 지식경영 시스템 디자인 사이클에 유용한 정보를 제공한다. 지식경영시스템 개발 과정은 한 번으로 종료되는 것이 아니라 다른 시스템 개발 방법에서와 마찬가지로 개발 사이클이 반복된다.

[그림 13-2] 지식경영시스템 개발 과정

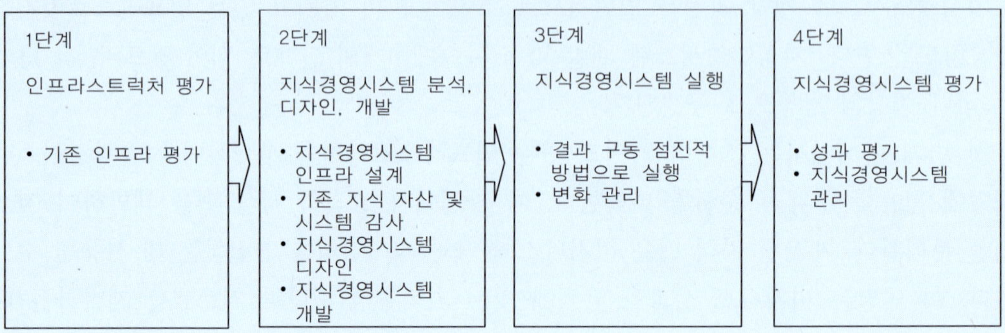

지식경영시스템 개발 과정은 단순한 기술적 분석, 개발, 그리고 실행이 아니다. 최신 정보기술로 개발된 지식경영시스템은 경쟁 기업이나 조직이 복사할 수 있다. 그러나 조직의 지식은 복사될 수 없다. 따라서 지식경영시스템 개발 과정을 하나의 시스템 개발 방법론으로 볼 것이 아니라 로드맵(Roadmap)으로 접근하는 것이 바람직하다. 로드맵 접근 방법은 지식경영시스템 개발 과정에 지식과 함께 맥락(Context)이 녹아들기 때문이다. 지식경영이 기업 또는 조직의 맥락에 뿌리를 두고 있다는 것은 지식경영이 기술보다는 조직의 문제라는 사실에서 유래한다.

3. 지식경영 도구

3.1. 지식경영 도구 분류

오늘날 지식경영에는 단순한 전자우편에서 인터넷, 인트라넷에서의 웹 기반 시스템에 이르기까지 다양한 유형의 기술이 있다. 전통적 시스템과 도구 중에 지식경영시스템이나 도구로 분류되는 것도 있고, 지식 관련 서비스를 제공하는 기능의 지식경영시스템이나 도구도 있다. 어떤 것은 그룹이 협력하여 일하는 플랫폼을 제공한다. 다른 것은 워크플로우를 관리하는 기능 또는 정보 자원과 콘텐츠를 분류, 추출, 관리하는 기능을 제공한다. 또 다른 것은 고객과의 관계를 관리하고 포털을 개발하는 데 초점을 맞춘다.

지식경영시스템 및 도구 분류

많은 학자와 실무자들이 지식경영시스템 또는 도구에 대한 분류를 제시하고 있다. 지식경영시스템 또는 도구에 대한 분류는 이론적 관점과 시장적 관점으로 나눌 수 있다. 이론적 관점의 분류에서 가장 많은 분류 방법은 지식경영, 조직학습, 또는 조직기억의 프로세스 혹은 업무를 기술하는 모델에 기초한다. 이 밖에도 여러 가지 분류의 기준이 있을 수 있다. 예를 들면, 지식의 유형 즉 콘텐츠, 지식 스파이럴의 네 활동, 참여자, 지식 중개자, 매니저 등의 사용자의 역할, 개인, 그룹, 공동체 등의 조직 차원, 사용 기술에 따른 분류 기준이 있다. [표 13-3]은 지식 스파이럴에 사용되는 정보기술을 구분한 예이다.

시장적 관점의 분류는 잠재적으로 지식경영을 지원하는 기술, 도구, 시스템을 분류하거나 지식경영시스템의 기능으로 나누어 분류한다. 하나의 시장적 관점의 분류는 지식경영시스템의 기술적 뿌리에 해당하는 전통적 정보기술과 인프라스트럭처로 된 지식경영시스템 인프라, 전문화된 지식경영 도구, 그리고 좁은 의미의 지식경영시스템 즉 지식경

[표 13-3] 지식 스파이럴과 IT 도구

사회화	외재화
• 웹캠(Webcam) • 비디오콘퍼런스(Videoconferencing) • 가상현실(Virtual Reality)	• 개인 대 개인 네트워크(P2P Network) • 전문가 시스템(Expert System) • 온라인 실무공동체(Online CoP)
내재화	**결합**
• 지식 베이스(Knowledge base) • 이러닝(e-Learning) • 비주얼라이제이션(Visualization)	• 추출 도구(Abstracting) • 분류(Classification) • 클러스터링(Clustering)

영 스위트(Knowledge Management Suite)로 크게 세 그룹으로 나눌 수 있다. 전문화된 지식경영 도구는 지식경영에 필요한 구체적 기능을 수행한다. 이들은 보통 다른 전문화된 지식경영 도구나 전통적 정보기술에 통합되어 지식경영시스템을 만든다. 지식경영 스위트는 인트라넷이나 로터스 노트와 같은 공통의 플랫폼에 다양한 지식공유 기술을 통합한다. 통합되는 기능으로는 커뮤니케이션, 문서관리, 서치와 접근, 비주얼라이제이션과 같은 것들이다.

이러한 다양한 분류를 종합하여 앞의 지식경영시스템 아키텍처([그림 13-1])에 따른 분류를 하면 크게 세 부류로 나눌 수 있다.

- 지식경영시스템 인프라
- 지식 서비스 도구
- 지식경영 프로세스 도구

이러한 분류에 따라 시장의 지식경영시스템과 도구를 나누면 [표 13-4]와 같다. [표 13-4]는 지식경영시스템 인프라와 지식 서비스 도구를 지식경영 프로세스에 따라 분류한 것이다. 이 분류는 완전한 것은 아니며 시장 변화와 관점에 따라서도 다르게 볼 수도 있다.

[표 13-4] 지식경영 도구 분류

	창조/획득	포착/저장	공유/활용	공통
인프라 스트럭처	GSS BI/ Data Mining e-Learning	CMS/ DMS DW CBR Experience DB	Workflow mgmt CBT/Learning Recommender Groupware	Intranet Groupware Communication
콘텐츠	Storytelling	k-Portal Taxonomy Abstracting Categorization Best Practice Repository, Knowledge map, Semantic web	k-Portal Syndicated Feed, Valuation	
협력	CoP Cooperative Doc Creation, Whiteboarding, Conference P2P messaging		Collaboration Yellow Page/Help Desk Expertise Locator Conference CoP	
컴퓨팅	Search		Search Visualization Agent SNA	

3.2. 지식경영 도구

지식창조 및 획득 도구

브레인스토밍 도구

전자적 브레인스토밍(Brainstorming) 도구는 많은 사람이 그룹으로 면대면 만남에서 할 수 있는 것을 비동기적으로 할 수 있게 한다. 사람들이 직접적 접촉 없이 브레인스토밍

하게 한 뒤 결과를 후에 통합하는 명목적 브레인스토밍(Nominal brainstorming)은 전통적 브레인스토밍보다 여러 가지 장점이 있다. 첫째로 아이디어 입력이 익명으로 될 수 있어 자유로운 아이디어 제안이 가능하다. 도구의 내부 기록을 통해 개인의 상대적 성과를 알 수 있다. 모든 참가자가 전통적 브레인스토밍에서처럼 차례를 기다리지 않고 아이디어를 즉시 제안할 수 있다.

아이디어 처리 도구

아이디어 처리(Idea processors) 도구는 브레인스토밍 애플리케이션처럼 아이디어를 생산하고 포착하는 것을 돕는 것뿐만이 아니라, 아이디어를 조직화하고 프레젠테이션하는 것을 돕는 소프트웨어이다. 예를 들면 아이디어 처리 도구가 사용자로 하여금 문제해결 연습 문제를 통하여 가이드하면서 새로운 방법으로 생각하도록 할 수 있다. 일부 아이디어 처리 도구는 인공지능 요소를 포함한다.

그룹웨어

일단 팀이 구성되면 전화, 전자우편, 비디오콘퍼런스뿐만이 아니라 그룹웨어(Groupware) 환경과 같은 다양한 커뮤니케이션 기술은 팀 멤버들이 지리적으로 분산되어 있더라도 협력적으로 지식을 창조하는 것이 가능하게 한다. 그룹웨어는 그룹 작업을 향상시키는 도구이다. 로터스 노트(Lotus Notes), 마이크로소프트 익스체인지(Microsoft Exchange), 노벨 그룹웨어(Novell Groupware) 등이 그 예이다. 넓은 의미의 그룹웨어는 전자우편, 전자게시판 등과 같이 공동 작업자들이 함께 일하는 능력을 향상시키는 소프트웨어이다. 그러나 지식경영에서는 그룹 멤버들이 지식을 공유하는 것을 돕는 컴퓨터 미디어를 모두 그룹웨어에 포함시킬 수 있다. 면대면 회의를 지원하는 그룹지원 시스템도 지식창조에서 많이 활용되고 있다.

전문가 찾기 시스템

가장 가치 있는 새로운 지식은, 흔히 한 사람이 아닌, 사람들의 그룹에서 창조된다. 그룹의 성과를 향상시키는 기술로서 전문가 찾기 시스템은 그룹 멤버 구성 단계에서 역량, 전문가 배경, 개인 스타일의 혼합이 적절하게 이루어져 새로운 지식을 창조할 가능성을 높이도록 전문가를 찾는 것을 돕는다. 전문가 찾기 시스템 또는 도구에는 옐로 페이지와 전문가 프로파일링과 같은 시스템이 있다.

인공지능, 비지니스 인텔리전스, 시뮬레이션

인공지능(Artificial intelligence) 기법은 새로운 아이디어를 생산하는 데 매우 도움을 많이 준다. 예를 들어 데이타 마이닝과 텍스트 마이닝은 새로운 관계를 발견하는 데 많이 사용되고 있다. 비지니스 인텔리전스(Business Intelligence)는 데이타 웨어하우스에 저장된 조직의 거래 데이타를 분석하여 새로운 정보나 지식을 찾아내는 도구이다. 데이타와 정보로부터 새로운 관계를 발견하는 다른 방법으로 시뮬레이션(Simulation)이 있다.

비지니스 인텔리전스(Business Intelligence)는 비지니스가 시장 행태와 비지니스 맥락에 대한 이해를 돕는 데 사용하는 능력, 지식, 기술, 애플리케이션, 그리고 실무를 말한다. 비지니스 인텔리전스는 정보의 수집, 통합, 분석, 해석, 그리고 프리젠테이션의 활동을 포함한다. 따라서 비지니스 인텔리전스는 조직 내에 산재한 모든 데이타를 유용한 정보로 전환하여 궁극적으로는 지식으로 만들려는 목표를 추구하도록 설계된 개념, 방법 및 기술의 집합이라고 할 수 있다. 실무적으로 비지니스 인텔리전스는 쿼리와 보고 도구, 온라인분석처리(OLAP), 통계분석, 예측, 데이타 마이닝, 의사결정 시스템, 그리고 중역 정보시스템의 결합이다.

지식 포착 및 저장 도구

문서/콘텐츠 관리

문서 및 콘텐츠 관리(Document and content management)는 개별 데이타 요소를 쉽게 발견하고 사용할 수 있는 방법으로 전자적 정보를 저장, 이동, 관리하는 프로세스이다. 예를 들어 웹 사이트를 관리하기 위하여 콘텐츠 관리 솔루션을 사용하는 기업은 뉴스 기사, 제품 리스팅, 직원 이력서, 미디어 클립을 언제라도 쉽게 추가하고 변경할 수 있다. 또 콘텐츠 관리 솔루션은 제안서, 뉴스레터, 브로셔와 같은 판매 도구의 창조 및 분배를 자동화하여 판매와 마케팅 활동을 유연하게 한다. 콘텐츠 관리는 직원이 업무를 수행하는 데 사용하는 정보와 지식을 조직화하고 접근하는 데 중요한 링크이다. 기업의 웹 전략과 함께 실행되면 콘텐츠 관리는 효율적 콘텐츠 프로세스와 정부 규제 순응을 보장하고, 이것은 다시 생산성 향상, 위험 감소, 이익 증대를 가져온다.

콘텐츠 관리는 이제 모든 기업 활동에서 사용된다. 콘텐츠 관리는 처음에는 웹 콘텐츠 관리에 제한되었다. 그것은 주로 웹 콘텐츠의 개발, 관리, 출판에 관련되었으며 기업이 웹 콘텐츠를 효과적으로 관리하고 재사용하는 것을 도왔다. 그러나 웹 콘텐츠 관리만으로는 기업의 이슈를 해결할 수 없다. 따라서 웹 콘텐츠 관리는 전사적 콘텐츠 관리로 진화하였다. 전사적 콘텐츠 관리는 사람, 프로세스, 정보를 연결하여 기업의 지식이 기업의 성공을 이끄는 우수 사례가 되도록 전환시킨다. 더 나아가 전사적 콘텐츠 관리는 사람, 콘텐츠, 프로세스 기술을 하나의 통합된 솔루션으로 결합한다. 이것은 문서의 창조, 아카이브, 그리고 종국적으로 삭제까지의 관리를 돕는다. 또 전사적 콘텐츠 관리는 기업 애플리케이션의 모든 콘텐츠 유형을 통합하고 결합한다. 새로운 기술은 웹 콘텐츠를 능률적이게 하고, 콘텐츠 저장 장치를 비용-효과적이게 하여 콘텐츠가 확장적이고, 재사용 가능하고, 상호적이게 한다. 기업은 효율적 콘텐츠 관리를 위해 상호작용적 웹 애플리케이션을 전통적 콘텐츠 애플리케이션 솔루션과 통합하고 있다.

분류 도구

정보나 지식에 대한 택서노미를 구축하여 그 카테고리에 따라 저장하는 도구는 자동화의 정도는 다르지만 그 수는 많다. 가장 단순한 프로그램은 단순히 사이트를 제공함으로써 수동으로 구체적 카테고리에 URL을 추가하도록 한다. 어떤 프로그램은 사용자가 어떤 카테고리의 페이지에 놓을 특정 단어나 문구를 지정하는 정교한 규칙을 만들도록 한다. 또 다른 프로그램은 기존 택서노미에서 훈련 셋(Set)을 가지고 유사성에 기초하여 문서를 카테고리화 하도록 한다. 또 어떤 도구는 콘텐츠에 대한 프로그램에 의한 평가에 기초하여 페이지를 토픽으로 그룹화하도록 전체 프로세스를 자동화하려는 시도를 하고 있다.

분류와 관련된 용어로 택서노미, 온톨로지, 디렉터리, 카테고리, 카탈로그와 분류가 종종 혼돈되어 호환적으로 사용되고 있다. 이 용어는 모두 정보를 분류화하여 조직화하는 방법이다. 이 용어에 대한 간단한 정의를 보면 다음과 같다.

- 디렉터리(Directory) - 야후에서와 같이 웹 사이트가 콘텐츠의 범위와 초점을 디스플레이하도록 하는 조직화된 링크 셋을 말한다.
- 카테고리(Category) - 문서를 하나 또는 그 이상의 주제 카테고리에 연관짓는 프

로세스이다.

- 카탈로그(Cataloging)와 분류(Classification) – 도서관에서 사용하던 용어로, 문서의 메타데이타를 주제 카테고리에 적용하여 나중에 있을 추출을 위해 특정 분류로 저장하는 것이다.
- 클러스터링(Clustering) – 유사한 단어에 기초하여 문서를 그룹화하는 프로세스이다.
- 시소러스(Thesaurus) – 한 셋의 문서를 기술하는 관련된 용어의 집합이다.
- 택서노미(Taxonomy) – 특정 목적으로 특정 정보 셋을 조직화하는 것이다.
- 온톨로지(Ontology) – 한 영역 내의 객체의 카테고리에 대한 연구이다.

데이타 웨어하우스

데이타 웨어하우스(Data warehouse)는 조직기억 또는 적어도 일정 유형의 데이타를 보관하는 저장 수단으로 사용될 수 있다. 데이타 웨어하우스는 통합된 데이타에 온라인 분석 처리(Online Analytical Processing; OLAP) 또는 데이타베이스 지식 발견(Knowledge Discovery in Databases; KDD)과 같은 분석 도구를 제공하여 새로운 지식을 획득하게 한다. 이것은 의사결정 지원 시스템(Knowledge Support System)이나 중역 정보시스템(Executive Information System)의 중요한 부분이 될 수 있다.

지식공유 및 활용 도구

그룹웨어, 협력 소프트웨어

그룹웨어(Groupware) 또는 협력 소프트웨어(Collaborative software)는 사람들이 그들의 목표를 달성하기 위해 공통의 과제를 수행하는 것을 돕는 소프트웨어이다. 협력 소프트웨어는 컴퓨터 지원 협업(Computer supported cooperative work; CSCW)의 기반이다. 일반적으로 그룹웨어는 미팅 스케줄링과 자원 할당, 전자우편, 문서 패스워드 보안, 전화 유틸리티, 전자적 뉴스레터, 그리고 파일 분배 기능을 제공한다. 그룹웨어 제품들은 그룹 작업 멤버들의 시간과 장소에 따라 [그림 13-3]과 같이 구분할 수 있다.

가장 흔하게 사용되는 커뮤니케이션 기술은 전화, 팩스, 비디오 콘퍼런스, 텔리 콘퍼런스, 채팅 룸, 메시징, 전화 텍스트 메시징(SMS), 인터넷 폰, 전자우편, 토론 그룹 등이 있

[그림 13-3] 그룹웨어 분류

		상호작용 장소	
		같은 장소	다른 장소
상호작용 시간	동기	GDSS, E-mail Instant Chat	Instant Chat E-mail 비디오/오디오 콘퍼런스 애플리케이션 공유
	비동기	E-mail, Voice-mail Electronic-board 뉴스 그룹 스케줄링 칼렌다링	E-mail, Voice-mail Wiki, Blog 토론 보드 뉴스 그룹 스케줄링 칼렌다링

다. 커뮤니케이션 기술은 거의 대부분 협력 기술 즉 그룹웨어와 통합되어 있다. 이것은 그룹이 커뮤니케이션, 협동, 조정, 문제해결, 경쟁, 그리고 협상을 하는 데 사용될 수 있도록 하는 것이다.

사회적 소프트웨어

사회적 소프트웨어는 일반적으로 개인 또는 그룹 간의 대화 상호작용 지원, 사회적 피드백 지원, 그리고 사회적 네트워크 지원 기능을 포함한다. 사회적 소프트웨어는 전통적 커뮤니케이션 도구보다 더 많은 것을 제공하여 그룹 상호작용을 변화시키고 기업 내.외부의 협업과 커뮤니케이션을 바꾸고 있다. 블로그, 위키, 사회적 네트워크 서비스의 지식은 오랜 기간 접속이 가능하며 전 세계의 사용자 또는 특정 그룹의 회원들에게 제공된다.

사회적 소프트웨어는 컴퓨터 커뮤니케이션을 통해 사람들이 만나고, 연결하고, 협업하며 온라인 공동체를 형성하게 한다. 사회적 소프트웨어는 대화와 협업, 지식의 창출, 공유 및 출판, 그리고 세계적인 전문가의 의견에 접하거나 전문가를 연결하는 데 필요한 지원을 제공한다. 사회적 소프트웨어는 개인이 지식을 소유하며 통제할 수 있게 한다. 즉 사회적 소프트웨어는 개인이 공유하고 싶은 정보에 대하여 완전한 통제를 할 수 있는 공간을 유지할 수 있게 해준다.

인트라넷

인트라넷(Intranet)은 열린 기술이며 협력적 커뮤니케이션 기술로 전사적 지식경영시스템의 기반 기술이다. 인트라넷은 웹 개념과 도구를 사용하여 조직의 내부 정보 니즈를 서비스하도록 디자인된 네트워크 아키텍처이다. 기술적으로 인트라넷은 특정 커뮤니티의 사용자를 위한 인터넷 기술의 활용이다. 인트라넷은 공통의 커뮤니케이션 및 정보 공유 시스템을 만든다. 인트라넷을 통하여 조직은 구성원에게 정보를 푸시할 수도 있고 풀 기술로 정보를 가져가도록 할 수 있다.

지식공유를 위한 인트라넷은 정보와 지식에 쉽게 접근하여 보편적으로 사용할 수 있게 하고, 개인 간 상호작용을 쉽게 하며 비공식 네트워크의 정보와 지식공유와 접촉을 쉽게 한다. 또 외부 정보 및 지식 접근을 위한 게이트웨이를 제공하며, 확장 가능한 네트워크 시스템 기반이다.

그룹지원시스템

그룹의사결정지원시스템(Group decision support system)이라고도 불리는 그룹지원시스템(Group support systems)은 그룹 미팅에서 구조화되지 않은 문제의 해법을 만드는 것을 돕기 위하여 커뮤니케이션, 컴퓨터, 의사결정 기술을 결합한 시스템이다. 그룹지원시스템은 그룹의 커뮤니케이션, 그룹이 상호작용을 하는 프로세스의 구조화, 정보 처리를 지원하는 기술을 통합한다.

워크플로우관리시스템

워크플로우관리(Workflow management)시스템은 프로세스 정의를 이해하고, 워크플로우 참가자와 상호작용을 하고, 필요하면 IT 도구와 애플리케이션 사용을 할 수 있게 하는 하나 이상의 워크플로우 엔진에서 운영되는 소프트웨어의 사용을 통하여 워크플로우의 정의, 창조, 관리를 하는 시스템이다. 워크플로우관리시스템은 상대적으로 고정된 프로세스에서 문서가 조직 내에서 배달되게 하는 시스템이다. 워크플로우시스템은 배달, 폼의 개발, 다른 역할 및 사용 권한 지원의 기능을 제공한다.

비주얼라이제이션

지식 비주얼라이제이션은 사람들이 지식 환경을 더 잘 항해하고 그것에 대한 행동을 할 수 있도록 지식을 보여 주거나 디스플레이하는 것을 말한다. 그것은 개인 또는 그룹의 경험과 전문 지식을 더 잘 이해하고 그 이해에 기초하여 행동하는 것이 쉽도록 하는 기법이다. 지식이 점점 복잡해지고 상호 연결되므로 그 패턴을 인지하기 어려운 세계에서 지식 비주얼라이제이션은 더욱 중요하다.

지식을 가시화하는 것은 매니저와 직원들이 그들의 일을 더 효과적으로 할 수 있게 하는 이점이 있다. 또 지식을 가시화하는 것은 정보 과부하를 해결하는 것을 돕는다. 많은 사람들이 주로 비주얼 학습자이므로 비주얼라이제이션은 지식을 더 쉽게 흡수할 수 있게 한다. 지식을 가시화하는 도구는 많이 정교해졌다. 그것들은 지식 맥락과 대조를 보여 준다.

서치 엔진(Search engine)

지식노동자는 보통 구조화된 정보 저장고뿐만이 아니라 비구조화된 정보 저장고에서 해답을 찾는다. 지식 저장고는 전자우편 폴더, 문서, 데이타베이스, 그리고 외부 웹 문서를 포함한다. 서치 도구는 콘텐츠 저장고, 미들웨어 연결, 서치 엔진과 사용자 인터페이스를 포함한 통합된 아키텍처를 요구한다. 서치 엔진 기술은 점점 더 정교해지고 다양해진다. 정교한 서치 시스템은 사용자의 행동을 추적하고 그것을 다른 사용자의 행동과 연관지어 유용한 제안이나 권고를 한다. 이러한 모니터링과 추적은 지식 택서노미 정제, 전문가 디렉터리, 동료 네트워크, 사회적 네트워크 분석을 돕는다.

검색 도구

지식은 항상 기존 지식 위에 만들어지므로 기존 지식에 쉽게 접근하게 하는 도구는 지식창조를 돕는다. 특히 전자적 지식 저장고는 단순한 문서 서치를 넘어 고급 검색 기능을 제공한다. 지식창조를 적정하게 지원하기 위하여는 기존 지식이 가용한 것뿐만이 아니라 쉽게 이해할 수 있어야 한다. 다이아그램과 도표는 중요한 역할을 하였고 지금은 비디오와 멀티미디어로 보완되고 있다. 메타데이타와 주석 기술은 기존 정보의 효과를 높인다.

포털

포털은 지식 저장고에 대한 통합된 관점을 제공하며 내·외부 저장고에 대한 하이퍼텍스트 웹 관문이다. 저장고가 분산되어 있을 때 포털은 모든 분산된 지식 소스를 통합하여 가용한 지식에 대한 데스크톱(Desktop) 관점을 제공한다. 포털의 구조 자체가 지식 소스일 수는 있지만, 포털은 분리된 콘텐츠 소스가 아니라 이미 다른 곳에 존재하는 지식에 대한 디렉터리이다. 포털은 개인이 관심 있는 지식만 연결하도록 개인화될 수 있다.

조직의 지식 포털은 공개된 인터넷 사이트 또는 회원들만의 폐쇄된 웹 사이트 또는 조직의 인트라넷으로 작동한다. 그 웹 사이트에 통합되었거나 다른 사이트에 연결된 막대한 자원에 대한 관문을 제공한다. 지식 포털은 사용자가 정보를 공유하고 상호작용할 수 있게 하며, 협력적 작업을 가능하게 한다. 개인이 자신의 포털(MyPortal) 페이지를 만들 수 있는 개인화 기능을 제공한다. 새로운 지식이 저장고에 추가되면 포털은 자동적으로 업데이트될 수 있다. 또 포털은 새로운 관심 있는 지식이 생기게 되면 사용자에게 통보하는 푸시 기술과 결합될 수 있다.

지능적 필터링 도구

지능적 에이전트(Intelligent agents)는 사용자를 지원하거나 사용자를 대신하여 행동하는 소프트웨어이다. 지능적 에이전트는 환경이 역동적으로 문제를 해결하려는 자신의 행동과 전략에 영향을 주는 자동적 컴퓨터 프로그램이다. 지능적 에이전트는 사용자가 뉴스를 수집하는 것을 돕거나, 자신의 이니셔티브로나 자동적으로 행동하고, 지능을 가지고, 학습할 수 있다.

지능적 에이전트는 사용자가 정보를 다루는 것을 돕는다. 많은 지식경영 애플리케이션이 지능적 에이전트를 사용한다. 그 범위는 전자우편 필터링과 같은 개인정보관리(PIM), 전자 상거래, 약속 잡기와 같은 복잡한 프로세스를 포함한다. 특히 정보 부족 또는 과부하 상황에 빠져 있는 사용자가 정보를 거르는 일을 지능적 에이전트가 정보 필터링(많은 정보에서 관련된 정보만을 찾는 일)과 정보 수집(충분한 정보가 없을 때 관련된 정보를 찾는 일)의 두 가지 방법으로 돕는다.

4. 지식경영시스템 평가

4.1 지식경영시스템 평가

지식경영시스템은 사용자가 업무에 사용하는 기능이라는 것을 이해하고 그것을 위한 기술적 솔루션으로 개발되어야 한다. 지식경영시스템이 개발되어 실행되면 그 성공 여부 또는 효과성을 측정하여야 한다. 지식경영시스템 평가는 일반적으로 정보시스템 평가와 기본을 같이 하며, 정보시스템 평가 기준을 지식경영의 맥락에 적용하고 있다.

정보시스템의 성공 측정은 기술적 요소와 인간적 요소를 동시에 포착하여야 한다. 성공적인 지식경영시스템은 두 요소를 적절히 결합한 것이다. 다른 정보시스템과 마찬가지로 지식경영시스템의 성공은 사용자가 사용하는 정도, 정보 즉 지식의 품질, 사용자 만족, 그리고 사용성에 달려 있다. 그러므로 시스템 품질과 정보 및 지식의 품질의 기술적 차원과 사용자 만족, 인지된 시스템 효과, 시스템 사용과 같은 인간적 차원이 지식경영시스템 성공을 측정하는 데 사용된다.

시스템 품질은 의도된 운영 특성에 달려 있다. 즉 시스템 에러, 사용 용이성, 반응 속도, 융통성, 안정성 등이 그 요소이다. 시스템 품질은 저장된 지식과 관계없는 시스템의 신뢰성과 예측 가능성도 포함한다. 이러한 기준은 지식경영시스템의 성공을 측정하는 데에도 사용된다. 정보 품질은 전통적 정보시스템의 성공을 측정하는 데 사용되어 왔다. 지식경영시스템에서 지식과 정보의 구별은 사용자와 맥락에 따라 달라진다. 한 지식노동자의 지식이 다른 사람에게는 정보가 될 수 있고, 특정 지식노동자가 특정 시간에 특정 업무에 사용한 지식이 다른 시간에 다른 업무에서는 정보가 될 수 있다.

사용자 만족은 정보시스템 성공 측정에서 가장 자주 사용되는 요소이다. 사용자가 좋아하는 시스템을 성공한 시스템이 아니라고 하기 어렵다. 사용자 만족은 지식경영시스템의 성공 측정의 좋은 요소가 된다. 시스템 사용도 정보시스템 성공 측정에서 가장 흔히 사용하는 기준이다. 시스템 사용이 강제적이지 않을 때만 정보시스템 성공에 대한 좋은 측정 기준이 된다. 그렇지 않은 경우에도 시스템 사용이 정보시스템 성공 측정에 적합한 기준이 되며 많은 조사에서 사용하는 변수이다. 정보시스템의 모든 기능이 의도된 목적에 따라 사용되는지를 평가하는 것은 시스템 성공을 측정하는 좋은 척도가 된다. 시스템 사용은 지식경영시스템 성공 평가 변수가 된다.

인지된 시스템 효과는 사용자가 시스템 사용이 자신이나 조직에 효과를 주었다고 믿는 것이다. 그 효과는 생산성이나 업무 성과의 증가를 말한다. 인지된 시스템 효과는 사용자의 느낌뿐만 아니라 정보시스템의 효과성과 같은 다른 차원도 포착한다. 그러므로 인지된 시스템 효과가 정보시스템 성공 여부를 결정짓는다고 할 수 있다.

4.2. 지식경영시스템 성공 요인

성공적인 지식경영시스템은 지식의 창조 및 획득, 코드화 및 저장, 공유와 활용의 기능을 원활하게 지원한다. 지식경영시스템의 성공 여부를 평가하는 것은 중요하다. 이것은 조직 평가의 기반을 제공하고, 경영자에게는 중요한 것에 초점을 맞추게 하고, 지식경영에 대한 투자를 정당화하는 것을 돕는다. 또 지식경영시스템의 효과성이나 성공을 측정하는 것은 어떻게 지식경영시스템을 개발하고 실행할 것인지를 이해하는 데 매우 중요하다. 이러한 이유로 여러 지식경영시스템 성공 모델이 제안되었다. 제넥스와 올프만(Jennex & Olfman)는 기존의 학자들이 파악한 성공 요소를 검토하여 재구성한 12개의 지식경영시스템 성공 요소를 제시한다.

- 네트워크, 데이터베이스/저장고, 컴퓨터, 소프트웨어, 지식경영시스템 전문가를 포함한 통합된 기술적 인프라스트럭처
- 사용자, 소스, 프로세스, 저장 장치 전략, 지식 및 지식경영시스템을 위한 지식에 대한 링크를 파악하는 지식 전략
- 분명하게 구체화되고 쉽게 이해되는 공통의 전사적 지식 구조
- 인센티브와 훈련을 포함한 사용자 동기부여와 몰입
- 학습과 지식공유와 사용을 지원하는 조직 문화
- 자원 배분, 리더십, 훈련 제공을 포함하는 중역의 지원

- 지식경영시스템의 영향, 지식의 사용, 바른 지식이 포착되는지를 검증하는 것을 평가하는 측정 기준 수립
- 분명한 지식경영시스템의 목표와 목적
- 지식경영시스템의 쉬운 지식 사용을 위한 서치, 추출, 비주얼라이제이션 기능
- 지식 포착과 사용을 포함하는 업무 프로세스 디자인
- 학습 조직
- 지식의 보안 및 보호

이 성공 요소의 순서는 제넥스와 올프만이 조사한 것들 중 인용된 횟수를 기준으로 본 중요도의 순서이기도 하다. 특히 처음 네 요소는 절반 이상이 언급하여 핵심 성공 요인이라 할 수 있다.

지식경영시스템을 잘 받아들이지 못하는 이유는 크게 세 가지로 나눌 수 있다.

업무 관련 문제

지식경영시스템의 사용이 개인의 일상 과제를 추가하여 시스템 사용 이전보다 업무를 힘들게 할 때 사람들은 그 시스템 사용을 중단한다. 많은 지식경영시스템은 특별한 소프트웨어에 의존한다. 이러한 특별한 소프트웨어는 학습 커브가 있어 어느 정도 사용할 수 있도록 배우는 데 시간이 걸린다. 이 소프트웨어를 사용하여 다른 사람과 협력하는 문화적 실무까지 파악하는 데는 더 많은 시간이 걸린다. 따라서 들이는 노력보다 얻는 효과가 클 때 이러한 시스템은 성공하게 된다. 업무 관련 문제는 지식경영시스템을 기존 소프트웨어를 바탕으로 개발하는 것이다. 또 비주얼라이제이션이나 에이전트 기술을 활용하여 지식경영시스템의 이점을 사용자에게 제공하는 것이다.

문화 관련 문제

지식경영시스템 사용이 조직이나 개인의 문화에 잘 맞지 않을 때 사람들을 시스템에서 멀어지게 한다. 지식경영시스템은 흔히 사람들이 일하는 방식을 바꿀 것을 기대한다. 그러나 사람들은 그것을 순순히 바꾸지 않는다. 오히려 그 시스템이 조직에 맞지 않는다고 생각할 수 있다. 문화 관련 문제의 해결은 사람들이 변화해야 하는 이유가 분명히 있어야 하고 변화 과정에서 도움을 주는 것이다. 문화를 바꾸기 어려우면 지식경영시스템

이나 도구가 변화에 적합하도록 하는 것이다. 문화 관련 문제의 해결은 지식경영시스템이 익명성 등의 방법으로 프라이버시를 보장하고 수줍어하는 사용자에게는 가깝게 느껴지는 공동체에서 지식공유가 이루어지게 하는 것이다.

개인 관련 문제

개인 공간이 어떤 형태로든 침해당했다거나 당한다고 생각할 때 사람들은 지식경영시스템 사용을 중단한다. 지식경영시스템은 때로 사람들에게 자신의 지식이 상응하는 대가 없이 다른 사람에 의해 사용된다고 생각하게 만든다. 자신의 프라이버시와 관련하여 지식경영시스템을 신뢰할 수 없다고 생각하게 한다. 지식경영시스템은 모든 사람에게 편안하게 참여할 기회를 주는 것이 어렵다. 적극적이지 못하고 수줍음이 많은 사람에게 새로운 미디어가 큰 차이를 일으키지는 못한다.

저항 대응

많은 조직이 범하는 실수는 지식경영시스템의 본질적 가치가 모든 사람에 의해 환영을 받을 것으로 가정하는 것이다. 이 가정은 흔히 부서지게 된다. 지식경영시스템이 잘 개발되었더라도 최종 실행은 변화를 의미하는 것이다. 사람들은 변화에 저항하려는 성향이 있다. 지식경영시스템은 새로운 질서의 시작을 의미한다. 시스템이 어떤 일을 하는지와 시스템이 자신에게 어떤 영향을 주는지 모를 때에 사람들이 초조해하는 것은 이해되는 일이다. 그 결과는 스트레스로 나타나고 변화에 저항하는 것으로 나타난다. 저항은 개인 성향, 조직 구조, 지식경영시스템이 사용되는 영역 내의 그룹 관계 등에 관련이 있다. 다른 저항 요인은 사람이 아니라 시스템 자체에서 오는 것들이다. 사용자 교육, 전문적 훈련, 지식경영시스템 개발 과정의 참여는 변화에 대한 저항을 줄이는 것을 돕는다.

지식 보안

다른 경제적 재화뿐만이 아니라 지식도 경쟁 기업이 획득하거나 모방하기 어렵지 않다면 경쟁 우위를 가져다주기가 어렵다. 정보기술도 독점적인 것이 아니라면 그것을 단지 소유하고 있다는 것만으로 전략적 우위를 확보한 것은 아니다. 지식 자산은 조직에게 가치 있는 지식을 코드화한 것이므로 경쟁 우위의 소스가 된다. 조직의 암묵적 지식인 관행도 마찬가지이다. 지식이 조직을 경쟁적이도록 하기 위해서는 조직은 소유한 지식을 보호하여 외부 세계에서 희귀하도록 하여야 한다. 사이버 테러 행위가 빈발하는 분산되고 이질적인 오늘날의 컴퓨터 네트워크 환경에서 지식 보안을 관리하는 것은 간단하지 않다. 데이타 보안에 대한 이슈를 들추지 않더라도 지식을 보호하는 것은 조직의 중요한 업무의 하나이다.

4.3. 지식경영 도구 평가

지식경영 도구 평가

앞에서 살펴본 지식경영시스템과 도구가 지식경영을 지원하는 모든 시스템이나 도구는 아니다. 현재 기술적으로 지원되는 시스템과 도구에 대한 주요 기능과 성능에 대한 정보를 간략히 소개한 것이다. 급격한 정보기술의 발전으로 더 강력하고 정교한 시스템 및 도구가 계속 등장할 것이다. 이와 같은 다양한 선택 범위는 조직의 요구 사항을 충족시키는 지식경영시스템이나 도구를 선택하는 것을 어렵게 한다.

지식경영 도구 선택 방법은 다른 소프트웨어 선택 방법과 크게 다를 것이 없다. 따라서 소프트웨어 선택에서 사용하는 방법을 종합하면 지식경영 도구 선택 방법은 다음과 같다.

- 요구 사항 파악 – 비지니스와 기술적 요소를 고려한 도구 유형 파악
- 지식경영 도구 후보 리스트 개발
- 실증적 평가 실시
- 적합한 환경에서 파일럿 테스트 실행
- 구입 결정

이 지식경영 도구 선택 방법은 그 첫 단계에 들어가기 전에 전반적 지식경영 전략이 있다고 전제한다. 또 지식경영 도구 선택을 위한 팀은 다양한 계층에서 선발되어야 한다. 이 팀들이 지식경영 전략에 따라 지식경영시스템 및 도구를 선택할 때 고려하여야 할 주요 요소는 추구하는 지식경영 전략의 범위와 깊이, 실행 기간, 전사적 또는 일부 부

서 단위 실행과 같은 실행 전략, 가용한 재무적 및 인적 자원, 그리고 기존 애플리케이션 사용의 필요성을 포함한다.

지식경영 기술 추세

정보시스템은 조직의 니즈에 더 잘 대응하기 위해 그 역할을 지속적으로 진화시키고 변화시켜 왔다. 과거에는 조직이 정보기술을 정보관리 지원에 사용하는 데 초점을 맞추었으므로 정보시스템이 정보 중심적이었다. 최근에야 정보가 더 효과적으로 개인에 의해 사용되기 위해서는 조직의 정보시스템이 좀 더 사람 중심적이며 개인의 니즈를 지원할 필요가 있음을 알게 되었다. 조직의 개인이 지식을 더 활용하도록 하기 위해서는 개인의 일상 활동이 조직의 다른 사람이나 프로세스에 밀접하게 연결되어야 한다는 것을 이해하게 되었다. 따라서 조직은 개인이나 자동화를 위해 디자인된 정보시스템보다 그룹을 지원하는 정보시스템이 필요하게 되었다. 이러한 이유로 유비쿼터스 사회적 컴퓨팅(Ubiquitous social computing) 모델이 등장한다. 많은 지식경영 도구는 전통적으로 개인과 도구 사이의 고립된 상호작용에 사용되어 왔다. 그러나 새로운 지식경영 패러다임은 면대면 토론뿐만이 아니라 원격 협력을 포함하는 그룹 토론을 지원하도록 이러한 도구들이 매끈하게 통합될 것을 요구한다. 조직 내 협력의 경계가 진화되어야 한다. 이러한 변화와 관련된 주요 추세는 세 가지로 볼 수 있다.

첫 번째 지식경영 도구 벤더들의 인수·합병을 통한 지식경영 도구의 통합이 일어나고 있다. 순수 커뮤니케이션 도구 시장 점유율은 줄어들고 커뮤니케이션 관리 도구는 콘텐츠 관리 솔루션과 결합되고 있다. 또 커뮤니케이션 솔루션이 기존의 업무를 지원하기 위하여 다른 플랫폼과 통합되고 있다(예: 옥션 거래에서 VoIP를 지원하기 위한 eBay의 Skype 흡수). 이러한 통합은 전자적 문서관리 솔루션을 통한 교환의 결과를 빠르고 명확하게 조직화, 저장, 정렬하여 현재의 커뮤니케이션 상호작용의 가치를 얻으려는 기업의 운영적 니즈에 답하려는 시도이다. 여러 문서관리 솔루션 벤더들이 커뮤니케이션 기능을 추가하였다. 예를 들면, 도큐멘텀(Documentum)은 이룸(e-Room)을, 인터워븐(Interwoven)은 아이매니지(i-Manage)를, 비넷(Vignette)은 인트라스펙트((Intraspect)를 흡수하였다. 협력 도구 벤더들도 문서관리 영역으로 경계를 넓히고 있다. IBM/Lotus가 아브트릭스(Abtrix)를 오픈텍스트(Open Text)는 아이소스(Ixos)를 흡수하였다.

두 번째 추세는 네트워크된 조직과 협력의 개념이 멀티태스킹을 하면서 교환을 하는 기능을 보태는 것이다. 사용자는 동기화된 커뮤니케이션 도구를 통하여 현재 사용하고 있는 애플리케이션을 끝내지 않고 다른 작업을 할 수 있게 되었다. 이 애플리케이션들은 사용자 작업 공간에 쉽게 통합되어 있고, 동시에 사용될 수 있으며 정보는 도구와 애플리케이션 사이를 쉽게 이동할 수 있다. 예를 들면 마이크로소프트는 오피스 생산성 도구와 커뮤니케이션하는 통합된 셰어포인트(Sharepoint)를 제공하고 있다. IBM/Lotus도 로터스 세임타임(Lotus Sametime)을 메시징, 콘퍼런스, 웹스피어 포털 서버(Websphere Portal Server)의 프로젝트 공간과 통합하여 이 방향으로 움직이고 있다. 이러한 플랫폼은 상호 작용하고 있는 사적(Proprietary) 시스템과 밀접하게 통합되고 있다. IBM과 마이크로소프트가 이 분야 시장에서 앞서고 있지만 공개 소스 시장의 최근 추세는 모든 플랫폼을 통합할 수 있는 대안적 상호 운영 솔루션과 표준 개발을 추진하는 것으로 움직이고 있다.

세 번째 추세는 대부분의 새로운 커뮤니케이션 니즈는 개인의 커뮤니케이션과 협력 스케줄, 니즈, 요구 사항을 지원하는 것이 중심이 된다. 지식경영 도구들은 점차 이동성이 높아지는 지식노동자들에게 유비쿼터스 연결을 제공하기 위해 개인정보관리시스템(PIM)과 다중 하드웨어 플랫폼(PDA와 스마트폰)과 통합될 필요가 있다.

추세(Trend to Watch): 미래의 지식경영

지난 세기 후반기에 본격화된 정보기술의 발전과 경제 패러다임의 변화는 오늘날 조직에 복잡하면서도 다면성을 가진 이슈들을 제기하고 있다. 스튜어트(Stewart)는 정보 시대의 원년(Ground Zero or Year 1)을 1991년으로 본다. 이것은 아래 그림에 보이는 바와 같이 1991년에 들어 처음으로 미국 기업의 정보통신에 대한 지출이 자본재 지출을 앞서게 되었다는 점에 근거한다. 미국 기업들은 정보의 수집, 처리, 분석, 확산 기술에 대한 투자를 산업 시대의 설비투자보다 더 많이 하고 있다. 이제 정보와 지식의 관리가 기업 경쟁력의 핵심 이슈가 된 것이다.

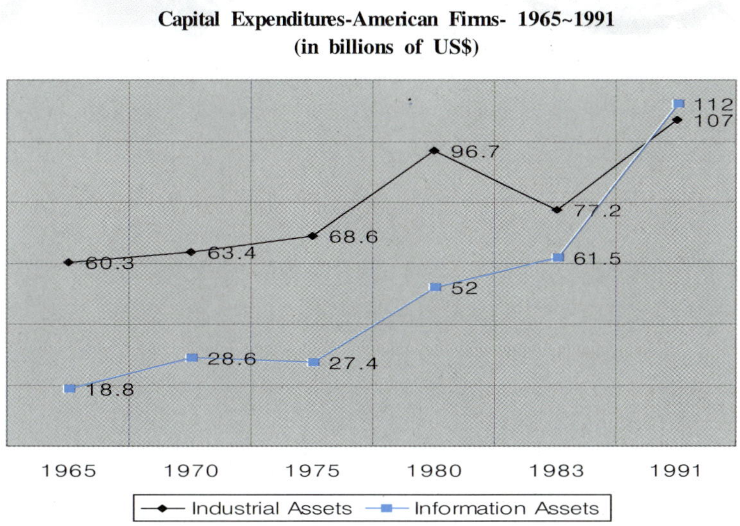

출처: Stewart(1998)

21세기에 들어 IT와 지식경영 세계에 새로운 현상이 일어나고 있다. 그것은 사람들이 자신의 정보와 정보 프로세스를 스스로 관리하기 시작하고 있다는 것이다. 그들은 해결이 쉽지 않은 조직의 프로세스를 만나면 그 일을 잘 해결할 사람을 온라인 네트워크를 통하여 찾거나 자신만의 지식 저장고를 활용하는 등 개인적 능력과 방법으로 해결한다. 즉 개인지식경영을 시작하는 지식노동자가 점점 늘어나고 있다. 개인지식경영에 대한 이해는 개인에 따라 큰 차이를 보이고 있다. 개인지식경영은 당연히 직원이 경영자보다 더 잘 알지만 경영자의 이해 없이는 지원을 기대하기 어렵다. 개인지식경영에 대한 이해를 돕기 위해 10~20년쯤 뒤에 일반적으로 있을 것으로 예상되는 다음의 시나리오를 보자.

넷젠(NetGen)은 젊은 비지니스 애널리스트이다. 그가 새로운 회사 그린텍에서 첫 번째 주일 동안 할 일은 과거 세 전직 회사에서 사용하던 정보, 접촉 명단, 구독하던 리스트(온라인 및 오프라인), 소프트웨어 도구를 회사에서 제공한 컴퓨터에 옮기는 일이다. 그는 여러 곳에서 문제에 직면한다. 그에게 익숙한 소프트웨어는 새 회사에서 지원되지 않기 때문에 새 컴퓨터에 설치할 수 없다. 그는 보안 방화벽에 걸려 사무실에서 개인적 접촉 명단과 구독 리스트를 이용해 웹 메일을 사용할 수 없다. 그는 이전 근무지에서 만든 비디오가 있는 유튜브(YouTube)에 접속할 수 없다. 또 인스턴트 메시징(IM)이나 스카이프(Skype)를 쓸 수 없어 그 도구를 사용하여 즉각적이고 자유로운 지식 공유, 자문, 유용한 조사 자료 검색을 할 수 있는 전문가나 동료와의 글로벌 네트워크에서 단절되게 된다. 그는 스크린 공유에 의해 외부 사람과 빠르고 무료로 연결되는 콘퍼런스 도구 뷰(Vyew)를 사용할 수 없고, 회사에서 지원하는, 사용에 따라 값비싼 비용을 지불하는 오디오 콘퍼런스 시스템을 사전 허가를 받아 사용하여야 한다. 이 오디오 콘퍼런스 시스템은 스크린 캡처 파일을 회의 참가자에게 사전에 전자우편으로 보내야 한다.

그는 집에서 회사 시스템을 사용하여 일하는 것이 허용되지 않았다. 그래서 주말에 집에서 일을 할 때는 그의 동료가 회사의 웹 메일을 사용하지 않아 회사의 웹 메일에 접속하여 제대로 일할 수 없다. 그는 이 문제를 해결하는 데 몇 달이 걸릴 거라는 대답을 들었다. 오랜 지연을 경험한 뒤 그는 회사로부터 전용 네트워크 사용 권한을 받는다. 그것도 자신의 회사 컴퓨터에서만 가능하다. 그래서 그는 매일 회사 노트북을 집으로 가져오지만 전자우편 접속에서도 속도가 뚝 떨어진다.

넷젠이 일을 시작한 지 6개월쯤 지나서 넷젠의 상사가 그의 사무 공간에 들러서 넷젠이 즐겁게 일하는 것을 보았다. 그런데 상사가 놀란 것은 그가 두 개의 컴퓨터를 나란히 놓고 일하는 것이었다. 넷젠은 그의 개인 컴퓨터가 조직 네트워크에 연결되어 있으며, 방화벽 밖의 메시지와 문서에 접근하여 바로 자신의 전자우편 계정으로 전달하거나, 이를 개인 컴퓨터(또는 USB)에 전달한다고 설명하였다. 모든 일이 넷젠 개인 컴퓨터에서 행해지고 있으며, 이 컴퓨터는 자신이 지불하는 무선 인터넷 연결로 인터넷에 연결되어 있다. 모든 넷젠의 전자우편이 개인 컴퓨터로부터 오기 때문에 동료로부터 오는 전자우편의 90퍼센트는 회사의 전자우편 주소로 보내지지 않는다. 대부분의 사람들은 그것에 관심을 두지 않았거나 몰랐다. 열 명의 회사 동료가 그의 두 컴퓨터 사용 모델을 따라 하며 전자우편보다 IM을 커뮤니케이션 수단으로 사용하였다. 상사는 두 컴퓨터 사이의 전송 시간이 많이 걸리지 않는지를 물었다. 넷젠은 점점 적게 걸린다고 했다. 넷젠의 상사는 넷젠의 혁신적 행위를 칭찬해야 하는지 아니면 IT부서에 넷젠이 회사에 안전상 위험을 주고 있지 않는지에 대해 보고해야 하는지 결론을 못 내리고 자리를 떴다.

출처: http://kmworldblog.com/2009/04/whats-next-after-knowledge-management-a-scenario/

참고문헌

국내저서

지식경영, 1998, 포스코경영연구소, 더난출판사.

지식경영, 1999, Peter Drucker 외, 이십일세기북스새날.

신뢰로 이뤄낸 지식경영, 2002, 포스코건설 지식경영팀, 시그마인사이트컴.

지식경영 이렇게 하라, 2003, SK주식회사 KM컨설팅, 한국능률협회.

외국저서

Ackerman, M. S., Pipek, V., & Wulf, V. (2003) Sharing Expertise: Beyond Knowledge Management, MIT Press.

Allee, V. (1997) The Knowledge Evolution: Expanding Organizational Intelligence, Butterworth-Heinemann.

Allee, V. (2003) The Future of Knowledge: Increasing Prosperity Through Value Networks, Elsevier Science.

Amar, A. D. (2002) Managing Knowledge Workers: Unleashing Innovation and Productivity, Quorum Books.

Argote, L. (1999) Organizational Learning: Creating, Retaining and Transferring Knowledge, Kluwer Academic Publishers.

Awad, E. M. & Ghaziri, H. M. (2004) Knowledge Management, Pearson Education Inc.

Bardaracco, Joseph L. Jr. (1991) The Knwledge Link: How Firms Compete Through Strategic Alliances, Harvard Business School Press.

Becerra-Fernandez, I., Gonzalez, A., & Sabherwal, R. (2003) Knowledge Management and KM Software Package, Prentice Hall.

Bellaver, Richard F. & Lusa, J. M. (2002) Knowledge Management Strategy and Technology,

Artech House.

Bennet, A. & Bennet, D. (2000) "Characterizing the Next Generation Knowledge Organization," Knowledge and Innovation: Journal of the KMCI, 1, No. 1.

Bennet, A. & Bennet, D. (2004) Organizational Survival in the New World: The Intelligent Complex Adaptive System. A New Theory of the Firm, Elsevier Science.

Bergeron, Bryan. (2003) Essentials of Knowledge Management, John Wiley.

Bloom, B., Mesia, B., & Krathwohl, D. (1964) Taxonomy of Educational Objectives (Two Vols: The Affective Domain & The Cognitive Domain), David McKay.

Boisot, Max, H. (1998) Knowledge Assets: Securing Competitive Advantage in the Information Economy, Oxford University Press.

Borkin, J. (1999) Smart Business: How Knowledge Communities Can Revolutionize Your Company, The Free Press.

Bounfour, A. (2003) The Management of Intangibles, Routledge.

Brinklow, T. (2004) Domains, Ontologies, Models and the Knowledge Creation Cycle, Brighton Business School.

Brown, J. S. & Duguid, P. (2002) The Social Life of Information, Harvard Business School Press.

Brown, J. S. & Duguid, P. (1988) "Organizing Knowledge," California Management Review, Vol. 40, No. 3.

Burke, P. (2000) A Social History of Knowledge: From Gutenberg to Diderot, Polity Press.

Burton-Jones Alan. (1999) Knowledge Capitalism: Business, Work, and Learning in the New Economy, Oxford University Press.

Choo, C. W. (2002) Information Management for the Intelligent Organization: The Art of Scanning the Environment, Medford, New Jersey, Information Today.

Choo, C. W. (1998) The Knowing Organization: How Organizations Use Information to Construct Meaning, Create Knowledge, and Make Decisions, Oxford University Press.

Christensen, P. H. (2003) Knowledge Management-Perspective and Pitfalls, Copenhagen Business School Press.

Clark, H. (1996) Using Language, Cambridge University Press.

Coakes, E., Willis, D., & Clarke, S. (2002) Knowledge Management in the Sociotechnical World: The Grafitti Continues, Springer-Verlag.

Cohen, W. M. & Levinthal, D. A. (1990) "Absorptive Capacity: A New Perspective on Learning and Innovation," Administrative Science Quarterly, Vol. 35.

Conway, S. & Sligar, C. (2002) Unlocking Knowledge Assets, Microsoft Press.

Cross, R. & Prusak, L. (2004) The political economy of knowledge markets in organizations, In Easterby-Smith, M. & Lyles, M. (Eds.), Handbook of organizational learning and knowledge management, Blackwell Publishing.

Cross, R., Parker, A., & Sasson, L. (2003) Networks in the Knowledge Economy, Oxford University Press.

Dalkir, K. (2005) Knowledge Management in Theory and Practice, Elsevier Butterworth Heinemann.

Davenport, T. & Probst, G. (2000) Knowledge Management Case Book, John Wiley & Sons.

Davenport, T. H. & Prusak, L. (1998) Working Knowledge: How Organizations Manage What They Know. Harvard Business School Press.

Desouza, K. C. (2005) New Frontiers of Knowledge Management, Palgrave Macmillan.

Doren, C. V. (1991) A History of Knowledge, Ballantine Books.

Drucker, P. (1969). The Age of Discontinuity. New York: Harper and Row.

Drucker, P. (1993) Post-Capitalist Society, New York: Harper Collins.

Drucker, P. (1998) Managing in a time of great change, Plume.

Drucker, P. F. (1959) Landmarks of Tomorrow, New York, Harper & Brothers, Publishers.

Edvinsson, L. & Malone, M. S. (1997) Intellectual Capital: Realizing Your Company's True Value by Finding its Hidden Brainpower, HarperBusiness.

Engelbart. D. C. (1963) "A Conceptual Framework for the Augmentation of Man's Intellect" in Vistas in Information Handling, P. Howerton, Spartan Books.

Figallo, C. & Rhine, N. (2002) Building the Knowledge Management Network, John Wiley & Sons.

Firestone, J. M. & Mark W. M. (2003) Key Issues in the New Knowledge Management. Butterworth-Heinemann.

Foray, D. (2000) Economics of Knowledge, MIT Press.

Garvin, D. A. (1998) Harvard Business Review on Knowledge Management, Harvard Business School Press.

Ghosh, T. (2004) "Creating Incentives for Knowledge Sharing," Draft MIT.

Gonzalez, A., & Sabherwal, R. (2004) Knowledge Management and KM Software Package,

Prentice Hall.

Gorelick, C., Milton, N. J., & April, K. (2004) Performance Through Learning.

Groff, T. R. & Thomas P. J. (2003) Introduction to Knowledge Management: KM in Business. Butterworth-Heinemann.

Hammer, M. & Champy, J. (1992) Reengineering the Corporation, Harper Business.

Handzic, M. (2007) Socio-Technical Knowledge Management: Studies and Initiatives, IGI Publishing.

Hase, S., Davies, A., &Dick, B. (1999) The Johari Window and the Dark Side of Organisations. Southern Cross University.

Helmstadter, E. (2003) The Economics of Knowledge Sharing, Edward Elgar.

Hildreth, P. M. & Kimble, C. (2004) Knowledge Networks: Innovation through Communities of Practice, Idea Group Publishing.

Hildreth, P. M. (2004) Going Virtual: Distributed Communities of Practice, Idea Group Publishing.

Hofer, B. & Pintrich, P. R. (2002) Personal Epistemology: The Psychology of Beliefs about Knowledge and Knowing, Lawrence Erlbaum Associates, Inc.

Holsapple, C. W. & Andrew, B. W. (1999) The Information Jungle, Dow-Jones-Irwin Publishing.

Holsapple, C. W. (2004) Handbooks on Knowledge Management, Springer.

Holsapple, C. W. & Joshi, K. D. (2003), A Knowledge Management Ontology, in: Holsapple, C. W. (Ed.), Handbook on Knowledge Management, Vol. 1, Springer Verlag.

Horibe, F. (1999) Managing Knowledge Workers, John Wiley & Sons.

Ichijo, K. & Nonaka, I. (2006) Knowledge Creation and Management: New Challenges for Managers, Oxford University Press.

Jennex, M. E. (2005) Case Studies in Knowledge Management, Idea Group Publishing.

Jennex, M. E. (2007) Knowledge Management in Modern Organizations, Idea Group Publishing.

Jones, B. & Miller, B. (2007) Innovation Diffusion in the New Economy: The Tacit Component, Routledge.

Klein, G. (2003) The Power of Intuition, Currency.

Kluge, J., Stein, W., & Licht, T. (2001) Knowledge Unplugged, Palgrave.

Koenig, M. & Srikantaiah, T. (2004) Knowledge Management Lessons Learned.

Koulopoulos, T. & Frappaolo, C. (1999) Smart Things to Know about Knowledge Management, Capstone Publishing.

Koulopoulos, T., Spinello, S., & Toms, A. (1997). Corporate Instinct: Building a Knowing

Enterprise for 21st Century. New York: Van Nostrand Reinhold.

Lave, J. & Wenger, E. (1991) Situated Learning. Legitimate Peripheral Participation, Cambridge University Press.

Lave, J. (1991) Situated Learning in Communities of Practice, In L. B. Resnick, J. Levine, & S. D. Teasley (Eds.), Socially Shared Cognition, American Psychology Association.

Lehaney, B., Clarke, S., Coakes, E., & Jack, G. (2004) Beyond Knowledge Management, Idea Group Publishing.

Leonard, D. & Swap, W. (2005) Deep Smarts: How to Cultivate and Transfer Enduring Business Wisdom, Harvard Business School Press.

Leonard-Barton, D. (1995) Wellsprings of Knowledge, Harvard Business School Press.

Liebowitz, J. & Wilcox, L. C. (1997) Knowledge Management and Its Integrative Elements, CRC Press.

Liebowitz, J. (1999) Knowledge Management Handbook, CRC Press.

Lytras, M. & Naeve, A. (2007) Open Source for Knowledge and Learning Management: Strategies Beyond Tools, Idea Group Publishing.

Machlup, F. (1995) The Production and Distribution of Knowledge in the United States, Princeton University Press.

Maier, R. (2004) Knowledge Management Systems: Information and communication technologies for knowledge management, Springer.

Malone, T. W., Crowston, K., & Herman, G. A. (2003) Organizing Business Knowledge: The MIT Process Handbook. MIT Press.

McEermott, R. & O'Dell, C. (2000) Overcoming the Cultural Barriers to Sharing Knowledge, APQC.

Montano, B. (2005) Innovations of Knowledge Management, IRM Press.

Morey, D., Maybury, M., & Thurisigham, B. (2000) Knowledge Management: Classic and Contemporary Work, MIT Press.

Myers, P. S. (1997) Knowledge Management and Organizational Design, Butterworth-Heinemann.

Nishida, K. (1990) An Inquiry into the Good, translated by Masao Abe and C Ives, Yale University Press.

Nissen, M. E. (2006) Harnessing Knowledge Dynamics: Principled Organizational Knowing & Learning, IRM Press.

Nonaka, I. & Takeuchi, H. (1995) The Knowledge-Creating Company, Oxford University press.

O'dell, C. (1998) If Only We Knew What We Know: The Transfer of Internal Knowledge and Best Practice, Free Press.

Polanyi, M. (1966) The Tacit Dimension, DoubleDay.

Prusak, L. (1997) Knowledge in Organizations, Butterworth-Heinemann.

Putnik, G. D. & Cunha, M. M. (2007) Knowledge and Technology Management in Virtual Organization: Issues, Trends, Opportunities and Solutions, Idea Group Publishing.

Quinn, J. B. (1992) Intelligent Enterprise. Free Press.

Rao, M. (2005) Knowledge Management Tools and Techniques, Elsevier Butterworth-Heinemann.

Renzl, B., Matzler K., & Hinterhuber H. (2006) The Future of Knowledge Management. Palgrave Macmillan.

Rollett, H. (2003) Knowledge Management: Processes and Technologies, Kluwer Academic Publishers.

Roos, J., Roos, G., Dragonetti, N. C., & Edvinsson, L. (1997) Intellectual Capital: Navigating the New Business Landscape, Macmillan Business.

Ruggles, R. L. III. (1997) Knowledge Management Tools, Butterworth-Heinemann.

Ryle, G. (1949) The Concept of Mind, Hutchinson & Company.

Savage, C. M. (1990) Fifth Generation Management: Integrating Enterprise through Human Networking, Butterworth-Heinemann.

Savage, C. M. (1990) Fifth Generation Management: Integrating Enterprise through Human Networking, Digital Press.

Savage, C. M. (1996) Fifth Generation Management: Dynamic Teaming, Virtual Enterprising and Knowledge Networking, Butterworth-Heinemann.

Schein, E. (1985) Organizational Culture and Leadership, Jossey-Bass Publishers.

Schon, D. (1987) The Reflective Practitioner, Basic Books.

Senge, P. M. (1994) The Fifth Discipline: The Art and Practice of the Learning Organization, Doubleday Business.

Shimizu, H. (1995) "Ba-Principle: New Logic for the Real-time Emergence of Information," Holonics, 5/1.

Skyrme, D. J. (1999) Knowledge Networking, Butterworth Heineman.

Star, S. L. (1995) Ecologies of Knowledge, SUNY Press.

Stehr, N. & Grundmann, R. (2005) Knowledge: Critical Concepts, Knowledge and the Economy,

Vol.3, Routledge.

Stewart, T. A. (1997) Intellectual Capital: The New Wealth of Organizations, Doubleday.

Stewart, T. A. (2001) Wealth of Knowledge, Currency Book.

Strassman, P. (1985) Information Payoff: The Transformation of Work in the Electronic Age, Free Press.

Sveiby, K. E. (1997) The New Organizational Wealth, Berret-Koehler Publishers.

Swieringa, J. & Wierdsma, A. (1992) Becoming a Learning Organization, Addison-Wesley Publishing.

Takeuchi, H. & Nonaka, I. (2004) Hitotsubashi on Knowledge Management, John Wiley & Sons.

Thierauf, R. J. & Hoctor, J. J. (2006) Optimal Knowledge Management: Wisdom Management Systems Concepts and Applications, Idea Group Publishing.

Tissen, R., Andriessen, D., & Deprez, F. L. (2000) The Knowledge Dividend, Pearson Education Limited.

Tiwana, A. (2000) The Knowledge Management Toolkit, Prentice Hall.

von Krogh, G., Ichijo, K., & Nonaka, I. (2000) Enabling Knowledge Creation, Oxford University Press.

von Krogh, G., Roos, J., & Kleine D. (1998) Knowing in Firms: Understanding, Managing and Measuring Knowledge, Sage Publications.

von Krogh, G., & Roos, J. (1995) Organizational Epistemology, St. Martin's Press.

Watson, I. (2003) Applying Knowledge Management, Morgan Kaufmann Publishers.

Weick, K. (1995) Sensemaking in Organizations, Sage.

Weill, P. & Broadbent, M. (1998) Leveraging the New Infrastructure, Harvard Business School Press.

Wenger, E. (1998) Communities of Practice, Learning, Meaning and Identity, Cambridge University Press.

Wenger, E., McDermott, R., & Snyder, W. M. (2002) Cultivating Communities of Practice, Harvard Business School Press.

White, D. (2002) Knowledge Mapping and Management, IRM Press.

Wickramasinghe, N. & von Lubitz, D. (2007) Knowledge-Based Enterprise: Theories and Fundamentals, Idea Group Publishing.

Wiig, K. M. (1993) Knowledge Management Foundations, Schema Press.

Wiig, Karl. (2004) People-Focused Knowledge Management, Elsevier Butterworth-Heinemann.

외국논문

Alavi, M. & Leidner, D. E. (2001) Review: Knowledge Management and Knowledge Management Systems: Conceptual Foundations and Research Issues, MIS Quarterly 25.

Alavi, M. & Leidner, D. E. (2002) KMSs: Issues, challenges and benefits, in S. Barnes (Ed.), Knowledge Management Systems: Theory and practice. London: Thomson Learning, 15-31.

Arnal, E., W. Ok, & Torres, R. (2001) Knowledge Work Organization and Economic Growth, Organization for Economic Co-operation and Development, Labour Market and Social Policy Occasional Papers 50, Paris, France.

Baker, K. A. & Badamshina, G. M., Chapter 5 Knowledge Management, http://www.au.af.mil/au/awc/awcgate/doe/benchmark/ch05.pdf.

Barlett, C. (1996) "McKinsey & Company: Managing Knowledge and Learning," Case 9-396-357, Harvard Business School.

Binney, D. (2002) "The Knowledge Management Spectrum: The Human Factor," in Knowledge Management in the SocioTechnical World, Coakes, E. Willis, D., & Clarke, S. (Eds.), Springer-Verlag.

Bohn, R. E. (1994) "Measuring and Managing Technological Knowledge," Sloan Management Review, Fall.

Bontis, N., Dragonetti, N. C., Jacobsen, K., & Roos, G. (1999) The Knowledge Toolbox : A Review of the Tools Available to Measure and Manage Intangible Resources, European Management Journal, Vol. 17, No. 4.

Bradley, K. (1997) "Intellectual Capital and the New Wealth of Nations," Business Strategy Review, Vol. 8, No. 1.

Breu, K., Grimshaw, D., & Myers, A. (2000) "Releasing the Value of Knowledge: A Survey of UK Industry", Cranfield School of Management.

Brinklow, T. (2004) Domains, Ontologies, Models and the Knowledge Creation Cycle, Brighton Business School Working Paper http://www.brighton.ac.uk/bbs/research/papers/domain.pdf.

Brown, J. P., Massey, A. P., & Boling, E. (2005) "Evaluation of Knowledge Management Systems: Insights from the Study of a Technical Support Knowledge Base," Knowledge Management Research & Practice, Vol. 3.

Burnett, S., Illingworth, L., & Webster, L. (2004) "Knowledge Auditing and Mapping: A Pragmatic Approach," Knowledge and Process Management, Vol. 11, No. 1.

Bush, V. (1945) "As We May Think," The Atlantic Monthly, vol. 176, No. 1.

Cadas, C. & Gordon, J. (2008) "Studying and Mapping Knowledge at Rolls-Royce," Knowledge Management Review, Mar/Apr.

Cohen, D. (1998) "Towards a Knowledge Context: Report on the First Annual University of California Berkeley forum on Knowledge and the Firm," California Management Review, 40(3).

Coleman, J. S. (1988) "Social Capital in the Creation of Human Capital," The American Journal of Sociology, Vol. 94.

Collison, C. & Parcell, G. (2001) Learning to Fly: Practical Lessons from One of the World's Leading Knowledge Companies. Capstone Publishing.

Cortada, J. W., & John A. Woods. (2000) The Knowledge Management Yearbook, 2000-2001. Butterworth-Heinemann.

Cross, R., Parker, A., Prusak, L. & Borgatti, S. P. (2001) Knowing what we know - Supporting knowledge creation and sharing in social networks, Organizational Dynamics, 30(2).

Cross, R., Parker, A. & Cross, R. (2004) The Hidden Power of Social Networks: Understanding How Work Really Gets Done in Organization.

Darr, E. and Kurtzberg, T. (2000) "An Investigation of Partner Similarity Dimensions on Knowledge Transfer," Organizational Behavior and Human Decision Processes.

Davenport, T. (2005) Thinking for a Living: How to Get Better Performance and Results from Knowledge Worker, Harvard Business School Press.

Davenport, T. H., De Long, D. W., & Beers, M. C. (1998) "Successful Knowledge Management Projects," Sloan Management Review, Winter.

Davenport, T. H., De Long, D. W., & Beers, M. C. (1998) "Successful Knowledge Management Projects," Sloan Management Review, Winter.

Desouza, K. C. & Awazu, Y. (2005) Engaged Knowledge Management: Engagement with New Realities. Palgrave Macmillan.

Donoghue, L., Harris, J., & Weitzman, B. (1999) "Knowledge Management Strategies that Crate Value, Accenture Outlook, No.1.

Dorsey, P. A. (2001) Personal Knowledge Management: Educational Framework for Global Business, Tabor School of Business, Millikin University, http://www.millikin.edu/pkm/pkm_istanbul.html.

Drew, S. (1999) "Building Knowledge Management into Strategy: Making Sense of a New

Perspective, Long Range Planning, Vol.32, No.1.

Drucker, P. (1998) "Knowledge Worker Productivity," California Management Review.

Drucker, P. F. (1994) "The Age of Social Transformation," The Atlantic Monthly, Vol. 274, No. 5.

Durcikova, A. & Everard, A. (2004) "Managing the Corporate Zoo: A Knowledge Management Perspective," Electronic Journal of Knowledge Management, Vol. 2, Issue 1.

Economist Intelligence Unit. (2005) "Know How: Managing Knowledge for Competitive Advantage," http://www.eiu.com/site_info.asp?info_name=eiu_TCS_know_how&rf=0.

Ellis, M. S. & Rumizen, M. (2002) « The Evolution of KM at Buckman Laboratories, » Vol.5, Issue 1 http://www.knowledge-nurture.com/downloads/ATT5APA8.pdf.

Evans, P. B. & Wurster, T. S. (1997) "Strategy and the New Economics of Information," Harvard Business Review, September-October.

Fayol, M. (1994) "From Declarative and Procedural Knowledge to the Management of Declarative and Procedural Knowledge, in European Journal of Psychology of Education, Vol. 9, No. 3.

Firestone, J. M. (2001) "Key Issues in Knowledge Management," Journal of the KMCI http://www.kmci.org/kijournal.html.

Frand, J. & Hixon, C. (1999), "Personal Knowledge Management: Who, What, Why, When, Where, How?", Working paper, UCLA Anderson School of Management, http://www.anderson.ucla.edu/faculty/jason.frand/researcher/speeches/PKM.htm.

Frappaolo, C. (2007) "What is Your Knowledge IQ?," Intelligent Portals, http://www.delphigroup.com/consulting/case_studies/knowledge_IQ.htm.

Frenek, S., Korczynski, M., Donoghue, L., & Shire, K. (1995) "Re-constituting Work: Trends towards Knowledge Work and Information-Normative Control," Work, Employment and Society, 9, 4.

Gallupe, B. (2001) Knowledge Management Systems: Surveying the landscape, International Journal of Management Reviews, 3(1): 61-77.

Garud, R. & Kumaraswamy, A. (2005) "Vicious and Virtuous Circles in the Management of Knowledge: the Case of Infosys Technologies," MIS Quarterly, Vol. 29, No. 1, March.

Gasson, S. & Shelfer, K. M. (2007) "IT-Based Knowledge Management to Support Organizational Learning: Visa Application Screening At the INS," Information, Technology, & People, Vol. 20, Issue 4.

Goffee, R. & Jones, G. (1996) "What Holds the Modern Company Together" Harvard Business

Review, November–December.

Haggie, K. & Kingston, J. (2003) "Choosing Your Knowledge Management Strategy," Journal of Knowledge Management Practice.

Heo, D. & Yoo, Y., Knowledge Sharing in Post Merger Integration, Sprouts, http://sprouts.aisnet.org/219/1/020412.pdf.

Hippel, E. V. (1994) "Sticky Information and the Locus of Problem Solving: Implications for Invention," Management Science, Vol. 44, No. 4.

Hult, G. T. M. (2003) An integration of thoughts on knowledge management, Decision Sciences 34.

Ibarra, H. & Hunter, M. (2007) How Leaders Create and Use Networks, Harvard Business Review, January.

Ichijo, K. & Kohlbacher, F. (2006) "Global Knowledge Creation - The Toyota Way," IAMOT.

Jennex, M. E. & Olfman, L. (2004) Assessing Knowledge Management Success/Effectiveness Models, Proceedings of 37th Hawaii International Conference on System Sciences.

Jennex, M. E. & Croasdell, D. (2007) Knowledge Management as a Discipline, in Knowledge Management in Modern Organizations, (Ed.) Jennex, Murray, E., Idea Group Publishing.

Kamtsiou, V., Naeve, A., Stergioulas, L., & Koskinen T. (2006) Roadmapping as a Knowledge Creation Process: The PROLEARN Roadmap, Journal of Universal Knowledge Management, Vol. 1, No.3.

Kaplan, R. S. & Norton, D. P. (1992) "The balanced scorecard: measures that drive performance", Harvard Business Review, Jan–Feb.

Kayworth, T. & Leidner, D. (2003) "Organizational Culture as a Knowledge Resource," Handbook of Knowledge Management.

Kim, S., Suh, E., & Hwang, H. (2003) Building the Knowledge Map: An Industrial Case Study, Journal of Knowledge Management, Vol. 7, No. 2.

Koenig, Michael E. D. (2002) "The third stage of KM emerges," KMWorld, Vol. 11, No. 3, March.

Li, J., Pike, R., & Haniffa, R. (2006) "Intellectual Capital Disclosure in Corporate Annual Reports: A European Comparison," Working Paper, Bradford University, School of Management, July.

Lloria, M. B. (2006) "A Review of the Main Approaches to Knowledge Management," Knowledge Management Research & Practice, Vol. 6.

Loermans, J. & Fink, D. (2005) "How Organizations Evaluate Their Knowledge Management Projects: A Meta-Study of the Period 1992-2002," Knowledge Management Research & Practice, Vol. 3.

Manville, B. & Foote, N. (1996) "Harvest Your Workers' Knowledge," Datamation, July 6.

Mc Gill, J., Perrin, A., & Vidal, P. (2004) Valuing Knowledge Management in Organizations, from theory to practice: the case of Lafarge Group, 5th Conference on Organization Knowledge and Learning Capabilities (OKLC), Innsbruck, Austria.

McEermott, R. & O'Dell, C. (2000) "Overcoming the Cultural Barriers to Sharing Knowledge, APQC.

Mentzas, G., Apostolou, D., Kafentzis, K., & Georgolios, P. (2006) "Inter-Organizational Networks for Knowledge Sharing and Trading, Information Technology and Management, Vol. 7, Issue 4.

Mitchell, R. & Nicholas, S., (2006) "Knowledge Creation in Groups: The Value of Cognitive Diversity, Transactive Memory, and Open-mindedness Norms," The Electronic Journal of Knowledge Management, Vol. 4, No. 1.

Morgan, N. A., Zou, S., Vorhies, D. W., & Katsikeas, C. S. (2003) Experiential and informational knowledge, architectural marketing capabilities, and the adaptive performance of export ventures: a crossnational study, Decision Sciences 34.

Morris, T. (2001) "Asserting Property Rights: Knowledge Codification in the Professional Service," Human Relations, 54, 7.

Muina, G. & Enrique, F., "The Knowledge-Creation Process: A Critical Examination of the SECI Model."

Nissen, M. E. (2002) "An Extended Model of Knowledge-Flow Dynamics," Communications of the Association for Information Systems, Vol. 8.

Nonaka, I. and Konno, N. (1998) "The Concept of "Ba": Bullding a Foundation for Knowledge Creation," California Management Review, Vol. 40, No. 3, Spring.

Nordberg, D. (2006) "Knowledge Creation: Revisiting the 'Ba' Humbug: People and 'Latent' Knowledge in Organizational Learning.

Oinas-Kukkonen, H. (2004) "Towards Evaluating Knowledge Management through the 7C Model." O'Leary, D. (1999) Using AI in knowledge management: knowledge bases and ontologies, The Knowledge Management Yearbook 1999 - 2000, Butterworth-Heinemann.

O'Leary, D. E. (1997) "The Internet, Intranets, and the AI Renaissance," IEEE Computer, January.

Oldigs-Kerber J. & Sorensen, S. (2002) Locating and Linking Experts-A Knowledge Management Approach at Aventis Pharma http://www.sapdesignguild.org/editions/edition5/aventis.asp.

Orlikowski, W. J. (1988) Information Technology in Post-Industrial Organizations, Ph.D. Thesis, New York University.

Orr, J. E. (1990) Sharing Knowledge, Celebrating Identity: Community Memory in a Service Culture, In Collective Remembering, Eds., Middleton, D. & Edwards, D., Sage.

Osterloh, Margit & Frey, Bruno S. (2009) "Motivation, Knowledge Transfer, and Organizational Forms."

Peachey, T., Hall, D., & Cegielski, C. (2007) Knowledge Management Research: Are We Seeing the Whole Picture, in Knowledge Management in Modern Organizations, (Ed.) Jennex, Murray, E., Idea Group Publishing.

Pedersen, M. K. & Larsen, M. H. (2005) "Innocuous Knowledge: Models of Distributed Knowledge Networks," Desouza, K. C. (Ed.), New Frontiers of Knowledge Management, Palgrave Macmillan.

Pee L. G., Teah, H. Y., & Kankanhalli, A. (2006) Development of a General Knowledge Management Maturity Model, Symposium of the Knowledge Management Society of Korea.

Peltokorpi, V., Nonaka, I., & Kodama, M. (2007) "NTT DoCoMo's Launch of I-Mode in the Japanese Mobile Phone Market: A Knowledge Creation Perspective," Journal of Management Studies, January.

Perrow, C. (1967) "A Framework for Comparative Analysis of Organizations," American Sociological Review, Vol. 32, No. 2.

Pfeffer, J. & Sutton, R. I. (2000), Knowing-doing gap, Harvard Business School Press.

Por, G. (2000) "Nurturing Systemic Wisdom through Knowledge Ecology," the System Thinkers, Vol.11, No.8.

Raub, S. (2002) Communities of Practice: A New Challenge for Human Resources Management, Research and Practice in Human Resource Management, 10(2), 16-35.

Nicolas, R. (2004) Knowledge Management Impacts on Decision Making Process, Journal of Knowledge Management, Vol. 8, No. 1.

Romer, P. M. (1986) Increasing Returns and Long-Run Growth, Journal of Political Economy 94(5).

Romer, P. M. (1990) Endogenous Technological Change, Journal of Political Economy 98(5).

Sabherwal, R. & Becerra-Fernandez, I. (2003) An empirical study of the effect of knowledge management processes at individual, group, and organizational levels, Decision Sciences 34.

Sabherwal, R. & Sabherwal, S. (2005) Knowledge management using information technology: determinants of short-term impact of firm value, Decision Sciences 36.

Sanchez, R. (2005) "Knowledge Management and Organizational Learning," Lund Institute of Economic Research, Working Paper Series.

Schutt, P. (2003) "The Post-Nonaka Knowledge Management," Journal of Universal Computer Science, Vol. 9, No. 6.

Schwartz. (2007) A Birds-Eye View of Knowledge Management: Creating a Disciplined Whole from Many Interdisciplinary Parts, in Knowledge Management in Modern Organizations, (Ed.) Jennex, Murray, E., Idea Group Publishing.

Sealy Brown, J. & Duguid, P. (1991) "Organizational Learning and Communities of Practice," Organization Science, 2(1).

Sealy Brown, J. & Duguid, P. (1996) "Universities in the Digital Age," Change: The Magazine fo Higher Learning, 28(4), July/August.

Sealy Brown, J. & Duguid, P. (1998) "Organizing Knowledge," California Management Review, 40(3).

Simon, H. (1991) Bounded Rationality and Organizational Learning, Organization Science 2(1).

Snowden, D. (2002) "Complex Acts of Knowing: Paradox and Descriptive Self-Awareness," Journal of Knowledge Management, Vol. 6, No. 2.

Sorensen, C. & Lundh-S nis, U. (2001) "Innovation through Knowledge Codification," Journal of Information Technology, Vol. 16.

Sousa, C. A. A. & Hendriks, P. H. J. (2006) The diving bell and the butterfly—the need for grounded theory in developing a knowledge based view of organizations, Organizational Research Methods 9.

Spies, M., Clayton, A. J., & Noormohammadian, M. (2005) Knowledge Management in a Decentralized Global Financial Service Provider: A Case Study with Allianz Group," Knowledge Management Research & Practice, Vol. 3.

Szulanski, G. (1996) "Implements To the Transfer of Best Practice Within the Firm," Strategic Management Journal, Vol. 17.

Tait, J. A. (2004) "Knowledge Management Implementation Trends," INLECOM.

Thomas, J. C., Kellogg, W. A., & Erickson, T. (2001) "The Knowledge Management Puzzle: Human and Social Factors in Knowledge Management," IBM Systems Journal, Vol. 40, No. 4.

Thurow, L. C. (1997) "Needed: A New System of Intellectual Property Rights," Harvard Business Review, September–October

Uzzi & Dunlap. (2005) How to Build Your Network, Harvard Business Review.

Vail, E. F. (1999) "Mapping Organizational Knowledge," Knowledge Management Review, Issue 8, May/June.

Wallace, D. & Saint–Onge, H. (2004) "Generating Capabilities in Communities of Practice: The Clarica Story," Performance Through Learning, Gorelick, C., Milton, N.,J., & April, K., Butterworth–Heinemann.

Waugh, B. (2007) "HP Engineers a Megacommunity," Strategy+Business, November.

Weiss, L. & Prusak, L. (2005) "Seeing Knowledge Plain: How to Make Knowledge Visible," New Frontiers of Knowledge Management, Desouza, Kevin C. (Ed.), Palgrave.

Wenger, E. C. & Snyder, W. M. (2000) "Communitites of Practice: The Organizational Frontier," Harvard Business Review, January/February.

Zack, M. H. (1999) "Managing Codified Knowledge," Sloan Management Review, Vol. 40, No. 4, Summer.

Zarraga, C. & Garcia–Falcon, J. M. (2003) Factors favoring knowledge management in work teams, Journal of Knowledge Management 7.

찾아보기

ㄱ

ㄴ

ㄷ

ㄹ

ㅁ

ㅂ

ㅈ

ㅊ

ㅋ

ㅌ

ㅍ

ㅎ

外

저·자·약·력

연세대학교 경제학사

Drexel University MBA

University of Maryland 경영대학 경영학박사

University of Michigan - Dearborn 경영대학 조교수

단국대학교 경영학부 교수(현재)

지식경영: 이론과 실제

2009년 8월 25일 초판 인쇄
2011년 4월 11일 초판 3쇄 발행

저　　자 : 최 재 화
발 행 인 : 정 광 식
발 행 처 : **비앤엠북스**
서울시 금천구 가산동 319번지 호서대벤처타워 B1-103
등　　록 : 2004.12.29. / 제313-2004-00298호
전　　화 : 2627-5710~12, 팩스 2627-5720
이 메 일 : bmbooks@paran.com
홈페이지 : 대학교재.kr

정가 29,000원　　ISBN 978-89-91879-68-3